Laaland
Falster
Fehmarn
KIEL
Zingst
Neustadt
Rostock
Usedom
Lübeck
Wismar
Ratzeburg
Schwerin
Goldberg
Güstrow
Neustadt
Ludwigslust
Grabow
Parchim
Lüneburg
Dömitz
Lenzen
Perleberg
Pritzwalk
Lüchow
Uelzen
Salzwedel
Wittenberge
Wilsnack
Kyritz
Havelbg
Neu Brandenburg
Stargard
Waren
Neustrelitz
Prenzlau
Templin
Gransee
Rathenow
Nauen
BERLIN
Spandau
Potsdam
Brandenburg
Köpenick
Genthin
Stendal
Gardelegen
Braunschweig
Helmstedt
MAGDEBURG
Loburg
Zerbst
Jüterbog
Luckenwalde
Goslar
Halberstadt
Wernigerode
Quedlinbg
Dessau
Nordhausen
HALLE
LEIPZIG
COTTBUS

AUFGEBAUT

Rote Fingernägel krallen nach schwarzer Währung

REINOLD LOUIS

AUFGEBAUT

Rote Fingernägel krallen nach schwarzer Währung

marzellen
verlag köln

Reinold Louis, geboren am 6. Mai 1940 in Köln,
war 41 Jahre bis zu seinem Eintritt in den Ruhestand bei der Kreissparkasse Köln tätig,
die letzten 15 Jahre als Geschäftsführer der Stiftungen des Instituts. Als langjähriger Redakteur der Hauszeitschrift „Zwischen Erft und Wupper" und als Produzent der inzwischen auf 30 Folgen angewachsenen Schallplattenserie „Kölsche Evergreens" der Kreissparkasse Köln ist Louis, vor 20 Jahren Mitgründer und seitdem Vorstandsmitglied im Förderverein der Freunde des Kölner Hänneschen-Theaters und seit sieben Jahren „Baas" der Karnevalistenvereinigung „Muuzemändelcher", eng mit dem Geschehen in seiner Geburtsstadt Köln verbunden.
Der Landschaftsverband Rheinland zeichnete ihn 1987 für seine „Verdienste um die Rheinische Kulturpflege" mit dem „Rheinland-Taler" aus. Das Ostermann-Kuratorium verlieh ihm 1986 für seine Verdienste um das Kölnische Liedgut die „Willi Ostermann-Medaille in Gold". Weitere Auszeichnungen: „Magister Lingue et humoris Coloniensis" (1990) der Fidele Aujusse Porz, die „Goldene Muuz" (1992) der Karnevalistenvereinigung „Muuzemändelcher", „Ritter der Freude" (1994) der „Neue KG" Pulheim, „Ritter" (1994) der KG Schwarz-Gold Kerpen, „Goldene Mütze" (2002) der KG Falkenjäger Blau-Gold Brühl, „Goldener Römer" (2003) der Römergarde Köln-Weiden, „Ehrensenator" (2003) der KG Klüttefunke Liblar u.v.a.

Als ARD-Moderator bzw. Mitmoderator zahlreicher Kölner Rosenmontagszüge, vieler WDR-Fernsehsendungen und mehr als 100 Hörfunksendungen ist Louis, „der Mann mit der stets belegten Stimme, der man so gerne lauscht, weil sie immer etwas zu sagen hat" (aus dem Brief einer Hörerin an den WDR) einem breiten Publikum seit zwanzig Jahren bekannt.

Als Moderator, als Festredner bei besonderen Anlässen und als Sitzungsleiter im Karneval ist er weit über Köln hinaus bekannt und gefragt. In seinen inzwischen mehr als einhundert Vorträgen und in seinen teilweise mehrmals aufgelegten Büchern befasst sich Reinold Louis vorwiegend mit seiner Vaterstadt Köln.
Im Jahr 2000 wurde er mit dem KölnLiteratur-Preis ausgezeichnet.
Der Heimatverein Alt-Köln wählte ihn 2002 zum Ehrenmitglied und 2004 wurde er in den Vorstand des Zentral-Dombauvereins Köln gewählt.

Seit 15 Jahren leitet Reinold Louis als Vorstandsvorsitzender und als Vorsitzender des Stiftungsrates die „Gräflich Berghe von Trips'sche Sportstiftung zu Burg Hemmersbach", die Trägerin von „Villa Trips – Museum für Rennsportgeschichte" ist.
Außerdem ist Louis Vorsitzender der „Heinz und Anny Gries-Stiftung" zur Förderung des Kölner Liedgutes.

Reinold Louis wohnt in Kerpen und ist seit 43 Jahren mit seiner Ehefrau Käthe verheiratet. Tochter Christiane, deren Ehemann Günther, Sohn Christoph und die beiden Enkelkinder Kim Josephine und Lilly-Sophie komplettieren die Familie.

Erste Auflage

Druck: Steinmeier, Nördlingen
Lektorin: Ulla Powell
Layout: Malcolm Powell
ISBN 3-937795-03-0

Vorwort

Von Heinrich Böll ist überliefert, dass „Köln innerhalb von zwanzig Jahren dreimal Stadt war: die unzerstörte vor dem Krieg, die zerstörte und die Wiederaufgebaute.“

Die „erste Stadt“, in die Böll hineingeboren wurde, kenne ich nur aus Schilderungen meiner Eltern und aus Büchern. Die zerstörte Stadt, in der ich am 6. Mai 1940 das Licht der Welt erblickt habe, in der man vom hamstern und fringsen lebte, ist in den vergangenen Jahren in vielen Bild- und Textbänden oft dokumentiert worden, und auch ich habe hierzu einiges beigesteuert: Zum erstenmal 1985 anlässlich der 40. Wiederkehr der bedingungslosen Kapitulation des Deutschen Reiches mit der Produktion von Liedern aus dem „Kleinen Gürzenich“ und erläuternden Textbeiträgen, 1988 mit einer umfangreichen schriftlichen Dokumentation aus Anlass der 40. Wiederkehr der Währungsreform und 1998 anlässlich des 50. Jahrestages seit Kriegsende mit einer CD-Produktion und dem in Zusammenarbeit mit WDR-Redakteur Dieter Hens entstandenen 90minütigen WDR-Fernsehfilm „Ausgebombt“ mit den Bläck Fööss und King Size Dick, in dem ich als „Erzähler“ durch die Geschehnisse führen konnte.

Die „dritte“ Stadt ist die „wiederaufgebaute“, in der ich zur Schule gegangen bin und nach meiner Berufsausbildung durch glückliche Umstände in die Lage versetzt wurde, berufliches Engagement mit persönlichen Neigungen zu verknüpfen. Mit Wort, in Schrift und über elektronische Medien konnte und kann ich dazu beitragen, interessierten Menschen den Zugang zur stadtkölnischen Kultur zu öffnen oder zu vertiefen.

Als ich von Hartmut Priess erfuhr, dass eine 18jährige Konzertbesucherin nach einer Veranstaltung der Bläck Fööss nachgefragt hatte, was eine „Hamsterfahrt“ sei, reifte bei mir der Gedanke zu diesem Buch. Meine Frau, unsere Kinder sowie Freunde und Bekannte haben mich ermuntert, meine Erinnerungen und mein Wissen auch anderen zugänglich zu machen. Auch bei meinen Vorträgen habe ich gemerkt, dass das Interesse an der Vergangenheit bei vielen Menschen, ob jung, ob alt, inzwischen weitaus größer ist, als es noch vor Jahren der Fall war.

Woran mag es liegen? Vielleicht daran, dass die Generation derjenigen, die den Krieg und die ersten Aufbaujahre erlebt und mitgestaltet haben, ihre wahrscheinlich letzte Wiederkehr eines „runden“ Gedenktages erleben wird? Ist es die Angst, der Dinge verlustig zu werden, die so mühsam erarbeitet und erkämpft wurden? Oder ist es die Enttäuschung darüber, dass in zunehmendem Maße die im Wohlstand groß gewordenen und jetzt in verantwortlichen Unternehmens-Positionen tätigen „Manager“ öffentlich und ungeniert Kürzungen der Renten sowie Reduzierungen oder gar Einstellungen medizinischer Leistungen für die Frauen und Männer fordern, die ihnen unter eigenen großen Entbehrungen das „Nest“ bereitet haben?

Was mag die jungen Menschen bewegen, sich intensiver als je zuvor mit der Vergangenheit zu beschäftigen? Ist es die Sorge um ihren Arbeitsplatz, um die Ausbildung ihrer Kinder, ist es die Frage nach Sicherheit und der Blick in eine ungewisse Zukunft? Ist es Neugier oder Wissensdurst: „Wie war es damals – wie habt ihr es geschafft!?"

Wie auch immer: Mit diesem Buch möchte ich die Aufbruchstimmung der ersten Jahre nach den Schrecknissen des Krieges vermitteln, die ich als Kind und als Heranwachsender sehr bewusst erlebt und im Rahmen meiner Möglichkeiten mitgestaltet habe. Vieles wollte – und musste – ich in Gesprächen mit Zeitzeugen hinterfragen und vertiefen. Es waren inhaltsreiche Gespräche mit bewegenden Geschehnissen. Aber über allem Leid stand immer die Freude über die Rückkehr nach Köln, der Dank fürs Überleben und das Gedenken an die, denen es nicht vergönnt war, die Domtürme wiederzusehen.

Die Gespräche drehten sich auch um längst in Vergessenheit geratene Begriffe, wie verdunkele, schöppe, hamstern, maggeln, anstehen, fringsen; wir erinnerten uns an Föxchen, Imis und Amis, Bankröttchenspott, Muckefuck und Bunker. Wir rekapitulierten, dass die Kölner das Parteiabzeichen „Kamellche" nannten, die nach der Währungsreform ausgegebenen neuen Geldscheine „Bilderboch" hießen, Cherry Knolly oder Knolly Brandy selbstgebrannte Schnäpse und amerikanische Zigaretten „Schwarze Währung" waren. Beim Klüttenklau hatten wir „Schmiere" gestanden, Warnrufe losgelassen, wenn die „Kuletschhöt" zur Razzia in Sicht kamen und bei Amis und Tommies gebettelt: Have you Tschokläd?

Nicht zu vergessen die Trümmerfrauen: Mütter, die die eigenen Ängste vor den Kindern verbargen, die Hunger litten und erst dann etwas aßen, wenn die Kinder satt waren und etwas übrig geblieben war. Die erst ihren Durst stillten, wenn ihre Kinder genug getrunken hatten, die in der Kälte bibberten, damit sie die Kinder mit der eigenen Kleidung wärmen konnten, die am Bett sorgenvoll wachten und beteten, wenn wir Kinder friedlich schliefen. Als „Bombenweiber" in der Evakuierung geschmäht, standen sie nach der Rückkehr in Köln beim Entschutten „ihren Mann."

Und wir Trümmerkinder? Wir hatten große Ängste – und konnten sie zeigen. Wir litten Hunger – und konnten es herausschreien und wenn wir Durst hatten, riefen wir nach Wasser. Wir konnten weinen und hatten jemanden, der uns tröstet und wir stellten Fragen und erhielten Antwort. Und am Abend, nach dem gemeinsamen Gebet, schliefen wir friedlich ein. Am nächsten Tag zogen wir wieder durch die Trümmer, sammelten Holz für den häuslichen Herd. Lumpen, Eisen, Flaschen, Papier brachten wir zum Altreuscher, lasen Eicheln im Volksgarten auf, um sie im Backofen zu rösten und Kaffeemehl daraus zu mahlen, bauten futuristisch aussehende Fahrräder und andere fahrbare Untersätze zusammen, spielten Fußball in den Straßen, schmeckten d'r Dilledopp, schleuderten das Diabolo in die Luft, versteckten uns beim „Räuber un Schanditz" in den Trümmern oder hinter aufgehäuften Schuttbergen, enterten die Loren der Schuttbahn, maßen unsere Geschicklichkeit beim „Landabstechen" und beim „Höppekässche". Wir Kinder konnten uns austoben, wir hatten viel Platz zum Spielen und niemand war da, der Ruhe gefordert oder gar eingeklagt hätte.

Und von Tag zu Tag war es bergauf gegangen. Wo gestern noch Schutt lag, verlief heute die Straße, wo bisher lange Fußwege vonnöten waren, konnte man mit der Bahn hinkommen, aus dem Kran in der häuslichen Wohnung kam jetzt das Wasser, das man gestern noch am Hydranten ein paar Straßen weiter holen musste, aus Maisbrot wurde Weizen-, Roggen- oder Schwarzbrot und anstelle von Rübenschnitzeln dampften Kartoffeln auf dem Teller.

Das Wirtschaftswunder begann, führte zum Wohlstand, und eigentlich wäre es nun an der Zeit gewesen, einen Schlussstrich unter die Vergangenheit zu ziehen.

Aber in der Geschichte gibt es keine Schlussstriche, bestenfalls eine kleine Pause, in der man Rückschau halten kann. Das ist beileibe kein Stillstand, sondern es ist die Kraftquelle für einen neuen Aufbruch, und jeden Gewinn der Gegenwart verstehe ich auch als Aufgabe der Zukunft. Auch deshalb möchte ich Sie auf eine bunt und farbig illustrierte Zeitreise mitnehmen, dabei etwas aus meinem Leben erzählen und meine Erlebnisse und Bekanntschaften mit darstellenden und bildenden Künstlern Revue passieren lassen. Die in Vergessenheit geratenen Stätten stadtkölnischer Unterhaltungskultur leben dabei wieder auf, geben so manches „Histörchen“ preis und lassen erahnen, was den Kölner an seine Stadt bindet und warum er „seinen Dom“ im Herzen trägt.

Köln/Kerpen im Mai 2005 — Reinold Louis

Dieses Buch widme ich

meiner Frau Käthe,
die mir seit 43 Jahren zur Seite steht
und zusammen mit unseren Kindern Christiane und Christoph
in allen Lebenslagen helfend, beratend,
unterstützend und aufbauend meine Arbeit und meine Hobbys begleitet,

allen Müttern und Vätern,
die trotz großer Sorgen und Nöten ihre Kinder
wohlbehalten durch die Kriegs- und Nachkriegsjahre gebracht
und den Wiederaufbau bewerkstelligt haben,
ohne an eigene Bedürfnisse zu denken.

Inhaltsverzeichnis

Uns leev Kölle

Ich well verzälle üch wie schön et ens en Kölle wor.
Et sei kein Märche, Fründe, wat ich üch he spenn.
Ich sinn de Belder vör mer leuchte noch su bungk un klor,
Un doröm weiss ich och, woröm ich glöcklich ben:

:: Wann do ne Kölsche bes, dann kannste dat verstonn.
Dat, wat uns hellich es, dat weed och nie vergonn!
Wann do ne Kölsche bes, dann kannste dat verstonn.
Dat, wat uns hellich es, dat weed och nie vergonn! ::

Et ahle Opernhuus stunnt domalds bei der Hahnepooz;
Do wor dä Gade vun dä Ölbermanns am Ring.
Un wann do vun der Glockegass erop zom Himmel lohts,
Sohchs de die huhe Türm vum Dom em Sunnesching.

Om Barbarossaplaatz, wie do e Brönnche löstig sprung!
Wie off han mer die andere Puute naaß gespritz!
Wie unse Ostermann för uns sing neue Leedcher sung -
Wat Kölle ihm bedück hätt – jo, dat weiß ich jetz.

Wie 1945 endlich widder ich de Heimat sohch
Un daach: „Wat hätt et Levve do noch för ne Senn?“
Wat leev un döör mer wor, wie dat alles en Schutt un Trümmer loch,
Doch do stunnt dä Dom - opräch, wie de Hoffnung meddendren!

Ich han verzallt üch, wie dat fröher he en Kölle wor,
Mer han et opgebaut, gemaht, su got et gingk.
Wä dat erlääv hät, kennt die Freud, de Nut, et Leid, de Troor,
Versteiht et wahl, wat en mer singk un en mer klingk!

Dieses Lied (Text und Musik von Heinz Gries) habe ich 2003 im Studio von Thomas Kern in Frechen gesungen; es ist auf der Folge 29 der „Kölsche Evergreens“ veröffentlicht.

Da bin ich – ein kleiner Wonneproppen im Mai 1940 auf dem Arm der Mutter und eingerahmt von meinen „großen“ Schwestern Dora (l.) und Hedwig. Drei Jahre später kam noch Marianne dazu, und ich bekam Glück, Segen und meistens auch die „Stärken“ eines „Dreimädelhauses“ zu spüren.

Prolog
Der Weg in den Untergang

31. Dezember 1938 – Silvester im Groß-Köln in der Friesenstrasse: Urkölschen Humor, Witz und Narretei erleben die Besucher im restlos ausverkauften „Großen Saal" als Premierengäste der großen neuen Karnevals-Revue „Dat singende, klingende Kölle" von Gerhard Ebeler zur Musik von Hans Otten. Hans Salomon sen. führt Regie, von Willi Key stammen die Bühnenbilder.

Im Mittelpunkt der Handlung steht natürlich Grete Fluss, die Kölner Heroine. Mit ihren Mitspielern Carl und Maria Schmitz, Josef und Sybille Weisweiler, Ernst Vogler vom Staats-Theater Wiesbaden, dem Delany Ballett, einem großen Damen- und Herren-Chor, der Kapelle Willi Vey, und vielen anderen Künstlern wird sie von nun an bis Aschermittwoch 1939 täglich um 16.00 Uhr und um 20.15 Uhr im Varieté-Theater gastieren und für volle Säle sorgen. „30 Bilder Humor und Tanz, 30 Bilder Kölner Komiker" werden bei Eintrittspreisen von 75 Pfg. auf allen Plätzen nachmittags und am Abend zwischen RM 0,80 und RM 2,50 geboten. Das Lied, das der Revue den Namen gab, wird zum Klassiker:

„Dat es dat singende, klingende Kölle,
Met singer Melodien, die nie verjonn
Sulang der Rhingstrom met singer gröne Welle
An Kölle vorüvver flüüß, bliev et bestonn.
Die kölsche Leedcher jedem jot gefalle
Un wo se en der Welt eröm erschalle
Do brengen Stimmung sei, Freud un Humor
Jo, Kölsche Sang un Klang, dä gitt et einmol nor."

Weiberfastnacht 1939 enthüllt Thomas Liessem im Beisein der Stadtspitzen und der Vertreter aller Kölner Karnevalsgesellschaften den von ihm initiierten „Willi Ostermann-Brunnen". Vier Tage später zieht der Rosenmontagszug unter dem Motto „Singendes, klingendes, lachendes Köln" die Narren in seinen Bann. In der Stadt leben 770.000 Menschen, hunderttausend weniger, als der Zog Zuschauer hat.

Die Kölner erleben den vorerst letzten Friedenssommer und erfreuen sich nicht nur am schönen Wetter, sondern auch am reichhaltigen und breitgefächerten Angebot an Unterhaltung. Im Varieté Burghof in der Hohe Straße findet die Premiere des neuen Programms statt, in mehreren Kinos läuft der Film „Lumpazivagabundus" mit Heinz Rühmann, vor 40.000 Besuchern siegt die deutsche Leichtathletikmannschaft im Müngersdorfer Stadion gegen England. Als es auf den Herbst angeht, wird die Stimmung mehr und mehr bedrückt. Willy Klett, Heimatdichter und als „Hä Selvs" ein gefeierter Büttenredner, hat in der aus mehreren Bänden bestehenden handschriftlichen Chronik der „Lyskircher Junge" die Ereignisse jener Zeit festgehalten. Seine Eintragungen beginnen mit der Schilderung von den Ereignissen am 1. September 1939, dem Tag, an dem die deutsche Wehrmacht Polen überfällt:

„Schon lange ahnten wir, dass das Schreckgespenst des Krieges über uns hereinbrechen würde. Sämtliche karnevalistischen Veranstaltungen, die zum 11. im 11. geplant waren, wurden am 9. November 1939 auf einer außerordentlichen Hauptversammlung des „Festausschusses Kölner Karneval" im Neumarktsbräu abgeblasen. Präsident Thomas Liessem: „Für den Festausschuss und für jede Karnevalsgesellschaft ist es selbstverständlich, entsprechend dem Ernst der Zeit kein närrisches Treiben zu veranstalten. Das sind die Karnevalisten und der Karneval ihrem guten Ruf schuldig..."

Guter Ruf hin – Tradition her. Nicht alle sind mit dem Verbot einverstanden. In der Session 1940 wird mehr oder weniger heimlich ein inoffizielles Dreigestirn der Prinzengarde Köln gekürt: Prinz Peter (Beu), Bauer Christian (Massong) und Jungfrau Elfriede (Figge). Wie bei den beiden Dreigestirnen zuvor wird „Ihre Lieblichkeit" von einer echten Frau gespielt. Männer in Frauenkleidern dulden die Nazis nicht. Einen einzigen Abend lang und ganz heimlich regiert das Trio eine kleine Schar von Jecken.

Am Karnevalssonntag treffen sich Mitglieder der Prinzen-Garde, soweit sie noch nicht eingezogen sind, auf der Kegelbahn des „Charlott Cherie" in der Brückenstraße zu einer improvisierten Karnevals-Feier.

Das letzte Großereignis im Fußball hatte 1939 im Weidenpescher Park stattgefunden, als der 1937 aus der Fusion zwischen dem Kölner Fußball Club (KFC) und dem Kölner Club für Rasensport (KCfR) entstandene VfL 99 Köln im Achtelfinale um den Deutschen Fußball-Pokal mit 1:3 gegen Wacker Wien unterlegen war.

In der zweigeteilten Gauliga der Spielzeit 1939/40 muss der VfL 99 in der Gruppe 1 mit dem dritten Platz hinter dem Mülheimer SV und der SpVgg Sülz 07 vorlieb nehmen. Die Mülheimer setzen sich im Entscheidungsspiel gegen den Sieger der Gruppe 2, SSV Troisdorf, mit 5:1 und 1:2 durch, scheiden aber dann bereits in der Vorrunde zur nationalen Meisterschaft nach Spielen gegen Schalke 04 (0:5, 2:8), Fortuna Düsseldorf (2:1, 1:7) und SC Kassel 03 (5:3, 4:5) als Gruppendritter aus.

Die „Lyskircher Junge" ziehen Weihnachten 1940 in der „Lese" (Langgasse) zwei große Wehrmachts-Veranstaltungen auf. Unter anderem singt auf diesen auch der Kinderchor des Kölner Waisenhauses ein vielbejubeltes Lied „Soldate müsse schlofe gonn!"

Im Jahre 1941 veranstalten die „noch Daheimgebliebenen", einen „Geselligen Abend" in der „Gletscherspalte der Wolkenburg;" es gibt „Himmel un Ääd met Blotwoosch." Bei Gesang und Konzert vergeht die Zeit, niemand ahnt jedoch, dass es die letzte offizielle Zusammenkunft der Lyskircher Junge sein wird.

Willy Klett: „Es folgten noch mehrere Konzert-Abende, Spiele für unsere Kameraden, aber allen diesen Veranstaltungen fehlte der offizielle Charakter. Der Krieg drang immer tiefer in das gesellige Leben ein; es war daher nicht mehr möglich, noch irgendeine Veranstaltung aufzuziehen. Die Schrecken des Krieges wurden zudem immer deutlicher; der Luftkrieg begann. Die Zensur ließ eine kurze Meldung durch:

„In der Nacht vom 12. zum 13. Mai 1940 haben feindliche Flieger über dem Kölner Stadtgebiet in der Nähe des Rheines Bomben abgeworfen. Ein Lagerschuppen wurde getroffen, wobei Sachschaden entstand. In einem Haus am Ubierring wurde im Dachgeschoss ein Sprengstück gefunden. Im südlichen Stadtteil fiel eine Bombe ins freie Feld, wobei die Fensterscheiben der umliegenden Häuser durch den Luftdruck zertrümmert wurden. Es sind keine Personen verletzt oder getötet worden! Doch war dies bloß ein kleiner Anfang von dem Furchtbaren, was über Köln noch hereinbrechen sollte. Die Angriffe wurden immer stärker. In das Heulen der Alarmsirenen mischte sich schon das Motorengeräusch der feindlichen Flieger. Der Alarm kam zu spät. Die Abwehr wurde immer mehr verstärkt, aber alles ohne wirkungsvollen Erfolg. Morgens sammelten die Schulkinder Flaksplitter. Hoch im Kurs standen Stücke von Bomben!"

Ein Kind wird amtlich

Wenige Tage zuvor, am 6. Mai 1940, an einem Montag exakt um 19.35 Uhr, hatte ich in der Elsaß-Strasse im Erdgeschoss des Hauses Nr. 40 das Licht der Welt erblickt. Meine Geburt war komplikationslos verlaufen; die Hebamme war zufrieden, Mutter wohlauf. Vater, der ein paar Tage zuvor seinen Einberufungsbescheid erhalten hatte, war wegen meiner Geburt zunächst zurückgestellt worden, musste aber am 15. Mai, als Mutter noch im Wochenbett lag, an die Front nach Polen. So konnte er noch dabei sein, als ich schon am vierten Tag meines Erdendaseins, am 10. Mai 1940, in der Pfarrkirche St. Paul getauft worden war.

Vater hatte schon einiges an Aufregung hinter sich. Mit dem Standesbeamten hatte es wegen meines Namens Ärger gegeben. Entweder, so hatte der Beamte meinem Vater beschieden, müsse sein Sohn den Namen Reinald oder Reinhold erhalten – ein „Reinold" stehe nicht im amtlichen Namensverzeichnis und was nicht amtlich sei, gäbe es auch nicht. Auf Diskussionen ließ sich der Vertreter der Stadt- und Staatsgewalt nicht ein. Vater hatte daraufhin ziemlich aufgebracht und „amtlich ohne Sohn" das Standesamt IV verlassen, sich zu Hause den Stadtplan von Köln geholt und dann dem pflichtbewussten Beamten vor die Brille gehalten. „Hier am Neumarkt, hinter der Thiebolds- und neben der Bayardsgasse,

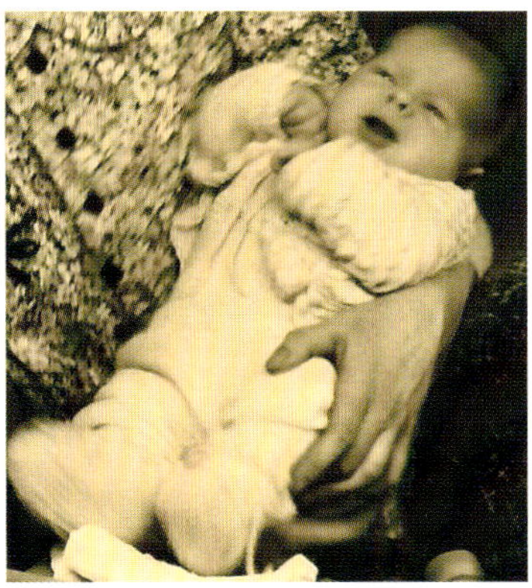
Ich – Reinold Louis

da ist die „Reinold-Strasse!" Und dann machte er seinem Gegenüber klar, dass es ja wohl den Namen Reinold geben müsse, sonst könne ja keine Straße in Köln danach benannt sein. Das Argument überzeugte sogar den Standesbeamten und er fertigte die Urkunde. Damit war ich also sozusagen „amtlich" und Köln hatte einen Erdenbürger mehr.

Meine am 15. September 1936 in der Universitäts-Frauenklinik geborene Schwester Dora und meine Schwester Hedwig, am 15. Dezember 1937 im „Vringsklüsterche" geboren, kamen nach Vaters Einberufung für ein paar Tage ins Waisenhaus nach Köln-Sülz, weil Mutter noch die Zeit im Wochenbett verbringen musste.

Et Stollwercks-Pralinche

Mutter und Vater hatten sich in der Eifel kennen gelernt. 1925 war Mutter als 13 jährige zum erstenmal in Hilterscheid bei der Bauernfamilie Heinen in Pflege. Dort hatte sie Familienanschluss gefunden und hernach, als die Frau des Hauses erkrankte, gelegentlich als Kindermädchen ausgeholfen. Der Kontakt zu dieser Familie blieb auch bestehen, als Mutter nach ihrem Abschluss auf der privaten Handelsschule in Köln eine Lehre als Bürokaufmann bei der Papiergroßhandlung Pfeifer und Peters absolviert und ab 1932 bei Unkelbach am Eigelstein gearbeitet hatte.

Von 1934 bis 1936 war Mutter ein „Pralinche" bei Stollwerck. Zusammen mit rund 200 Frauen und Mädchen saß sie in einem großen Saal und packte Pralinen in große Kartons, die in den Geschäften als lose Ware stückweise verkauft wurden. Die Holzkästen fassten acht und die Blechkästen zehn Verpackungseinheiten der süßen Kostbarkeiten, wobei jeweils 5 kg eine Verpackungseinheit waren. Das Tragen weißer Kittel und weißer Häubchen, vom Arbeitgeber bereitgestellt und wöchentlich gewaschen, war Pflicht und wurde wöchentlich mit 20 Mark vom Lohn abgezogen.

Die tägliche Arbeitszeit belief sich auf 10,5 Stunden, wovon allerdings ein Teil der Zeit als „Ansparung" für die Weihnachtsferien gewertet wurde. 28 Pfennig betrug der Stundenlohn. Aus der Betriebsküche gab es täglich für 50 Pfennig ein gutes Mittagessen, wobei für Fleisch ein Aufpreis zu zahlen war, Suppen kosteten nur 20 Pfennig. Stollwerck hatte eine eigene Betriebskrankenkasse, alle fühlten sich hier wohl und waren froh, für Stollwerck arbeiten zu können. Besonders beliebt war Adalbert Stollwerck, der seine „Pralinchen" des öfteren besuchte und bei diesen Visiten auch nicht mit Lob geizte.

Vater (l.) mit Eltern und Geschwistern

Denn all die Schusterjunge

Im Urlaub oder am Wochenende nach Hilterscheid zu kommen war gar nicht einfach: der Zug fuhr nur bis Münstereifel und es bedurfte schon einiger „guter Beziehungen“ und ausgeklügelter Planung, um durch eine Mitfahrt beim Postboten dem stundenlangen Fußweg zu entgehen. Vater, 1912 in Sasserath geboren und eines von 16 Kindern, kannte diese Strecke in- und auswendig. Während seiner Schuster-Lehre hatte er den Weg von seinem Wohnort Ohlerath werktäglich um 05.00 Uhr angetreten – um 21.00 Uhr war er wieder zu Hause. Bei Dorffesten sind sich „Lukas'se Jupp“ und „et Sannche“ us Kölle gelegentlich begegnet, „gefunkt“ hat es zwischen den beiden allerdings erst 1935 auf der Kirmes in der Mutscheid. Das Feuer erlosch auch nicht, als der Nubbel verbrannt war: Am 28. Februar 1936 gaben sich die beiden das Jawort vor dem Standesbeamten im Historischen Rathaus zu Köln; einen Tag später riefen die Glocken der St. Agnes-Kirche am Ebertplatz Braut und Bräutigam zum priesterlichen Segen an den Altar.

Susanna Antonia und Josef Louis vor dem Kölner Rathaus

Lautlos wurden die Toten zu Grabe getragen

Zehn Tage nach meiner Geburt wurde am 16. Mai in Worringen der erste Zivilist durch Bombentreffer getötet. Willy Klett: „Da hat sich der Tod zum erstenmal mit einem völlig anderen Gesicht vor die Menschen gestellt – und dieses Gesicht ist unlesbar. Eines steht jedoch sehr deutlich darin: heute, morgen, übermorgen oder irgendwann einmal kann es auch Dich treffen! Dies erkennen die Menschen und erschrecken tief vor der unheimlichen Willkür und der unberechenbaren Macht, die der Krieg über die Menschen in der Stadt gewonnen hat. Tausende ziehen durch die Straßen, um sich die Zerstörungen anzusehen. Leute aus dem SHD (Anm.: Sicherheits- und Hilfsdienst) sind dabei, in Tag- und Nachtarbeit den Fahrdamm von den Trümmern freizuschaufeln. Stumm wie ihr Schatten hängen die Kirchenglocken, die zum Requiem läuten sollen, in ihrem Gestühl. Ihr Schall würde die Horchgeräte des Flugwarndienstes stören, obgleich diese viele Kilometer entfernt aufgebaut sind. Der Krieg duldet keine Sentimentalitäten: lautlos wurden die Toten zu Grabe getragen.“

Im „Groß Köln“ füllt auch die neue Gerhard Ebeler-Revue „Et geit nix üvver Kölle“ zwischen Neujahr und Aschermittwoch zweimal täglich den Saal. Am 2. März 1941 werfen etwa 100 britische Flugzeuge Spreng- und Stabbrandbomben über Köln ab. Fünf Tote und viele Verletzte sind die Folge eines Luftangriffs, bei dem erstmals Phosphorbrandbomben zum Einsatz kommen.

Im Kaiserhof gastiert ab 1. August 1941 Grete Fluss. Als Vortragskünstlerin und Humoristin ist sie in ganz Deutschland als die populärste Rheinländerin umjubelt, sie ist ein Stückchen Köln. Humorsprühend, grotesk, witzig, sentimental, burschikos sind ihre Vorträge. Sie gibt immer ihr Bestes, aber für ihre geliebte Vaterstadt Köln hat sie sich das Allerbeste aufgehoben – so die Ankündigung für „Der Triumph des Lachens".

Lachen können die Besucher täglich von 16.00 Uhr bis 18.15 Uhr und dann wieder von 20.00 Uhr bis 22.15 Uhr über die Kölner Nationalheldin und zehn weitere Spitzendarbietungen. Der Andrang ist so groß, dass aus den ursprünglich vorgesehenen 15 Tagen deren 30 werden. Im Keller des Kaiserhof, dem führenden Kabarett-Varieté, spielt in der Bar „Königin" die Kapelle Hanns Portz und im Restaurant „Atelier am Ring" der Alleinunterhalter Trojan Wellisch. Im „Café Wien" am Ring, einem Anziehungspunkt für Freunde guter Musik, gastiert Hermann Breuninger mit seinem Orchester. An den Sonn- und Feiertagen gibt es von 11.00 Uhr bis 13.00 Uhr immer ein Frühkonzert.

Am 8. August wird die Kalker Kapelle bei einem Luftangriff völlig zerstört. Die öffentliche Straßenbeleuchtung wird abgestellt. Die Innenbeleuchtung aller Warenhäuser sowie Kinos, Gastwirtschaften, Krankenhäuser, Hotels, Wartehallen und aller Aufenthaltsräume müssen auch hofwärts so abgeblendet sein, dass kein Lichtstrahl nach außen dringen kann.

Der Polizeipräsident teilt mit: „Bei der derzeitigen Wetterlage ist es nicht ausgeschlossen, dass auch bei Tage feindliche Flieger erscheinen. Es sind daher alle Veranstaltungen zu vermeiden, bei denen Menschenansammlungen entstehen." Die Bekanntmachung wird schweigend gelesen; alle Gesichter werden noch ernster. Kündigt sich eine neue Form des Krieges aus der Luft an?"

Dorffest in der Eifel:
Vater (ganz rechts) mit Festgästen

In der nur noch eingleisigen Gauliga der Saison 1940/41 ist der VfL 99 Köln mit 29:7 Punkten und 97:27 Toren aus 18 Spielen die dominierende Mannschaft vor dem VfR 04 Köln (23:13). In den Spielen um die nationale Fußball-Meisterschaft werden die Kölner mit ihrem Spielertrainer „Floh" Kogel nach Spielen gegen Kickers Offenbach (3:1, 2:2), Mülhausen (6:1, 4:1) und Helene Essen (3:1, 1:6) mit 9:3 Punkten Gruppensieger vor Kickers Offenbach (8:4),

TuS Helene Altenessen (6:6) und dem Elsässischen Meister FC Mühlhausen 1893 (1:11). Schalke 04 mit Kuzorra und Szepan ist im Semifinale dann die Endstation. 4:1 siegen die Königsblauen im Düsseldorfer Rheinstadion vor 35.000 Zuschauern, die dann aber überraschend das Finale in Berlin gegen Rapid Wien mit 3:4 verlieren. Im Spiel um den dritten Platz siegt der Dresdner SC gegen den VfL 99 mit 4:1.

Der 1000-Bomber-Angriff am 30./31. Mai 1942

Willy Klett sollte Recht behalten: die Alliierten entwickeln eine neue Strategie im Luftkrieg, wodurch sich die Situation in Köln dramatisch verändert. Der „1000-Bomber-Angriff" auf Köln am 30./31. Mai 1942 mit seinen Massenzerstörungen ist bewusst darauf gerichtet, die Moral der Bevölkerung zu untergraben. Angriffe auf andere deutsche Großstädte folgen. Zwar vermögen die Alliierten mit diesen Bombenangriffen ihre Vernichtungskraft und ihre Überlegenheit im Luftkrieg zu demonstrieren, jedoch wird die Widerstandskraft der Bevölkerung eher gestärkt als gebrochen.

Eine von Stadtkämmerer Prof. Dr. Dr. Türck in Auftrag gegebene Zusammenstellung der Zerstörungen, hauptsächlich der Innenstadt, dokumentiert das Geschehen in allen Einzelheiten:

- 3.330 Häuser waren total zerstört
- 1.310 Wohnungen gingen verloren
- 1.050 Gewerbebetriebe fielen aus.

Beschädigt waren
- 2.090 Häuser
- 6.360 Wohnungen
- 6.130 Werkstätten und Lager

An bedeutenden Bauten waren total zerstört:
- die staatliche Baugewerbeschule am Salierring
- das Arbeitsamt Hohenstaufenring und das Gebäude des Leiters
- die Kriminaldirektion Weidenbach
- das Polizeipräsidium LS-Abschnittkommando I
- das Finanzamt Köln-Altstadt
- das Finanzamt Köln-Süd
- das Finanzamt Köln-Weidenbach

Von städtischen Verwaltungsgebäuden waren zerstört:
- das Verwaltungsgebäude in der Kasinostrasse
- vier Häuser der Verwaltung in der Pipinstrasse

- das Leihhaus
- die Volksbücherei in der Frankstrasse
- die alte Markthalle
- die Gartendirektion
- das Umspannwerk Piusstrasse zu 50%

Von Krankenhäusern fielen gänzlich aus:

- das Hilfskrankenhaus Euskirchener Strasse
- das Säuglingsheim Overstolzenstrasse

Erheblich zerstört, aber wieder instand zu setzen waren:

- das Bürgerhospital
- des Kinderheim St. Elisabeth in der Meister Gerhard-Strasse
- das Marienhospital
- das Krankenhaus Merheimer Strasse
- das Krankenhaus Lindenburg
- das Dreifaltigkeits-Krankenhaus
- das Mütterheim Volksgarten-Strasse

Von Schulen waren gänzlich zerstört:

- die Schule in der Pipinstrasse
- die Schule in der Kartäusergasse
- das Dreikönigs-Gymnasium
- die Schule am Severinswall
- die Schule in der Leyendeckerstrasse

Erheblich zerstört, aber wieder instand zu setzen waren:

- Die Schulen Blumenthalstrasse – Antwerpener Strasse – Rath – Brück – Hans-Schemm-Strasse – Gellertststrasse – Gartenstrasse – Zülpicher Strasse – Ossendorfer Strasse – das Schiller-Gymnasium und die Oberschule Blücherstrasse

Von der Universität fielen aus:

- das Institut für Theaterwissenschaft
- das Zoologische Institut am Volksgarten
- das Auslandsamt der Universität

Die Gliederungen der Partei, die total getroffen wurden, waren

- die Zentrale der NSV am Blaubach
- die NSV-Dienststelle in der Rheingasse
- die Ortsgruppe am Melatengürtel
- das BDM-Haus in der Mackestrasse

Allergrößten Schaden hatten erlitten:

- die Handwerkskammer
- die Reichsbahn-Direktion zum Teil
- der Güterbahnhof Gereon zum Teil
- der Reichsbahnhof in Mülheim

Die Reichspost erlitt gleiche Schäden

- beim Postamt in der Aachener Strasse/Brüsseler Strasse
- beim Postamt Braunsfeld
- beim Postamt in der Aachener Strasse
- beim Postamt in der Geißelstrasse

Ferner wurden erheblich, fast total, mitgenommen:

- das evang. Hospiz in der Waisenhausgasse
- das Hotel Baseler Hof
- das Hotel Wolkenburg des Kölner MGV
- der Burghof
- das Passage-Kino
- zwei Kinos in der Hohe Strasse 9a und 11-13

Von Kirchen erlitten eine totale Zerstörung...

- die Kirche Maria im Kapitol
- die Minoriten-Kirche
- die Kirche Maria in der Kupfergasse
- die Antoniter-Kirche
- die Kirche an der Mauenheimer Strasse

...oder waren erheblich beschädigt:

- St. Severin – St. Ursula – St. Gereon – St. Aposteln – Groß St. Martin – Klein St. Martin – St. Rochus – St. Bonifatius – St. Josef – St. Bartholomäus sowie die Kirchen in der Lindenstrasse und am Riehler Gürtel
- die Zeitungsverlage
- die Kaufhäuser Michels – Peters – Kaufhof – C&A Brenninkmeier – Warenhaus Sülz-En-Gros-Haus Brügelmann – Stollwerckhaus
- das dänische und das isländische Konsulat
- das Hahnentor der alten Stadtbefestigung
- die Reichsautobahn-Direktion
- das Museum für Naturkunde
- das Agrippina-Haus
- das physikalische Institut Severinswall der Universität
- zahlreiche Postämter und Zweigstellen der Sparkasse der Stadt Köln

Instandgesetzt werden konnten:

- 2.090 Häuser, 6.360 Wohnungen und 630 gewerbliche Betriebe, darunter u.a.:
- das Arbeitsamt
- das Polizeipräsidium
- das Polizeipräsidium LS-Abschnitt Kommando II

Von der Stadt Köln:

- die Preisüberwachungsstelle
- die Finanzabteilung Domhof
- das Hohenstaufenbad
- die Stapelhaus-Gaststätte
- das Palmenhaus der Flora
- der Straßenbahn-Bahnhof Süd
- der Schlachthof
- die Tierkörper-Verwertungs-Anstalt

Von Februar bis Ende Mai 1942 spielt die Millowitsch-Bühne noch im eigenen Haus auf der Aachener Strasse. Neben den „Klassikern“ gibt es die Märchenstücke Rotkäppchen, Dornröschen sowie Max und Moritz für die durch die langen Aufenthalte in den Bunkern und Luftschutzkellern verängstigten Kölner Kinder. Ab Juni 1942 startet das Millowitsch-Ensemble zur Wehrmachts- und Evakuiertenbetreuung. „Tante Jutta aus Kalkutta“, „Et fussich Julchen“ und „Drei kölsche Junge“ werden zum großen Tournee-Erfolg in Nordfrankreich, Schlesien und im Kölner Umland.

Auch der Fußball rollt, wenn auch in komprimierterer Form, weiter: In der Saison 1941/42 wird aus der Gauliga Mittelrhein die Gauliga Köln-Aachen. Der VfL 99 Köln ist auch hier die stärkste Mannschaft. Mit 29:3 Punkten verweisen die Linksrheinischen die Konkurrenten von der rechten Rheinseite, den VfR 04 Köln (21:11) und den Mülheimer SV 06 (19:13) eindeutig auf die Plätze.

Die 25 Gaumeister ermittelten in einer k.o. Runde den Deutschen Meister. Der VfL99 hat in der ersten Runde ein Freilos, scheidet aber dann durch eine 1:3-Niederlage gegen Kickers Offenbach aus. Schalke 04 schafft diesmal die Deutsche Meisterschaft; Vienna Wien wird in Berlin mit 2:0 besiegt.

Das Leben geht weiter

Kaum zu glauben, dass ab 1. August 1942 im Kaiserhof in der Salomonsgasse wieder ein abendfüllendes Programm geboten wird. Das Orchester Toni Fluss, der Hexer Bedra, die Akrobaten Ela von Hacht und die drei Sandwinas, der Karikaturist Caprano, die jugendliche Drahtseilkünstlerin Maria Katharina Knie, das Meistertanzpaar Ivonne & Panto und der

Mann mit den tanzenden Tellern, Joe Rose aus Belgien, sind das „Rahmenprogramm" zum Soloprogramm von Grete Fluss und zum Duett mit Ottomar Bloß bei „Unverhofft – Kommt oft!" Im Keller, in der „Königin", spielt die Kapelle Fred Hanseler und in der „Charlott" in der Brückenstraße unterhält die Kapelle Karl Schmitz ab 16.00 Uhr beim Nachmittags-Kaffee und abends beim Tanz die Gäste. Auf einer von den Blatzheim-Betrieben herausgegebenen Werbe-Schallplatte (Telefunken 5723/Matr.Nr. 50647) spricht und singt J. Odendahl, begleitet vom Orchester Jupp Gimbel:

„Hallo, Hallo, meine Damen und Herren, den größten Nachtbetrieb finden Sie nur in der „Charlott." Kommen Sie zu uns, wir laden Sie ein und dann singen Sie mit uns:

Ja, suchst du in Köln eine tolle Nacht
Komm nur in die Charlott
Ja, suchst du in Köln eine tolle Nacht
Komm nur in die Charlott
Dort triffst du dann die Räuber
Halli, hallo, die Räuber
In Stimmung kommst du dort

Dann bleibst du bis der Morgen graut
Und singst in der Charlott,
Dann bleibst du bis der Morgen graut
Und singst in der Charlott:
Hurra hier sind die Räuber
Halli, hallo, die Räuber
He jonn ich nit mieh fott!

Wir gehen nicht eher in die Falle
Bis unser Geld ist alle.
Und sind wir morgen blank,
Dann holen wir uns neues von der Bank
Und sind wir morgen blank
Dann holen wir uns neues von der Bank.

Und jetzt noch einmal unsere Kölner Nationalhymne:
Es war einmal ein treuer Husar
Der liebt sein Mädel ein ganzes Jahr
Ein ganzes Jahr und noch viel mehr
Die Liebe nahm kein Ende mehr..."

Et Levve geiht wigger

Ein echtes Zeitdokument ist auch der Text, als dessen Verfasser der von 1897 bis 1943 in der Dagobertstraße als Arzt tätige Sanitätsrat Dr. Peter Felten feststeht. Soweit dem hochgeachteten Mann Zeit blieb, hat er am kulturellen Leben Kölns und seiner Entwicklung teilgenommen: Im Katholischen Akademiker-Verein war er seit der Gründung und bis zur Auflösung 1939 im Vorstand tätig, ebenso im Kath. Gesellenverein und an der Kirche St. Kunibert, der er sich besonders verbunden fühlte. Als er die schrecklichen Zerstörungen nach der Mai-Bombennacht sah, kleidete er seine Empfindungen in einen Text auf die Melodie von Willi Ostermanns „Heimweh nach Köln". Felten, zu dieser Zeit noch nicht ahnend, dass er wenige Monate später – im Juli 1943 – durch die Bomben nach Altenahr vertrieben werden wird, läßt „Willi Ostermann us der Iewigkeit" „sein" Klagelied anstimmen. Doch Ostermanns Will am Himmelspöötzge beweint und beklagt nicht nur das Unglück, das über seine Stadt gekommen war, sondern er findet sogleich das notwendige Rezept, um seine Kölner wieder aufzumuntern: „Bedrövsin" liegt nicht im kölschen Blut, und im Vertrauen auf den Herrgott, das kölsche Hätz und den Mut der Kölner meint er wie selbstverständlich: „Watt fott eß, dun mer neu opbaue" und dann wird es wie früher sein, denn „uns Kölle weed widder got!":

„Ich loorte hück am Himmelspöötzge
Vun Bovven op ming Heimatstadt.
Do moot ich mer de Auge rieve,
Wat ich do soch, dat maht mich platt:

Eß dat ming leeve, schöne Stadt Kölle,
Die ich en't Hätz geschlosse hatt'?
Ich wood bedröv un daach em Stelle:
„Wat han se doch us deer gemaht?!"

Wo sin die ahle, schöne Kirche?
Wo eß Apost'le, eß Gereon?
Wo sin Zint Märgen un Zint Oeschele?
Mer süht Ruine nor dervun!

Der Heumarkt, Aldermaat und Nümaat,
Ehr Stroße staats met Hüüser fing.
Wat eß vun üch noch stonn geblevve
Wat wood us deer, do Köllen am Rhing?

Ehr Pläätz, wo mer met Ömmer spillte,
Wo mer geschmeck han unsren Dopp,
Ehr Stroße eng, ehr Winkelsgäßger,
Wo mer met and're uns geklopp?

Nä, nä, ming leeve, schöne Stadt Kölle,
Wat han se doch us deer gemaht?

Zwei Bärte · Zwei Schlafröcke
Zwei Komiker

Fürwahr, es müssen mutige Komiker sein, die mit langen Bärten auf der Bühne erscheinen! Wie leicht könnte man von ihren Bärten auf ihre Witze schließen. Aber keine Angst! Schmitz und Weißweiler als reichgewordene Kappesbure in dem Bild „Us dem ahle Kölle" bringen frischen, köstlichen Humor in die Revue „KÖLLE BLIEV KÖLLE" in Groß-Köln.

32 schlanke Beinchen
32 leuchtende Augen
Davon 20 in Groß-Köln und 12 im Kaiserhof

Wenn die in den Zuschauerraum herunterstrahlen (die 32 Augen natürlich), dann, oh Besucher, halt fest Dein Herz! Mit anderen Worten: 2 Ballette, beide von Karl Theo Steinbach einstudiert, ein Ballett in der Kaiserhof-Revue und ein Ballett in der Groß-Köln-Revue sind der belebende Rythmus beider Revuen.

Blick ins Programmheft

Dat eß wohrhoftig jo zom kriesche!
Wer hat an sujet je gedaach?

Doch Kölsche, doht mer dä Gefalle,
Verleet no nit dä gode Moot!
Un doot dä Kopp nor opräch halde,
Bedrövsin litt uns nit em Bloot!

Vertraut de Zokunf unserm Herrgott,
Vertraut däm kölsche Hätz un Moot!
Watt fott eß, dun mer neu opbaue,
Dann weed uns Kölle widder got!"

Unsere Jüngste

Der SV Viktoria 11 Köln wird in der Fußball-Saison 1942/43 Meister der Gauliga Köln-Aachen. Mit 29:7 Punkten bleiben die Bayenthaler klar vor dem VfR 04 Köln (24:12) und dem VfL 99 Köln (23:13). Alle 29 Gaumeister spielen wiederum in einer k.o.-Runde den Deutschen Meister aus. Viktoria Köln schlägt den TuS Neuendorf mit 2:0, unterliegt aber in der zweiten Runde dem FV Saarbrücken mit 0:5. Die Saarbrücker kommen nach Siegen gegen den VfR Mannheim (3:2) und Vienna Wien (2:1) bis ins Endspiel, das aber der Dresdner SC in Berlin mit 3:0 klar gewinnt.

Als meine Schwester Marianne am 1. Oktober 1943 geboren wird, ist Vater schon in Griechenland beim Kampf gegen Partisanen. Nach dreimonatigem Einsatz ab Mai 1940 in Polen war er über Bonn und Duisburg nach Aachen auf die Kleiderkammer gekommen. Dort bleibt er zwei Jahre, in denen er oft „Heimaturlaub" hatte. Mitte 1943 war auch das Aachener „Gastspiel" beendet und über Herford, Bad Salzuflen war er nach Griechenland zum Kampfeinsatz gegen die Partisanen beordert worden.

Dora, Hedwig und ich mussten für die Zeit der Entbindung in das Waisenhaus in Köln-Sülz. Hedwig erinnerte sich, dass wir wegen der anhaltenden Bombardierungen mit den anderen Kindern aus dem Waisenhaus vorübergehend nach Steinfeld in das dortige Kloster evakuiert wurden. Meine eigenen Erinnerungen beginnen erst wenige Wochen später, als wir wieder zu Hause waren und in der Nacht Fliegeralarm ausgelöst worden war. Mutter hatte uns geweckt, Marianne aus ihrem Bettchen genommen. In Windeseile schnappten Dora, Hedwig und ich uns die für solche Fälle vorbereiteten kleinen Beutel und Taschen und liefen mit Mutter über den Hof zum Bunker. In der Dunkelheit hatte Mutter eine Mülltonne, die aus welchen Gründen auch immer an einem ungewohnten Platz stand, übersehen und war voll dagegen gerannt. Durch den Zusammenprall stürzte sie mit Marianne, die sie gottseidank festhalten konnte, zu Boden, raffte sich schnell wieder auf und sorgte dafür, dass wir total verängstigten Kinder – Hedwig war kaum zu beruhigen – in den Bunker kamen. Dort wurden ihre Schürfwunden am Bein notdürftig gesäubert. Wir hockten wie gewohnt auf dem Boden, aneinander gekauert. Die Tür wurde geschlossen, die Hebel umgelegt. Zur Bombenangst kamen die Ängste um Mutter, die ihrerseits in einer Sorge um das Wohlbefinden unseres Nesthäkchens Marianne war.

Wenn ich im Kino oder im Fernsehen einen U-Boot-Film sehe, kommen mir die Bunker-Szenarien des Türeschließens und -verriegelns immer wieder in Erinnerung. Trotz der dicken Betonmauern und der Verriegelung waren das monotone Gebrumm der herankommenden Flugzeuge und die Feuerstöße der im Hof unseres Hauses, also direkt hinter dem Bunker, stationierten Flak zu hören. Bei jeder Bombendetonation spürten wir die Erschütterungen. Dicht an dicht kauerten wir zusammen, sangen leise vor uns hin, weinten, beteten. Heute weiß ich, wie schwer es für die Mütter, die Omas und Opas gewesen sein muss, die eigenen Ängste vor uns Kindern zu verbergen, uns zu beruhigen, Mut zuzusprechen: „Gleich ist alles vorbei!“ Wenn dann die Sirenen anzeigten, dass die Gefahr vorüber war, strömte alles an die frische Luft. Im abendlichen oder nächtlichen Dunkel loderten Feuer, bei Tageslicht oder in der beginnenden Dämmerung sah es aus, als fielen hunderte Kerzen vom Himmel auf die Erde. Was aussah wie Fallschirme, waren in Wirklichkeit Rauchschwaden, die wie Pilze zusammengeschlossen, umherschwebten. Das alles sah so friedlich aus.

Dann der obligatorische Gang zum Wasserhydranten in der Metzer Strasse. Bis heute befindet er sich an der gleichen Stelle. Damals kam mir der Weg wie eine Ewigkeit vor – heute weiß ich, dass es nur rund 400 Meter bis dorthin waren. Die Größe unserer Gefäße war unserem Alter angepasst. Dora, mit 8 Jahren die älteste, hatte den größten Kochtopf, Hedwig (6) einen etwas kleineren und ich als vierjähriger einen Milchtopf. Mutter trug Marianne auf dem Arm und einen gefüllten Eimer mit der anderen Hand. Nach und nach durfte ich auch alleine zur Wasserquelle gehen. An rauchende Trümmer war ich längst gewohnt – nur wenn plötzlich wieder Feuer loderten, bekam ich es mit der Angst zu tun.

Gefreiter Josef Louis

Als Köln die bis dahin schlimmste Bombardierung erlebte, machte eine in guter Absicht gedruckte Postkarte auf makaber-ironische Weise den Unterschied zwischen Anspruch und Wirklichkeit deutlich. Zwei waschechte Kölner, auf ihren Gebieten Könner von Format, die aber beide im Schatten berühmterer Geschwister standen, hatten sich zusammengetan und ein Lied geschaffen: „Mer halde Pool“ ließen Gefreiter Toni Ebeler, Texter und Bruder des Hit-Schreibers Gerhard Ebeler, und Willy Fluss, Komponist, Kölns wohl begabtester Klaviervirtuose aller Zeiten und Bruder des Revue-

Stars Grete Fluss, mittels Postkarten tausendfach verbreiten. Was sie im Lied versprachen, wurde auf tragische Weise durch die Wirklichkeit widerlegt. Ihr „kölsches Zaldateleed" – so der Untertitel – hatten die beiden „Herrn Leutnant und Kompanie-Führer W. Herpers freundlichst zugeeignet". Doch der mit soviel Aufmerksamkeit bedachte Leutnant konnte sich nicht lange an diesem Lied erfreuen. Die Postkarten wurden sehr schnell eingezogen und vernichtet. Eine jedoch hat den Reißwolf überlebt, und so ist uns das Lied „Meer halde Pool" noch vollständig – mit Noteneindruck – überliefert:

„Em Eifelland, em Eifelland,
Wo schön die Mägdelein,
Do steiht op Poste treu un brav
Dä kölsche Jung vom Rhein!
Hä deit sing Pflich do Dag und Naach
Zum Schutze un zum Wohl
Für Heimat, Frau un Kinderlein,
Dröm heisch och sing Parol:

:: Mer halde Pool, mer halde stand
Em wunderschöne Eifelland!
Dröm maht derheim üch nor kein Sorg,
Bei uns do kütt kein Düvel durch ::

Jo, wenn der Feind ens kütt erahn,
Dann stonn mer all parat!
Ein jeder feste saures gitt
Im öhntlich vör die Schwaat!
Un wie et „vehnzehn-achtzehn" wor,
Su gonn mer dran genau,
Et gilt för Führer un et Rich,
Meer han jet en d'r Mau:

Un wenn et noh'm gewonne Kreeg
Zoröck zor Heimat geiht,
Vör Freud röf alt und jung hurra
Un schleit de Trummeleut!
Däm tapfre kölsche Jung zor Ehr'
Dann mänches „Hoch!" erklingk,
Un alles voll Begeisterung
Dobei dat Leedche singk:"

Vater (8.v.l.) als Rekrut in Thorn

Vater (ganz links) Weihnachten 1943 in Griechenland

Vater (ganz rechts) in Thorn

Ich blättere noch einmal in den Aufzeichnungen von Willy Klett: „Einer der schwersten Angriffe, wobei zum ersten Male eine Unmenge von Sprengbomben sowie Phosphor-

Kanister und Stabbrandbomben geworfen wurden, war am 29. Juni 1943. Hierbei wurde nahezu die gesamte Kölner Altstadt vernichtet. Nach drei, vier Tagen brannte immer noch die ganze Stadt. Ich gehörte auch zu den Totalgeschädigten. Meine wertvolle Karnevalssammlung ging verloren. Ich besaß nur noch das, was ich auf dem Leibe trug. Unser liebes, schönes altes Köln war vernichtet. Aber ein echter Kölner weiß auch dies zu tragen. Und so fanden sich immer wieder Leute in der Volksmenge, die ihren Humor trotzdem nicht verloren. An einem brennenden Haus, aus dem man die Möbel noch retten konnte, stand ein Klavier mitten auf der Straße und der Besitzer spielte: „Et hät noch immer got gegange". Oder es fuhr einer mit einem Handwagen durch die Stadt mit einem Nachtskommödchen und einem Nachttopf und daran ein Schild: „Der Rest wurde am Boden zerstört!" Vierzehn Tage nach meinem Totalschaden bekam ich von der „NSV" (Anm.: Nationalsozialistische Volkswohlfahrt) 1000 Mark sowie Bezugsscheine für einen Anzug, ein Hemd usw., die sogenannte „erste Hilfe". Sofort setzte ich mich hin und schrieb das kölsche Lied „Mer kriege dausend Mark", das viel und gerne gesungen wurde:

Rafael Becker (rechts) beim Entschutten

„Uns Kölle steiht nit mieh, dat deit em Häzze wieh.
Doch kölsche Eigenart, met dem Humor gepaat,
Sujet verliert mer nie.
Mer halde fass am Rich, su säht dä Kölsche Boor,
Dröm wolle mer nit klage, mag et falle söß ov soor:

:: Mer kriege dausend Mark, vun d'r NSV:
Wat sin dann dausend Mark, es dat nit e besge lau?
Un met dä dausend Mark, gonn op de Wies mer dann,
Mer krigge uns Möbele widder, et weiß blos keiner wann! ::

Mer han ne Anzog ahn, dorop sin mer ganz stolz,
Do eß och noch jet drahn, mer süht et im nit ahn,
Dä eß us bestem Holz;
Un wenn d'r Frühling kütt, gonn mer nit mieh eruus,
Söns kütt uns noch beim Sprieße, he un do e Blatt eruus.

Un wenn et rähne deit, dann nemm dich blos en Aach,
Mer wessen doch Bescheid, mer weiß doch wie dat geiht,
Dat eß en domme Saach:
Denn wehd dä Anzog naaß, fängk hä zo klemmen ahn,
Dann häs do statt en lange – e Tiroler-Bötzge ahn.

Dä echte kölsche Klaaf, uns Heimatstadt am Rhing,
Dat bliev för uns bestonn; Un wat och kumme mag,
Dat kann nit ungergonn. Do blievs uns Heimatstadt,
Die mer su gähn gehatt, Nor do sinn mer zu Huus,
Do trick uns och kein Deuvel, kein dausend Päd eruus."

Das Rathaus steht in Flammen

Der massive Angriff deckte das ganze Kölner Rathaus in einem Wurf mit Brandstäben, Phosphor-Kanistern und Sprengbomben förmlich zu. Im Nu versanken Dach und Fach, und eine ungeheure Brandflut breitete sich aus und erzeugte eine solche Hitze, dass sogar alles Metall im Rathaus, darunter auch große und wertvolle Bronzeleuchter, zerschmolzen. Die im Rathaus stationierte 35-köpfige Feuerwache war nicht in der Lage, gegen diese Sturmflut überhaupt anzugehen. Prof. Dr. Dr. Türck hatte frühzeitig veranlasst, dass die wichtigsten Grundakten der Haushaltswirtschaft und die letzten Jahresrechnungen im Tiefkeller des Rathauses hart an den Resten der ehemaligen römischen Stadtmauer deponiert wurden. Er schrieb in sein Tagebuch:

„Als ich in der Morgendämmerung nach dem Großangriff zu den Trümmern des Rathauses eilte, war die Innenstadt mit Schutt und Dreck übersät, waren die Straßen ganz menschenleer und glühte das Rathaus wie ein rauchender Scheiterhaufen. Es war bis auf die Grundmauern einfach zusammen gesunken; es war heiß und stinkende Rauchsäulen loderten empor. Der erste Mensch, der erschien, war der schweizerische Generalkonsul von Weiß, der vor mir fast unter Tränen weidlich auf die Engländer schimpfte, weil sie dieses so wertvolle und herrliche Gebäude brutal zerstört hätten. Mitarbeiter der Finanzverwaltung bargen die Akten aus dem Tiefkeller, wobei sie mehrfach durch eine Kellerluke bei qualvoller Hitze von mehr als 50 Grad hinab- und heraufsteigen mussten. Im Rathaus selbst waren alle Einrichtungen und Akten verbrannt. Selbst die in einem Stahlschrank verwahrten Personalakten der leitenden Beamten waren gänzlich verkohlt."

Willy Klett bleibt trotz der Ausbombung in Köln. Den Kölner Heimatdichter Laurenz Kiesgen hingegen verschlägt es nach einem Fliegerangriff vom 4. Juli 1943 – sein Haus wurde total beschädigt – nach Bad Cannstatt. Hier, gewissermaßen im „Exil", läßt er die Ereignisse der „Feuernacht" noch einmal Revue passieren. Dabei erinnert er sich, dass er einem inneren Drang folgend bei der Flucht in den Bunker etwas mitgenommen hatte. Was, das hat er uns in den „wehmütigen Erinnerungen eines Kölners an einen Fliegerangriff" in dem Lied „Et Fläschge" anschaulich geschildert:

„Et wor grad, als wann einer reef:
„Flöck, nemm dat Fläschge met!"
Eh dat ich en der Keller leef
Galopp – un nit em Schrett;
Denn bovven en dä Höllenaach
Wor ald der Düvel loß,
Et kom erunder, Schlag op Schlag,
Et hüülte, bumschte, schoß!

Blick von Groß St. Martin

Meer unger bessen op de Zäng,
Wat wollt mer andersch dunn?
Et Leech ging us – un vun de Wäng
Do spritzt' der Kalk dervun.
Dann kom der Krieh: „Et schlog en't Huus!"
Dä ging durch Hätz un Kopp.
En Zick zwei Stund brannt alles us –
Un ich wor ärm wie Job.

Doch nie vergessen ich dä Gang
Dann en der Naach noch fott,
Lans Brand an Brand, durch
Schutt und Stank –
Ganz Kölle wor kapott!
Ne Püngel Pluute wor gerett' –
Wo krüff mer en e Loch?
Un doch: fählt' Desch un Stohl un Bett,
Ich hatt' mie Fläschge noch!

„Kölsch Wasser" nennt de deftige Aat
Mie Fläschge, - em Salong
Wo mer gebildt eß, weed gesaht
Fing huhdütsch: „Oddekulong!"
Nennt ehr mie Fläschge domme Krom
Un Kinderei, leev Lück,
Ehr weßt nit, wat ich met mer nohm
Un wat et mer bedück.

Dann wa' ming Nas ens jitz dran schnuv
Em fremde Land esu fähn,
Dann odeme ich Heimatluff,
Geiht Köllen op als Stähn!
Un wie nen Himmel schwäv der Döff
En't Hätz un säht mer klor:
Mie Kölle weed us Brand und Möff
Un Schutt ens – wie et wor!"

Selbst aus der Ferne, aus entlegenen Winkeln melden sich evakuierte und ausgebombte Kölner. Irgendeine Kontaktadresse hatte sich jeder notiert. Und erstaunlicherweise funktioniert auch die Postzustellung noch einigermaßen. Heinz Weiß war der Verbindungsmann der Lyskircher. Willy Klett hat dessen Wirken in seinen Aufzeichnungen lobend erwähnt:

„Der Kreis der Lyskircher Junge war total gesprengt. Die meisten waren eingezogen, viele evakuiert, irgendwo in der Nähe Kölns oder auch weiter weg. So wusste man kaum, wohin der eine oder andere verschlagen war. Die Verbindung wenigstens mit den eingezogenen Mitgliedern hielt unser lieber Vereinskamerad Heinz Weiß soweit wie möglich aufrecht. Viele unserer Kameraden werden ihm immer dankbar sein für die zahlreichen Päckchen und Briefe, die die Verbundenheit der Heimat mit unseren Soldaten bekundeten."

In dieser Zeit, Mitte 1943, ist auch der Text eines Liedes entstanden, dessen Manuskript sich im Archiv der Lyskircher Junge befindet. „Kölle ming Heimat" hat der (unbekannte) Verfasser sein Werk genannt:

„Alaaf mieh Kölle, oh du Heimat ming,
Ich mööch am leevste an et Hätz dich dröcke.
Alaaf, mieh Kölle, schönste Stadt am Rhing,
Wie deis do doch su innig mich beglöcke.
Do bes mer Halt, do bes minges Levvens Stähn,
Mieh Hätz wööd krank, wenn ich vun deer möht trecke:
Ich denk an dich beim Schlofegonn un och beim Wecke,
Mieh einzig Kölle, ich han dich su gähn!

En deer, mieh Kölle, ich gebore ben,
Ming ganze Jugend wor met deer verbunge.
Wie off han ich als Quoos met fruhem Senn
Die Leeder, die mieh Mutter kannt, gesunge.
Wie off hätt uns d'r Mutter weiche Hand
Sanf üvver unse Struwelkopp gestreche:
Un mer an ehrem Häzze uns dann usgekresche,
Wenn uns d'r ein off and're hat geschannt,

Och unse Vatter wor vun dinger Aat,
Ne echte Kölsche, kann mer köhnlich sage.
Su got hä wor, hä doch kein Männcher maht,
Un wat nit rääch, dat kunnt hä nit verdrage!
Wann hä verzallt vun deer off stundelang,
Dann nohm em Sturm de Häzzen hä gefange:
Denn grad doran all uns Erinnerunge hänge –
Ne fähne, söößse, nie vergesse Klang!

..
Dröm bliev' ich kölsch, weil ich nit anders kann,
Wo ich och ben, selvs en de fähnste Lande,
De Heimat hält mich fass en ehrem Bann
Un alles and're weed doran zo Schande.

Jet anders als mieh Kölle mer nit litt,
Denn kölsche Senn un Krätz un ech kölsch Levve:
Dat huhzehalde nor allein es mieh Bestrevve –
Denn wat och kütt, dich Kölle, loß ich nit!

Dröm „Kölle Alaaf" – do schöne Heimat ming,
Dich größen ich us vollem, deefem Häzze.
Do stolze Stadt am ahle deutsche Rhing,
Do Stadt d'r Freud, - doch och do Stadt d'r Schmäzze.
Ich weiß, mer all en Treue zo der stonn,
Bliev Kölsch, mieh Kölle, immer nur op Aehde:
Dann wähden och uns Kinder echte Kölsche wähde –
Denn kölsche Aat darf niemals ungergonn!
Ming einzig Kölle."

Aus zahlreichen Briefen, Gedichten und Liedern, die noch handschriftlich erhalten sind, lässt sich die große Sehnsucht der aus ihrer Stadt verschlagenen Kölner herauslesen. Dem einen oder anderen ist es nach der Rückkehr in die Vaterstadt gelungen, einiges im Druck erscheinen zu lassen. Manches, was inzwischen achtlos weggeworfen wurde, wäre des Lesens noch einmal wert. Willy Klett schaffte es irgendwie, dass seine Lieder im Druck erschienen. So auch das folgende Lied, Mitte 1943 „aus Schmerz über den Verlust unserer lieben alten Heimatstadt" entstanden und mit dem Titel „Ming einzig Kölle" versehen:

„Ming einzig Köln, wie han se dich zerschlage,
Uns leev alt Kölle, wie gings do dohin.
Us deefem Häzze dun mer dich beklage,
Mer han verlore, wo uns Häzz dran hing.
Die Hüüsger all, die Pläätz un och die Stroße,
Wo mer gespillt, als echte kölsche Krott.
Die moht mer deef em Leid verloße,
Uns Heimatstadt, die mahten se kapott.

Wie wieh dat deit, dat kann mer keinem sage,
Wer dat gekannt, wo mer vill Freud gehatt.
Wo uns die Mutter unger'm Häzz gedrage,
Wo mer geleht dat echte kölsche Platt.
Do bes nit mie, so mer leider sage,
Dobei steiht uns im Aug en decke Thron.
Dröm deit et Heimweh ahn dem Häzze nage,
Denn doför hatte mer dich vill ze gähn.

Et Schecksaal uns en alle Wind dät drieve,
Dat Fründschaffsband uns jäh zeresse woht.
Trotz allem Leid dunn mer der treu nor blieve,
Dat litt uns Kölsche einmal so em Bloot.
Denn en der Nöh und in der weiten Ferne,
Do leuch uns ovends och der Heimatstähn,
Voll Sehnsucht denke mer an dich so gerne,
Do Köln am Rhing, mer han dich doch su gähn.

Doch wenn die Friedensglocke einmal klinge,
Dann gonn mer all noh Kölle hin zoröck;
Do wähde mer – su Gott well – widder finge
Uns Fründe all, un och uns Heimatglöck.
Dann wähde mer uns Kölle neu opbaue,
Uns Heimatstadt, die darf nit ungergonn.
Dä Kölsche Boor loht op uns voll Vertraue:
Colonia - weed widder neu erstonn!“

Willy Klett schrieb dieses Lied, um, wie er meinte, „die Gefühle, die die Kölner hatten, einmal aufzunehmen und ihnen Ausdruck zu verleihen.“ Aus seinen Aufzeichnungen geht hervor, dass die Kölner „tränenden Auges dieses Lied, was jedem zu Herzen ging,“ sangen.

Die Zahl derer, die noch in der Stadt weilten, schrumpft immer mehr. Viele Kölner wurden evakuiert, nachdem zuvor schon die Schulkinder im Rahmen der Kinderlandverschickung in weniger bedrohten Gebieten untergebracht worden waren. Zahlreiche Kölner weigerten sich, die Stadt zu verlassen. Und diejenigen, die gingen (oder gehen mussten), machten nicht gerade positive Erfahrungen mit ihren „Gastgebern“. „Bombenweiber“ war eine der zumeist angewendeten Beleidigungen, denen sehr häufig tägliche Demütigungen folgten.

Es waren aber nicht nur Demütigungen, die in den evakuierten Kölnern in allen Teilen Deutschlands den Wunsch aufkommen ließen, so schnell wie möglich in die Heimatstadt zurückzukehren. Aber noch war es nicht so weit; Köln wurde weiter bombardiert, „obwohl“, so Willy Klett, „viele Bomben nur in schon vorhandene Trümmerhaufen fielen“.

1943/44 werden in jetzt 31 Gauligen Fußball-Meisterschafts-Spiele ausgetragen. In der Gauliga Köln-Aachen bilden der VfL 99 Köln mit der SpVgg Sülz 07 und der VfR 04 Köln mit dem Mülheimer SV 06 Kriegsspielgemeinschaften. Die KSG VfL 99 Köln/SpVgg Sülz 07 wird mit 28:4 Punkten Gaumeister vor der SG Düren 99 (27:5) und der KSG VfR 04 Köln/Mülheimer SV 06 mit 18:14 Punkten.

Für die Kölner KSG kommt das Aus bereits in der ersten Runde, als es bei der KSG Duisburg, dem Gaumeister vom Niederrhein, eine 0:2-Niederlage gibt. Der Dresdner SC wiederholt seinen Vorjahreserfolg. In Berlin wird der LSV Hamburg mit 4:0 besiegt In der Dresdner Mannschaft spielte, wie auch schon im Jahr zuvor, der spätere Deutsche Bundestrainer Helmut Schön. Die Siegesgesänge der Dresdner Fans sind noch nicht verstummt, als der Spielbetrieb völlig zum Erliegen kommt.

Schock fürs Leben

Am 24. Dezember 1957 lernte ich den am Beginn einer Weltkarriere befindlichen Automobil-Rennfahrer Wolfgang Graf Berghe von Trips persönlich kennen. Noch intensiver als zuvor verfolgte ich danach den sportlichen Werdegang des am 4. Mai 1928 in Köln geborenen Grafen. Auch nach seinem tragischen Unfalltod am 10. September 1961 in Monza blieb ich diesem außergewöhnlichen Menschen sehr verbunden. Für die Kölnische Rundschau verfasste ich 1984 zu seinem 15. Todestag einen Beitrag, den ich auf Wunsch der Redaktion – ausgelöst durch das Leserecho – mit weiteren Beiträgen fortsetzte. 1989 erschien im Greven Verlag Köln die von mir verfasste 436-seitige Biografie, die schon seit längerem vergriffen ist. Als Grundlage für die Biografie standen mir Tonbandaufzeichnungen, Fotos, Filme und Tagebucheintragungen zur Verfügung.

Graf Trips hat sich mit den Geschehnissen der Kriegs- und Nachkriegsjahre auseinandergesetzt und es ist sicherlich von Interesse, wie sich die Ereignisse aus der Sicht eines Heranwachsenden darstellen. Der junge Adelige, der 1943 in einem Winter-Wehrertüchtigungslager auf der Wangenkopfhütte in Sonthofen als 15-jähriger Junge im Kreis Gleichaltriger einen achttägigen Sonderlehrgang mitgemacht und bei dessen Fortsetzung Anfang 1944 einen Fußbruch erlitten hatte, erinnerte sich in einem auf Tonband festgehaltenen Gespräch im August 1961:

Wolfgang Graf Berghe von Trips am Kölner Hauptbahnhof

„1944 war das Jahr der schweren Bombenangriffe auf Köln. Im Mai wurden allein 10 Luftangriffe über unserem Gebiet registriert. Auch ich wurde zu Aufräumungsarbeiten in Köln herangezogen. Dabei habe ich natürlich nicht nur die entsetzlichen Zerstörungen vieler Gebäude in Köln mit Schaudern registrieren müssen, sondern ich habe auch das ganze Leid der Menschen hautnah erlebt. Ich weiß nicht mehr, wie viele Leichen wir aus den Kellern und Trümmern gezogen haben, immer auf dem Sprung, einen Bunker aufzusuchen oder anderweitig Deckung zu finden, wenn das Geheul der Sirenen wieder losging. Bei diesen Einsätzen habe ich das Grauen des Krieges so richtig mitbekommen..."

Im Gegensatz zu vielen seiner Mitschüler blieb dem Grafen wegen eines Unfalls der Einsatz als Luftwaffenhelfer erspart. Weil die Flaksoldaten dringend an der Front gebraucht wurden, mussten sie in der Heimat soweit wie möglich durch andere Kräfte ersetzt werden. Im Februar 1943 begann deshalb im Rheinland und in anderen luftgefährdeten Gebieten die Einberufung der Jahrgänge 1926 und 1927 der Schüler der höheren Schulen zur Dienstleistung als Luftwaffenhelfer. Es wurden leichte, mittlere und schwere Heimflakbatterien aufgestellt, deren Mannschaften vorwiegend, bis auf die Geschützführer, aus 16- bis 17jährigen Schülern bestanden. Außer ihrem Dienst hatten die Flakhelfer anfänglich vier bis sechs Schulstunden täglich. Infolge der steigenden Zahl der Tagesluftangriffe wurde der Unterricht jedoch zunehmend eingeschränkt. Es kam immer häufiger vor, dass Alarm die Latein- oder Mathematikstunde unterbrach. Dann wurden aus Schülern Soldaten, die zu den Geschützen rannten, während die Lehrer im Unterstand Zuflucht suchten. Ab Januar 1944 folgten die Schüler des Jahrgangs 1928. Auch sie leisteten wie ihre Vorgänger Dienst bei der Luftabwehr. Bei der Einberufung zur Wehrmacht erhielten sie den „Reifevermerk", der das Abitur ersetzen sollte, aber nach dem Krieg meist nicht anerkannt wurde.

Im Laufe des Jahres 1944 erlebte die Trips'sche Familie zahlreiche Einquartierungen der deutschen Wehrmacht. Die letzte erfolgte am 17. Dezember 1944. Die schriftliche Anordnung ist auf einem kleinen Papierschnipsel, einem Schulheft entnommen, festgehalten:

„HVP 29491/B – 17.12.1944. Das Schloß Hemmersbach wird ab 17.12.44 für den HVP 29491/B belegt und ist für diesen Zweck freizuhalten."

Friedhofsbesuch in mondheller Nacht

Anfang September 1944 beschliesst die Gauführung der Partei, wegen der heranrückenden Invasion der Amerikaner alle liquiden Werte der Stadt Köln und auch alles abhebbare Bargeld in ein sicheres Depot nach Duderstadt auszulagern. Der Plan wird von der Finanzverwaltung verworfen; stattdessen kommt der Vorschlag, alle Unterlagen in Zinksärgen unter dem Namen Verstorbener zu begraben. Doch Baurat Nußbaum, Leiter des Begräbnis- und Friedhofsamtes der Stadt, widerspricht mit der einleuchtenden Begründung, dass es längst bekannt sei, dass viele Kölner ihre Wertsachen in ihren Familiengräbern vergrüben. „Jede geringste Erdbewegung fällt den Friedhofsgärtnern ins Auge und dann ist die Versuchung groß!"

Er hat einen besseren Vorschlag und so kommt es, dass in der mondhellen Nacht des 14. September 1944 der Sparkassen-Direktor Heitkamp, der städtische Kassenleiter Bernhard Land und Kämmerer Dr. Türck mit 23 Paketen in einem sparkasseneigenen Lastkraftwagen klammheimlich zum Südfriedhof fahren. Ziel ihrer Aktion ist ein Familiengrab in einer ausgebauten Gruft für vier Särge. Hiervon sind drei Grabstellen belegt, die vierte liegt in der oberen Hälfte und war so vorbereitet worden, dass man einen Sarg bequem in diese Lücke hineinschieben konnte. Der Einstieg zur Gruft war mit einer im Jugendstil gearbeiteten Eisenplatte bedeckt, die sich leicht aufheben und genau so akkurat wieder zurückbringen ließ ohne auffällig zu sein.

In der städtischen Finanzabteilung wurde ein Verzeichnis deponiert, im dem jedes nummerierte Paket eine chiffrierte Bezeichnung erhalten hatte. Die Auflösung dieses getarnten Verzeichnisses wurde geheim in drei Exemplaren gefertigt, für jeden der geheimen Friedhofsgänger eines. Bis März 1945 „wandert" Dr. Türck wöchentlich mindestens einmal zu dieser Stelle, um sich davon zu überzeugen, dass das Grab keine fremden Besucher erhalten hatte. Türck: „Später, als ich nicht wusste, wie sich das persönliche Schicksal im einzelnen gestalten würde, gab ich meinen beiden Mithelfern die Erlaubnis, die Stadtverwaltung nach Beendigung der Kriegshandlungen mit dem Standort unserer Verwahrung bekannt zu machen. Dies geschah auch durch Bernhard Land, und alle Schätze konnten unbeschädigt geborgen werden. Die Stelle dieses Verwahrraums war außer mir nur vier Personen bekannt: Nussbaum, Heitkamp, Land und meiner Frau. All diese Personen haben das Geheimnis bis zum letzten Augenblick bewahrt und niemandem mitgeteilt."

Dr. Türcks Ehefrau hat das von ihrem Mann gefertigte Verzeichniss durch alle Kriegswirren gerettet, und so bin ich in der Lage, den wesentlichen Inhalt der 23 Pakete bekannt zu geben:

- Hypothekenbrief der Stadt Köln in sechs Paketen Nr. 1–900
- Schuldverschreibungen der holländischen Schuld der Schwestern Unserer lieben Frau
- Zinsscheine für fremde Depositen
- Zinsscheine für Kautionen
- Zinsscheine für Stiftungen
- Städtische- und Stiftungsfonds
- Hypothekenbrief der Verwaltungsabteilung für Wohnungsfürsorge
- die England-Anleihe bei der Bank Kleinwoorth & Co.
- die städtische Ablösungsanleihe
- Sparkassenbücher mit einem Bestand von 97 Millionen Reichsmark
- das Original des alten Schuldennachweises
- der Schuldverwendungsnachweis in drei Ordonnanzen
- alle Darlehens-Verträge in einem eigenen Umschlag geheftet
- das Schuldenlagebuch der Ablösungsanleihe der Stadtkasse
- die Rücklagen-Kartei
- die Kartei der Bestands-Anlegungen
- die Erneuerungsrücklagen der Gebührenhaushalte
- die Kartei der Abwertungs-Gewinne, das gesamte noch geltende Schuldenverzeichnis mit Terminkalender und die Wertpapier-Kontrolle
- eine besondere Kartei der vertretenen Entschädigungszahlungen zu den

Fliegerschäden am städtischen Vermögen und zwar der unmittelbar entstandenen Schädigungen als auch der durch Ausfall von Steuerpflichtigen mittelbar entstandenen Verluste.

Es war ein „Versehen", dass die Jahresrechnung der Stadt Köln 1943 mit einem Überschuss von 18 Millionen Reichsmark abgeschlossen hatte. Da das einnehmende Wesen der Reichsfinanzbehörden immer offensichtlicher wurde, gelang es dem Leiter der Finanzverwaltung mit Unterstützung der Stadtverordneten Geheimrat Brecht, Generaldirektor Lehmann, Freiherr von Schroeder und sogar des Kreisleiters Schaller den Jahresüberschuss 1944 in Rücklagen zu „verdrücken", so dass lediglich rund 200.000 Mark als Überschuss ausgewiesen werden mussten.

Dr. Türcks Aufstellung belegt den Vermögensstand der Stadt Köln:

- 97.000.000 RM Guthaben auf Sparbüchern bei der Sparkasse der Stadt Köln; (in Wirklichkeit Ersparnisse für den künftigen Wiederaufbau der Stadt)
- 30.500.000 RM Depositen-Konten eben daselbst
- 421.765 RM bei der Deutschen Bank Köln
- 421.565 RM bei der Dresdner Bank Köln
- 241.050 RM beim Bankhaus Pferdmenges Köln

Die Verschuldung der Stadt Köln am Ende des Jahres 1944 betrug 410 RM pro Kopf der Bevölkerung.

Das Leben geht trotzdem weiter

Ein altes Liederheft dokumentiert die „närrische Tat" eines Kölners, der als Patient des Reserve-Lazaretts Lüdenscheid-Hellersen viele Energien darauf verwandte, eine Karnevals-Sitzung „mit allem Drum und Dran" in der Exerzierhalle auf die Beine zu stellen. Und dem das – wie auch der Druck eines Liederheftes – am 22. April 1944 sogar gelang. Bei der Namensnennung des „Patienten" wird sicherlich manch einer ausrufen: „Och, der Herr Schmitz!"

Dieser „Herr Schmitz" heißt richtig Leo Schumacher und als Schmitz oder Schumacher ist er ein Kölner Original geworden. Den Namen „Schmitz" verdankt er einer vom Karikaturisten ALEKS – Alfred Küsshauer – geschaffenen „rheinischen Person", die in den siebziger Jahren tagtäglich in der „Kölnischen Rundschau" verschmitzt-rheinisch-knapp ein aktuelles Ereignis auf die ihr eigene Art kommentiert. Als die Zeitung im Jahre 1969 das „leibhaftige Ebenbild" der ALEKS-Figur sucht, beteiligte sich auch Leo Schumacher an diesem Wettbewerb. Und nach dem Motto: „Wat ich anpacke, maach ich richtig" ging Leo Schumacher auf Stimmenfang. Das zahlte sich aus, denn die Leserjury setzte ihn auf Platz eins. So durfte sich Leo Schumacher seit dem 21. November 1969 „dä Schmitz vun Kölle“ oder „der Herr Schmitz“ nennen. Das allein war dem Vollblut-Karnevalisten jedoch nicht genug: er kreierte einen Orden, den „Schmitz-Orden“, den er zusammen mit der „Kölnischen Rundschau“ von Zeit zu Zeit an „verschmitzte“ Persönlichkeiten verlieh. Erster Ordensträger war der damalige Kölner Oberbürgermeister Theo Burauen, der sich auf einer Fahrt nach Oostende plötzlich den „hohen Schmitz-Ehren“ ausgesetzt sah. In der Folgezeit setzte sich die bei Theo Burauen begonnene Verwunderung fort. Denn in den Verleihungsbedingungen war ausdrücklich festgelegt, dass die Auszeichnung für den so Geehrten „eine Überraschung“ sein muss.

„Der Herr Schmitz“, im Jahre 1944 jedoch noch schlicht und einfach Schumacher heißend, organisierte und präsidierte also mitten im Krieg in Lüdenscheid eine kölsche Sitzung. Und damit die sich in der absoluten Mehrheit befindlichen „Nichtkölner“ auch etwas von dieser Lustbarkeit hatten, ließ der gewiefte Karnevalsjeck vier fast weltweit bekannte Schlager von Gerhard Ebeler und Hans Otten, darunter auch „Du kannst nicht treu sein“ und „Ja, ja die Liebe ist schuld daran“, ins Liederheft einrücken.

Wir werden evakuiert

Im Oktober 1944 wurden wir evakuiert. Zwei Tage hockten wir mit vielen Kindern und deren Müttern auf dem blanken und harten Holzboden eines Güterwagens. Mutter hielt während der ganzen Zeit unser Baby Marianne auf dem Arm. Es gab keine wärmenden Decken, geschweige denn eine weiche Unterlage, auf der man hätte sitzen oder liegen können. In das Rattern der Räder mischte sich das Heulen der Motoren der Tiefflieger, Bombeneinschläge waren unüberhörbar. Dann war es auf einen Schlag ganz ruhig geworden. Das Rattern hatte aufgehört, der Zug stand. Die Schiebetüren blieben verschlossen, kaum Tageslicht drang in die qualvolle Enge. Irgendwann wurde die Tür geöffnet. Mutter, mit Marianne auf dem Arm, kletterte über eine angeschobene Treppe oder Leiter aus dem Waggon. Wir schrieen wie am Spieß, alle Beruhigungsversuche halfen nicht, uns die Angst zu nehmen. Mutter und Marianne kamen nach einiger Zeit, die mir unendlich lang vorgekommen war, zurück. In einem Militärgefäß hatte sie warmen Griesbrei, den Helferinnen und Helfer vom Roten Kreuz auf dem Bahnsteig ausgegeben hatten. Mutter hat mir später erzählt, es sei auf dem Bahnhof Köln-Longerich gewesen. Der Zug hatte nach meiner Schätzung für die kurze Strecke vom Hauptbahnhof aus mindestens fünf Stunden gebraucht. Den Rest der Fahrt habe ich mehr oder weniger schlafenderweise verbracht. Im Schlaf oder Halbschlaf waren das „Rattatata, rattata, rattta“ und dazwischen das mehr oder weniger starke Gebrumm der Flugzeuge die Begleitmusik. Die Fahrt endete nach zwei Tagen in Badbergen, wo wir bei der Inhaberin eines Lebensmittel-Ladens mit angeschlossener Gastronomie einquartiert wurden.

Fast 60 Jahre später fahre ich, diesmal freiwillig und in Begleitung meiner Frau, nach Badbergen. Über die A 1 bis Osnabrück, von dort über die B 68, brauche ich gute zwei Stunden für die knapp 300 km. Mit der Bahn hätten wir am Vormittag mit dem ICE bis Osnabrück, von dort mit der NordWestBahn bis Quakenbrück und dann mit dem Bus bis Badbergen Marktplatz drei Stunden und 50 Minuten gebraucht. Am späten Nachmittag wären es, wegen fehlender Anschlüsse und längeren Aufenthalten, 9 Stunden und 53 Minuten gewesen. So gesehen waren die fast zwei Tage von damals, mit schnaubender Dampflok und quietschenden Güterwagen, gar keine so schlechte Zeit.

Mutters Schwester Else und die Brüder Georg (l.) und Hans (r.)

Das Kirchspiel Badbergen, so hatte ich es vor Fahrtantritt dem Internet entnommen, ist der Kern des Artlandes: „Der gute Boden ließ hier schon vor Jahrhunderten ein tüchtiges und selbstbewusstes Bauerntum entstehen". Heute hat Badbergen rund 4.600 Einwohner. 6.728 ha der 7.911,75 ha großen Flächen werden land- und forstwirtschaftlich genutzt. Schon 1876 hatte Badbergen Bahnanschluss erhalten. „Es entstanden mehrere Fabriken. Auch die Landwirtschaft nahm neuen Aufschwung. Trotzdem setzte bereits kurz nach dem Ende der Auswanderungswelle die Landflucht ein. Sie wurde nach dem 2. Weltkrieg von der Flüchtlingswelle überdeckt.... Den 2. Weltkrieg überstand die bäuerliche Kultur des Artlandes relativ unbeschadet. Im Kirchspiel Badbergen blieben die meisten der jahrhundertealten Höfe unbeschädigt."

Es war ein beklemmendes Gefühl, als ich im Sommer vor der aus dem 13. Jahrhundert stammenden St. Georgskirche inmitten der Reihensiedlung Badbergen das Auto abstellte und mit meiner Frau durch den schmucken Ort wanderte. Viele alte Höfe mit wunderbaren Giebeln sind hier zu bewundern. Ich suchte nach jenem Haus mit Hof, in das wir im Oktober 1944 einquartiert worden waren. Ich fand oder erkannte es nicht. Aber, um ehrlich zu sein, ich wollte es eigentlich gar nicht finden. Es wäre ja ein leichtes gewesen, jemanden nach dem Namen unserer damaligen Quartiergeberin, den ich ja aus den Erzählungen meiner Mutter kannte, zu fragen. Aber irgendwie hatte ich Hemmungen. Nach einem kurzen Spaziergang und einigen Stippvisiten in Bersenbrück und Quakenbrück traten wir schon nach drei Stunden die Heimreise an. Mir war die Lust auf ein Verbleiben vergangen. Denn aus meinem Kopf ließen sich die Erinnerungen an „damals" einfach nicht verdrängen.

Damals!? Damals waren wir in einem dem Haus angegliederten Stall, der von einer großen Hoffläche und einer eingezäunten Wiese umgeben war, untergebracht. Ein Ofen, der mit Torf, so man es hatte, befeuert wurde, spendete ab und zu etwas Wärme. Wasserratten, riesige Viecher, so groß wie Kaninchen, liefen ungeniert herum. Wir hatten große Angst vor diesen eklig anzusehenden Tieren. Mutter hat jede Nacht an unseren Matratzenlagern, auf denen wir Kinder, zugedeckt mit unseren Mänteln schliefen, gewacht. Aus Angst, wie sie mir später erzählte, die Ratten hätten uns Kinder angeknabbert. Morgens ging sie in aller Frühe zu einer Bäuerin in der Nachbarschaft. Bei Frau Oldenhage gab es immer etwas frisch gemolkene und noch handwarme Milch. Bezahlen konnte Mutter die Milch und so manche anderen Lebensmittel nur mit stundenweiser Arbeit auf den Feldern der Oldenhages. Wenn Mutter auf dem Feld oder beim Torfstechen war, vertrieb ich mir die Zeit mit dem Stallburschen. Er war, wie viele andere Fremdarbeiter im Ort, Franzose. Seinen Namen weiß ich nicht mehr. In guter Erinnerung aber ist mir geblieben, dass er mich tagtäglich mitgenommen hat: in den Stall beim Melken und beim Ausmisten, bei der Pferdepflege. Wenn er zweimal in der Woche von Hof zu Hof und zu vielen Häusern fuhr um Brot zu verkaufen, durfte ich auf dem Bock hinter dem Pferdegespann neben ihm sitzen, über Landstraßen und auf Felder mit ihm fahren. Eines Tages hieß es Abschied nehmen, denn die Fremdarbeiter zogen in einer langen Kolonne ab. Nicht nur für mich war es ein trauriger Abschied, wie ich an den Reaktionen der Menschen um mich herum feststellen konnte. Wenige Tage später war mein großer Freund wieder da. Er hatte sich von seinen „befreiten" Kameraden abgesetzt und wieder den Rückweg angetreten. Seine Landsleute, so erzählte er, seien auf ein Schiff gebracht worden, aber er habe es vorgezogen, an Land zu bleiben.

Eines Tages, ich meine, es wäre kurz vor Weihnachten gewesen, erschien ein uniformierter Mann, den Mutter freudestrahlend umarmte. Onkel Hans, einer ihrer Brüder, war gekommen. Onkel Hans war Funker bei einer Schnellboot-Einheit der Deutschen Marine und hatte Landurlaub. Von ihm erfuhren wir, dass Mutters ältere Schwester Else als Landarbeiterin in Schleswig Holstein war. Tante Agnes, die jüngere Schwester, war als Krankenschwester mit einem Bautrupp in Russland.

Dann kam Weihnachten. Das erste Weihnachtsfest, an das ich mich erinnern kann, 1944 fernab von Köln und in einem Stall. Aber es war trotz allem ein ganz besonderer Tag. Frau Oldenhage hatte Plätzchen gebacken und für uns Kinder jeweils eine kleine Tüte damit bestückt. Dazu gab es einen Apfel für jeden. Einen kleinen Christbaum hatte Mutter irgendwie aufgetrieben und als sie uns die Geschichte von der Geburt des Jesuskindes erzählte, waren wir sehr traurig, weil doch die Menschen in Bethlehem zugelassen hatten, dass das Jesuskind in einem Stall geboren werden musste. Trostvoll Mutters Hinweis, dass der Stall in Bethlehem durch die Nähe von Ochs und Esel und wegen des Heus und Strohs angenehm warm gewesen sei und dass es dort keine Ratten gegeben habe. Das hat uns Kinder dann wieder ruhig schlafen lassen.

Der Winter war gerade vorbei, da tauchten plötzlich Soldaten auf. Engländer, wie uns Mutter sagte. Die eingerückten Engländer wurden unsere „Befreier". Als erstes holten sie uns aus dem Stall und wiesen uns die wesentlich komfortablere Kegelbahn als Quartier zu. Mutter erhielt Kochgeschirre, eine Bratpfanne und andere kleine Haushaltsgeräte. Alles Gegenstände, die wir bis dato nicht oder in nicht ausreichendem Maße besaßen. Mein erstes

Stück Schokolade. Ich weiß nicht einmal mehr, ob ich es himmlisch gefunden oder ob ich es angstvoll in den Mund geschoben habe. Die Angst, als plötzlich viele Uniformierte um uns herum waren, war aber sehr schnell gewichen, als wir merkten, dass die Soldaten uns freundlich gesonnen waren. Am Ende des Gartens hatten sie, unmittelbar unter einem Kirschbaum, ein Plumpsklo gebaut. Wer auf dieser Latrine seine „Geschäfte" erledigte, hatte im Frühsommer des Jahres 1945 gleichzeitig Gelegenheit, Kirschen zu pflücken. Wovon denn auch oftmals Gebrauch gemacht wurde. Wenn das Häuschen mit dem eingeschnitzten Herzchen gerade mal nicht besetzt war, dann versuchte ich an die ein oder andere Kirsche zu gelangen. Die Holzkonstruktion, auf der die Tommies mit dem blanken Hinterteil in ein dunkles Loch zielten, diente mir als Unterstand für meine kleinen Kletter-Exkursionen. Zwar wurde der Gestank von Tag zu Tag stärker und immer mehr Fliegen schwirrten um das mit einem Deckel nur unvollkommen abgedeckte Zielloch. Aber das störte mich nicht, denn die täglich nachreifenden Kirschen waren für mich und meine von mir ab und zu „mitversorgten" älteren Schwestern eine Krönung unseres immer spärlichen Speiseplans. Frau Oldenhage drückte mir eines Tages eine große und mit herrlichen Kirschen prallgefüllte Tüte in die Hand. Die Freude darüber war riesengroß und auch Mutter, die ansonsten immer alles uns Kindern überließ, beteiligte sich diesmal am Verzehr.

Unsere „Gastgeberin" hatte im übrigen ihr Verhalten nach der Einvernahme ihres Anwesens durch die Engländer sehr verändert. Eines Abends brachte sie es sogar fertig, uns aufzusuchen und Mutter eine Spitztüte zu überreichen: „Für die Kinder und für Sie!" Genau 5 (fünf!!) Kirschen, für jeden von uns eine, waren darin. Angesichts des Erlebnisses aus dem Herbst des vergangenen Jahres, als wir gerade angekommen waren, müsste diese Wohltat eine Würdigung finden, wenn da heute nicht der Verdacht bei mir wäre, es sei eine weitere Form der Demütigung gewesen. Was mir so stark in Erinnerung geblieben ist, als sei es gestern geschehen, hatte sich wenige Tage nach Ankunft der „Bombenweiber" – so titulierten einige „Gastgeber" die evakuierten Frauen mit ihren Kindern – ereignet. Mutter hatte uns eindringlich ermahnt, nichts, aber auch gar nichts außerhalb unserer Behausung anzurühren. Als ich am späten Nachmittag auf dem Weg zu unserem Stall an der eingezäunten Wiese vorbei kam, sah ich eine vom Baum herabgefallene große Birne auf meinem Weg liegen. Ich hob sie auf und wollte sie mitnehmen, doch nach wenigen Schritten stand die Wirtsfrau vor mir, schimpfte, entriss mir die Birne und schmiss sie auf die Wiese. „Ich lass mich doch von Hergelaufenen nicht beklauen!" Als wir am Abend eines kalten Wintertages dicht an dicht aneinander gedrängt und in unsere Mäntel gehüllt in unserem Stall die aus dem Ofen aufkommende Wärme genießen wollten, war unsere „Herbergsmutter" erschienen. Ihr bloßer Anblick flößte uns allen schon Angst ein. Schnurstracks ging sie auf den Ofen zu, öffnete die Klappe des Backofens und nahm das Stück Torf, das Mutter dort zum Trocknen verstaut hatte, heraus und verschwand damit, ohne ein Wort zu sagen. Trockenes Holz, von Bäumen abgefallen und von uns Kindern aufgelesen, musste wieder zurück gebracht werden. Meine älteste Schwester Dora wurde von Kindern in die Hase, einem kleinen Fluss, etwas außerhalb gelegen und von uns Kindern sehr oft zum Baden oder Plantschen aufgesucht, gestoßen und mit dem Kopf unter Wasser getaucht, „gezoppt".

Als sie, um Luft ringend, wieder auftauchte, wurde Dora mit Grasbüscheln, die die Kinder aus dem Boden herausgerissen hatten, beworfen. „Macht euch fort ihr Kölner!" Ein Ruf, den wir sehr oft und nicht nur von Kindern hörten.

Dora musste die Schule besuchen. Die Klasse, so erinnert sie sich, war mit Kindern überfüllt. Der Lehrer ignorierte die Flüchtlingskinder. Dora kann sich nicht erinnern, auch nur ein einziges Mal zu Wort gekommen zu sein. „Wir Kinder von den Bombenweibern waren Luft!"

Ein ganz schreckliches Erlebnis hat Dora, heute dreifache Mutter und Großmutter von drei Enkelkindern, bis heute nicht vergessen. Als sie auf dem Weg von der Hase nach Hause war, tauchten urplötzlich Tiefflieger auf. Einer Frau, die von ihrem Fahrrad sprang und sich in den Graben neben der Straße warf, machte sie es instinktiv nach. „Passiert ist zum Glück nichts, aber Mutter war sehr aufgeregt, als ich zu Hause ankam!"

Meine eigenen Erlebnisse könnten noch eine Ergänzung durch die Erinnerungen von Mutter erfahren. Bei Fragen von mir hat sie immer nur andeutungsweise von Schikanen und Demütigungen einiger Dorfbewohner, aber auch von der Hilfsbereitschaft und Großzügigkeit anderer Menschen, allen voran Frau Oldenhage, gesprochen. Und von einer Familie, deren Name sie nicht kannte und die ihr wie ein Geschenk des Himmels vorgekommen war. Denn als Mutter von einem Dorfbewohner den Hinweis erhielt, sie könne sich Holz von gefällten Bäumen holen, musste sie vor Ort feststellen, dass sie weder eine Säge noch eine Axt dabei hatte. Dora war in der Schule und so wurde Hedwig als die älteste in unserer Kinderrunde beauftragt, zu einem etwa 300 Meter entfernten Bauernhof zu gehen und dort nach einem Beil zu fragen. Es dauerte lang und länger, Mutter war schon sehr besorgt, doch dann kam Hedwig angedötzelt. Sie war von der Bauersfrau zunächst einmal beköstigt und dann mit einigen eingepackten und gut belegten Butterbroten sowie dem geliehenen Beil zurück geschickt worden.

Mit zunehmendem Alter und bei immer größer werdendem Abstand zu den Geschehnissen von damals brachte Mutter sogar Verständnis für auf die von uns Kindern immer wieder in Erinnerung gebrachten Boshaftigkeiten unserer „Gastgeberin". „Wahrscheinlich", so meinte Mutter, „war unsere Quartiergeberin, der wir ja aufgezwungen worden waren, auch deshalb sehr verbittert, weil sie keine Nachrichten von ihrem an der Front befindlichen Sohn hatte. In ihren Augen war ich diejenige, der es gut ging. Denn ich hatte ja meine Kinder!"

Neue Haupt-Kampf-Linie in Köln

Ich zitiere noch einmal Wolfgang von Trips: „Gegen Ende 1944, es war Winter, ging die Ardennenoffensive los. Es war das letzte Mal, dass unser Familienbesitz so ganz intakt war. Bedingt durch die Einquartierungen haben wir abends öfter zusammengesessen und deshalb erinnere ich mich gut an die Schönheiten des Hauses mit seinen alten Kaminen, die mit selbstgeschlagenem Brennholz gestocht wurden, weil es keinen Koks für die Heizung gab. Als Beleuchtung dienten Kerzen, denn die Elektrizität fiel oft aus. Die Stimmung war meistens sehr gedrückt.

Gegen Ende des Krieges wurde ich doch noch eingezogen und kam in ein Ausbildungslager der HJ nach Belgien. Hier wurden wir an Waffen ausgebildet und sozusagen schon als Kampfeinheit zurechtgetrimmt, ähnlich dem Volkssturm. Mit einigen Einsätzen bin ich bis an den Rand meiner Leistungsfähigkeit belastet worden. Was ich vom Krieg mitbekam, was ich selbst mitmachen musste, hat mich sehr mitgenommen und ich bin, wie man so sagt, regelrecht zusammengebrochen und wurde daraufhin nach Hause entlassen.

Lange dauerte mein Aufenthalt nicht. Denn rund um Köln wurde eine neue Haupt-Kampf-Linie aufgebaut und alle Männer im wehrfähigen Alter, die nur irgendwie greifbar waren, mussten Schützengräben und Schützenlöcher ausheben und räumen. Die sogenannten „Goldfasane“, also Nazis aus anderen Teilen des Deutschen Reiches, waren hierher abkommandiert worden, weil die Bonzen befürchteten, die Einheimischen würden sich nicht mehr voll einsetzen.

Auch mein Vater (Eduard Reichsgraf Berghe von Trips) und ich sollten uns bereit halten und abmarschieren, um auf der anderen Rheinseite beim Aufbau der HKL zu helfen. Wir wollten natürlich meine Mutter und meine Großmutter – mein Großvater war am 5. Dezember 1942 verstorben – nicht im Stich lassen und deshalb beschlossen wir gemeinsam, uns zu einem Bauern in Rederscheid, bei dem wir ein Jagdrevier hatten, abzusetzen. Am letzten Tag vor unserer „Flucht“ wurde ich in die Molkerei geschickt, um einen halben Zentner Butter – unser Kontingent – abzuholen. Dabei bin ich, ohne es zu wissen, mit unserem Opel durch Artillerie-Beschuss gefahren. Ich sah zwar eine ungewöhnlich große Anzahl kleiner Löcher. Riesen-Bombentrichter kannte ich, aber so kleine Löcher hatte ich noch nie neben der Straße gesehen. Ich wunderte mich und überlegte, wo die alle her gekommen sein könnten, ahnte aber nicht im Entferntesten, dass das bereits Einschüsse der amerikanischen Artillerie waren.

Das ganze Gelände war gut und weit einzusehen und ich war als einziger mit einem Fahrzeug da auf der Straße. Dann sah ich einen Soldaten, der im Straßengraben kauerte. Wahrscheinlich wurde gerade geschossen, aber während der Fahrt in meinem Donnerkasten hatte ich nichts bemerkt. Vorsichtshalber hielt ich an und sagte:

„Kann ich helfen, soll ich Sie mitnehmen?" Ich werde nie vergessen, wie er mich anschrie:

„Hau Dich hin, du Arschloch, die Ari schießt!" Ich war konsterniert und bin weitergefahren, habe die Butter abgeholt und kam auch wieder heil zu Hause an. Meine Eltern hatten Heidenängste ausgestanden, weil nach meiner Abfahrt die Knallerei losgegangen war.

Wir verließen das Schloss und zogen mit der ganzen Familie ab, gewissermaßen in letzter Sekunde, denn die Amerikaner waren nicht mehr weit. Unter Ari-Beschuss und im Bombenhagel ging es in der Nacht nach Bonn. Hier überquerten wir als eines der letzten Fahrzeuge den Rhein. Denn noch in der gleichen Nacht wurde die Brücke gesprengt.

Unser Opel Super 6 wurde von mir gesteuert. Der Vergaser wurde mit Braunkohlen-Schwelkoks gestocht. Zum Glück regnete es nicht, denn bei Regen gab es immer Schwierigkeiten mit den Brennstoffen. Mit Auto plus Anhänger und einer Geschwindigkeit von allerhöchstens 60 km/h brachte ich uns ans Ziel."

Eine Stadt stirbt, aber Köln ist nicht tot

Dann kommt der schreckliche 2. März 1945, der letzte schwere Bombenangriff auf Köln, der zugleich die Einnahme der Stadt vorbereitet. Im Tacitus-Bunker in Bayenthal hatten sich schon sehr früh und in Vorahnung des Kommenden die Hierarchie der Partei und leitende Mitarbeiter der Stadtverwaltung zusammengezogen. Willy Klett schildert dieses auch aus militärischer Sicht unglaubliche Kapitel sinnloser Zerstörungswut:

„Dieser Tag war ein Freitag. In 32 Minuten war an diesem Vormittag das gesamte Straßennetz der Stadt zerschlagen worden. Kein Kampfstand und kein Schützenloch hatten vor dieser gewaltigen Sprenggewalt Bestand. Kettenbomben und sogenannte Luftminen machten aus ganzen Häuserblocks unentwirrbare Trümmerhaufen. Ruinen und Brandmauern wurden umgelegt, die Kanäle wurden aufgerissen und im gleichen Augenblick von den umstürzenden Fassaden wieder zugeworfen. Hier konnte kein Fuß mehr gehen. Die wenigen, die geblieben waren, zitterten in schwankenden Bunkern und Kellern um ihr Leben, versunken in den einen Gedanken, dass das das Ende sei. Leichen, die überall herumlagen, konnten nicht mehr abtransportiert werden, weil keine Wagen mehr fahren konnten. Aber sie erschreckten auch nicht mehr – man hatte sich an den Anblick gewöhnt; zu viele lagen in der Stadt, die wie ein unübersehbares Planquadrat der Toten von unbestimmter Zahl wirkte. Noch nach Jahren werden die Menschen müde mit der Hand abwinken, wenn sie gefragt werden: „Der 2. März 1945?" „Der schwarze Freitag" werden sie erwidern, und dann – werden alle schweigend weitergehen!"

Entsetzen und Qual klingen aus den eindrucksvollen Worten von Willy Klett, des

Mannes, der in seinen Liedern und in seinen Büttenreden stets Optimismus vermittelte. Die Befürchtungen von Willy Klett haben sich nicht bewahrheitet. Im Gegenteil: die Stadt Köln hat einige Dokumentationen vorgelegt, von denen zwei besonderer Erwähnung bedürfen: „Statt Trümmern – Unsere Stadt“ heißt die 1985 herausgegebene bebilderte Schrift, aus deren Vorwort – von Oberbürgermeister Norbert Burger – hier zitiert wird:

„40 Jahre ist es her, dass – nach verheerenden letzten Bombenangriffen am 2. und 3. März 1945 – amerikanische Truppen Köln eroberten. Der Krieg war zu Ende, die Bilanz schrecklich: 40 000 Einwohner lebten in einer Stadt, die 1939 noch 768 352 Einwohner gehabt hatte. Hunderttausende waren evakuiert oder noch in den letzten Tagen vor dem 6. März geflohen. 20 000 Menschen waren im Bombenkrieg getötet, 40 000 verletzt worden.

11 000 Kölner Juden waren in den Vernichtungslagern umgebracht worden, an den Fronten starben während der Kriegsjahre über 20 000 Kölner Soldaten der Wehrmacht. Insgesamt also 50 000 Tote allein in Köln, dazu noch eine nicht genau bekannte Zahl von Widerstandskämpfern, die von den Henkern des Naziregimes umgebracht worden waren. Zu unermesslichen Leiden der Menschen kam die nahezu totale Zerstörung der historischen Altstadt Kölns mit fast 90% ihrer Bausubstanz. Insgesamt waren in Köln etwa 70% des Wohnraumes von 1939 vernichtet. Über das Trümmerfeld der Stadt, über den Rhein mit zerbombten oder gesprengten Brücken ragte nur noch die dunkle Masse des Doms hinaus – ein letztes, scheinbar intaktes, doch gleichfach vielfach getroffenes Symbol eines einst blühenden Gemeinwesens mit fast 2000jähriger Geschichte.“

Vor mir liegt ein vergilbtes Blatt. Mit Tinte und in gestochener Altdeutscher Schrift ist es mit „Heimweh nach Köln“ überschrieben. In der Unterzeile heißt es „Von einem Totalfliegergeschädigten“.

„Als kölsche Jung ben ich gebore,
Ming Weeg, die stund tireck am Rhing.
Wat do passeet, eß zo bedoore,
Un wat noch kütt, dat litt im Rhing.

Wenn ich su an ming Heimat denke
Un sinn em Geis noch Kölle stonn,
Dann kan ich nor me'm Kopp ens schwenke
Un han em Aug' de Trone stonn.

D'r Tommy schloch en zwei-drei Stunde
Uns Kölle koht un hagelklein.
Wo meer gelaach en fruhe Stunde,
Do süht mer jetz nor Dreck un Stein.

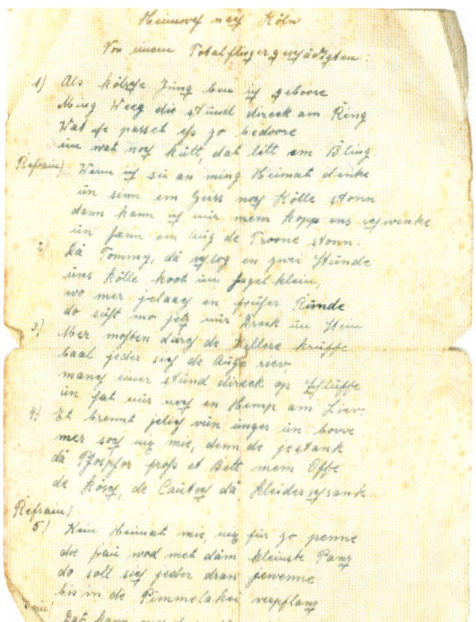

M'r mohten durch de Kellere kruffe,
Un jeder sich de Auge riev,
Manch einer stund tireck op Schluffe
Un hat nur noch en Hemb am Lief.

Et brannt gelich vun unger un bovve,
M'r roch nix mieh denn dä Gestank.
Dä Phosphor froß et Bett m'em Ovve,
De Köch, de Coutch, de Kleiderschrank.

Kein Heimat mieh, nix för zo penne,
De Frau wood met däm kleinste Panz,
Do soll sich jeder dran gewenne –
Beß en de Pimmelakei verpflanz.

Dat kann mer doch nit met uns maache,
Mer wolle ga´nit he eruß.
Ne Kölsche eß gewennt zo laache,
Wo dat nit eß, do eß et uß.

M'r welle uns vum Dom nit trenne,
Dä hück noch steiht metsingem Blötsch.
Sulang dun mer em Bunker penne,
Uns mäht dä Tommy nit verdötsch.

Wat soll dat Ganze nor bezwecke,
Uns triff doch ganz bestemmb kein Schold.
Ich sagen üch: denn mer ärme Jecke,
Mer han d'r Kreeg doch nit gewollt.

Der Maler Jörg von Reppert-Bismarck erlebt den Krieg bei einer Panzerarmee im Osten. Dort malt er die hier veröffentlichten Aquarelle. Schwerverwundet kehrt er nach dem Krieg zurück und findet auf Burg Hemmersbach bei Köln bis zu seinem Tod 1962 eine neue Heimat.

Wir sind noch einmal davon gekommen
Die Signale für den Aufstieg

Als die Soldaten der amerikanischen 104. Infanteriedivision, unterstützt von Panzern der 3. US-Panzerdivision, am 6. März 1945 gegen 4.00 Uhr morgens massiert losziehen und in Köln einrücken, treffen sie auf schwachen Widerstand; am frühen Nachmittag ist der Dom erreicht. Im Laufe des 7. März schweigen auch die letzten der noch vereinzelt tätigen Waffen. „Die Stadt ist ein Schlachthaus in allen Teilen“ vermeldet ein Kriegsberichterstatter nach England. Das Kriegstagebuch des Oberkommandos der Wehrmacht berichtet unter dem 8. März kurz und knapp: „In Köln ist der Widerstand erloschen!“

Wer hätte hier auch noch Widerstand leisten sollen? Die Nazis – die hatten zwar ihre Durchhalteparolen in der ganzen Stadt plakatiert, aber schnell das Weite gesucht, als es brenzlig geworden war. Die wenigen Menschen, die noch in der Stadt waren? Die hatten weiße Tücher gehisst und waren froh, dass alles vorbei war.

Das linksrheinische Köln war am 8. März 1945 endlich befreit. Köln war scheinbar tot. Aber nur scheinbar, denn tot waren lediglich die Steine; die wenigen in der Stadt verbliebenen Menschen waren lebhaft. Ihre Füße wussten die Wege, die der Kopf vergessen hatte und die das Auge nicht mehr erkennen konnte.

Die Kölner rechts des Rheines warten noch auf die Amerikaner

Auf einer Anhöhe zwischen Immekeppel und Overath verfolgen viele auf verschiedenen Höfen der Umgebung evakuierte Kölner Männer und Frauen die Einnahme Kölns und warten auf den Anmarsch der Amerikaner in ihrem Gebiet. In einer frühen Morgenstunde des nächsten Tages erscheint eine fliehende SS-Gruppe mit Autos und einem mit allen möglichen Waren gefüllten Lastwagen und quartiert sich auf einem der Höfe ein. Als die Soldaten damit beginnen, in einer hochaufragenden Linde eine Antenne aufzubauen, protestieren die Anwohner. Die Angst, die Amerikaner würden den Funkverkehr überwachen und die Sendestelle unter Artillerie-Feuer nehmen, läuft um. Die Situation droht zu eskalieren. Ein Feldwebel, Troisdorfer Bürger, schaltete sich ein und ordnete an, die Antenne an den Ortsrand zu verlegen. Kaum ist sie in Betrieb, schiessen die langsam näher rückenden Amerikaner die ganze Einrichtung in Brand.

Die SS-Leute veranstalten am Abend im Keller des „besetzten“ Hauses eine regelrechte Sauforgie. Die Angst der Bewohner legt sich erst, als sie von einer Bewohnerin erfahren, dass „die ganze Bande total betrunken und zu keiner Aktion mehr fähig“ sei. Eine amerikanische Vorhut macht am folgenden Morgen dem „Spuk“ ein Ende. Die „Befreier“ werden von der Bevölkerung freundlich empfangen und mit Spiegeleiern versorgt. Die Amerikaner liefern sich mit den SS-Leuten noch einen kurzen Schlagabtausch, bei dem zwei Soldaten getötet und sieben verwundet werden.

Es dauert noch bis zum 21. April, ehe die alliierten Truppen zur Vorhut stoßen – jetzt konnten auch Menschen auf der rechten Rheinseite aufatmen. Von nun an stürmen täglich zwischen 10.000 und 20.000 evakuierte Kölner zurück, die den Rhein wegen der zerstörten Brücken jedoch nicht überschreiten können.

Nur mit einem Erlaubnisschein des amerikanischen Truppenführers können die ersten Heimkehrer über die gesprengten und mit ihren Brückenbögen im Rhein liegenden Eisenmassen in einer Zeitdauer von etwa einer halben Stunde über den Rhein gelangen

„Vorbei, vorbei!! Tiefe Wunden hatte der Krieg in unsere Herzen geschlagen. Alt-Kölle stunnt nit mieh, unsere heißgeliebte Vaterstadt war nur noch ein Trümmerhaufen. Der entsetzliche Bombenkrieg war vorbei, man konnte wieder ruhig schlafen. Die tägliche Todesangst, die die Menschen jahrelang beherrschte, wich einer totalen Lethargie. Alle waren froh, zu denjenigen zu gehören, die sagen konnten: „Ich bin noch einmal davon gekommen!" Täglich kamen geflüchtete und evakuierte Kölner mit Handwagen, Heuwagen und selbstgebauten Gefährten wieder zurück nach Köln." So beginnt Willy Klett seinen Bericht über die Nachkriegszeit.

Zivilverwaltung linksrheinisch ...

Übers Radio wird die Meldung verbreitet, dass im linksrheinischen Köln bereits Ende März unter der Aufsicht der Militärregierung eine Zivilverwaltung aufgebaut worden war: „Gemäß dem Grundsatz, dass keine Nazi-Elemte in der Verwaltung geduldet werden, wurde dabei festgesetzt, das niemand, der zu irgendeiner Zeit Parteimitglied ist, einen Verwaltungsposten bekleiden darf. Zu den geschaffenen, wichtigeren Ämtern, gehören die folgenden:

- der derzeitige Leiter der Stadtverwaltung
- der Gefängnisdirektor
- der Polizeipräsident
- der Polizeileiter
- der Brandmeister
- der Leiter der Verwaltungspolizei und des Luftschutzwesens
- der Leiter des Arbeitsvermittlungsamtes
- der Direktor des Ernährungsamtes
- die Beigeordneten für Gesundheit und Wohlfahrt, für Finanz- sowie für das Bau- und Wohnungswesen."

... und auf der rechten Rheinseite

Im Müttererholungsheim Brück, provisorisch als Verwaltungsstelle eingerichtet, kümmern sich ab Mitte April rund 40 Beamte des mittleren und höheren Dienstes der Stadt Köln um die Versorgungsprobleme. Strom und Gas müssen in Gang gebracht, Straßensperren beseitigt, Nahrungsmittel organisiert werden. Dank des großen Einsatzes aller vollziehen sich Ausstellung und Verteilung der Lebensmittelkarten sowie die Austeilung der Lebensmittel nahezu reibungslos.

Konrad Adenauer wird Oberbürgermeister

Der 69-jährige Konrad Adenauer weilt seit Ende 1944 mit weiteren 17 Personen in seinem Haus in Rhöndorf, besser gesagt in dessen Weinkeller, der notdürftigen, aber besseren Schutz als das Haus selbst gewährt. Bei seiner Entlassung aus dem Gestapogefängnis in Brauweiler war ihm der Aufenthalt im Regierungsbezirk Köln untersagt worden. Freunde hatten ihn deshalb unbemerkt im Auto nach Rhöndorf gebracht.

In seinen „Erinnerungen 1945-1953" schildert Adenauer die Situation kurz vor Kriegsende:

„Wir rückten im Bunker enger zusammen und warteten so das Kriegsende ab... Morgens gegen sieben Uhr machten die amerikanischen Truppen eine einstündige Pause im Beschießen des rechten Rheinufers. Anscheinend nahmen sie zu dieser Zeit ihr Frühstück ein. Während dieser Stunde mussten zwei meiner Töchter, an Gartenmauern Deckung suchend, sich zur Quelle schleichen und für 24 Stunden das Trinkwasser holen."

Am Morgen des 8. März 1945 erhält Adenauer einen Anruf seiner Schwester Lilly Suth, die ihm aufgeregt mitteilte: „Wir sind schon frei, bei uns sind die Amerikaner, übrigens ganz nette Leute!"

Acht Tage später, am 16. März 1945, rücken die Amerikaner in Rhöndorf ein, die Beschießungen hörten auf. Die deutschen Truppen, die im Wald hinter dem Haus im Schützengraben liegen, ziehen sich zurück. Auf der Rheinuferstraße rollte eine riesige Kolonne amerikanischer Panzer in Richtung Köln.

Nach wenigen Tagen kommen amerikanische Offiziere und fordern Adenauer auf, nach Köln zum dortigen Kommandanten zu kommen und die Verwaltung der Stadt zu übernehmen. Im offenen Jeep wurden Adenauer und seine Frau nach Köln gebracht.

Lt.Col.R.L.Hyles, amerikanischer Kommandant in Köln, fordert Adenauer auf, erneut das Amt des Oberbürgermeisters von Köln zu bekleiden. Unter Hinweis auf seine drei Söhne, die noch an der Front dienen, bittet Adenauer von einer Ernennung abzusehen, weil er befürchtet, die Nazis würden seine Söhne erschießen wenn bekannt würde, dass er von den Amerikanern zum OB ernannt worden sei.

Adenauer ist aber bereit, „nach besten Kräften zu helfen". Der Kommandant erkennt die Gründe als berechtigt an, Adenauer erhält zunächst den Status eines Beraters und wird nach seinen eigenen Angaben „erst nach Beendigung der Kampfhandlungen in Deutschland zum Oberbürgermeister von Köln ernannt."

Das Gespräch muss wohl am 19. März stattgefunden haben. Adenauer selbst macht keine genauen Zeitangaben. Im Tagebuch des Kölner Stadtdechanten Dr. Robert Grosche aber ist unter dem Datum 20. März vermerkt: „Gestern Abend tauchte plötzlich Oberbürgermeister Adenauer auf, der von den Amerikanern nach hier geholt worden ist; wir sprechen über die mögliche Einrichtung einer stadtkölnischen Verwaltung..."

Adenauers Befürchtungen erhalten neue Nahrung, als bekannt wird, dass der Aachener Oberbürgermeister Franz Oppenhoff am 1. April einem Meuchelmord der Nazis zum Opfer gefallen war. Trotzdem macht er sich unverzüglich ans Werk – Robert Grosche hat in seinem Tagebuch im April drei weitere Treffen mit Adenauer notiert.

Als Tag der „offiziellen" Übernahme der Amtsgeschäfte Adenauers von seinem Schwager Willi Suth, den die Amerikaner am 16. März 1945 als Verwaltungsleiter eingesetzt hatten, wird überall der 4. Mai 1945 genannt. Diese Datumsangabe, also vier Tage vor der bedingungslosen Kapitulation, beruht auf einer mündlichen Mitteilung von Adenauers Sekretärin Dr. Poppinga; einen schriftlichen Nachweis hierfür gibt es offensichtlich nicht.

Wie aber ist das Datum mit Adenauers Vorbehalten in Einklang zu bringen? Hatte der Siegeszug der Alliierten in der Endphase des Krieges seine Bedenken zerstreut?

Köln hat wieder eine Zeitung

Wichtigste Quelle für das Geschehen der ersten Nachkriegsjahre in Köln ist die von den beiden Besatzungsmächten herausgegebene Zeitung „Kölnischer Kurier", die vom 2. April 1945 bis zum 26. Februar 1946 erschien und deren Berichte und Berichterstattungen die Quellen für die folgenden Beiträge sind. Zwischen den nüchternen und teilweise auch erschütternden Meldungen vermitteln auch eindrucksvolle Stimmungsbilder verschiedener, zumeist nicht namentlich genannter Autoren, wie neues Leben in die Stadt kommt und wie sie es empfinden. Ihre Erzählungen sind wahre „kölsche Poesie"; sie sprechen nicht nur das „kölsche Hätz" an, sondern offenbaren uns auch, wie selbst die kleinsten Dinge, früher nie wahrgenommen oder unbeachtet geblieben, jetzt eine wichtige Rolle spielen und zum Wohlbefinden beitragen.

Auch wer die Zeit nicht erlebt hat, wird vieles nachvollziehen können, wenn er selbst in eine Gefahrensituation hineingerät – oder einmal darin gewesen ist. Für mich tat sich eine neue Welt auf, als ich nach einem Krankenhausaufenthalt wieder nach Hause durfte. Mir war, als wären die Blumen bunter, das Gras grüner, die Bäume prachtvoller und sogar das Quietschen der Straßenbahn war wie Musik in meinen Ohren.

Kölnischer Kurier
Herausgeber: Die Amerikanische Armee – Amtliche Zeitung

Auf dem Titelblatt der vierseitigen ersten Ausgabe der Zeitung am 2. April ist der „Befehl Eisenhowers an die Wehrmacht“ zu lesen. Auf einer Karte wird der Vormarsch der Amerikaner in Westfalen, Hessen und Bayern dargestellt, eine weitere Schlagzeile verrät uns, dass die Amerikaner Frankfurt, Mannheim, Mainz und Duisburg eingenommen haben und vor Kassel und Nürnberg stehen. Eisenhower erklärt: „Deutsche HKL (Haupt-Kampf-Linie) durchbrochen.“

Kölnischer Kurier

Die Ernährung im Winter

„Wir können den Frieden nicht auf Haß bauen“

Erklärung General Eisenhowers über

Dreierkonferenz in Potsdam

Auf Seite 2 erfahren wir in der Rubrik „Rheinische Nachrichten“ von der Einrichtung der neuen Zivilverwaltung in Köln. Weiter heißt es:

„In Köln sind derzeit 150 Bäckereien und 402 Lebensmittelgeschäfte geöffnet. Die vorhandenen Lebensmittelkarten können eingelöst werden und haben Gültigkeit, bis die neuen Karten ausgegeben werden, die zur Zeit vorbereitet werden. Gewisse Personen haben vor der amerikanischen Besatzung keine Lebensmittelkarten gehabt. Zu diesen gehören: Fremdarbeiter, Personen jüdischen Glaubens sowie Leute, die im Alphabet so weit rückwärts stehen, dass sie vor dem Eintreffen der Amerikaner keine Zeit hatten, ihre Lebensmittelkarten abzuholen. Alle diese Personen haben nunmehr Lebensmittelkarten erhalten. Die neuen Karten werden aufgrund der Registrierung der Zivilbevölkerung ausgegeben. Zu dieser Registrierung müssen sich alle Personen, die das zwölfte Lebensjahr vollendet haben, bei einer der sieben Stellen in der Stadt melden, die überall durch Anschläge bekannt gemacht werden. Nur wer sich registrieren lässt, erhält die Lebensmittelkarten.

Gemüse wird zweimal wöchentlich in die Stadt gebracht. Die Militärregierung hat die Bevölkerung Kölns aufgefordert, möglicht viele Kleingärten anzulegen, um für den eigenen Gemüsebedarf aufzukommen. Kartoffeln sollen soweit als möglich als Setzkartoffeln und nicht zum unmittelbaren Gebrauch verwendet werden. Der Leiter der Stadtverwaltung (Anm.: Willi Suth) ruft einen Selbsthilfe-Ausschuss ins Leben, er beabsichtigt, alle Fachleute einzuberufen um festzustellen, wie ihre Fähigkeiten am besten für das Wohl der Gemeinde verwendet werden können. Weiter heißt es: „Das Amtszimmer des (Anm.: noch nicht ernannten) Oberbürgermeisters im ehemaligen Allianz-Gebäude am Kaiser-Wilhelm-Ring spiegelt die Zerstörung wieder, die man überall in der Stadt findet. Die Wände haben Risse und wenn man den Kopf hebt, kann man die Löcher in der Decke sehen. Die Türen hängen lose in den Angeln und der Kleiderschrank ist halb zusammengestürzt. Es gibt wohl Fenster, fast die einzigen Fenster im ganzen Gebäude. Man hat sie erst vor kurzem eingesetzt. Nur die Ledersessel und die großen Konferenztische sind unbeschädigt. An diesen Tischen werden jetzt die Entschlüsse getroffen, welche den Wiederaufbau der Stadt mitbestimmen sollen."

Köln wird auferstehen

Köln ist bis dato die größte von den Alliierten eroberte deutsche Stadt. Als anderswo noch gekämpft wird, beginnt hier der Wiederaufbau des „größten Trümmerhaufens der Welt", wie ein Sonderberichterstatter am 9. April 1945 im „Kölnischen Kurier" berichtet:

„Von der Zerstörung dieser einst blühenden, drittgrößten Stadt Deutschlands kann sich kaum jemand, der nicht dort gewesen ist, eine Vorstellung machen. Minutenlang fährt man im Jeep an gähnend leeren Häusern vorbei. Der Kaiser-Wilhelm-Ring, einstmals eine der schönsten Straßen Deutschlands, ist ein wirres Durcheinander von Schutt, elektrischen Drähten, Bombentrichtern, umgestürzten Häusern. Irgendwo steht ein ausgebrannter Straßenbahnwagen. An einer Hausmauer klebt noch ein Nazizettel: „Und jetzt erst recht: Kampf bis zum Sieg". Hitler und Himmler haben es fertiggebracht, eine der schönsten Städte der Welt in einen gigantischen Trümmerhaufen zu verwandeln. Vor dem Krieg hatte Köln 58.000 Häuser. Heute stehen kaum mehr 300. Vor dem Krieg gab es in Kölns Krankenhäusern 7.500 Krankenbetten: Heute gibt es nur noch den zwanzigsten Teil davon. Von den 1.500 Straßenbahnwagen gibt es nicht einen, der nicht Schaden erlitten hätte.

Die Leiden Kölns begannen schon im vergangenen Oktober, als die Gaszufuhr abgeschnitten wurde. Bald waren viele Bezirke auch des Wassers und des Kraftstromes beraubt. Insgesamt hatte Köln über zweitausend Flugabwehralarme und einige hundert schwere Bombenangriffe. Heute ist die Stadt ein gigantischer Dschungel, in dem die Bevölkerung eines Stadtteils nichts von den anderen weiß. Schon viele Wochen vor dem Einmarsch der Amerikaner gab es keine Postzustellung. Straßenbahn und Eisenbahnen verkehrten nicht. Sprit gab es noch, aber nur für die Parteileute, die ihren Privatwagen benutzten und schließlich die letzten Spritvorräte dazu verwandten, die sie belastenden Dokumente zu verbrennen.

Die Flucht der führenden Nazis hat unter der Kölner Bevölkerung Ernüchterung und Erschütterung hervorgerufen. Die Parteimänner, die immer vom „Aushalten bis zum letzten Mann" sprachen, waren die ersten, die flohen. Sie nahmen alles mit, was nicht niet- und nagelfest war...

Die neue Stadtverwaltung sah sich einem Chaos gegenüber. Es gab kein Personal, keine Schreibtische, nicht einmal eine Schreibmaschine, denn die Nazis hatten alles geraubt.

„Wir müssen wieder wie aus der Steinzeit neu aufbauen"; erklärte ein Mitglied der neuen Verwaltung.

Von der Bevölkerung, die früher fast 800.000 Menschen zählte, sind nur ungefähr 70.000 zurück geblieben. Genaue Zahlen sind noch nicht feststellbar. Seit dem 7. April muß jeder registrierte Bewohner ein provisorisches Ausweispapier der Militärregierung mit sich führen. Die Ausgehbeschränkungen müssen genau eingehalten werden. Die Militärregierung hat verboten, dass die Militärringstrasse ohne eine besondere Erlaubnis der amerikanischen Behörden überschritten wird. Obwohl diese und andere Bestimmungen manche wirtschaftliche und persönliche Härte für die Bewohner von Köln bedeuten, ist ihre Einhaltung aus Sicherheitsgründen unerlässlich. Und die meisten Bewohner von Köln geben zu, dass trotz aller gegenwärtigen Einschränkungen und Verbote das Leben in Köln heute lebenswerter ist als in den letzten Monaten der Nazi-Herrschaft, da jeder Tag neue Gräuel brachte.

Am brennendsten sind die Nahrungsmittel- und Wohnungsprobleme. Sie können nur Schritt für Schritt gelöst werden. Die Ausgabe neuer Zuteilungsmarken durch die Militärregierung schaffte insofern Ordnung, als viele Einwohner, denen es gelungen war, irgendwie in den illegalen Besitz von alten Rationsmarken zu gelangen, diese jetzt nicht mehr verwenden können. In den letzten Tagen des Kampfes um Köln, als die Naziverwaltung zusammenbrach, standen Plünderungen auf der Tagesordnung. Es gibt auch heute noch Menschen in Köln, die sich auf Monate hinaus mit Lebensmitteln eingedeckt haben – aber die meisten leben von den Zuteilungen. Als Preise gelten die von der Militärregierung festgesetzten Höchstpreise. Im allgemeinen ist die Lebensmittelversorgung nicht kritisch, da die Bevölkerung aus erbeuteten Wehrmachtslagern versorgt wird. Eine Krise würde nur dann eintreten, wenn die Rückwanderung nach Köln in zu schnellem Tempo beginnt.

Erstaunlich gut ist der Gesundheitszustand der Stadt. Es gibt keine „Flecktyphus-Epidemie", von der der deutsche Rundfunk wissen wollte. In der letzten Woche gab es insgesamt drei neue Fälle. Diese erfreuliche Tatsache hängt damit zusammen, dass die Militärregierung energische Schritte unternommen hat, um eine Ausbreitung der Krankheit zu verhindern. Die erwähnten Flecktyphusfälle brachen unter den Insassen des Klingelpütz-Gefängnisses aus oder wurden von Flüchtlingen eingeschleppt. Jetzt sind alle Bunker und andere möglichen Krankheitsherde mit einem speziellen Pulver bestreut. Von den Kölner Ärzten sind 75 auf ihrem Posten geblieben. An Heilmitteln und Bandagen besteht kein Mangel, da große Wehrmachtsbestände gefunden und gesammelt wurden. In einem großen Lagerhaus bei Godesberg, das der Stadt Köln gehört, wurden zahlreiche Heilmittel gefunden. Not besteht eigentlich nur an Insulin, das die Nazis gleichfalls mit sich weggeschleppt haben. Dass dies den Tod von deutschen Patienten in Köln bedeuten kann, war ihnen gleichgültig.

Die Regelung der Wasser-, Gas- und Kraftstromzufuhr ist ebenfalls ein schweres Problem. Vor allem mangelt es an Arbeitskräften. Die Bevölkerung scheint noch immer nicht völlig eingesehen zu haben, dass sie selbst ihre Stadt wieder aufbauen muß. Man braucht Menschen, die Gräben ausheben und Schutt abtragen. Das Wasserleitungsnetz, einst eines der besten in Europa, wird allmählich wieder instand gesetzt. Die vier Pumpstationen in Weiler, Stadion, Zugweg und Hochkirchen beliefern jetzt den nordwestlichen Teil, den Westteil (bis zur Aachener Straße) und den Südteil der Stadt, bis nach Marienburg. Die Kraftstromwerke von Glanzstoff und Fortuna versehen die meisten Außenbezirke bis zum Ring mit Strom. Das Kanalisationsnetz funktioniert bis zum Republikanerplatz. Aber es wird natürlich Jahre dauern, bis alles wieder im Gang ist.

„Das Kanalisationsnetz ist an dreihundert Stelle geborsten“, berichtet ein Fachreferent der städtischen Verwaltung. „Und wo eine Bombe die Wasserrohre traf und entzwei knickte, ist heute ein gähnender Krater und ein Gewirr von Stahl und Kabeln.“

Die Zukunft? Die Kölner sind nicht pessimistisch. Diese Menschen sind heimattreu und allgemein wird gesagt, dass der Kölner lieber in der Kellerwohnung eines gebombten Hauses in Köln als in einem tadellosen Haus irgendwo anders wohnen würde. Man hört von Plänen des Wiederaufbaus.

„Köln ist glücklicher dran als viele deutsche Städte“, sagt ein alter Bürger. Es hat den Rhein, und der Rhein fließt immer noch. Diese Lage am Rhein wird den Wiederaufbau bestimmen. Natürlich wissen wir, dass die Altstadt mit ihren historischen Häusern nicht mehr wiedererstehen wird. Man wird ganze Häuserblöcke abreißen und aus zwei schmalen winzigen Gassen einen breiten Boulevard schaffen. Die neuen Wohnhäuser werden alle in den Vororten liegen. Im Jahre 1950 wird es neunzehnhundert Jahre sein, seit Köln die Stadtrechte bekam. Im Jahre 1962 wird Köln seinen zweitausendsten Geburtstag feiern. Köln hat große Tage hinter sich, und eine gewissenlose Verbrecherclique hat die Stadt nun der schwersten Prüfung unterworfen. Aber wir sind entschlossen, Köln wieder zu einer der schönsten Städte Deutschlands zu machen. Wir wissen, dass wir diese Arbeit auf uns allein gestellt zu leisten haben.“

Der Kölner kommt zu sich

Der Kölner ist Individualist. Er kann ohne Gebrauchsanweisung existieren. Er will etwas vom Leben haben und fühlt kein schlechtes Gewissen, wenn er Tag und Umstände ausnutzt.

Schon beginnt es sich in der grenzenlos geschundenen Stadt zu regen. Erst zaghaft und wenig, aber schon bemerkbar. Die ersten Äußerungen eines kölnischen Lebens, das nicht organisiert und befohlen ist, erheben sich über die Dürftigkeit des Tages.

Auf der schlangenförmig gewundenen „Promenade“ des Rings, auf diesen 500 Metern, wo noch ein bisschen der Puls der großen und einst so lebhaften Stadt zu spüren ist, wagen sich die ersten hübsch angezogenen Frauen und Mädchen zu zeigen. Es ist so rührend. Das bunte Fähnchen, ein paar gute Schuhe, der Rest, vielleicht Hunderte Male im Luftschutzgepäck herauf und hinunter getragen, durch halb Deutschland auf der Flucht verfrachtet. Verkörperung der Sehnsucht nach Ruhe und Frieden. Jetzt kommt es wieder hervor. Dazu die sieghafte Ondulation und Rouge auf den Lippen. Diese Wesen sind eine Art von Friedensengeln. Vielleicht für eine Stunde. Denn wenn für Brot angestanden wird, schlüpfen sie doch wieder in das schmutzig-graue Habit des Krieges.

Es war immer so, dass die Geschäftsleute in einem Viertel oder einer Straße am gegenwärtigen Schicksal oder Wohlergehen tätigen Anteil nahmen. Nie durften, dem Anlass entsprechend, Gratulationen oder Kondulationen versäumt werden, dazu die Überreichung der entsprechenden Blumengebinde. Man hätte glauben können, diese Gepflogenheit sei im Drang dieser Jahre völlig abhanden gekommen. Nein, ganz im Gegenteil. In der Gegend der Ehrenstrasse machen die Geschäftsleute ihre Läden wieder auf, in ramponierten Häusern, hinter provisorischen Schaufenstern, mit einem Minimum von Ware. Aber das ganze Fenster lacht vor Blumen. Feierliche Gladiolen in Vasen, umfängliche Sträuße mit Widmungen und Glückwünschen auf Seidenschleifen. Ganz wie früher. Die Leute bleiben verwundert stehen und lächeln. Es ist, als wäre ihnen tröstlich ein Stückchen neuen Friedens überreicht worden.

Die Kölner Jugend findet überhaupt leichter zu einem eigenen neuen und freien Leben. Schon sieht man wieder samstags und sonntags kleine Trupps zu einer Wanderung ins Freie ziehen. Sie macht sich froh und unbeschwert und fühlt, dass die Natur, unzerstört und unzerstörbar, sie, die nun doppelt bedrängende Stadt, sich inzwischen ertragen und überwinden lässt. Dann wird wieder Musik gemacht. Merkwürdig: in vielen leidlich erhaltenen Straßen hört man Klavierspiel. Perfektes wie unbeholfenes. Ziehharmonika und Akkordeon, die so volkstümlichen Instrumente, schwermütig und romantisch zugleich, verklären wieder die Abende, diese müden, lichtarmen Abende von heute. In einer leidlich erhaltenen Vorgartenstrasse hinter dem Opernhaus spielt bisweilen ein Trupp junger Burschen. Sie hocken auf dem Pflaster im Kreis zusammen, spielen und singen und tun es ohne Eigennutz, höchstens mit der verzeihlichen Eitelkeit der Artisten. Die Nachbarschaft summt mit. Langgezogene und sentimentale hawaiische Songs, von der Mandoline durchzittert. Dann scharfe Tanzrhythmen von irgendwelchen „Klangkörpern“, deren ja genug herumliegen, hervorgerufen, liedhafte Serenaden. Erstaunlich, woher sie die Texte wissen, die ein angehender, noch etwas „knödeliger Meistertenor“, singt. Das ist etwas anderes als die inszenierte und verdächtige „Feierabendgestaltung“ von gestern. Es ist das wahre Vergnügen von freien Menschen. Von hier muss alles Gute ausgehen.

Ostern 1945

In einer der am ärgsten mitgenommenen Straßen Kölns verkauft eine Frau Frühlingsblumen. In einem Schaufenster ohne Fenster ist ein Blumenladen eröffnet worden. Zwei Straßen weiter ist ein Mann damit beschäftigt, die Eingangstür zu seinem fast völlig zerstörten Haus mit grüner Farbe anzustreichen. Die Fahrt durch das besetzte Köln ist eine Fahrt durch die Stadt der Kontraste. Ostern zwischen den Trümmern von Köln...

Irgendwo läuten Kirchenglocken. Zwischen Schutthaufen und eingefallenen Häuserwänden sieht man einige feiertäglich geputzte Menschen, Frauen und Männer, die langsam, gemächlich ihren Osterspaziergang machen. Ein durch seine Kontraste fast groteskes Bild, aber bezeichnend: Das Leben geht eben weiter. Ostern bleibt Ostern, und nächstes Jahr wird es vielleicht schon besser sein. Junge Mädchen tragen Blumen. Sie lachen. Und doch haben diese Menschen genau so viel gelitten wie die Häuser der Stadt, die jetzt in Trümmern liegen. Die menschliche Natur ist eben stärker als Betonwände.

Registrierung in Köln beendet

Die von der Militärregierung angeordnete Registrierung aller in Köln lebenden Personen ist Mitte April 1945 beendet. Insgesamt haben innerhalb der Militärringstrasse 42.000 Personen dem Befehl Folge geleistet. Die Hälfte der Bevölkerung sind Frauen 2.260 Kinder stehen unter dem Registrierungsmindestalter von 12 Jahren. Seit dem 7. April war jede in Köln lebende Person verpflichtet sich registrieren zu lassen. In den nächsten Tagen wird die Zivilpolizei Stichproben vornehmen und Personen ohne Registriernachweis verhaften. Personen, die erst jetzt nach Köln gelangen oder sich im Krankenhaus befunden haben, müssen sich innerhalb von 24 Stunden nach Eintreffen in der Stadt beim ständigen Registrierungsamt in der Badstrasse registrieren.

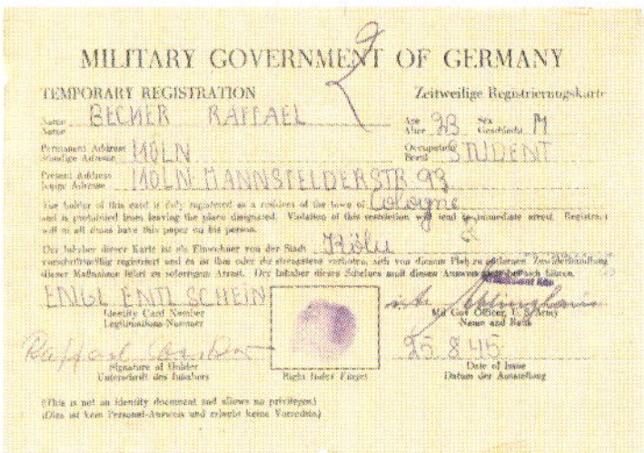

MILITARY GOVERNMENT OF GERMANY

TEMPORARY REGISTRATION — Zeitweilige Registrierungskarte

Name: BECHER RAFFAEL

Permanent Address: KÖLN

Occupation / Beruf: STUDENT

Present Address: KÖLN MANNSFELDERSTR. 93

Cologne

Köln

ENGL. ENTL. SCHEIN

Identity Card Number / Legitimations-Nummer

Mil Gov Officer, U. S. Army / Name und Rang

Signature of Holder / Unterschrift des Inhabers

Right Index Finger

25.8.45

Date of Issue / Datum der Ausstellung

(This is not an identity document and allows no privileges)

Registrierung vom 25.08.1945 mit Fingerabdruck

Die alliierte Gerichtsbarkeit

Schwere und leichte Vergehen gegen die Gesetze der Besatzungsbehörden werden in offenen Sitzungen des Militärgerichts verhandelt. Es gibt in Köln drei amerikanische Gerichte – das Einfache, das Mittlere und das Oberste Gericht. Der Schwere des Falles entsprechend, wird eines dieser Gerichte als zuständig erklärt. Mitte April 1945 stehen durchschnittlich 20 Personen täglich vor dem Richter, die meisten davon beim „Einfachen" Gericht. Jedes gesprochene Wort wird von einer Dolmetscherin automatisch übersetzt. Es gibt keine Verteidigung. Erst werden die Personalien abverlangt. Dann spricht der Richter in Offiziersuniform zu jedem aufgerufenen Angeklagten ein paar Sätze: „Sie haben das Recht, sich schuldig oder unschuldig zu bekennen. Wenn Sie sich unschuldig bekennen, so werde ich die Verhandlung vertagen, damit Sie einen Rechtsanwalt hinzuziehen können. Falls Sie sich „schuldig“ bekennen, so wird der Gerichtshof bereit sein, Ihre Erklärungen anzuhören und soweit als möglich gelten zu lassen.“ Dann wird die Anklageschrift verlesen und der Richter fragt, ob der Angeklagte sich über den Sinn der Anklage im Klaren sei.

An einem der Verhandlungstage Anfang April verurteilt das Einfache Militärgericht zwei Personen zu je sechs Monaten Freiheitsstrafe. Sie waren des Diebstahls von Waren aus einem Verschiebebahnhof für schuldig befunden worden. Das selbe Gericht bestraft verschiedene Personen wegen Übertretung des Ausgeh-Verbotes mit Geldstrafen von zehn bis fünfzig Mark und mit Freiheitsstrafen bis zu sieben Tagen. Mehrere Passanten auf Fahrrädern wurden verhaftet, weil sie auf Straßen fuhren, welche nur für Militärfahrzeuge offen sind. Alle erwachsenen Personen, mit Ausnahme einiger weniger, die nicht schuldig befunden werden, müssen eine Geldstrafe bezahlen. Die Kinder kommen mit einer Verwarnung davon. Es wird ihnen gesagt, dass bei einer Wiederholung des Vergehens nicht nur sie, sondern auch ihre Eltern bestraft werden.

Das Mittlere Gericht verurteilt einen ehemaligen HJ-Unterbannführer zu einer Freiheitsstrafe von sieben Jahren und zu einer Geldstrafe von zehntausend Mark. Er hatte gegenüber Vertretern der amerikanischen Armee wissentlich falsche Angaben über den Aufbewahrungsort von HJ-Akten gemacht.

Freiheit für Kriegsgefangene

Nachdem die Kriegshandlungen auch im rechtsrheinischen Köln beendet sind, setzen ab Anfang Mai 1945 braune Motorbarken der amerikanischen Armee in Köln in beide Richtungen über den Rhein. Am linken Ufer kommen sie voll besetzt an, leer fahren sie an das rechte Ufer zurück. Zumeist führen sie eine ungewohnte Ladung mit sich: keine kampflustigen Truppen, kein Kriegsmaterial, sondern Menschen: Männer, Frauen und Kinder aller Nationalitäten, die jetzt im Begriff sind, die schönste aller Fahrten anzutreten, nämlich die Fahrt in die Heimat.

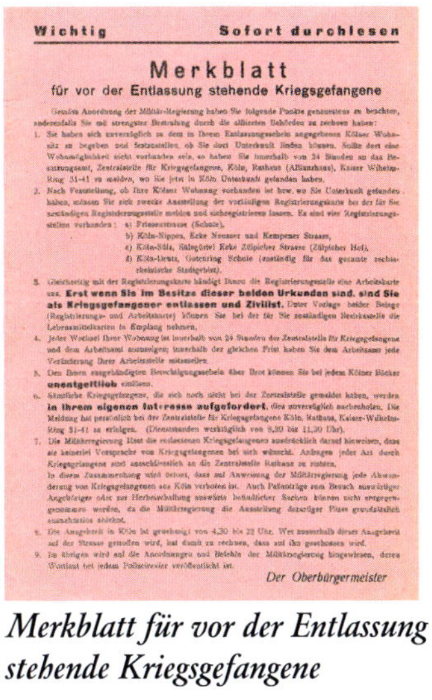

Wichtig **Sofort durchlesen**

Merkblatt

für vor der Entlassung stehende Kriegsgefangene

Gemäss Anordnung der Militär-Regierung haben Sie folgende Punkte genauestens zu beachten, andernfalls Sie mit strengster Bestrafung durch die alliierten Behörden zu rechnen haben:

1. Sie haben sich unverzüglich zu dem in Ihrem Entlassungsschein angegebenen Kölner Wohnsitz zu begeben und festzustellen, ob Sie dort Unterkunft finden können. Sollte dort eine Wohnmöglichkeit nicht vorhanden sein, so haben Sie innerhalb von 24 Stunden an das Besatzungsamt, Zentralstelle für Kriegsgefangene, Köln, Rathaus (Allianzhaus), Kaiser Wilhelm-Ring 31-41 zu melden, wo Sie jetzt in Köln Unterkunft gefunden haben.
2. Nach Feststellung, ob Ihre Kölner Wohnung vorhanden ist bzw. wo Sie Unterkunft gefunden haben, müssen Sie sich zwecks Ausstellung der vorläufigen Registrierungskarte bei der für Sie zuständigen Registrierungsstelle melden und sich registrieren lassen. Es sind vier Registrierungsstellen vorhanden: a) Friesenstrasse (Schule), b) Köln-Nippes, Ecke Neusser und Kempener Strasse, c) Köln-Sülz, Sülzgürtel Ecke Zülpicher Strasse (Zülpicher Hof), d) Köln-Deutz, Gotenring Schule (zuständig für das gesamte rechtsrheinische Stadtgebiet).
3. Gleichzeitig mit der Registrierungskarte händigt Ihnen die Registrierungsstelle eine Arbeitskarte aus. **Erst wenn Sie im Besitze dieser beiden Urkunden sind, sind Sie als Kriegsgefangener entlassen und Zivilist.** Unter Vorlage beider Belege (Registrierungs- und Arbeitskarte) können Sie bei der für Sie zuständigen Bezirksstelle die Lebensmittelkarten in Empfang nehmen.
4. Jeder Wechsel Ihrer Wohnung ist innerhalb von 24 Stunden der Zentralstelle für Kriegsgefangene und dem Arbeitsamt anzuzeigen; innerhalb der gleichen Frist haben Sie dem Arbeitsamt jede Veränderung Ihrer Arbeitsstelle mitzuteilen.
5. Den Ihnen ausgehändigten Berechtigungsschein über Brot können Sie bei jedem Kölner Bäcker **unentgeltlich** einlösen.
6. Sämtliche Kriegsgefangene, die sich noch nicht bei der Zentralstelle gemeldet haben, werden **in ihrem eigenen Interesse aufgefordert**, dies unverzüglich nachzuholen. Die Meldung hat persönlich bei der Zentralstelle für Kriegsgefangene Köln, Rathaus, Kaiser-Wilhelm-Ring 31-41 zu erfolgen. (Dienststunden werktäglich von 9,30 bis 11,30 Uhr).
7. Die Militärregierung lässt die entlassenen Kriegsgefangenen ausdrücklich darauf hinweisen, dass sie keinerlei Vorsprache von Kriegsgefangenen bei sich wünscht. Anfragen jeder Art durch Kriegsgefangene sind ausschliesslich an die Zentralstelle Rathaus zu richten.
In diesem Zusammenhang wird betont, dass auf Anweisung der Militärregierung jede Abwanderung von Kriegsgefangenen aus Köln verboten ist. Auch Passanträge zum Besuch auswärtiger Angehöriger oder zur Herbeischaffung auswärts befindlicher Sachen können nicht entgegengenommen werden, da die Militärregierung die Ausstellung derartiger Pässe grundsätzlich ausnahmslos ablehnt.
8. Die Ausgehzeit in Köln ist genehmigt von 4,30 bis 22 Uhr. Wer ausserhalb dieser Ausgehzeit auf der Strasse getroffen wird, hat damit zu rechnen, dass auf ihn geschossen wird.
9. Im übrigen wird auf die Anordnungen und Befehle der Militärregierung hingewiesen, deren Wortlaut bei jedem Polizeirevier veröffentlicht ist.

Der Oberbürgermeister

Merkblatt für vor der Entlassung stehende Kriegsgefangene

Nach der Besetzung Kölns wurden rund 50.000 Auslandsverschleppte, sogenannte D.P. (Displaced Persons) unter die Obhut der Alliierten genommen. Zehntausende sind in drei großen Lagern untergebracht und warten hier auf ihre Heimreise. 10.000 Russen leben im Lager nordwestlich von Köln, südöstlich der Stadt sind 5.000 Polen untergebracht. Fünfzehn Kilometer westlich Kölns befindet sich das

Lager für die Verschleppten aus den westlichen Ländern, für Franzosen, Belgier, Holländer, Luxemburger. In den „Inseln der Befreiung“ lautet die Parole: Heute die Freiheit – morgen die Heimat!“

Mittelalterliche Kunst im Leichenwagen

Die Ernährung der Bevölkerung ist die größte und schwierigste Aufgabe, der sich die Stadtverwaltung gegenüber sieht. Der Tauschhandel blüht. Der Wert des Geldes wird praktisch ganz durch den Wert von Sachgegenständen ersetzt. Oberbürgermeister Konrad Adenauer greift zur Selbsthilfe: Er lässt alle noch im Kölner Stadtgebiet vorhandenen Fahrzeuge beschlagnahmen und veranlasst, dass hinaus aufs Land gefahren wird, um bei den Bauern Kartoffeln, Getreide, Gemüse und Vieh einzukaufen. Adenauer wendet sich an den amerikanischen Militärbefehlshaber mit der Bitte, Lebensmittel aus den Depots der amerikanischen Armee für die Bevölkerung zur Verfügung zu stellen. Die Amerikaner helfen, wo sie dazu in der Lage sind. „Das menschliche Verhältnis zu den amerikanischen Offizieren, mit denen ich zusammenarbeiten musste, war wirklich gut“, erinnerte sich der spätere Bundeskanzler.

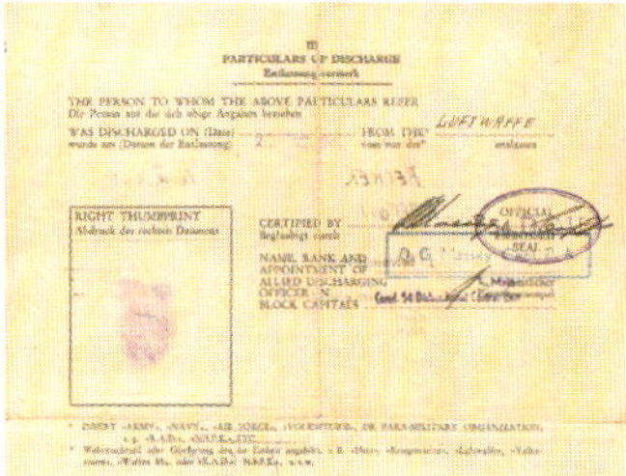
III
PARTICULARS OF DISCHARGE
THE PERSON TO WHOM THE ABOVE PARTICULARS REFER
WAS DISCHARGED ON (Date) ... FROM THE LUFTWAFFE
RIGHT THUMBPRINT
CERTIFIED BY
NAME, RANK AND APPOINTMENT OF ALLIED DISCHARGING OFFICER IN BLOCK CAPITALS
OFFICIAL SEAL

Entlassungsschein (Rückseite)

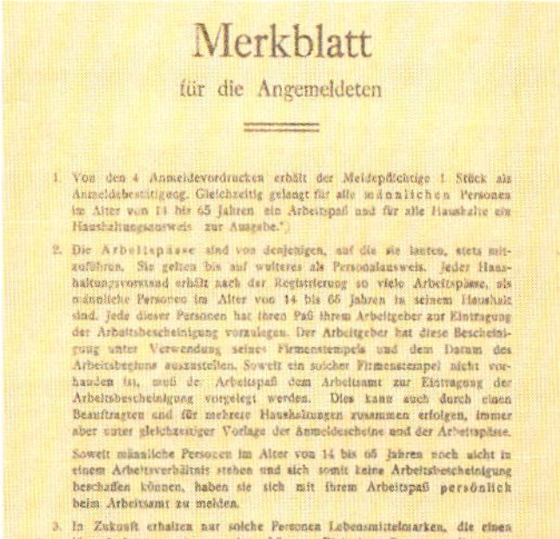
Merkblatt

für die Angemeldeten

1. Von den 4 Anmeldevordrucken erhält der Meldepflichtige 1 Stück als Anmeldebestätigung. Gleichzeitig gelangt für alle männlichen Personen im Alter von 14 bis 65 Jahren ein Arbeitspaß und für alle Haushalte ein Haushaltungsausweis zur Ausgabe.*)

2. Die Arbeitspässe sind von denjenigen, auf die sie lauten, stets mitzuführen. Sie gelten bis auf weiteres als Personalausweis. Jeder Haushaltungsvorstand erhält nach der Registrierung so viele Arbeitspässe, als männliche Personen im Alter von 14 bis 65 Jahren in seinem Haushalt sind. Jede dieser Personen hat ihren Paß ihrem Arbeitgeber zur Eintragung der Arbeitsbescheinigung vorzulegen. Der Arbeitgeber hat diese Bescheinigung unter Verwendung seines Firmenstempels und dem Datum des Arbeitsbeginns auszustellen. Soweit ein solcher Firmenstempel nicht vorhanden ist, muß der Arbeitspaß dem Arbeitsamt zur Eintragung der Arbeitsbescheinigung vorgelegt werden. Dies kann auch durch einen Beauftragten und für mehrere Haushaltungen zusammen erfolgen, immer aber unter gleichzeitiger Vorlage der Anmeldescheine und der Arbeitspässe.

Soweit männliche Personen im Alter von 14 bis 65 Jahren noch nicht in einem Arbeitsverhältnis stehen und sich somit keine Arbeitsbescheinigung beschaffen können, haben sie sich mit ihrem Arbeitspaß persönlich beim Arbeitsamt zu melden.

3. In Zukunft erhalten nur solche Personen Lebensmittelmarken, die einen Haushaltsausweis vorzeigen können. Diejenigen Personen, die einen Arbeitspaß haben müssen (siehe Ziffer 2), erhalten den Haushaltsausweis erst, nachdem der Arbeitspaß vom Arbeitsamt abgestempelt ist. Allen anderen Personen ist der Haushaltsausweis bei der Anmeldung auszuhändigen gegen folgende auf die Meldebescheinigung zu setzende Quittung: Haushaltsbescheinigung für ...... Personen erhalten.

Köln, den 20. Juli 1945

Der Polizeipräsident
Winkler

*) NB. Arbeitspässe erhalten außerdem alle weiblichen Personen im Alter von 16 bis 45 Jahren. Diesen Personen geht später noch ein Arbeitsbefehl zu.

Merkblatt des Polizeipräsidenten für die Angemeldeten

Seinem guten Verhältnis zu den Amerikanern verdankt es Konrad Adenauer, dass eine heikle Angelegenheit ein gutes Ende findet, wie er in seinen „Erinnerungen 1945-1953“ schildert. Die im Krieg in einen bombensicheren Keller in einer Burg in Süddeutschland ausgelagerten Bilder der „Kölner Schule“ aus dem Mittelalter, die zu den kostbarsten deutschen Kunstwerken gehören, wollte Adenauer so schnell wie möglich nach Köln zurück holen. Die Unsicherheit des Transports auf Landstraßen einerseits und die Befürchtung, die Amerikaner würden den gesamten deutschen Kunstbesitz beschlagnahmen, ließ ihn zu einer List greifen: Er sandte einen stadtkölnischen Leichenwagen zur Burg Hohenzollern und tatsächlich kamen die Bilder unversehrt in diesem unverdächtigen Gefährt nach Köln zurück. Im Keller eines von einer katholischen Pfarre gemieteten Hauses in der Hermann-Pflaume-Straße – hier war auch eine Kapelle eingerichtet worden – wurde die kostbare Fracht untergebracht. Doch dann kam der amerikanische Befehl: „Alle Kunstgegenstände aus deutschem Besitz sind abzuliefern!“ Es sollte geprüft werden, ob sich noch geraubtes Gut in deutschen Händen befand. Adenauer war in der Zwickmühle, zögerte zunächst, der Aufforderung Folge zu leisten. Irgendwie war den Amerikanern aber zu Ohren gekommen, dass die Kunstwerke in

Köln waren. Nach einer entsprechenden „Ermahnung“ und der Zusicherung, die Kunstwerke würden zurückgegeben, wenn der Nachweis des ordnungsgemäßen Besitzes erbracht werde, gab Adenauer das Versteck preis. Der amerikanische Gouverneur hielt sein Adenauer gegenüber gegebenes Ehrenwort und so kamen die Bilder wieder komplett und ordnungsgemäß in städtischen Besitz.

Registrierung nun auch Rechtsrheinisch

Die Militärregierung befiehlt, dass sich, wie schon zuvor im linksrheinischen Köln, alle Personen über zwölf Jahre zwischen dem 6. und 12. Mai an der ihrer gegenwärtigen Wohnung nächsten Meldestelle registrieren müssen.

Im gesamten Regierungsbezirk Köln werden ab 5. Mai die Ausgehzeiten und Verdunklungsvorschriften geändert. Von 21.00 Uhr bis 5.00 Uhr besteht Ausgehbeschränkung und Verdunklungspflicht. Von 5.00 Uhr morgens bis 21.00 Uhr dürfen Zivilisten sich innerhalb eines Umkreises von sechs Kilometern von ihrem Wohnort frei bewegen. Zur Zurücklegung größerer Strecken ist eine Sonderbewilligung erforderlich.

Die bedingungslose Kapitulation

Die Nummer 7 des Kölnischen Kurier erscheint am 12. Mai und verkündet die „Bedingungslose Kapitulation Deutschlands: Am 8. Mai, eine Minute nach Mitternacht, wurde das Feuer eingestellt; Marschall Keitel und Generaloberst Jodl unterschrieben die Urkunde“. Die Nummer 8 erscheint am 19. Mai. Herausgeber ist nun: „Die amerikanische 12. Heeresgruppe“.

Heimweh nach Köln

„Ich mööch zo Fooß noh Kölle gonn“: aus dem „Heimweh-Lied“ von Willi Ostermann wird tausendfache Wirklichkeit. Das stellt die Verwaltung der Stadt natürlich vor zusätzliche Versorgungsprobleme. Die Ankommenden beginnen sicherzustellen, was noch übriggeblieben ist, sie machen ihre Wohnungen bewohnbar, sie nehmen Quartier überall da, wo noch ein paar Wände und ein Dach vorhanden sind.

Willy Klett berichtet: „Die Straßenzüge sahen furchtbar aus, einzelne Straßen waren nahezu unbefahrbar. So war die Hohestraße, einst Kölns Paradestraße, ein wüstes Durcheinander; der Trümmerschutt lag zwei bis drei Meter hoch, so dass man sich nur mühsam einen Weg bahnen konnte. Viele Straßen waren unbewohnt; die Anwohner waren in den letzten Tagen des Krieges geflüchtet, hatten nur das mitgenommen, was sie tragen konnten. Ihre zurückgebliebene Habe war schutzlos dem plündernden Mob ausgeliefert. Man sah junge Burschen, die mit vollgeladenen Fahrzeugen davonfuhren; Polizei war nicht zu sehen.“

Zu denen, die sofort nach Kriegsende nach Köln zurückkehren, gehört Karl Jahn. „Ming Heimat“ nennt er sein erstes neues Heimatlied, und dem einer Sonderbeilage zum „Rheinischen Anzeiger“ entnommenen Text ist die Anmerkung vorangesetzt: „In sich aufgenommen, eingeprägt und niedergeschrieben, als er in seine rheinische Vaterstadt zurückkehrt“:

„Wer Köln gekannt, dä weed bestemb noch wesse,
Wie schön et wor met singem stolze Dom.
Wo ich als Kind beim Spille han zeresse
Mänchmol ming Botz, de Strümp und och de Schohn.
Do kohm d'r Kreeg, mer darf nit dodran denke,
Ding Hüüser schlog dat Polver kradeplatt,
Su mäncher moht sing Schritte vun dir lenke.
Moht wigger wand're noh ner and're Stadt.
Un als ich kohm zoröck, daach ich su voller Glöck:

Dat eß ming Heimat, Kölle he am Rhing,
Du kanns verzälle, vun Surge, Leid und Ping.
Un als ich moht us dinge Muure gonn,
En mingem Aug' de Trone blevve stonn.
Doch weil ich dich vun Häzze hat su gähn,
Kohm ich noh Huus un wor et noch su fähn,
Denn nur die Sehnsucht trook mich zu dir hin,
Zu dir, ming Heimat, Kölle am Rhing!

Als ich no ging en Kölle durch die Stroße,
Soch ich om Aldermaat d'r Jan von Werth.
Hä stund su stramm, doch einsam un verloße
De bunte Hüüsger loge an d'r Ääd.
Och dät vum Rothuus gar kein Leed mieh klinge,
Wie fröher vun däm Glockespiel die Tön.
Un och Platzjabbeck wor nit mieh zo finge,
Dä uns die Zung erusgestreck su schön.
Et wor mer wie em Draum, ich säht mer hoht et kaum.

Un wie ich op dä Nümaat ben gekumme,
Soch ich em Geist die Bilder vör mir stonn.
Do kohm met Fleute un met decke Trumme

Dä schöne Rusemondagszog zo gonn.
De Funke dähte Stippeföttche danze,
Wie ich dat soch, do wood mir sonneklor:
Mer han en Kölle widder jitz et Ganze,
Et muß su wähde, wie et fröher wor.
Un wer en echt kölsch Häzz, singk met mir jitz zoletz:

Dat bliev ming Heimat, Kölle am Rhing,
Du muß vergesse Surge, Leid und Ping.
Un wat se dir och immer angedonn,
Du einzig Kölle darfs niemols ungergonn.
Mer helfen all sulang uns Hätz noch schleiht,
Bes dat uns Heimat Kölle widder steiht.
Wann jeder hilf, ov got, ov grov, ov fing,
Weesch do mieh Kölle vill schöner sin!"

Der Dom – ein freigelegter Riese

Zurück nach Köln in die Elsaß-Strasse

Ende Mai 1945 fuhr Mutter von Badbergen nach Köln, um zu erkunden, ob wir aus der Evakuierung zurück könnten. Für die Zeit ihrer Abwesenheit wurden wir beaufsichtigt, von wem weiß ich allerdings nicht mehr. Es waren Tage, die ich in großer Angst verbrachte. Oder waren es doch nur Stunden? Dann endlich war Mutter wieder da und am 6. Juni 1945, es war ein heißer Tag, wurden wir abgeholt und von Oldenburg aus mit einem fensterlosen Bus nach Köln gebracht. In der Elsaß-Strasse 40 fanden wir unsere Wohnung zwar beschädigt, aber dennoch gut bewohnbar vor. Ein uns bis dato unbekannter Mann, Herr Ludwig, der mit seiner Frau und drei Söhnen in die Wohnung der während unserer Abwesenheit verstorbenen Nachbarin eingezogen war, hatte die größeren Schäden zwischenzeitlich schon beseitigt.

Das Haus Nr. 40 in der Elsaß-Strasse liegt direkt neben einem Bunker. In Parterre waren damals zwei Wohneinheiten mit einer gemeinsamen Eingangstüre, die für Ortsunkundige kaum wahrnehmbar war, weil der lange Eingangsflur zur Treppe in die oberen Stockwerke hinführte und der Parterre-Eingang dahinter immer total im Dunkeln lag. Dieser Umstand sollte uns später übrigens sehr zustatten kommen, denn auch Diebe und Plünderer bemerkten diesen Eingang nicht. Die Tür zum Flur öffnete den Weg in einen Vorraum, von dem aus sich zwei Wohnungen teilten. In der rechten Wohnung, mit einem großen Fenster zur Straße gelegen, lebte bis zur Evakuierung eine ältere Dame, später die Familie Ludwig. Die linke Wohnung, bestehend aus einer großen Küche und einem Schlafzimmer, wurde von uns bewohnt. Für beide Wohnungen gab es eine vom Vorraum aus zugängliche gemeinsame Toilette, die sehr eng war, aber, wie auch alle anderen Räume, eine sehr hoch gelegene Decke hatte. In etwa einem Meter über dem vor einer Wand stehenden Toilettensitz öffnete sich ein breiter Raum halbschräg nach oben zu einem dort angebrachten Fensterchen. In dieser Schräge war eine Zink-Badewanne deponiert, die an fast jedem Samstag mit viel Mühen dort heruntergeholt, in der Wohnung aufgestellt und mit warmem Wasser vom Herd und kaltem Nass aus der Leitung gefüllt und fürs Baden präpariert wurde. Man glaubt kaum, wie viele Füllvorgänge nötig waren, um eine für das Baden ausreichende Wasserfüllung zu haben. Im Lied von Hans Knipp „Samstagsovend weed gebaad" hat King Size Dick ein solches „Badevergnügen" treffend besungen.

Bimmelimmelim

Seit dem 1. Juni fährt in Köln wieder die Straßenbahn. Die erste Linie geht von den Glanzstoffwerken zur Ludendorffstraße. Eine zweite Linie, die zwischen Hansaring und dem Chlodwigplatz verkehrt, wird wenige Tage später in Betrieb genommen. Auch im Rechtsrheinischen gibt es schon zwei Linien. Eine zwischen Bensberg und der Frankfurter Straße und eine zwischen Kippermühle und Holweide. Drei Omnibuslinien verkehren: Zwischen Junkersdorf und dem Opernhaus die eine, die zweite vom Zugweg zum Kaiser-Wilhelm-Denkmal und dann über Bickendorf nach Merheim lrh. (dem heutigen Weidenpesch), die dritte verkehrt zwischen Bickendorf und Marienburg. Von 7.30 Uhr bis 18.00 fahren die Busse, in denen die Angestellten der Militärregierung und der Stadtverwaltung den Vorrang bei der Benutzung haben.

Tommies lösen die Yenkies ab

Die am 16. Juni 1945 erscheinende Nummer 12 „Kölnischer Kurier" vermeldet:
„Aus den bisher von den Amerikanern besetzten Regierungsbezirken Köln, Düsseldorf und Aachen werden die jetzt dort stationierten amerikanischen Truppen zurückgezogen und Truppen der britischen 21. Heeresgruppe werden die Besatzung übernehmen.

Kölnischer Kurier
Herausgeber: Die britische Besatzungsbehörde – Wochen-Zeitung

Die Nr. 13 vom 23. Juni 1945 ist die erste Ausgabe, die von den Briten herausgegeben wird. „Wir können den Frieden nicht auf Haß bauen" ist eine Erklärung von General Eisenhower über Deutschlands Zukunft als „Aufmacher" überschrieben. Ganz unten auf der Titelseite zeigt ein zweispaltiges Foto eine Ehrenkompanie beim Flaggenwechsel anlässlich der Übergabe der Militär-Regierung durch die Amerikaner an die Engländer am 21. Juni 1945. Im Blattinneren erfahren wir nähere Einzelheiten.

Um exakt 16.15 Uhr sind die Irish Guards unter Vorantritt einer Kapelle der Scotts Guards vor dem Gebäude der Militärregierung am Kaiser-Wilhelm-Ring aufmarschiert. Beim Ausrichten der Ehrenkompanie spielte die Regimentskapelle; britische und amerikanische Offiziere hatten vor dem Gebäude Aufstellung genommen. Um 16.30 Uhr erklang beim Einholen der Flagge die amerikanische Nationalhymne. Zu den Klängen der englischen Nationalhymne „God save the King" ging der Union Jack am Fahnenmast hoch. Den Vorbeimarsch der abziehenden Ehrenkompanie nahm der scheidende stellvertretende amerikanische Gouverneur von Köln, Lt. Col. R.L. Hyles, ab. Mit der Überreichung des Stadtschlüssels an den neuen britischen Militärgouverneur von Köln, Major G.H. Pownall, S.A.S., hatte der feierliche Akt der Übergabe seinen Abschluss gefunden.

Am 3. Juli richtet Oberbürgermeister Konrad Adenauer im „Kölnischen Kurier" einen Appell an die Kölner:

„Kölner, Kölnerinnen, die Not, die uns drückt, die materielle, geistige, ethische Not, ist furchtbar. Wenn wir aus dem Abgrund, in den wir gestürzt sind, wieder emporsteigen wollen, müssen wir erkennen, was uns in ihn hineingestürzt hat. „Wer Wind sät, wird Sturm ernten!" „Wer das Schwert zieht, kommt durch das Schwert um!" Das sind wahre Worte, wir tragen Schuld an unserem Unglück; wir müssen uns klar darüber werden.....

Wir Kölner wollen unsere Stadt neu entstehen lassen, aus Schutt und Asche, aus tiefem geistigen Verfall. Es ist eine schwere Arbeit und ein weiter Weg bis zum Ziel. Wir wollen den Weg gehen, wir wollen das Werk schaffen, mit gutem und festem Willen, mit viel Geduld und Ausdauer, mit vereinten Kräften...Helft alle mit, jeder zu seinem Teil, jeder an seinem Platz! Jeder ist wichtig, eines jeden Arbeit ist wertvoll. Wenn wir uns selbst nicht aufgeben, wenn wir mit Mut und Kraft Hand anlegen ans Werk, dann wird Gott uns weiter helfen!" Dr. K. Adenauer – Oberbürgermeister"

In einem Interview erläutert der Oberbürgermeister am 10. Juli 1945, wie er sich den Wiederaufbau der Stadt vorstellt. Seine Hauptthemen sind die Säuberung der Straßen, der Wohnungsbau, die zukünftige Stadtplanung, das Schulwesen und das Wiederaufleben des Kunstlebens, das ihm seinen Angaben zufolge besonders am Herzen liegt. Wörtlich sagt Adenauer:

„Ich möchte Musik und Theater so schnell wie irgend möglich wieder in Köln sehen... Wir besitzen dazu fast alle Voraussetzungen: Unser Orchester probt, die Künstler sind bereit, die Freilichtbühne in Raderthal und die Aula in der Universität, in der wir mit Theateraufführungen beginnen könnten. Die im ganzen Rheinland bekannte Millowitsch-Bühne könnte sofort anfangen. Ich glaube, dass die Kulturarbeit in Köln der Bevölkerung ein geistiges Gegengewicht zu den täglichen Sorgen geben kann."

Der 20. Juli ist ein Freudentag für viele Menschen: Vom Kölner Hauptbahnhof verkehren von nun an täglich drei Zugpaare auf der Strecke Köln-Koblenz. Die Fertigstellung von drei Brücken in Brühl macht die Wiederaufnahme dieser Zugverbindung nach knapp fünfmonatiger Unterbrechung möglich. Reisende müssen zum Übertritt in die Französische Zone einen Pass haben. Frisches Grün zierte die Lokomotive des ersten Zuges, als er in Bonn in den überfüllten Bahnhof einlief. Arbeiter und Angestellte, Frauen mit Kinderwagen und zurückkehrende Frauen, die ihre Habseligkeiten auf Handwagen verstaut haben und einen Platz in den mitgeführten Güterwagen suchen, aber auch Hamsterer mit Koffern, Körben und Säcken ausgerüstet, verschaffen sich Zugang zu den hoffnungslos überfüllten Waggons.

Am 6. August 1945 wendet sich Oberbürgermeister Konrad Adenauer an die Leserinnen und Leser des „Kölnischer Kurier“: „Unter deutscher Redaktion – demnächst auch in neuem Gewande – erscheint nunmehr unsere Zeitung. In Zukunft wird also diese einzige Kölner Zeitung von Männern geleitet, die wir kennen und deren tapfere und anständige Gesinnung sich in den hinter uns liegenden leidvollen zwölf Jahren erprobte. Von Herzen freuen wir uns dieses Fortschritts. Diese Zeitung wird zunächst das einzige Sprachrohr sein zwischen der Bürgerschaft, die nunmehr auf 320.000 Köpfe angestiegen ist, und der Stadtverwaltung. Sie soll Euch unterrichten über unser Tun und Lassen, sie soll uns unterrichten über das, was Euch besonders am Herzen liegt und über das, was Ihr auszusetzen habt. Kritik ist gut, Kritik muss sein. Aber vergesst nie, bei aller sicher oft verständlichen Kritik, wie tief der Abgrund ist, aus dem wir Zoll für Zoll emporklimmen müssen, und dass wir darum uns mit Geduld wappnen müssen. Vergesst auch nie: Das Chaos, dass wir durch gemeinsame harte Arbeit ordnen und neu gestalten müssen, ist die Schuld und das notwendige Erbe des Nationalsozialismus und des Militarismus.“

Ein weiterer Schritt zum Wiederaufbau Kölns

Im Zuge einer bereits vor einigen Tagen bei der englischen Provinzialregierung in Düsseldorf mit dem Gouverneur Col. Barraclough gehabten Besprechung durch die Kölner Stadtverwaltung, mit dem Ziel, die bauliche Notlage Kölns darzulegen, erfolgt am 10. August 1945 durch den von Fachoffizieren seines Stabes begleiteten Gouverneur eine Besichtigungsfahrt durch die Stadt selbst, woran seitens der deutschen Behörden Oberpräsident Fuchs, Regierungspräsident Dr. Busch, Oberbürgermeister Dr. Adenauer, die an diesen Fragen unmittelbar interessierten Fachdezernenten der Provinzial- und der Kölner Stadtverwaltung sowie als Gäste die Fachdezernenten benachbarter Städte teilnehmen...

Bau der Deutzer Brücke

Die Fahrt führt zunächst zum Vorgebirgswall, wo einige vor zwei Jahren von ausgebombten Bürgern in Eigenarbeit Notwohnungen stehen. An einem am Gottesweg gelegenen

Siedlungsblock für Kleinwohnungen werden typische Mittelschäden demonstriert. Dann geht es weiter durch die Vorgebirgsstrasse, wo die sogenannte Dampfschuttbahn zu der im Aufbau befindenden Aufbereitungsanlage für Schuttverwertung unaufhörlich Berge von Mauergeröll heranschafft, das hier zu neuem Baumaterial verarbeitet wird. Dazwischen belehrt ein kurzer Vortrag anhand von verschiedensten Typen von Blech und Zement-Kohledachpfannen, über die aus der Not der Zeit und aus Mangel an herkömmlichem Material eingeschlagenen neuen Wege zur Lösung der Baunotlage. Auch werden mehrere Abteilungen der sehr stark beschädigten Lindenburg besichtigt und den Abschluss macht ein Besuch des Gerichtsgebäudes am Appellhofplatz, wo über hundert bisher evakuierte Kölner sich „Schwarz-Wohnungen" notdürftig hergerichtet haben sowie die sich anschließende Besichtigung des Dombunkers.

Die Fahrt hat die Schwierigkeiten aufgezeigt, die einem Wiederaufbau Kölns, weil es an Baumaterial aller Art fehlt, im Wege stehen. Der Gouverneur unterhielt sich an allen Besuchsstellen mit den Anwohnern bzw. den leitenden Ärzten und Kranken und befragte sie über Einzelheiten, beispielsweise die Ernährungslage, die hygienischen Lebensumstände und die Beschäftigungsart. Ein weiterer Schritt zum Wiederaufbau Kölns wurde so getan.

Wahrnehmung alltäglicher Dinge

Mitten in den Trümmerfeldern legen die Menschen die Hektik der ersten Nachkriegstage ab. Zwar herrscht überall geschäftiges Treiben, aber der ein oder andere nimmt sich die Zeit, mehr als je zuvor das Geschehen um ihn herum zu betrachten. Alltägliche Dinge, die man nie beachtet hat, an denen man rastlos vorbei geeilt ist, Geräusche, die man immer als lästig und störend empfunden hat, plärrende Kinder, die den Mittagsschlaf störten, quietschende Straßenbahnen, die die Ohren schmerzen ließen – über was hat man sich nicht alles in der Vorkriegszeit aufregen müssen. Und jetzt? Ist fröhliches Kinderlachen nicht Labsal für einen ganzen Tag, klingen die schleifenden Räder der Straßenbahn nicht wie eine sanfte Melodie?

Selbst Teppichklopfen empfindet Uli Tuerk als „Heimatliche Melodie"

„13. August 1945, gestern morgen, ... Nein, ich soll es erzählen, damit ich recht verstanden werde?! Früher, wenn sich das geradezu nervtötende Platsch-platsch-platsch irgendwo in der Nachbarschaft erhob, konnte man selbst als wohlerzogener Mensch ein lautes Grollen nur mühsam unterdrücken.

Beseitigung der Brücken-Trümmer

Gestern morgen aber, als in der Nachbarschaft unvermittelt jemand einen Teppich zu klopfen begann, war ich zunächst völlig verdutzt darüber, das es eine solche Tätigkeit überhaupt noch – oder wieder – gab. Solchen an sich nicht gerade melodiösen Lärm hatte man nun seit Jahren nicht mehr vernommen. Und als einem diese Offenbarung endlich bewusst wurde, empfand man das monotone platsch-platsch-platsch durchaus nicht als störend; vielmehr überkam den Überraschten mit einmal ein ganz merkwürdiges Gefühl neu gewonnener, mehr, neu geschenkter Beheimatung. Jahre vermeinte man plötzlich wie ausgelöscht. Kein furchtbarer Krieg schien zwischen der Stunde von damals, als man solch friedliche hausfrauliche Tätigkeit vernommen hatte und dieser Morgenstunde wunderbarer, weil altgewohnter Wahrnehmung zu liegen. Ein tief-glückliches Lächeln stieg auf, und fast mit Andacht lauschte das Ohr, lauschte das Herz dieser heimatnachbarlichen Haushaltmelodie, die dem, der sie vernahm, wie eine ätherische Brücke über Jahre und Zeit den inneren Anstoß an jenen Vorkriegstag vollziehen half, an dem er zuletzt das Geräusch des Teppichklopfens vernommen hatte; jenen inneren Anschluss, um den er vergeblich gerungen hatte bis zu diesem sonnigen Augustmorgen."

Sehnsucht nach Köln

Der Kölner Heimatschriftsteller Professor Dr. Wilhelm Schneider-Clauß ist aus der Evakuierung zurück und appelliert am 14. August 1945 „an meine lieben Kölner Schicksalsbrüder und -schwestern!

Unser tausendjähriges Erbe ist dahin, unsere stolze Stadt liegt in Schutt. Abertausende unserer Lieben fielen dem Wahn zum Opfer. Mit leerem Blick sehen wir auf die Trümmer unserer Lebensarbeit und unserer Heimat. Wer sie, wie ich und alle guten Kölner liebt, der steht schon heute wieder auf dem schmalen Hoffnungssteg, der uns hinüber leiten soll: Arbeit und Eintracht!

1. Ausgabe Ostern 1946

Oft genug haben unsere Väter aus Not und Tod Neues geschaffen. Es ist ihnen gelungen, weil sie einig waren und ihrer Pflicht getreu. Sollte es uns nicht gelingen?

Darum auf, meine lieben Brüder und Schwestern, lasst allen Zwist und Hader und greift das Werk mit beiden Händen an. Pflegt wieder unsere Eigenart. Lehret sie durch Beispiel und Zuspruch wieder unserer Jugend: Heimat! Sei fürderhin ihr Marschlied, bet und schaff ihr Gruß, das vierte Gebot ihr Grundgesetz. Und bei alledem lässt unser Labsal in des Tages Mühen uns nicht vertrocknen, unser Lebenselexir, den harmlosen, aber heilkräftigen altkölschen Humor! Euch das zu sagen, meine lieben Kölner, trieb es mich heute, da seit zwölf Jahren wieder eine Mutter Colonia mit freierem Wort in eigener Sache reden darf. Köllen alaaf!"

Professor Schneider-Clauß hatte die Heimkehr geschafft. Zehntausende Kölner warteten in der Evakuierung jedoch noch immer sehnsüchtig auf ihre Rückkehr nach Köln. Der Strom der täglich zurückkehrenden ehemaligen Einwohner und die Vielzahl der Flüchtlinge reißt nicht ab und stellt die Stadtverwaltung vor riesige Probleme. Ein Beitrag im Kölnischen Kurier befasst sich am 21. August 1945 unter der Überschrift „Sehnsucht nach Köln" mit dieser Problematik:

„Auch heute wirkt Köln in der Ferne. Das ist ein Umstand, der hierzulande nur wenigen Menschen bewusst ist, nämlich die Vorstellung, die sich die vielen Tausende noch „fehlenden" Kölner, die umquartierten in Süd- und Mitteldeutschland von unserer Stadt machen. Sie sehnen sich zurück und erblicken Köln immer noch in der Verklärung des imaginären früheren Zustandes. Hin und wieder erreicht sie schon eine mündliche oder schriftliche Botschaft aus der Heimat. Die Gerüchte tun dann das Letzte, um in diesen Orten so etwas wie eine Psychose entstehen zu lassen.

Man fühlt sich hier nicht mehr wohl, obgleich man es recht gut hier hat, man glaubt, die Berge, den See, die Bauern, das Vieh, den Himmel nicht mehr länger ansehen zu können. Man will nur eines: auf dem schnellsten Wege heim. Denn, so sagen sie, in Köln fährt schon die Straßenbahn, und es gibt wieder Theater und Kinos und dies und jenes. Köln, mit anderen Worten, und alle guten Dinge, die damit in Verbindung stehen, geraten in eine Überdimension der Herzen und Gefühle. Wir hier in Köln wissen, wie sehr noch alles Anfang ist und wie unerhört schwer auch das Einfachste dem allgemeinen Chaos abgerungen werden muss. Sollte also ein Kölner in der Fremde diese Zeilen lesen, so mögen sie ihn vor einer falschen, einer verzerrenden Optik warnen. Wie heißt doch die alte kölsche Lebensregel? „Nor nit jeck maache losse!"

Die Sonnenblume

In einem westlichen Vorort der Stadt, zwischen trostlos zerfallenen Häusern, zerfetztem Gerümpel und staubigem Schutt wächst inmitten einer winzigen Oase von wilden Gräsern eine Sonnenblume. Jeden Morgen, wenn Herr v.d.B. zum Dienst geht, macht er einen kleinen Umweg, um sich die große, schöne Blume anzusehen. Er bleibt dann ein Weilchen bei ihr stehen, betastet schon einmal ganz vorsichtig mit der Hand ihre vielen gelben Blütenblätter, schnuppert so etwas in der Luft herum und geht dann befriedigt zu seinem ratternden Omnibus. „Als ich gestern wieder an der Blume vorbei kam, sah ich dort, auf ein kleines Hölzchen aufgespießt, einen Zettel, und darauf mit roter Schrift: „In wenigen Tagen ist die Sonnenblume verblüht, gehen wir dann einfach so zum Omnibus oder..."

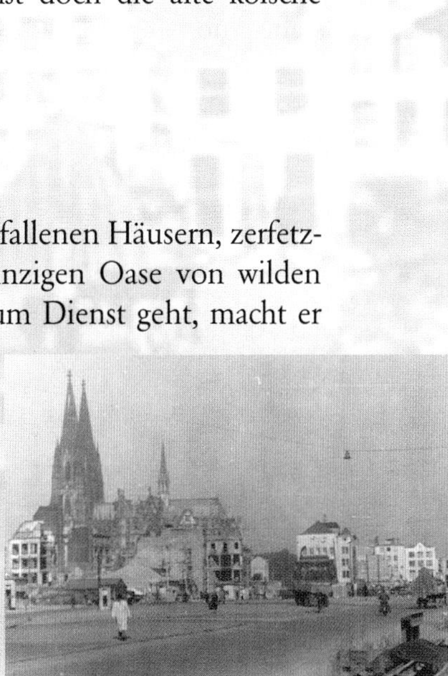

Blick über den Heumarkt

Was sollte das bedeuten?

Im Dienst sprachen wir von diesem und jenem. Da sagte ein lieber alter Herr, der schon vor dem Krieg pensioniert worden war, jetzt aber noch einmal mithelfen möchte: „Herrschaften, ihr dürft nicht darauf warten, bis automatische Bagger kommen und euch die Steine und die dicken Brocken aus dem Garten räumen. Es wird so viel vom Aufbau gesprochen von Leuten, die nicht dabei mithelfen wollen. Wenn jeder von diesen Müßigen nur schon mal ein winziges Stückchen von seinem Rasen freilegen würde, dann hätten wir auch bald wieder kleine Grünflächen."

„... Gehen wir dann einfach so zum Omnibus oder ..." Jetzt verstand er es. Am Nachmittag nahm er sich eine Harke und räumte rings um „seine" Sonnenblume das Gerümpel fort. Er legte dort einen kleinen Garten an. Aus den Brettern und Holzstücken die er fand, baute er eine Bank. „Vielleicht", so hoffte er, „wird eines Tages auch der Fremde kommen, der den Zettel schrieb und mithelfen."

Das erste Konzert - Wiederbeginn des Kölner Musiklebens

In Köln wird wieder musiziert! Der Anfang ist gemacht. Ein schöner, würdiger Anfang in Köln. Mit einem wahren Musikhunger haben sich die Kölner am 13. und 14. August 1945 auf die beiden ersten Konzerte gestürzt. Heinz Pauels dirigierte das Gürzenich-Orchester der Stadt Köln, das seit Juli in den Ruinen des Opernhauses am Rudolfplatz unter schwierigsten Bedingungen geprobt hatte. Mozarts Sinfonie in Es-Dur, Schuberts Unvollendete (Sinfonie in H-Moll), Mendelssohns Ouvertüre zu den „Hebriden" und Webers Conzertino für Klarinette und Orchester in Es-Dur standen auf dem Programm, dessen Solist der Kammermusiker Paul Gloger an der Klarinette war. Eine schlichte, klassisch-romantische Werkfolge, die keine musikalischen Sensationen zu vergeben hatte, beglückte einige Tausend Musikfreunde. „Es ist, als ob das Fasten neue Kräfte freigemacht habe", meinte ein Besucher.

Im Kölnischen Kurier erschien am darauffolgenden Freitag unter der Überschrift „Musik ohne Furcht" ein Kommentar:

„Das erste Sinfoniekonzert in der Aula der Universität am Montag hatte für unsere Stadt eine besondere Bedeutung. Es war die erste öffentliche Kulturveranstaltung für deutsches Publikum in der neuen Ära unseres Geschicks. Die vergangene Zeit hätte uns nur den Untergang gegönnt. Ihre Götzenhaften Sachwalter würden mit den Zähnen geknirscht haben, wäre ihnen bewusst geworden, das es kein halbes Jahr nach ihrem Abgang Namen wie Mendelssohn, Schubert, Weber und Mozart, welche sie so oft geschändet haben, von einer befreiten Zuhörerschaft wieder eine reine, zweckfreie Verehrung erfahren würden. Wie wurden sie missbraucht! War jegliche Kunst nichts anderes als ein Vorwand? Eine Dekoration und eine Selbstbeweihräucherung? Nie ging es im Grunde um die Meister, sondern immer nur um den Fetisch, der uns als lorbeerumwundene Gipsbüste vom Podium her anstarrte. Zwischen den Menschen in der Aula war es wie ein Wiedererkennen, im persönlichen und im moralischen Sinne verstanden. Man beglückwünschte sich gegenseitig dazu, „es“ überstanden zu haben. Ohne Krampf und falsche Devotheit macht man darauf aufmerksam, dass in den Sitzreihen vorn der Kölner Erzbischof und der Kölner Oberbürgermeister dem Konzert lauschen. Auch die englische Uniform zeigte sich zwischen den bunten Sommerkleidern der Frauen und Mädchen und den schlichten Straßenanzügen der Männer. Wenngleich nicht erwartet werden konnte, dass Frack und Abendkleid das Bild bestimmen würden, so hatten die Leute doch das Schicklichste angezogen, was ihnen verblieben war. Das Festliche und Besondere wurde also keineswegs vermisst. Es ging auch ohne Fräcke, ja, sie würden dem bitteren Ernst der Zeit nicht entsprochen haben.

Man kann sagen, es war ein Abend der demokratischen Würde und erste Ausprägung einer neuen Lebensform. Ein schöner Abend ohne die Furcht, dass uns hinterher der Alarm erwischen könnte, ohne das elementare Misstrauen in die Sicherheit des Daseins, ob der Nachbar, ob man selber, ob der Raum, in dem man sitzt, morgen noch da sein würde. Wir empfanden wieder, dass das Leben doch schön sein kann. Und empfanden es zugleich mit dem Dank an die Schar derer, welche das Werk dem Chaos abgerungen haben.“

Ein Sommernachtstraum – Wieder Theaterspiel in Köln

Wenige Tage später hat sich auch zum erstenmal wieder der Theater-Vorhang geteilt. Shakespeares Sommernachtstraum, das herrlichste Lustspiel der Weltliteratur, war das Eröffnungsstück nach jener einst vielberedeten „großen Pause“. „Noch breitet sich lähmendes Schweigen über das trügerische Maß oder Unmaß dieser Pause. Genug, dass in Köln wieder Theater gespielt wird. Dass es im Geist der Hingabe und künstlerischer Verantwortung geschieht, im Geist der hohen dramatischen Kunst, war der schöne Gewinn dieses ersten Theaterabends einer neuen, von falschen Unter- und Obertönen gereinigten Kunstära....

Einen wesentlichen Bestandteil der Aufführung bildete die kongeniale, durchaus dramaturgische Aufgaben erfüllende Sommernachtstraum-Musik von Mendelssohn. – Kein Preisausschreiben dieser Zeit, da sie verbannt war, hat sie zu ersetzen vermocht.

Nennen wir noch die wichtigsten Mithelfer: Heinz Pauels am Pult, das städtische Orchester, die Solostimmen von Elisabeth Urbaniak, Else Veith sowie die Tanzgruppe des Opernhauses in den anmutigen Elfenreigen. Der Beifall war überaus herzlich und rief die Darsteller und künstlerischen Leiter oftmals auf die Bühne zurück.“

Vorangegangen waren lange Proben. Wilhelm Pilgrim hatte seit Anfang August mit seinem Schauspiel-Ensemble in der Flora gearbeitet. In den provisorisch eingerichteten

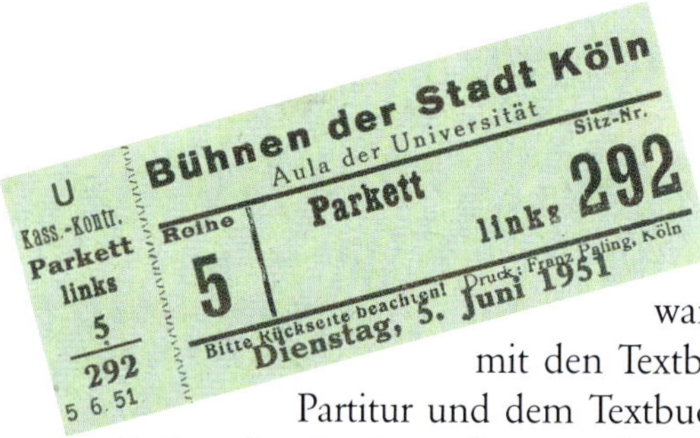

Räumen des Opernhauses hatte Heinz Pauels mit dem Städtischen Orchester geprobt; das Ballett hatte sich unter seinem alten Meister Arthur Sprankel in einem Saal der Universität vorbereitet. Kostüme und Dekorationsstoffe, die ausgelagert waren, mussten zurück geholt werden. Schlechter war es mit den Textbüchern und Noten bestellt. Aus einer vorhandenen Partitur und dem Textbuch mussten die Noten für alle Instrumente und alle Rollen für die Darsteller mit der Hand herausgeschrieben werden. Bei der Programmgestaltung waren deshalb fürs Erste die technischen Möglichkeiten entscheidend.

Spielbeginn der Kölner Oper – Der Vetter aus Dingsda

Die Oper hat es nicht leicht mit dem Wiederaufbau. Zwar ruht sie am sichersten im festen Gefüge der Überlieferung, aber um den „großen" Apparat wieder herzustellen, der notwenig ist, die bedeutenden Werke der Weltliteratur auf die Bühne zu bringen, dazu bedarf es einer längeren sorgfältigen Aufbauarbeit. Vorerst bleibt der Spielplan auf Werke kleinerer Besetzung beschränkt. Das Wesentliche ist nun auch hier für das Kölner Kunstleben geschehen: der schlichte, schwere Anfang Ende August 1945.

Dass es mit einer Operette gemacht wurde, war in guter Ordnung, denn zunächst einmal galt es, den neu geweckten Ensemblegeist in einer kleineren, ansprechenden Aufgabe zu bewähren, darüber hinaus waren auch neue und neu zu erprobende Kräfte am Werk. Der Vetter aus Dingsda, Eduard Künnekes Hauptwerk, hat – nach nunmehr fast 25 Jahren Bestand auf den Operettenbühnen – begründete Aussicht, wenn nicht gerade in klassische Ewigkeiten, so doch in den kleinen auserwählten Kreis der wenigen Operettenwerke unserer Zeit einzugehen, deren Wiederaufführung sich lohnt. Das hübsche Lustspiel, das auf dem allzeit ergiebigen Motiv der Rollenverwechslung und Doppelgängerschaft beruht, gibt reiche Musiziergelegenheiten, die Künneke auch von den höheren Gesichtspunkten des Ensembles und der durchkomponierten Szene fleißig genutzt hat, vor allem im zweiten romantisch getönten Akt, der den Hauptschlager, den bekannten Batavia-Fox mit Witz und Geist in ein lebendiges Finale auslöst. Das musikalisch wertbeständige Werk ist dem Kölner Operettenfreund und Opernbesucher aus mancher Aufführung und Inszenierung wohl vertraut. ... Ein besetztes Haus, viel Beifall und viele Blumen zum Schluss.

Das Dämonische und Göttliche in der Welt Goethes

Am 9. September, an einem Sonntagvormittag, leiten die Städtischen Bühnen unter dem vorgenannten Titel einen Zyklus ein, in dem große zeitnahe Themen aus der Weltliteratur behandelt werden sollen. Dr. Karl Pempelfort hält einen einleitenden Vortrag, dem Gedichte, Prosastücke, Szenen aus Goethes Werken und Lieder in der Vertonung von Franz Schubert folgen. Umrahmt wird diese Veranstaltung durch Sätze aus dem Streichquartett in F-Moll, Opus 95 von Ludwig van Beethoven. Mitwirkende sind: Henny Neumann-Knapp, Hans Cossy, Alois Garg sowie das Streichquartett des Städtischen Orchesters unter Heinz Pauels.

Kölner Männer Gesang-Verein

„Zu den denkwürdigsten Veranstaltungen in diesen Wochen eines neuen kulturellen Beginnens „ so Ende September 1945 die Berichterstattung im Kölnischen Kurier, „gehörte das erste Konzert des Kölner Männer Gesang-Vereins. Noch ist im Augenblick nicht zu übersehen, was in der weiten Verzweigung des Kölner Sängerlebens an Kräften vorhanden und lebendig ist, noch bleibt abzuwarten, wie sich diese Kräfte der musikalischen Volks- und Heimatpflege sammeln und ordnen werden, aber die Gewissheit, dass der Kölner Männergesang-Verein als aktive Sängergemeinschaft wieder am Werk ist, gibt der Chorpflege in Köln an gewichtiger Stelle den entscheidenden Antrieb...

Bei seinem ersten Auftreten stand der Verein in der ansehnlichen Stärke von hundertfünfzig Sängern auf dem Podium der Universitätsaula. Die Hörer in der gefüllten Aula zeichneten die einzelnen Leistungen mit überaus herzlichem Beifall aus. Mancher Chor musste wiederholt werden. Da viele Sangesfreunde keine Karten mehr bekommen hatten, wurde das gesamte Konzert Mitte Oktober erneut aufgeführt.

Tröstliche Grüße

Über Schutt und Geröll tastet der Schritt durch die alte Straße, die einst voll blühenden Lebens war. Nun liegt sie in grauenhafter Verwüstung vor dem erschreckten Blick – erstickt unter Trümmern der reiche Schmuck ihrer Gärten – trostlose Häusergerippe starren anklagend zum Himmel empor. Wie zum Hohn tanzen Sonnenlichter über das zerstörte Gesicht der Straße, ihr trauriges Bild noch schärfer beleuchtend. Der Anblick schneidet ins Herz. Schwerer noch wird der Atem. Die Schatten der Trostlosigkeit, die aus den vernichteten Mauern wehen, nehmen den Schimmer der Hoffnung auf ein neues Leben.

Da klingt ein Kinderlachen durch die stumme Not der Straße. Ein kleiner Blondkopf klettert über die Trümmer. Jauchzend ruft sein helles Stimmchen die Gefährten. Von allen

Seiten tauchen sie plötzlich aus den Häuserruinen auf und eifern im munteren Spiel.

Gibt es einen stärkeren Beweis für die Unzerstörbarkeit des Lebens als dieses Kinderlachen, dieses unbekümmerte Spiel auf der Stätte des Grauen? Die Schatten weichen zurück. Warm wird das Herz und klar der zuvor umflorte Blick. Wo Kinder sind, wo ihr Lachen klingt – da ist Leben, warmes, blühendes Leben!

Befreit dehnt sich die Brust. Leichter wird der Schritt und nun findet der suchende Blick auch die Spuren des Lebens in den Trümmern: kleine Fensterausschnitte in zugemauerten Umrahmungen im Sonnenlicht aufblitzend, rührend geschmückt mit winzigen Gardinen – hier und da eine blühende Pflanze hinter den blanken Scheiben, die sorgenden Hände der Frauen, der Mütter offenbarend, die selbst in dieser bittersten, gewissenlos verschuldeten Zeit nicht erlahmen, die das Leben hüten und tragen mit der Kraft ihrer Liebe, die in ihren Kindern das goldene Lachen wecken, die schönste, reinste Melodie des Lebens.

Kann ihr Schenken, ihr Mühen umsonst sein? – Das Herz nimmt ihre tröstlichen Grüße mit und weiß ihnen Dank. Hell schwingt das Lachen ihrer Kinder in ihm fort, begleitet es auf seinem Weg, an dem wieder die Hoffnung grünt.

Richtfest in Köln

An einer der ehemals lauschigsten Stellen des alten Köln, neben den Ruinen von Maria im Kapitol, feiert man Ende August Richtfest. Es ist wohl das erste zwischen dem Rhein und der Hohe Straße. Nur aus dem, was die Zerstörung übrig ließ, schuf die Baufirma inmitten der Trümmerfelder einen Neubau. Er wird den Schwestern des Heiligen Augustin aus der Antongasse, einem der ältesten in Köln ansässigen weiblichen Orden, Grundlage für ihre kommenden karikativen Arbeiten sein. In diesem Hause werden die Schwestern vielen alleinstehenden berufstätigen Frauen und Mädchen ein Heim bieten und damit helfen, die Not unserer Tage zu lindern.

Richtfest im Mittelpunkt unserer zerstörten Stadt! Das bedeutet, dass man irgendwo statt vieler Debatten über das „wie“ und „wo“ energisch an eine Arbeit heran ging, weil schwierige Probleme auf diese Art am sichersten gelöst werden. Eine kleine Glocke mit der Jahreszahl 1761 läutet jetzt wieder über dem Lichthof, jener historischen Stätte, deren Boden noch Reste der römischen Stadtmauer und eines heidnischen Tempels birgt und wo um 700 schon ein Damenstift stand. Bald wird auch hier das alte sagenumwobene Dreikönigenpförtchen, dessen wesentlichen Teile erhalten blieben und jetzt freigelegt wurden, aufgerichtet werden.

Westdeutschland sendet wieder

Am 26. September 1945 erklingt zum ersten Mal nach monatelangem Schweigen wieder die Stimme der Westdeutschen Heimat, des Rheinlandes und Westfalens über den Sender Langenberg. Aus einem noch kleinen Sendezimmer des Kölner Funkhauses kommen die Grußworte der Oberpräsidenten der Nord-Rheinprovinz, Dr. Fuchs, und Westfalens, Dr. Amelunxen. Mit der Inbetriebnahme des Hilfssenders Langenberg, der mit dem Sender Hamburg zur Sendergruppe „Nordwestdeutscher Rundfunk" verbunden ist, wird ein Anfang gemacht für den weiteren Ausbau des Rundfunks in der englisch besetzten Zone.

Widder doheim!
Von Lis Böhle

„Wie ich Kölle widder sohch,
Daach ich, ich möht su stirve.
D'r Himmel blo - un Sonn in der Looch
Un drunger - en Welt en Schirve

Kein Brück, keine Toon, kei Huus mie ganz
Ich finge kein Plääz mie un Stroße
D'r Rhing ruusch an mer ganz wild elans
D'r Dom steiht still, allein un verloosse

Wie wor su jet mühelich - frog mer sich hück
Dat mer su lang han still gehalde.
Mer woßte jo nit mie wat frei sin bedück
Un et Levve minschlich gestalde.

Uns Minsche vum Rhing litt su jett nit
Dat iewige Opdiktiere
Jetz sin mer frei, jetz sin mer se quitt
Vernunf soll widder regeere

Neu opzebaue met Hätz un met Kopp
Dat es wat mer ihrlich welle
En Döör gingk zo - un en Pooz mäht sich op
Op glöckliche Zokunf mie Kölle!"

Kölnisches Mosaik

Unser leibliches Wohl steht heute vielfach unter der Devise: „Bastele dein Mahl!" Schon die halbwüchsige Jugend ist aktiv an der „Beschaffung" beteiligt. Im Fischfangen hat sie sich ein neues Betätigungsfeld eröffnet. Gefischt wird im Rhein, in Weihern, Kieslöchern, wo nur Fische vermutet werden. Ganz fachkundig geht sie mit Haken, Silk, Vorfach, Ruten und dem ganzen übrigen spielzeughaften Geschirr des zünftigen Anglers um. Ihr Glück, dass in der Domgegend ein erstaunlich wohlsortiertes Geschäft für Fischereigeräte übriggeblieben bzw. wieder eröffnet hat. Hier kommen die Knirpse und machen ihre Einkäufe und beherrschen auch schon das Fischerlatein ganz wie ihre Ahnen Tünnes und Schäl, die ja bekanntlich im scheinbar hindämmernden Verweilen an den Gestaden des Rheines einige der besten Stücke ihrer Weisheiten produzierten.

Stadtverwaltung und Stadtrat

Der „Kölnischer Kurier" veröffentlicht am 5. Oktober „auf vielfachen Wunsch aus dem Leserkreis" die Namen der leitenden Männer der Stadtverwaltung und die Namen (und Anschriften) der von der Militärregierung eingesetzten vorläufigen Mitglieder des Stadtrates.

Die Stadtverwaltung: Oberbürgermeister: Dr. Konrad Adenauer; Bürgermeister: Wilhelm Suth; Gas, Elektrizität und Wasser: Egon Bohle; Straßenbaumamt: Josef Giessen; Gesundheitsamt: Dr. Vonessen; Finanzen: Ernst Stollberg; Verkehr: wird neu besetzt; Wohlfahrt: Dr. Ernst Schwering; Erziehung und Kunst: Dr. Josef Kroll; Bau- und Grundstücksamt: Dr. Karl Schweyer; Recht und Sicherheit: Wilhelm Fink; Ernährung: Rolf Kattanak.

Der Stadtrat: Johann Albers (Köln-Innenstadt), Dr. Peter Bauwens (Innenstadt) , Hans Böckler (Bickendorf), Herman Bramson (Ehrenfeld), Dr. Helmut Braubach (Nippes), Hilde Esser (Nippes), Maria Fensky (Bickendorf), Peter Filz (Müngersdorf), Theodor Fink (Höhenhaus), Heinrich Gérard (Ehrenfeld), Robert Görlinger (Klettenberg), Bernhard Günther (Handwerkskammer), Heinrich Hamacher (K-Mülheim), Peter Klemmer (Sülz), Kurt Kluth (Sülz), Albert Körner (Mauenheim), Aloys Koppmann (Bayenthal), Dr. Robert Pferdmenges (Marienburg), Josef Quademechsels (Merheim lrh., heute Weidenpesch), Peter Josef Schaeven (Marienburg), Peter Schlack (Bayenthal), Dr. Werner Schulz (Marienburg), Christine Teusch (Ehrenfeld), Dr. Hermann Zilles (Ehrenfeld). Am 13. Oktober 1946 findet die erste freie Stadtratswahl statt.

Geliebte Mutter Colonia! Ein Wort zur Besinnung

Colonia, eine blutige Spur zieht sich durch deine Geschichte. Oft war es Recht, oft Unrecht, für das du kämpftest. Oft kamen die Feinde von draußen, oft waren es aber auch deine eigenen Söhne, die sich im Bruderkampf zerfleischten. Manchmal schien es so, als habest du dich schon zum Sterben hingelegt, und wenn in letzter Minute die Not deine Kinder nicht immer wieder zusammengeschmiedet, so wärst du wohl schon längst vergessen, dein lachendes und stolzes Haupt unter Trümmern und Unkraut begraben.

Colonia, noch nie war dein Leib so mit Wunden bedeckt wie heute. Viele deiner Söhne und Töchter sind nicht mehr. Dein einst so schönes und stolzes Antlitz ist zerfallen, deine Kraft gebrochen, und deine Stimme, die einstmals weit über die Erde von deiner Schönheit sang, flüstert nur noch matt von deiner Not.

Colonia, jetzt wäre es an der Zeit, daß deine Söhne, die wenigen, die dir geblieben, sich wieder zusammenfänden zu gemeinsamen Lebenswerk. Viele bemühen sich heißen Herzens, aber der überschäumende und ungebändigte Wille, zu helfen, die verwirrende Kraft der wiedergewonnenen Freiheit und die Mühen derer, die um Gunst und Ansehen werben, sie alle mit ihrer verzehrenden Unrast, sie heilen nicht, sie bedrohen dein Leben.

Colonia, du Stadt der tausend Wunden, deine Kinder haben nicht Nahrung genug, sie wissen oft kein schützendes Dach und kein wärmendes Feuer, du wirst sterben müssen, wenn du deine letzte Kraft nicht zusammennimmst. Darum, weise ihnen den Weg, die sich sonst verirren, gib ihnen ein Ziel, auf dass ihre vielen hundert Einzelstimmen sich in einem gewaltigen Chor finden: Colonia, geliebte Mutter Colonia.

Fahnenschmuck zur 700 Jahr-Feier 1948

Der Grüngürtel soll abgeholzt werden

5. Oktober 1945: Im Haus der Britischen Militärregierung am Kaiser-Wilhelm-Ring geht es am Abend ziemlich laut zu. Konrad Adenauer ist erschienen, denn die Briten wollen zur Versorgung der Kölner Bevölkerung mit Winter-Hausbrand den Grüngürtel abholzen. Adenauer verwahrt sich im Namen der Kölner gegen diese unsinnige Aktion, verweist auf die Gesundheitsfunktion der von ihm vor zwanzig Jahren initiierten „Grünen Lunge" der Stadt, rechnet vor, dass eine Abholzung zudem lediglich die kurzfristige Versorgung sichern und wie „ein Tropfen auf hohlem Stein" wirken würde und fordert die Engländer auf, stattdessen „Kohle von der Ruhr" freizugeben. Als er die Kommandatur verlässt, herrscht eine gespannte Atmosphäre.

Oberbürgermeister Dr. Konrad Adenauer entlassen

6. Oktober 1945: Die Meldung schlägt wie ein Blitz ein: Oberbürgermeister Konrad Adenauer, zum Sitz der Militärregierung zitiert, erhält vom Militärgouverneur der Nord-Rheinprovinz, Brigadier Barraclough, nach einem zweistündigen Gespräch sein Entlassungsschreiben. Die Briten werfen ihm u.a. vor, er komme der Versorgung der Bevölkerung nicht in ausreichendem Maße nach und verfolge stattdessen hochfliegende Zukunftspläne: Zitat aus der amtlichen Übersetzung des 12 Punkte umfassenden Schreibens: „Ich bin mir der Lage hinsichtlich des Verkehrswesens, der Kohlenknappheit an Transportmitteln etc. etc. vollen Umfangs bewusst. Ich bin jedoch überzeugt, dass mit richtiger Überwachung und Energie auf Ihrer Seite mehr hätte getan werden können, um diese Probleme zu lösen, als tatsächlich geschehen ist."

Adenauer muß die Amtsgeschäfte unverzüglich an seinen Schwager Wilhelm Suth übergeben, der „bis zur Ernennung eines Oberbürgermeisters als zeitweilige Maßnahme die Pflichten eines Oberbürgermeisters von Köln zu erfüllen hat." Konrad Adenauer darf „weder direkt noch indirekt irgendeiner wie auch immer gearteten politischen Tätigkeit nachgehen."

Hans Jonen-Revue gestartet

Am Rande des Kölner Stadtgebietes, im Raga-Saal zu Kierberg, wird am 9. November 1945 eine beachtliche und recht amüsante Kölner Revue gestartet, die wahrscheinlich auch die erste derartige Theaterschau der Nachkriegszeit in Deutschland ist. Da wird in mehr als dreißig bunten Szenen, die durch den roten Faden „Sonne fürs Herz" mehr oder weniger verbunden sind, eine flotte Folge von Tanzkunst und Komik, von Gesang, Musik und gekonnter Artistik serviert. Vielbelachte Sketche, die sogenannten „Black outs", wechseln ab mit Preisschunkeln und Prämiierung, und es fehlt auch nicht der traditionelle Karnevalsspritzer mit dem wohl unsterblichen Treuen Husaren. Man merkt der ganzen Ausrichtung unschwer die kundigen Väter an und als solche zeichnen verantwortlich der Kölner Heimatdichter Hans Jonen im Verein mit dem Varietéfachmann und Direktor Curt Engel.

Hausbrand für die leeren Öfen

In allen Stadtteilen Kölns wird Anfang Dezember auf die Nr. 1 des Haushaltspasses der erste Hausbrand ausgegeben. Zunächst erhält jede Kölner Familie mit zwei bis drei Personen zwei Zentner, mit vier bis fünf Personen drei Zentner und mit sechs und mehr Personen vier Zentner. An Alleinstehende wird ein Zentner ausgegeben.

Auch die Holzaktion, die die Kölner Bevölkerung mit Brennholz versorgen soll, ist in den letzten Wochen erheblich gestiegen. Die wöchentliche Produktion beträgt jetzt 900 Tonnen. Zuerst werden beschädigte Bäume gefällt, die das Stadtbild nur stören. Das Holz wird in ein Meter lange Stücke geschnitten und mit Keilen gespalten. Der Kohlenhandel, der mit der Verteilung beauftragt ist, zerkleinert es so weit, dass es von der Bevölkerung verheizt werden kann. Im Augenblick mangelt es noch an Handwerkszeug, wie Handsägen, Motorsägen und Beilen, um die Produktion weiter zu steigern.

Fleisch- und Nährmittelzuteilung

Bald ist Nikolaus-Abend da! Auf Abschnitt C der Lebensmittelkarte werden in der Woche vom 3. bis 10. Dezember 1945 50 Gramm Fleisch, auf den Abschnitt 16 125 g Nährmittel ausgegeben. Statt Kartoffeln wird die doppelte Menge Rüben verteilt. Auf den Bezugsausweis B 1 gibt es im Dezember 2,5 Liter Petroleum, auf B 2 vier Liter, auf B 3 sieben Liter und für Kochzwecke 5 und 10 Liter Petroleum. Auf die Nummer 3 des Haushaltsausweises wird eine Dose Schuhcreme ausgegeben.

Oberbürgermeister Dr. Pünder eingeführt

Am 4. Dezember, dem Tag der Heiligen Barbara, wird Staatssekretär a.D. Dr. Pünder in einem Festakt in der Universität durch den Oberpräsidenten der Nord-Rheinprovinz, Dr. Lehr, als Oberbürgermeister der Stadt Köln eingeführt. Der Festakt wird mit Vorträgen des Gürzenich-Quartetts würdig eingerahmt.

Universität eröffnet

Die Universität Köln begeht am 10. Dezember mit der Immatrikulation der Studenten festlich ihre Wiedereröffnung. Zahlreiche Mitglieder der britischen Besatzungsbehörden wohnen der Feier bei. Der Rektor der Universität, Professor Dr. Kroll, betont in seiner Eröffnungsrede, der erste „dies academicus“ der neuen Zeit sei ein Feiertag, an dem die neue Konstituierung der „civitas academica Coloniensis“ festlich begangen werde. Auf der Feier spricht auch der Gouverneur der Nord-Rheinprovinz, Brigadier Barraclough, der lobend erwähnt, dass die Studenten mit ihrer eigenen Hand am Wiederaufbau der Universität mitgearbeitet haben, so wie im Jahre 1388 die ersten Studenten ihre Universität selbst aufgebaut hätten. „Die heutigen Studenten können daher sagen, dass die Universität in einem besonderen Sinne ihre eigene sei.“ Die Feier, die eingerahmt war von Vorträgen des Städtischen Orchesters unter Leitung von Günther Wand schloss mit dem Gesang von „Gaudeamus igitur“.

Kölns äußerer Grüngürtel wird Ackerland

Das Gelände des früheren Flugplatzes Butzweilerhof sowie die Rasenflächen des äußeren Grüngürtels und der Merheimer Heide werden, wie aus einer Mitteilung vom 19. Dezember hervorgeht, in Ackerland umgewandelt. Das Gelände wird aufgeteilt und verpachtet. Bisher erhielten 16 Landwirte insgesamt 388 Morgen. Für Kleingärtner wurden 550 Gärten zu je 400 Quadratmeter eingeteilt. Auch das Garten- und Friedhofsamt wird eine Fläche von 81 Morgen im äußeren Grüngürtel bewirtschaften, davon 23 Morgen mit Gemüse und Kartoffeln und 56 Morgen mit Hafer bestellen.

Starke Sturmschäden

Das Jahr 1945 „verabschiedet“ sich zwei Tage vor Silvester mit starken Sturmschäden von den Kölnern. Ein orkanartiger Sturm, der bis in die Nachtstunden andauert, bringt allein in Köln 42 durch Bomben beschädigte Häuser und freistehende Giebel zum Einsturz. Viele Menschen werden unter den Trümmern begraben, neun davon sterben, 22 sind schwer verletzt. Zu den ohnehin noch großen Schuttmassen kommen nun weitere 50 Kubikmeter hinzu. Einem städtischen Nottrupp gelingt es, in der Machabäerstrasse sechs Menschen lebend aus den Trümmern ihres zusammengestürzten Hauses zu befreien.

Jahres-Abschluss-Botschaft

In seiner Silvester-Ausgabe am 31. Dezember 1945 veröffentlicht der „Kölnischer Kurier“ ein Schreiben des Oberpräsidenten Dr. Dr. Lehr „an die Einwohner der Nord-Rheinprovinz!“:

„Wintersonnenwende liegt hinter uns. Die Dunkelheit wird täglich zurück gehen und das Sonnenlicht an Dauer und Kraft zunehmen.

Ein rechtes Gleichnis für uns alle. Aus der Dunkelheit eines völligen Zusammenbruchs wandern wir einer lichtvolleren Zukunft entgegen.

Wenn wir zurückblicken auf das vergangene Jahr, so finden wir den tiefsten Punkt in dem Augenblick, als nach vollständiger Zerschlagung der Wehrmacht die Machthaber das deutsche Volk bedenkenlos im Stich ließen und es chaotischen Zuständen überantworteten, die sie allein verschuldet hatten.

An die Stelle der fahnenflüchtigen Machthaber ist die Militärregierung getreten, und unter ihrem Schutz und Beistand räumen wir in ständigen Fortschritten Tag für Tag Trümmer beiseite und schaffen Ordnung und Recht. Aller Erfolg hängt davon ab, dass diese Aufbauarbeit im rechten Geist geschieht. Die rechte Gesinnung ist in wenigen Worten zu umreißen: Rückkehr zum Glauben unserer Väter und zu deren schlichten Bekenntnissen, wie sie der Volksmund überliefert hat: „Tue recht und scheue niemand!" „Wandle glaubend deine Wege!"

Wenn ein jeder nach diesen Grundsätzens strebend sich bemüht, wird der Segen Gottes nicht ausbleiben, und es werden sich die Worte der Verheißung erfüllen, dass nicht im Dunkeln bleiben soll das Land, das geängstigt ist, und dass das Volk, das im Finstern wandelt, wieder ein Licht sehen soll."

Bekanntmachung – Dienstag, 26. Februar 1946

Dieses ist die letzte Nummer des „Kölnischen Kurier", der von der Militärbehörde herausgegeben wurde. Ab 1. März werden die folgenden Zeitungen im Regierungsbezirk Köln erscheinen:

- Rheinische Zeitung, sozialdemokratische Richtung. Erscheinungstage Mittwoch und Samstag; die erste Nummer erscheint am 2. März.
- Volksstimme, kommunistische Richtung. Erscheinungstage Montag und Donnerstag. Diese Zeitung wird auch im Regierungsbezirk Aachen verbreitet. Die erste Nummer erscheint am 4. März.
- Eine Zeitung christlich-demokratischer Richtung, die Dienstag und Freitag erscheinen wird, wird auch herausgegeben werden. Der Name und das Datum der Erstausgabe werden in kurzem veröffentlicht werden.

Da die gesamten Ausgaben der drei Zeitungen nicht ausreichen werden, jede Familie mit einer Zeitung zu versehen, darf jeder Haushalt grundsätzlich nur eine Zeitung beziehen. Maßnahmen hierfür werden getroffen.... Die Büros der drei Zeitungen werden in der Breite Strasse 68/70 sein.

Nachtrag

Am 19. März 1946 erscheint die „Kölnische Rundschau“ mit der Titel-Unterzeile „für Christentum und Demokratie“ als dritte und letzte der von der britischen Besatzung für den Kölner Raum zugelassenen Zeitungen. Chefredakteur ist Dr. Hans Rörig, bis dahin in gleicher Funktion beim „Kölnischer Kurier“. Um den Namen soll es längere Diskussionen zwischen den Lizenzträgern Joseph Baumhoff, Dr. Reinhold Heinen, Fritz Fuchs, Hugo Mönnig und Fritz Wester gegeben haben. Man hatte sich wohl auf „Deutsche Glocke am Rhein“ geeinigt, doch der hinzugezogene Dr. Adenauer war sofort in Gelächter ausgebrochen: „Stellen Sie sich vor, Sie sind in einem Lokal und sagen dem Kellner: Ober, bringen Sie mal die Glocke vom Rhein.“ Worauf der vorgesehene Chef vom Dienst, Franz Goeddert meinte, dann werde man wohl bald hören oder lesen: „Ich hör' ein Glöckchen klingeln!“

Ab September 1949 erscheinen die drei Zeitungen täglich. Am 29. Oktober 1949 kommt auch der Kölner Stadt-Anzeiger wieder heraus. Eine ausdrückliche Lizenzierung durch die Alliierten ist mit der Konstituierung der Bundesrepublik Deutschland hinfällig geworden.

Konrad Adenauers Traum – aber es ist anders gekommen

Es erstaunt, dass die Amerikaner den auch von ihnen sehr geschätzten Oberbürgermeister Konrad Adenauer in den 100 Tagen bis zur Übergabe der Militärregierung am 21. Juni 1945 an die Engländer in dem von ihnen herausgegebenen „Kölnischen Kurier“ kein einziges Mal namentlich erwähnt haben. Nach meinen Wahrnehmungen und Recherchen hat Konrad Adenauer mit einer unglaublichen Energie, großer Umsicht und viel Weitsicht die Geschicke der Stadt und ihrer Menschen angepackt. Adenauer hat seine Prioritäten anders gesetzt, als der ein oder andere sie gesetzt hätte. Aber ihm schien es wichtiger zu sein, den Menschen wieder etwas Lebensfreude zu verschaffen, als Steine zu klopfen. Die Ankurbelung kultureller Aktivitäten, die Einkleidung kölscher Straßensänger, die Wiederherstellung der Heimatbühne Millowitsch sind nur einige Belege dafür.

In ihrem 1970 erschienenen Buch „Meine Erinnerungen an Konrad Adenauer“ hat die langjährige Sekretärin des ersten Kanzlers der Bundesrepublik Deutschland, A. Poppinga, eine Aussage überliefert, in der Adenauer seine damaligen Leistungen als erster Nachkriegs-Oberbürgermeister in Köln herunterspielte: „Und als der Krieg zu Ende war, da war es mein Traum, wieder Oberbürgermeister von Köln zu werden und die Stadt aufzubauen. Aber es ist anders gekommen."

Konrad Adenauer – schon als Kind war ich von diesem Mann fasziniert. In späteren Jahren habe ich mit Dr. Helmut Kohl, Franz Josef Strauss, Heinrich Köppler, Lothar Spaeth, Rainer Barzel, Dr. Ernst Benda, Kurt Georg Kiesinger und vielen anderen Politikern Gespräche geführt, diskutiert oder Veranstaltungen moderiert. Ein großes Erlebnis hatte ich nach der Wiedervereinigung. In einem Hinterzimmer der „Keule" am Heumarkt hatte ich mit dem noch im Ministeramt befindlichen Hans-Dietrich Genscher, seiner Frau, einem Begleiter sowie Willy Millowitsch am Karnevalssamstag-Abend zusammengesessen. Als Millowitsch nach einer knappen Stunde in die „Lachende Sporthalle" musste, war ich mit dem Ehepaar Genscher und ihrem Bekannten alleine – und in den folgenden zwei Stunden haben wir bei einigen süffigen Kölsch eine Unterhaltung geführt, aus der ich nicht nur viel Wissen schöpfen, sondern auch vieles über das Leben außerhalb der Politik erfahren konnte.

Konrad Adenauer bin ich leider nie persönlich begegnet, aber wenn ich ihn auf Fotos oder in Filmen sehe, wenn ich ihn sprechen höre, dann kommt es mir so vor, als ob ich ihm gestern erst begegnet sei.

„.... Aber es ist anders gekommen." Gut für Deutschland – schlecht für Köln? Sicher, wenngleich es sicherlich einige geben wird, die es gerne andersherum sagen würden.

Wesselings Bürgermeister Alfons Müller MdB und Karnevalisten bei Dr. Helmut Kohl in Bonn. Bei der Gelegenheit konnte ich ihm die Folge 7 der „Kölsche Evergreens" überreichen

Die Kölner Oberbürgermeister der ersten Nachkriegsjahre
Ernennungen, Wahlen, Wechsel im Amt

Es ist sicherlich hilfreich, die Namen und Amtszeit der Kölner Oberbürgermeister in den Nachkriegsjahren aufzuführen, da sie anfangs durch Ernennung und erst ab 1946 nach Wahlen in ihre Ämter kamen.

Wenn ab 1948 in zeitlich nahen Abständen von Oberbürgermeister Dr. Ernst Schwering und dann wieder von Oberbürgermeister Robert Görlinger die Rede ist, dann ist dies kein Schreib- oder Druckfehler, sondern der Ausgang der Kommunalwahlen des Jahres 1948 ist Ursache dafür. Die Abstimmung im Stadtrat hatte in beiden Wahlgängen ein Patt zwischen den Kandidaten der beiden stärksten Parteien ergeben. CDU und SPD einigten sich darauf, anstelle eines notwendig gewordenen Losentscheids alljährlich einen Wechsel im Amt des Oberbürgermeisters und parallel dazu im Amt des Bürgermeisters vorzunehmen. Der dann folgende Losentscheid bestimmte lediglich die Reihenfolge der Amtsausübung. Hier die Auflistung:

1945:

- Wilhelm Suth wird am 14. März von den Amerikanern mit der Leitung der Kölner Stadtverwaltung beauftragt
- Konrad Adenauer wird am 4. oder 5. Mai von den Amerikanern zum Oberbürgermeister ernannt
- Oberbürgermeister Konrad Adenauer wird von den Engländern aus seinem Amt als Kölner Oberbürgermeister entlassen
- Dr. Hermann Pünder, Staatssekretär a.D., wird am 20. November von den Briten als Adenauers Nachfolger eingesetzt

Die ständigen Wechsel im Amt des Oberbürgermeisters waren natürlich auch ein Thema für den Rosenmontagszug 1951

1946:

- Nach den ersten freien Nachkriegswahlen bestätigt der Stadtrat den Christdemokraten Dr. Hermann Pünder in seinem Oberbürgermeisteramt.
- An die Spitze der Verwaltung tritt nunmehr der Oberstadtdirektor. Gewählt wird der bisherige erste Beigeordnete Wilhelm Suth (CDU).

1948:

- Dr. Ernst Schwering (CDU) wird durch Ratsbeschluß am 19. April Nachfolger von Dr. Pünder als Oberbürgermeister. Dr. Pünder verlässt Köln und wird Oberdirektor der Bizone.
- Nach Losentscheid wird Robert Görlinger Oberbürgermeister. Dr. Ernst Schwering wird sein Stellvertreter mit der Maßgabe, dass die Ämter nach jeweils einem Jahr getauscht werden.

1949:

- Dr. Ernst Schwering (CDU) wird turnusgemäß Oberbürgermeister, Robert Görlinger übernimmt das Bürgermeisteramt.

1950:

- Der Sozialdemokrat Robert Görlinger übernimmt turnusgemäß das Amt des Kölner Oberbürgermeisters – Dr. Schwering wird Bürgermeister.

1951:

- Der Christdemokrat Dr. Ernst Schwering wird turnusgemäß Oberbürgermeister von Köln – Robert Görlinger ist Bürgermeister.

1952:

- Nach den Stadtratswahlen wird Dr. Ernst Schwering am 20. November zum Oberbürgermeister gewählt – Robert Görlinger wird zum Bürgermeister gewählt.

1956:

- Theo Burauen wird nach den Kommunalwahlen 1956 am 9. November zum Kölner Oberbürgermeister gewählt. Bis 1973 bleibt er im Amt. Dr. Schwering wird zum Bürgermeister gewählt.

Die Verdunkelungsbeschränkungen werden aufgehoben
Om schwazze Maat die Schieber stonn parat

Es ist nur eine kleine Meldung der Militärregierung, die jedoch von großer Bedeutung ist: „Seit dem 25. Mai 1945 gelten neue Zeiten für die Ausgangsbeschränkung, und zwar von 22.00 Uhr bis 04.30 Uhr. Die Verdunkelungsbeschränkungen werden aufgehoben."

Jetzt war die Befreiung eigentlich erst ganz perfekt, jetzt konnte man wieder, ohne Gefahr zu laufen, bestraft zu werden, nach Herzenslust Licht in die Wohnung lassen, sofern nicht wieder einmal der Strom gesperrt war. Das kam auch bei intakten Hausleitungen oft vor, schließlich gab es draußen viel zu reparieren. Karl Wiechert macht in seinem Lied „Mer bruche nit mih zo verdunkele" aus seiner Freude keinen Hehl: Wir brauchen uns nicht mehr zu verstecken. Das Titelbild des Notenblattes ist nur mit der Lupe zu erkennen. Eine Schabauflasche Marke „Knollegold" kreist in einer sechsköpfigen Feierrunde, die es sich vor dem hellen Fenster bequem gemacht hat.

:: „Mer bruche nit mih zo verdunkele!
Un künne em Helle jetz schunkele,
Beim Rööbebier un goodem "Knollegold"
Do laache uns Mädcher wie fröher hold
Un wer dat noch nit gläuve kann
Dat ess ene Hampelmann! ::

Em Kreeg wor et schlemm,
Doch für Klein un och Groß
Mer hoht vun Verdunkelung bloß
Un leuchten eruus ens dat 'wenzige Leech,
Dann kohms do och schnell för Gereech
Met all däm Gedöns han mer nix mih zo dunn,
Meer hatten och wirklich garnnix dovun
Un spare die Rollos, dä Lihm, dat Papier,
Mer danke für su ein Pläsier!
Sechs Johr han mer dat no gemaat,
Tagtäglich op Fridde gewaaht:"

Kölner Lieder sind ja auch zumeist ein „klingendes Geschichtsbuch", oder wie hier – so meint Hartmut Priess von den Bläck Fööss – ein gesungener Kommentar zur Zeit- und Kulturgeschichte. Karl Wiechert hat dem „Licht ins Dunkel bringen" eine Doppelfunktion gegeben, denn er lässt es auch gegen die Schwarzhändler anwenden:

„Dä Kreeg es vörbei, doch auwei, doch auwei
Als widder en neu Lumperei!

Do hatt op Verdunkelung sich schwer verlaaht
Dä schwazze, jo dä schwazze Maat!
Dä ein hätt Zigaare, ne andere Kiehs,
Un hörst do dä Priehs dann wes de ganz mies
Et wehd öm dich finster, et wehd öm dich schwazz,
Do ärgers dich bloos dat do platz
Meer machen us schwazz widder wies
Die dragen am Bau bal d'r Spieß!"

Die Chesterfield ist das Maßstäbchen aller Dinge

Dank der zurückgelassenen Wehrmachtsbestände ist die Versorgungslage in der Stadt zunächst noch einigermaßen gut. Doch die Vielzahl der in die Stadt strömenden Rückkehrer und Flüchtlinge führt schon sehr schnell zu erheblichen Engpässen und so ist es kein Wunder, dass der Tauschhandel zu blühen beginnt. Doch die für den Lebensunterhalt so hilfreichen Möglichkeiten entwickelten sich sehr schnell zum Tummelplatz für viele Menschen, die aus der Not anderer ihren Nutzen zogen. Da auf normalem Wege nichts oder kaum noch etwas zu erhalten war, schoss ein „Schwarzer Markt" nach dem anderen wie Pilze aus dem Boden. Sachwerte wurden hier zu Wertsachen und die Chesterfield war schon bald das „Maßstäbchen" aller Dinge.

Die Bevölkerung wurde ständig aufgefordert, sich weder durch Kauf, Verkauf oder Tausch an diesen illegalen Transaktionen zu beteiligen. Doch die Appelle verhallten ungehört, sodass Militär und Polizei mehr und mehr Razzien durchführten. Von 423 Personen, die am 13. Juli 1945, einem Freitag, vom Schwarzen Markt vor dem Dom zur Polizei gebracht wurden, mussten 48 zunächst in Haft bleiben.

Die Razzia, bei der in Köln zum erstenmal britische Militärpolizei und deutsche Polizei eine gemeinsame Aktion durchführten, setzte schlagartig nachmittags um drei Uhr ein. Der Platz vor dem Dom war zu dieser Stunde gefüllt mit Hunderten von Männern, Frauen und Kindern, Angehörigen aller möglichen Nationen. Ein lebhafter Handel war in Gang. Um Zigaretten, Schokolade, Uhren, Schnaps, alte Schuhe, Fotoapparate, Wäschestücke, ja sogar um Medaillen und Auszeichnungen wurde in mannigfaltigsten Sprachen gefeilscht. Zigaretten fanden für fünf Mark das Stück ihren willigen Käufer, während auf der anderen Seite gerade jemand eine gute Armbanduhr gegen 120 Zigaretten einzuhandeln versuchte.

Neben zweifellos kriminellen Existenzen, die hier aus der Not der Bevölkerung Kapital schlagen wollten, sah man auch alte Mütterchen, die ihre letzten armseligen Kleinigkeiten in Brot oder Konserven umzusetzen gedachten.

Über dem wogenden Menschenhaufen lastete die brennende Julisonne, als plötzlich jemand den Warnruf ausstieß: „Achtung, Polizei!" Und schon tauchten aus der Andreasgasse rotbemützte britische Militärpolizisten und deutsche Polizisten in Blau auf. Als ob ein Wirbelwind über den Platz fegte und die Menschen vor sich hertrieb, lief, rannte, stürzte jeder zum Domhof zu. Links und rechts flogen die Waren der Schwarzhändler über den Platz, da sie nicht zusammen mit dem Besitzer als Beweisstück der Polizei in die Hände fallen sollten. Einige besonders Gewitzte stürmten in die zerstörten Häuser, um sich zwischen den Ruinen zu verbergen. Aber auch das war vergebens, denn die Polizei war hinter ihnen her. Viele jedoch, die rheinwärts zu entkommen suchten, kamen nicht weit, denn hier sahen sie sich einem Sperrgürtel der Polizei gegenüber.

So wurde die Masse von der Polizei zusammengedrängt. Kritische Situationen gab es, da viele Menschen Räder bei sich führten, über die Flüchtende stolperten. In dem kleinen Kessel waren alle umstellt: Kunden des Schwarzen Marktes, Händler, Neugierige und zufällige Passanten. Auf 15 Lastwagen wurden die 423 Personen in bemerkenswert kurzer Zeit verladen und zur Polizei geschafft, wo die Sichtung vor sich ging. Auf der Fahrt zur Kriminalpolizei flogen immer noch links und rechts belastende Waren aus dem LKW. So fiel z.B. ein Säckchen Kaffee auf die Straße, platzte, und die kostbaren Bohnen vermischten sich mit dem Staub der Gasse.

Die ganze Aktion vor dem Dom hatte genau 55 Minuten gedauert. Der eben noch völlig überfüllte Platz war menschenleer, als die Rotkappen im Hintergrund wieder verschwanden. Die meisten der zur Polizei gebrachten Schwarzhändler wurden noch im Laufe des Abends wieder nach Hause entlassen. Unter den 48 Verhafteten waren 21 deutsche Staatsbürger, darunter sechs Frauen sowie 15 Russen und 12 Italiener.

Die Militärbehörden zeigten sich entschlossen, mit allen Mitteln den Kampf gegen den Schwarzen Markt fortzusetzen, bis er ausgemerzt ist. Bis Ende August 1945 wurden weitere sieben Großrazzien durchgeführt. 800 Schwarzhändler wurden dabei festgenommen, von denen etwa 200 dem Gericht überstellt wurden. Dabei wurden bereits nach wenigen Tagen Urteile bis zu drei Jahren Gefängnis und 4.000 Mark Geldstrafe ausgesprochen. Große Mengen Diebesbeute und alliierten Heeresgutes konnten von der Polizei beschlagnahmt werden.

Karl Berbuer hat seine Beobachtungen in einer Strophe seines Liedes „Jetz weed opgerühmp" festgehalten:

„Om schwazze Maat, die Schieber stonn parat,
Die laache sich off en et Füüßge,
Wer käuf, dä kritt, sing ganze Grosche quitt,
Ne Anzog koß e boore Hüssge.
Wer do die Priese all bezahlen kann,
Dä muß bestemp e Milliönchen han,

Dat gov et fröher doch nit su,
Dröm ben ich jetz och fruh:

Jetz wed opgerühmp, met all däm ganzen Dreck,
Jetz wed opgerühmp, met jedem schlächte Jeck,
Jetz weed opgerühmp, met allem Klüngelskrom,
Durch dä ganze Meß, dä gewäse eß, mache mer ne Schrom."

Dora (l.) und Hedwig (r.) am Tag der Ersten Hl. Kommunion 1948

Der nach der Domumgebung wohl größte Kölner Schwarzmarkt war in der „alten" Elsaß-Strasse. Die Elsaß-Strasse ist zweigeteilt. Die „neue" Elsaß-Strasse führt von der Merowinger Strasse stadteinwärts bis zur Lothringer Strasse, in der „alten" Elsaß-Strasse, die von der Merowingerstrasse bis zur Bonner Strasse führt, befindet sich die „Kolonie", deren Bewohner vor dem Krieg als Kommunisten verschrien und ob ihrer Derbheit und Schlagkraft gefürchtet waren. Hier herrscht ein Kommen und Gehen und es geht zu, wie auf einem Basar – nur fehlen die Stände. Auch ich war fast tagtäglich hier zu finden.

Nach der Schule standen wir Pänz an der Ecke Merowingerstrasse. Sobald vom Chlodwigplatz der Ruf „Razzia, Razzia" erschallte, brüllten wir das nach. Schnell wie die Ratten verschwanden die Schwarzhändler in irgendwelchen Kellern. Die Polizisten fanden nur noch uns Pänz vor. Die größeren wurden auf der Ladefläche eines Tempo-Dreirads aufgeladen und mit zur Wache genommen; dort waren sie längst namentlich erfasst und auch persönlich bekannt. Als „Entlassungspapier" gab es oft einen Fußtritt oder eine Ohrfeige. Ein paar Stunden später wiederholte sich das Spiel.

Einen selbstgebrannten Dauerlutscher gab es schon einmal als Belohnung für die Wachdienste. Wollte man ihn käuflich erwerben, musste man fünf Mark dafür ausgeben. Auf dem Schwarzen Markt wurde aber nicht nur mit Ware, sondern auch mit Marken gemaggelt. Nahrungsmittel bekam man ja nur, wenn die entsprechenden Marken aufgerufen waren.

Da die Zuteilungsrationen sehr knapp waren, haben viele versucht, ihren eigenen Markenbestand durch Zukäufe zu erhöhen. Das kostete einiges an Geld und bot zudem noch keine Gewähr, dass man auch etwas im Geschäft bekam. Wie oft hieß es: „Ausverkauft" und wie oft passierte es, dass man deshalb nach langem, langem Anstehen kurz vor dem Ziel stand und dann leer ausging.

Mit meinen älteren Schwestern habe ich mich beim Anstehen vor der Bäckerei Reif oder vor Unkelbach in der Merowingerstrasse abgewechselt. Dora in der ersten, Hedwig in der zweiten, ich in der dritten halben Stunde und dann kam Mutter mit Marianne auf dem

Arm. Frau Reif hat Mutter oder uns Kindern noch manches Stück Brot zugesteckt, wenn es offiziell schon „Ausverkauft“ geheißen hatte.

Maisbrot ist nicht jedermanns Geschmack

Maisbrot – viele schütteln sich heute noch, wenn sie nur das Wort hören. Ich habe eigentlich keine negativen Erinnerungen daran, mir hat es geschmeckt. Es durfte allerdings nicht lange gelegen haben, denn dann war es bröcklig und schmeckte auch nicht mehr. Aber bei uns wurde Brot nie alt – sobald erhalten, war es schon gegessen. Irgendwann nach dem Krieg habe ich gehört, die Lieferung von Mais aus den USA sei auf einen Verständigungsfehler zurückzuführen, dort habe es auch Getreide in Hülle und Fülle gegeben. Käthe, meine Frau, hat ihre Schulkameraden um das Maisbrot beneidet. Sie war als Kind von „Selbstversorgern“ von der Schulspeisung ausgeschlossen und musste „normales“ Brot essen. Ein unbekannter Dichter hat seine Meinung sehr drastisch ausgedrückt und sein Werk mit „Maisbrut-Malör“ überschrieben:

„Esu vill gedresse han ich zu Läbe noch nit
Wie jetz, zick däm et dat Maisbrut gitt.
Alle Augenblecks kann mer nohm Abtritt laufe,
Un jedesmol drieß mer ne staatse Haufe.
Got es, wer statt zo esse, der ganzen Dag schlief,
Söns drieß hä sich rack noch et Hätz us dem Liev.

Dröm Hergott, loss Wießbrut uns nit länger messe;
Et Arschloch es uns ald bahl engeresse.
Mer säht, dat Maisbrut wör lecker, vun wäge,
Jetz han ich sugar ald der Schlapp do no kräge.
Nä, offe gestande, et es en Schand,
Nen öhntlichen Futz kritt mer nit mie zo Stand.

Su gon ich hück Meddag he durch e paar Stroße,
Un well su eine kräftige fleege looße,
Stelle mich jet Avseits un däue un dröcke,
Un meine jetz möht et mir endlich glöcke.
Vör Buchping han ich mich bahl gekrümmb
Op einmol do geiht mer die Zaus en et Hemb

Ich spüre, se läuf mer de Bein eraf
En ner Weetschaff om Abtrett do putz ich mich avv
Un soh bei Verstand un met reinem Gewesse,
Dat ich mer sugar – de Klötz – hat bedresse.

Schwarzer Markt an der Weidengasse: „E Pund Botter koß 500 Mark, für die 100 Mark kriste nur 10 Zigarette“

Leev Herrgöttche, seufzt ich, mir riess de Gedold,
Dat es nur dat lausige Maisbrud schuld.

Weil noch immer die Drießerei höht nit opp
Han ich mer dat Aschloch hück zogestopp.
Vürläufig ich nit mie nom Lokus gonn,
Ich loss mir jetz dat Gedresse stonn,
Sulang, bes dat et kein Maisbrut mieh gitt,
Un mer widder Brüdcher un Wiesbrut kritt

Frau Reif aus der Bäckerei war eine herzensgute Frau. Als Dora und Hedwig 1948 gemeinsam zur Ersten Heiligen Kommunion gingen, hatte sie Mutter eine kleine Buttercreme-Torte geschenkt. Mutter hatte nichts davon gesagt und erst als am Abend die Gäste fort waren – wir Kinder lagen schon im Bett – kam sie ins gemeinsame Schlafzimmer und teilte die Torte unter uns Kindern auf. „Für alle hätte es nicht gereicht". Mutter hatte den Kommunion-Termin für meine beiden Schwestern immer wieder hinausgezögert, damit Vater nach der Rückkehr aus der Kriegsgefangenschaft dabei sein konnte.

Ein paar Häuser vor der Bäckerei Reif war die Lebensmittelhandlung von Gustav Schneege. Seine erwachsene Tochter Lina nahm mich des öfteren mit zur Großmarkthalle auf der Bonner Straße, wo sie ihre Einkäufe tätigte. Nach der Währungsreform führte Lina den Laden, und wenn die Lieferanten etwas nicht lieferten oder sie es nicht bestellt hatte, dann hat sie mich zur Markthalle geschickt, um es für ihren Laden zu kaufen. Es waren immer nur Kleinigkeiten: ein paar Eier, etwas Margarine, in seltenen Fällen Butter und Käse.

Meine Schwestern Hedwig (2.v.r.) und Dora (3.v.r.) bei der Prozession der Kommunionkinder 1948

Einigen Leuten brachte ich die bestellten Lebensmittel ins Haus. Mein prominentester Kunde war der Generalintendant der städtischen Bühnen, Herbert Maisch, dessen Wohnhaus in der Volksgartenstrasse den Krieg nahezu unversehrt überstanden hatte. Die anzuliefernden Waren, ausschließlich Lebensmittel, trug ich immer in einem kleinen Spankörbchen. Mit dabei war meistens ein kleines Tütchen mit Kaffeebohnen, richtige, duftende, dunkelbraune Kaffeebohnen. „E Lot Kaffee“ – das waren ein paar Kaffee-Bohnen, die in einem speziell dafür gefertigten kleinen Blechgefäß, dem Lot, portioniert wurden. Eine Waage hätte das Gewicht von 62,5 g gar nicht genau anzeigen können. Bohnenkaffee konnte sich aber kaum jemand leisten. Wir tranken zu Hause immer „Muckefuck“, von dem keiner wusste, woraus er hergestellt war. Mutter hat auch ab und an von mir aufgesammelte Eicheln auf dem Herd geröstet, gemahlen und die Brühe war dann unser Kaffee.

Den berühmten Hausherrn habe ich nur selten angetroffen, dafür aber sehr oft eine wunderschöne junge Frau, von der ich nicht wusste, ab es seine Ehefrau oder seine Tochter war. Jedenfalls hat sie mich immer sehr nett behandelt und mir auch ein kleines Trinkgeld gegeben.

Schräg gegenüber, auf der anderen Straßenseite, wohnte eine weitere Kundin, Frau Kolping. Sie war Küsterin in der Notkirche St. Paul in der Loreleystrasse und von daher kannte ich sie ja gut. Irgendwann hat sie mich gefragt, ob ich ihr nicht beim Putzen der Kirche helfen wolle. Das habe ich natürlich getan, und fortan hatte ich jede Woche Zwei Mark mehr in der Tasche.

Die Trümmerberge lichten sich
Schöppe es jetz Trump - wer sich dröck dat es ne Lump

Als die Besatzungsmächte den Kölner Politikern wieder einen Teil der Verantwortung übertrugen, lautete die erste und zugleich bange Frage: „Wie soll die Stadt wieder aufgebaut werden, deren Kern so stark zerstört ist?“ Sollte Köln an alter Stelle wiedererstehen? Oder war es sinnvoller, den ganzen Trümmerberg zu planieren und die Stadt an anderer Stelle komplett neu aufzubauen? Zunächst stellte sich das Problem der Entschuttung und Enttrümmerung der Stadt. Viele der zurückgekehrten Kölner hatten in den letzten Wochen und Monaten in ihrem eigenen Wohnungsbetreich gearbeitet, gemauert und gehämmert. Anfang September 1945 begann an zahlreichen Stellen in der Stadt das öffentliche Reinemachen in größerem Umfange. Das Straßenbauamt der Stadt Köln hatte verschiedene Baufirmen mit dieser Aufgabe betraut. Von Straßen und Plätzen sollte der Trümmerschutt, der auf vier Millionen Kubikmeter geschätzt wurde, fortgeschafft werden.

Schutt-Abbau in großem Stil

Die Amerikaner hatten mit ihren schweren Räumfahrzeugen zwar einige der für ihre Transportfahrzeuge benötigten Straßen freigelegt, den Schutt aber nur zur Seite geschoben und nicht beseitigt. „Jitz go'mer allemolde schöppe" hieß die Aufforderung zum schweißtreibenden „Sport". Doch mit „schöppen" allein war es nicht getan, denn der Schutt musste, nachdem die wiederverwertbaren Materialien von Frauen und Kindern aussortiert waren, irgendwie weggeschafft werden. Lastkraftwagen und Pferdefuhrwerke waren knapp, und mit Handkarren ließen sich die Trümmermassen nicht beseitigen. Da besannen sich die Verantwortlichen auf die Feld- und Baubahnen, die viele Baufirmen noch in ihrem Fuhrpark hatten. Zumeist waren es leichte Dampf- oder Diesellokomotiven und zweiachsige, in der Regel eiserne, manchmal auch hölzerne Kippwagen, Loren genannt. Sie hatten vor dem Krieg beim Bau von Autobahnen, Flughäfen, Kanälen und Deichen ihre Bewährungsproben bestanden. Die Diesellokomotiven konnten in Ermangelung von Dieselkraftstoff kaum eingesetzt werden; Dampflokomotiven waren gefragt. Die Kipploren ließen sich von Hand gut beladen, über provisorisch verlegte Gleise, auch „fliegende Gleise" genannt, konnten sie bis nahe an die Arbeitskräfte jederzeit schnell herangeführt werden. Mit einem Fassungsvermögen von rund 0,75 Kubikmeter ließen sie sich auch noch per Hand bewegen. „Et Schöppeleed" von Jupp Becker weckt Erinnerungen an diese Zeit:

„Uns drieven die Erinnerungen,
No Kölle wieder heim zu gon.
Un eß de Heimkehr dann gelunge,
Dun mer bedröv op Trümmer ston.
Doch klage dun mer nit,
Dä Schutt mer wähde quitt.
Et steit de halve Stadt,
Zum schöppe schon parat:

:: Jitz go'mer allemolde schöppe
Dun schnell dä Schutt en Kär'cher jöcke
Mutter Colonia, Ding Pänz sin wieder da.
Jitz go'mer allemolde schöppe
Gon och de Kalorie höppe.
Freu dich Colonia.
Mer baue widder op! Hurra! ::

Wenn mer su met dem Schöpp'che spille,
Genau wie en der Kinderzick.
Denk jeder sehnsuchtsvoll em Stelle:
„Alt-Kölle, komm doch bahl zoröck!"
Doch nun wehd angepack,

Schöppe, schöppe es jetz Trump!

Die Haufe affgehack.
Et weed sich nit blameet,
Die Stadt weed neu poleet:

Sülz macht den Anfang

Werfen wir einen Blick auf die Zeitungs-Berichterstattung: „Das große öffentliche Reinemachen hat jetzt in Sülz unter Einsatz von Feldbahnen und Baggern seinen Anfang genommen. Mitten in die hohen Schutthalden einer Straße bahnen sich mit lautem Getöse die Raupenketten eines mächtigen Baggers ihren Weg. Der riesige Löffel des Baggers, der einen Kubikmeter zu fassen vermag, frisst Stück um Stück aus dem Trümmerhaufen und lässt die Ladung in bereitstehende Loren gleiten. Täglich werden von diesem Bagger dreihundert Raummeter abgetragen. An anderer Stelle wird im Handbetrieb gearbeitet; in langen Reihen stehen die Arbeiter und füllen die kleinen Wagen. Diesel- und Dampflokomotiven ziehen die beladenen Loren davon.

Die Kölner würden es vielleicht gerne sehen, wenn zunächst die Innenstadt von den Schutthalden möglichst bald befreit würde. Aber das ist technisch nicht so einfach. Deshalb hat man sich entschlossen, beim Aufräumen der Schutthalden in den Außenbezirken zu beginnen. Wie sich die Äste eines wachsenden Baumes ständig weiterverzweigen, so werden sich die Gleise der Feldbahnen tiefer zum Stadtkern vorschieben und immer mehr verästeln. In dieses System soll auch das Gleisnetz der Straßenbahn einbezogen werden, um von den großen Sammelplätzen der Stadt, Neumarkt, Heumarkt und vielen anderen, die Schuttmassen herauszufahren. In der Umgebung Kölns befinden sich noch viele leere Sand- und Kiesgruben, die so aufgefüllt werden. Vorher wird der angefahrene Schutt noch einmal gesichtet und Verwendbares, Eisen, Holz und Ziegelsteine, wird herausgelesen. Die Arbeiter, zum großen Teil ehemalige Kriegsgefangene, gehen frisch und zuversichtlich an die Arbeit. Es ist zu erwarten, dass ihnen bald in zunehmendem Maße weitere Maschinen und Geräte zur Verfügung stehen werden. Das würde die Arbeit wohltuend erleichtern und die Fertigstellung des großen Aufräumwerkes beschleunigen."

Die Trümmerberge lichteten sich, aus Notbehelfen wurden Buden und aus Buden entstanden wieder Häuser. Steinklopfen gehörte ebenso zum Tagewerk für Kinder und Erwachsene wie das tägliche Anstellen um die kargen Lebensmittel. „Kölle mäht sich" meinen Toni Ebeler und Leo Renner in ihrem Lied:

„Kölle raff sich widder op, öntlich sich bewäg,
Un dä Schutt, dä op d'r Stroß, eß bahl fottgefäg.
Manche Givvel, manches Huus, mäht sich widder nett,
Un de Kinder op d'r Stroß, fleuten öm de Wett:

Kölle mäht sich, hätt widder Levvensmot,
Alles pack met ahn, immer feste drahn!
:: Wenn och de Arbeit noch jet do't
Uns Kölle kütt widder zo Blot ::

Seht üch ens die „Schäl-Sick" an, wie se fründlich laach,
All die Bröcke, die mer schleit, waaßen üvver Naach.
Un bei jedem Richfeß hängk dann de Fahn erus,
Alles schleit de Trummeleut, singk dobei ganz luus:

Auf der letzten Seite der Klavierausgabe des Liedes „Schöppe, schöppe, ess jitz Trump" befindet sich ein Nachsatz des Oberbürgermeisters Dr. Hermann Pünder:

„Mit bester Empfehlung für Verlag und Rundfunk, im Interesse eines vollen Erfolges unseres Ehrendienstes in der Schuttaktion und des Wiederaufbaues unserer Stadt Köln! Der Oberbürgermeister hatte erkannt, dass dem Liederautor Karl Wiechert ein kleines Meisterwerk praktisch angewandter Psychologie gelungen war. Wenn die Medizin (Arbeit) nicht so recht schmecken will, wird sie mit einem Zückerchen (das Skatspiel) versüßt – die Spielkartenfarbe „Pik" ist jetzt „Trumpf" und da die Kölner anstelle von „Pik" in Anlehnung an die einer Schaufel ähnelnden grafischen Darstellung „Schöppe" sagen, lautet die wörtliche Übersetzung: „Schöppe es jetz Trump! Und wo der Trump ist, kann auch der Lump nicht weit sein – des Reimes wegen im Lied, der Drückeberger wegen im Leben:

„Watt hätt dä Kreeg uns ärm gemacht
Uns Hüser all en Schutt gelaaht
Un wo do hinküss üverall,
Sühs do nor Schutt, Verderv, Zerfall!
Meer huusen wie em Loch de Ratt
Dat Levve wehd mer elend satt!
Doch klage un de Steen nur kruus
Baut noch kein Wonnung oder Huus!
Schlag fremde Hölp deer us däm Senn
Spei selver en de Häng erenn!

:: Schöppe, schöppe, ess jitz Trump!
Wer sich dröck, dä ess ärg plump!
Schöppe, schöppe, ess jitz Trump!
Dröck dich nit, bess keine Lump! ::

Ehr Mädcher zeigt ens manchem Mann,
Watt mer bei goodem Welle kann-
Un ligg och jätt die schön Frisur,

Freiwillige an die „Schöppe-Front"

... bei den Vorbereitungen zum Wiederaufbau des Kölner Gürzenich

Dat geiht vörbei, schnell noh der „Kur"!
Losst üch nit nemme ühre Moot!
Denkt, et wör Sport, un dä ess good!
Verzierung brich sich keiner avv!
Met vill klein Häng, wehd vill geschaff!
Weil Ordnung hatt ühr Mädcher jähn
Dröm saaht et ührem Hätzensstään!

Do kom och letz 'ne Opa ahn
Un maht sich an dä Schutt eran
Dä hatt noch ahle kölsche Senn;
Un worf sich en de Bruss erenn!
Hatt schnell die Maue opgekrämp
Un trook sich us och noch sing Hemp!
Dät schöppe, schöppe öm de Wett
Un meint su ihrlich, treu und nett:-
„Bevör ich sterve, well ich sinn
Leev Kölle dich noch neu am Rhing!"

Un watt Agrippa hätt riskeert
Och hück nit singe Wert verleert-
Hä mäht et jedem Kölsche klor
Dat vör zweidausend „Cölle" wor!
Genau wie dä, su ohne Scheu –
Colonia meer baue neu!
Die ruude Funke sin zor Stell'
D'r Güürzenich weed widder hell!
Beschlosse hätt dä Kölsche Rat
Jitz wehd geschöpp, dat es de Tat!

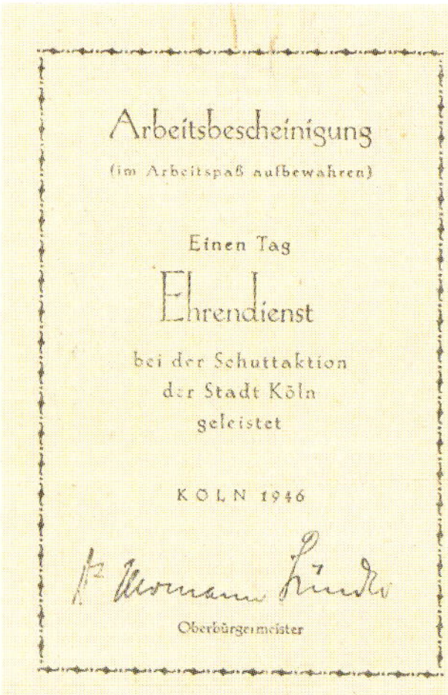
Arbeitsbescheinigung
(im Arbeitspaß aufbewahren)

Einen Tag
Ehrendienst
bei der Schuttaktion
der Stadt Köln
geleistet

KÖLN 1946

Dr. Hermann Pünder
Oberbürgermeister

Arbeitsbescheinigung für einen Tag Ehrendienst 1946

Es gab aber auch eine Vielzahl von arbeitsfähigen Männern, die sich „vornehm zurückhielten." Schon die Amerikaner hatten nach ihrem Einmarsch Klage darüber geführt, dass bei der Schuttbeseitigung auf den Hauptstrassen Schaulustige nicht nur ihre schweren Räumgeräte bewundert, sondern auch so manche Bemerkung gemacht hatten, wenn Handarbeit der Soldaten erforderlich war: „Luur ens die Jecke!"

Mitte November platzte einem Redakteur der Kragen und in einem Beitrag machte er aus seinem Herzen keine Mördergrube:

Die Mädchen von Köln stehen ihren Mann

„Wenn irgendwo Gefahr droht, wenn ein Haus brennt, ein Schiff leckt oder vor drohendem Unwetter die Ernte eingebracht werden muss, war es von jeher selbstverständlich, dass auch Frauen und Mädchen mit anpackten, um das Schlimmste zu verhüten. Zwar duldeten es unsere Männer bisher nicht, dass die Frauen zwischen den Flammen standen und löschten oder dass sie am Schiffsbau entlang krochen, um die lockeren Planken zu halten. Für diese schweren und gefahrvollen Arbeiten hat sich eigentlich, solange überhaupt noch Männer da waren, auch immer noch ein Mann gefunden, während man den Frauen die leichteren und weniger anstrengenden Arbeiten überließ.

Auch heute drohen Gefahren. Eine davon sind die gewaltigen Schuttmassen, die den Verkehr behindern und vor Beginn des Winters fortgeschafft sein müssen. Diese Arbeiten sind schwer, und darum gehören Männer daran. Und wir glauben, solange es noch genügend Männer gibt, sollte man nicht so tun, als ob „Not am Mann" wäre. Erst wenn der letzte Jüngling, der jetzt noch herumlungert, und der letzte von den Brandstiftern, deren Feuer wir mit all unserer Habe löschen mussten, eingesetzt ist und die Gefahr wäre dann immer noch nicht gebannt, erst dann könnten wir mit ruhigem Gewissen unseren Frauen und Mädchen sagen: „Kommt, helft uns dabei!"

So aber sind wir der Ansicht: Frauen gehören nicht aufs Dach, sie gehören nicht an die Brennpunkte der Gefahr, und nicht an die schwerste Arbeit, solange es noch Männer gibt, die einer „leichteren Beschäftigung" nachgehen. Ein Gefühl der Scham beschleicht uns, *das* unsere Vaterstadt zu nennen, in der die Männer „unabkömmlich" sind, während die Frauen die Schuttberge wegräumen sollen."

Die Frauen sahen es als ihre Ehrenpflicht an, mit anzupacken. Zwar ist der Autor des folgenden Liedes ein Mann, aber Grete Fluss hat das Lied „Mädcher, et weed geschepp" von Gerhard Ebeler gesungen – und sie hätte es nicht getan, wäre sie mit dem Text nicht einverstanden gewesen:

„Meer Mädcher vun Kölle mer ston unse Mann,
Beim scheppe wed nit gekümp.
Un wenn en der Hand meer de Schöppestill han,
Wed gründlich un got opgerümp.
Op Stroße un Gasse wed Hausputz gemaht,
Meer kenne nur Arbeid un Flich.
Et weed nit gefulenz un och nit geschwaat
Bei uns en unser Schich.

Mädcher, et wed geschepp
Bis dat Feerovend hät geklepp.

Sulang meer jungk un röstig sin
Un bei de Arbeid löstig sin
Gon meer unverdrossen dran
Un meer schaffe freie Bahn.
Fott fott fott fott met dem Gedöns un däm Trara
Schepp schepp hurrah! Schepp schepp hurrah!“

Mitte November waren in Köln 1.300 Arbeiter, darunter 250 Frauen, mit der Schuttbeseitigung beschäftigt. 22 Firmen beteiligten sich mit etwa 55 LKW, sieben Traktoren mit Anhängern und fünf Raupenbaggern. Auf vielen Kilometern Gleisen brachten 144 von acht Loks gezogene Loren die Schuttladungen zu den vorgesehenen Abladeplätzen in den Grünanlagen.

Am Ende des Jahres 1945 waren zwar 83 Kilometer Straßen geräumt und rund 615 Tausend Kubikmeter Schutt beseitigt, aber im Vergleich zu den Leistungen in anderen Städten war das noch zu wenig. Militärregierung und Stadtverordnete übten Kritik, so dass sich Oberbürgermeister Dr. Pünder genötigt sah, Pläne für einen „Ehrendienst“ und einen „Sühnedienst“ – letzterer für Parteimitglieder – ausarbeiten zu lassen. Alle arbeitsfähigen Kölner hatten nach dem Plan einen Tag lang Schutt zu räumen, Parteimitglieder zusätzlich sechs Tage. Der Dienst wurde als Erfolg gefeiert, aber die Räumung durch spezialisierte Firmen war und blieb effektiver. Für die „Ehrendienstler“ gab es eine „Arbeitsbescheinigung“, die im Arbeitspaß aufzubewahren war.

Die Planung des Wiederaufbaus übertrug der damalige Dezernent Schweyer im November 1945 der sogenannten „Wiederaufbaugesellschaft“, die in Form einer GmbH als Privatgesellschaft organisiert war. Es gab – wegen der Ernennung eines „NSDAP - belasteten“ Leiters – heftige Kritik, die erst verstummte, als 1946 Professor Schwarz zum Leiter bestellt wurde, der einen größeren Kreis von Architekten und einflussreichen Kölnern in die Planungsgespräche und Vorbereitungen einbezog. Zudem wurde – unter Vorsitz von Oberbürgermeister Pünder – eine „Gesellschaft der Freunde des Wiederaufbaus der Stadt Köln“ gegründet. Die Neugestaltung der Stadt wurde am Reißbrett geplant, es wurden Skizzen und Modelle gefertigt und publiziert. Verwirklicht wurde keiner und selbst die Pläne der Wiederaufbaugesellschaft musste Professor Schwarz immer wieder ergänzen, ändern und verschiedenen Interessen anpassen. Die Planer sahen die große Chance gekommen, die längst als große Fehlplanung erkannte Bahnhofserrichtung direkt neben dem Kölner Dom zu korrigieren und den Hauptbahnhof zu verlegen. Doch diese Pläne scheiterten am Geld. Und noch etwas war sehr entscheidend: Der Aufbauwille der Kölner Bevölkerung machte im Grunde genommen alle Pläne zunichte. Umgestaltungen in der Altstadt scheiterten an den Haus- und Grundbesitzern und an den Ladeninhabern, die ihr Haus an alter Stelle wieder aufbauen wollten und dies nachdrücklich durch die Errichtung von Buden und anderen Provisorien dokumentierten.

In ihren Liedern ließen die Kölner, wie hier Rudolf Roonthal mit „Köln, mein Köln, du wirst wiedererstehen" keine Zweifel an ihrem Wollen:

„Heimatstadt, was ist mit dir geschehen,
Heimatstadt, was hat man dir getan?
Warum muß ich dich so wieder sehn,
Bitte schau mich nicht so traurig an.
Ach wie ist dein Antlitz so zerschlagen.
Grade du warst aller Welt so gut.
Schweigend sah ich dich dein Schicksal tragen,
Aber ungebrochen ist dein Mut:

Köln, mein Köln, du wirst wieder erstehn,
Köln, mein Köln, alles wird wieder schön:
Deine Straßen, deine Häuser,
Deine Türme und dein Dom
Werden sich dann wiederspiegeln,
So wie einst in deinem Strom.

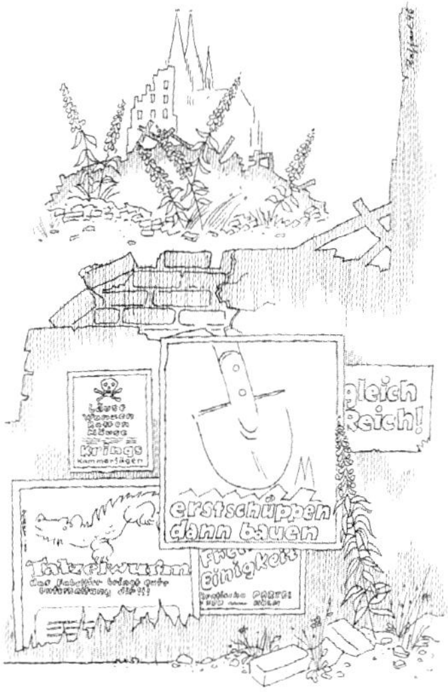

Neues Leben blüht aus den Ruinen

Loht dat Kölsche nit verderve

In Köln waren viele Kräfte am Werk, die alles unternahmen, um den Wiederaufbau der Stadt sicherzustellen. Es ist sicherlich kein Zufall, dass in den ersten Nachkriegsjahren zahlreiche Publikationen entstanden, in denen die Vorkriegs-Schönheiten Kölns, teilweise sogar in Farbe, aber auf schlechtem Papier, vor Augen geführt wurden. In Bild und Schrift brachten Kölner, wie zum Beispiel Dr. Josef Klersch, ihren Kölner Mitbürgern „ihre" Stadt wieder nahe. Das Heimatgefühl sollte gestärkt und einer drohenden Verfremdung vorgebeugt werden. Erneut ist etwas Erstaunliches festzustellen, eine Erfahrung aus der Zeit der Stadterweiterung vor der Jahrhundertwende wiederholt sich: nie war die Liebe der Kölner zu ihrer Stadt, zu ihrer Sprache, zu ihren Eigenarten stärker als in jenen Zeiten, wo Köln und Kölnisches durch Fremde im Bestand bedroht war. „Loht dat Kölsche nit verderve, Fremdes eß alles nor schal", schrieb Albrecht Bodde bereits 1945 in seinem Lied „Kölle --- es war einmal" den Kölnern ins Stammbuch:

„Wat wor dat doch e Levve bei uns en Köln am Rhing,
Als mir noch kunnte hevve mänch lecker Schöppche Wing.
Die Stüvvcher all gemütlich, d'r Weet ne kölsche Här,
Dä fründlich, immer friedlich, drunk met mänch Fläschge leer.
Wann klungen hell de Becher, genoß m'r met Verstand,
Dann woren Weet un Zecher em schönste Märchenland.

Su sin de Johre vergange, Jugend un Schönheit sin fott,
Woran mir me'm Hätze gehange, alles dat gingk jetz kapott.
Jungen und Mädcher vun Kölle halt beienein üvverall,
Söns kann m'r später verzälle,
Kölle — Es war einmal!

Wann kom d'r Fastelovend, wor alles raderdoll,
M'r feete jeden Ovend, et Hätz vun Freud su voll.
Nom Pandhuus dät m'r drage metsamb d'r Kett de Uhr,
Kein Stund dät uns dann schlage, em Glöck m'r schwomme nur.
Am schönste wor doch immer ne Ball em Göözenich,
Jo Fastelovend si'mer vör Dollheit glöckelich:

„Och, loor ens dä Deck do!"– „Ija, dä kritt och nix vum Chreßkindche!"

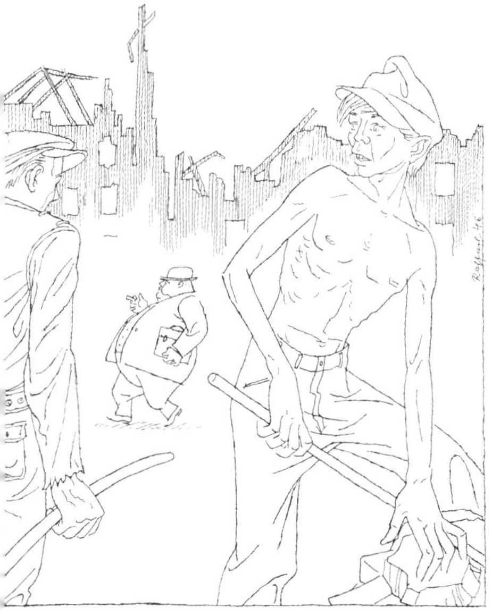

No eß en Trümmer gesunke alles, woren mir gefeet,
Wo m'r sie Leevche gefunge, wo m'r et Bütze geleeht.
Traurig moot Avschied m'r nemme, vun unserem Göözenichsaal,
Wihmödig all mir entstemme:
Kölle — Es war einmal!

Wann hück m'r well oprichte die Altstadt wie se wor,
Dann müsse mir verzichte op villes, dat eß klor.
Denn Stein, där kann m'r kriege, suvill, wie m'r nur well,
Die openander ligge, die blieve stomm un stell.
Denn wat die maht lebendig, dat Levven eß dodruus,
Dat Kölsche, wat beständig, eß dren nit mieh zohuus:

Dröm ehr Mädcher un Junge, wat en d'r Zukunft ehr maht,
Halt doch em Hätze gebunge, däftige, äch kölsche Aat.
Loot nit dat Kölsche verdirve, Fremdes eß alles nor schal.
Singt nit, wann mir ens dun stirve:
Kölle — Es war einmal!"

„Viele Kölner Hauptstrassen sind Ende Dezember 1945 weitgehend von den größten Schuttmassen befreit. Wo sich vor wenigen Wochen Dreck und Geröll noch meterhoch türmten, können Gehsteige und Fahrbahnen nun wieder ungehindert passiert werden. Die Fahrbahn der Ringstrasse, vom Ubierring bis zur Auffahrtsrampe der Bailey-Brücke, heute die Hauptverkehrsader Kölns, ist, abgesehen von wenigen Schönheitsfehlern der Strassendecken in fast wieder friedensgemäßem Zustand. Die Schutträumungs-Sonderaktion wurde fortgesetzt. Etwa 900 Männer, 70 Frauen und 60 Jugendliche beseitigten ungefähr 26 Tausend Kubikmeter Schutt. Außerdem konnten 415 Tonnen Schrott und 187 Kubikmeter Holz freigeschaufelt werden. Die Fläche der gesäuberten Fahrbahnen beläuft sich auf 2.600 Quadratmeter."

So lautet kurz und einfach der Wochenbericht der Schutträumungs-Sonderaktion. Und weiter heißt es: „Die Hemmnisse des Arbeitseinsatzes und der Materialbeschaffung, die unserem Aufbau so sehr im Wege stehen, sind auch die Ursache dafür, dass noch in manchen Straßen und Gassen Fußgänger und Fahrzeuge beinahe im Morast stecken bleiben: Kabel- und Kanalisationsarbeiten mit ihren notwendig tiefen Ausschachtungen hemmen hier den Weg, so dass die Passanten sich nur mühsam zwischen hohen Schuttgebirgen und Sandhaufen hindurchwinden können. Oft fehlt sogar das Notwendigste, eine Warnlampe, um bei Dunkelheit die gefährlichsten Stellen kenntlich machen zu können. Die Gewissheit jedoch, dass sich täglich tausende Hände regen, um alle diese Übelstände abzustellen, sollte auch den ungeduldigsten Mitbürger zur Einsicht kommen lassen, dass an den Kölner Straßen mit so viel Energie gearbeitet wird, wie eben nur dafür aufgewendet werden kann."

In Köln gibt es wieder Kinemas
Wenn et Leech usjing em Roxi

Am 30. Juli 1945 erteilt die britische Militärregierung bereits wiederhergestellten Lichtspielhäusern die Spielerlaubnis. Das Astoria-Theater in Bickendorf ist das erste Kino in Köln, das wieder Filme zeigen darf. Weitere Kinos in Brück, Dünnwald, Dellbrück, Köln-Mülheim und Köln-Rath folgen. Der Erlaubnisschein, jeweils für sechs Monate gültig, musste gut sichtbar am Kinoeingang befestigt sein. In jeder Vorführung durfte aber nur ein Spielfilm gezeigt werden. Die letzte Vorführung musste eine Stunde vor Beginn des Ausgehverbotes – Ende Juli war der Beginn der Sperrzeit auf 22.30 Uhr (statt 22.00 Uhr) und das Ende auf 04.30 Uhr (statt 05.30 Uhr) festgesetzt worden – beendet sein. Gezeigt wurden deutsche Filme, die „nachgeprüft und als brauchbar" anerkannt waren. Filme, bei denen Schauspieler mit nationalsozialistischer Vergangenheit in den Hauptrollen mitwirkten, wurden nicht zugelassen. „Rosen in Tirol", „Altes Herz wird wieder jung", „Meine Frau Theresa", „Die Sache mit Styx" waren die ersten wieder zugelassenen Filme. Schon Ende 1945 kam die Wochenschau dazu und als Hildegard Knef 1951 im Film „Die Sünderin" ihren Busen und nackte Haut öffentlich zur Schau stellte, gab es einfallsreiche (und auch geglückte) Versuche nicht zugelassener Interessenten, Demonstrationen von denen, die hätten können und Diskussionen bei jenen, die können konnten, aber nicht durften. Das Nachkriegsdeutschland hatte seinen ersten großen Skandal!

Kino – was ging eine Faszination davon aus. Meinen ersten Film habe ich 1947 im Metropol-Theater in der Anno-Strasse gesehen. Vater hatte meinem Drängen nachgegeben und war mit mir in einen Film mit Abbott und Castello gegangen. Das Komikerpaar wurde aber schon bald von Stan Laurel und Oliver Hardy, besser bekannt als „Dick und Doof", von der Leinwand verdrängt. Wenn nach dem Vorprogramm das Licht so langsam dunkler wurde, sich der breite Vorhang öffnete und die Leinwand flimmerte, dann versank ich in eine andere Welt. Eine kleine Sensation war 1949 die Eröffnung der Hahnentor-Lichtspiele mit seinen 1500 Plätzen. Das damals größte Kino in Westdeutschland war Schauplatz vieler

Film-Premieren, aber auch zahlreicher anderer Veranstaltungen, so auch in der Karnevalszeit.

Einmal habe ich meine Eltern in ein Kino auf der Bonner Strasse eingeladen. Der Name war, glaube ich, Bonntor-Lichtspiele. Es war ein ziemlich kleines Kino. Ende März 1951 lief dort der Film „Der Graf von Monte Christo". Ich hatte gerade das Buch „verschlungen" und war heiß darauf, den Film zu sehen. Als 11 jähriger hatte ich aber keine Chance, eingelassen zu werden. Also musste ich mir etwas einfallen lassen. Am 2. April – das Datum weiß ich deshalb so genau, weil ich am 1. April (kein Aprilscherz!) mit zur Ersten Heiligen Kommunion gegangen war – nach der Dankandacht hatte ich am späten Nachmittag meine Eltern gebeten, mit mir einen Spaziergang zur Bonner Strasse zu machen. Dass ich einen solchen Wunsch äußerte, hat beide sehr überrascht, weil „Spaziergänge" nicht gerade meine Lieblingsbeschäftigung waren. Aber sie entsprachen meinem „Kommunionswunsch" und ich lotste sie zum besagten Kino und sagte dann, als wir dort waren: „Ich möchte Euch ins Kino einladen!" Vater und Mutter waren ziemlich perplex, aber bevor sie etwas sagen konnten, fuhr ich fort: „Ich habe gestern fünf Mark für Kinobesuche bekommen und davon bezahle ich das jetzt!" Nachher hatte ich das Gefühl, dass Mutter ihren ersten Kinobesuch nach, wie sie sagte, fast fünfzehn Jahren sehr genossen hat.

Nach diesem kleinen Abstecher komme ich wieder auf das Astoria-Theater in Köln-Bickendorf zu sprechen. Denn hier habe ich ab 1952 bis zum Beginn meiner Lehre 1957 täglich viele viele Stunden verbracht. Angefangen hatte es damit, dass ich zu jedem Programmwechsel Plakate austrug. Geschäfte, die ein Plakat ins Schaufenster hingen, erhielten dafür zwei Freikarten, die allerdings nur von montags bis donnerstags Gültigkeit hatten. Programmwechsel war an jedem Freitag und an jedem Dienstag, es gab also genug zu tun.

Als eines Tages der Dekorateur der Kino-Schaufenster ausfiel, machte ich mich ans Werk. Und meine Arbeit gefiel den Kinobesitzern offensichtlich so gut, dass sie mir anboten, neben dem Plakataustragen auch die Schaufensterdekorationen ständig zu machen. Und natürlich auch die Werbeleinwand, die in einer Länge von ca. fünf Metern und einer Höhe von ca. einem Meter auf eine Holzverstrebung aufgezogen werden musste. Das war nicht einfach, insbesondere in der kalten Jahreszeit, wenn mir die Finger fast eingefroren sind. Das ganze Gebilde musste dann noch an einer Aufhängvorrichtung angebracht und befestigt werden. Dazu wurde immer noch eine zweite Person benötigt; zumeist half mir die Kassiererin dabei. Beim Programmwechsel wurde die „alte" Leinwand abgenommen und die neue aufgezogen. Jahrzehnte später habe ich den Mann, der diese Leinwände so toll bemalt und gestaltet hat, persönlich kennen gelernt. Willi Laschet aus Hürth hat es in diesem Metier bis ins hohe Alter zur wahren Meisterschaft gebracht und auch noch die Ausgestaltung im Cinedom im Kölner Media-Park vorgenommen. Ich konnte dabei behilflich sein, die bei Willi Laschet noch vorhandenen

Auf dem Hof der Bäckerei Stieve in Bickendorf

Leinwände ab ca. 1970 käuflich zu erwerben und sie einem Museum zuzuführen. Leinwände der früheren Jahre gab es nicht, da Laschet – wie auch seine Kollegen – die alten Leinwände immer wieder übermalten, weil der Neukauf nicht zu finanzieren war. Die legendäre Darstellung für den Casablanca-Film hat Willi Laschet in späteren Jahren noch einmal – genau dem seinerzeitigen Original entsprechend – gemalt. Gäbe es die Leinwände noch, hätte ich doch die Filmplakate und die Programmhefte aufbewahrt!

Für die körperlich harten, zeitmäßig aufwändigen und ja auch künstlerisch-gestalterischen Arbeitsleistungen erhielt ich einen Wochenlohn in Höhe von 5,00 (fünf!) DM sowie jeweils zwei Freikarten bei jedem Programmwechsel – so war unsere Vereinbarung. Allerdings fand ich einen Weg, meine Einnahmen doch um einiges zu erhöhen.

Zum Personal des Kinos gehörten der Filmvorführer Herr Rüttgers, ein älterer Herr, mit graumeliertem dichten Haar, knorrigem Aussehen, aber von großer Herzlichkeit. An der Kasse saß die sehr liebenswerte Frau Euler, die „Mädchen für alles“ am und im Kino war. An Wochenenden stand Frau Sistig an der Abreißkontrolle und ich betätigte mich als Platzanweiser. Das Kino hatte einen Holzfußboden, die Verankerung der Kinosessel in diesem Boden war keine dauerhafte, denn wenn sich – insbesondere in den hinteren Reihen – die Liebespärchen beim Knutschen bewegten, riss schon einmal die Verankerung aus dem maroden Holzfußboden, und es geschah nicht selten, dass sich die ganze Stuhlreihe gefährlich in die Rücklage begab.

Freitags und samstags begannen die ersten Vorstellungen bereits um 16.00 Uhr. Danach um 18.00 Uhr, dann 20.00 Uhr und die Spätvorstellung um 23.00 Uhr. Das waren harte Tage, zumal sich vor der Abendvorstellung immer große Schlangen vor der kleinen Kassenöffnung bildeten. Viele Besucher hatten Sonderwünsche, denn die Sitzplätze waren am Wochenende immer nummeriert und die „Profis“ unter den „Knutschern“ wollten natürlich Plätze haben, auf denen sie nicht so im Blickfeld der anderen Besucher saßen. In den ersten Reihen waren die billigsten, in den letzten Reihen, den „Logen“, die teuersten Plätze. Wenn sich jemand verspätete, war es immer ein Problem, durch die engen Reihen an seinen Platz zu gelangen. Sonntags um 11.00 Uhr gab es immer eine Jugendvorstellung, bei der es drunter und drüber ging. Wenn Herr Rüttgers dann seinen Vorführraum verließ um unten nach dem Rechten zu sehen, herrschte bei seinem Anblick sekundenschnell wieder Ruhe und Ordnung. Denn einige der Rabauken hatten schon einige der Ordnungsmaßnahmen des Filmvorführers leibhaftig kennen gelernt. Und das waren nachhaltige Erlebnisse, die ich nicht hätte haben wollen...

Im Vorführraum, der nur über eine Außentreppe zu erreichen war, standen zwei riesengroße Vorführmaschinen. In jeder Vorstellung musste der Filmvorführer diese Maschinen, in deren Innerem ein Brennstab für die notwenige Helligkeit sorgte, abwechselnd bedienen.

Alle Filme, 35 mm, waren auf großen Rollen ausgespult. Ein normaler Spielfilm bestand aus vier oder fünf Rollen, bei längeren Filmen waren es auch schon einmal fünf oder sechs. Ging eine Rolle dem Ende entgegen, wurde der Glühstab der zweiten Maschine angezündet und die Filmrolle startbereit gemacht. Gute Filmvorführer schafften es, die Überblendungen so vorzunehmen, dass der Kinobesucher zwar die im Film eingelassenen Hinweiszeichen sah, aber vom eigentlichen Übergang nichts bemerkte.

In dem immer überhitztem Vorführraum wurde Schwerstarbeit geleistet. Auf Rolle eins liefen über Maschine eins die Werbefilme, auf Rolle zwei über Maschine zwei die Vorschaufilme, auf Rolle drei über Maschine eins der Vorfilm, auf Rolle vier über Maschine zwei die Wochenschau und auf Rolle fünf über Maschine eins wieder Werbefilme. Dann wurde der Vorhang geschlossen, das Licht ging an und unten im Kino wusste jeder, dass jetzt der Hauptfilm beginnen würde. Zuvor gab es noch Eis am Stiel von Langnese, so man wollte und zahlen konnte. Dann ertönte der Gong, das Licht wurde abgedämmt und bis auf die Notbeleuchtung ausgeschaltet – der Hauptfilm begann.

An einem Freitagnachmittag kontrollierte ich, wie üblich, nach der 16.00 Uhr-Vorstellung die Sitzreihen. Ich fand ein Portemonnaie, brachte es zu Frau Euler und wollte wieder ins Kino, um weiter zu kontrollieren. Doch Frau Euler hielt mich fest und sagte mir, sie wolle jetzt in meinem Beisein nachsehen, was im Portemonnaie drin sei und ob möglicherweise ein Hinweis auf den Verlierer zu finden sei. Rund 60,00 Mark, aber keine weiteren Papiere waren drin. Als die 18.00 Uhr-Vorstellung schon mit dem Hauptfilm lief, blinkte die im Kino an der Rückwand angebrachte Leuchte auf. Für mich das Signal, dass Frau Euler mich zu sehen wünschte. Sie stand mit einer weinenden jungen Frau, die ein Baby auf dem Arm trug und einem auch noch ziemlich jungen Mann, der Arbeitskleidung trug, zusammen. Ich ging auf die Gruppe zu und die junge Frau beugte sich zu mir, drückte mich und gab mir einen Kuss auf die Wange. Immer noch heulend bedankte sie sich bei mir und wollte mir fünf Mark in die Hand drücken. Ich wollte ablehnen, sie – und auch der Mann – ließen aber nicht locker, und erst als Frau Euler mich aufforderte, den Finderlohn zu nehmen, tat ich es. Als das junge Paar weg war, erzählte mir Frau Euler, dass zunächst der junge Mann gekommen sei und gefragt habe, ob sein Portemonnaie bei uns gefunden worden sei. Nach entsprechender Überprüfung seiner Angaben hatte Frau Euler ihm das Fundstück mit dem Hinweis auf mich als „Finder" ausgehändigt. Wenig später erschien der junge Mann erneut, diesmal in Begleitung seiner Frau und des Babys. Die Frau hatte ihrem Mann, der sich mit dem am gleichen Tag ausgezahlten Wochenlohn vor dem Nachhausegehen erst einmal einen Kinobesuch geleistet hatte, große Vorhaltungen gemacht, weil der sich nicht bei mir als „Finder" entsprechend bedankt hatte. Jetzt war sie gleich mitgekommen, um das nachzuholen.

Ich erzähle diese Begebenheit nicht, um mich mit meiner Ehrlichkeit zu brüsten. Zur gleichen Zeit begannen nämlich auch meine ersten „Hilfst-du-mir-helf-ich-dir"-Aktionen, die ja gewissermaßen als eine Vorstufe des Klüngels angesehen werden können.

Aus der Aufzählung meiner Tätigkeiten für das Kino können Sie ersehen, dass ich tagtäglich dort zu tun hatte. Frau Euler war mein großer Schwarm, und für mich war es etwas Wunderbares, in ihrer Nähe zu sein; sie hatte immer ein tröstendes Wort, wenn ich Kummer hatte. Zu meiner Entlohnung bekam ich ja auch wöchentlich vier Freikarten, die ich entweder verkaufte oder an besonders nette Menschen verschenkte. Da die meisten jungen Leute nicht über regelmäßige Einkünfte oder Taschengelder verfügten, gewährte ich Kredit. Wer also in der Woche ins Kino wollte und kein Geld hatte, erhielt von mir, soweit noch vorhanden, Kinokarten und zahlte erst dann, wenn er wieder Geld hatte. Dass ich bei vielen jungen Damen ein „begehrter" Mann war, lag sicherlich (natürlich!) daran, dass ich die Schuldenkonten der Mädchen meistens tilgte. Die Nachfrage überstieg mit der Zeit die Möglichkeiten der normalen Versorgung. Und so schuf ich ein System, das sicherstellte, dass die Karten am Einlass nicht abgerissen, sondern unauffällig gegen eine entwertete Karte ausgetauscht und wieder „unversehrt" bei mir ankamen. Dabei habe ich peinlichst darauf geachtet, dass mit der so erschlichenen Entlohnung der Wert der von mir und meiner „Systemhelferin" geleisteten Arbeiten nicht überschritten wurde. Ich habe, davon bin ich nach wie vor fest überzeugt, nur einen Teil dessen, was mir eigentlich aufgrund meines Arbeitseinsatzes zugestanden hätte, in Anspruch genommen.

Und eine weitere legale Einnahmequelle gab es durch die Filmvorführer, die ebenfalls Freikarten erhielten. Da die Vorstellungen auch an Sonntagen liefen, erhielten die Filmvorführer aller Kinos jeweils einen freien Tag. Die hatten das untereinander so abgestimmt, dass dann ein Ringtausch stattfand. Wenn der Vorführer vom Astoria montags frei hatte, machte er Dienst im „Lenau-Theater" für den dortigen Kollegen, der ihn wiederum im Astoria vertrat usw. Jede Vertretung wurde mit 40% mehr Tageslohn und zwei Freikarten vergütet. Da Filmvorführer kaum Zeit und wahrscheinlich auch keine Lust hatten, sich anderweitig Filme anzusehen, landeten die Freikarten der am Ringtausch beteiligten Filmvorführer bei mir. Soweit ich Abnehmer fand, erhielten die Kartengeber nach Abzug einer mir zugestanden Provision das Geld dafür. Für mich hatte das neben der Geldeinnahme noch den Vorteil, dass ich in vielen Kinos in Köln feien Eintritt hatte.

Im Lied „Häng dich dran an de Schlang" von Edi Teisner und Toni Steingaß aus dem Jahr 1946 heißt es:

„Am Kino muß mer wade,
Su wie em Botterlade,
Sugar om Standesamp
Der Minsch et Pflaster ramp.
Och wer sich scheide lieht
Steiht met en Reih un Glied,
Un wer jitz stirv sugar,
Däm mäht dä Petrus klar:

Häng dich dran an die Schlang,
Menschenskind beß nit bang,
Eß se och furchbar lang,
Nor Gedold, do küß dran.
Häng dich räuhig ahn dä Stätz,
Letzten Engks do kohms zoletz.
Schrett vör Schrettche dräng dich vör.
Däu jet met bes an de Dör.
Gevv dir nor e beßche Möh,
Langsam Pö a Pö a Pö!"

Nach und nach ließ die Lust am Kinobesuch aber nach. Und so kamen einige Filmverleiher auf die Idee, die Vorführung von Filmen mit (nach heutigen Begriffen zaghaften) erotischen Inhalten mit Live-Auftritten von Tänzerinnen zu koppeln. Die Besuchersessel mussten dann, so war es Vorschrift, in der Mitte durch ein Seil getrennt werden. Auf der einen Seite saßen nur Männer und auf der anderen Seite saßen die Frauen. Vor dem Hauptfilm zeigte sich dann eine spärlich bekleidete Tänzerin dem raunenden Volke, zu den Klängen seichter Musik „entblätterte" sie sich, doch bevor man die Körbchengröße ihrer Brüste gedanklich fixiert hatte, war sie schon wieder verschwunden. Spot aus, Licht an, Applaus. Dann wurde es dunkel und der Film begann. Das Ganze war für Jugendliche unter 18 Jahren verboten. Also durfte ich als Platzanweiser nicht tätig sein. Herr Rüttgers war aber dann immer so freundlich, mir in seiner Vorführkabine den Blick ins Kino und auf die Leinwand zu ermöglichen, ohne dass ich ins Blickfeld eventueller Kontrolleure gekommen wäre.

Apropos Vorführraum: So manche Filmrolle war bei der Anlieferung um Sekunden länger als bei der Rückgabe. Und da ein Film von Kino zu Kino transportiert wurde, kann man sich gut vorstellen, warum viele Filme mit der Zeit eine immer kürzere Laufzeit hatten und warum Szenen, die vorher als „besonders sehenswert" beschrieben worden waren, einfach fehlten.

Gute „Cutter" brachten es auf viele Filmminuten für Privatvorstellungen.

Anna Magnani, Gina Lollobrigida, Sophia Loren und später Brigitte Bardot – das waren die Traumfrauen pubertierender Jungs. „Trapez" mit Gina Lollobrigida, Tony Curtis und Burt Lancaster sowie „Und immer lockt das Weib" mit Curd Jürgens, Jean-Louis Trintignant und Brigitte Bardot – das waren Filme, bei denen die Besucher noch 1956 in langen Schlangen anstanden, um eine der begehrten Eintrittskarten zu erlangen.

Im Military-Government-Theater gab es auch kölsche Töne

Im Juli 1945 hatten die Engländer den in Köln und in internationalen Theaterkreisen bekannten Robert Baums beauftragt, in der Anno-Strasse ein „Military-Government-Theatre“ zu etablieren. Am 20. August, so hatten es die Engländer gefordert, sollte das Theater für englische Besatzungssoldaten seine Pforten öffnen. Trotz der Unterstützung durch die Besatzer kamen die Arbeiten aber nur langsam in Fluss, denn es mangelte an vielem. Es wurde gehämmert, improvisiert, um jeden Farbtopf gekämpft. Maurer und Anstreicher standen noch auf den Gerüsten, als unter ihnen schon das Ballett probte. Architekt Ansgar Linskens und die einsatzfreudigen Arbeiter, für die es die ein oder andere Sonderration gab, arbeiteten wie besessen.

Am 26. August, einem Sonntag, war es endlich soweit: neben englischen Soldaten füllten auch deutsche Zivilisten zum erstenmal den Stollwercksaal. Um 11.00 Uhr begann eine musikalische Morgenfeier, bei der Berta Maria Klaembt (Alt), Ewald Kaldeweier (Bariton) und Prof. Hermann Pillney am Klavier mitwirkten. Um 15.00 Uhr und um 18.00 Uhr wurde ein erstklassiges Varieté- und Kleinkunstprogramm von erstaunlichem Niveau geboten. Die Besucher, soweit sie Kölner waren, konnten manchen Künstler als alten Bekannten begrüßen. Mit den urkomischsten Einfällen brachte der Exzentriker Georg Miller seine Zuhörer zum Lachen. Selbst mit Zigaretten applaudierte ihm das Publikum. Mit Schuhen und Hüten strich Mixe die Geige und entlockte einer Säge schmelzende Töne. Mit einem Schellenspiel beschloss der Clown, der sich inzwischen als Kurt Weigel entpuppt hatte, seine Darbietungen.

Einen Wiener Walzer und einen feurigen ungarischen Tanz zeigte ein charmantes kölsches Mädchen, Gusti Mosenbach, die Solotänzerin des früheren Apollo-Theaters, das Robert Baums auch schon geleitet hatte. Mit zwei weiteren Solotänzen stellte sich Helga Cramer vor. Carl Theo Steinbach hatte ein ausgezeichnetes Ballett mit Marianne Zweifel als Vortänzerin auf die Beine gestellt. Viel Beifall gab es auch für Fritz Weber, den „singenden Geiger“ und seine Kapelle,

Plakat-Entwürfe von „ALEKS“
Alfred Küsshauer 1945

Plakat-Entwürfe von „ALEKS" 1946

die vielen noch aus den Rundfunksendungen in Erinnerung war. Die Geschwister Aggi und Ria Reinelt, Jeanette Stader und Maria Leiseifer entzückten mit ihren Chansons und Liedern. Tolle Jongleursstückchen, frei nach Karl May, zeigten Coody und Mell. In halsbrecherischer Weise turnte Piccarro auf Tisch und Stühlen und benutzte statt der Hände die Füße zum Essen und Musizieren. Mit Schmiss sorgte die Kapelle Arno Dircks für die musikalische Untermalung der von der kleinen Margot angekündigten einzelnen Nummern. Lachen, Frohsinn und Beifall belohnte alle Gestalter des Abends.

Schwung und Temperament

In der neuen Varieté-Programmgestaltung Anfang September zeigten sich bereits die ersten Ansätze zur kommenden Revue. Musikdarbietungen waren stark vertreten. Fritz Weber und seine Kapelle rissen mit ihrem Schwung und ihren Rhythmen das Publikum mit, der Dirigent selber zeigte sich äußerst vielseitig. Die charmante Sängerin Jeanette Stader schloss sich mit Chansons an. Gern gehörte Lieder und Schlager brachten Maria Leiseifer, Ria und Aggi Reinelt. Arien und Duette aus bekannten Operetten, gesungen von Georg Horbach und Anette Nettekoven, gaben dem Programme eine neue Note. Unermüdlich waren Hans Schattergann und seine Musiker tätig, begleiteten, verbanden und schafften Stimmung. Durch neue Tänze überraschten die Solotänzerin Hilde Cramer und das Steinbach-Ballett. Geheimnisse umgaben Lu Chang Fu, einen echten Zauberer des Ostens und seine stumme Gefährtin. Große Körperbeherrschung zeigte Anneliese Hepp in der Akrobatik. „Rau, aber herzlich" ist der Ton, in dem die drei Jonnies – drei Exzentriker – miteinander umspringen. Charles Knorr ließ seine gelehrigen Ponys exerzieren, sie gehorchten ihm aufs Wort. Viel Begeisterung, Blumen und manche Zugabe.

Das Varieté in der Annostrasse zeigte bereits Mitte September sein drittes Programm seit Bestehen. Es wurde wieder altbewährte Varietékunst geboten, die das Publikum dankbar annimmt. Aus dem umfangreichen Programm seien erwähnt: Die drei Herberts, Rad- und Balancekünstler, der

Musical-Clown Oklas, die Trapezkünstlerin Richy, die Hundedressuren Ruth Schuhmanns und der Kunstpfeifer Josef Gräf. Es gab wieder viel Tanz (Steinbach-Ballett, die Geschwister Franke, Hilda Cramer) und einige Sängerinnen (Anette Nettekoven, Ria und Aggi Reinelt). Die Begleitung der Darbietungen lag bei der Kapelle Arno Dircks. Krönung des Programms war die Musical-Schau der Kapelle Fritz Weber, die das Publikum durch Tempo und Rhythmus mitriss. Maria Leiseiffer sang mit Fritz Weber zusammen einige ansprechende Lieder.

Plakat-Entwürfe von „ALEKS“

Anfang Oktober gab es einen internationalen Wettstreit zwischen der ungarischen Kapelle Gedeon von Sarköry und der deutschen Kapelle Harry Blum. Im neuen Programm herrschten akrobatische Schaunummern vor. Mitwirkende waren u.a. die zwei Borellis, die Heradis mit einer beachtlichen Zahnakrobatik, Bernd-Gloria und Lindy, Frl. Richy und Neina. In der weiteren bunten Schau war auch wieder die Tänzerin Gustl Mosenbach, das Steinbach-Ballett und schöne orientalische Tänze von Lydia Wieser. Zigeunermusik, Gesang und Czardas mit der ungarischen Kapelle, verschiedene Balancetricks von „Fredy“ und Hermann Pfeiffers Sketch „Im Senderaum“ wurden bestaunt und belacht. Die beiden Nelles-Sängerinnen fanden mit englischen Liedern viel Beifall. Der Aufforderung mitzusingen, kamen die englischen Soldaten sehr schnell und ausgiebig nach. Den Abschluss des Programms bildeten die zwei Hopes mit ihren lustig und leicht vorgebrachten Balancestücken.

Ab Anfang Oktober fand zusätzlich jeden Tag um 16.00 Uhr eine Varieté-Vorstellung für deutsches Publikum statt, das bis dahin an Samstagen und Sonntags mittags und abends zugelassen war. Der Besuch der Abendveranstaltung war allerdings nur in Begleitung eines englischen Soldaten gestattet.

Programmheft November 1946

Seit September hatten die Boxer des SC Colonia 06 jeden Dienstag und Freitag ab 19.00 Uhr in einem Nebenraum trainiert. Der SC Colonia 06 war der wohl berühmteste Deutsche Boxsportclub jener Zeit. Sechsmal Deutscher Mannschaftsmeister, europäische und deutsche Titel waren von Colonia-Boxern in großer Zahl errungen worden. Viele

von ihnen hatten sich später auch einen Namen als Berufsboxer gemacht. Nun stand am 21. Oktober die erste Veranstaltung an. Düsseldorfer und Bonner Boxer waren die Gegner. Für das Rieseninteresse der Kölner am Boxen erwies sich der Saal in der Annostrasse als viel zu klein. Hunderte standen auf der Straße und blieben ausgesperrt. Im Ring ging es indessen munter her. Die Zuschauer wurden zwar mit technischen Glanzstücken nicht gerade überfüttert, dafür wurde aber allgemein Wert auf hartes Schlagen gelegt. „Sauberes Stilboxen, eine klare Linke müssen in den Vereinen wieder bevorzugt geübt werden", so Bernd Skamper im Kölnischen Kurier.

Der Jubel der Zuschauer beim morgendlichen Boxkampf war noch nicht ganz verhallt, als am Nachmittag das neue Programm aus der Taufe gehoben wurde. Die Besucher erfreuten sich am flotten Marschtanz, über eine argentinische Bolero-Phantasie und über den packenden ungarischen Czardas des Steinbach-Balletts. Mit dabei auch weiterhin das Akrobatentrio Bernt, Gloria und Lindy. Neu im Programm die Akkordeonvirtuosin Mady Lenzbach, Fred Glassow in seinem Zauber- und Illusionsakt, Georg Horbach mit Tenorgesang, Blond Hopes mit gekonnter Parterre-Akrobatik, die drei Richys am Reck, der Radakt der zwei Nobis. Als Klaviertalent stellte sich Liesel Burauen vor, es folgte der Gummimann Berndt, der Fangkünstler und Jongleur Becary und natürlich Gustl Mosenbauer mit ihren Solotänzen sowie der Musikalschau der fünf Rhythmiker. Die „Hauskapelle" Harry Blum begleitete das Programm zu „einer angenehmen Unterhaltung und Ausspannung".

Tänzerin im Military-Government-Theatre 1945

Kölsche Tön

Anfang November hatte Willi Breuer als Ansager und als Sänger einen großen Erfolg. Insbesondere sein zeitgemäßer Schlager „Dä Ühm un och die Tant – Han de Schöpp jetz en der Hand" wurde mit herzlichem Beifall aufgenommen.

Willy Breuer

Am 11.11. um 11.11 Uhr stand Karl Berbuer beim „Lustigen Sonntagmorgen" zum erstenmal nach seiner Entlassung aus der Kriegsgefangenschaft wieder auf der Bühne. Mit dabei waren noch Willy Breuer, der lt. Ankündigung weltberühmte Clown Kuckartz, die drei

Sartoris, Hans Bach, Trude Winter & Co sowie die Kapelle Joe Wahlen.

Der Erfolg war überwältigend, und so zögerte die Theaterleitung nicht lange und stellte innerhalb weniger Tage ein karnevalistisches Programm auf die Beine, das am darauffolgenden Sonntagmorgen zu langen Warteschlangen an den Kassenhäuschen führte. Und als Karl Berbuer, Willy Klett, Karl Schmitz-Grön, Willy Breuer, d'r Linze-Krumm, die drei Mötze, Jean Küster und viele andere ihr vielbejubeltes Programm aufführten, standen noch Hunderte, die keinen Einlass mehr gefunden hatten, in der Annostrasse und warteten auf ein Wunder, das dann auch dergestalt kam, dass eine weitere Veranstaltung für den kommenden Sonntag angekündigt wurde, die dann aber um eine Woche auf den 2. Dezember 1945 verschoben werden musste und wieder vor vollem Haus stattfand.

Das „normale" Unterhaltungsprogramm wechselte Mitte November wieder. Jupp Schlauch mit seinen Witzen und Wortspielen und im Sketch mit seinem Partner Brendgen kamen vom Tazzelwurm in die Annostrasse und feierten auch hier große Erfolge. Mit ausgesuchten Arien gefiel der Opernsänger Walter Leo Schoenfeld, dessen „geschmeidiger und voller Bariton auch stimmlich anspruchsvollen Partien gewachsen" ist. „Gloria" nennt sich der famose Artist, der wiegend auf einer Kugel steht, diese durch seine Fußarbeit ins Rollen bringt, sie eine Wippe hinauf und brennend herunter treibt und schließlich mit verbundenen Augen zwischen aufgestellten Flaschen balanciert.

Kölns erste Bar

Ende November wurde unter dem Theaterraum ein Kasino mit Herrenbar eröffnet. Architekt Linskens hatte sich wieder etwas einfallen lassen, um den Räumen durch künstlerische Ausgestaltung Gesicht und Atmosphäre zu geben. Die Wandbemalungen zeigen rheinisch-kölsche Typen des Malers Heinz Ruland. Diese erste Bar Kölns war vorläufig aber nur Engländern und deren Begleitung zugänglich.

Im Weihnachtsprogramm 1945 brachte das Theater geschmackvolle Tanzbilder des Steinbach-Balletts, einen Stepp der Schneemänner, eine entzückende Spieluhrszene mit Gusti Mosenbach und einen kessen Rixdorfer von Resi Klein mit Marianne Zweifel. Musikalische Leckerbissen servierte Miss Maraulies, das Duett Schröder und der Clown Cocktail. Den zweiten Teil füllte die Bühnenschau Klahn aus, mit dem Tenorsänger Gert Rainer, dem Stepp-Tänzer Bert Duke, dem Swing-Terzett und der charmanten Gladys in ihrer punktefreien „Melodie der Glieder". Die Kapelle Muchow bot viele Sonderdarbietungen und Mikrophongesang. Alle Mitwirkenden vereinigten sich zu einem packenden Finale mit der Hauskapelle Harry Blum und deren Tenor Joe Marteens.

Fritz Weber

Bereits am 2. Weihnachtsfeiertag und dann am letzten Sonntag des Jahres wurde es unter dem Titel „Rheinischer Frohsinn“ kölsch-karnevalistisch.: Die Kleinkunst-Bühne Karl Küpper gab ein Doppelgastspiel zeitgleich um 11.00 Uhr im Stollwercksaal und im Tazzelwurm. Gerhard Ebeler, Albrecht Bodde, Karl Küpper und viele andere absolvierten auch damals schon im „fliegenden Wechsel“ ihr Programm.

Theaterleiter in Haft

Die erste Meldung des neuen Jahres im Kölnischen Kurier war wie ein Keulenschlag: „Direktor Baums festgenommen“ hieß es auf der Titelseite und weiter: „Robert Baums ist seines Postens als Leiter des Theaters der Militärregierung enthoben worden. Von jetzt an haben Baums und Frau in keiner Weise irgend etwas mit der Militärregierung zu tun. Baums ist auch seines Postens als Direktor des „Tazzelwurm“ enthoben worden. Man hofft, die Vorführungen in beiden Theatern ohne Unterbrechung fortsetzen zu können.

Nach einer polizeilichen Durchsuchung in seiner Privatwohnung wurde Baums festgenommen und befindet sich im Klingelpütz, wo er den Beginn seines Prozesses abzuwarten hat.“

Bereits drei Wochen später standen Robert Baums und seine Frau vor dem Einfachen Militärgericht in Köln. Angeklagt waren sie wegen „Zurückhaltens für die Versorgung der Bevölkerung lebenswichtiger Waren“ Bei der Wohnungsdurchsuchung fand man unter anderem etwa zehn Pfund Fleisch. Das Gericht verurteilte beide Angeklagten zu je sechs Monaten Gefängnis. Frau Baums wurde Bewährungsfrist zugebilligt. Robert Baums erhielt nach zwei Monaten ebenfalls Bewährungsfrist. Weitere fünf Vergehen, die ihnen zur Last gelegt worden waren, hatten sich offensichtlich als haltlos erwiesen, denn das Gericht sprach sie ausdrücklich davon frei.

Mit neuen Kräften ins neue Jahr

Es klingen die Geigen...

So lautete die Parole des jetzt unter der Leitung von Direktor Hans Asbrede stehenden Theaters. Und glaubt man den Berichten, dann hat Asbrede Wort gehalten. Die Programmfolge für die zweite Hälfte des Monats Januar enthielt durchweg gediegene Darbietungen. Artisten mit Namen von gutem Klang gaben ihr Bestes in Rhythmus, Tanz, Gesang und Humor. Waghalsige Akrobatik am hohen Reck bot die Lemarus-Truppe, der komisch-seriöse Trampolin-Flugakt der drei Johns löste nicht enden wollende Lachsalven aus. Der „goldene Adonis" Heinz Lürbke, Jongleur Calvino, der Akkordeonvirtuose Artur Sauer, waghalsige Cowboyspiele von Cody und Mell, Parterre-Akrobaten, ein Tanzduo, die vier Bajazzos und das Steinbach-Ballett sorgten ebenso wie die Kapelle Harry Blum zwei Stunden lang für allerbeste Unterhaltung.

Mit den Worten „Beschwingte Artistik" kündigte das Militärtheater, zu dem inzwischen auch deutsche Zuschauer bei den Abendveranstaltungen zugelassen waren, sein neues Programm Anfang Februar 1946 an. Trapezkünstler und Akrobaten, wiederum Gusti Mosenbach, die mit dem Kaiserwalzer und einem Tango entzückte, Pepy und Evelyne mit einer Tanzparodie, der Tanzexzentriker Bobby, der Bauchredner Erich Everty, das Stefano-Ballett, das Stepp-Tanz-Trio, Joe Marteens und das Nolden-Duo – ein wiederum tolles Programm, bei dem, wie immer, die Kapelle Harry Blum zu glänzen wusste. Als besonders erfreulich wurde vermerkt, „dass nach der Vorstellung keine Halbwüchsigen mehr die Stimmung beeinträchtigen, was wohl Direktor Hans Asbrede zu danken ist."

Akkordeonvirtuose Artur Sauer

Die seit Anfang Januar erfolgreiche Sonntagsmatinee „Ajuja" wurde am 10. Februar mit neuer Besetzung wiederholt. Zwei Stunden kölscher Humor, diesmal mit Gerhard Ebeler, Hubert Knott, Karl Jahn und auch erstmals Jupp Schlösser.

Zum Auftakt der Karnevalssession 1946/47 führte die Vereinigung Kölner Karnevalisten am 1o., 11. und 17. November gleich fünf große Karnevalsveranstaltungen durch. An den beiden Sonntagen um 11 Uhr und 14 Uhr und am 11.11. – einem Montag – um 14.00 Uhr. Um 16.30 und um 19.30 Uhr lief das „normale" Programm: „Paradies-Parade – 40 Frauen und ein Mann" weiter. Harry Blum musizierte, Two Nobis führten Kunst-Akrobatik vor, die internationalen Tanzkomiker Brunnau & Margo, die Akkordeon- und Tanzschau „Gloria Express", das Mil.-Gov.-Theatre-Ballett mit den Solotänzerinnen Hilga Cramer und Inge Baur und viele andere – es war für jeden Geschmack etwas dabei.

Wer wollte, konnte im gleichen Haus im Casino „Chez nous" von 16 .00 - 18.15 Uhr zu Klängen der Tanzkapelle Hans Krall das Tanzbein schwingen und zwischendurch einige Varieté-Einlagen von „My Magarius" genießen oder sich an den Darbietungen der Soubrette Lilian Franke-Hervé erfreuen.

Für die Besucher der Abendvorstellungen stand um 22 Uhr ab Chlodwigplatz die Straßenbahnlinie 16 bereit, die über den Deutschen Platz (jetzt: Ebert-Platz) bis zum Zoo fuhr. Wegen der Sperrzeiten mussten die Vorstellungen pünktlich beendet sein – lange Zugaben waren nicht möglich. Die Direktion richtete aber in jeder Vorstellung die Bitte an die Besucher, das allabendliche Abspielen „der englischen Nationalhymne nicht durch vorzeitiges Aufbrechen zu stören und ohne Kopfbedeckung anzuhören." Die Türen des Theaters blieben während des Finales immer geschlossen.

Wegen des großen Interesses der Besucher, aber auch, weil der Karneval in Gang gekommen war und die herausragenden Bühnenakteure sich vor Engagements bei den Karnevalsgesellschaften kaum retten konnten, hatte die im November 1945 in Kierberg uraufgeführte Hans Jonen-Revue am 10. Juli 1948, mitten im Sommer, ihre erste Aufführung in der Anno-Strasse. „Die Kölner Größen des Humors Grete Fluss, Hans Jonen, Karl Berbuer und viele andere geben sich ein Stelldichein in dem lustigen Drunter und Drüber: Sonne für's Herz!" heißt es in der Ankündigung. Täglich um 19.30 Uhr, sonntags auch um 17.00 Uhr, gab es bis zum Ende des Monats stets ausverkaufte Vorstellungen. Ab 1. August 1948 gab es halbmonatlich wieder die großen internationalen Weltstadt-Varieté Programme. Nach der Fertigstellung des Williams-Baus, der Sartory-Säle und der Hahnentor-Lichtspiele fiel in der Anno-Strasse der letzte Theatervorhang.

Als die „Besatzer" längst abgezogen waren, kamen nach der Stillegung der Stollwerckfabrik und der vorgesehenen Sanierung des Viertels die „Besetzer". Eine Küche übernahm die Versorgung und im Anno-Saal wurde Theater gespielt. Nach 49 Tagen gab es ein friedliches Ende; die noch 150 Besetzer verließen am 5. Juli 1980 das Haus, die Stadt begann danach sofort mit dem Abriss der Fabrik.

Grete Fluss in der Theaterpause. Ihr Strickzeug hatte sie immer dabei – Kölner Kinder durften sich über ihre „Produkte" freuen

Die internationalen Tanzkomiker
Brunau & Margo

Im Kindergarten an der „Bottmüll" 1943.
Ganz rechts blicke ich auf meine Schwestern Hedwig (2.v.l.) und Dora (r.)

Mit dem Kindergarten Dreikönigenstrasse
bei der Pfarrprozession von St. Severin am Chlodwigplatz (halbrechts im dunklen Anzug)

Früh übt sich, wer ein Meister werden will
Wann kölsche Kinder schulle gon

Über dreitausend sechs- bis zehnjährige Kinder wurden am 23. Juli 1945 im linksrheinischen Köln eingeschult. Die Bedeutung dieses Anfangs zum Wiederaufbau des Schulwesens in Köln war in einem Klassenzimmer der Volksschule Auguststrasse in Köln-Nippes feierlich begangen worden. Als Vertreter der Stadt hatte Prof. Dr. Kroll, der Leiter des Schul- und Kulturwesens der Stadt, gesprochen und darauf hingewiesen, dass nun endlich die Kinder in ein neues Leben kommen, in dem Arbeit und Erholung ihren gemäßen Platz in der Erziehungsarbeit finden sollen. Der Vertreter der Militärregierung, Major Manchester, hatte dem Neubeginn der schulischen Arbeit allen Erfolg und den Kindern viel Freude am Lernen gewünscht. Zu der Feier war auch Capt. Elliot erschienen, der Schuldezernent der aus Köln weggegangenen amerikanischen Militärbehörden. Ein knappes Jahr später, im April 1946, hätte ich normalerweise zu den Kindern gehört, die eingeschult wurden. Die amtsärztliche Untersuchung hatte jedoch ergeben, dass ich unterernährt und körperlich zu schwach war. Denn nachdem wir aus der Evakuierung zurück waren, hatte ich im Agatha-Kinderkrankenhaus auf der Zülpicher Straße 37, direkt am Bahnhof Süd gelegen, längere Zeit auf der Quarantäne-Station verbringen müssen. Diphtherie! Völlig isoliert von der Außenwelt, und Mutter durfte mir bei ihren täglichen Besuchen nur durch die in die Zimmertür eingelassene kleine Scheibe zuwinken. Mein Bett stand direkt am Fenster und damit weit weg von der Zimmertür. Da ich an bis dato von niemandem erkannter Kurzsichtigkeit litt, konnte ich Mutter auf die Entfernung nur schemenhaft an ihrem geblümten Kleid erkennen und auch nur deshalb, weil mir die Art des Armbewegens beim Winken vertraut war. Wenn ein Zug durch den Süd-Bahnhof fuhr – und es fuhren viele Züge – dann ratterte das Eisenbett und „hüpfte" auf der Stelle. Aber es gab immer etwas zu essen. Ein schönes Gefühl, kaum Hunger haben zu müssen. Der für mich kulinarische Höhepunkt war der Tag, an dem es Kartoffeln mit Apfelmus gab und ich um „Nachschlag" gebeten habe. Als die Schwester zurück kam, hatte sie auf dem Teller allerdings keine Kartoffeln, sondern stattdessen Maccaroni und mit wehleidiger Stimme tröstete sie mich, weil sie mir keine Kartoffeln mehr bringen konnte. Mir waren die Nudeln sowieso viel lieber und ich machte, zumindest innerlich, einen großen Jauchzer. Überhaupt die Schwester im Krankenhaus. Sie war sehr nett, sprach viel mit mir, streichelte mir übers Haar, tröstete mich, wenn Mutter wieder gegangen war.

Sprüütcher kann ich nit esse

Wie anders war es doch im Kindergarten in der Dreikönigen Strasse, in den ich nach unserer Rückkehr aus der Evakuierung gehen musste. Dort waren einige Nonnen, aber auch weltliche Schwestern als Kindergärtnerinnen. Manchmal meine ich noch die Stimme meiner Kindergartenschwester zu hören, deren Gehör möglicherweise im Bombenhagel beschädigt worden war, denn wenn sie mir etwas zu sagen hatte, dann kam es mir immer vor, als würde sie schreien. Diese Frau war ein Ekel in ihrer ganzen Verhaltensweise und es war jeden Tag des gleiche Spiel mit Mutter, die mich nur unter großen Mühen dazu bringen konnte, den Kindergarten zu betreten. Trauriger „Höhepunkt“ unseres Zusammenlebens in dieser „Kinderzwangsanstalt“ war der Tag, an dem es zum Mittagessen Rosenkohl gab. Bis heute ist mir der Geruch von gekochtem Rosenkohl zuwider. Denn die Erinnerung an den Tag, an dem ich gezwungen wurde, Rosenkohl zu essen, geht mir nie aus dem Kopf.

Um es kurz zu machen: Ich wurde gezwungen, die Sprüütcher zu essen, was zur Folge hatte, dass ich zuerst einen Löffel im wahrsten Sinne des Wortes herunterwürgte und anschließend alles wieder dort hinaus brachte, wo ich es hatte reinschieben müssen. Den Gedanken, jetzt sei ich gottseidank alles wieder los, musste ich sogleich aufgeben, da ich nun gezwungen wurde, das soeben Erbrochene wieder in den Mund zu nehmen. Ich habe es aber nicht runtergeschluckt, sondern meiner Peinigerin unverzüglich auf den Bauch gespuckt; sie hat mich dann jämmerlich verdroschen. Die Nonnen hingegen waren meistens sehr nett und für mich war es ein großes Erlebnis, als ich nach und nach Heiligenbildchen erhielt und mit nach Hause nehmen durfte, weil ich viele Gebete kannte.

Öliger Lebertran und Höhensonne

Ich weiß nicht mehr, wie oft ich in dieser Zeit zum Gesundheitsamt am Neumarkt musste. Der unendlich lange Fußweg über Trümmerpfade, vorbei an Ruinen und tiefen Schlaglöchern, der kasernenmäßige Ton dort, wo es kurz und knapp hieß: „Brille auf!“, „unter die Höhensonne“, „fertig, rauskommen“, „Lebertran schlucken!“ – das war die zunächst fast tägliche, hernach aber immer mit größeren Abständen wiederkehrende Prozedur. Der von der Höhensonne ausgehende Geruch, der ölige und klebrige Geschmack des Lebertrans, die langen Wartezeiten und die Unfreundlichkeit mancher Helferinnen, deren Tonlage ich mir gut auf einem Kasernenhof hätte vorstellen können, sind mir in lebendiger Erinnerung geblieben.

Schulspeisung

Meine Schwestern Dora und Hedwig profitierten von der Schulspeisung, die vier Monate nach ihrer Einschulung, als erste umfassende Aktion zur Hebung des Gesundheitszustandes der Jugend, begonnen hatte. Nach Überwindung manigfaltiger Schwierigkeiten konnten ab Dezember 1945 dreimal wöchentlich etwa 17.000 Jungen und Mädel in den Kölner Volksschulen mit einem halben Liter warmer Suppe versorgt werden. Damit waren zunächst aber nur 35 Schulen erfasst. Die zuständigen Wohlfahrtsstellen taten ihr Möglichstes, um auch den anderen Kindern diese wertvolle Zusatzkost zu beschaffen. Entsprechend den Maßgaben der Militärregierung sollte die Verteilung dann auf alle Tage der Woche ausgedehnt werden. Die Schulspeisung war markenfrei und infolgedessen auch

Ferienspiele 1950 in Köln-Dünnwald (knieend Mitte)

als zusätzliche Nahrung zu den normalen Jugendrationen gedacht. Bis Mitte Dezember 1945 waren schon 13 Küchen, über das ganze Stadtgebiet verteilt, mit der Zubereitung des Essens beauftragt worden. Die erforderlichen Nährmittel wurden durch die britischen Besatzungsbehörden zur Verfügung gestellt. In den Schulen übernahmen Lehrer und Lehrerinnen die Verteilung. Geschirr und Besteck wurden von den Schülern selbst mitgebracht. Für jede Speisung musste ein Betrag von 0,20 Mark entrichtet werden.

In der Schule Loreley-Strasse

Nach meiner Einschulung – mein erster Schultag war der 1. April 1947 – in der Schule Loreley-Strasse war ich auch Nutznießer eines warmem Essens. Die Küchenzettel waren dem Mangel an Kartoffeln und Gemüse angepasst. So gab es zumeist dicke Suppen mit Nudeln, immer mit ein paar kleinen Fasern und manchmal auch mit größeren Brocken Fleisch. Der Geruch dieser Suppen hing im ganzen Schulgebäude. Mitunter gab es auch süße Suppen. Egal, ob Nudeln oder süße Pappe: Mir hat das Essen jedenfalls geschmeckt und vor allen Dingen: ich hatte keinen Hunger! Störender war der Geruch, der sich im ganzen Schulgebäude mehr und mehr zum Gestank entwickelte, weil die Schulleitung im Winter, sicherlich in Sorge um Brennstoffmangel, zu bange war, regelmäßig zu lüften. Gern gesehen –

Winter 1950/51 mit Schulkameraden aus der Loreley-Strasse im Volksgarten

und natürlich gegessen – war aber vor allem die Kwatta-Schokolade, die es in regelmäßigen Abständen in 50 g-Tafeln gab. Die Kwatta-Schokolade hatte damals schon die „hohe" Form, die wir Jahre später bei Novesia kennen lernten. Erstaunlicherweise gab es keine Stollwerck-Schokolade, obwohl die Fabrik doch ganz in unserer Nähe war. Später habe ich dann erfahren, dass die Kwatta-Schokolade in Ehrenfeld hergestellt worden ist. In Ladenlokalen habe ich diese heißgeliebte Schokolade übrigens nie gesehen und ich weiß bis heute nicht, ob sie möglicherweise nur für die Schulen hergestellt wurde.

Mein Klassenlehrer in der Loreley-Strasse hieß Moritz und für mich war es nicht einfach, diesem Herrn Moritz unbefangen gegenüber zu treten, weil ich den mit einem Schnäuzer und einer komisch aussehenden Brille ausgestatteten Mann irgendwie merkwürdig fand. Aber die Antipathie war von Anfang an auch eine gegenseitige und Herr Moritz brummte mir reichlich oft Nachsitzen auf. An einem dieser Unglückstage war kein Klassenraum frei und so steckte er mich und zwei weitere Schüler in den Filmraum, der im Keller lag. Der Filmraum war ausgestattet wie ein normales Klassenzimmer. Allerdings mit dem Unterschied, dass hinter dem Lehrerpult eine Leinwand aufgemalt war und im hinteren Bereich des dunklen Raumes ein erhöhter Tisch mit dem Projektor stand. Da Herr Moritz die Klassentür von außen abgeschlossen hatte, war ein Entkommen nicht möglich; die Fenster im Raum waren viel zu klein – und lagen auch zu hoch – als dass man einen Gedanken an einen solchen Fluchtweg hätte verschwenden können.

In einem Anflug von damals bei mir nicht selten vorkommendem Jähzorn versuchte ich zunächst, die Tür gewaltsam zu öffnen. Da dies nicht gelang, griff ich eines der gefüllten Tintenfässer aus einem der Pulte und schleuderte es gegen die blütenweiße Leinwand. Heute würde man sicher sagen, ich hätte ein wunderschönes Kunstwerk geschaffen. Herr Moritz sah das allerdings ganz anders, denn als er kam, um uns aus unserer „Zelle" freizulassen, ließ er angesichts der großen Tintenkleckse, die die Leinwand abbekommen hatte, einen mörderischen Schrei los und nachdem ich mich als Übeltäter geoutet hatte, versah er mich mit Ausdrücken, die hier wiederzugeben ich mich scheue!

Was sich im Lehrerkollegium hernach abgespielt hat, ist uns verborgen geblieben. Finanzielle Folgen hatte mein kunstfertiger Jähzornsausbruch jedenfalls nicht für mich bzw. meine Familie – ich hatte mehr das Gefühl, Herr Moritz sei in den Tagen und Wochen danach ziemlich bedröppelt über den Schulhof gegangen.

Mein Zeugnis nach dem ersten Schuljahr war eigentlich gut. Ich sage „eigentlich", weil die Leistungsnoten alle zwischen sehr gut und gut lagen. Kopf und Fuß des Zeugnisses waren allerdings weniger schön: Hinter dem Wort „Führung" stand das unschöne Wort

„mangelhaft“ und unter „Bemerkungen“ am Fußende hatte Herr Moritz den Satz geschrieben: „Reinold L. muss besser folgen!“

Kölsche Vortrags-Wettbewerbe

Im zweiten Schuljahr hatten wir einen anderen Klassenlehrer, Herrn Haller. Bei ihm habe ich mich in den folgenden Jahren ausgesprochen wohl gefühlt. Herr Haller war zu allen Kindern gleich freundlich und gleich streng – und immer ein Mann, zu dem wir alle unbegrenztes Vertrauen hatten. Zu unseren Unterrichtsfächern gehörte auch die Kölsche Sproch und es gab Wettbewerbe, bei denen Schüler, die sich zuvor an der eigenen Schule qualifizieren mussten, beim Schulvergleich gegeneinander antraten. Ich hatte mich für ein Gedicht von Peter Berchem entschieden: „Et Möschebegräbnis“ und hatte damit bei der Ausscheidung in der eigenen Schule die Nase knapp vor unserem Klassenprimus Berti K. vorn, wobei die Stimme von Herrn Haller zu meinen Gunsten den Ausschlag gegeben hatte. Erst viel später habe ich erfahren, dass der Autor dieses Stückes – das ich heute noch auswendig kann – lange Jahre als Rektor an der Schule Loreleystrasse tätig gewesen war und seitdem weiß ich auch, dass Karl Berbuer, Jupp Schmitz und Jupp Schlösser als Schüler alle diese Schule in der Loreleystrasse besucht haben. Ein weiterer Grund für mich, mit Stolz und Freude auf die Schulzeit in der Loreleystrasse zurück zu blicken.

Mein Zeugnis zum Abschluss der zweiten Klasse macht übrigens sehr deutlich, dass das „Mangelhaft“ des Vorjahres nicht allein meiner Verhaltensweise zugeschrieben werden kann. Denn diesmal – und auch in den folgenden Jahren – stand unter „Führung“ die Note „Sehr gut“.

Als wir 1952 nach Bickendorf in eine größere Wohnung umzogen, wurde ich in der Borsigschule der Klasse 6b zugeteilt. Gleich am ersten Tag stand „Lesen“ auf dem Stundenplan und fast alle Schüler, die alle wesentlich älter waren als ich, weil sie die ein oder andere Klasse wiederholt hatten, taten sich unheimlich schwer damit. Die Lehrerin musste beim Buchstabieren und beim anschließenden Zusammensetzen der Wörter behilflich sein. Grauenhaft! Als die Reihe an mich kam, las ich meinen Satz, wie gewohnt, flüssig und korrekt. „Weiter, weiter, weiter!“ schrieen die Klassenkameraden und da die Lehrerin mich nicht unterbrach, tat ich das auch. Mit dem Ergebnis, dass ich nach Beendigung meiner Mission stürmischen Applaus erhielt. Mein „Gastspiel“ in dieser Klasse dauerte genau einen Tag, dann kam ich in die 6a, wo die „normalen“ Schüler saßen. Unser Lehrer, Herr Auth, hat mich ermuntert, an der Aufnahmeprüfung für die Aufbau-Realschule teilzunehmen, was ich nicht zuletzt durch Mutters Drängen auch tat.

Die Aufbau-Realschule der Stadt Köln

Schon Mutters Bruder Hans hatte diese Schule besucht, und so wusste ich, was auf mich zukommen würde. Für den Besuch weiterführender Schulen musste ja noch ein Schulgeld bezahlt werden. Hinzu kamen weitere Kosten wie Fahrgeld, Milchgeld, Arbeitsmaterialien, Schulbücher und dergleichen mehr. Kosten, die Vater und Mutter nicht aufbringen konnten. Die städtische Aufbau-Realschule hingegen war nicht nur schulgeldfrei, sondern die Schüler bekamen auch, je nach Bedürftigkeit, Schulbücher und Strassenbahnfahrten kostenlos. Das führte natürlich dazu, dass die Zahl der Anmeldungen sehr groß war und so durfte jede Schule nur einige wenige Bewerber zur Aufnahmeprüfung melden. Ich war einer der zwei „Glücklichen" unserer Schule und durfte zur Prüfung, die sich über mehrere Stunden erstreckte. Danach kam das große Zittern: „Habe ich, habe ich nicht..."

Der Tag der „Urteilsverkündung" kam näher und näher und meine noch ansatzweise vorhandene Hoffnung schwand in dem Augenblick gänzlich, als ich auf dem Schulhof in der Baadenberger Strasse der Mitbewerber ansichtig wurde. Zuvor hatte ich ja mit nur 40 oder 50 Schülern die Aufnahmeprüfung gemacht und nicht im Entferntesten damit gerechnet, dass sich rund 1.000 (eintausend) andere auch beworben hatten. Meine Teilnehmer-Nummer war „15" und als das Ergebnis per Megaphon verkündet wurde, war es schlagartig ruhig auf dem weiten, aber dichtgefüllten Schulhof: „Nummer eins: nicht aufgenommen, zwei: nicht aufgenommen, drei, vier, fünf, sechs: nicht aufgenommen, sieben: aufgenommen, acht, neun, zehn, elf, zwölf, dreizehn: nicht aufgenommen, vierzehn: nicht aufgenommen, fünfzehn: aufgenommen..."

Hoffentlich haben die sich nicht vertan! – Ist das wirklich meine Nummer? – Habe ich mich nicht verhört? – ich weiß nicht, wie viele Gedanken mir durch den Kopf schossen. Erst als später die schriftliche Bestätigung kam, glaubte ich an mein Glück. Denn dass das Glück seine Hand im Spiel hatte, merkte ich daran, dass mein eigentlich in schulischen Dingen unschlagbarer Klassenprimus aus der Loreley-Strasse zu denen gehörte, die nicht aufgenommen worden waren.

Am 1. April 1953 war mein erster Schultag in neuer Umgebung, zusammen mit weiteren 45 Mitschülern. Die gleiche Schülerzahl hatte die Parallelklasse. Einige Monate später wurde die Schule in einen Neubau in der Frankstrasse verlegt. Dort ist sie noch heute, wenngleich ihre Bedeutung nicht mehr die gleiche ist, wie sie damals war, als wir in vier (anstatt wie üblicherweise sechs) Jahren die „Mittlere Reife" machten. Die „Privilegien", die man als „Schul- und Fahrgeldbefreiter" sowie durch die kostenlos zur Verfügung gestellten und für den Schulunterricht notwendigen Lehrbücher hatte, brachten es mit sich, dass ein „Sitzenbleiben" nicht möglich war. Wer also das Leistungsziel nicht erreichte, musste die Schule verlassen. Nach und nach „verdünnte" sich deshalb unsere Klasse etwas. Die Lehrer und Lehrerinnen waren größtenteils schon „in die Jahre" gekommen; bei unserem Physiklehrer hatte schon Mutters Bruder gelernt – und der war fast zwanzig Jahre älter als ich.

Ich kenne noch die Namen aller Lehrer. Soweit sie schon an der Schule waren, als ich dorthin kam, hätten sie gut in ein Lehrbuch zur Schülerabschreckung gepasst. Wenn es nicht so lief, wie es sich die Herren vorgestellt hatten, steckte in fast jedem Satz die Drohung: „... dann kannst du im Schulbüro deine Papiere holen!" Unserem Musiklehrer machte es Spaß, Backpfeifen auch bei nichtigen Anlässen zu verteilen, die Fingernägel auf Sauberkeit zu kontrollieren, Anstoß an der Kleidung zu nehmen usw. Der Mann war mit seiner „Künstlerfrisur" die reinste Lachnummer – und da ich, meiner Kurzsichtigkeit wegen in der ersten Reihe sitzend, ihm immer am nächsten war und mein Lachen meistens nicht zurückhalten konnte, wenn ich seiner ansichtig geworden war, bekam ich die meisten Ohrfeigen ab. Laut gebrüllt haben wir alle, als er eines Tages in der wie immer überfüllten Straßenbahn der im hinteren Teil des Wagens sitzenden Schaffnerin den „Rat" gab: „Sie sollten sich mal die Fingernägel reinigen!" Da war er aber an die Richtige geraten, denn als er an ihr vorbei zur Wagenmitte ging, rief sie ihm laut hinterher: „Un do Tünnes kanns ens nohm Frisör jonn!" Was haben wir gebrüllt!!! Fast wäre der Wagen ob unserer Begeisterung aus den Schienen gesprungen. Ein weiteres Unikum war unser Biologielehrer, breit wie hoch, glatzköpfig, mit ständigem Bluthochdruck, Spitznahme Bobby. Mit der Meßlatte, immerhin rund 15 Zentimeter breit und mehr als einen Meter lang, hatte er aus einem nichtigen Grund auf unseren Klassenkameraden Herbert Nied – unser leider schon früh verstorbenes „Sport As" – losgedroschen. Herbert konnte die meisten Schläge abwehren, hatte sich aber fallen lassen und ohnmächtig gestellt. Wir trugen ihn ins Lehrerzimmer, legten ihn auf die Couch, wohl wissend, dass ihm nichts passiert war, denn er hatte uns zugeblinzelt. Als „Bobby" wieder in die Klasse kam, versuchte er uns als Zeugen dafür zu gewinnen, dass er doch nicht so feste zugeschlagen habe... Doch wir blieben hart und als das Wort „Schädelbruch" fiel, sackte das zuvor kraftstrotzende Energiebündel in sich zusammen: „Um Gotteswillen..."

Der von der Schulsekretärin herbei gerufene Notarzt hat natürlich sofort gemerkt, was los war, das Gespräch mit Herbert aber so geführt, dass niemand die Unterhaltung mitbekam.

Eines Tages, wir saßen gerade mit unserem Deutschlehrer Cremer, den ich schon auf der Borsigschule als Lehrer kennengelernt hatte, in der Deutschstunde, wurde plötzlich die Tür aufgerissen, Bobby stürzte herein, krallte die eine Hand in meine Strickjacke und drosch mit der anderen Hand auf mich ein. Der Angriff war so plötzlich gekommen, dass ich zunächst keinen Widerstand leisten konnte. Unser Deutschlehrer schaltete schneller als ich und befreite mich aus den Fängen des Tobenden. „Was machen Sie denn da?" „Der Kerl – hhhhhh – hat aus – hhhhh – dem Fenster – hhhhhh – Bobby – hhhhh – gerufen!" keuchte er, nach Luft jappend und sicherlich an der äußersten Grenze des Bluthochdrucks. „Das kann nicht sein, ich bin hier schon lange im Unterricht!" Bobby, wieder zu Luft gekommen, öffnete das Fenster, guckte nach unten, guckte nach links und meinte dann: „Das war nebenan!" – und verschwand so schnell, wie er gekommen war.

Der absolute Höhepunkt aber war das Schauspiel, das sich uns auf dem Schulhof bot: Herr W., unser „Mozart", und Bobby gerieten während der Pause in eine Diskussion, die der milchtrinkende Bobby damit beendete, dass er seinem Kollegen den Inhalt seiner Milchflasche ins Gesicht und über den Anzug spritzte.

Als es in Mode kam, Schülerzeitungen herauszugeben, fiel die Wahl auf mich als Redakteur. Fortan verfasste ich Beiträge auf der Matrize und betätigte mich auch als Drucker. Was war das immer ein Gestank – aber ich war immer glücklich, wenn wieder eine Ausgabe erscheinen konnte. Im Sommer 1956, ich war 16 Jahre alt, machten wir einen Klassenausflug, bei dem „Mozart" als Aufseher – heute würde man sagen: Begleitperson – dabei war. Auf der Rückfahrt löste sich unsere Gemeinschaft in der Halle des Hauptbahnhofes auf. Ich zündete mir eine Zigarette an – vier Tula kosteten damals 30 Pfennig, für 50 Pfennig gab es sechs Overstolz – und verließ das Gebäude in Richtung Straßenbahnhaltestelle, die damals noch vor dem Haupteingang war. „Mozart" saß schon in der dort wartenden Bahn, sah mich, stürzte heraus und schrie mich an: „Zigarette weg!" Ich tat wie befohlen und nahm auch seinen Auftrag entgegen: „Du schreibst mir für morgen einen Aufsatz: Warum ich rauche!"

Es wurde der kürzeste Aufsatz meines Lebens und deshalb möchte ich ihn hier veröffentlichen:
„Warum ich rauche!
Ich habe meinen Vater gefragt, warum er raucht, ich habe meinen Onkel gefragt, warum er raucht und ich habe unseren Nachbarn gefragt, warum er raucht. Alle haben mich nur angeguckt, als hätte ich einen Dachschaden, deshalb kann ich die Frage auch nur durch „gucken" beantworten."

Auf nach Paris

Es war längst nicht alles lustig, was sich im Nachhinein so anhört. Die nach und nach an die Schule kommenden Lehrerinnen und Lehrer, zu denen auch Herr Cremer gehörte, haben uns dann aber gezeigt, welche gute Berufsauffassung die jüngeren Pädagogen hatten.

Unser Klassenlehrer war wie ein Chamäleon, mal so, mal so. Er hatte mitunter etwas Hinterlistiges an sich, lächelte einen freundlich an, um Sekunden später eine klatschende Backpfeife auszuteilen. Französisch war bei uns Wahlfach. Nach einigen Wochen meldete ich mich ab und auf die Frage, weshalb, gab ich die unkluge Antwort: „Englischunterricht bei dem (gemeint war mein Klassenlehrer) reicht mir, den tue ich mir nicht auch noch freiwillig an. Irgendwer muß es ihm zugetragen haben, denn von nun an war das früher zwischen uns bestehende „normale" Lehrer-Schüler-Verhältnis sehr gestört.

Als wir in der Klasse über das Ziel unserer Abschlussfahrt diskutierten, hatte irgendwer die vielleicht gar nicht ernst gemeinte Idee, Paris könnte doch das Ziel sein. Da noch mehr als ein Jahr Zeit war, nahmen wir uns tatsächlich vor, eine Woche nach Paris zu fahren. Fortan wurde geplant, diskutiert. Woche für Woche, Monat für Monat wurden Kleinst- und Kleinbeträge angespart. Endlich war es soweit, der Termin der Abreise stand bevor. Drei Tage vorher kam der absolute Tiefschlag für mich. Unser Klassenlehrer verkündete vor versammelter Mannschaft: „Aus unserer Parallelklasse müssen wir zwei Schüler, die wegen Krankheit an der eigenen Klassenfahrt nicht teilnehmen konnten, mitnehmen.“ Soweit, so gut. Doch dann kam der Hammer: „Wir haben jetzt einen Platz zu wenig im Bus, deshalb bleibt einer hier, nämlich Reinold Louis, der kann sich sowieso nicht benehmen!“ Ich dachte, ich sterbe. Mir wurde schwindelig, doch dann hörte ich die Stimme unseres Klassensprechers Ludger Krämer: „Entweder wir fahren alle, oder es fährt keiner!“ Wir sind dann gefahren, hatten sehr schöne Erlebnisse, mussten uns aber viele unflätige Bemerkungen bis hin zu Schimpfkanonaden einiger Franzosen anhören, die uns als Deutsche erkannt hatten. Als es an einem Abend sehr laut im Hotel war, weil einige etwas zu sehr dem Wein zugesprochen hatten, ging ich an den einzelnen Zimmern vorbei, um mehr Ruhe anzumahnen. Dabei begegnete ich dem Portier, der wohl Gleiches im Sinn hatte und laut auf mich einredete. Da ich ihn nicht verstand, zuckte ich mit den Schultern und ging zurück auf mein Zimmer. Am nächsten Morgen war ich natürlich der „Krachmacher“. Die Personenbeschreibung des Portiers nahm „mein Chamäleon“ zum Anlass, meine Heimreise anzuordnen. Diesmal war es der Begleitlehrer, der in der Nacht meine Bemühungen mitbekommen hatte, sich sehr energisch für mich einsetzte und mit der eigenen Abreise drohte, falls mir nicht Gerechtigkeit widerfahre. Der Gerechtigkeit wegen muss ich aber sagen, dass er unsere gegenseitige Abneigung nicht zum Anlass genommen hat, mein Abschlusszeugnis zu „verunstalten.“ Das hat mich dann später wieder etwas mit ihm versöhnt. Solange er zu unseren alljährlichen Klassentreffen kam, habe ich es tunlichst vermieden, dorthin zu gehen. Wenn ich dann doch einmal dabei war, habe ich seine Nähe gemieden. Aber ich merkte, dass ich immer ein Unwohlsein hatte, wenn ich seiner angesichtig wurde. Nach seinem Tod habe ich kaum ein Klassentreffen versäumt. Dass das Treffen seit 1957 ununterbrochen einmal jährlich stattfindet, ist Gerd Hachenberg zu verdanken, der über jetzt fünf Jahrzehnte die Kontakte zu allen Mitschülern, von denen einige schon verstorben sind, aufrecht erhalten hat bzw. weiter pflegt.

In Paris, der Stadt vieler Träume

Theo Burauen wird Oberbürgermeister

Im März 1957 konnte ich mit dem Zeugnis der Mittleren Reife die Schule verlassen. Unsere Entlassfeier fand in der „Brücke“ in der Hahnenstrasse statt. Wir hatten einen sehr prominenten Redner, nämlich Theo Burauen, der ein Jahr zuvor zum Kölner Oberbürgermeister gewählt worden war. Am 9. November, dem Tag seiner Wahl, waren wir mit der ganzen Klasse auf einem Ausflug. Wir konnten das Ergebnis der Stadtratssitzung kaum erwarten, denn Burauens jüngster Sohn Hans war unser Klassenkamerad. Hans war erst im zweiten Jahr zu uns gestoßen, hatte sich aber sehr schnell bei uns eingelebt. Die Lehrer und wir wussten natürlich, dass sein Vater Fraktionsvorsitzender der SPD im Kölner Stadtrat war. Sicherlich war das in vielfacher Hinsicht von Vorteil. Hans Burauen hat aber nie und zu keinem Zeitpunkt in irgendeiner Weise für sich selbst Privilegien eingefordert. Er saß in der dritten Reihe, gleich hinter mir, und so hatten wir immer sehr direkten Zugang miteinander, um Pfuschzettel oder Lerninhalte miteinander auszutauschen. Theo Burauen, der in seiner Eigenschaft als Vater, aber auch als oberster Repräsentant des „Schulträgers“ das Wort ergriffen hatte, sprach sehr unverblümt viele der Dinge an, die uns Schülern zu schaffen gemacht hatten. Burauen ging aus allen folgenden Wahlen als strahlender und klarer Sieger hervor. Am 17. Dezember 1973 legte er, 67 jährig, sein Ratsmandat nieder. Damit erlosch zugleich sein Amt als Oberbürgermeister. Der Rat wählte ihn zum Ehrenbürger. Am 28. Oktober 1987 ist Theo Burauen verstorben. In seinen letzten Lebensjahren war ich des öfteren mit ihm zusammen. Als Ehrenratsherr der Lyskircher Junge nahm er, soweit es seine Gesundheit zuließ, am jährlichen Barbaraessen teil. Bei einigen Hausbesuchen in seinem Domizil in Raderthal erzählte er mir immer voller Stolz die Neuigkeiten, bezogen auf den beruflichen Werdegang seines Sohnes Hans. Ich war dabei, als mehr als 1000 Menschen aller Bevölkerungsschichten und quer durch alle politischen Zugehörigkeiten dem sowohl volkstümlichen, aber auch „väterlichen“ Ehrenbürger das letzte Geleit gaben. Der Sarg wurde auf einem offenen Wagen, gezogen von zwei Schimmeln, von der St. Michael-Kirche zum Friedhof Melaten gefahren.

Mit Kolleginnen und Kollegen der Berufsschule beim Besuch meines Lehrbetriebes 1958 in der Kassenhalle der Kreissparkasse Köln am Neumarkt

Hinein ins Berufs- und Eheleben

Am 1. April 1957 begann ich meine Lehre zum Bankkaufmann bei der Kreissparkasse Köln. Der Berufsberater hatte herausgefunden, dass ich zum Bankkaufmann geeignet sei. Ich war zwar nicht unbedingt seiner Meinung, bewarb mich aber aufgrund seiner schriftlichen Aufforderung bei der „Kölner Gewerbebank", die sich später in „Kölner Bank von 1867" umbenannte. Die Antwort aus der Personalabteilung war kurz, knapp und sehr hochnäsig: „Ihr Verweis auf die Empfehlung der Berufsberatung ist uns unverständlich, da wir uns unsere Lehrlinge selbst aussuchen."

Bewerbungen bei den Rheinischen Olefinwerken in Wesseling, den Sidol-Werken in Köln-Braunsfeld und der Kreissparkasse Köln waren erfolgreich. Da ich nach der Aufnahmeprüfung bei der Kreissparkasse sehr schnell einen positiven Bescheid erhalten hatte, konnte ich die anderen Einladungen zu Einstellungstests wieder absagen. Meine Bewerbung bei der von mir „hochfavorisierten" und zwei Jahre zuvor gegründeten „Lufthansa" war zwar auch erfolgreich, aber für meine Eltern leider nicht akzeptabel, denn ich hätte in Hamburg meine Ausbildung machen müssen.

Am 1. April 1957 begann ich meine Lehre in Stommeln. Alle halbe Jahre wurden wir im Zuge der Ausbildung in eine andere Zweigstelle versetzt, im letzten halben Jahr durchliefen wir die Abteilungen der Hauptstelle.

In der Berufsschule traf ich Karl-Heinz Schnellinger, dessen Nationalspieler-Karriere sich gerade abzeichnete und in der Parallelklasse war Horst Nussbaum, zeitweilig mein Nachbar aus der Elsaß-Strasse. Er war ein toller Gitarrenspieler und Sänger. Bei Preußen Dellbrück spielte er Fußball, bei der Stadtsparkasse wurde er zum Bankkaufmann ausgebildet. Unter dem Pseudonym „Jack White" hat er später eine unvergleichliche Karriere als Texter, Komponist und Produzent gemacht.

Nach erfolgreichem Lehrabschluss wurde ich ab 1. April 1960 ins Angestelltenverhältnis übernommen. Ab Januar 1961 leistete ich den 18 monatigen Grundwehrdienst, danach wurde ich in der „Personalreserve" eingesetzt. Nach meiner Hochzeit am 19. Oktober 1962, der Absolvierung des „Sparkassenfachlehrganges" und der bestandenen Prüfung zum „Sparkassen-Betriebswirt" war ich in leitenden Funktionen in verschiedenen Bereichen tätig. Eine von mir angestrebte – und mit dem Vorstandsvorsitzenden der Stadtsparkasse Köln, Fritz Herrmanns, abgesprochene – Tätigkeit als Geschäftsführer der von der Stadtsparkasse Köln gegründeten „Stiftung City-Treff" kam nicht zustande. Dr. Hans-Joachim Möhle, der gerade zum Vorstandsvorsitzenden der Kreissparkasse Köln gewählt und von mir über meine Bewerbung informiert worden war, versicherte mir glaubhaft, er habe mich schon seit längerem für eine andere Aufgabe im Haus vorgesehen, habe aber vor seiner Wahl darüber nicht mit mir sprechen können. Mit meinem Einverständnis rief er in meinem Beisein seinen Kollegen Fritz Herrmanns an: „Herr Louis zieht seine

Bewerbung zurück!" „Das muß er mir aber selber sagen!" Und das tat ich dann. Fritz Hermanns hat mir bei unseren späteren Begegnungen immer wieder gesagt, wie sehr er es bedaure, „dass wir damals nicht zusammengekommen sind!"

Dr. Hans-Joachim Möhle, als Chef von mir in jungen Jahren sehr bewundert und später hochverehrt, hielt Wort: Die Kreissparkasse gründete 1983 und 1984 mehrere Stiftungen, zu deren Geschäftsführer ich bestellt und nach Ablauf von jeweils fünf Jahren immer einstimmig wiedergewählt wurde. In den 15 Jahren meiner Geschäftsführertätigkeiten hatte ich das Glück, hervorragende und engagierte Mitarbeiterinnen zu haben. Für mich ist es bis heute ein Vergnügen, bei den Fahrten durch die Kommunen des Kreissparkassen-Geschäftsgebietes immer wieder Zeugnissen der von den Stiftungen geförderten und zumeist auch von mir mitentwickelten Projekten zu begegnen oder in der vor meinem Eintritt in den Vorruhestand herausgebrachten Dokumentation „Vom Sinn des Gebens" zu blättern.

Nach der Kirchlichen Trauung mit Katherina Köllen am 20. Oktober 1962 mit Eltern, Geschwistern, Nichten und Neffen vor der St. Rochus-Kirche in Türnich-Balkhausen

Von irgendetwas muss man ja leben
Et kumme Hamstervüggel met vill Krom em Büggel

Der Elan, mit dem viele Kölner an den Wiederaufbau der Stadt gehen wollten, weicht bald einer Apathie und Interesselosigkeit, weil sich fast alle Energien auf die Beschaffung von Lebensmitteln und anderen Gebrauchsgütern richteten. Die mehr als mangelhafte Versorgung zehrt sehr an den ohnehin ausgemergelten Kräften. Für die raren Lebensmittel standen die Menschen vor den Geschäften Schlange, ohne dabei die Gewissheit zu haben, auch noch etwas zu bekommen, wenn sie an der Reihe waren. Wie oft flossen die Tränen, wenn nach stundenlangem Warten und Schlangestehen das lakonische „Ausverkauft“ erklang. Der Hunger wurde immer schlimmer, weil die Ernährungsämter die lebensnotwendigen Kalorien nicht zur Verfügung stellen konnten. Anstelle der notwendigen 2400 Kalorien täglich gab es teilweise weniger als 800 Kalorien. Wer einen eigenen Garten hatte, musste schon Tag und Nacht auf der Lauer liegen, um sich vor ungebetenen Miterntern zu schützen. Doch selbst die reichhaltigste Ernte oder der größtmöglich Zuchterfolg aus der eigenen Tierhaltung konnte die Defizite nicht ausgleichen. Kaninchen, Schafe, Ziegen, sogar Schweine und Pferde wurden in Wohnungen gehalten und geschlachtet; die hygienischen Zustände waren dadurch unerträglich.

Köln geht gegen Hamsterer vor

Die Polizei beschlagnahmte am 24. Juli 1945 große Mengen von Lebensmitteln bei Hamsterern, die zu Fuß, per Rad und mit allen möglichen Gefährten das Vorgebirge durchziehen und zusammenkaufen oder einhandeln, was bei den Bauern aufzutreiben ist. Insgesamt 35 Tonnen Kartoffeln wurden bei Personen gefunden und beschlagnahmt und von der Polizei zum Verkauf an die Bevölkerung den ordentlichen Verteilungsstellen zugeführt. Die britische Militärregierung wies anlässlich dieser Vorfälle darauf hin, dass Hamstern eine ernsthafte Störung der Lebensmittelverteilung bedeutet:

„Der schwarze Handel mit Lebensmittel wächst bedrohlich und muss im Interesse der Allgemeinheit unter allen Umständen unterbunden werden. Jeder einzelne muss dazu beitragen, eine katastrophale Entwicklung der Ernährungslage zu verhindern. Außer der Beschlagnahme der Waren werden gegen die Hamsterer Geldstrafen verhängt.“

Die Kölner ließen sich aber nicht abschrecken – oder besser gesagt: viele mussten sich durchs hamstern das Überleben sichern. Das Vorgebirge mit seinen einstmals fruchtbaren Böden und den fleißigen „Kappesbuure“ war das Ziel, das Tausende von Kölnern mit der Bahn ansteuerten. Der „feurige Elias“ könnte viel „erzählen“ über all die Episoden und Tragödien, die er erlebte, die traurigen Gesichter, auf denen kein Freudenschimmer mehr zu sehen war. Hoffnungslos überfüllt waren die wenigen Wagen; die Menschen standen auf Trittbrettern und zwischen den Puffern. Aber auch in solchen Situationen wussten sich die Kölner zu helfen.

Anstatt ein großes Wehklagen anzustimmen, persiflierte und parodierte ein unbekannter Dichter seine Erlebnisse in dem Lied „Op d’r Ihserbahn 1946“. Eine ebenso köstliche wie humorvolle Schilderung, im Frühjahr 1946 mitten aus dem Leben gegriffen und für das tagtägliche Erleben helfend wie Balsam auf offenen Wunden. Für die Betroffenen sah plötzlich die Welt auf der Hamsterfahrt ganz anders aus: „Et wor gar nit mieh su schlemm, mer kunnt et metmaache!“:

„Wells do ens Freud dir maache,
Dich ärgere oder laache,
Dann fahr ens met der Bahn,
Dunn ahl Klamotte ahn;
Klemm en dä Güterwage
Un fang nit glich an klage,
Denn en dem Wage sin kein Bänk,
Nor glatte kahle Wäng.

Dann stell faß dich nor do en de Medde,
Spreiz de Bein, als wöd e Stöck geredde,
An der Looch muß do dich halden faß,
Do fälls nit öm, beß engeklemmp
Als wie en'em Hirringsfaß.

Deis räächs un links do loore,
Dann sühs do alles schmoore,
Et rüch noh Dörrgemös,
Och jet noh schweißt'ge Föß;
Un en dä Wagenecke,
Do sin se sich am necke,
Met laut un och met leiser Stemm
Brängk mer sich bei Benemm.

Deit dä ein ov and're dann fröhstöcke,
Jeder hät jet and'res zo verdröcke,
Stopp de Nas erus un sing dat Leed:
„Ich mein, ich söß em Kappesfeld,
Wat fresch geadelt weed!"

Et kumme Hamstervüggel,
Vill Krom han sei em Büggel,
Mer däut un stupp sich fott,
Un dröck sich halv kapott.
Mer drink direkt us Fläsche,
Et Jüppche kritt gewäsche
Geseech un Hals met Moder's Späu
Dat all jit Krach för drei.

„Die Buure han ich dran jekrääch, dat Besteck wor jaanit us Silver, dat wor Alpacca!"

Wenn der Zog dann jih ens jet deit stoppe,
Durchenein de Minsche wirf wie Poppe,
Fälls nem Weech dobei en singe Schuuß,

Dann heisch et: „Minsch, paß doch jet op,
Do tritts mer op de Blus.“

Mer hät doch och noch Deere,
Die dun sich nit scheneere,
Un sage wat do beß.
Et rüch och ärg noh Meß.
Dä Zog dä fährt nit pünklich
Doch immer nett vergnöglich
Vum Bahnhof bes zom Ziel,
Mer bruch der Zick ärg vill.

Do hilf nix, do muß de Stunde feere,
We sei falle, ohne zo studeere,
Ens wie fröher Bubikopp un Bein,
Denn do sühs nor die Bredderwäng
Un Statione kein.“

21 Army Group Form 105. Serie A

MERKBLATT
für zur
LANDARBEIT
entlassene deutsche Kriegsgefangene

Amtlich

Herausgegeben von der alliierten Militärbehörde

Merkblatt von Juni 1945, bedruckt mit einem Zitat von Churchill vom 18.1.45: „Wir rotten keine Nationen aus; wir schlachten keine Völker hin.“

Je mehr Kölner in die Stadt zurückkamen, desto größer wurde der Ansturm auf das Vorgebirge und die Eifel. Zwar waren Hamsterfahrten verboten, doch wer hielt sich schon daran? Auf den Bahnhöfen in Bonn und Köln wurden verstärkt Razzien auf Hamsterer durchgeführt. Begründung: „Wer nicht zu arbeiten braucht und deshalb viel Zeit hat, soll sich nicht auf Kosten der Werktätigen am Gemeinschaftseigentum bereichern.“

Schließlich wurde noch 1946 „zur Sicherung der Ernährung“ der Großraum der Haupterzeugergebiete für Kartoffeln, Spät- und Wintergemüse – die Orte Siegburg, Geilenkirchen, Heinsberg, Erkelenz, Krefeld, Kempen, Moers, Geldern, Wesel, Dinslaken und das gesamte Vorgebirge – besonders scharf kontrolliert. Ortsfremde durften in diesen Gebieten nur bestimmte Straßen benutzen; Unberechtigten war der Aufenthalt vollkommen untersagt.

Die Verordnungen und die Kontrollen hielten jedoch niemanden davon ab, auf Hamstertour zu gehen und den Versuch zu machen, mit Lebensmitteln nach Köln zurückzukehren. Natürlich mussten sich die Hamsterer entsprechend eindecken, denn gegen Geld erhielten sie nirgendwo etwas, Sachwerte waren gefragt: Teppiche, Bilder, Kleinmöbel, kurzum: alles, was im Haushalt entbehrlich und zu transportieren war, wurde als Eintausch-Gegenstand mit auf die „Reise“ genommen.

Als bei der Landbevölkerung die Wohnungen mit „Eintauschgegenständen“ gefüllt waren, wurden Rufe nach anderen Werten – Schmuck, Zigaretten, Kosmetika – laut. Da konnten viele nicht mehr mithalten, es gab Verärgerung, Beschimpfungen. Einigen Bauern wurde vorgeworfen, sie bereicherten sich an der Not der Städter. Es gab aber auch viele, die im Rahmen ihrer Möglichkeiten halfen. Toni Ebeler hat in dem Lied „Mer maachen hück ein Hamsterfahrt" einen Situationsbericht festgehalten:

Mit Mutter und meiner Schwester Marianne in der Elsaß-Strasse. Vorne links die Söhne unserer Nachbarsfamilie Ludwig

„Bei Bömmelmann's em Underhuus wor neulich schwer Krawall,
Schold woren dran de Kalori'n wie't hück eß üverall.
Dä Ahl, dä säht: „Ich ben et leid, die Kohldampschieberei,
Mer fahren noh d'r Eifel hin, de Surge sin vörbei.
Dröm flöck jetz alles engepack, d'r Zog fährt en zwei Stund";
Un löstig met vergnögtem Senn sung alles en d'r Rund:

:: Mer maachen hück en Hamsterfahrt noh'm schönen Eifelland,
Mer schleppen alles met dohin, de Bilder vun de Wand.
Un ha'mer dann d'r Rucksack voll, getippelt treu un brav,
Dann kütt zom Schluß d'r Herr Schandarm un nimmp uns alles avv. ::

Met Kind un Kägel ging et dann noh'm Bahnhoff met juchhei,
Un wie de Zog enleef, auwie! – de schönste Drängerei!
Do hoht mer mänchen Heimatklang: „Do halve Kalorie!
Mach Plaaz, do schälen Kopp! Paß op! Trett mer nit ob de Zieh!"
Un wie sich en Bewägung satz d'r Zog, fuhr us d'r Hall,
Do bröllten laut de Bömmelmann's dä Hamsterfahrt-Choral:

Die Boore sin hück engerich, dat muß mer sich ansin,
Mer meint, de Rothschild's hätten sich noh'm Land vertrocke hin.
Et Tring an jedem Finger dräht nen drei Karat Brillant,
Un selvs de Meister Rembrandt hängk an jeder Abtrettswand.
Em Stall d'r Persianer litt, un op d'r Schlummerroll'
Ruht friedlich brav de Modersau, saht, eß dat nit zo doll?:"

Auf Hamsterfahrten konnte Mutter nicht gehen – mit vier Kindern war das unmöglich. Und dass ich alleine in den überfüllten Zügen aufs Land fuhr, das hatte Mutter mir streng untersagt. Im Herbst fuhr ich aber mit meinem aus allen möglichen Einzelteilen zusammengesetzten Fahrrad bis an die Kölner Stadtgrenze in Weiden. Hier an der Aachener Straße standen einige sehr hohe Birnbäume, die nach und nach ihre Früchte abwarfen. Viele zerplatzten auf dem Straßenbelag und waren nur noch bedingt genießbar, andere fielen in den mit Gras und Unkraut dicht bewachsenen Graben seitwärts der Straße und blieben so ziemlich unversehrt. „Nachhelfen", dass die Birnen vom Baum runter kamen, war so gut wie zwecklos, denn die Bäume waren sehr hoch gewachsen und von der Straße aus unerreichbar. Man musste also den richtigen Zeitpunkt erwischen, zu dem sich die dicken Birnen selbst von den Ästen lösten. Wenn ein starker Wind wehte, was im Herbst ja öfters vorkam, dann strampelte ich schon los, denn dann waren die Aussichten auf eine reiche Ernte gut.

Sobald die Felder jenseits der Militärringstrasse abgeerntet waren, durfte gesömmert werden. Viele Erwachsene, aber auch Kinder streiften dann über die Felder, um nach noch vorhandenen Kartoffeln oder nach liegengebliebenen Ähren zu suchen. Das war eine ganz legale Tätigkeit, die zwar nicht viel, aber hin und wieder etwas Zusatznahrung einbrachte. Neben den abgeernteten Feldern lagen die Felder mit den Futterrüben und den Zuckerknollen, die noch nicht erntereif waren. In den ersten Reihen standen die dicken Knollen und dann erst kamen die Zuckerrüben, von denen viele geklaut und zu Knolly-Brandy verarbeitet wurden. Ab und zu erhielt ich eine Futterrübe, die als Rohkost im Gegensatz zu den Zuckerrüben durchaus genießbar war. Jedenfalls fand ich sie wesentlich schmackhafter als die getrockneten Rübenschnitzel, die in den Geschäften aus großen Blechdosen verkauft wurden. Die damit hergestellten Suppen fand ich selbst bei größtem Hunger abscheulich. Und dann das „Horse Mett" – Pferdefleisch und eigentlich „Horse-Meat" geschrieben. Aber die Kölschen machten schon einen Unterschied zwischen dem beim Firmenich erhältlichen „Krüstche Pädsgullasch" und dem amerikanischen Horse-Mett, wie das Lied aus dem Jahr 1949, das beim Kegelclub „Negerköpp" gesungen wurde, beweist:

„Wie wor dat fröher doch esu schön beim kölsche Fasteleer.
Dat Volk dat kom vun noh un fähn zo uns no Kölle her.
Vum Bahnhof uß nom Firmenich, do wor kei Plaatz mie frei,
Do oß mer dann zweimol Trapp-Trapp un drunk manch Kölsch dobei.

Doch jetz, doch jetz! Jetz gitt et nur noch Horse Mett, Horse Mett
Ich liege em Bett un dräume nur vum Horse Mett, Horse Mett;
Wenn dat su wigger geiht, dan sin mer bal verratz!
Scheckt uns en fette Sau, un gitt dat Päd der Katz.

Des Mondagsovend no dem Zog, do soße mer en d'r Köch,
Die Mamm die hat für jeder dann, en Kamenad om Desch.
En mächt'ge Kump met Äpelschloot dat gov uns neue Kraff,
Dä Vatter braht dä Klore dann, dä spolt dat Fett erav.

Et richtige eß, mer gitt sich dran un trick sich selvs en Sau.
Doch rüch dat Bies un friß och vill, un mäht och vill Radau.
Em Vertiko do wör noch Plaatz, de Couch dat wör ihr Bett.
Dann bröhte mir kei Päädsfleisch mie, mer hätte Speck un Fett!

Des Ovends geit et dann erus, dann mache mer ne Zog;
Dat Sting met singer Käazekess, dat geit dem Zog vörob.
Un op d'r Kess geschrevve stund, vun enne schön beleuch:
He kütt de Horsemettverein, dä mag kei Schweinefleisch!"

Sessionsheft der Negerköpp 1954

Firmenich – der Name hatte selbst bei uns Kindern einen guten Klang. Schwärmten doch alle Erwachsenen von dem tollen Pferdefleisch, das es beim Firmenich und auch beim Pitsche August vor dem Krieg gegeben hatte und jetzt auch wieder gab.

„Holland'sche Haringe, Holland'sche Haringe" nahmen nach und nach den Platz der amerikanischen Trockenschnitzel auf den fahrbaren Verkaufswagen der Händler ein. Die Heringe aus dem runden Holzfass kosteten anfangs 10 Pfennig und für eine Deutsche Mark gab es deren zwölf. Wer hat damals geahnt, dass das „Arme-Leute Essen" des Jahres 1949, bestehend aus Hering mit Pellkartoffeln, vierzig Jahre später als teure Delikatesse auf dem Speiseplan stehen würde? Erst seit einigen Jahren und nachdem zeitweise Fangquoten für Heringe eingeführt worden waren, hat sich der Preis ja wieder etwas normalisiert.

So gut wie damals die von Hand eingelegten Heringe schmecken die industriell verpackten Heringe von heute leider nicht. Ich habe Mutter beim Ausnehmen der Heringe, die zunächst wegen der Salzlake ein paar Tage gewässert werden mussten, oft und gerne geholfen. In die aus den Milchnern bereitete Soße wurden die Heringe eingelegt und von den Rogen kamen einige gleich an Ort und Stelle in meinen Mund; der Rest kam mit in die Soße oder wurde, manchmal, in der Pfanne gebraten und verspeist.

Kabarett- und Varieté-Kunst im Tazzelwurm
Auch die kölschen Revuen sind wieder gefragt

Ende September 1945 hatten die Kölner eine weitere Stätte der Unterhaltung in Beschlag nehmen können: Unter der Direktion von Robert Baums und Hermann Pfeiffer war in der Zülpicher Straße ein neues Kabarett-Varieté geschaffen worden, das den Namen „Tazzelwurm" erhielt. Wie schon in der Annostrasse beim Mil.-Gov.-Theater war auch diesmal Ansgar Linskens der Architekt und viele Kölner Firmen gaben unter großen Schwierigkeiten ihr Bestes, um einen passenden Rahmen für gute Kabarett- und Varieté-Kunst zu schaffen.

Das Eröffnungsprogramm, täglich um 15.00 Uhr und um 18.00 Uhr, zeigte eine bunte Fülle guter Leistungen, die beschwingt und ansprechend gebracht wurden. Der Pianist Hans Schattergann leitete mit seinen Rhythmikern den ersten Teil ein, in dem Marlen Riphan u.a. Verse von Heine sprach, Gustl Mosenbach einen Valse triste tanzte und Fred Kastor verblüffende Zaubertricks vorführte. Marja Tamara tanzte und Waldemar Hirsch sang eigene Chansons, zu denen er sich am Flügel selbst begleitete. Fritz Weber und sein Orchester mit dem Gesangs- und Tanzensemble (Geschwister Reinelt, Maria Leiseifer und Hilga Cramer) gaben Meisterleistungen „beswingter" Musik. Im zweiten Teil riss Hermann Pfeiffer, der auch gekonnt und spritzig ansagte, mit dem Sketch „im Senderaum" die Zuschauer durch seine umwerfende Komik zu Lachstürmen hin. Georg Miller strapazierte ebenfalls das Zwerchfell des Publikums und der Musicalclown Mixo stellte sich einmal mehr mit seinem universalen musikalischen Können vor. Und noch ein Mann stand auf der Bühne, der später in Köln Furore machte: Horst Muys.

Einen „frohen Sonntagvormittag" boten Mitte Oktober die Kapelle Ferdi Brendgen und der urkomische Jupp Schlauch von der Kapelle Bernhard Etté. Der Erfolg war so groß, dass die zweistündige Veranstaltung am 28. Oktober und am 11. 11. 1945 wiederholt wurde.

Am Nachmittag hatte das neue Unterhaltungsprogramm, das unter dem Motto „Viel Freud' nach schwerer Zeit" stand, seine Premiere. Um die Verwirklichung der im Programmtitel ausgegebenen Parole bemühten sich vorab Georg Miller als Artistischer Leiter, Ansager und Parodist, Lydia Wieser, die erneut mit einem malaiischen Tempeltanz und einer Schleierpantomime viel Geschmack, Ästhetik und tänzerische Kultur verriet. Mit Eleganz und Charme servierte Henny Walden schmachtende Wiener Lieder und heitere Chansons. Sodann gab es ein Wiedersehen mit Waldemar Hirsch, der durch teilweise neue Schlager am Flügel erfreute. Viel belacht wurde ein flott gespielter Verwechslungssketch mit Ruth Herbst, Jupp Tilgen und Wilhelm Millowitsch. Den musikalischen Rahmen bildeten die Hauskapelle Schattergann und die Bühnenschau Fritz Weber.

Karl Berbuer als „Vortragsmeister und Humorist"

Ab Mitte November stand Karl Berbuer, als „Vortragsmeister und Humorist" angekündigt, auf der Bühne. Vor ständig ausverkauftem Haus empfingen die Kölner ihren schlank gewordenen Landsmann mit einem traditionellen Klatschmarsch. Und dann ging Karl Berbuer „knurrend" auf Kartoffelsuche mit dem Lied „Wo kriegt man bloß Kartoffelen?"

„Wo kriegt man bloß Kartoffelen, möchte ich heut' jeden fragen.
Kartoffelen, Kartöffelchen, kann mir das keiner sagen?
Ich lauf herum, und lauf mir drum, die Absätz' dabei schief und krumm.
Nein, nein, ich scheue wirklich keinen Weg,
Doch wat gitt et: en jeder Hand en Fleg.
Ach ja, mein Körbchen hier, das ist so leer,
Als wenn's die Staatskasse von Deutschland wär.
Der eine Händler sagt: „Mer han nix, Mann!"
Der zweite bietet mir nur Krönzeln an.
Der dritte gar nen Kürbis riesenschwer:
Wenn dat doch blos ne Quallmann wör!

Wo kriegt man bloß Kartoffelen, nein, nein, es ist zum Heulen,
Man schmiß mich aus der Markthall raus, mein Dääz war voller Beulen.
Da fuhr ich mit der Bahn, o Graus, zu einem Bau'r aufs Land hinaus.
Der sprach: „Aha, Kartoffelen wollen Sie,

Plakatentwurf von „ALEKS“ Alfred Küsshauer 1947

Was bieten Sie, denn Geld well ich nit mieh.
Auch Schmuck und Wäsche, Mann, dat hammer all,
Mir fählt ne Perser nur, em Firkesstall!“
„Ich glaube“, sprach ich, „Ihnen fehlt wohl bloß,
Eine Atombomb' hinten in der Hos',
Vielleicht wünschten Sie dann beim Krepieren sehr,
Wenn dat doch bloß ne Quallmann wör!“

An Kottlets, Rumsteaks liegt mir nichts, die tu ich nicht vermissen,
En Pann gebrode Ääpel doch, das ist mein Leckerbissen.
Daß die mir fehlt, dat kammer sinn, weil ich so eingelaufen bin.
Ja, ein Familienvater hat's heut' schwer,
Denn täglich ruft mein Weib: „Wat koche mer?“
Ich bin zu Haus ja nicht so ganz allein,
Mer sin ne ganze Haufe beienein.
Ja, zehnmal hat der Storch uns schon bedacht,
Hat Jahr für Jahr ne „Kleinigkeit“ gebracht.
Bald bringt er wieder etwas, oh! Mallör!
Wenn dat doch blos ne Quallmann wör!“

und versicherte gleich anschließend „Wir holen alles nach!“ Karl Berbuer wäre nicht Karl Berbuer gewesen, wenn ihm nicht eine zukunftsorientierte Lösung eingefallen wäre. Zwar muß auf vieles verzichtet werden, aber auch das hat irgendwann einmal ein Ende. Gutes und reichliches Essen und Trinken, Genüsse für Gaumen und Magen und – nicht zu vergessen – auch für's Herz, zum Kosen und zum Küssen; das alles wird bald wieder da sein. Dies alles wünschend – und vorausschauend, dass es kommen würde – sang Karl Berbuer unter tosendem Beifall:

Entwurf von „ALEKS“ 1948

"Ja es gibt Sächelchen, die wir so gerne gegessen,
Tausend Genüsse, Schleckerei'n und Delikatessen.
Das war was Leck'res früher, heute verzichten wir,
Doch wir verzagen nicht, denn, Freunde, glaubet mir:

Wir holen alles nach, was wir jetzt verpassen,
Wir sind noch jung und nicht vom Glück verlassen.
Wir holen alles nach, denn einmal kommt der Tag,
Wo über Nacht die Sonne wieder lacht.

Das Publikum tobt vor Begeisterung und Karl Berbuer trägt auch noch sein drittes neues Lied vor. „Jetz weed opgerühmp“ singt schon bald der ganze Saal. Und das bleibt auch so bei allen noch folgenden Auftritten. Eine der vielen Veranstaltungen ist Karl Berbuer in ganz besonderer Erinnerung geblieben. Nach seinem Auftritt im Mil.-Gov.-Theater hatte er sich auf das Fahrrad gesetzt und war in strömendem Regen zur Zülpicher Strasse geradelt. Der Regenumhang hatte zwar seinen Oberkörper geschützt, nicht aber seine Hose. Weil er sich wegen einiger Zugaben verspätet hatte, war die Theaterleitung schon in großer Hektik, als er endlich ankam. Unverzüglich musste er auf die Bühne – an seine durchnässte Hose hatte er gar nicht mehr gedacht. Berbuer wunderte sich allerdings, als nach dem gewohnt starken Auftrittsapplaus das Publikum mehr und mehr lachte, obwohl er noch gar nicht mit seinem Programm begonnen hatte. „Marjajadergass wat ene Zoteer" zitierte er eines seiner Lieder, als er die Ursache erkannt hatte.

Programmheft 1948

Nach Berbuers Auftritten gab es wieder viel Artistik, allen voran die zwei Geltners, ein starker Mann und eine biegsame Frau. Gewagte Balancekünste auf hohem Podest ließen manchem den Atem stocken. Viel Spaß gab es um die famosen Trick- und Gummitänzer Trude Winter und Co. Als Standapparat zeigten die zwei Herades komplizierte Gymnastik und Zahnathletik. Henny Walden jonglierte amüsant mit 1.000 Worten Englisch, die Geschwister Franke sowie Hilga Kramer tanzten mit Anmut und der Tenor Georg Horbach überzeugte mit seiner Sangeskunst. Liesel Burauen am Flügel, die Hauskapelle Schattergann und die teilweise neue Musikalschau von Fritz Weber sorgten für die musikalische Unterhaltung.

Ein paar Wochen später stand Charles Eryk Tschöke mit einem bunten Wirbel von Tanz und Musik auf der Bühne in der Zülpicher Straße. Joachim von Seewitz und Mathilde de Buhr waren im Dezember mit dem „Tanz durch die Jahrhunderte" zu Gast. Die beiden erwiesen sich einmal mehr als die besten Vertreter der schweigsamen choreografischen Kunst, und, unterstütz durch prächtige historische Kostüme, auch als glänzende Schauspieler. Die eigene, gekonnte Regie ließ in über einem Dutzend großangelegter Tanzbilder alle pantomimischen, grotesken, burlesken und parodistischen Effekte spielen. Altdeutsche Tänze wechselten ab mit chinesischen und javanischen Pantomimen und dem unsterblichen Walzer in Gold. Die weihnachtliche Schneemannszene musste bei der Premiere und bei den meisten Veranstaltungen zweimal, der stilisierte Cancan der Jahrhundertwende gar dreimal wiederholt werden. Beachtlich besonders das Können der Tanzkünstlerin auf Spitze in der reizenden „Spielzeugschachtel" sowie die fast automatisch funktionierende Körperbeherrschung des Partners in dem Spanischen Torero-Spiel. Für die fein angepasste Begleitmusik sowie auch für die musikalische Auflockerung beim Kostümwechsel sorgte das

Liedertexte zum Mitsingen 1948

Trio Schattergann-Schumann-Betzgen.

Zum Jahresabschluss 1945 wurde die laufende Spielfolge durch das Gesangs- und Tanzduo Schröder-Stefani bereichert. Auch Bobby Streib gehörte zu den „Überlebenden“ – er ist der hieb- und stichfeste, übersprudelnde Ansager und Komiker in Düsseldorfer Radschlägermanier.

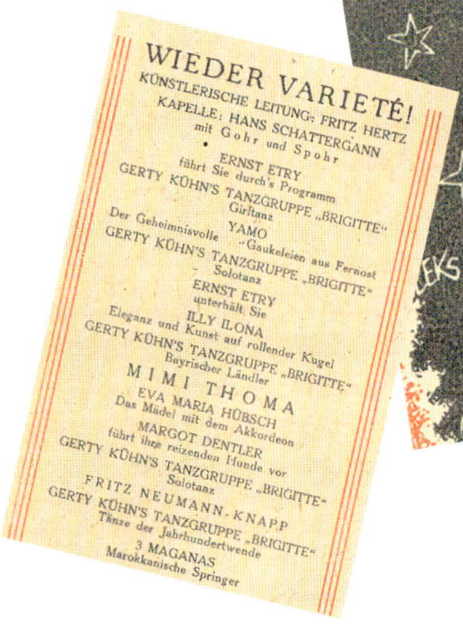

WIEDER VARIETÉ!
KÜNSTLERISCHE LEITUNG: FRITZ HERTZ
KAPELLE: HANS SCHATTERGANN
mit Gohr und Spohr

ERNST ETRY
führt Sie durch's Programm
GERTY KÜHN'S TANZGRUPPE „BRIGITTE“
Girltanz
Der Geheimnisvolle YAMO
„Gaukeleien aus Fernost
GERTY KÜHN'S TANZGRUPPE „BRIGITTE“
Solotanz
ERNST ETRY
unterhält Sie
ILLY ILONA
Eleganz und Kunst auf rollender Kugel
GERTY KÜHN'S TANZGRUPPE „BRIGITTE“
Bayrischer Ländler
MIMI THOMA
EVA MARIA HÜBSCH
Das Mädel mit dem Akkordeon
MARGOT DENTLER
führt ihre reizenden Hunde vor
GERTY KÜHN'S TANZGRUPPE „BRIGITTE“
Solotanz
FRITZ NEUMANN-KNAPP
GERTY KÜHN'S TANZGRUPPE „BRIGITTE“
Tänze der Jahrhundertwende
3 MAGANAS
Marokkanische Springer

Programmzettel September 1946

Komm, do laachs dich kapott

Am ersten Januar-Sonntag gab es wiederum zwei Stunden „Kölscher Humor“ bei der als Karnevalistenparade angekündigten Matinee, die an den darauffolgenden Sonntagen wiederholt wurden, weil der Andrang ungebrochen riesig war. Dann feierte die erste Nachkriegs-Revue mit der unverwüstlichen und unnachahmlichen Grete Fluß ihre umjubelte Premiere im Tazzelwurm. Täglich um 15.00 Uhr und 18.00 Uhr stand „et Griet“ in der kölschen Revue von Gerhard Ebeler „Komm, do laachs dich kapott!“ zur Musik von Joachim Henning auf der Bühne. Im Titellied bezieht sich Ebeler auf das Fabeltier, den „Tatzelwurm“; das Theater schreibt sich jedoch „Tazzelwurm“.

„Dä Tatzelwurm, ehr künnt et secher gläuve,
Dat eß e löstig Dherr.
Hä weiß wie meer de Surge kann verstäuve
Un mäht sich vill Pläseer.
Hä brängk üch stets de allerneuste Saache
Zum schmunzele, zum laache
Su dat fidel sich un aläät jedereiner säht:

:: Komm, do laachs dich kapott
Un de Papp un de Mamm un dä kleine Krott,
Alles laach sich en Aß
Köln, do kriß noch vill Spaß!
Un ehr Mädcher un ehr Junge
Löstig en de Freud gesprunge.
Met dem Papp un dä Mamm un dem kleine Krott,
Komm, do laachs dich kapott! ::

Sich av un zo ald ens zwei Stündcher freue
Noh all der schwere Zick.
Dat darf un sall de Minsche nit gereue
Dröm passt op, ehr Lück.
Wat meer üch bränge eß nix för de Mucker;
O nä dat eß doch Zucker
Un wenn ehr dä genosse hat, weiß de ganze Stadt:“

Liederheft 1946

Wilhelm Millowitsch, Leo Everhards, Jupp Tilgen, Gerti Vogt, Heinz Schröder, Ruth Herbst und viele andere Mitwirkende sorgen für Heiterkeits-Stürme. Am 25. Januar 1946 wird bereits die 50. Aufführung gegeben und bis Aschermittwoch ebbt der Strom der Besucher nicht ab.

Fritz Hertz hat inzwischen die künstlerische Leitung des Hauses übernommen und die Kapelle Heinz Schattergann ist fester Bestandteil aller Programme. Im Laufe der Jahre 1946 und 1947 gastieren die bekanntesten Varieté-Künstler mit monatlich wechselnden Programmen. Auch namhafte Solisten, wie Mimi Thoma und Fritz Neumann-Knapp stehen des öfteren auf der Bühne in der Zülpicher Strasse.

Am 1. Januar 1947 hat die Kölner Hans Jonen Revue „Aat bliev Aat" mit der Musik von Gerhard Jussenhoven Premiere:

„Aat bliev Aat – meer sin nit klein zo kriege,
Aat bliev Aat – vum Kopp bes en de Ziehe,
Ganz egal wat kütt – ganz egal wat kütt,
Mer stemmen uns dogäge,
Aat bliev Aat!
Wat em Blot uns litt – kann d'r Deuvel nit
Bei uns en Kette läge.
Aat bliev Aat!"

Das Walzerlied „Zo nem kölsche Mädche gehöht ne kölsche Jung" und der Marsch „Vun Neujohr bis Äschermettwoch" haben sich aus dieser Revue verselbständigt, so wie es 1930 bei Ostermanns „Och wat wor dat fröher schön doch en Colonia" in der Revue „Die Fastelovendsprinzessin" auch der Fall war. Auch damals war Grete Fluss als Hauptdarstellerin die „Geburtshelferin".

„Früchte die verboten, schmecken doppelt süß, wie die roten Äpfel aus dem Paradies" singt et Flusse Griet und in Anspielung auf die Zeitereignisse meint sie weiter: „Und ein Kuss von Lippen, den als Dieb man nimmt, schmeckt doch viel süßer als Küsse, die für uns bestimmt!"

Im Kehrreim des Schlussliedes lässt sie allerdings keine Zweifel aufkommen:

„Ich ben et Marieche vun d'r Funkeninfantrie
Un em Bützen en Genie! Un em Bützen en Genie!
Denn e Bützche eß ming Strategie
Bei d'r Funke- bei d'r Funkeninfantrie!"

„Su Oder Su" (SOS) heißt ab 1. Januar 1948 die Hans Jonen Revue in 12 Bildern der Gegenwart und mit der Musik von Gerhard Jussenhoven. Knollendorf, die imaginäre Heimat des Kölner Hänneschens, irgendwo zwischen Dag un Düster gelegen, ist Sperrgebiet und wer es betreten will, der braucht einen Durchlaß-Schein, den der Bürgermeister ausstellt und dessen Gültigkeit sich auf die Zeit vom 1. Januar bis zum 29. Februar 1948 beschränkt. Die Knollendorfer wollen sich gegen die Hamsterer aus der Stadt abschotten, erklären ihre

Gemeinde zum Sperrgebiet und verlangen vom Bürgermeister die Durchsetzung ihrer Beamtenrechte auf „Ruhe“ und auf die Zuteilung von „Knolly-Brandy“.

„Su oder su, uns kann doch nix passiere!
Su oder su, weil mir nor profitiere!
Su oder su, mir maachen uns nix drus,
Kütt he nix mieh eren,
Geiht och nix mieh erus!
Su oder su!
Denn Knollendorf ess Sperrgebiet,
Zo uns kütt keiner hin!
Jo, Knollendorf ess Sperrgebiet,
Do ka'mer stolz drop sin!
Weil Knollendorf ess Sperrgebiet –
Dat han se fein gemaht –
:: Leck keiner uns en Knollendorf
D'r Zucker vun d'r Taat!“ ::

Der Dorfklatsch blüht und die Knollendorfer Jungfrauen sorgen für einige Aufregung.

„Die alte Bank – nicht weit – nicht weit!
Am Dorfrand unter der Linde,
Die weiß sehr viel von Freud' und Leid,
Von Glücklichsein und Sünde!
Und manches, manches Mägdelein
Schnitt in die knorrige Rinde
:: Fünf Worte ein – beim Mondenschein:
Wie sag's ich meinem Kinde?“ ::

Um den Tazzelwurm, auch Gründungsort des „Theaters des Heimatvereins Alt Köln“, der „Kumede“ und oftmaliger Aufführungsort von Gastspielen der Rheinlandbühne Düsseldorf, ranken sich so manche Geschichten. Um die „Amtsenthebung“ des ersten Betreibers wegen Schwarzhandels durch die englischen Besatzer bis zum Vorwurf, ein Haus „unzüchtiger Handlungen“ zu sein, ging es in vielen Kneipengesprächen des vielseitig genutzten Hauses auf der Zülpicher Strasse, in dem sich heute ein renommiertes Programmkino befindet.

Im Millowitsch-Theater öffnet sich der Vorhang
Jehn'se Herr Millowitsch, jehn'se auf de Ämter, ich hab' Avis gegeben

Im März 1945, die Amerikaner lagen nur noch wenige Kilometer vor Köln, erhielt Willy Millowitsch einen Gestellungsbefehl, den er aber ignorierte. Er zog es vor, im heimatlichen Hühnerstall in Lövenich Schnaps zu brennen. Als die Amerikaner wenige Tage später anrückten, konnte er sie mit einigen Flaschen Selbstgebranntem beglücken.

Nach der Befreiung kam Millowitsch im Haus eines Bekannten durch einen Zufall Mitte April mit Konrad Adenauer in Berührung, der ihm, obwohl noch nicht offiziell Oberbürgermeister, dennoch einen Auftrag erteilte:

„Jehn'se Herr Millowitsch! Jehn'se auf de Ämter, se kriejen alles wat se brauchen – ich hab' Avis jejeben. Un bauen se so schnell wie möglich, dat die Leut wieder wat zu lachen haben!" Und dann folgte der Satz: „Un für die Premjere hätt ich jern zwei Karten, aber Freikarten bitte!"

Mit vereinten Kräften, auch Lucy und Willy sowie alle anderen Ensemblemitglieder packten an, wurden Schutt und Trümmer des glimpflich davon gekommenen Theaterbaus auf der Aachener Strasse beiseite geschafft und der zerstörte Dachstuhl repariert. Gleichzeitig wurde das Ensemble, auch Horst Muys kam hinzu, komplettiert. Tagsüber hieß es: „Schöppe, schöppe!" und am Abend wurde, stellenweise zwischen Trümmern, geprobt.

Bereits am 18. Oktober 1945 konnten Lucy und Willy Millowitsch mit der Aufführung „Das Glücksmädel" von Reimann und Schwartz das Theater wieder eröffnen. Nach monatelangem Schweigen erklangen wieder herzhaftes Lachen und Musik im renovierten Coloniahaus, einen Steinwurf vom Opernhaus entfernt. Zuerst gedachte Willy Milllowitsch der Toten vom Bau, darunter auch Peter Millowitsch sen., der am 14. Januar des Jahres in Rolandseck verstorben war. Lucy Millowitsch besang wehmutsvoll das alte Köln und dann leitete ein frisch-froher rheinisch-kölscher Liederstrauß der Hauskapelle Hans Christoph über zur eigentlichen „Premiere".

In der ein paar Tage später erscheinenden Theaterkritik von Jean Neuen heißt es: „Das Stück steht und fällt mit Willy Millowitsch, dem famosen Altgesellen, der sich erfolgreich bemüht, die kölsche Familientradition hochzuhalten. Dabei wird er glänzend unterstützt von Lucy Millowitsch, seiner besseren und manchmal auch stärkeren Ehehälfte. In den spaßigen Nebenrollen gefielen Christel Epkens, Else Scholten, Hildegard Pfeifer, Günther Mähnert, Karl Millowitsch, Horst Muys, dann der Diener Franz, sowie hinter den Kulissen der kundige Ballettmeister Theo Steinbach. Wie gesagt, es wurde viel und herzlich gelacht und Blumen und Applaus waren keine Mangelware." Täglich um 17.30 Uhr, sonntags auch um 14.30 Uhr, konnten sich die Kölner am „Glücksmädel" erfreuen.

Für uns Pänz

Zusätzlich gab es ab dem 17. November jeden Samstag und Mittwoch um 14.30 Uhr und an Sonntagen um 10.30 Uhr für Kinder das Stück „Rotkäppchen". Eine Stunde lang konnten die kleinen Besucher im Märchenreich und Kinderland, wo dunkle Wälder wachsen, gierige Wölfe und ängstliche Schneiderlein leben, untertauchen, aufgeregt von den Sitzen rutschen, abwechselnd weinen, lachen, jauchzen und am Ende mit roten Bäckelchen und strahlenden Augen in die kleinen Händchen klatschen. Neben den altvertrauten Mitgliedern des Theaters waren es vor allem Willy Millowitsch, der ein zappeliges, hartherziges Schneiderlein spielte, Heinz Scholten, der Spielleiter, Gustav Schellhardt als Jäger, Albert Meiser als Wolf, Christel Epkens als Großmutter und Else Scholten als Mutter.

Vom ersten Weihnachtstag an erschien „Et fussig Julche" (Prinzeß Wäscherin) auf dem Spielplan, eine Operettenposse von Wilhelm Millowitsch sen. mit der Musik von August Wolf. Willy Millowitsch hatte die Spielleitung und Linny Millowitsch-Haumann spielte die Titelrolle, wobei sie Gelegenheit zur Entfaltung ihres Talents hatte. Als volkstümliche Possengestalt neben ihr Willy Millowitsch als ihr invalider Vater. Dass die Wäscherin Julchen und nicht die Pseudo-Prinzessin den schmucken Jägersmann Hans (Heinz Scholten) heimführt, ist ausgleichende Gerechtigkeit und gehört zum guten Ausklang des Stückes, das seit rund 50 Jahren zum ständigen Repertoire des Hauses gehört. Christel Epkens spielte mit lässiger Eleganz die echte Prinzessin Melanie, umgeben von ihrer gewollt komischen Hofmarschallin (Else Scholten-Erke), der charmanten Baronin Pressen (Karola Brucker) und den reizenden Kämmerkätzchen Gisela Uhland, Hildegard Pfeifer und Rosel Eich.

„Frau Holle – Familie Raffke – Meister Klein – Drei Kölsche Junge – Die Prinzessin vom Nil – Max und Moritz – Im Nachtjackenviertel – Der blaue Heinrich – Der Liebesbrief – Mädchen für alles – Das Ekel – Ne Spritztour nach Berlin – Glücksmädel – Der Juxbaron" – das waren bis Ende 1947 (!) die weiteren Aufführungen.

Enttäuschend war die Publikumsresonanz auf das von Hans Jonen verfasste Stück „Meister Klein", das im Wechsel mit „Drei Kölsche Junge" von Walter Schmidt gezeigt wurde. Ein Zeitungskritiker: „Für die Jugend ist es nicht ganz leicht, sich mit dem wertvollen Inhalt des Stückes „Meister Klein" vertraut zu machen. Trotzdem kann der Besuch gerade dieser Aufführung nicht warm genug empfohlen werden. Unsere Jugend muss es einmal deutlich vor Augen geführt bekommen, wie es um die Zeit der Jahrhundertwende in unserem Köln ausgesehen hat und wie die Begriffe von Moral und Sitte in der deftigen kölschen Art bewertet und eingeschätzt wurden. Heinz Scholten als Budenbesitzer Winter ist eine

Liederheft zur Fronttournee

Meisterleistung ersten Ranges, und die Echtheit und Lebenswärme seines Spiels können wohl kaum überboten werden. Hier wird das Milieu in den kleinsten Feinheiten so rund beherrscht wiedergegeben, dass das Gesamtspiel zur Wirklichkeit wird..."

Kino im Millowitsch

Um die Raumkapazität besser auszulasten, wurden ab Anfang 1947 zusätzlich Kinofilme in den „Lichtspiele im Millowitsch-Theater" vorgeführt. Mit den Einnahmen daraus und mit den Mieterträgen aus Veranstaltungen von Karnevalgesellschaften, die hier ihre Sitzungen abhielten, finanzierten die Millowitschs die teilweise sehr aufwändigen Theaterproduktionen mit. Beim Stück „Frau Staatsanwalt" setzte ab Aschermittwoch 1949 ein rapider Zuschauerschwund ein, so dass der Theaterbetrieb auf Dauer nicht mehr finanzierbar war. Zum Glück gab es ja die Einnahmen aus dem Kinobetrieb.

Willy Millowitsch wirkte als Sprecher in einigen Rundfunkproduktionen mit, war nach Einführung des Fernsehens oftmaliger Gast in Unterhaltungssendungen und als ihm und seinem Ensemble 1953 die Möglichkeit einer Direktübertragung des „Etappenhasen" im Fernsehen geboten wurde, führte der Weg der Bühne wieder steil nach oben. Else Scholten, Franz Schneider, Lucy Millowitsch, später auch Lotti Krekel – Millowitsch wurde zum Kölner Markenzeichen. Und der „Chef" und Motor war immer vorneweg, schonte sich und seine Gesundheit nicht und war in Punkto Pflichterfüllung nicht zu überbieten: „Ich kann doch nit krank maache, die Leut kommen doch von weither un han sich op dä Ovend gefreut" meinte er in seinem „Adenauerschen" Millowitsch-Kölsch.

Die Stadt Köln ehrte ihn für „seine Verdienste um die Popularisierung seiner Heimatstadt und des Kölner Volkscharakters über Bühne und Fernsehen" mit der Ehrenbürgerschaft. Dem Ratsbeschluss vom 17. November 1988 folgte am 17. März 1989 die Verleihung im Kölner Rathaus.

Wenige Wochen zuvor, zu seinem 80. Geburtstag Anfang Januar, durfte ich ihm als Geschenk der Kreissparkasse Köln ein von mir angeregtes und von einer Künstlerin gestaltetes Fotoalbum überreichen. Die Fotos des bekannten Kölner Fotografen Peter Fischer dokumentierten vom Tag der Entschuttung 1945 an bis in die 60er Jahre Beginn und Aufstieg der Millowitsch-Bühne. „Jungchen, du kommst doch in et Rathaus" hatte sich Willy Millowitsch im März telefonisch bei mir erkundigt, als ich im belgischen Middelkerk an einem Buch schrieb. Natürlich war ich nach Köln gefahren – aber der Zeitverlust wurde zum großen Gewinn. Meine Zimmer-Vermieter waren so beeindruckt, dass ich von „Herrn Millowitsch ganz persönlich" angerufen worden war, dass ich in den verbleibenden drei Wochen nach meiner Rückkehr viele Dinge des täglichen Lebens, die einen Strohwitwer belasten, nicht mehr zu erledigen brauchte. Ich erhielt eine „Rundumversorgung" des älteren Ehepaares, die sich als große Millowitsch-Fans outeten.

Eindrucksvolle Begegnungen

Gerne erinnere ich mich an viele Begegnungen bei Studio-Produktionen oder Rundfunk- und Fernsehsendungen. Sehr eindrucksvoll war der Tag, an dem er meine Frau Käthe und mich in der Pause eines seiner Theaterstücke in die Garderobe holen ließ und mit uns ein Glas Champagner trank. Am liebsten hätte ich mich in das kleine, aber ob seiner Dekoration mit Fotos und Urkunden so geschichtsträchtige „Kabüffje" einschließen lassen und wäre dageblieben, um das alles zu studieren.

Gelegentliche Besuche im Anschluss an Theatervorstellungen im Hause Millowitsch in Lövenich waren immer ein Erlebnis, weil Ehefrau Gerda eine unwahrscheinlich liebenswürdige Gastgeberin war. Immer war ein kleiner Imbiss vorbereitet und bis der Hausherr, der sich im Theater ja noch „zurückverwandeln" musste, erschien, hatten wir immer sehr viel Gesprächsstoff, bei dem es sich hauptsächlich um die Kinder drehte. Käthe als Fan von Millowitsch-Sohn Peter und ich als „stiller Verehrer" von Tochter Mariele – et wor prima.

Am Tag nach Millowitschs Tod moderierte ich eine kurzfristig angesetzte Gedenksendung auf WDR 4. Lotti Krekel weilte außerhalb Kölns und hätte eine Rückkehr nach Köln zeitlich nicht geschafft. Helga Op gen Ort, die mit Millowitsch in früheren Jahren oft auf der Bühne gestanden hatte, war deshalb mein Studiogast und es war eines der ergiebigsten Gespräche, an die ich mich erinnern kann. Millowitschs Beisetzung wurde, beginnend mit der Trauerfeier im Kölner Rathaus und endend auf dem Friedhof Melaten, vom WDR-Fernsehen – auch ich war als Berichterstatter im Einsatz – live übertragen. Dr. Mariele Millowitsch, promovierte Tierärztin, ist eine der bekanntesten Schauspielerinnen in Deutschland und insbesondere in zahlreichen Fernseh-Filmen zu bewundern. Im November 2004 wurde sie, ebenso wie auch ich, in den Gesamtvorstand des Zentral-Dombauvereins in Köln gewählt. Peter Millowitsch hatte schon zu Lebzeiten des Vaters, dem einst „ungekrönten König von Köln" die Leitung des Millowitsch-Theaters übernommen.

Gratulation für Willy Millowitsch zum 80. Geburtstag in der „Guten Stube" der Kreissparkasse Köln am Neumarkt

Großrazzia auf Brikettdiebe in Köln
Die Beckendorfer Bahndamm-Sinfonie

Zwei Fotos im „Kölnischer Kurier" vom 7. Dezember 1945 sprechen für sich: Ein britischer Militärpolizist mit einem (wahrscheinlich) deutschen Schäferhund bewacht einen mit Brikett gefüllten Waggon und auf dem zweiten Foto sind Männer, Frauen und Kinder von mehreren Schutzpolizisten umringt. Zwei kleine Bollerwagen sind mit halbvollen Säcken beladen. Ein noch sehr kleines Kind, ein Mädchen, blickt angstvoll in die Kamera, ein etwa 12 jähriger Junge wendet sich ab. Im Begleittext heißt es kurz und knapp:

„Fünf Großrazzien und 18 Fahndungen führte die Bahnpolizei in Verbindung mit der Schutzpolizei an mehreren Tagen in den letzten Wochen auf dem Verteilerbahnhof Köln-Bickendorf durch. Dort treffen täglich sieben Brikettzüge aus dem Frechener und Knapsacker Braunkohlengebiet ein, die hier von der Reichsbahn übernommen und weitergeleitet werden. Die Züge haben meistens längeren Aufenthalt. Diese Zeitspanne wird von geübten Brikettmardern ausgenutzt, um ganze Waggons auszuplündern. Bei der letzten Razzia wurden 400 Personen angetroffen, die Briketts von den abgestellten Zügen zu entwenden versuchten. Besonders viele Halbwüchsige wurden erwischt, die zentnerweise Briketts auf Pferdefuhrwerke verladen hatten, um sie dann, wie die angestellten Ermittlungen ergeben haben, zu Überpreisen im Schwarzhandel zu verkaufen. Die Militärregierung hat Reichsbahn und Polizei angewiesen, mit aller Schärfe gegen Brikettdiebe vorzugehen. In Zukunft sollen die bei Brikettdiebstählen ergriffenen Personen wegen Plünderung alliierten Heeresgutes vor das Militärgericht gestellt werden."

Die auf einem der Fotos festgehaltene Szene kommt mir so vor, als habe sie gestern stattgefunden und ich sei dabei gewesen. Da sind sie wieder: die Bilder vor Augen und die Erinnerungen an damals im Kopf – Klüttenklau! Militärgericht! Polizei! Plünderung von Heeresgut!

Natürlich gab es „Profis", die mit dem „schwarzen Gold" ihren Reibach machen wollten. Doch bei den meisten Menschen war die blanke Angst, den Winter in ihren notdürftig hergerichteten Behausungen ohne schützende Wärme nicht überstehen zu können, der Antriebsmotor. Mit Taschen und Rucksäcken zogen die Kölner zur Nippeser Schweiz in Richtung Gereonsbahnhof – der Herkulesberg, „Monte Klamotte" genannt, blickt als stummer Zeuge von damals heutzutage auf das „geschäftige" Treiben in der Hornstrasse und insbesondere auf das Gebäude, dessen Zimmerfenster allabendlich in rosa Licht getaucht sind und in dessen Nähe sich 1945 die „Kohle-Entladungs-Station für den Kölner Betriebsbahnhof Gereon" befand. Kohlen werden heute allerdings nicht mehr hier entladen...

Damals standen hier, direkt an den Gleisen, ein paar große Silos. Vom höher liegenden Bahndamm wurden die mit Rollen versehenen und mit Kohle oder Brikett gefüllten Kippwägelchen über Drahtseile nach unten bis über die Silos geleitet, wo sie sich nach Öffnen einer Klappe eigenständig entleerten. Wenn die Silos gut gefüllt waren, konnte man sich einigermaßen „gut bedienen“. Waren die Silos jedoch erst schwach gefüllt, konnte man nur den Versuch machen, dort hinein zu gelangen, um Klütten nach draußen werfen zu können. Das war jedoch nur mit Hilfestellung möglich – und das war auch nicht ungefährlich, denn schließlich musste man auch wieder rauskommen. Zur Furcht, unter einer Kohlenladung aus dem heranschwebenden Kippenwägelchen verschüttet zu werden kam die Angst vor den Wächtern und Besatzungssoldaten hinzu. Der Bahndamm in Longerich war eine weitere Stelle, um die Waggons der vorbeifahrenden Kohlenzüge etwas zu „erleichtern“.

Neben dem Bickendorfer Bahndamm war aber insbesondere das Vorgebirgsglacis eine bevorzugte Stelle für die Selbstversorger, zu denen wir natürlich auch gehörten. Wir Kinder durften nicht bis an die Gleise ran, sondern mussten in einigem Abstand abwarten, bis die größeren Jungs und die jungen Männer, aber manchmal auch junge Frauen, die Waggons der ankommenden Klüttenzüge geentert hatten und damit begannen, die Briketts mit ungeheurem Tempo herunter zu werfen. Das war unser Zeichen und wir sammelten die Beute so schnell auf, wie es eben ging. Die „Springer“ hatten nur eine Strecke von rund 100 Metern, auf der die Züge langsam fahren mussten. Wenn sie am Ende der Langsamfahrt nicht vom Waggon runter waren, wurde es sehr gefährlich, denn auf der dann folgenden geraden Strecke nahmen die Züge richtig Fahrt auf. Ein Herabspringen war dann nicht mehr oder kaum noch möglich. Als es doch jemand versucht hat, musste er im Leichenwagen abtransportiert werden.

Mit den „Springern“ warteten wir, oft stundenlang, auf einen weiteren Zug. Kam er endlich, begann das ganze Spiel von vorne. In Gefahr waren aber auch wir „Raafer“, denn die Züge wurden zunächst von Militärsoldaten und später von Polizisten begleitet. Einmal habe ich mitbekommen, dass gezielt geschossen wurde. Das war, als ein Zug aus irgendeinem Grund anhielt und mehrere „Springer“ die Waggon-Verriegelung gewaltsam geöffnet hatten, sodass die Klüttenladung seitlich aus dem Waggon fiel. „Volle Deckung!“ hieß es da. Manchmal schossen die Bewacher aber in die Luft – oder sie guckten bewusst in eine andere Richtung. Von den erbeuteten Briketts mussten wir „Raafer“ natürlich die meisten an die „Springer“ und ihren Anhang abgeben. Das war natürlich so in Ordnung, zumal für uns immer etwas übrig blieb.

Unser Nachbar, Herr Ludwig, hatte eine Transportkarre gebaut, indem er einige zusammengenagelte Bretter auf vier Rollschuhräder befestigt hatte, die vorne mit einer Stange zum Ziehen ausgestattet war. Mit diesem „rollenden Brett“ zogen wir in wechselnden Besetzungen zum Vorgebirgsglaciert. Frau Ludwig oder Mutter passten derweil auf die Wohnungen und die anderen Familienangehörigen auf. Ich war oft mit von der Partie, denn ich hatte als „Raafer“ mit der Zeit eine tolle Fingerfertigkeit entwickelt und wollte auch unbedingt immer dabei sein. Mutter sah das mit gemischten Gefühlen. Einerseits war es von Vorteil, wenn Kinder dabei waren, andererseits hatte sie natürlich auch immer Angst, es würde mir etwas zustoßen. Der Vorteil bestand darin, dass die Polizisten schon einmal ein

Auge zudrückten, wenn sie im Umfeld des Bahndamms ihre Kontrollen machten und Eltern mit Kindern sahen.

So waren wir an einem sehr erfolgreichen Tag mit zwei halbvollen Säcken auf unserer Rollschuh-Karre auf dem Heimweg, als wir in der Vorgebirgsstrasse von zwei Polizisten angehalten wurden. Sie forderten Herrn Ludwig auf, das Diebesgut an Ort und Stelle abzuladen. Herr Ludwig widersprach und auf die erneute Aufforderung gab er zur Antwort: „Gut, aber wenn wir schon nicht weiter dürfen, dann bringen wir die Brikett dahin zurück, wo wir sie hergeholt haben!“ „Nehmen Sie sich eine halbe Stunde Zeit“, meinte einer der Polizisten. Also machten wir mit unserer Karre kehrt, bogen hinter der Eisenbahn-Brücke rechts ab und hielten an, nachdem wir aus der Sichtweite der Polizisten waren. Dann standen wir so herum und ich hatte Angst und verstand nicht, was das alles zu bedeuten hatte. Aber Herr Ludwig beruhigte mich und ganz gelassen gab er nach gut 30 Minuten das Kommando: „So, jetzt wieder los!“ Diesmal brachten wir unsere Ladung gut nach Hause. Ich habe allerdings unterwegs noch viele Ängste ausgestanden, bis Herr Ludwig mich aufklärte: „Jung, der Polizist hatte es gut mit uns gemeint und mir einen Tipp gegeben, wie wir mit unseren Klütten nach Hause kommen können!“

Die „Beckendorfer Bahndamm-Sinfonie 1945“ von Faust und Fäustchen (Arno Faust und Wilhelm Liebermann) gibt die Zeit und die Ereignisse parodistisch, aber durchaus treffend wieder:

„Wandern, ach wandern, durch Flur un durch Feld,
Kappes zo kläue, denn mer han jo jar kei Geld!
Wat nötz uns et Gemös om kahle Herd?
Su hät organiseere för uns keine Wert
För uns jo keine Wert
För uns jo jar keine Wert.

Do gitt et nor eines wat manchem gelingk
Su dat mänche Kölsche e Leed dovun singk:

Wat krüff üvver Schiene un Weiche,
Met nem Püngel paar Zentner schwer?
Et summb wie en nem Bieneschwarm,
Mer meint et wör Fliegeralarm
Denn bovven op däm Bahndamm,
Do steiht ne Zog Brikett,
Do jeiht sich jeder jet holle,
Dä nix ze stoche hät!
Wenn sich die späten Nebel dann drehn,
Stonn om Waggon nit fünf – nä do stonn zehn!

Sujar et Lilli Marleen,
Sujar et Lilli Marleen !

Horch wat kütt vun drusse eran,
Hör ens op, leeven Dei (Anm.Theo)
Dat es jet wat nit stemme kann,
Ich gläuv, die Pulizei!
Grad hatte mer uns Käärche voll
Spring erav, mer hauen av,
Loß mer laufe jonn
Un loß nit ming Klütte stonn!

No lauf doch jet, no lauf doch jet
Se sin hinger uns her,
No plooch dich jet, no plooch dich jet,
„Ach, wat sin die Klütte schwer!“
Langsam, dä Schupo steiht do op dä Eck,
Uns Käärche es ald widder weg
Dröm künne mer jetz jon.

Wenn dann die Schutzlück vun hinger un vun vör
Uns drieven em Geleitzog noh ehrem Revier
En et Keller-Keller-Kellerloch
Dä Klütte-Klütte-Klüttezoch,
Jetz künne mer och verstonn,
Woröm Schutzlück selvs nit stelle jonn!

Fäht dä Zoch, fäht dä Zoch
Leer us Beckendörp erus, Beckendörp erus
Jeiht halv Kölle fruh noh Hus.
Jeder hät, jeder hät, e paar Klütte ungerm Ärm,
Klütte ungerm Ärm und hält su sie Stüffje wärm.
Un selvs Kaplönche he vun Mengenich
Käuf Klütte för zwei Camel sich.
Jeder hät, jeder hät, e paar Klütte ungerm Ärm,
Klütte ungerm Ärm un hält su sie Stüffje wärm.“

Klüttenklau war mehrmals ein Thema im Rosenmontagszug

Arno Faust, eines der ganz großen Kölner Originale. Unmittelbar nach Kriegsende trat er als Gitarrenspieler und Sänger mit seinem Jugendfreund Wilhelm Liebermann in Neuburg an der Donau vor Amerikanern auf, die ihm frenetischen Beifall spendeten, wenn er seine Gitarre anschlug, kölsche Lieder sang und zum Abschluss seines Vortrages die Jitta mit weit ausholenden Bewegungen hin- und herschwingen ließ und von den so entstehenden hallenden Tönen behauptete: „So klingen die Glocken vom Kölner Dom!“

Doch sobald es ging, noch 1945, kehrte er zurück nach Köln, bezog eine Wohnung in der Südstadt und wurde nach und nach zum Original. Sein Stammlokal war die „Kleine Glocke“. Als sich Arno Faust mehreren Operationen unterziehen musste, machte die Kunde von seinem Tod die Runde. Die Stammgäste der „Kleinen Glocke“ hatten schon für seinen Sarg gesammelt, als die entgeisterten Trauergäste den Totgeglaubten am Fenster stehen sahen. Arno Faust hatte schon eine Zeit lang die Vorbereitungen für sein Begräbnis beobachtet und, als er bemerkt wurde, unverzüglich die Flucht zurück ins Krankenhaus ergriffen. „Ich wollt’ nur ens sinn, wat ihr su maht“, meinte er später. Am 5. September 1984, 65 jährig, musste der begnadete Karikaturist, Sänger und Gitarrenspieler dann doch diese Welt für immer verlassen.

Die Funken-Mitgliedskarte 1945/46 für Oberbürgermeister Dr. Hermann Pünder

Endlich ein Zeichen aus froher Zeit
Die Karnevalisten rühren sich und ein Westfale leitet als erster eine Sitzung in Köln

Am 22. September 1945 schreibt der Chronist und Schriftführer Eberhard Hamacher im Auftrag des Vorstandes der Kölsche Funke rut-wieß vun 1823 e.V. „An unsere Mitglieder und Freunde!“, deren Anschrift bzw. Rückkehr nach Köln bekannt geworden war:

„Endlich ein Zeichen aus einer froheren Zeit“, werden unsere Getreuen beim Empfang dieser Zeilen sagen! Nachdem nunmehr unterhaltende Zusammenkünfte gestattet sind, wollen wir, vielen Wünschen entsprechend, hiervon sofort Gebrauch machen und uns am Samstag, d. 29.d.M. ab 16 1/2 Uhr im „Hohndersch“ am Hahnentor vollzählig einfinden. Wir hoffen, durch dieses Treffen ein frohes Wiedersehen unter den bisher Heimgefundenen herbeiführen zu können. Anderen Freunden, welche diese Nachricht nicht erreicht, bitten wir hiervon Mitteilung zu machen und diese zum Erscheinen aufzufordern. Inzwischen herzlichst Alaaf!“

Im Goldenen Buch der Kölner Roten Funken befindet sich eine Eintragung, die Eberhard Hamacher am 29. September 1945, dem Michaelistag, verfasste:

„Wir leben noch!
Dä Kreeg eß am Engk
Uns Kölle ging drop
Funk späu en de Hängk
Un bau widder op!“

56 Unterschriften stehen unter dieser Eintragung; 56 Funken waren seinem Aufruf gefolgt und hatten sich im Restaurant „Em Hohndersch“ am Hahnentor eingefunden, um nach den grausamen Schreckensjahren ein Wiedersehen mit alten Freunden und Kameraden zu feiern. Schon bald konnte – am 8. Dezember 1945 in der „Stadt Nürnberg“, einem Restaurant auf dem Weidenbach – die erste Generalversammlung der Funken nach dem Krieg stattfinden, auf der Eberhard Hamacher (Hardes vun Fluh) anstelle des zurückgetretenen Präsidenten Wiesbaum mit der Leitung der Roten Funken beauftragt wurde.

Gleichzeitig mit Hamacher, ohne voneinander zu wissen, hatten die Mitglieder der Lyskircher Junge – Willy Klett und Jupp Cremer – im „Kölnischer Kurier“ eine Anzeige aufgegeben mit dem Ziel, „die Kräfte des Karnevals neu zu sammeln“. Auf diese Anzeige gingen mehr als 100 Zuschriften ein, darunter auch die von Thomas Liessem und auch von vielen, die noch außerhalb Kölns wohnten. Das hoffnungsvoll begonnene Unterfangen stellte sich aber schwieriger dar als gedacht: die katastrophalen Verkehrsverbindungen machten es nahezu unmöglich, die auswärtigen Interessenten zu einer Versammlung nach Köln einzuladen. Für einen längeren Zeitraum wurden die Verbindungen aber brieflich aufrechterhalten und gepflegt.

Im Oktober 1945 schüttelt Thomas Liessem ungläubig den Kopf, als er von einigen Bekannten erfährt, dass sie eine Karnevals-Gesellschaft gründen wollten. „Un söns hatt ehr kein Sorge?“, meinte er auf den Hinweis, es müsse endlich „widder jet zo laache jevve!“ Entstanden war die Idee anlässlich eines Ahr-Ausfluges am 21. September 1945, wobei der Wein im Weinrestaurant „Recher Winzerverein“ in Rech a.d. Ahr zwar eine Rolle gespielt haben könnte, keinesfalls aber ausschlaggebend für die „Schnaps-Idee“ gewesen sein soll. Wie auch, denn auch an der Ahr gab es den Wein nur schlückchenweise.

Die handschriftliche Gründungsurkunde auf hauseigenem Briefbogen lässt zwar einige Rückschlüsse auf genossenen Alkohol zu, ist aber in lesbarer Schrift abgefasst:

„Wir, die Unterzeichnenden, kommen zu dem Entschluß, an diesem Ort zu beschließen: Wir begründen den Stammtisch-Kegelclub, dessen Namen noch festzulegen ist, heute zu gründen und als vorläufigen Vorsitzenden und Präsidenten Willy Jacobi zu berufen. Dies zu bestätigen grüßen: Christ. Boley – J. Fabry – Ich nehme an – Dr. W. Jacobi.“
Auf der Rückseite bestimmt der vorläufige Präsident: „Richtlinien + Statuten werden in der ersten Zusammenkunft festgelegt.“

Am 11. 11. 1945 erfolgt durch die Initiatoren Dr. Willy Jacobi, Christian Boley, Josef Fabry und Heinz Münchow die Gründungsversammlung für die neue Gesellschaft, die sich den Namen „Kölnische Karnevalsgesellschaft 1945 e.V.“ gibt und die dazu notwendigen Regularien im Weinhaus St. Peter in Walporzheim durchführt. In Köln hätte die Gründung einer Karnevalsgesellschaft – von der Saalfrage einmal abgesehen – kaum die Zustimmung der englischen Besatzer, die allen Vereinsaktivitäten zunächst sehr skeptisch gegenüberstanden, gefunden.

Der nächste Schritt war geradezu tollkühn: Die Kölner ließen sich, noch auf der 11. 11. Feier, das ganze Weinhaus St. Peter für eine Silvesterfeier reservieren. Als die Mutigen am darauffolgenden Tag wieder etwas klarer denken konnten, kamen doch einige Bedenken auf. Denn neben vielen anderen Dingen war es auch das Anreise- und Transportproblem. In Bad Godesberg musste die Grenze zwischen der britischen und französischen Zone überwunden werden. Das bedeutete nicht nur die „Ausreisegenehmigung“ durch die Briten, sondern auch eine Genehmigung zur „Einreise“ in die französische Zone. Der in Bad Neuenahr ansässige französische Kommandant erlaubte den „harmlos goldigen und humorsprühenden“ Kölnern die Einreise für 15 Stunden. Sage und schreibe 120 kölsche Junge und Mädcher meldeten sich, um an diesem Fest teilzunehmen. „Zur Reise nach Walporzheim und zurück nach Köln steht ein geheizter, mit Scheiben ausgestatteter Omnibus bereit“. Das reichte natürlich nicht, ein zweiter Bus musste her. Auch das gelang. „Zum Abendessen müssen abgegeben werden: 100 gr Fleisch, 10 gr Fett, 50 gr Nährmittel, 100 gr Brot“ hatte es in der Einladung geheißen. Irgendwer hatte ein schwarz gemästetes Kalb dabei. Doch auf das vorgesehene Ragout mussten die Kölner verzichten. Sie bekamen nach der Beschlagnahme eine Verwarnung – den Franzosen wird es sicherlich geschmeckt haben.

Ein Westfale in Köln

Das Jahr 1946 war gerade eingeläutet, als der Wirt im Weinhaus St. Peter Nachschub verweigerte. Kurzerhand wurde er in seinen eigenen Weinkeller eingesperrt – und schon konnte die Feier weiter gehen. Das größte Problem war, die feuchtfröhlichen Jecken am frühen Morgen wieder in die Busse zu kriegen, schließlich lief die Aufenthaltsgenehmigung ab. Zwei Kisten Wein lösten dann das Problem.

Und es ging weiter: Die Räumlichkeiten des Millowitsch-Theaters wurden für 8.000 RM, ungeheizt, für vier Karnevalsveranstaltungen angemietet. Alle Karten für die Sitzungen am 16. und 23. Februar sowie am 2. und 3. März waren bereits verkauft, als die Tommies plötzlich Josef Fabry als Präsident nicht akzeptieren wollten. Quasi über Nacht sprang der Wahlkölner Dr. Willy Jacobi in die Bresche – ein Westfale leitete die erste Nachkriegssitzung in Köln, die „Kölnische" hatte ihren Präsidenten.

Die Gründungsversammlung der „Kölnischen" wählte Dr. Jacobi am 15. September 1946 zwar zunächst „nur" einmütig zum Vorsitzenden, der Kölner Hans Schumacher präsidierte die Sitzungen der Session 1947. Doch als Johannes Wiesbaum 1948 bereits feierlich als Präsident eingeführt worden war und das Narrenzepter schwingen sollte, machten die Engländer wiederum einen Strich durch die Rechnung. Und so musste Dr. Jacobi erneut einspringen; am 14. August 1948 ließ er sich dann auch endgültig die Präsidentenmütze überreichen, die er bis zu seinem Tod am 28. Januar 1965 behielt. Sein Nachfolger wurde Theo Bischof, der von der ersten Millowitsch-Sitzung an „Feuer gefangen" und 1954 als Jungfrau „Theodora" dem Kölner Dreigestirn angehört hatte. Auch Theo Bischof blieb 20 Jahre an der Spitze. Von einer schweren Krankheit gezeichnet, gab er sein Amt auf. Am 12. Juni 1985 wurde Wolfgang Vollmer einstimmig zu seinem Nachfolger gewählt. Im Jahr des 50-jährigen Jubiläums 1995 stellte die „Kölnische" – nach 1954, 1958, 1965 und 1971 – zum viertenmal in ihrer Geschichte das Kölner Dreigestirn: Prinz Rolf II. (Lautenbach), Bauer Udo (Feldbusch) und Jungfrau Theodora (Theo Bischof). Nachdem Theo Bischof seinem Vater schon als „Jungfrau" gefolgt war, beerbte er ihn inzwischen auch als Präsident einer Gesellschaft, die in den jetzt 60 Jahren ihres Bestehens einen Spitzenplatz erobert hat und zu einem Juwel des kölschen Fasteleers geworden ist.

Da war es naheliegend, dass die Gesellschaft mit Prinz Walter II. (Walter-Ferdinand Passmann), Bauer Uli (Uli Döres) und Jungfrau Claudia (Claus Frohn) erneut das Kölner Dreigestirn der Session 2005 stellen durfte. Und was für ein tolles Dreigestirn: Ein Aushängeschild für die Gesellschaft und vollendete Repräsentanten des kölschen Fasteleers.

Am 11. 11. 1948 erschien die erste Nachkriegs-Ausgabe des „Kölner Karnevals Ulk" (links unten) als „offizielles Organ des Festausschusses des Kölner Karnevals e.V." im 66. Jahrgang. Die Ausgaben 5 (o.l.) und 6 (u.r.) aus 1948 und die Ausgabe 3 aus 1949/50 (o.r.) sind hier abgebildet. Aus dem „Ulk" wurde 1951 der „Kölner Narrenspiegel", der aber in den 60er Jahren „einschlief". Das Festkomitee des Kölner Karnevals „wiederbelebte" sein früheres Organ; seit 1997 erscheint „Der Kölner Narrenspiegel" zweimal jährlich.

Die Karnevalisten halten Wort

Die Roten Funken hielten Wort: das, was sie am 29. September 1945 unter Eberhard Hamachers Verse durch ihre Unterschrift versprochen hatten, begannen sie in die Tat umzusetzen. Der unbekannte Texter des nachfolgenden Liedes „Gode Mot“ erneuert und erweitert im Februar 1946 das Versprechen: „Fort mit den Sorgen, nur Frohsinn und Lachen können weiterhelfen, Schimpfen und Klagen hat doch keinen Zweck, denn davon bekommt man den Schutt, den Dreck nicht weg!“, schreibt er den Kölnern ins Stammbuch. Selbst dem „Gääschtestrüh“, einem dünner als dünnem Dünnbier, und auch den Rüben, die anstelle von Kartoffeln in mannigfaltigen Variationen auf die Tische – wenn überhaupt – kommen, gewinnt er noch eine positive Seite ab. „Geben Sie uns doch die Kraft, froh zu bleiben und Witz und Frohsinn in unserer Stadt hochzuhalten. Und das gibt auch die Zuversicht, dass bald alles wieder gut wird. Köln muß und wird wieder leben mit all seiner Pracht. Aber nur dann, wenn wir alle mitmachen, wenn wir das wollen. Nur dann wird Köln aus den Ruinen aufgeweckt.“

„Wenn schwer och sin de Zigge,
Meer müsse halde stell;
Un nit m'em Schecksal strigge,
Dat deit doch, wat et well.
Mer dürfe uns nit maache
Der Surge noch vill mieh,
Nur Fruhsenn un et Laache,
Dat hält uns en de Hüh.

Et größte Leid weed widder got,
Wenn mer behält dä fruhe Mot,
Dröm maache meer uns jitz ens Freud,
Eh' et zo spät, denn heut ist heut.

Eß och uns Kölle zerschlage,
De krüzz un en de quer;
Hät mallich dren zu drage,
Vill Leid un Surge schwer;
Ging manches uns verloore,
An Glanz un ahler Praach,
Meer loße dröm versoore,
Uns nit dä leeve Dag.

Meer blieve trotzdäm immer fruh,
Un halde unse gode Mot,
Denn schänge hät doch keine Zweck,

Heft 2/1950 mit Hans Jonen auf dem Titelblatt

Domet kritt mer nit fott dä Dreck.

Kritt mer och nit zom Levve,
Wat mer bisher gewennt,
Do dun meer nix dröm gevve,
Sin trotzdäm got gesennt.
Dun meer och ärg vermesse,
En lecker Glas Kölsch Weiß,
Dobei dann noch ne Besse
Vum Röggelche met Kies.

Meer drinke wigger Gääschtestrüh,
Un esse Röbe spät un fröh,
Meer blieve trotzdäm immer fruh,
Un halde Wetz und Fruhsenn huh.

Dat Kölle kütt zom Leeve,
Met singer ahle Praach,
Doför et Beß zo gevve,
Soll sin uns Ihresaach.
Met Kraff un Fließ meer rüüme,
Jitz fott die Haufe Dreck.
Un dann us dä Ruine
Wet Kölle opgeweck.

Dröm Funke en de Häng gespaut,
Fresch op an't Werk un opgebaut.
Wenn och dat Ahle ging zom Troor,
Erhalde blevv uns dä Humor."

Titelbild Januar/Februar 1949 der „Nachrichten aus der Kölner Arbeitsgemeinschaft für Heimatpflege."

Auch Gerhard Ebeler muntert auf und bekräftigt: „Meer losse de Flögele nit hange":

„Dorüvver si'meer uns em Klore:
Meer han bestemmp de letzte Johre
Ne Püngel Sorg un Leid gedraht
Un och vill metgemaht.
Un trotzdäm dun meer nit verzage
Un immer „Jo" zum Levve sage.
Wat och de Zukunft bränge mag,
Uns Ansich die eß Dag för Dag:

:: Loß et kumme, wie et kütt,
Loß et gon, wie et geiht.
Nä, meer ärgere uns nit,
Meer sin doch gescheit.
Hät et uns och schlääch gegange,
Meer loße de Flögele nit hange!
Nor nit verzag – un räuhig Blot,
Dann wed alles, alles widder got! ::

Dä Friddensengel hööt mer schänge:
„Ich sall der Welt d'r Friede bränge,
Ov dat jet wed, ov dat jet gitt?
Ich gläuve dat doch nit!"
Do leeve, gode Friddensengel,
Et hät die Saach noch zo vil Mängel!
Dat doot noch lang, bis die kritt Schwung,
Dröm denk wie ich un Goldschmidtsjung!

Die Zick vun hück geiht doch vorüvver,
Dann sage meer uns: „Schwamm jitz drüvver!
De Hauptsaach eß, dass dann de Welt
Vereint zosammen hält".
Doch, wie gesaht, meer müsse wahde.
Denn wat zo flöck geiht, kann nor schade.
En zwanzig Johr si meer su wick,
Dröm sto'meer op däm Standpunk hück:

Rückblick in „Unser Köln" in der Ausgabe Jan./Febr. 1950 auf den Karneval 1949

Startheft 1948; herausgegeben von Franke & Co in Köln-Lindenthal. Schriftleiter: Karl Zöller

Eine kölsche Institution wird neu geboren
Et weed widder Hännesche gespillt

Der Puppenspieler Karl Funck wird von Freunden auf eine Anzeige aufmerksam gemacht, die am 12. Oktober 1945 im Kölnischen Kurier erschienen ist:

„Kölner Hänneschen-Theater. Es ist beabsichtigt, das allbekannte Kölner Hänneschen-Theater wieder aufzubauen. Die ehemaligen Mitglieder des Spielkörpers werden gebeten, sich beim Hauptamt für Erziehung, Schulen, Kunst und Wissenschaften zu melden."

Funck, der 1927 als Volontär und von 1928 bis zur kriegsbedingten Einstellung des Spielbetriebs als Puppenspieler am Kölner Hänneschen beschäftigt war, zögert nicht lange, meldet sich wie einige andere auch bei der Verwaltung und erhält im März 1946 den Auftrag, den Spielbetrieb des am 2. März 1945 völlig zerstörten Theaters wieder zu organisieren. Kein leichtes Unterfangen, denn auch der gesamte Fundus an Bühnenbildern, Puppen und Requisiten, mit Ausnahme des Textarchivs, ist bei dem verheerenden Bombenangriff verloren gegangen. Und wo mögen die Ensemblemitglieder geblieben sein, wer von ihnen hat den Krieg überlebt?

Zusammen mit dem ehemaligen Hänneschen-Musiker Georg Mack macht sich Karl Funck, als Hänneschen, Speimanes oder Schäl ein herausragender Puppenspieler, ans Werk. Irritationen kommen auf, als ihm Mitte November 1945 eine Zeitungsmeldung zur Kenntnis gebracht wird, in der es heißt:

„Dem des öfteren in der Presse laut gewordenen Ruf nach dem Kölner Hänneschen sind die Rheinischen Bühnen mit ihrer Puppenbühne gefolgt. Mit der Aufgabe, das Althergebrachte, Volkstümliche und Bodenständige wieder zu pflegen und die Kölner Mundart neu zur Geltung zu bringen, hat die Bühne mit altbekannten Kräften ihre Aufführungen wieder aufgenommen. In Dellbrück und in Siegburg sowie in anderen Städten fanden Aufführungen von „Hänneschens Reise nach dem Orient" und „Genoveva" statt. Die Aufführungen wurden überall mit Begeisterung aufgenommen."

Für erneute Verwirrung sorgt dann Mitte Dezember eine Kleinanzeige im Kölnischen Kurier:

„Original Hänneschen-Theater wird Samstag, Sonntag, Montag und Mittwoch 2.30 Uhr und 17.00 Uhr in Köln-Ossendorf im Saale Schneider von den Kölner Puppenspielen veranstaltet. Eintrittspreise 1 Mark, 1,50 Mark und 2 Mark."

Aufgrund von Nachforschungen stellt sich heraus, dass hier ein „Trittbrettfahrer" den guten Namen und die Anhänglichkeit der Kölner zu ihrem Hänneschen ausgenutzt hat, um

Besucher anzulocken. Nach entsprechenden Protesten firmiert die Bühne hernach als „Harry Zunners Kölner Puppenspiele" und gibt in wechselnden Spielstätten in den Kölner Vororten seine Vorstellungen, wie „En echte kölsche Kirmes" oder auch „Hänneschens Reise nach dem Orient".

Karl Funck stellt zielstrebig das Ensemble zusammen. Außer ihm und Georg Mack melden sich von der Vorkriegsbesetzung noch Fritz Beyer (Schäl), Berta Wetzels (Bärbelchen u.a.), Änne Dröge (Souffleuse, ab 1959 Bärbelchen) und Agnes Achitz (Marizebell). Neu ins Ensemble kommen nach entsprechenden Bewerbungen und „Prüfung" durch den jetzt als Spielleiter fungierenden Karl Funck die Puppenspieler Arnold Habrich (Besteva), Josef Brückner (hochdeutsche Rollen), Wilhelm Roebruck (Tünnes) und Hans Fischer (Speimanes). Professor Wallner von den Kölner Werkschulen schnitzt derweil, zwischen 1946 und 1948, das komplette „Knollendorfer-Schmölzge" und einige andere Typen, insgesamt 22 Stockpuppen aus Lindenholz.

Nicht nur zur großen Freude der kölschen Pänz geht es am 8. September 1948 endlich mit dem Spielbetrieb los. Zwar konnten Hänneschen, Bärbelchen und die Knollendorfer Sippschaft noch nicht zum Eisenmarkt zurückkehren, doch in der Aula der Universität freuen sich Jung und Alt über die lustigen Spiele der in städtischen Diensten stehenden Stockpuppen. Auf dem Spielplan stehen das Kinderstück „Hännesche op der Faht noh'm Glöck" und abends „Meister Nikola".

Die Wiederaufnahme des Hänneschen-Spielbetriebs hat ein Hänneschen-Freund zum Anlass genommen, ein Lied zu verfassen. „Et Hännesche ess widder do" jubelt der unbekannte Dichter, der sich aber in der Geschichte des Hänneschens bestens auskennen muß:

„Wat wor dat doch zo Kölle för e Levve,
Wie meer han Hännesche gespillt als Jung.
Wie op der Läuv mer „Vörstellung" gegevve,
Dozo han kölsche Junge doch Fazzung.
De Poppe selvs gemaht – et wor en wahre Staat,
Doför han jede Grosche mer gespaat.
Stöcker voller Wetz, domols schreff der Hönigs Fritz,
Meer lehten dobei brav, unsen ächte kölsche Klaaf,
Wenn dä „Schnäuzerkowski" kom,
alles beim Schlavittche nohm,
Gov et vill Buhei
Un de Hauptsaach wor am Engk de schönste Schlägerei !

Der ahle Winter darf mer nit vergesse
Un och de Witwe Klotz die wor bekannt.

Ausschnitt aus einem Programmheft

Als Junge wore mer dorop versesse
Un sin zor „Gala-Vörstellung" gerannt.
Der Millowitsch dä maht – et op en ander Aat,
Statt Poppe, Minschen op de Bühn hä braht.
Do op eimol, Jung, maht et Hännesche ne Sprung,
It wor jitz op der Hüh, kom en „städtische Regie"
Un maht en der Stänegaß, en dem Rubenshuus uns Spaß,
Jo, die löst'ge Schwitt,
Wor de einz'ge städt'sche Bühn die ohne Defizit!

Zehn Johre sin derwiel en't Land gegange,
Zickdäm et Hännesche mer hät verlaht,
Un it sie löstig Spill hät angefange
Em stolze eigen Huus am Ihsermaat.
Doch dä verdammte Kreeg – dat Huus hät fottgefäg,
Dem Hännesche ging, wie uns all, et schläch.
Aach Johr log et brach, - beß em Herbs et opgewaach,
Der Stadtrot hät gesaht: „Wer uns su vill Spaß gemaht
Wie et Hännesche, dä kann – och sie Rääch en Köllen han!"
Doröm it studeet
Jitz „humoris causa" an der Universität.

Do ka'mer jitz dat ganze Schmölzche finge,
Der Besteva met singer Bestemo,
Et Hännesche hööt mer mem Bärbel singe,
Der Tünnes un der Schäl sin widder do,
Wenn der Speimanes speit – sich Mählwurm Pitter freut,
Ganz „Knollendörp" schleit fruh de Trummeleut.
„Op der Fahrt nohm Glöck" – spillten sei als ehztes Stöck,
Sei bränge widder jetz – Glöck en mänches Kinderhätz,
Un als Kölsche halde meer – huh et Hänneschen en Ehr,
Denn et eß apat
Wie de Fasteleer e Stöck vun unser Eigenaat."

Ab Anfang November 1949 gastiert das Hänneschen-Theater im Bruno-Saal in Klettenberg und ein Jahr später, als Köln seine 1900-Jahr-Feier begeht, in den Osthallen der Messe. Kurzzeitig diente auch das Tazzelwurm auf der Zülpicher Straße als Spielstätte. Der Rat der Stadt Köln beschließt in seiner Sitzung auf Aschermittwoch 1950, einen Betrag von 121.000 DM zum Wiederaufbau der früheren Spielstätte auf dem Eisenmarkt bereitzustellen. Mit dem „Düxer Bock" von Wilhelm Schneider-Clauß wird das wiederhergestellte Domizil am 1. August 1951 zum zweiten Mal nach 1938 in Beschlag genommen.

Architekt des „neuen" Hauses ist Hubert Molis, der sich mit einigen Hänneschen-Stücken wie z.B. „Kirmes om Kreechmaat" und „Hänneschens Weltmeisterschaft" auch schon als Autor des Hänneschens einen Namen gemacht hatte. Molis ist zudem Mitglied im Heimatverein Alt Köln und Kommandant der Ehrengarde. Er steht vor der schwierigen Aufgabe, trotz Geldmangels in kürzester Zeit ein funktionsfähiges Gebäude zu erstellen. Das Ergebnis ist ein kleines „Meisterwerk", wobei aber bei allen Beteiligten Klarheit darüber besteht, dass die aufgezwungene „Sparlösung" nicht eine dauerhafte sein kann.

Aber erst in den 90er Jahren kommt es zu einer Verbesserung der für Spieler und Zuschauer untragbar gewordenen Zustände. Aufwändige Um- und Erweiterungsbauten machen es erforderlich, dass das Hänneschen für 14 Monate in ein Ausweichquartier umziehen muss. Im April 1985 verabschiedet sich das Ensemble mit einem Straßenfest vom Eisenmarkt in Richtung Wolkenburg. Im Domizil des Kölner Männer Gesang-Vereins wird dem Hänneschen Asyl gewährt. Da der Saal in der Karnevalszeit aber anderweitig benötigt wird, müssen noch dreimal die Kisten und Koffer gepackt werden: für die Puppensitzung 1986 in der Aula des Gymnasiums Thusneldastrasse in Deutz, wieder zurück zur Wolkenburg und dann, endlich, im September 1986, wieder zum Eisenmarkt.

Zu den mehr als 4 Millionen DM Baukosten steuert die 1983 gegründete „Kölner Kulturstiftung der Kreissparkasse Köln" rund 500.000 DM bei. Nachdem Heribert Malchers seinen Vorgänger Gérard Schmidt als Spielleiter – inzwischen ist „Intendant" die offizielle Bezeichnung – abgelöst hat, finanziert die Kreissparkassen-Stiftung u.a. den 1991 abgeschlossenen Umbau der Puppenwerkstatt und fünf Jahre später auch der Requisiten-Werkstatt.

Am 13. Februar 1986 wird auf Initiative von Gérard Schmidt und mit tatkräftiger Unterstützung von Dr. Hans-Joachim Möhle, dem Vorstandsvorsitzenden der Kreissparkasse Köln, der „Förderverein der Freunde des Kölner Hänneschen-Theater" gegründet. Dr. Möhle übernimmt den Vorsitz. Seine Stellvertreterin wird Gisela Heidecke (verstorben), Geschäftsführer ist Gérard Schmidt (verstorben), das Amt des Schatzmeisters wird mir übertragen und als Beisitzer fungiert der Geschäftsführer der Hubertus-Brauerei Dr. Hans Schieffer (verstorben). Dr. Möhle und ich sind noch im Amt, Heribert Malchers übernimmt die Position von Gérard Schmidt, Hans Seigner (Vorstandsmitglied der Kreissparkasse Köln) ist jetzt stellvertretender Vorsitzender und Cornelia Lübbe-Roggen Beisitzerin.

Dem Beirat unter dem Vorsitz von Dr. Heribert A. Hilgers gehören Kölner Honoratioren wie Oberbürgermeister Fritz Schramma, sein Vorgänger (und Kölner Ehrenbürger) Dr. hc. Norbert Burger, Marianne Trompeter, Ralf-Bernd Assenmacher, Jan Brügelmann, Prof. Elmar Buck, Hans-Horst Engels, Dr. Michael Euler-Schmidt, Engelbert Greis, Klaus Zöller, Bernhard Conin, Fritz Pleitgen, Helmut Haumann sowie Uschi Hansmann als Vertreterin des Ensembles an.

Der „Förderverein der Freunde des Kölner Hänneschen-Theaters", der sich inzwischen das bei der Gründung geschlabberte „s" als Namensbestandteil zugelegt hat, führt Ende 2004 rund 2.550 Mitglieder in seiner Kartei.

In den 15 Jahren meiner Tätigkeit als Geschäftsführer der Stiftungen der Kreissparkasse Köln (1983-1998) und in den jetzt fast 20 Jahren als Schatzmeister des Fördervereins konnte ich, bei aller Bescheidenheit, in guter und bester Zusammenarbeit mit Spielleiter Gérard Schmidt, seinem Nachfolger Heribert Malchers, mit Dr. Hans-Joachim Möhle sowie dessen Nachfolger als Kreissparkassen-Vorstandsvorsitzender, Dipl. Kfm. Hans-Peter Krämer sowie Kreissparkassen-Vorstandsmitglied Hans Seigner, einiges für unser Hänneschen bewirken. Da war so manches „inoffizielle" Gespräch, das den offiziellen Terminen vorausging und bei dem auch das ein oder andere Kölsch die Kehle runter floss: „Mer dunn et jo all för Kölle!"

Wichtig war und ist mir, dass die Arbeitsbedingungen für die Puppenspieler und die übrigen Mitarbeiter so gut wie eben möglich sind. Denn was von den Ensemblemitgliedern als Texter, Komponist, Sänger, Sprecher, Schneider, Schnitzer, Musiker, Intendant, Kulissenbauer, Stückeschreiber, Regisseur, Kulissenschieber, Einlasskontrolleur, Kartenverkäufer usw. in kölsch, hochdeutsch, weinend, singend, lachend, brüllend, schwitzend, schnaufend, aber immer hingebungsvoll geleistet wird, ist eine sehr vielseitige Kunst, die mehr als anderswo einer harten „Knochenarbeit" bedarf. Wenn mich einer fragt, wo die „Kölsche Hot-Volleé" zu finden ist, dann verweise ich immer auf den Eisenmarkt und das Hänneschen.

Und es war mir auch ein vom Fördervereins-Vorstand mitgetragenes Anliegen, das 200-jährige Jubiläum des Hänneschen-Theaters im Jahre 2002 mit einer Veranstaltung in der Kölner Philharmonie abzuschließen, bei der alle Puppenspieler in „Hänneschens Kunzäät" sich einmal leibhaftig mit ihren selbstverfassten Liedern dem Publikum präsentieren konnten. Wer nicht dabei war, hat etwas verpasst – auf einer Doppel-CD, die auf vielfachen Wunsch mit einem Konzertmitschnitt ab Ende 2005 erhältlich ist, kann man Versäumtes aber nachholen.

Au yes Marie – ein zeitgemäßer Song
Dat Büchelche vun dir un dat Büchelche vun mir

Bevor Karl Berbuer im November 1945 zeitgleich sein „Kartoffellied" im Kölner „Tazzelwurm" und im „Mil.-Gov-Theater" aus der Taufe hob, hatte er im Kriegsgefangenenlager Remagen durch seine Liedvorträge vielen niedergeschlagenen Lebensgeistern wenigstens etwas neuen Mut gegeben.

Im August 1945 nach Köln zurückgekehrt, konnte er auch seine im Rheinisch-Bergischen Kreis evakuierte Familie zurückholen, und dann gelangen ihm gleich mehrere ganz große „Würfe“ in Gestalt von Liedern, die heute als bedeutende Zeitdokumente gelten, weil sie die damaligen Situationen hintergründig-ironisch, treffend aber humorvoll, den Kölnern zur Freude und der Nachwelt zur dauernden Erinnerung festgehalten haben.

Für Karl Berbuer war die Auseinandersetzung mit der englischen Besatzung nichts Neues. Bereits 1924, als er nach großen Erfolgen auf der Laienschauspiel-Bühne seine Zuneigung auch auf den Karneval ausdehnte, hatte er bei einer als Vereinsversammlung getarnten – weil verbotenen – Karnevalsveranstaltung mit dem Lied „Se kriegen uns nit kapott!“ einen hervorragenden Einstand gefeiert. Kein Geringerer als der damals „große“ Fritz Hannemann hatte das dem „Jüngling“ mit seiner schmissigen Melodie ermöglicht. Fortan stand der Name Karl Berbuer für Mut und Können sowie Kraft und Stärke, politisch Brisantes in humorvoll Hintergründiges zu verpacken, gleichwohl unangreifbar zu sein und doch für den Eingeweihten erkenntlich zu machen, was gemeint war.

„Ein zeitgemäßer Song“ – so lautete der Untertitel zu seinem Lied „Au yes Marie, au yes ...“, das er Ende 1946 aus der Taufe hebt. Natürlich ist das „Au yes“ zeitgemäß, genau so zeitgemäß wie das Wort „Song“ anstelle des kölschen „Krätzchen“. Denn die englischen Besatzer haben in Köln das Sagen, sie diktierten und dirigierten. Sie enthoben den Kölner Oberbürgermeister seines Amtes, waren aber mit ihrem ganzen Militärapparat nicht in der Lage, das zu erreichen, was sie Konrad Adenauer als Versagen in die Schuhe geschoben hatten. Und so lässt Karl Berbuer die Engländer spüren, wer für den Hunger verantwortlich ist: die kölsch gestellten Fragen werden „halv englisch“ beantwortet: „Häv you mich nit gekannt?“, entgegnet „et Marie“ auf die Bemerkung, sie sei doch sehr schlank geworden. Moralisch anklagend sein Refrain: „Dein und mein Bauch sind verschwunden – auch der vom Michelchen. Doch der konnte doch nichts dafür! Du und ich, wir hätten es wissen müssen, wir haben uns die magere Nachkriegssuppe selbst eingebrockt. Nicht aber unsere unschuldige Jugend, das Michelchen!“

Und natürlich der Seitenhieb auf Düsseldorf. Trotz der lautstarken Kölner Proteste war Düsseldorf Landeshauptstadt des von der britischen Militärregierung am 23. August 1946 gegründeten Landes Nordrhein-Westfalen geworden. Doch auch in Düsseldorf konnten die hungernden Mägen nicht gesättigt werden: es gab noch keine Regierungswurst. Also, was blieb übrig? Der Besuch auf dem Schwarzen Markt, beispielsweise an der Ecke Elsaß- und Merowingerstrasse in der Kölner Südstadt. Hier versammelte sich alles, was etwas „schwarz“ zu verkaufen hatte. Woher mögen sie ihr „Material“, ihre Ware bezogen haben? Wer waren die Schieber und wie wurde geschoben? Auch darauf weiß Karl Berbuer – allerdings erst später – eine Antwort. Doch zunächst das „Au yes Marie“:

„Triff m'r ens einer, dä m'r lang nit gesinn
Dann loht m'r off zweimol dohin.
Manchmal, dann frög m'r wenn einer su kütt:
„Bes' de't – oder bes' de't nit?“

Die Kölsche Pänz hatten sich schnell den Gegebenheiten angepasst

Selvs uns Marie kannt ich nit mieh,
Dat met däm Jung wor schlank wie noch nie.
It sproch halv englisch: „Häv you mich nit gekannt?"
Doröb säht ich unschinant:

:: Au yes Marie, au yes,
Weißte wat verschwunden es?
Dat Büchelche von mer
Und dat Büchelche vun deer
Un dat Büchelche vom Michele –
Un dat kunnt doch nix doför.
Au yes Marie, au yes,
Ganz Germany hät öntlich Schleß! ::"

Jetzt lade ich Sie, geneigte Leser, zu einem Denkspiel ein. Bei Liedern von Karl Berbuer ist das allemale reizvoll. Also: Was geschieht, wenn wir im Berbuer'schen Text die Betonung des „ch" bei „Büchelche" verlagern auf das „ü"? Genau, dann wird aus dem Bäuchlein ein Büchlein, also ein kleines Buch. Weißte wat verschwunden es? Dat Büchelche vun mer un dat Büchelche vun deer un dat Büchelche vum Michelche. Korrekter wäre es natürlich, aus dem „Büchelche" ein „Böchelche" zu machen!" Egal, denn nicht mehr das „Bäuchlein" ist weg, sondern das „Büchlein". Und da war ja so mancher Zeitgenosse, der sein Büchlein verstohlen beiseite geschafft hatte und „et Kamellche", das Parteiabzeichen, gleich mit entsorgte.

„Met denne zwei fuhr ich no Düsseldorf hin
Uns Residenz han mer besin.
It säht nem Metzger: „Do Wooschexellenz
Häv you och Regierungsflönz?"
Kääls met nem Baat schlogen dat Rad
Un en ner Kneip' han mer uns vermaat.
Mainzer gov et, met Residenzmostert drop
Un de Musik spillten op:"

« Kääls met nem Baat » als Düsseldorfer Radschläger? Düsseldorfer Radschläger sind (oder waren) ein Begriff, mit dem sportlich trainierte und knackige junge Männer in Zusammenhang gebracht wurden. Waren mit den „Kääls met nem Baat" im Berbuer-Lied vielleicht ältere Herrschaften gemeint, die das Rad aus Freude darüber schlugen, dass sie ihr Büchelchen (Betonung liegt auf „ü") hatten entsorgen können? Man wird ja mal spekulieren dürfen, zumal bei Karl Berbuer. Hatten die Kölner aus dem „Heidewitzka" im Lied vom Müllemer-Böötche in der Nazi- und Grußpflichtzeit nicht ein langgezogenes „Heiiiiii..." gemacht?

„Met däm Marie un met däm Michelche maht
Ich och en Faht nom schwazze Maat.
Do wood gemaggelt met vill Money
O jeh: „Häv you Sigaretts? Okey!“
Plötzlich auweih! Die Polizei maht Razzia
Un schnappten uns drei:
Eesch no drei Daaag dann lehten se uns do loß
Jeder säht d'rheim dä et woß:“

„Jeder säht d'rheim dä et woß“ – der was wusste? Dass das Büchelchen – Betonung auf „ü“ – verschwunden war?

Der WDR wollte 1977 für eine Sendung mit dem Titel „...dreißig Jahre danach“ auch dieses Berbuer-Lied mit den Bläck Fööss als Interpreten in Erinnerung rufen. Doch zu den vorhandenen Orchesternoten war kein Liedertext aufzutreiben. Zwei Jahre später machte ich die gleichen Erfahrungen, als ich Text und Noten für eine Schallplatten-Produktion dringend suchte. Weder der Verlag noch die Familie konnten weiterhelfen. Mit Einverständnis der Witwe Berbuer schrieb ich die Texte der Verse neu; in Unkenntnis des originalen Berbuer-Textes versuchte ich in einer Art Rückschau – eigenes Erleben einbauend – die Erinnerung an „damals“ wieder aufleben zu lassen.

Mit dem Eilemann-Trio produzierte ich Ende 1979 das Lied für die „Kölsche Evergreens“ und bei der Präsentation der Langspielplatte mit insgesamt 16 Liedern aus der Nachkriegszeit wurde auf die Umstände der „Zudichtung“ hingewiesen; die Zeitungsleser wurden gebeten, den „richtigen“ Liedtext – falls doch noch irgendwo vorhanden – zur Verfügung zu stellen. Der Anruf eines Zeitungslesers kam früher als erwartet: „Im Nachlass der gerade verstorbenen Eltern befindet sich ein Notenblatt mit vollständigem Text!“ Mein schneller schlagendes, weil freudig erregtes Herz wurde aber wenig später durch stark erhöhten Pulsschlag noch übertroffen. „500 Deutsche Mark müssen Sie schon hinblättern“, wurde mir unmissverständlich bedeutet.

Das wollte ich natürlich nicht, und so gingen einige Jahre ins Land. Inzwischen hatte ich einige alte Liederhefte aufgetrieben, in denen der komplette Liedertext vorhanden war. Und dann brachte der Postbote eines schönen Tages einen großen Umschlag, enthaltend das „Au yes Marie“-Notenblatt. Im Begleitbrief bedauerte der Absender seine einige Jahre zuvor erhobene Preisforderung. Als „kleine Wiedergutmachung“ machte er mir das Notenblatt zum Geschenk. Inzwischen sind noch andere Exemplare aufgetaucht. Die Schallplatte von damals dokumentiert aber immer noch meinen „Nottext“ in den beiden Versen und Berbuers „Originaltext“ im Refrain:

„Gott sei Dank, dä Kreeg dä wor zo Engk,
De Kölsche packten ahn, speiten en de Hängk;

„Dä Tubak rüch, als wenn se en us Päädsköttel jemaht hätte."

Bombe un Trümmer woren schnell verdaut,
Kölle widder opgebaut.
Ob Hamsterfah'ten ging et Nettche un et Sting,
Schnaps wood gebraut, Klütte geklaut.
Dä Gödel wood geschnallt su engk wie et ging,
För Hunger hat mer Mageping:

Au yes Marie, au yes ...

Doch bei allem wat mer metgemaht,
Blevv se bestonn – uns kölsche Aat.
Un wor de Zick och noch su hatt un so schwer
Meer heelt doch faß am Fasteleer.
Mänch Leedche wood gesunge, dat herrlich hät geklunge.
Un och om Schwatze-Maat, do wood de Schnüß geschwaat.
Unse Karl Berbuer, dä luuse Stropp,
Hätt sugar die Tommies gefopp!:"

Für die 1995er Produktion der CD „Usjebomb" im Rahmen der Serie „Kölsche Evergreens" und für den Fernsehfilm „Ausgebombt - Eine kölsche Revue mit den Bläck Fööss und King Size Dick" konnten die Bläck Fööss dann endlich den kompletten Berbuer-Text singen.

Rotlackierte Fingernägel krallen nach schwarzer Währung Kohldampf ligge un Föxcher schmore

Zigaretten! Wohl dem, der welche hat. Für Zigaretten kann man alles haben. Oder fast alles. Aber wie konnte man in diesen Zeiten an Zigaretten kommen?

Wer einigermaßen Glück hatte, konnte ein paar „Amis" – diese Kurzbezeichnung war von der Person auch auf die Zigarette übergegangen – erwerben. Immerhin sieben Mark mussten dafür gezahlt werden. „Kippensammler" wurde ein Beruf; ein weiteres kölsches Wort wurde kreiert: das „Föxchen" löste die „Kippe" ab. Wer gut aufpasste, konnte nicht selten feststellen, dass eine „zarte Hand" mit rotlackierten Nägeln Exkursionen in Aschenbecher machte und in der staubigen Tabakasche auf „Föxchensuche" ging. Wer eine „Aktive", eine neue Zigarette hatte, war ein kleiner Reichsmark-Rothschild. Doch die meisten waren auf „Inaktive", Selbstgedrehte aus Kippen, angewiesen, die wie kalter Rauch in einer ungelüfteten Kneipe schmeckten. Die dritte Kategorie waren die aus den seltenen Zuteilungen stammenden Zigaretten, die auf dem „schwarzen Markt" mit vier Mark gehandelt und als „Offizielle" bezeichnet wurden.

Die Zigaretten, die Vater im Sommer 1947 aus Ägypten mitgebracht hatte – hierüber werde ich in einem der folgenden Kapitel noch berichten – waren, in den ersten Tagen mit „freundlicher Unterstützung“ durch die Nachbarschaft, sehr schnell aufgeraucht. An Nachschub zu kommen war in diesen Zeiten auf normalem Weg kaum möglich. In zahlreichen Gärten, wohl auch in Blumentöpfen, wurde Tabak angepflanzt. Die Blätter mussten nach der Ernte lange getrocknet und dann zerhackt werden. Aber die „Selbstzucht“ aus Blumentopftabakpflanzen war wohl mehr eine Zigarette „zum Abgewöhnen“. Vater hatte noch einige Utensilien von seiner Uniform, wie Schnallen und Knöpfe. Diese Dinge habe ich, wie ich es bei vielen anderen Kindern schon gesehen hatte, englischen Soldaten gegen Zigaretten oder Schokolade angeboten. Manchmal hat es geklappt, aber nach und nach waren die Tauschgegenstände aufgebraucht.

Ich hatte dann die glorreiche Idee, es den anderen auch nachzutun und Zigaretten-Kippen, Föxchen genannt, zu sammeln. Eine ovale Blechdose trug ich immer in der Tasche und wo ich eine Kippe sah, wanderte sie in meinen Behälter. Sobald der einigermaßen gefüllt war, entfernte ich den Resttabak aus dem Papier und sortierte die angekohlten Tabakteile aus. Das was übrig blieb, stank zwar gewaltig, was Vater aber nicht daran hinderte, die aus den Föxchen entstandenen Zigaretten genussvoll zu rauchen.

Zigaretten hier – Hunger da

Und wie konnte der Hunger gestillt werden? Wer hatte eigentlich keinen Hunger angesichts dessen, dass sich die Kölner mit rund 800 bis 1000 Kalorien pro Tag bescheiden mussten.

An einem Wintertag 1946, es wurde schon dunkel, war Mutter mit einem runden Weißbrot nach Hause gekommen. Ein ganzes Brot – es war, als wären Weihnachten und Ostern auf einen Tag gefallen. Mutter war ziemlich aufgelöst, aber ich habe das damals darauf zurückgeführt, dass es die Freude darüber war, dass wir etwas zu essen hatten. Erst später habe ich von ihr erfahren, wie sie an das Brot gekommen war und wie sehr ihr die ganzen Umstände des Erwerbs noch lange Zeit danach Qualen bereitet haben. Schon seit zwei Tagen hatten wir nichts mehr zu essen und Mutter war am besagten Tag zur Oma gegangen, um sie um etwas Essbares für uns zu bitten. Aber Oma hatte auch nichts. Auf dem Rückweg fuhr auf dem Sachsenring ein Konvoi englischer Militär-LKW, auf denen sich unter der Plane auch Soldaten befanden. Im Vorbeifahren warf einer der Soldaten etwas in die winkende Menge, aus der sich gleich eine Vielzahl von Händen danach reckte. Auch Mutter hatte sofort zugegriffen und als erste das „Wurfgeschoss“, das sie erst jetzt als Brot identifizieren konnte, aufgeschnappt. „Ich bin nur noch gerannt, gerannt, gerannt, um das Brot in Sicherheit zu bringen, weil ich Angst hatte, es würde mir abgenommen!“ Eine der Frauen hatte das zum Anlass genommen, Mutter in wüster Form zu beschimpfen und ihr vorzuwerfen, sie hätte keine Rücksicht auf andere genommen: „Soll dä ahle Mann he verhungere?“ hatte sie in die Runde gerufen und zur Untermauerung ihrer Frage auf einen älteren Herrn gezeigt. „Ich kann meine vier Kinder doch nicht verhungern lassen“ hatte Mutter geantwortet und der ältere Herr war ihr zu Hilfe gekommen: „Das ist so in Ordnung, halten Sie das Brot!“

Einmal richtig satt sein, davon konnte man zeitweise nur träumen. Hans Jonen hat einen solchen Traum in ein paar Zeilen gefasst:

„Ich han dies Naach gedraump,
Ich wör ens richtig satt.
Doch als ich wach wood,
Wor d'r Buch ald widder platt.
Ich wünsch mir jede Naach
Ne Draum vun Fleisch un Speck
Un keine Bömmel,
Dä mich morgens widder weck!“

Durch die Ausgabe von Lebensmittelmarken sollte die Verteilung erfolgen. Alle paar Tage wurden die einzelnen Abschnitte aufgerufen. Mal gab es Zucker, dann wieder Mehl, dann Margarine usw. Aber noch längst nicht jeder erhielt die ihm zugesicherte Ration. Angesichts der Ohnmacht, hier etwas positiv verändern zu können, empfahl Josef Keldenich in seinem Lied „Dröm laach doch“ schlicht und einfach, aber verständlich, nicht zu „kühmen“ – damit machen wir uns ja nur verrückt –, sondern zu lachen: „Lach dich kapott, lach doch die Sorgen einfach fort!“ Was jetzt nicht mehr vorhanden ist, wird gekauft, wenn die neue Periode für Lebensmittelmarken aufgerufen ist. Doch dem Aufruf folgte nicht immer der Verkauf – für viele Hungermäuler stand ihre Ration nur auf dem Papier:

„Häste kein Kamell?“ – „Enä Jung, de Zuckermarke sin noch nit opgerofe.“

„Nä, watt es de Zigg bedröv, su klage alle Lück,
Kohldampf ligg mer, datt de Kleider wäde all' ze wick;
Doch dat kühme un dat klage hät doch keine Zweck,
Dir platz söns vör Wot d'r Krage un do wees noch jeck:

:: Dröm laach doch, laach dich kapott,
Dröm laach dir ding Surge fott;
Ween de kühms, wenn de klags,
Dat dir ditt un datt nit rääch,
Wees do hässlich un alt
Un kriß Falde em Geseech.
Dröm laach doch, laach dich kapott,
Dröm laach dir ding Surge fott,
Denk: „Dat Kühme hät alles keine Zweck!“
Söns wees de janz bestemp noch stabeljeck. ::

„Leev Marie", su säht d'r Fritz, „ich gläuv do bess beklopp,
Woröm deis do op dat Brut mir nit jett Botter drop?"
„Levve Fritz", säht et Marie „de Marke sinn schon all,
Nächste Period' dann jitt et neue op jeden Fall!"

Letz' op dr Bezirksstell' maht d'r Danze-Fritz Krawall:
„Leven Häär, hück krigge ich en Botz op jeden Fall!"
Doch dä „leeven Häär" dä säht: „Waat doch bes nächstes Johr!"
Ärger dich nit, leeve Danz, verlier nit d'r Humor."

Die Gesichter sind vom Hunger gezeichnet

Eine sehr realistische Darstellung des täglichen Lebens in Köln gibt der Bericht „Reiseeindrücke aus Europa", der in der englischen Wochenzeitschrift „Tribune" veröffentlicht wurde. Autor Dudley Seers über die Kölner:

„Das Volk ist mürrisch und knochig. Die Gesichter vom Hunger gezeichnet, die Körper nahe der Bergen-Belsen-Verfassung. Schlimmer noch die Kinder in zerrissenen, geflickten Kleidern, mit halben Schuhen oder gar keinen Schuhen, nahezu alle in einem Stadium der Englischen Krankheit, eine Strafe vielleicht, die in keinem Verhältnis zur Kriegsschuld der Kinder steht. Wie kläglich und unzureichend ist die Schokolade, die man ihnen schamvoll reicht. Wie beschämt man ist, ein Brite zu sein! Wie winzig erscheint daneben unsere kleine Dollarkrise! Noch vor Morgengrauen beginnt die schreckliche Prozession der Familien, die mit Handkarren zu Tausenden auf das Land schwärmen, um Kräuter und Wurzeln zu holen, um vielleicht durch ein Wunder in der Lage zu sein, Gemüse stehlen zu können. Das ist der Hunger, der im Sommer noch mehr oder weniger in Grenzen gehalten werden kann, doch jetzt dunkelt es schon früher, und der Winter steht schon jetzt drohend und kalt vor der Tür..."

„Wat kann uns dann groß noch passeere" – diese Frage stellt August Batzem und er beantwortet sie nicht nur, sondern prophezeit den Kölnern auch, dass es „eimol" wieder besser wird. „Köln wird blühen, darauf könnt Ihr Euch verlassen!" lässt er alle wissen:

„Kinder, wat eß dat doch hück för ein Zick,
Die üvver uns eß gekumme.
Nur nit dran denke dat welle mer hück,
Wenn och der Mage deiht brumme.
Got, dat mer fröher uns Freud han gemaht,
Die nimmp uns keiner mieh fott.
Als echte Kölsche do weed sich gesaht:
„Su leich kritt mer uns nit kapott!"

:: Wat kann uns dann groß noch passeere,
Der Mot dun meer doch nit verleere.
Un fleute meer och om letzte Loch,
Egal ehr Lück, meer levve noch.
Mer bieße uns off op de Zung
Un denke wie Goldschmidsjung! ::

Wenn en der Löhrgaß e Kind weed gedäuf,
Dann kann mer do jet erlevve.
Glöcklich se setze dann bovve op d'r Läuv,
Sorge, die deiht et nit gevve.
Laache un singe dun se met Trara,
Vum „Knolli" se sind stänevoll:
„Meer han kein Hemb am Halleluja!"
Zum Schluß bröllt dann alles wie doll:

Jeder vun uns säht met Rääch: „Su wie hück
Deiht et nit blieve op Äde,
Eimol do weed et – Gott göv et, ehr Lück –
Och widder besser wahl wäde."
Kölle weed blöhe, verloot üch dorop,
Zo maggele nit nüdig mer hät.
Stippe de Muul och me'm Hölzge meer op,
Dat schad nix, meer wade noch jet!

Und wenn gar nichts mehr aufzutreiben ist, wenn weder Schieben noch Maggeln oder Kompensieren zum Erfolg führen, wenn der Kohldampf immer schlimmer wird und der Gürtel täglich enger geschnallt werden muss, ja selbst dann kennt der Kölner noch ein Rezept: er ironisierte und persiflierte. Das Lied „Ich ben satt" eines unbekannten Dichters, entstanden im Februar 1947, gibt noch heute Zeugnis davon:

„Sitz de ovends en dem Stüvvge
Kriß de mänchmol noch Apptit,
Rüch ens an dem Köchendüffge
Ov et noch ze esse gitt. –
„All uns Marke sin verfresse"
Säht ding Frau dir einfach, koht,
„Doch wenn do noch wells jet esse
Gev ich der ne gode Rood":

:: Stell dich ens vör de Speegel su vun ungefähr,
Riev met der Hand om Buch ganz langsam hin un her,

Loor dann zum Himmel und ruf aus: „Wer hat, dä hat!“
Un dann loor en der Spegel un sag: „Ich ben satt!“ ::

Su nen ärme Bemm am Stöckche
Durch de Stroße jiblig leef,
En ner Weetschaff en nem Eckche
Satz hä sich dann ganz bedröv.
„Ming paar Marke muß ich schone,
Söns kumm ich domet nit uus.
Hat ehr dann no ganix „ohne“?
Drop da Köbes säht ganz luus:

Kütt doh su e schnippig Wievche
Letz ens en e Restaurant,
Su e vollgefresse Düvche,
Well do jet zo essen hann.
Doch dä Weet, dä dät ens loore
An sich flöck dat decke Wiev,
Säht: „Madam, ich muß bedoore,
Ehr hatt Fett genog am Liev!“

Letzhin däte Puute kläue,
Un esu ne kleine Fetz
Säht: „Wenn do jet häs ze käue,
Kriß de och vun mer Briketts!“
« Leeve Jung, do häs got sage, »
Säht dä Mann däm Köttel fix,
„Brummen deit och mer der Mage,
Süch mer han jo selver nix!“

Wör dat nit e freudig Levve
Un mer wöre wirklich platt,
Künnte mer jetz einen hevve
Un mer wöre richtig satt. –
Jung, wat däte mer dann schwade,
Köme öndlich en der Trett.
Alle Lückcher he em Lade
Stünten op un sünge met.“

Alt Köln

HEIMATBLÄTTER FÜR DIE STADT KÖLN

Nr. 1 — Beilage der Kölnischen Rundschau — August 1947

Zum Geleit!

Nach einem Jahrzwölft planmäßiger Verführung und einem Zusammenbruch größten Ausmaßes ist inmitten der Wirrnis unserer Tage, der Sorge und Not der Stunde, der Verlockung des Augenblicks die Gefahr der geistigen und moralischen Entwurzelung unseres Volkes besonders groß. Zumal in einem Landstrich, der von den Verheerungen und Folgen des Krieges so schwer getroffen ist, wie unsere Heimat. In dieser Lage tut die Besinnung auf die starken geistigen Kräfte der Heimat dringend Not. Diese Heimatbeilage, an deren Schaffung die Kölnische Rundschau als erste tageszeitung [illegible] Zeitung herangeht, soll daher nicht der gegenwartsfremden Versenkung in abseitige Liebhabereien eines kleinen Kreises von Heimatfreunden dienen, sondern der Rückbesinnung breitester Volksschichten auf Kultur und Geist der Heimat, um daraus Kraft zu ziehen für Gegenwart und Zukunft. Zugleich wollen diese vorerst noch recht bescheidenen Blätter, deren Format zum Sammeln und Aufbewahren anreizen soll, die junge Generation und die Zehntausende neuer Mitbürger hineingeleiten in das Verständnis der Landschaft, in der sie leben.

Kölnische Rundschau

Ich begrüße die Heimatblätter „Alt-Köln“ als ein Zeichen wiedererwachten altkölnischen Geistes und Opfersinnes. Heute gilt es, den Heimatgedanken in breitesten Bevölkerungsschichten zu verwurzeln. Vor allem die Jugend wollen wir zu aufrichtiger Heimatliebe und zu mutigem Vertrauen in die Zukunft führen.
Was uns in unserem alten Köln noch an Zeugnissen großer Vergangenheit, an Denkmälern rheinischen Bürgersinns und an Schönheiten und Eigenheiten stadtkölnischer Geschichte und alten Brauchtums erhalten blieb, wollen wir mit doppelter Liebe hegen und pflegen. Die Heimatblätter sollen uns zu solchem Ziele führen.

Dr. Hermann Pünder
Oberbürgermeister der Stadt Köln

Mit großer Freude habe ich die Nachricht vom Erscheinen der Heimatblätter für die Stadt Köln vernommen. Hat der unselige Krieg gerade unserer Stadt tiefe Wunden geschlagen, so sind auf der anderen Seite doch gerade in unserem alten Köln Heimatliebe und Heimatstolz immer besonders lebendig geblieben. Haben wir auch noch so viel verloren, die Heimat ist uns geblieben. Und ihr wollen wir in Liebe, Treue und Opferbereitschaft dienen, unermüdlich an ihrem Wiederaufbau arbeiten!

Dr. K. Adenauer

Alt Köln erschien ab 1947 als Beilage zur Kölnischen Rundschau. Hier die Nr. 1 aus 1947 mit einem Vorwort von Oberbürgermeister Dr. Pünder und einem Grußwort von Dr. K. Adenauer

August Batzem, enger Vertrauter und bis zum Tode von Willi Ostermann dessen langjähriger Weggefährte, hat uns zu Beginn des Jahres 1947 etwas ins Stammbuch geschrieben. „Mer muß och günne künne“ verkündet er angesichts der Tatsachen, dass zu eifriges

Fringsen und Maggeln den Neid und die Missgunst anderer, die nicht die Kraft, den Mut oder den Willen hatten, Gleiches zu tun, hervorrief: „Wer hät, dä hat“ stellt er fest und lässt seine erfolgreiche Hauptperson verkünden: „Ich liere Englisch, Gott sei Dank!“

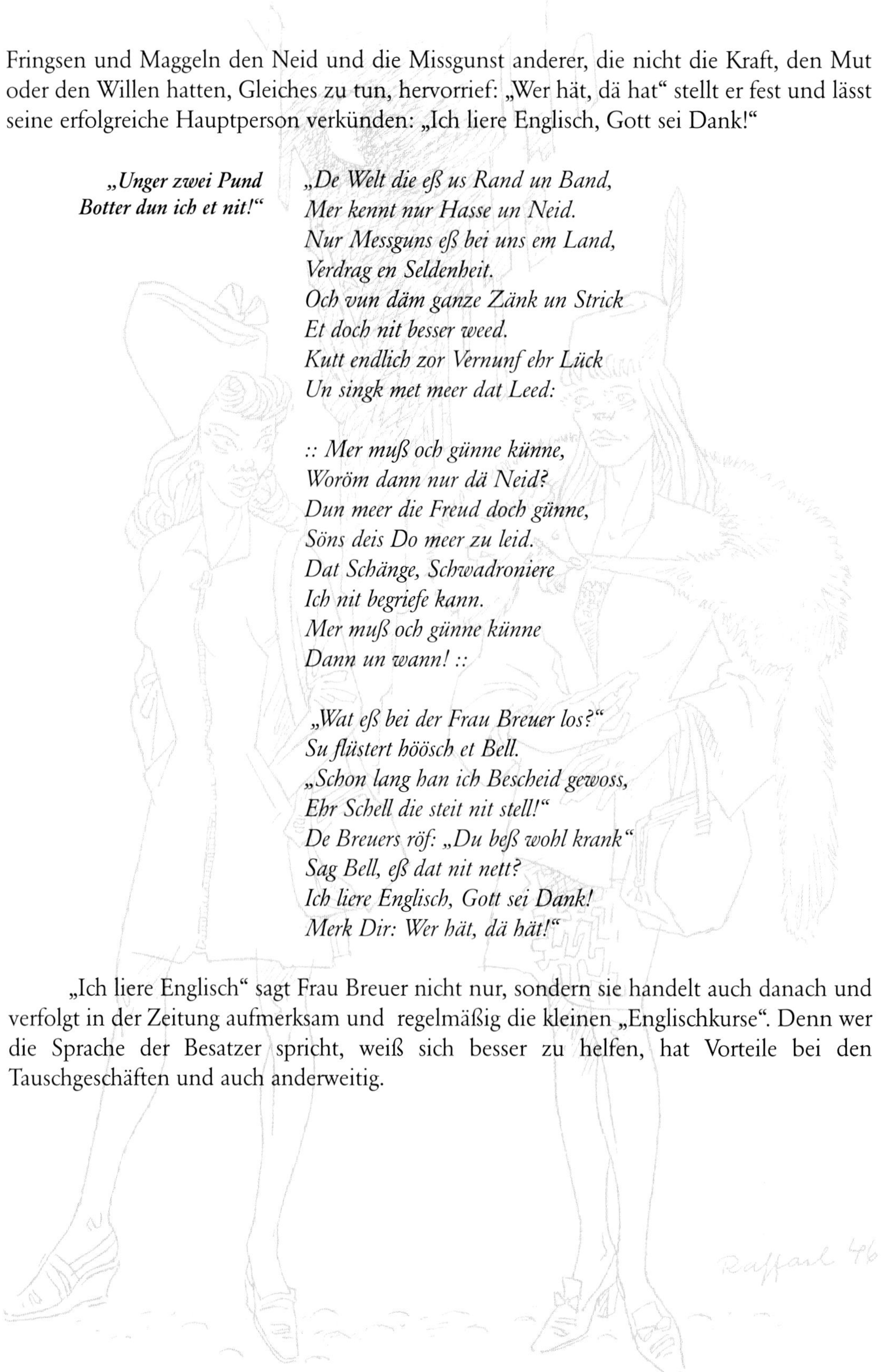

„Unger zwei Pund Botter dun ich et nit!“

„De Welt die eß us Rand un Band,
Mer kennt nur Hasse un Neid.
Nur Messguns eß bei uns em Land,
Verdrag en Seldenheit.
Och vun däm ganze Zänk un Strick
Et doch nit besser weed.
Kutt endlich zor Vernunf ehr Lück
Un singk met meer dat Leed:

:: Mer muß och günne künne,
Woröm dann nur dä Neid?
Dun meer die Freud doch günne,
Söns deis Do meer zu leid.
Dat Schänge, Schwadroniere
Ich nit begriefe kann.
Mer muß och günne künne
Dann un wann! ::

„Wat eß bei der Frau Breuer los?“
Su flüstert höösch et Bell.
„Schon lang han ich Bescheid gewoss,
Ehr Schell die steit nit stell!“
De Breuers röf: „Du beß wohl krank“
Sag Bell, eß dat nit nett?
Ich liere Englisch, Gott sei Dank!
Merk Dir: Wer hät, dä hät!“

„Ich liere Englisch“ sagt Frau Breuer nicht nur, sondern sie handelt auch danach und verfolgt in der Zeitung aufmerksam und regelmäßig die kleinen „Englischkurse“. Denn wer die Sprache der Besatzer spricht, weiß sich besser zu helfen, hat Vorteile bei den Tauschgeschäften und auch anderweitig.

Die erste Friedensweihnacht in Köln
Der „Decke Pitter" läutet das Christfest ein

Das erste Weihnachtsfest nach Kriegsende 1945 steht kurz bevor. „De Engelcher sin de Plätzcher am backe", hatte uns Mutter aufgeklärt, als wir sie gefragt haben, warum der Himmel gegen Abend immer von einem roten Schimmer bezogen war. Und voller Staunen stand ich Abend für Abend auf dem dunklen Hof in Sichtweite unseres Zimmerfensters, um zu gucken, ob das Christkind auch wieder fleißig am Werk war. Irgendwie lag eine ganz besondere Stimmung in der Luft. Meine Schwestern Dora und Hedwig erzählten, wie es in der Schule ist. Altes, verbrauchtes Spielzeug sollen die Kinder von zu Hause mitbringen und unter Anleitung der Lehrer wird es repariert oder verschönt. Sterne, Tiere und Heiligenfiguren für die Krippe kleben und basteln sie in ihrer Klasse aus Buntpapier, von dem größere Mengen noch in einer Ecke gefunden worden waren.

Bereits Anfang Dezember 1945 nehmen die Städtischen Bühnen Friedrich Forsters Märchenspiel „Der kleine Muck" trotz großer technischer Schwierigkeiten in ihren Spielplan auf. So war denn am 8. Dezember, einem Samstag, ein Kribbeln, Krabbeln, Plappern und Lachen in der großen Universitäts-Aula, die dicht gefüllt ist von kleinen und größeren Kindern und die an dem märchenhaften Geschehen um den kleinen Muck regen Anteil nehmen. Herbert Hennies als kleiner Muck traf in Ton und Spiel die kindliche Art dieses armen aber glücklichen Waisenknaben. Die Kinder hatten ihre helle Freude an ihm und verfolgten seinen Weg zur bösen Hexe Ahazie (Emmy Graetz) und dem noch böseren Riesen Bumbo (Curt Faber) voller Erwartung und Bangen. Ihre Freude war groß, als der kleine Muck schließlich durch die Entzauberung der beiden Königskinder zum großen Muck wurde. Joachim Limans Inszenierung zauberte ein Märchenreich auf die Bühne, Erich Metzold hatte ein reizendes Bühnenbild geschaffen, Wera Schawiinsky die glitzernden Kostüme geschneidert und Dr. Wilhelm Drey ließ mit seinem kleinen Orchester

Weihnachten 1950
in der Elsaß-Strasse (l.) und 1951 bei der Oma in der Eintrachtstrasse

Kinderlieder in die Handlung einfließen und trug viel dazu bei, in den kleinen Herzen Weihnachtsstimmung entstehen zu lassen.

Der Kleine Muck wurde auch am ersten Weihnachtsfeiertag um 14.00 Uhr aufgeführt; um 18.00 Uhr stand die Zauberflöte auf dem Programm. Am 2. Weihnachtsfeiertag fand um 14.00 Uhr die 25. Aufführung „Im weißen Rössl" und um 18.00 Uhr „Bezauberndes Fräulein" statt.

Wie schon so oft in seiner mehr als hundertjährigen Geschichte hat der Kölner Männer Gesang-Verein wieder ein Beispiel gegeben: das künstlerische Beispiel des weihnachtlich gestimmten Volksliederkonzertes. Nach wenigen Monaten der Sammlung und Konzerttätigkeit hat der KMGV – bislang der einzig konzertierende im weiten Umkreis – wieder die künstlerische Höhe erreicht, die seinem Rang und seiner ruhmreichen Überlieferung entspricht. Aus der Fülle seines wiedergewonnenen Könnens und seiner kulturbewahrenden Kraft kehrte der Verein mit diesem Weihnachtskonzert Mitte Dezember 1945 in der Aula der Universität zu den Quellen des Männergesangs zurück, zum schlichten Lied des Volkes. Noch singt der Verein nicht in seiner alten Stärke, umso bewundernswerter war die gleichmäßige Fülle des Chorklangs. Neben den bekannten spätmittelalterlichen Weihnachtsliedern gab es klangvolle Proben neuzeitlicher Weihnachtsgesänge, wie Ramraths Wiegenlied oder den eingängigen Chor „Der schönste Klang" von Josef Schwartz. Auch das altbekannte „Guten Abend, gute Nacht" von Brahms fehlte nicht, und als Zugabe hörte man die beiden volkstümlichsten Weihnachtslieder: „Stille Nacht" und „O du fröhliche". Von neuem erwies sich Kapellmeister Franz Paul Decker als elastisch ausformender und ungewöhnlich klangempfindlicher Chorleiter, diszipliniert und von Grund aus musikalisch, dazu geistesgegenwärtig genug, einen verfehlten Choranfang sofort richtig zu stellen. Solistin des Konzertes war die herausragende Altistin Berta Maria Klaembt, die drei Lieder von Hugo Wolf und alte Weihnachtslieder mit hoher Gesangs- und Vortragskunst überlegen gestaltete. In der klanglichen Zurückhaltung ging der Begleiter Franz Paul Decker viel weiter, als es der große Konzertraum erlaubt.

Täglich erscheinen nun Meldungen, die Hoffnungen wecken und große Vorfreude auf das Fest hervorrufen, wie insbesondere die folgenden:

- 600 Christbäume sind den Schulen zugesagt, um das schönste deutsche Fest, dem in diesem Jahr in Köln mehr als 35.000 Schulkinder beiwohnen werden, wieder unter dem Weihnachtsbaum feiern zu können. Alte und neue Advents- und Weihnachtslieder, die schon fleißig eingeübt wurden, sollen wieder unter dem Christbaum vom „Frieden auf Erden" künden.

- In den Kindergärten und Horten führen Jugendleiterinnen die Kleinsten durch Erzählen, Singen und Vorlesen mitten hinein in die Welt des Christkindes. Mütterzusammenkünfte wurden einberufen, in denen über die Festgestaltung und die Anfertigung von kleinen Geschenken beraten wird. Wenige Tage vor dem Fest werden die Kinder zusammen mit ihren Eltern zu einer Vorweihnachtsfeier in die Kindergärten eingeladen. Dabei wird es allerlei freudige Überraschungen geben, die Jung und Alt in die schönste Vorweihnachtsstimmung versetzen werden.

- Zu Weihnachten und Neujahr soll es in der ganzen britischen Zone keine Ausgangssperre geben. Auf Anordnung der britischen Kontrollkommission für Deutschland wird die Ausgangssperre in der britischen Zone in der Weihnachtsnacht (24./25. Dezember), in der Nacht vom ersten zum zweiten Weihnachtstag (25./26. Dezember) und in der Silvesternacht (31. Dez./01. Janaur) aufgehoben. Damit können alle Vorbereitungen für Weihnachtsgottesdienste getroffen werden.

- Alle Kleinst- und Kleinkinder bis zu 6 Jahren erhalten zu Weihnachten 400 g Süßwaren ohne Abgabe von Zuckerabschnitten. Für die Brotmarken über 150 g Brot gibt es 150 g Weihnachtsgebäck.

- Frauen, die am 9. Dezember das 25. Lebensjahr vollendet haben, erhalten in den Bezirksstellen gegen Vorlage des Haushaltausweises eine Raucherkarte. Für Haushalte mit mindestes vier Kindern unter 14 Jahren werden auf Berechtigungsscheine sechs Weihnachtskerzen ausgegeben.

- Die Obdachlosen in den Bunkern erhalten am Heiligabend und am ersten Weihnachtsfeiertag je eine besondere gehaltvolle Mahlzeit, die Kinder noch dazu einen „Printemann". An die Kinder der politisch Verfolgten wird unter anderem Kondensmilch verteilt.

- Auf der Raucherkarte für Männer werden am 29. Dezember 20 Zigaretten oder die entsprechende Menge Zigarren, Zigarillos und Kautabak ausgegeben.

Und eine ganz besondere Freude löste die Meldung aus, dass „St. Peter, unsere Domglocke, die größte schwingende Glocke der Welt, am Heiligen Abend und in der Christnacht über den Trümmern des alten heiligen Köln erklingen wird."

Weihnachtsgruß des Erzbischofs

Die Kanzel des Kölner Doms ist noch verödet, in der Kölner Innenstadt sind alle Kirchen zerstört. Deshalb öffnete der „Kölnische Kurier" am 24. Dezember seine Spalten zu einem Weihnachtsgruß des Kölner Erzbischofs Dr. theol. Joseph Frings, der hier auszugsweise wiedergegeben wird:

„Friede den Menschen!" Diesen Engelsgruß möchte ich allen zurufen, wie ja der

Bischof bei jedem feierlichen Amt die Gemeinde grüßt mit dem Rufe: „Pax vobis! Der Friede sei mit euch!“ Friede! Der Krieg ist zwar beendet, aber der Friede ist noch nicht angebrochen, und der Zwischenzustand, in dem wir uns befinden, ist überaus leidvoll. Ich habe es als meines Amtes angesehen, ihn zu lindern, soviel ich konnte. Ist ja die christliche Caritas immer Hand in Hand gegangen mit der Verkündigung des Wortes Gottes und der Feier des Gottesdienstes. Schriftlich und mündlich, in Eingaben und in persönlicher Vorsprache habe ich mich an die Vertreter der Siegermächte gewendet, um Milderungen für unser notleidendes Volk zu erlangen. Ich habe mich bemüht für unsere Kriegsgefangenen, dass sie heimkehren, dass sie schreiben können, dass ihre Lage gebessert werde; für die Evakuierten, dass sie zurück dürfen, das sie einander wiederfinden, dass ihnen Rat und Hilfe zuteil werde auf der Reise, an den Bahnhöfen; für die politisch Gefährdeten, dass jeder Fall eigens geprüft werde, dass diejenigen, die nur um ihre und ihrer Familie Existenz zu wahren, einen äußeren Anschluss an die Bewegung gesucht haben, nicht um Amt und Brot kommen. Ich habe immer wieder geltend gemacht, dass nicht das ganze Volk schuldig ist, sondern dass viele Tausende von Kindern, Alten, Müttern völlig unschuldig sind und nun gerade am meisten leiden müssen unter der allgemeinen Not; dass man das Handeln der einzelnen von 1933 nicht mit dem Wissen von 1945 messen dürfte. Ich habe mich bemüht für alle, dass wir nicht hungern und frieren. Allenthalben fand ich ein aufmerksames Ohr und wohlwollende Herzen, und manche Milderung ist erreicht worden. Freilich waren die Verhältnisse oft stärker als der beste Wille, und die öffentliche Meinung bei den Siegernationen bildete zuweilen ein unübersteigbares Hindernis!“

Im zweiten Teil seiner Botschaft geht Dr. Frings auf „des Bischofs wesentliche Aufgabe, den Menschen Christus zu bringen im Wort und Sakrament“ ein. Seine längeren und eindrucksvollen Ausführungen enden mit den Sätzen:

„Möchte unser Volk gerade durch die Not, die wir leiden, dazu geführt werden, dass es die Kraft zum Glauben an Christi Gottheit wiedergewinnt, dass es die Weihnachtsbotschaft nicht als eine poetische Legende auffasst, sondern als die wahre Kunde von dem einmaligen Einbruch des Göttlichen in diese Welt, als die frohe Botschaft, dass über den Sternen wirklich ein Vater wohnt, der sich seiner sündigen Geschöpfe erbarmt hat, der auch in Zeiten der Not den Seinen nahebleibt und sie in seinem Sohne als seine Kinder an sein Herz ziehen will. Wer zu diesem Glauben zurückkehrt und aus ihm lebt, findet den Gottesfrieden, der jeden Begriff übersteigt und aus dem Herzen alle Bitterkeit entfernen kann. Diesen Frieden wünsche ich allen, die diese Zeilen lesen. Aus ihm nur kann der wahre Aufbau des Volkes und der Familien hervorgehen. Schenke Gottes Güte ihn uns durch seine Gnade!“

Chreßfess bei uns doheim

Es ist dunkel, im heller werdenden Licht erscheinen zwei Männer in der Tracht alter Kölner Landsknechte. An ihrem Gürtel ist eine Trommel befestigt, denen sie mit langsamem Auf- und Ab ihrer Stöcke dumpf klingende Schläge entlocken. Es ist mucksmäuschenstill in der Kölner Philharmonie an jenem Vorweihnachtsabend des Jahres 1995, als die Scheinwerfer auf King Size Dick gerichtet werden. Seine ansonsten volltönende Stimme zittert etwas und in seinen Augen – und nicht nur in seinen – glänzt es feucht, als er das Lied „Dat wor Weihnachten, wo ich su off dran denk" zu Gehör bringt, dessen Text Bruno Kallmeier 50 Jahre nach dem Ende des Krieges und zu einem Zeitpunkt, als kriegerische Auseinandersetzungen wiederum schreckliche Gräuel hervorrufen, geschrieben hat:

„Et jov en Zick, et es lang her
Die wor jepräch vun Leid.
Et Chreßkind hat et domols schwer
Et kohm em Dudekleid.
Un jede Freud un Heiterkeit
Wood en Schutt un Äsch jesenk:
Dat wor Weihnachten, wo ich su off dran denk.

Et jov kaum jet zo esse
Alle hatten jroße Nut.
Doch Weihnachte verjesse –
Dat wor, als wör mer dud!
Mer fierten Hellich Ovend
Et wor kalt – janz dichjedränk!
Dat wor Weihnachten, wo ich su off dran denk!

Janz Kölle wor e Trümmerfeld
Un alles wor kapott.
Et jov nur Elend op d'r Welt
Wo wor d'r Leeve Jott?!
Mer hatten keine Tannebaum
Et jov och kei Jeschenk.
Dat wor Weihnachten, wo ich su off dran denk!

Och hück es et nit anders
Mer bruch janit wick ze jonn.
Nur dausend Kilometer
Un dann süht mer se stonn!
Zo Weihnachte erschosse

Omas Haus in der Eintrachtstrasse musste der Erweiterung des Erzbischöflichen Palais weichen

Un zo Weihnachte jehängk.
Dat es Weihnachte, wo ich su off dran denk!

Wann weed mer ens bejriefe,
Wann weed mer je verstonn?
Sich iewig zo bekreeje,
Jo, wat hät mer dann dovun!
Fredde üvverall, dat wör
För alle e Jeschenk.
Dat es Weihnachte, wo ich su off dran denk!

Wann weed mer ens bejriefe,
Wann weed mer je verstonn?"

Ich durfte das ausverkaufte und des großen Erfolges wegen ein Jahr später wiederholte Konzert „Weihnachten mit King Size Dick", das im WDR-Fernsehen und im darauffolgenden Jahr in 3Sat ausgestrahlt wurde, moderieren. Schon bei der Studio-Produktion der im November 1995 als Folge 22 der Kölsche Evergreens erschienenen CD mit dem Titel „Loss mer all noh'm Dom jonn – Weihnachtszick met King Size Dick" hatte ich eine Gänsehaut bekommen und jetzt war es auch wieder so.

Der erste Golfkrieg war gerade erst ein paar Jahre vorbei, als es jetzt im ehemaligen Jugoslawien an allen Ecken und Ende brannte. Und ein Ende der kriegerischen Gräuel war nicht abzusehen. Aber mehr noch als das aktuelle Geschehen beschäftigte mich die Erinnerung an die Nachkriegszeit und an das erste von mir in Köln bewusst erlebte Weihnachtsfest.

Hellige Ovend en Kölle

Mutter hatte uns Kinder, Marianne ausgenommen, zur Oma in die Eintrachtstrasse geschickt. Mit Dora und Hedwig tippelte ich mit meinen kurzen Beinchen über die Trampelpfade auf den Trümmern der Severinstrasse, die uns den Weg vorgaben. Verlaufen konnten wir uns hier nicht. Über Waidmarkt und Hohe Pforte erreichten wir die Hohe Strasse, die schon vom Schutt geräumt war. „Weihnachtsverkauf" hieß es auf einem quer über die Strasse gespannten Transparent. Das jedenfalls las mir Dora laut vor. Irgendwem war es gelungen, zwischen einigem Tannengrün einen Papierstern und einen Engel zu platzieren. Ein gespenstig anmutendes Bild bot sich uns an der Stollwerck-Passage. Die Außenmauern des mächtigen Rundbaus standen hoch aufgerichtet, rauch- und rußgeschwärzt. Da, wo sicherlich einmal blanke Fensterscheiben waren, blickte man in eine furchteinflößende Leere, die umso mehr an Gruseln verlor, je näher man kam. Von weitem hatte ich den Eindruck, lauter Totenschädel würden mich anstarren.

Weihnachts-Verkauf? Die Läden – oder besser das, was von ihnen übrig geblieben war – boten ein gleichermaßen trostloses Bild. Dann sah ich das „Knusperhäuschen“, vor dem einige Käufer – Männer, Frauen und auch neugierige Kinder – standen. Ein quergespanntes Holzbrett, mit zwei Lebkuchenhäuschen bemalt, wies den verheißungsvollen „Knusperhäuschen“-Schriftzug auf. Was mochte es wohl hier zu kaufen geben? Entsprechende Überlegungen anzustellen war eh sinnlos. Selbst da, wo etwas angeboten wurde, konnte kaum jemand einen Kauf tätigen, weil das Geld dazu fehlte. Es sei denn, man hatte etwas zum Tauschen. Doch wer war schon in der glücklichen Lage, noch etwas Tauschbares zu besitzen?

Dann stand der Dom vor uns. Hoch, mächtig, dunkel. Mitten in dieser unendlichen Trümmerwüste wirkte er wie ein Fels in der Brandung, wie ein Fingerzeig Gottes zum Himmel. Obwohl er wie ein Koloss wirkte, war er nicht furchteinflößend. Vielmehr strahlte er Zuversicht aus. „Sulang dä Dom noch steiht ...“ – wie oft hatte ich diesen Stoßseufzer der Hoffnung und Zuversicht schon gehört und dann immer wieder festgestellt, wie aufkeimende Hoffnung die Stimmen fröhlicher werden ließ: „... gitt et och noch uns Kölle!“

Dann standen wir schon vor dem kleinen Haus in der Eintrachtstrasse, in dem Oma Dora mit ihrem Sohn Hans und den Töchtern Else und Agnes lebte. Und wenig später durfte ich ein Gedicht aufsagen:

„Denkt euch, ich habe das Christkind gesehn.
Es kam durch den Wald, das Mützchen voll Schnee
Mit rotgefrorenem Näschen.
Die kleinen Händchen taten ihm weh;
Denn es trug einen Sack,
Voll mit Äpfeln und Nüssen.
Ihr Naseweise, ihr Schelmenpack.
Meint ihr, er wäre offen der Sack?
Zugebunden, bis oben hin –
Es war gewiss was Leckres drin!“

Einen Apfel und ein paar Nüsse hatte das Christkind für uns in der Eintrachtstrasse dagelassen. Und Bonbons und Plätzchen. Wahrlich, ein Festtag, zumal es auch noch ein Butterbrot gab. Kein Maisbrot, sondern mit richtigem Mehl gebacken. Ich durfte meine Brotscheibe auf die Ofenplatte legen. Das roch so wunderbar – und es schmeckte, schmeckte, schmeckte.

Omas Ofen sah genau aus wie der unsrige in der Elsaß-Strasse. Er wurde, wenn man hatte, mit Holz oder Klütten beheizt. Ansonsten wurde alles in die Feuerstelle gesteckt, was brennbar war. Im hinteren Bereich auf der Herdplatte stand ständig ein großer viereckiger Topf mit heißem Wasser. Zwei Feuerstellen zum Kochen und Braten, eine größere und eine etwas kleinere, waren im vorderen Bereich. Mit einem kleinen Schürhaken konnte die jeweilige Öffnung vergrößert oder verkleinert werden. Denn die Abdeckplatte der Feuerstellen bestand aus cirka sechs oder sieben Ringen, die wegen ihrer unterschiedlichen Durchmesser einzeln von innen nach außen entfernt werden konnten und somit die Feueröffnung mehr und mehr freilegten. Mit dem „Stochieser", auch „Rekelieser" genannt, wurde von Zeit zu Zeit die Glut aufgeschürt. Das „Äscheschoss" mit der durch ein Rost herabfallenden Asche musste zweimal täglich entleert werden. Da bei brennendem Herd immer Glut in der Asche war, musste diese, von anderem Müll getrennt, in eine kleine Eisentonne entsorgt werden. Nicht alle hielten sich daran – und so gab es manchen Schwelbrand, der vermeidbar gewesen wäre.

Vor und nach der Bescherung sangen wir gemeinsam Weihnachtslieder: „Stille Nacht, Heilige Nacht", „Menschen die ihr ward verloren", „Kling Glöckchen, klingelingeling", „O Tannenbaum". Mein Liederwunsch wurde leider sehr selten erfüllt. Ich weiß bis heute nicht, warum. Aber in meinen Ohren klingt das „Hohe Nacht der klaren Sterne" noch manches mal und ich weiß leider nicht, wie es weiterging. Irgendwer hat mir einmal gesagt, das sei ein Lied der Nazis gewesen. Ob es stimmt?

Dann hieß es plötzlich „Psst, psst!". Und in die eintretende Stille hörten wir den „Decke Pitter" läuten. Es war, als hätten wir neben dem Dom gestanden. Niemand sagte ein Wort, es herrschte eine andächtige, weihevolle Stimmung. Und dann, nach vielleicht fünfzehn Minuten, war es draußen wieder still und drinnen waren die Erwachsenen alle sehr ergriffen.

Irgendwann später durfte ich meiner Lieblingsbeschäftigung nachgehen und Schallplatten auflegen. Das war eine kleine Prozedur, denn man musste den Deckel des viereckigen Kastens hochheben, eine Schellack-Platte auflegen, die seitlich am Kasten angebrachte Kurbel so lange drehen, bis sich die Feder gespannt hatte. Dann löste man die Bremse des Plattentellers und legte den Tonarm auf die rotierende Schallplatte. Eine sichere Hand und ein gutes Auge waren für eine ordnungsgemäße Bedienung erforderlich. Die Lautstärke wurde durch Öffnen und Schließen von zwei Klappen, die sich an der Vorderseite des Kastens befanden, reguliert. Je weiter die Öffnung, desto lauter der Klang. Natürlich musste ich zuerst die Weihnachtslieder mit Aufnahmen des Kölner Männer Gesang-Vereins auflegen. Davon gab es einige. Dann kam Heinrich Schlusnus zu Gehör. Diesen Konzert- und Opernsänger mochte Oma über alles. Schlusnus- über Schlusnus-Platten standen im Regal – und die meisten davon hatten auch noch Übergröße, ragten also ein Stück über den Plattenteller hinaus. Erstmals Weihnachten 1948 durfte ich auch eine Schallplatte mit kölschen Liedern von Karl Berbuer auflegen. Damals ahnte ich noch nicht, dass Omas Schallplattensammlung einmal eine ganz große Rolle in meinem Leben spielen würde.
Onkel Hans trug irgendwann auch ein Gedicht vor:

„Es weihnachtet sehr.
Im Kloster sitzen die Nonnen,
Ostern wird bald kommen!“

„Schäm dich vor den Kindern“, sagte Oma. Ich wusste zwar nicht, warum, aber ich meinte damals, es sei ungerecht, weil ich innerlich darauf hoffte, der Osterhase würde –vielleicht mit einem Ei und ein paar Süßigkeiten – ebenfalls einen Besuch bei der Oma machen. Später kam Mutter, um uns abzuholen. Wie habe ich mich gefreut. Denn es winkte weiteres Glück: „Wenn wir nach Hause kommen, war das Christkind schon da!“ So war es denn auch – und ein paar Kleinigkeiten hatte es in der Elsaß-Strasse zurück gelassen. Vor dem Schlafengehen haben wir unsere kleinen Händchen gefaltet und mit Mutter gebetet: „Liebes Christkind, schick uns bitte, bitte, bitte den Papa nach Hause!“

Im Kölnischen Kurier wird unter der Überschrift „Die erste Friedensweihnacht“ über das Fest berichtet:

„Als am Heiligen Abend die Stimme der St. Peter-Glocke über den Trümmern Kölns erklang, hatten viele Kölner bei allem Leid das Gefühl, wieder echte Weihnachten zu feiern, und mancher lauschte mit feuchten Augen diesem Klang. Alle wussten, dass sie das eigentliche Fest der Familie diesmal im Frieden feiern konnten. Da die Familien mit Kindern Kerzen zugeteilt bekommen hatten, sah man fast überall beleuchtete Christbäume. Zwar gab es meistens nur gebastelte Geschenke für Kinder, aber die Erwachsenen, für die noch wenig da war, freuten sich, wieder frohe Kindergesichter zu sehen. Überall gingen die Gedanken zurück an den Heiligen Abend des vergangenen Jahres, den die Kölner in den Kellern verbringen mussten. Die Christmetten, die meistens in den Krypten und Notkirchen gefeiert wurden, waren überfüllt. Sie erinnerten bei der Enge der Räumlichkeiten und der Verbundenheit zwischen Pfarrer und Gemeinde an frühchristliche Gottesdienste. Diejenigen, die dieses Fest ohne Heim und fern ihrer Angehörigen begehen mussten, besonders auch die in Köln befindlichen Kriegsgefangenen, waren nicht vergessen worden. In Wohnbunkern und Lagern wurden Spenden der Kölner Bevölkerung verteilt. Die Krankenhäuser und Klöster nahmen sich der Kinder und Armen an.“

23. Dezember 1946 (Berrenrather Strasse)

Kaspar – Melchior – Balthasar
Die Heiligen Drei Könige und Mutters Familie

Zurück zur Eintrachtstrasse, die durch Beschluss der Kölner Stadtverwaltung vom 21. April 1945 wieder ihren alten Namen erhalten hatte, nachdem sie in der Nazizeit in „Winkelmann-Strasse“ umbenannt worden war. Omas Haus war mein „Knusperhäuschen“. Gleich wenn man reinkam, führte eine enge und steile Holztreppe nach oben. Unten rechts ging es in das Wohnzimmer, das zwei kleine Fenster zur Straße hin hatte. Vom Wohnzimmer aus kam man in die kleine Küche; die weiteren Räume habe ich nie gesehen. Das Interessanteste aber war der Garten, denn dort stand ein Baum, dessen Früchte die Größe und die Farbe von besonders schönen Knappkirschen hatten, die aber wie Äpfel schmeckten und auch ein entsprechendes Kerngehäuse hatten. Es soll sich um einen nicht veredelten Apfelbaum gehandelt haben. Mir war der „Stammbaum“ dieses Exemplars völlig egal – mich interessierten die Früchte, die ich alljährlich über mehre Tage verteilt ernten durfte. Und die Erntestunden nutzte ich auch des Öfteren, durch das von einer riesigen Mauer begrenzte und sehr große Gartengelände zu streifen. Das Haus wurde 1955 abgerissen, als das Erzbischöfliche Palais ausgebaut wurde. Oma und ihre Töchter Agnes und Else bekamen eine Wohnung in Köln-Longerich – Oma überlebte den zwangsweisen Umzug nur kurz. Onkel Hans hatte zwischenzeitlich geheiratet.

Oma Dora war, wie man so sagt, eine liebe Oma. Sie hatte immer etwas für uns Kinder, wenn wir sie besuchten. Meistens lag sie in ihrem Bett, das im Wohnzimmer stand. Die Beine wollten nicht mehr. An ihrem 50. Hochzeitstag waren ihre noch lebenden Kinder und ihre Enkelkinder mit ihr zusammen. Opa August, den ich nie kennen gelernt habe, war zwar schon länger tot, aber er war in Omas und ihrer Kinder Gedanken anwesend, und es wurde an diesem Tag viel von ihm gesprochen. Seine Lebensgeschichte hat mir sehr zugesetzt.

Mutter (vorne) mit ihrer Schwester Maria 1915 in der Kasparstrasse

August Reinhold Strowitzki stammte aus Ziskau (Cyzkovo), wo er am 9. Februar 1881 geboren wurde. Von Beruf Schriftsetzer kam er auf seiner Wanderschaft nach Deutz. An der Schiffsbrücke, die Deutz mit Köln verband, war zunächst einmal Endstation, denn die 2 Pfennig Brückengeld zum Passieren hatte er nicht. Das Glück kam in Gestalt des in Bonn am 23. 06. 1852 geborenen und in Köln mit Maria Franziska Wanot verheirateten Leopold Schönwasser, der seinen Schriftsetzer-Kollegen an der Kleidung erkannte, ihn „auslöste“ und mit nach Hause nahm, damit er für die Nacht ein Dach über dem Kopf hatte. Aus der einen Nacht wurden Tage, Wochen und Monate, denn Leopold Schönwasser hatte ihm bei Bachem, wo er selbst auch beschäftigt war, vorübergehend eine Beschäftigung besorgen können. Und mehr noch: August Strowitzki und Leopolds Tochter Theodora Katharina, die am 20. April 1886 in Bonn das Licht der Welt erblickt hatte, verliebten sich ineinander und traten vor den Traualtar.

Leopold Schönwasser, Urgroßvater mütterlicherseits, 80-jährig

Als Tochter Susanna Antonia, meine Mutter, 1912 geboren wurde, lebte die Familie in der Melchiorstrasse. 1918 wurde Mutter in der Balthasarstrasse eingeschult. Die Schule zog aber kurze Zeit später in die Blumenthalstrasse um. 1920 ging Mutter zur ersten Heiligen Kommunion. Ein Kindheitserlebnis hat Mutter nie vergessen können: In der Nähe der Wohnung in der Melchiorstrasse war die städtische Feuerwache. Damals fuhr die Feuerwehr noch mit Pferden und diese Pferde waren offensichtlich so trainiert, dass sie bei jedem Alarm ein Höllentempo vorlegten. Das „Trapp-trapp-trapp-trapp" der auf den Basaltsteinen klappernden Hufen und das Geräusch der mit Eisenreifen beschlagenen Holzräder vereinigten sich zu einem furchteinflößenden Höllenlärm. Bei einem Alarm wäre sie vor dem Tor der Feuerwache fast unter die Hufe gekommen, hätte ein Wärter sie nicht zurückgerissen. Mutter erinnerte sich noch genau, dass die beiden Pferde mit den Vorderbeinen aufrecht über ihr standen und wild durch die Nüstern schnaubten. Passiert ist, vom Schreck bei allen Beteiligten einmal abgesehen, Gott sei Dank nichts. Da die Familie in jedem Jahr Zuwachs erhielt, war der Umzug in eine größere Wohnung in der Kasparstrasse erforderlich.

An den ersten Weltkrieg hatte Mutter nicht viele Erinnerungen. Es fielen, so meinte sie, einige Bomben, es gab Ausgangssperren, und als der Krieg zu Ende war, hatten die Kölner zu ihren englischen Besatzern ein gutes Verhältnis und es gab nicht wenige, die den Abzug der Tommies im Jahre 1926 sehr bedauerten.

Ihr Vater hatte inzwischen eine Anstellung als „Stroßebähner" und die Familie in der Balthasarstrasse eine wiederum größere Wohnung gefunden. In Zeiten der großen Arbeitslosigkeit – im Januar 1932 hatten in Köln mehr als 100.000 Menschen keine Arbeit – gab das Sicherheit für den Vater von acht Kindern. Für viel Angst sorgten die vielen Schlägereien, die sich die SA bei ihren Märschen durch die Straßen mit den Kommunisten lieferten.

Oma am 50. Hochzeitstag mit ihren Enkelkindern

Im März 1933 wurde Oberbürgermeister Konrad Adenauer von den Nazis abgesetzt – etwa zur gleichen Zeit wurde Großvater entlassen, weil er bei einer Diskussion im Kollegenkreis den „Stürmer" als Mistblatt bezeichnet hatte.

Meine Schwester Marianne als Kommunionkind 1954

Ein Kollege hatte ihn verpetzt. Arbeitslosenunterstützung erhielt Großvater nicht – er ging mit dem Koffer hausieren, verkaufte Seife und Kleinkram. In der Eintrachtstrasse wurden sie in ein kleines Haus eingewiesen. Dort ist er am 6. Juni 1943 verstorben. Drei Wochen später, am 29. Juni 1943, starb seine Tochter Maria nach einem Bombenangriff in Köln. Er hat auch nicht mehr erleben müssen, dass seine Ehefrau, meine Oma Dora, bis zu ihrem Tod immer noch gehofft hatte, dass ihre seit 1944 bzw. 1945 als im Osten vermisst geltenden Söhne Josef, Gustav sowie Georg doch noch wiederkommen würden. Doch Omas Hoffnung war vergebens gewesen – umsorgt von ihren Töchtern Else und Agnes, die der Hölle im Osten mit Erfrierungen an Händen und Füßen entronnen waren, starb sie am 5. November 1958 in Köln.

Mutter und Vater hatten nach ihrer Eheschließung zunächst in der Zugasse gewohnt. Für Mutter hatte das den unschätzbaren Vorteil, dass sie nur wenige Schritte bis zu ihrer Arbeitsstelle bei Stollwerck hatte. 1938 erfolgte der Umzug in die Elsaß-Strasse.

Länger als 14 Jahre hat Mutter meinen Vater, der am 9. September 1980 im Krankenhaus Hohenlind verstorben ist, überlebt. Ein paar Wochen später, während Mutters Krankenhausaufenthalt, hatte mich der Arzt beiseite genommen: „Ihre Mutter kann nicht mehr alleine bleiben!“ Mutter zitterte am ganzen Körper, als sie das „Urteil“ des Arztes hörte.

Obwohl meine Frau Käthe berufstätig war, erklärte sie sich sofort bereit, Mutter in unser Haus aufzunehmen, um ihr den Heimaufenthalt zu ersparen. Christiane und Christoph, unsere beiden Kinder, waren damit einverstanden, dass ihr eigener Wohnbereich vorübergehend und bis zur Fertigstellung einer unverzüglich in Planung gegebenen Hausaufstockung verkleinert wurde.

Am 8. Mai 1995, auf den Tag 50 Jahre nach der bedingungslosen Kapitulation, ist Mutter in ihrer Wohnung in unserem Haus verstorben. Sie hatte noch regen Anteil an der Produktion des Films „Ausgebombt“ genommen, von der ich ihr tagtäglich erzählt habe. Die Lieder der Bläck Fööss hatte ich ihr noch vorspielen können, aber bei der Fernsehausstrahlung des von mir moderierten Films war sie schon bettlägerig und sehr geschwächt. Mutter war 14 Jahre von meiner Frau betreut und gepflegt worden; Käthe hat ihr nach einem harten und insbesondere in den ersten Nachkriegsjahren entbehrungsreichen Leben zu einem geruhsamen Lebensabschnitt verholfen.

Vater und Mutter beim Köln-Spaziergang 1978

Das Reiterstandbild vom Heumarkt und die Kirchenglocken von Roth
Ne Preußekünning för Ädäppel, Botter, Speck un Eier

Ein bronzener Preußen-König vom Heumarkt in Köln, evangelisch wie bei Preußen üblich, hängt seit Kriegsende im Glockenstuhl einer Kirche im Siegerland, wohin ihn ein Atheist gegen Ädäppel, Botter, Speck un Eier vermaggelt hat und ruft die Pfarrkinder zum Gebet und zum Gottesdienst.

Ein bronzenes Reiterstandbild und Kirchenglocken haben auf den ersten Blick nichts gemeinsam, beim zweiten Blick erinnert man sich aber daran, dass Materialbeschaffer der Rüstungsindustrie während des Krieges landauf und landab Kirchenglocken beschlagnahmt haben, die dann eingeschmolzen und zu Kanonen wurden. Aber irgendwie muss es ja auch immer einen umgekehrten Prozess gegeben haben, wie sonst gäbe es die Vielzahl der Kirchenglocken. Und war nicht die Kaiserglocke im Dom 1917, während des ersten Weltkrieges, eingeschmolzen und 1924 durch die St. Petersglocke, den „Decke Pitter", ersetzt worden?

Auch in der kleinen Pfarrkirche in Roth, in den auslaufenden Höhen des Rothaargebirges gelegen, hatte man während des zweiten Weltkrieges aus dem Turm der 400 Jahre alten Dorfkirche das Geläute entfernt. Kaum war der Krieg zu Ende, waren sich Pfarrer Karl Stiehl, Bürgermeister Nickel und die rund 400 Dorfbewohner darin einig, dass künftig wieder Glockenläuten das dörfliche Leben begleiten sollte. Aber wie sollte das angesichts des Mangels an Bronze gelingen?

Um es vorweg zu sagen: es gelang, und die Umstände, die dazu führten, erinnern etwas an die Geschichten des Priesters „Don Camillo" Tarocci und des Bürgermeisters „Peppone" Guiseppe Bottazzi, die erstmals zu Weihnachten 1946, also nahezu zeitgleich, im italienischen Satiremagazin „Bertoldo", dessen Chefredakteur Guareschi war, erschienen waren.

Der „Don Camillo" in Roth war der evangelische Pfarrer Karl Stiehl und Roths „Peppone" Bürgermeister Emil Nickel. Dritter im Bunde war der Kölner Spediteur Robert Herr, der, begleitet von seiner Tochter Agatha, im Auftrag der englischen Militärregierung mit einem alten Holzvergaser-LKW regelmäßig in die amerikanische Zone fuhr, um evakuierte Kölner in die Heimat zurück zu bringen und dabei im Dörfchen Roth stets eine Ruhepause einlegte.

Bürgermeister Nickel und der Kölner Robert Herr lernten sich während einer der Ruhepausen kennen und kamen ins Gespräch. Man sprach über dieses und jenes und Robert Herr erzählt, wie er ein paar Wochen zuvor mit seinem alten Holzvergaser eine Fuhre Brikett nach Hürtgenwald gebracht und gegen eine Kuh eingetauscht hatte. Die Fahrt zurück durch den verminten „Geisterwald" mit nur noch kahlen Baumstümpfen hatten Kuh, Auto,

Fahrer und die Tochter unbeschadet überstanden. Der Metzger aus der Nachbarschaft hatte dann dafür gesorgt, dass die Familie Herr und die anderen Straßenbewohner drei Tage lang Fleisch auf dem Teller hatten.

Bürgermeister Emil Nickel ist beeindruckt, lobt seine Dorfbewohner und deren Gemeinschaftsgeist, spricht über Geburten und Beerdigungen, erzählt Anekdoten vom Feuerwehrfest und der Kirmes, und abschließend meint er bedauernd: „Unsere Glocken vermissen wir alle sehr!"

Robert Herr hat aufmerksam zugehört, denkt kurz nach, zieht die Stirn in Falten und wenig später wird bei „nem Vüggelche Knollegold" und mit einem Handschlag aus der losen Bekanntschaft mit dem Bürgermeister eine feste, allerdings befristete Geschäftsbeziehung.

Zurück in Köln fahren Robert Herr und Tochter Agathe am helllichten Tag zum Reiterstandbild des Königs Friedrich Wilhelm III. auf dem Heumarkt. 1878 war der von zwei Berliner Bildhauern geschaffene Koloss zum Andenken an die fünfzigjährige Vereinigung der Rheinlande mit dem Königsreich Preußen unter Trommelwirbel, Fanfarenklängen und Jubelrufen enthüllt worden. Die Kölner hatten fortan dem bronzenen Preußen-König die Referenz in „typisch-kölscher" Weise erwiesen: sie ließen ihn teilhaben an ihren Techtelmechteln, denn die Stelle „ungerm Stätz" war Treffpunkt der Liebenden und Verliebten. „Sööß Heu" machten die Jungs, wovon einer später nichts mehr wissen wollte: „Dat Pääd hädden besser op uns jedresse, dann hätt ich jetz nit dat Jedresse!" gab er kund, als er mit einigen anderen jungen Männern vor der Minoriten-Kirche auf seine Angebetete wartete, die drinnen zunächst in den Beichtstuhl und dann, der Tradition kölscher Mädchen folgend, vor der Statue des Hl. Antonius darum baten, das Kinderkriegen noch etwas hinaus zu schieben. Das stand im Gegensatz zu den Frauen, denen Kindersegen versagt blieb und die deshalb zur Kirche St. Kunibert gingen, weil die Großmutter ihnen doch gesagt hatte, der Storch hole die Kinder „us däm Kunibäätspötz."

Kinder hin, Kinder her, das interessiert Robert und Agathe Herr nicht, als sie am Heumarkt vor den Resten des einstmals prächtigen Denkmals stehen. Die den Koloss umgebenden Bronzeplatten mit bedeutenden Männern aus der glorreichen Preußenzeit sind einigermaßen unversehrt. Die obere Plattform aber ist bis auf ein bis zum Oberschenkel reichendes Pferdebein, das aussieht wie eine krumme Latte, leergefegt. Der dort einst hoch zu Ross thronende König aber liegt samt Pääd nunmehr inmitten von Steinbrocken seinen einstigen Untertanen zu Füßen. Robert Herr beschließt: „Dat kann un darf nit su blieve".

Tochter Agathe allein ist zu schwach, also wird Hilfe geholt. „Am helle Daach willste dä Künning kläue?" „Jo, am helle Daach, dann merk et keiner!" In aller Ruhe zerlegen Robert Herr und seine Helfer in schweißtreibender und stundenlanger Arbeit den König und laden ihn stückweise auf den LKW. Vorbeikommende Leute glauben wohl, die Stadtverwaltung habe den Auftrag dazu erteilt. Einer, der Malermeister Erwin Leithaus aus

Köln-Sülz, hat dann doch Verdacht geschöpft und die Stadtverwaltung informiert, aber dort fühlte sich niemand zuständig.

Robert Herrs Rechnung war aufgegangen – der Transport nach Roth war nur noch Formsache und am nächsten Morgen lagen die bronzenen Beine des Königs mitsamt Pferd in des Bürgermeisters Scheune.

Im April 1970 erinnerte sich Pfarrer Karl Stiehl im Gespräch mit dem Redakteur (und späterem Chefredakteur) Jürgen C. Jagla, wie es seinerzeit gelungen war, den vereinbarten Preis, nämlich hundert Zentner Kartoffeln sowie Speckseiten und Eier zu beschaffen.

Pfarrer Stiehl in der Kölnischen Rundschau: „Ich sagte damals unserem Bürgermeister, dem Emil, „das bringst du nie zusammen“. Da schaute er mich grinsend an und sagte nur, „hab's schon alles in der Scheune liegen.“ Den Bauern hatte er nämlich gesagt, die Militärregierung habe das Ablieferungssoll erhöht. Und was sie darauf mehr geliefert hatten, war für den Spediteur Herr. Mir war das so unheimlich, dass ich nicht mehr mitmachen wollte. So wichtig erschienen mir die Glocken nun auch wieder nicht, als dass ihretwegen die Bauern betrogen wurden. Ich verlangte sofort, alle Bauern müssten zusammengeholt und aufgeklärt werden. Emil Nickel zuckte mit den Schultern und holte die Leute tatsächlich zu einer Versammlung. Aber da geschah das Unerwartete: Als ich den Bauern sagte, dass der Bürgermeister sie bemogelt habe, brüllten mir alle begeistert zu: „Ei, das hat er fein gemacht! Wenn wir nur endlich wieder die Glocken haben.“ Da war ich beruhigt.“

Um aus den Denkmalteilen allerdings ein wohlklingendes Kirchengeläute zu machen, bedurfte es noch einmal der Opferbereitschaft, denn neben der Bronze waren auch 60 Kilogramm Zinn, dessen Schwarzmarktpreis rund 15 000 Mark betrug, für das Gießen notwendig. Pfarrer Stiehl: „Wir schickten die Männer vom Kirchenvorstand in die Häuser. Ich war ziemlich skeptisch. Aber nach einer Stunde waren alle wieder zurück. Mit genau 15 000 Mark.“

Drei herrlich klingende Glocken waren bald gegossen und das ganze Dorf war auf den Beinen, als sie feierlich eingeweiht wurden. Es hatte selbstgebrannten Schnaps und feierliche Reden gegeben. Nur über die Herkunft schwiegen sich alle aus. Aber im Dorf kannte ohnehin jeder die Geschichte.

Und der „Heilige Berg“ mit seiner Höhe von 518 m, der schon im Jahr 1232 die Wundertaten der Heiligen Elisabeth, Landesgräfin von Thürigen und Marburg, erlebt hat, wurde erneut Zeuge eines „Wunders“ im nahgelegenen Höhendorf.

Bei der Familie Herr und – wie dort üblich – der Nachbarschaft in Köln hatten die als Lohn erhaltenen Lebensmittel für ein paar Festtage und endlich einmal das Gefühl, richtig satt zu sein, gesorgt.

Et „Hammerlieb“

Robert Herr’s jüngere Tochter Trude, „et Hammerlieb“, stand zu jener Zeit in der „Barberina“ auf der Hohe Pforte als Barfrau hinter der Theke, tingelte mit dem Wandertheater „Der Vorhang“ durch Eifeldörfer, spielte 1947/48 auf der Millowitsch-Bühne in „Die Heinzelmännncher von Köln“, begeisterte mit ihrer umwerfenden Rede als „Besatzungskind“ („Weil minge Vatter su vill Schoklad jejesse hät, ben ich esu schwatz gewoode!“) und gewann einen Rundfunk-Wettbewerb, kam anschließend im Kölner Karneval groß heraus, zieht sich ein paar Jahre später davon zurück, tritt im Varieté Kaiserhof ab Mitte 1956 die Nachfolge der legendären Grete Fluß an, wird für den Film „entdeckt“ und dann als „Ulknudel“ in dünnen Filmchen verschlissen und kann ihre schauspielerischen Fähigkeiten erst richtig ausspielen, als sie 1977 in Köln ihr „Theater im Vringsveedel“ eröffnet.

Ich erinnere mich noch gut an die Entschuttung des Grundstückes, auf dem der zuvor anderweitig und zeitweise auch als Kino genutzte Bau errichtet worden war. Das muss 1946 oder 1947 gewesen sein. Der Trümmerschutt wurde auf Loren geladen, die bis ans Grundstück fuhren. Wenn alle Loren des Zuges, zwischen zehn und manchmal auch zwanzig, gefüllt waren, dann fuhr der Trümmerzug Richtung Waidmarkt, machte in Höhe der jetzigen Nord-Süd-Fahrt einen Schwenk, und vorbei an der Ülepooz, der St. Paul-Kirche und dem Volksgarten ging die Fahrt in Richtung Südfriedhof bis zu einer Schuttaufbereitungsanlage, deren genauer Standort auf der Vorgebirgsstrasse mir allerdings nicht mehr geläufig ist. Wenn die Wägelchen ausgekippt waren, ging es mit dem Leerzug zurück. Oft durfte ich mit auf der Lokomotive fahren, meistens hingen wir aber zu mehreren Pänz auf der Kupplung eines der Wägelchen. Das war zwar verboten, aber wenn die Lokomotive einmal Fahrt aufgenommen und viele Wägelchen zu ziehen hatte, waren wir von der Lok aus nicht zu sehen. Auf der Rückfahrt konnten wir es uns in einem der Wägelchen gemütlich machen.

Als der Bau nach der Entschuttung hochgezogen wurde, erschien an einem regnerischen Tag kurz vor Feierabend die Frau des Vorarbeiters und brachte einen großen Kuchen, den ihr Mann seinen Kollegen aus Anlass seines Geburtstages spendieren wollte. War es weil es durch den Regen etwas glitschig war oder lag es daran, dass das Geburtstagskind schon ordentlich einen „gehoben“ hatte – jedenfalls landete das Prachtstück an Kuchen bei der Übergabe nicht in den Händen ihres Mannes, sondern auf dem durch den Regen ziemlich aufgeweichten Boden. Platsch! Das Geburtstagskind trug es mit Fassung – seine Frau war nahezu fassungslos: „Dä schöne Kooche!“ „Määt nix, dä gevve mer däm Jung!“, antwortete der Mann, hob vorsichtig den Kuchen auf, pappte die abgebrochenen Stücke wieder daran und gab den jetzt wieder fast runden Kuchen an mich weiter. „Dat kann mer all noch esse, dä muss do nur jet durch de Wäschbütt zoppe.“ Schnurstracks eilte ich mit meiner „Beute“ nach Hause – und an diesem Abend gab es in der Elsaß-Strasse bei Louisens ein Festessen.

Ich komme aber auch noch einmal auf Don Camillo und Peppone zurück. Die Geschichten wurden in den 1950er und 1960er Jahren mit Fernandel als Don Camillo und

Gino Cervi als Peppone verfilmt,. Drehort war die italienische Kleinstadt Brescello. Dort erinnert noch heute das liebevoll gepflegte „Museum Don Camillo und Peppone" an die Filmarbeiten.

Es wurden insgesamt sechs Filme in Brescello gedreht - aber nur die ersten fünf mit Fernandel und Gino Cervi. Was hatten wir einen Spaß an den Filmen, die ich alle, teilweise mehrmals, gesehen habe:

- 1951 Don Camillo und Peppone,
- 1953 Don Camillos Rückkehr,
- 1955 Die große Schlacht des Don Camillo,
- 1961 Hochwürden Don Camillo und
- 1965 Genosse Don Camillo.

1983 kam eine weitere Verfilmung („Keiner haut wie Don Camillo") mit Terence Hill in der Titelrolle in die Kinos. Diese erreichte aber nicht das Format der alten Filme.

Wat maache mer met däm Pääd?

Bleibt noch zu berichten, was mit den zurückgebliebenen Teilen des Preußenkönigs geschah. Franz Weckauf, der singende Koch der Sportschule Hennef des Fußballverbandes Mittelrhein, der uns als junge Sportler immer gut versorgte, wenn wir bei Fußball- oder Schiedsrichter-Lehrgängen in Hennef waren, würde diese Frage mit seinem Lied aus den siebziger Jahren beantworten: „Sauerbraten, Sauerbraten, nach Husaren-Art!" Auf dem Heumarkt wurde allerdings kein Kochtopf, sondern viel Kraft benötigt. Den Rumpf des Pferdes, den Oberkörper des Königs und die meterhohen Bronzefiguren, die am Sockel befestigt waren, karrte die Stadt Köln 1950 in einen Schuppen auf dem Gelände des Ehrenfelder Schlachthofes. Im Jahr 1959 wurden die Teile, ausgenommen „dä Stätz met dä Päädsfott" eingeschmolzen. Die Sockelfiguren gammelten zunächst im Depot, wurden aber dann als „Kunst am Bau" vor dem Humboldt-Gymnasium, der Oberfinanzdirektion, dem Sitz des Deutschen Städtetages und vor dem Gebäude

Agathe „Aggy" Hartfeld (geb. Herr) mit ihrer Tochter Gigi, die der berühmt gewordenen Tante Trude nacheifert.

des Regierungspräsidenten aufgestellt. Die Stadt machte auch Heinrich Böll zum 60. Geburtstag eine der Figuren, General Graf Bülow, zum Geschenk. Böll liess das Geschenk als „Dauerleihgabe" auf einem Schulhof aufstellen.

Und dann hatten „Stätz un Päädsfott" ihren großen Auftritt. Der Künstler Daniel Spoerri präsentierte das „Kunstwerk" 1979 in der Kölner Kunsthalle in seiner Ausstellung „Le Musée sentimental de Cologne". Nach einer weiteren Präsentation in Berlin sorgte Kölns Stadtkonservatorin Hiltrud Kier dafür, dass der „Stätz met singem Beihau" als „Lockvogel" für eine Wiedererrichtung des Denkmals mitten auf der Heumarkt-Wiese aufgestellt wurde. Der Kölner Verkehrsverein unterstützte das Vorhaben, durch Spenden kamen Gelder ein, der Betonsockel wurde errichtet und die noch vorhandenen Bronzetafeln daran angebracht. Grielächer bemalten die unterm Stätz hervorlugenden Pääds-Genitalien mit Farbe rot und gelb an. Es dauerte nicht lange, bis auf einem vor dem Kunstwerk aufgestellten Schild die Frage gestellt wurde, „Wer hät däm Pääd die Klötz lackeet?"

Bewegung kam wieder in die Sache, als der Bildhauer Herbert Labusga im November 1985 in einer Nacht-und-Nebel-Aktion und mit Hilfe eines Kranwagens und zweier Tieflader einen aus Styropor und in Originalgröße gefertigten „Künning om Pääd", bronzelackiert, auf den Sockel heben ließ. Die Kölner applaudierten, pilgerten zum Heumarkt, diskutierten. Die Verwaltung entsandte einen Statiker, der dem Kunststoff-König met Pääd un Stätz die erforderliche Stabilität attestierte. Mit einer „Untersagungsverfügung" verhinderte die Stadt, dass sich Labusga „seinen" König aus Angst vor Sturmschäden und den sich daran anschließenden möglichen Regressansprüchen zurück holte. Als dann tatsächlich Teile des Königs vom Sockel fielen, erhielt nach einigem Hin und Her ein Düsseldorfer Bildhauer den Auftrag, den „alten" Preußenkönig neu in Bronze zu gießen.

1990 schwebten Künning un Pääd auf ihren Sockel, drei Jahre später wurden die noch fehlenden Reliefplatten angebracht. Als Pääd un Künning 11 Jahre nach ihrer „Rückkehr" in Gefahr gerieten, zusammenzukrachen, verhinderten dies ein paar Stahlrohre, eine ganz besondere Art von „Kunst am Bau". Auch zur Fertigstellung des ganzen „Drumherum" fehlt es noch an Einigem.

Walter Oepen, Puppenspieler am Hänneschen-Theater und „kölscher Jrielächer" hat im März 2002 im Anschluß an einen entsprechenden Ratsbeschluß dem Kölner Stadtkonservator einen Vorschlag unterbreitet:

„Solle mer wirklich noch ens 1,75 Millione Euro för dä Künning locker maache? Noch ens dat selve Kött-Thiater wie en de 80er Johre? Noch ens veer Johr wade, bes alles fädich es? Stecht Künning un Pääd doch einfach widder en de Schrott-press und setzt nor dä Stätz als ech kölsch Denkmol op dä Sockel! Dat koss nit esu vill un wör e Symbol dofför, dat kölsche Eijenaat und preußische Militarismus nit zesamme passe! Udder mer maachen uns die Idee vum Toni Ludes zo Eije un setze de Rude Funke e Denkmol!"

Ist uns der Preuße 1,75 Mio wert?

Der Kölner „Express" stellte diese Frage am 5. März 2005, nachdem bekannt geworden war, dass die Verwaltung in einer Vorlage für den Kulturausschuss eine Beschlussempfehlung für die Restaurierung gegeben hat. Dem armen Preußen auf dem Sockel bleibt aber auch nichts erspart...

Kumedemächer bereichern das kulturelle Leben Altermarktspielkreis, Kumede und Spielkreis Fritz Monreal haben überlebt

Seit Oktober 1945 probten die Mitglieder der vor dem Krieg sehr bedeutenden und jetzt wiedererstandenen Schneider-Clauß-Bühne, die mit dem Kölner Theater kooperierte und in deren Spielplan eingereiht wurde. In der Inszenierung von Joachim Limann wurde am 26. Januar 1946 in der Aula der Kölner Universität das kölnische Volksschauspiel „Heimgefunge" von Wilhelm Schneider-Clauß (musikalische Leitung Kapellmeister Franz Decker) aufgeführt. Das Stück, das in der Mitte der 70er Jahre des vergangenen (jetzt: vorvergangenen) Jahrhunderts spielt, war den Kölnern nicht unbekannt. Da es sich bei den Mitwirkenden ausschließlich um Laienspieler handelte, ist deren Leistung umso höher zu bewerten. Derben Humor, Gefühlsseligkeit, große und kleine menschliche Schwächen in einer patriarchischen, verklungenen Zeit hat der Verfasser mit Glück in die Form eines heiter-ernsthaften Spiels gebannt, dessen Wirkung zum Teil auch in der unverwüstlichen kölnischen Mundart liegt. Der „Gerechtigkeit" wegen, so der Zeitungs-Rezensent, müsste man alle Schauspieler und Schauspielerinnen nennen. Das wäre aber bei der Vielzahl der Mitwirkenden nicht möglich. Deshalb mussten sie sich mit einem Gesamtlob über die gute Darstellung begnügen. Die Bühnenbilder von Erich Metzold und die Kostüme von Vera Schawlinskiy trafen gut das Zeitkolorit.

Karl Küpper, der begnadete Redner aus der Vorkriegszeit, von den Nazis mit Redeverbot belegt, gründete Ende 1945 nach seiner Rückkehr aus der Gefangenschaft die „Kleinkunstbühne Karl Küpper Köln" und ging 1946 mit „Rheinischer Frohsinn" und „Sang und Klang vom Rhein" ganzjährig auf Tourne. Die Kapelle Mommer, Fritz Knott, Käte Wasser, Jupp Bresgen, Willi Wittkamp und Gerhard Eberler gehörten, neben Küpper, zum Ensemble.

Programmheft 1947

Trude Herr und ihr zeitweiliger Lebensgefährte Gustl Schellhardt zogen ab 1946 mit ihrer „Kölner Lustspielbühne" vorwiegend über die Dörfer des Kölner Umlandes und das „Rheinlandtheater" spielte, ebenfalls im Kölner Umland, vorwiegend Schwänke im Stil von Millowitsch, bei denen auch Mitglieder der Millowitsch-Familie auf der Bühne standen.

In der Ehrenstrasse hatte sich 1947 das kleine Theater „Die Brennessel" etabliert, das vorwiegend Gastbühnen präsentierte. „Quer durch die Krise" war der Titel, mit der die „Bonbonniere-Hamburg" den Kölnern im April 1947 „interzonale Knallbonbons" servierte.

Anfang August 1947 trafen sich Mitglieder des Heimatvereins Alt-Köln in der Funkenburg auf dem Sachsenring, um Gerhard Schnorrenberg zu gedenken, der 100 Jahre alt geworden wäre. Schnorrenberg-Sohn August gab bei dieser Gelegenheit auch einige Kostproben des Vaters, trug aber auch eigene Lieder vor. Jupp Berg und Wilhelm Hoßdorf brachten im zweiten Teil der Veranstaltung eigene Werke zu Gehör. An diesem Abend wurde die Idee geboren, eine eigene Spielgruppe innerhalb des Vereins zu gründen. Der Tazzelwurm wurde dann am 14. Dezember 1947 zur Gründungsstätte der heute unter der Leitung von Hermann Hertling als „Theater des Heimatvereins Alt-Köln" firmierenden „Kumede".

Die Kölnische Rundschau berichtete zwei Tage später:

„Schon regen sich neue Kräfte für das kölsche Mundarttheater; der „Heimatverein Alt-Köln e.V." hat sich vorgenommen, kölnische Dichter zu fördern und mit einer eigenen Spielgruppe kölsche Stücke aufzuführen. Sozusagen als Vorübung für die im kommenden Frühjahr geplanten Aufführungen wurde das kölsche Volksschauspiel von Jakob Werner „För Rääch un Freiheit" sehr eindrucksvoll mit verteilten Rollen gelesen. Vor dem historischen Hintergrund der Weberschlacht von 1371 entwickelt sich zwischen den Zünften und Patriziern der Kampf um die demokratische und menschliche Freiheit. Da sich dauernd die Vergleiche zur heutigen Situation aufdrängen, gewinnt das Stück höchste Aktualität. Beherzigenswerte Wahrheiten, die heute oft nicht ausgesprochen werden, klingen aus der Zeit vor 600 Jahren frisch und als Geschichte mahnend an unser Ohr. Die kölnische Tradition wird diese Heimatbühne also darstellen – mit dem Ernst der großen Sache, aber: Wo bleibt der Mundartdichter, der dem kölschen Humor wieder Wort und Gestalt auf dem Theater verleiht?" Die Theatergruppe „kölschte" den Namen „Komödie" ein und nannte sich „Kumede". 1949 wurde „En ahl kölsche Kirmes unger Krahnebäume" von Jakob Werner und am 13. Dezember 1950 im Kolpinghaus am Fröbelplatz in Ehrenfeld „Der Dombaumeister" unter der Regie von Franz Goebels aufgeführt. Dieser Franz Goebels war der ent-

Kleinkunstbühne
Karl Küpper Köln

PROGRAMM

Rheinischer Frohsinn

1. Musik . . . . Kapelle Mommer
2. Ansage . . . . Fritz Knott
3. Musik . . . . Kapelle Mommer
4. [illegible]-Humorist . . . Fritz Knott
5. Rezitation . . . . . . Käte Wasser
6. Heimweh nach Köln . . Kapelle Mommer
7. Humorister Vortrag . . . Karl Küpper
8. Sketch . . . . Jupp Bresgen
9. Xylophon-Solo . . . . . Willi Wittkamp
10. Rheinischer Frohsinn . . Gerhard Ebeler
11. Ausklang . . . . Kapelle Mommer

Wenn Euch mal die Sorge drückt,
Laßt nur den Kopf nicht hangen,
Und wenn die Arbeit mal nicht glückt,
Dann wird frisch dran gegangen,
Und wenn Ihr krank am Herzen seid,
Wolln wir den Rat Euch geben,
Dann kommt zu uns, hier gibts viel Freud
Hier könnt Ihr was erleben
bei uns da werdet Ihr gesund:
Beim Küppers Karl, da ist es nett,
Da kann man herzlich lachen,
Ihr braucht kein Arzt und auch kein Bett,
Weil wir gesund Euch machen.

Aenderung im Programm vorbehalten
Jugendliche unter 18 Jahren haben keinen Zutritt

Programmzettel 1946

scheidende Impulsgeber für das Festspiel auf dem Altermarkt im Sommer 1950. Im provisorisch hergerichteten Kölner Gürzenich hatte man zunächst der vor 1900 Jahren erfolgten Verleihung römischer Stadtrechte mit einem glanzvollen Festakt und im Staatenhaus der Kölner Messe mit einer umfassenden stadtgeschichtlichen Ausstellung an dieses Ereignis erinnert. Über 500 Mitwirkende verzeichnete das Festspiel auf dem Altermarkt „Mer sin noch do" unter freiem Himmel und umgeben von einer Trümmerlandschaft.

Eröffnet wurde das Spiel mit einem Prolog des „Kölsche Boor" und dann wurde die 1900-jährige Geschichte der Stadt Köln in farbenfrohen und einprägsamen Bildern in den Kapiteln „Das Oppidorium Uborium wird zur Colonia Claudia Ara Agrippinensis – Gereon und die Thebäische Legion – Die Franken stürmen die Stadt – Ursula und ihre Gespielinnen werden von den Hunnen gemordet – Überfall der Normannen – Die Stadt baut wieder auf – Rainald van Dassel bringt die Gebeine der Hl. Drei Könige – Die Bürger kämpfen um die Stadtschlüssel in der Schlacht bei Worringen – Tagfahrt der Hanse nach Köln – Der Stadtschreiber liest aus der Stadtchronik – Die Pest in Köln – Köln im Dreißigjährigen Krieg – Nikolaus Gülich kämpft gegen den kölschen Klüngel – Die Franzosen besetzen die Stadt – Die Preußen besetzen die Stadt – Fastelovend-Ajuja, do kütt ene Zog! – Die Kölner Revolution vom Jahre 1848 – Die Technik dringt vor – Kölner Droschkenkutscher – Kinderreigen – Bombenkrieg – Köln erwacht zu neuem Leben" dargestellt.

Das Spiel, an dessen Manuskript Oberbürgermeister Dr. Schwering, Archivdirektor Dr. Kuphal, der Leiter des Amtes für Kölnisches Volkstum Dr. Klersch und Verwaltungsdirektor Edmund Forschbach mitgearbeitet hatten, war ein Spiegel der Geschichte der Stadt und machte die Auswirkungen deutlich, die von Köln aus in die Lande gingen und deren Wesenskern der Kampf um die menschlichen Freiheiten war. Johannes Leptien hatte den Text geschrieben, die Musik wurde von Albert Schneider gesetzt. Im Bild „Fastelovend-Ajuja" zogen die Rote Funken und die „Hellige Knächte un Mägde", wie schon 1823, auf; ein Türmer sprach die „Kölnische Hymne" zum Abschluss des Spiels:

„Kölle, hellige Stadt am Rhing,
Do Stadt voll Glanz un Maach.
Kölle, hellige Stadt am Rhing,
Do Krun vun aller Praach.
Mächtig wors do em Strigge.
Groß un stark och em Ligge.
Wood's do geschlage,
Dät's nit verzage.
Kölle, bliev wat do wors,
En Ihr, iwig beston.
Kölle, hellige Stadt am Rhing,
Deer gilt uns Leev un Treu,
Kölle, hellige Stadt am Rhing,

Jan von Werth blieb nahezu unversehrt auf seinem Sockel

Plakat 1946

Do beß uns immer neu.
Deftig, vun boorem Adel,
Kräftig, ohn' Furch un Tadel
Ston ding Geschläächter,
Männer un Weechter.
Kölle, bliev wat do wors,
En Ihr, iwig beston.

Kölle, hellige Stadt am Rhing,
Uns mahnt der Huhe Dom.
Faß zo ston en Freud un Ping
Zo deer, un kölschem Som.
Rhing'sche Aat treu zo wahre,
Fruh et Levve zo drage,
Schlagen och Flamme
Huh ens zosamme.
Kölle bliev wat do wors,
En Ihr, iwig beston!"

Der Erfolg des Stückes, das 78.000 Besucher in seinen Bann zog, führte bei Spielleiter Franz Goebels dazu, seine Mitarbeit in der Kumede, die sich andere Ziele gesetzt hatte, zu beenden und einen lang gehegten Gedanken, im Spiel das Wesentliche und die Tradition kölnischer Art darzustellen, in die Tat umzusetzen. Bautechnische Gründe verhinderten aber, dass das Spiel weiter am Altermarkt stattfinden konnte. Deshalb wurden die Aufführungen des Jahres 1951 in die Kirche St. Maria im Kapitol verlegt. Über hundert kunstbegeisterte Bürgerinnen und Bürger, darunter auch Ludwig Sebus, vereinten sich mit Chor und Orchester, um in „Kölns Kampf um die Freiheit" das Ringen um die Bürgerfreiheit zu schildern.

Aus dem Spiel ging der heute noch bestehende Altermarktspielkreis hervor. Darbietungen in Pfarrsälen und Wirtschaften folgen einige Jahre mit Aufführungen kölnischer Historie im Stadtmuseum. „Fünf Jahrhunderte Kölner Gürzenich" ist die letzte Darbietung unter Franz Goebels, der am 22. Januar 1966 verstorben ist. Unter Richard Griesbach, seinem Nachfolger, wurde der Altermarktspielkreis, der sich unter die „juristischen Fittiche" der Volkshochschule begeben hatte, zu einer Institution in Köln und darüber hinaus. Als ich in den 90er Jahren im Rahmen der „Woche op Kölsch" im VHS-Forum am Neumarkt einen Vortrag über „Kölner Originale und Straßenfiguren" unter Mitwirkung des Altermarktspielkreises hielt, konnte der große Saal die Besucher kaum fassen. Fritz Kautz wurde der Nachfolger von Richard Griesbach.

Bis zum Jahr 1960 beschränkten sich die Aktivitäten der Kumede auf Einzelvorträge. Jakob Werner, Autor zahlreicher Stücke, regte den Anschluss der Spielscharen der Pfarren St. Engelbert in Riehl und von St. Agnes in Nippes an die Kumede an, und seitdem bietet die Kumede einen kontinuierlichen Spielplan, der 1960 mit „Der Dombaumeister“ seinen Anfang genommen hat.

Aus der Kumede ging zu Beginn der 80er Jahre „Klinkenbergs Kölsche Bühne“ hervor, in der Pfarre St. Bruno gründete der Küster Fritz Monreal den „Monreal-Spielkreis“, den jetzt sein Sohn Albert führt.

Feiern auf der „Bismarck" und im „Atlantic"
Die Pänz stelle 1946 Kölle widder op de Kopp

Mit zwei internen Veranstaltungen im „Haus Töller" an der Weyerstraße hatte Hans Molitor, Ehrenvorsitzender der Ehrengarde und bis zur Wahl eines neuen Vorsitzenden vertretungsweise tätig, mit einigen Getreuen bereits im Frühjahr 1946 die „Zeit und das Gelände abgetastet". Eine Veranstaltung nannte sich „Blütenfest"; sie war, wie es im Bericht heißt, „eine Blüte, die zur Frucht reifte".

Das nachfolgende Schreiben, verfasst am 21. Februar 1946 von Hans Molitor und an alle Ehrengardisten versandt, zeugt als Zeitdokument davon, wie der Kölner der Not der Zeit gerecht zu werden weiß, weil er Herz hat:

„Kameraden, wir sind übereingekommen, in diesem Jahre noch keinerlei karnevalistische Veranstaltungen, weder geschlossen noch öffentlich, abzuhalten. Dafür waren folgende Erwägungen maßgebend: Wir haben zwar Waffenstillstand, aber noch keinen Frieden. Hunderttausende deutscher Väter, Söhne, Brüder und Freunde sind noch in Kriegsgefangenschaft, viele ohne jede Verbindung mit der Heimat. Zu Tausenden warten draußen noch Mitbürger voller Heimweh auf die Möglichkeit der Rückkehr nach Köln, während ebenso viele hier zwischen Schutt und Trümmern fast menschenunwürdig wohnen müssen, nur das Notdürftigste an Einrichtung und Kleidung besitzend.

Diese Tatsachen sprechen eine so harte Sprache, dass wir uns nicht teilnahmslos darüber hinwegsetzen und unter der Narrenkappe unbeschwert Karnevalsfreuden hingeben wollen. Wir werden uns vorläufig darauf beschränken, in gewohnter Weise familiär, gesellig zusammenzukommen und so den grauen Alltag für Stunden zu bannen. Zu einem solchen Familien-Nachmittag laden wir hiermit für (Karnevals-) Samstag, den 2. März 1946, 16.00 Uhr in der Gaststätte unseres Kameraden Willi Esser, Weyerstraße 96. ein. Gute Freunde und Bekannte können in beschränkter Zahl eingeführt werden. Es gibt „Kaffee mit Friedensaroma". Gebäck dazu ist mitzubringen. Später wird „Bouillon mit Röggelchen" gereicht, wobei 100g Brotmarken abzugeben sind. Dazwischen Musik, Gesang und Rezitationen, vornehmlichst in Kölner Mundart. Da die Zusammenkunft der Bahnverbindungen wegen gegen 19.30 Uhr beendet wird, ist pünktliches Erscheinen notwendig. Och weed söns d'r Kaffee kalt!" Soweit die Einladung.

Dann kam der Rosenmontag 1946, ein regenverhangener, trostloser Tag mit bleiernem Himmel Anfang März. Thomas Liessem erinnert sich später:

„Ich ging zum Rudolfplatz, dem Treffpunkt der Kölner Schwarzhändler, um für wertloses, aber teures Geld ein wenig Fett zu ergattern. Es war gegen 14.00 Uhr. Wahnsinnspreise wurden unter dem Damoklesschwert jederzeit möglicher Polizeirazzien von Menschen in abgerissener Kleidung geflüstert. Urplötzlich übertönte Lärm aus Richtung Barbarossaplatz das Gemurmel der „Maggler“ und ihrer Kunden. Ich sah, wie sich eine Menschenschlange über den ruinengesäumten Ring heranwälzte und erkannte schließlich viele hundert Kinder. In bunten, zusammengeflickten Kostümen tauchten sie schemenhaft aus dem Mittagsschwaden auf. Aus dem Radau der Schlaginstrumente aller Art ergaben ihre hellen Stimmen die Melodie:

Die „Bismarck“ im Kölner Rheinau-Hafen

„Ov krüzz oder quer, ov Knääch oder Här, mer losse nit, mer losse nit vum Fasteleer...“ Den hungrigen, aber singenden Kindern schlossen sich immer mehr Erwachsene an. Ihnen war es gleichgültig, dass Ansammlungen von Aufmärschen von der Besatzungsmacht nicht geduldet, ja sogar unter Strafe gestellt waren. Der Zug schwoll immer mehr an. Der farbenfrohe Tatzelwurm bewegte sich zum Rathaus, das provisorisch im Gebäude der Allianz-Versicherung am Kaiser-Wilhelm-Ring untergebracht war.

Die Lieder der schunkelnden Menschenmenge wechselten vom „Ajuja“ zum „Treuen Husar“. In der Ferne verklang schließlich der alte Karnevalsgassenhauer „Wo mag er sein, wo mag er bleiben...“

Am 26. August 1946 organisierte die „Ehrengarde“ in Gemeinschaft mit der „Große Kölner“ und der „Prinzengarde“ eine Rheindampferfahrt. Im September 1946 dampfte dann die „Bismarck“ der Köln-Düsseldorfer Dampfschifffahrts-Gesellschaft, restlos überfüllt, rheinaufwärts bis Linz. An Bord diesmal die Lyskircher Junge, die in Linz jedoch nicht an Land durften, weil dort die französisch-besetzte Zone war. Doch das störte die Karnevalisten kaum, denn auf dem Schiff herrschte ausgelassene Stimmung. Das lag weniger am süffigen Rheinwein als vielmehr an einem kurz vor der Abfahrt eingetroffenen Telegramm, dessen Inhalt mit Jubel aufgenommen worden war: Jean Küster, Gründer und Präsident der Lyskircher, war aus russischer Kriegsgefangenschaft entlassen worden und hatte in Frankfurt/Oder bereits deutschen Boden betreten. Und noch etwas registrierten die Lyskircher aufmerksam: auf der „Bismarck“ ließ sich gut feiern. Und so kam es, dass am 9. November 1946 der inzwischen zurückgekehrte Jean Küster auf der an der Trankgasse vor Anker gegangenen „Bismarck“ eine Sitzung der Lyskircher Junge präsidierte. Der Karneval hatte per Schiff im saalarmen Köln seinen Einzug gehalten, wobei die Chronik aussagt, dass „die Stimmung sehr gut, wie früher“ war. Und weiter heißt es: „Sollte man sich darüber wundern? Schon jetzt Karneval feiern? Ja!! Im Jahre 1939 haben wir den Kehraus beschlossen und jetzt, 1946, die Inauguration!“

Auch die Roten Funken dachten Gleiches oder Ähnliches. Am 10. November sangen sie auf ihrer Karnevalssitzung das Lied „Maht üch Freud“:

„Wohin mer süht, do maachen hück
De Minsche sich vill Surge.
Et Alldagsleid off schwer se dröck,
De Freud, die bliev verburge.
Doch weil dat keinem nötze deiht,
Dun mer der Krom vergesse.
Em Fastelovend gitt et Freud
Die welle mer nit messe.
Vallerie – vallera.
Die wolle mer nit messe.

Bei aller Freude über den Fastelovend: im Liederheft der gleichen Sitzung wird auch wieder an das Funkenversprechen erinnert. Der Dichter des Liedes „Nur so, mein Köln, wirst du wieder erstehn“ erinnert an die vergangenen Zeiten, als der Name Köln in aller Welt ein Begriff war, als Köln seine Fesseln sprengen musste, um sich zu erweitern.

In das neue Köln, so fordert er in der Schlussstrophe auf, muß der alte Geist wiederkehren, denn: „Dann, mein Köln, wirst du wieder gedeih’n“:

„Und ist nicht auch der Funken schöne Tracht
In diesen leuchtend rot und weißen Farben?
Die Funken, die doch Frohsinn stets gebracht,
Verschossen Freuden viel – in vollen Garben.
Doch fremde Mächte drängten sich herein,
Zerstörten altes Gut mit neuen Lehren.

In’s neue Köln der alte Geist muß wiederkehren.
Ja dann, mein Köln, wirst wieder du gedeih’n.
In’s neue Köln der alte Geist muß wiederkehren,
Ja dann, mein Köln, wirst wieder du gedeih’n.“

Bahnbrechende Ideen bereichern den wieder langsam auflebenden Strassenverkehr

Die Franzosen fühlen sich veräppelt
„O Mosella" und die Folgen

„Etwas aus meinem Leben" hat Karl Berbuer auf einem eng beschriebenen Blatt festgehalten. Es ist eine Wohltat zu lesen, wie der gelernte Bäckermeister auch „so manchen Kuchen der leichten Muse" gebacken hat. Fast jeden Tag, wenn ich 1947/48 aus der Schule in der Loreleystrasse nach Hause ging, sah ich Karl Berbuer in voller Breite in der Eingangstür seines Bäckerladens auf der Ecke Metzer- und Vondelstrasse stehen. Er hatte sein Tagewerk vollbracht und freute sich offensichtlich, wenn ihn die Vorbeigehenden freundlich grüßten. Mutter hatte mir erklärt, dass der Herr Berbuer nicht nur Brötchen backt, sondern auch Karnevalslieder singt und dann immer vor vielen Menschen auf einer Bühne steht. Das war natürlich für mich der Anlass, den Bäckermeister immer sehr ehrfurchtsvoll zu grüßen.

Karl Berbuer's Aufzeichnungen

In seinen Aufzeichnungen spricht Berbuer über sein bisheriges Schaffen, erwähnt die „Etappen" Frontbühne, Soldatenzeit und Gefangenschaft: „Die letztere absolvierte ich widerwillig in Remagen. Es war die unangenehmste Zeit meines Lebens. Dort traf ich mit meinen alten Freunden Fritz Weber und Ernst Kalt oft zusammen und wir haben trotz allem Elend den Landsern über manche trübe Stunden hinweggeholfen. Aber auch das ging vorüber... Dann rief ich die Karnevalisten zusammen und der Wiederaufbau begann. Trotzdem ich vollständig ausgebumst war, hatte ich meinen Humor nicht verloren und gerade jetzt galt für mich wiederum das Wort „Se kriggen uns nit kapott!" 1947 sang ich „Au yes Marie, ganz Germany hät Schless" und im vorigen Jahr waren es gleich drei Treffer: „O Mosella", „Do häss ne Schisselawuppdig" und „Wenn jetz de Heinzelmännncher köme." Mit meiner diesjährigen Produktion „Kann man denn nüchtern sein" und dem „Trizonesiensong" hoffe ich meinen vorigen Erfolg zu wiederholen."

Das erfolgreichste und populärste Lied der Session 1946 floss, so haben wir es soeben vernommen, aus der Feder von Karl Berbuer: „O Mosella" sangen und schunkelten die Kölner mit ihm. Aber nicht nur die: gewitzt, wie sie nun einmal sind, aber auch, weil sie die Werbewirksamkeit des Liedes erkannt hatten, luden Moselwinzer Karl Berbuer zum Weinfest ein. Die französischen Besatzer an der Mosel hatten ein feineres Näschen, vielleicht waren sie auch empfindlicher als die Briten in Köln: Sie verstanden die zwar nett, aber deutlich verpackte Kritik, von dem vielen Moselwein nichts über die Zonengrenze zu lassen.

Notenblatt

„O Mosella, du hast doch soviel Wein,
O Mosella, trinkst du den Wein allein?
In deinem Garten Eden,
Wächst doch der Wein für jeden,
Und ohne Wein, kann ich nicht sein,
O Mosella!"

Vielsagend stellt Karl Berbuer der Mosel die Frage: „Trinkst du den Wein allein?", um anschließend anklagend zu erklären: „In deinem Garten Eden wächst doch der Wein für jeden!" Seine Frechheit „bezahlte" Karl Berbuer mit einer kurzzeitigen Verhaftung und Festsetzung durch die Franzosen.

„Manchesmal, manchesmal,
Zog vergnügt ich durch's Moseltal.
Sah die Täler und sah die Höh'n,
Sah die lieblichen Mädchen dort gehen.
Und vom Wein, goß man fein,
Mir den edlen Tropfen ein.
Doch dieser Tropfen, so würzig und klar,
Ist für uns heut' rar:"

Und da Berbuer auf der gleichen Veranstaltung auch noch das Lied „Wir holen alles nach" gesungen hatte, bezichtigte man ihn als „Revanchist."

Doch zwei Tage später, nachdem man festgestellt hatte, dass sich das „alles nachholen" ganz sittsam aufs Essen und Trinken bezog, erhielt er seine Freiheit wieder. Was sollte ihm auch vorgeworfen werden? Die Franzosen ernteten Hohn und Spott, und Karl Berbuer erlangte über alle Zonengrenzen hinweg einen hohen Bekanntheitsgrad. Was letztlich nicht nur dem „Mosella-Lied", sondern auch seinen anderen Schöpfungen zugute kommen sollte.

„Zwischen Koblenz und Trier,
Liegt ein herrliches Weinrevier.
Dort vertrank ich so manchen Schmerz,
Dort verlor ich so oft schon mein Herz.
Jetzt, von Koblenz bis Trier,
Kriegt man meistens nur schwaches Bier,
Kinder, wahrhaftig, das ist nicht mehr schön,
Wer kann das verstehn?"

Hartmut Priess von den Bläck Fööss glaubt zu wissen, warum der Kölner das Lied „O Mosella" so angelegt hatte und machte dies mit einem Vergleich deutlich: „Im Mittelalter bauten arabische Architekten das Gassengewirr in ihren Städten so unübersichtlich, dass ein die Stadt erobernder Gegner sich in dem Irrgarten nicht zurecht fand."

„Vater Rhein, du allein,
Kennst am besten dein Töchterlein.
Sie war immer so nett zu mir,
Jetz bekomm' ich kein Tröpfchen von ihr.
Vater Rhein, muß das sein,
Sag', warum schenkt sie mir nichts ein,
Macht sie das dir vielleicht nach irgendwie?
Nochmals frag' ich sie."

Notenblatt

Findige Leute fanden allerdings einen Weg, Mosel- oder auch Ahrwein in die britische Zone zu schmuggeln. Einer hat mir verraten, wie es ging: Der Kessel des Holzgenerators wurde anstatt mit Wasser mit Wein gefüllt und auch erhitzt. An der Zonengrenze fühlten die Besatzungssoldaten zwar, ob der Generator auch heiß war, prüften aber nicht die Echtheit des darin befindlichen „Wassers". Kritisch war jedoch das Motorengeräusch. Aber mit allerlei Ablenkung führte man die Prüfer in die Irre. Hinter der Grenze ließ man den Wein erkalten, füllte ihn in Ballone um und das darin mitgeführte Wasser kam in den Kessel – und dann ging es per Generatorkraft weiter Richtung Köln. Man musste gute Nerven besitzen und natürlich viel Zeit mitbringen. Ob und wie der Wein allerdings geschmeckt hat, ist nicht überliefert. Die Schmuggler waren so schlau, auf den eigenen Genuss zu verzichten...

Zwölf Jahre zuvor war Karl Berbuer schon einmal Nutznießer eines werbeträchtigen Unterfangens geworden. 1936 hatte er sein Lied „Heidewitzka, Herr Kapitän" aus der Taufe gehoben. Der Norddeutsche Lloyd stiftete ihm dafür eine Schifffahrt nach Marokko als „Dank für Berbuers Referenz gegenüber allen Kapitänen".

Berbuer hat sein „Heidewitzka" im übrigen nicht, wie vielfach zu lesen, als Verulkung und Verballhornung des Ausrufes „Heil H..." verfasst. Er wollte lediglich die Stimmung einer Rheinfahrt auf dem „Müllemer Böötchen" einfangen, was ihm ja auch prächtig gelungen ist. Das Lied hat – so weiß ich es von Karl Berbuer selbst – die umgekehrte Entwicklung genommen. Durch ein langes Auseinanderziehen des Anlautes „Hei ...", ein Verschlucken der Silben „de" und ein betont schneidiges Aussprechen der Schlusssilbe wurde der Name des Führers in „... Witzka" umgetauft. Viele, besonders im Rheinland, haben die Verballhornung wohl gemerkt und auch verstanden. Karl Berbuer natürlich auch, und er hat sicherlich nicht ungern augenzwinkernd zur Kenntnis genommen, wie aus seinem „Müllemer Bootskapitän" eine reichsgroße Witzfigur wurde.

Das Lied wurde aber noch anderweitig missbraucht. In den ersten Nachkriegsjahren sangen wir als Kinder mit Begeisterung: „Heidewitzka, die NSV, die sammelt Äapelschale für die decke Sau ...“ Den Sinn dieses Liedes habe ich erst viel später begriffen, als ich verstanden hatte, dass es nicht um Füttern eines Ringelschwänzchens, sondern um eine Nazigröße gegangen war. Beim Lied „O Mosella“ liegen die Dinge anders: Hier hat Karl Berbuer „vorsätzlich-anklagend“ gehandelt.

Ein Lied geht um die Welt
Am Dom zo Kölle, zo Kölle am Rhing

Für einen Kölner sollte im Jahre 1946 trotz vieler Entsagungen und Enttäuschungen der Grundstein für späteren Ruhm gelegt werden: August Schnorrenberg, Sohn des Dichters Gerhard Schnorrenberg, dessen Lieder, zumeist vor der Jahrhundertwende entstanden, teilweise zu Evergreens geworden sind und noch heute gesungen werden. Für die Millowitsch-Bühne verfasste Gerhard Schnorrenberg zahlreiche Theaterstücke, für Paul Lincke, mit dem er gut befreundet war, schrieb er Liedertexte und bei der „Große Kölner Karnevals-Gesellschaft“ versah er das Amt des Literaten über viele Jahre. Bei seinem Tod hatte er der Familie ein stattliches Vermögen hinterlassen.

Doch die Bomben ließen im März 1945 die Häuser einstürzen und was nicht in den Trümmern verdarb und unbrauchbar wurde, fraßen die lodernden Flammen. Für August Schnorrenberg, Nutznießer des elterlichen Erbes, brach eine Welt zusammen; wenige Minuten hatten einen vermögenden Handelsvertreter zum armen Obdachlosen werden lassen.

In seiner Verzweiflung suchte August Schnorrenberg, scheinbar ziellos durch die zerbombte Stadt streifend, den Dom auf, der – zwar von zahlreichen Bomben getroffen und schwer beschädigt – äußerlich fast unversehrt wirkte und zwischen dem unendlichen Trümmerhaufen wie ein Fels in der Brandung wirkte, gleichsam seine Größe dokumentierend und seine Stärke unter Beweis stellend: „Seht, ich bin noch da, Köln lebt! Köln muß weiter leben!“

Noch oft lenkte Schnorrenberg seine Schritte zum Kölner Dom. Und als Mitte 1946 aus besonderem Anlaß einige Glocken des Domes ihr Geläute erklingen ließen, war der Anfang eines Liedes gedanklich geboren: „Am Dom zo Kölle, zo Kölle am Rhing, do klinge de Glocke su prächtig un fing!“

Schnorrenberg eilte in seine Behelfswohnung, setzte sich hin und schrieb. Als er gegen Mitternacht endlich seinen Text „stehen“ hatte, konnte er kaum den nächsten Morgen erwarten. Schon in aller Herrgottsfrühe machte er sich auf den Weg, um seinen Freund Otto Zeh aufzusuchen. Schnorrenberg zeigte dem Musiker sein Text- und Notenblatt und trug ihm seine Idee vor: Das Glockengeläut der Domglocke sollte der musikalische Auftakt für sein Lied sein. Es dauerte zwar ein paar Stunden – für August Schnorrenberg war es, als seien es

Tage -, doch dann hatte Otto Zeh „den Dreh“ heraus. Und damit hatte Köln ein Lied, das noch heute so gern gesungen wird wie damals:

„Am Dom zo Kölle, zo Kölle am Rhing,
Doh klinge de Glocke, su prächtig un fing.
Se dun uns sage, wat all mer gehatt,
Et gov doch op Äde, kein schönere Stadt.
Die Stroße un Gäßcher, die Hüs'cher apaat,
Dren wor noch e Levve vun ăch kölscher Aat.
Wat han mer gesunge als ăch kölsche Fetz.
Uns leev kölsche Mädcher wor jet för et Hätz.

Am Dom zo Kölle, zo Kölle am Rhing,
Doh klinge de Glocke, su prächtig un fing.
He welle mer blieve, he sin mer zo Huus,
He kritt uns kein Deufel, kein Deufel eruus.

Notenblatt

Am Dom zo Kölle, zo Kölle am Rhing,
Doh klinge de Glocke, su prächtig un fing.
Se dun uns mahne, an fröhere Zick,
Un loße uns ahne, wat fän litt un wick.
Die Wolke se wandre am himmlische Zelt,
Wie schön wor uns Kölle, wie schön wor de Welt.
Stolz fahre de Scheffe om Rhing fruh dohin,
Die Zauberpraach gov et nor einmol zo sin.

Am Dom zo Kölle, zo Kölle am Rhing,
Doh klinge de Glocke su prächtig un fing.
Göv Gott singe Säge, dat uns bliev die Stadt,
Wo jeder op Äde sing Freud doch dran hatt.“

August Schnorrenbergs Lied „Am Dom zo Kölle, zo Kölle am Rhing“ wurde zum „Kölner Dombaufest-Lied“. Es gelang sogar, klammheimlich das notwendige Papier zu besorgen, so dass 10.000 Bildpostkarten gedruckt werden konnten. Das Lied, erstmals am 15. Februar 1947 im großen Sendesaal des Nordwestdeutschen Rundfunks in der Dagobertstraße öffentlich aufgeführt und am Rosenmontag des Jahres 1947 gesendet, trat damit einen Siegeszug um die halbe Welt an, als Gegenstück zu Ostermann's „Heimweh nach Köln“. In Schnorrenbergs Lied geht es nicht um wehmütige Sehnsucht, sondern hier setzt sich der unerschütterliche Optimismus durch. Das war Kölns Botschaft an die Welt, die dem Ereignis große Aufmerksamkeit schenkte. Die Rundfunksendung wurde ein großer Erfolg; mehr als 300 Briefe kamen aus dem Ausland, sogar aus Ländern, wo die Deutschen noch dick in der moralischen Kreide standen. Nicht nur für August Schnorrenberg, sondern auch für den Orchesterchef Hermann Hagestedt und den Sänger Willi Schneider gab es viel Dank und Anerkennung.

Die geheimnisvolle „Sieben“

Ich lernte August Schnorrenberg zu Beginn des Jahres 1971 persönlich kennen und in der Folgezeit habe ich ihn bis zu seinem Tod am 12. Juli 1973 regelmäßig in seiner Wohnung am Römerturm besucht. Wir haben viele Gespräche geführt, über seinen Vater Gerhard und dessen Zusammenarbeit mit Paul Lincke und welche Rolle der Vater spielte, als Wilhelm Millowitsch in den 90er Jahren des vorigen (jetzt: vorvorigen) Jahrhunderts aus seinen hölzernen Puppen lebende Figuren für die Bühne im Reichshallentheater gemacht hatte. Und eines Tages hat mich der alte Herr, der jeden Mittag ein Essen im Kolpinghaus nebenan einnahm, in das Geheimnis der Zahl „sieben“ eingeweiht. „Sieben auf einem Streich“, „Schneewittchen und die sieben Zwerge“ und viele andere Geschichten mit und um die Zahl sieben hat er mir erzählt. Und etwas verraten, was mir in der Folgezeit dazu verholfen hat, viele Bier- oder Zigarettenwetten zu gewinnen. „Wetten dass ich in der Lage bin, 60 siebenstellige Zahlen innerhalb von 60 Sekunden zu nennen?“ Auch Sie, geneigter Leser, glauben es nicht. Dabei ist es ganz einfach – hat mir August Schnorrenberg beigebracht: „Jede sechsstellige Zahl, bei der die ersten drei Ziffern identisch sind mit den letzten drei Ziffern ist durch sieben teilbar.“ Beispiele gefällig? Bitte sehr:

111111-222222-333333-123123-267267-898898-958958-654654-345345-789789 usw.
Nehmen Sie Ihren Taschenrechner zu Hilfe – und Sie sehen, Schnorrenberg hat recht.

Und ein weiteres: Stimmen die ersten zwei Ziffern mit den letzten zwei Ziffern überein und in der Mitte ist eine 0, dann ist diese Zahl ebenfalls durch 7 teilbar. Auch hier ein paar Beispiele? Bitte gerne: 12012-34034-73073-11011-22022-99099-87087 usw.

Der einst sehr wohlhabende Junggeselle August Schnorrenberg war mittellos, als er 85jährig verstarb. Als nach Ablauf der Ruhefrist sein Grab aufgerufen wurde, habe ich mich bemüht, die Grabstätte als Erinnerung an diesen Texter und Komponisten zu erhalten. Leider erfolglos, es gab niemanden mehr aus der Familie und die Stadt Köln ließ die Grabstätte einebnen. Einige Jahre später, anlässlich eines Vortrages bei der „Großen Kölner KG“ über Vater und Sohn Schnorrenberg, habe ich mein Bedauern darüber ausgedrückt und auf die Bedeutung und Verdienste der Schnorrenbergs für die Gesellschaft aufmerksam gemacht. Wolfgang Oelsner hat dann bei einem seiner Treffen mit der „Großen Kölner KG“ angeregt, auf der noch nicht wieder neu belegten Parzelle die verloren gegangene Grabstätte für August Schnorrenberg wieder zu errichten.

Das „Närrische Konsulat“ der „Senat der Große Kölner KG“ griffen diese Anregung auf, pachteten die Grabstelle, und in einer kleinen Feierstunde wurde Totensonntag 2004 der

Grabstein enthüllt. Wolfgang Oelsner stellte in seiner Ansprache die Schnorrenberg-Lieder in den Kontext des großen Kölner Liederschatzes, der den Bewohnern von der Wiege bis zur Bahre Stimme und Melodie verleiht. Das „Gedächtnis einer Region“ im Liedgut zu pflegen ist Aufgabe eines Festes der Volkskultur, wie es der Karneval ist, bzw. sein könnte, wenn er nicht als Dauerparty missverstanden wird.

Feier am „wiederbelebten“ Grab

In meinen Ausführungen ging ich noch einmal auf die Bedeutung und das Wirken von Vater und Sohn Schnorrenberg ein, berichtete von den persönlichen Begegnungen mit August Schnorrenberg. „Erst wer vergessen ist, ist wirklich tot“ zitierte Präsident Dr. Joachim Wüst eine Lebensweisheit. Nach dem kirchlichen Segen durch Pfarrer Prof. Dr. Bernd Lutz erklangen „Et hät noch immer got gegange“ von Gerhard Schnorrenberg und „Am Dom zo Kölle, zo Kölle am Rhing“ von August Schnorrenberg in der vom Dirigenten der „Domstädter“ eigens für eine Quartettbesetzung arrangierten Fassung. Beide Liedtitel sind auf dem Grabstein eingemeißelt und auch Elisabeth Schnorrrenberg, Ehefrau von Gerhard und Mutter von August Schnorrenberg, ist nicht vergessen worden.

Die Geburt des „Imi“ – des „imitierten“ Kölners „Sag’ ens Blotwoosch“ als Sprach- und Verhaltenstest

„Do Jeck, dat es doch nur ne Imi!“ Oder, wie andere sagen: „Dat es noch nit ens ne Kölsche.“ Beides klingt für jemanden, der mit der kölschen Mentalität nicht so vertraut ist, leicht abwertend. Ist es aber nicht, im Gegenteil:

„Dat es noch nit ens ne Kölsche“ hätte der am 3. Mai 1921 in Magdeburg geborene und in der Nachkriegszeit in Köln „kleben gebliebene“ Kinderarzt Dr. Henner Berzau sehr oft über sich hören können, wenn er, meistens im Nachsatz, wieder einmal wegen eines seiner mehr als 250 Lieder „bestrunzt“ wurde. Köln – diese und keine andere Stadt war sein Ziel nach der Entlassung aus dem Kriegsgefangenenlager. In Bad Kreuznach waren die amerikanischen Bewacher am 8. Mai 1945 in Jubel ausgebrochen: „War is over!, war is over!“ schallte es durch das ganze Lager, begleitet von Freudenschüssen. Da ertönte von irgendwoher die nicht zu überhörende Stimme eines Lagerinsassen im besten Kölsch „Un wer hätt gewonne?“

In Köln wurde Henner Berzau schnell heimisch, erwarb sich als „Puutedoktor“ sehr schnell Anerkennung bei den Eltern und Ver-trauen bei den Kindern, verfasste Sketche, Lieder und „Stöckelcher“ für die Bühne. In Uschi Werner-Fluss die auch zu seiner Lebenspartnerin wurde, fand er die ideale Interpretin vieler seiner Lieder. In der Serie „Kölsche

Jupp Schlösser

Evergreens" der Kreissparkasse Köln erinnerte die 2004 erschienene und von mir – wie auch alle Ausgaben zuvor – zusammengestellte CD mit 19 Liedern an die im November 2002 verstorbene Nichte der legendären Grete Fluss.

Der Heimatverein Alt Köln hatte im Jahr 2003 in „Das Henner-Berzau-Buch – Ausgewählte Lieder und andere kölsche Texte" das Schaffen des Wahlkölners gewürdigt. Herausgeber Dr. Heribert A. Hilgers: „Er ist in den fünfundzwanzig Jahren seit seinem ersten kölschen Lied 1978 nicht nur zu einem Wahl-Kölner geworden. Er ist der kölscheste „Imi", den ich kenne."

Der „kölscheste Imi??" Was ist das denn schon wieder? Die Antwort ist einfach: Der – es kann auch eine „die" sein - Imi ist ein „nachgeahmter, unechter" Kölner, ein „Zugereister", ein aus der „kalten Heimat", dem ostdeutschen Raum, hierher Vertriebener, ein Flüchtling, ein Fremder. Der „Imi" ist akzeptiert, angenommen und auch willkommen, denn der „Imi" ist zwar ein „Unechter", doch ein sich bemühender Zeitgenosse, Köln, die Kölsche Sproch und Kölner Eigenart seiner neuen Heimat zu verstehen. Und das mögen die Kölner, sie anerkennen es und akzeptieren die Person.

„Imi" ist gewissermaßen die Koseform für „Pimock". Denn jemanden als „Pimock" zu bezeichnen oder gar zu beschimpfen ist gleichbedeutend mit höchster Abneigung seiner Person gegenüber, mit der Ablehnung seines Tuns, Handelns, Denkens und auch seiner Sprache. „Pimock" war und ist immer ein die Person abwertendes Schimpfwort.

Der „Imi" ist akzeptiert – er wird integriert und irgendwann zum dann sogar sehr engagierten und überzeugten Kölner. Und wenn er Kölsch nicht nur trinken, sondern auch sprechen kann, dann ist alles in bester Butter. Also, liebe Neu-Kölner, versuchen wir der kölschen Sprache Herr zu werden. Die richtige Aussprache von „Blotwoosch" ist gewissermaßen die Nagelprobe:

„Sag' ens Blotwoosch,
Dat eß doch gar nit schwer.
Sag' ens Blotwoosch;
Ich garanteere Deer:
Wä nit richtig Blotwoosch sage kann,
Dat eß: Ne Imi, ne Imi,
Ne imitierte Kölsche, ganz geweß!"

Und wenn es beim ersten Anlauf nicht klappt: wir haben ja noch einen zweiten Vers. Und wenn es danach immer noch nicht klappt, dann ...

„Mancher hätt, schon ganz nett,
Kölsch geleht bei uns.
Un mer höht, off genog,
Dat eß doch kein Kunst.
Doch e Woot, koot un got,
Kritt mer schlääch parat.
Dröm weed he, unger uns
Ens de Prob' gemaht!
Alle Mann, alle Mann, jetzt geiht et ävver e'ran.

Jo, dat hätt schon ganz nett
För et ehsch geklapp.
Ävver he un och do
Wor et noch jett schlapp.
Dröm Kurasch, gode Moot,
Nor nit lang schineet.
Koot un got, weed dat Woot
Jetz noch ens probeet.
Alle Mann, alle Mann, jetz geiht et ävver e'ran."

Notenblatt

... ja, auch dafür gibt es eine Lösung: eine typisch kölsche natürlich: Sagen Sie einfach: Flönz! Wobei das auch wieder etwas gemogelt ist, weil es doch einen Unterschied zwischen Flönz und Blotwoosch gibt: Also: Flönz ist die geräucherte Blutwurst. Deshalb ist es auch nicht ganz richtig, wenn auf der Speisekarte „Himmel un Äd met Blotwoosch" steht. Denn die Blotwoosch würde beim Braten in der Pfanne zerfließen, die Flönz aber bleibt, weil geräuchert, in der Form.

„Herrlich eß, ganz geweß,
Su ne Heimatklang.
Dä ich künnt unbedingt
Höre stundenlang.
Doch wä gläuv, dat de Prob'
He wör ömesöns,
Wäm dat Woot es zo schwer.
Dä säht einfach Flönz.
Alle Mann, alle Mann,
jetz geiht et ävver e'ran."

Nach einer meiner Rundfunksendungen im Jahr 1992 meldete sich ein Hörer, hochrangiger Beamter im Ruhestand, Träger des bundesdeutschen Verdienstordens aus Bonn. Es war ein sehr netter, informativer und auch abschließend mit Schriftsätzen versehener Gedankenaustausch. In der Sendung hatte ich angemerkt, dass die Kölner in der letzten Zeile des Refrains den „Imi“ in „Ami“ umgetextet hatten :

„Dat eß: Ne Imi, ne Ami, ne imitierte Kölsche, ganz geweß!“

Aus seinem Brief möchte ich als „Anmerkung zu Jupp Schlössers feinsinnigen und ja oft hintersinnigen Texten“ wörtlich zitieren:

„Aus der Atmosphäre der Entstehungszeit heraus hatten Schlösser/Jussenhoven dabei damals auch die frotzelnde Anspielung auf „Ami“ im Sinn – die während der Besatzungszeit rasch aufkommende Bezeichnung für die Amerikaner, die lange vor den Briten und Franzosen vom Verbot der „Fraternisation“ abwichen und in ihrer Deutschlandpolitik Maßstäbe setzten. Die Engländer, die ja unter anderem auch Köln besetzt hatten, taten sich da schwerer – und „imitierten“, mehr oder weniger halbherzig, nach und nach die Amerikaner. Die mit deutschen „Fräuleins“ anbandelnden englischen Soldaten wie auch die Offizial-Vertreter der britischen Politik, die Kenntnisse der deutschen Sprache zu erwerben trachteten, „imitierten“ also die von vornherein großzügigeren „Amis“ und waren in vielfacher Hinsicht „Imis“ (von den sonstigen Nicht-Kölnern ganz abgesehen).“

Ob es beim Texter so war, sei dahingestellt. Dass der „Volksmund“ den „Ami“ beim Singen auf die Stufe des „Imi“ setzte, kann man aber sicherlich als gegeben ansehen.

Paul Guntermann, Werbeleiter einer Düsseldorfer Weltfirma, die unter dem Namen „Imi“ ein Putz- und Scheuermittel produzierte, war übrigens auf die glorreiche Idee gekommen, das Kölner Lied auch für seine Zwecke einzusetzen und das Autorengespann zum Zielpunkt einer öffentlichkeitswirksamen Werbeaktion zu machen. Er ließ Jupp Schlösser und Dr. Gerhard Jussenhoven je ein großes Paket, enthaltend „Imi, Wasch- und Scheuerpulver“ überbringen. Die beiden Kölner nahmen es mit Humor, denn „Kollege“ Guntermann brütete nicht nur über neuen Werbe-Ideen und Werbesprüchen, sondern schrieb auch Lieder für den Karneval. Einige davon trug er mit Unterstützung dreier Gesangs-Kollegen sogar selbst vor. Die „Vier Mosterts“ aus Düsseldorf waren für den unteren Niederrhein das, was die „Vier Botze“ für Köln und den Rest der Republik waren.

Fringsen um den Lebensunterhalt zu sichern
Cherry Knolly und Knolli Brandy sind die Schlundheizer

Wenden wir uns an dieser Stelle dem schon mehrfach genannten „Knolli Brandy“ zu, der auch, je nachdem ob aus Kartoffeln, Zuckerrüben oder Obst gebrannt, „Cherry Knolly“ genannt wurde.

Diesen „Schlundheizern“ haftete der Ruf an: „Wä dovun besoffe weed, dä schleit Vatter un Mutter dut!“ So schlimm war es zwar nicht, aber „blutige Köpfe“ hatte dieser unedle Tropfen des Öfteren auf dem Gewissen. Bei leerem Magen und dem Fettmangel jener Zeit genügten „e paar Vüggelche“, um die negativen Begleiterscheinungen hervorzurufen. Und da jeder Freund den anderen auch einmal „vun mingem“ probieren lassen wollte, wurde so mancher Magen oft ein Bassin, in dem sich „Unverträgliches“ vereinigte.

Knolli Brandy gab es nur durch „Geheimbeziehungen“ zu den Etagenbrennern, es sei denn, man betrieb eine eigene Fabrikation. Die Käufer mussten aber höllisch Obacht geben, dass sie beim Straßenverkauf keinen Methylalkohol (Holzbranntwein) erhielten; viele Kölner verloren durch ihn ihr Augenlicht.

Aus dem Vorgebirge und verstärkt aus dem Bergheimer Raum kamen die Zuckerknollen, die die Grundlage für den „Rachenputzer“ bildeten. Was liegt also näher, als sich einmal „vor Ort“ umzuhören.

Bei der KG Rut-Wies Balkes-Türnich, die 1946 gegründet wurde, saßen an einem bitterkalten Winterabend 1945/46 einige Männer zusammen und tranken vom Cherry Knolly oder schalen Bier. In der Ecke quäkte ein Radio, ein Volksempfänger. Plötzlich tönten aus dem Lautsprecher die ersten Nachrichten über eine Wiederaufstehung des Kölner Karnevals. Da kam den Freunden die Idee, trotz aller Sorgen und Nöte auch in Balkhausen und Türnich wieder den Karneval ins Leben zu rufen.

Schnell sprach sich im Doppelort herum, dass „etwas im Gange“ war. Und wenige Tage später wurde auf einer zu diesem Zweck einberufenen Versammlung offiziell die Karnevals-Gesellschaft Rut-Wies gegründet und auch gleich ein Vorstand gewählt. Bereits auf Weiberfastnacht 1946 stieg der erste Möhneball, an den anderen Karnevalstagen gab es Kostümbälle, und in der Session 1947 trat die junge Gesellschaft mit einem Karnevalsprinzen an die Öffentlichkeit. 1947 lud der Prinz schon zum „Prinzenessen“ ein: es gab insgesamt drei Steintöpfe mit eingelegten Heringen; zu jener Zeit ein Festessen. 1948 wurde ein Tanzcorps gegründet, und ältere Kölner werden sich sicher noch an die glanzvollen Auftritte dieses Corps Anfang der 50er Jahre im Williamsbau erinnern.

Auch in Balkhausen und Türnich gab es – außer Dünnbier – fast nur Cherry Knolly oder Obstschnäpse, meist selbst fabriziert. Aber auch manches Werkslabor in den umliegenden Braunkohlegruben wurde nach Feierabend von Schnapsbrennern zweckentfremdet. So manchem Flaschenhals entströmte der unverwechselbare Geruch des Cherry Knolly.

August Firmenich, ein ortsansässiger Kirchenorganist, widmete dem nicht immer edlen Gesöff ein Lied:

Man spaziert wieder im Grüngürtel

*„Wo mer geiht un wo mer steiht,
Denkt man gern der alten Zeit,
Als „Ba-Tü" wor noch int'ressant
Un kaufe kunnt mer allerhand.
Und als man trank Wein, Bier und Sekt,
Un nit wie heut' – su ganz versteckt –
Unger dem Desch eruus muß holle
Die heimlich gebrannte Zuckerknolle:*

*Cherry-Knolly, unser Nationalgetränk,
Cherry-Knolly uns en Stimmung brängk,
Cherry-Knolly, „Ba-Tü'ser" Heimatwein,
Cherry-Knolly, hilft uns fröhlich sein.*

*He en „Ba-Tü", wor et nett,
Jeder hät sing eige Bett,
Als jeder hat'n geheizte Stuff
Un Klütte nit metnohm em Muff.
Als noch de Stroße en Fazzung
Un nit mer üvver Löcher sprung,
Als mer noch soh paar öhntlich „Volle",
Doch ohne „Gebrannter" us Zuckerknolle:"*

Der Cherry Knolly war aber nicht nur „Einheizer", sondern er wurde auch als „Aufheizer" gerne genutzt. Denn an ihn war eher heran zu kommen als an Briketts, an Klütten. Viel beneidet wurden die Bürger von Frechen: die Gemeinde war zu Beginn des Jahres 1947 in der Lage, jeder Familie, unabhängig von der Kopfzahl, einen ganzen Zentner Briketts zuzuteilen. Das bedeutete pro Tag etwa drei Briketts; eine Menge, von der die anderen Menschen im Rheinland nur träumen konnten. Denn ganz Deutschland litt unter einer furchtbaren Kälteperiode; die Temperaturen sanken teilweise bis unter -20 Grad. Tausende und Abertausende hockten in Notunterkünften, in Ruinen und zugigen Baracken. Regelmäßige Stromsperren machten auch da, wo sich elektrische Geräte befanden, ein Heizen unmöglich; die Kohleversorgung brach total zusammen.

Das siebente Gebot und die Gewissenserforschung

Im katholischen Köln hatte sich inzwischen die Silvesterpredigt des Kölner Oberhirten Dr. Joseph Frings – der Kölner Erzbischof war am 10. März 1946 nach seiner Ernennung zum Kardinal aus Rom nach Köln zurückgekommen und von 40.000 Gläubigen am Dom empfangen worden – herumgesprochen. Das gab Kraft und Mut. Frings hatte in der Pfarrkirche St. Engelbert in Riehl in seiner Jahresschlusspredigt 1946 unter anderem ausgeführt:

„Wir werden uns erforschen müssen, jeder für sich, ob er das siebte Gebot treu befolgt hat, das Eigentum des Nächsten zu schützen. Wir leben sicher in Zeiten, in denen der staatlichen Obrigkeit mehr Rechte über das Eigentum des einzelnen zustehen als sonst und in denen ein gerechter Ausgleich zwischen denen, die alles verloren haben, und denen, die noch manches gerettet haben, stattfinden muß. Wir leben in Zeiten, da in der Not auch der einzelne das wird nehmen dürfen, was er zur Erhaltung seines Lebens und seiner Gesundheit notwendig hat, wenn es auf andere Weise, durch seine Arbeit oder durch Bitten nicht erlangen kann."

Das war der „Freibrief" insbesondere derjenigen, die normalerweise „nix met de Kirch ze dunn han", aber sich jetzt gerne auf die Worte des Kardinals beriefen. Es war sicherlich mehr Vorsatz als Nachlässigkeit, dass die „Fringser" die weiteren Ausführungen des Kirchenfürsten „... Aber ich glaube, dass in vielen Fällen weit darüber hinausgegangen worden ist. Und da gibt es nur einen Weg: unverzüglich unrechtes Gut zurückzugeben, sonst gibt es keine Verzeihung bei Gott! ..." geflissentlich „überhört" hatten und auch nicht beachteten. Gewiss, für die überwiegende Mehrzahl der Bevölkerung diente das „Fringsen" nur dem Lebenserhalt. Zahlreiche Schieber, teilweise in Banden organisiert, machten allerdings mit der Not anderer ihre dunklen Geschäfte.

Noten von Bette auf jeder Toilette
Wenn jetz de Heinzelmännchen köme un
„op d'r Huhstrohss de Lampe widder brenne"

Es ist eigentlich erstaunlich, dass es relativ viele Druckerzeugnisse, auch Notenblätter, aus jenen Tagen, wo es an allem fehlte, gibt. Lediglich die Papierqualität, schmutziggrau und sehr dünn, lässt uns erkennen, aus welcher Zeit es stammt und aus welchem Material es hergestellt ist. Und wir erkennen auch, dass sich in der Geschichte alles, meistens jedoch unter veränderten Vorzeichen, wiederholt. Denn in unseren Zeiten des gestiegenen Umweltbewusstseins und der knapper werdenden Rohstoffe finden Papiere der Nachkriegsqualität wieder zunehmend Eingang in den täglichen Schriftverkehr und in zahlreiche Druckwerke. Dr. Gerhard Jussenhoven hat in einer Rundfunksendung die Herkunft der Notenblätter zur Erheiterung der Hörer geschildert. So wissen wir heute, dass es einem Verleger gelungen war, eine Rolle Zeitungspapier zu ergattern. Und der nutzte die Gunst der Stunde und druckte Noten, Noten und nochmals Noten. Damit förderte er nicht nur die Musik und alles, was damit zusammen- und daran hängt, sondern auch seine eigenen Belange, was ja schließlich kein Fehler ist. Die Vielzahl der sich plötzlich auf dem kargen Markt befindlichen Notenblätter führte allerdings zu einigen spöttischen Anmerkungen, die dem Verleger und Komponisten Karl Bette gar nicht so recht waren. Hieß es doch bald: „Noten von Bette auf jeder Toilette".

Die Instabilität des minderwertigen Papiers führte in Ermangelung von Befestigungsmaterialien dazu, dass die Pianisten mit einer Hand die Notenblätter festhalten mussten, so dass zum Klavierspiel nur die zweite Hand übrig blieb. Es war also nicht immer mangelndes Können, wenn Pianisten nur „einhändig" spielten.

Auch Karl Berbuer, der einen eigenen Verlag hatte, konnte seine Lieder in gedruckter Form herausbringen. Das verdankte er dem vor einigen Jahren verstorbenen Franz Röder, der als „Amadeus Gänsekiel" in den fünfziger und sechziger Jahren ein gefragter Meister der gereimten Rede in der Bütt war. Franz Röder, dem ich als Dank für die Überlassung einiger Unterlagen aus der Nachkriegszeit als Herausgeber und Finanzbeschaffer seines Buches behilflich sein konnte, hat meiner Bitte entsprochen und einige Zeilen verfasst, die hier im Wortlaut und in Röders Schreibweise wiedergegeben sind:

„Ich kann mich noch jot entsinne: vill Kölsche wore dorch d'r letzte Kreech noh Attendorn en't kurkölsche Sauerland verschlage. Dä Jrund wor, dat de Bombe dat „Imbert-Generatoren-Werk" en Neehl kapottjeschlage hadde un de Produktion vun dä Holzverjaser no Attendorn verlagert wood. Do sooße no die metevakuierte Kölsche och noch noh Kreechsengk un et jov och Arbeid genoch, weil die Holzverjaser wäje däm Kraffstoffmangel och noch bes zor Währungsreform wigger en Roll spille däte. Ich hoot domols met dozo un han metjeholfe, die en de Chausseejräve liegende Wehrmachts-Lkw widder flott ze maache un met Hilfe vun su'nem Holzverjaser widder an et Laufe zo krijje. Mer wore natörlich jeck op alles, wat met Kölle zosammehing und die evakueete Kölsche däte och prima zosammehalde. Opjrund minger jot Verbindung zom Küppers Karl, däm unverjessene kölsche Büttenredner us d'r Vörkreegszick, hatte mer ald 1946 ne kölsche Ovend en d'r Gymnasiums-Aula en Attendorn veranstaltet, wo och d'r Berbuer's Karl sing Leeder jesunge hät. Hä hät dann och dorch ming Vermittlung anderthalv Tonne Notepapeer, domols en jroße Kossbarkeit, kräje, wat mer jäge en Holzjas-Anlag vun ner Papierfabrik en Bayern „jemaggelt" hatte."

Soweit Franz Röder, dem es zu verdanken ist, dass heute noch, zumindest in Einzelexemplaren, alle Berbuer-Lieder aus jener Zeit erhalten und damit der Nachwelt dokumentiert sind.

Auch das folgende Lied hat auf Röder'schem Maggelpapier die Zeiten überdauert.

Berbuer machte einen tiefen Griff in die Kölner Sagenwelt mit den Heinzelmännchen, erinnert an deren Hilfsbereitschaft, beklagt die Untat der Schneiderfrau und beschwört die kleinen Wichte, doch wiederzukommen, um Köln wiederaufzubauen.

„Kennt ehr die Geschichte vun de Heinzelmänncher nit?
Domols em ahle Kölle,
Kom öm Meddernach ganz leis eran die ganze Schwitt,
Domols em ahle Kölle.
Dann han se fix genählt und geklopp,
Prima tipp topp, Löcher gestopp.
Schrumm wor'n se murgens op un dovun,
Un Kölle broht nix mieh zo dunn.
Dat wor en golde Zick, dröm sagen ich ehr Lück:

:: Wenn jetz de Heinzelmänncher köme,
Un he dä Brassel üvvernöhme,
Mer streuten inne nit zo knapp,
Statt Ääze, Blömcher op de Trapp,
Un jede Knirps kräg he,
Do Zozogsgenehmigung per-seé ::

Notenblatt

Alles hät die Neugier vun dä Schniedersfrau versaut,
Domols em ahle Kölle.
Die hät heimlich Ääze op de Kellertrapp gestraut,
Domols em ahle Kölle.
Wie sin die Käälcher do usgerötsch,
Dä hat en Ketsch, dä kräht nen Blötsch.
Un selvs d'r Kleinste, o Stäänekränk,
Dä hat sich et Föttche verrenk.
Verschwunde sinn se dann, un hück säht jedermann:

Heinzelmänncher, üch han mer verloren üvver Naach,
Üch un dat ahle Kölle.
Wör't ehr jetz noch do, erstünd vielleich en neuer Praach,
Widder dat ahle Kölle.
Dann wör Zint Määten me'm Aldemaat,
Flöck widder p'rat, nix wör zo schad.
Em Gözenich erklüng Fasteleer,
Alaaf und Ajuja wie fröh'r.
Dä Zokunfsdraum vun uns, wör keinen blauen Duns:"

Die Heinzelmännchen kamen. Nicht als Wichte, sondern in Menschengestalt.

Männer, Frauen und Kinder: alle packten an. Auf Plakaten, sogar in Farbe, wurden die Kölner auf den „Ehrendienst" hingewiesen: „Kölner, denke daran, tu Deine Pflicht! Köln bleibt Köln" war über und unter einer Ansicht der wiederhergestellten Gereons-Kirche zu lesen. Stärker als die Plakataufrufe waren die Appelle der Karnevalsvereine, waren die gegenseitigen Aufmunterungen: „Späu en de Hängk, mer bauen op!"

In dieser Phase kam auch den Liederdichtern eine bedeutende Rolle zu. Sie konnten in ihren Liedern das alte Köln aufleben lassen, sie konnten aufzeigen, was zu tun war, um Köln wieder aufzubauen. Ihre Botschaften waren entscheidend, denn sie wurden gehört. Die vielen Besucher der ständig ausverkauften karnevalistischen Veranstaltungen und der Revuen hörten die Lieder, sangen sie mit und gingen mit dem festen Willen, auch einen eigenen Beitrag zu leisten, nach Hause und später an die Arbeit. Nicht die anonyme Trümmerwüste Köln galt es zu beseitigen, sondern die Lieder steckten Ziele, machten Vorgaben und schufen einen überschaubaren Arbeitsrahmen. Berbuer ließ über seine Heinzelmännchen das Viertel um Groß St. Martin erstehen und brachte auch den altehrwürdigen Gürzenich ins Gespräch. Wohlwissend, dass sich mit dem Namen Gürzenich und dem Hinweis auf den „Ajuja-Klang" die Erinnerung an unzählige frohe und festliche Tage verknüpften. August Schnorrenberg wusste die Kölner auch zu packen. „Wenn op d'r Huhstroß de Lampe widder brenne", wenn die Häuser in Kölns Pracht- und Einkaufsstraße wieder aufgebaut sind, die Damenwelt dort flaniert und die Fremden wieder zum Einkaufsbummel kommen, dann, ja dann ist Köln wieder so, wie es früher, vor dem Krieg war.

Wer spürte nicht den Ruf in sich, mit dazu beizutragen, die Hohe Straße und damit Köln zunächst einmal freizuschaufeln, um den Wiederaufbau zu ermöglichen?

„Der Kölsche hät en Eigenaat,
Die fingk mer söns nit mieh.
Hä hät et Hätz om räächte Fleck,
Deit keinem Minsche wih.
Un wer doh ens noh Kölle kütt,
Dä hält an Kölle faß
Wo gitt et op der ganzen Aed
Doch su vill Freud un Spaß?
Trotz Nut un Dut un Sorg un Leid
Eß he noch Minscherfründlichkeit:

:: Wenn op d'r Huhstroß de Lampe widder brenne,
Wa'mer en Kölle sich widder uus deit kenne,
Wenn de kölsche Kinder singe met Humor,
Dann eß uns Kölle och widder, wie et wor,
Dann eß uns Kölle och widder, wie et wor. ::

Die Huhstroß – gläuvt mer – wor e Woot,
Dat hatt ne golde Klang,
Gän denk mer an die gold'ne Zick
Zoröck sie Levve lang.
Un wenn die Hüser widder ens
Su pielopräách dun ston.
Die nette kölsche Mädcher glich
Su stief un staats dun gon.
Et Hätz geit op vör luuter Freud,
Mer kennt kein Sorge mieh un Leid:

Wat wor dat för e Levve doch,
Als noch de Huhstroß stund.
Wat sich dat Hätz nor wünsche dät,
Mer he sich kaufe kunnt.
E Minschespill trok Dag un Naach
De Huhstroß her un hin,
Die Fremde us der ganze Welt
Die kräg mer he zo sin.
Dat kölsch Gemöt, dä Wetz, Humor
För Kölle dä Magnet doch wor."

Notenblatt

Das kleinste aussterbende Orchester der Welt hat ausgespielt Vier Rabaue, die Kill un dä Bitze Hein

Wie oft habe ich diesen Vers gehört und wie gedankenlos habe ich ihn mitgesummt oder – zur Pferdehalfter-Melodie – mitgesungen:

„Un rööf d'r Herrgott: ‚He, do kölsche Stropp,
Ding Zick eß öm, jitz kumm ens flöck erop!,
Dann mööch ich su gähn e Plääztche han,
Wo ich op mie Kölle loore kann!"

Immer dann, wenn ich im Gewühl der Kölner City dem Mann begegnete, dessen Markenzeichen die Baskenmütze und – bei seinen „jecken" Nummern – ein Sektpfropfen auf der Nase war. „Wie lange ist das schon her", dringt eine Frage an mein Ohr, und während ich noch überlege, höre ich die Antwort: „Eine Ewigkeit!"

„Ewigkeit?" versuche ich mich zu erinnern, um dann den hinter fragenden Augenpaaren angestrengt nachdenkenden „grauen Zellen" etwas „Nahrung" zu verschaffen. „Sind

„Die Kill" Wilhelm Eichmeier

24 Jahre eine Ewigkeit?", kleide ich meine Antwort in eine weitere Frage, die mehr mir selbst als den anderen gilt. Deshalb lasse ich auch niemandem Zeit zu einer Erwiderung, sondern erläutere für die neugierig gewordenen und erwartungsvoll Guckenden die noch unbeantwortet gebliebene Frage, von wem denn eigentlich die Rede sei, kurz und knapp mit: „Die Kill!" Und, um gar nicht erst die Vermutung aufkommen zu lassen, ich spreche von dem gleichklingenden Eifelflüsschen Kyll, füge ich gleich hinzu: „Er war Kölns letztes echtes Original."

War, denn am 2. Februar 1981 hatte er seinen vielen Freunden nach kurzer aber schwerer Krankheit ein lautloses „Adschüß" gesagt und sein geliebtes Köln verlassen, um fortan „vun bovve op Kölle zo loore". Vielleicht zusammen mit Willi Ostermann, der auf dem Sterbebett im August 1936 versprochen hatte, „vum Himmelspöötzge" auf seine Vaterstadt zu gucken. Gewiss auch mit Karl Berbuer, dessen Stimme 1977 verklungen war und der den Kölnern in einem seiner mehr als 100 Lieder hinterlassen hat, „dat em Himmel d'r Düvel loß eß, wenn die Kölsche do ehre Fastelovend feere". Ganz sicher aber mit seinen Freunden, mit denen er als „Vier Rabaue" früher durch Kölns Straßen gezogen war.

Früher, das hatte für „die Kill" 1929 begonnen. Damals – arbeitslos wie viele andere auch – tat er sich mit zwei anderen Straßenmusikanten zusammen. „Schwer sind die Stunden des Schicksals" sang er zu den Gitarrenklängen von Clemens und Schäng. Immerhin „Zweimarkzwanzig" war die erste Tagesgage, deren Löwenanteil beim Metzger im Vringsveedel landete als Gegenleistung für einen Kranz Flönz und etwas Fleisch. Die drei blieben Straßensänger auch als sie merkten, dass andere Gruppen, wie die „Vier Botze" oder die „Drei Lachduuve" im und am Karneval ihr Geld verdienten. Nach dem Krieg – seine Freunde waren gefallen – tat er sich mit „Nuna" Bartholomäus Goll, „d'r Memm" Joseph Pütz und „Schäng" Johann Wiesbaum zusammen.

„Nuna", „d'r Memm" und „die Kill"

Das Glück begegnete ihnen in Oberbürgermeister Konrad Adenauer, der ihnen noch kurz vor seiner Amtsenthebung im Oktober 1945 Starthilfe gab: „Jungens, tut mir einen Jefallen. Jeht auf die Trümmer un bringt den Kölnern wieder Humor!", bat er sie und sorgte auch dafür, dass sie sich bei Hettlage („Em Keller, wo dat janze Zeug log", wie Kill später erzählte), einkleiden konnten.

Die „Vier Rabaue" – alles andere als „rücksichtslose, gewalttätige Burschen", wie man vom Namen herleiten könnte, zogen durch die Trümmer Kölns, standen am Hauptbahnhof, um Heimkehrer zu empfangen. Tische hatten sie dort aufgestellt und darauf lagen belegte Brote, Zigarren und Schnaps. „Zur Begrüßung“, so erzählte Kill später, „haben wir das Lied“ „Möwe, ach flieg in die Heimat“ parodiert:“

„Kölle, do beß doch uns Heimat,
Stell ruusch vorüvver dä Strom.
Vun all dä Hüüscher un Tööncher,
Blevv uns allein nor dä Dom“
Wo eß Alt-Kölle geblevve,
Nä, mer vergesse dich nie!
Fott eß dat Altkölsche Levve,
Dat deiht em Häzze su wieh!“

Es gelang ihnen, die Heimkehrer wieder aufzumuntern. Spätestens dann, wenn die dritte Strophe des Liedes erklang:

”Kinder, die roofe nohm Vatter,
Dä se noch kaum han gekannt,
Dragen in nor en däm Häzze,
Dat letzte Bild eß verbrannt!
Schenkt inne endlich de Freiheit,
Dann hät die Sehnsucht en Engk.
Ehr maht uns noh all däm Häzzeleid,
Domet et schönste Geschenk!”

Fast jeden Morgen hatte ich sie 1946/47 an der Ecke Elsaß-/Merowingerstraße, wenn sie den Einsatzplan des Tages besprachen, gesehen. Am Abend kamen sie wieder hierher zurück, um aufzuteilen, was sie an Kartoffeln, Brot, Gemüse oder anderen Lebensmitteln erhalten hatten.

„Jung, för Dich hammer e lecker Botteramm – un dat nimms do met heim!“

Das Severinsviertel war zeitlebens ihr Zuhause. Auch nachdem das „Wirtschaftswunder“ viele zu Wohlstandsbürgern gemacht hatte, zogen die „Drei Rabaue“ – mit ordnungsbehördlichen Genehmigungen – durch die Strassen der Stadt. Der Italiener Gianni Paggi verhalf ihnen 1962 durch einen Auftritt in „Serenade der Straße“ zu Filmehren und auch Rundfunk und Fernsehen nahmen sich ihrer an. Doch sie blieben immer die „Männer der Straße“, die nach einem festen Plan ihre Rundgänge durch die Stadt machten. Bei allen Geschäftsleuten waren sie bekannt und Hunderttausende von Touristen bannten sie auf ihre Filme. Als Nuna starb, zogen Jüppchen und Kill alleine weiter, zeitweise gesellte sich Hein Bitz dazu. Als auch Jupp das Zeitliche segnete, zog „die Kill“ als „der letzte Rabau“ und als ein wirkliches Kölner Original durch die Stadt. Nur noch im vertrauten Kreis sang er den „Rabaue-Marsch“:

„Et schönste Veedel en der Stadt,
Wenn einer üch soll froge,
Dat eß et Vringse-Veedel,
Do sin mer „Vier“ gebore.
Et weiß en Kölle jedes Kind,
Wenn mer singe uns're „Keu“,
Dat mer die „Vier Rabaue“ sin,
Un keiner geht vörbei.

Op alle Höff sin mer bekannt;
De Finster fleegen op.
Goot gesennt es „Hä“ un „Sei“,
De Groß danz op d'r Läuv.

Sugar der Neeres fleut dobei,
Wann hä sitz op der Streuf.
Un dann fallen uns en Häd Papiercher op der Kopp,
Nit immer Geld – och ald nen Botzeknopp.
Un dä dat mäht, dä meint et secher got,
Sulang mer ne Knopp an der Botz
Noch han, verliere mer nie dä Moot.

Mer sin vier ächte Kölsche Junge,
Mer han uns gesook un gefunge,
Sugar dä Caruso, dä hat ne Haufe Glöck,
Dä wor gägen uns bestemmp en große Kröck.

„Die Kill“ mit Hein Bitz und „d'r Memm“ Joseph Pütz

Wenn mer en Kölle stonn am Mikrophon,
Söök sich kei Minsch mieh en and're Station.
Sugar die Neger em welden Afrika,
Wann se uns hööre, roofen se: Hurra Colonia!"

Seltsam, so kommt es mir in den Sinn, Kills 24 Jahre zurückliegender Tod ist schon „eine Ewigkeit", während das, was vor 60 Jahren geschah und schon vergessen war, jetzt wieder lebendig, fast zeitnah, ist. 1973, als Joseph Pütz gestorben war, und ein Jahr später, als Barthel Goll, dessen Mandoline in Wirklichkeit eine Mandajola war, ihm ins Grab folgte, gab es in den Kölner Zeitungen nur kurze Repliken. Bei Kills Tod war das anders. „Kölle ist wieder um ein Stück ärmer geworden", hatte die Rundschau geschrieben, als bekannt wurde, dass Wilhelm Eichmeier im Krankenhaus Holweide einem Hirnschlag erlegen war. Das Presseecho war gewaltig, aufwühlend. Durch Kills Tod wurden – so seltsam es klingt – die „Vier Rabaue" wieder lebendig. „Jeder Stein in Köln nach dem Krieg ist mit unserem Humor aufgebaut", hatte Kill Wochen vor seinem Tod einem Journalisten in den Block diktiert, als ihn dieser in seiner kleinen Wohnung in Buchheim aufgesucht hatte. Seit Kills Frau vor Jahren an Krebs gestorben war, lebte er allein. Damals hatte er sie aus dem Krankenhaus geholt, um sie zu Hause zu pflegen. Nach ihrem Tod ging er – an Sonn- und Feiertagen – reihum zu jedem seiner fünf Kinder zum Essen. Elf Enkel und ein Urenkel waren sein Stolz. Als er im Oktober 1980 zum verabredeten Besuch nicht erschienen war und er auch nicht ans Telefon ging, alarmierten seine Kinder Polizei und Feuerwehr. Die Beamten brachen die verschlossene Wohnungstür auf und fanden Kill – ein Schlaganfall hatte ihn getroffen. Er kam ins Krankenhaus, rappelte sich aber noch einmal auf. Singen konnte er nicht mehr. Aber seine gewohnten Touren durch die Stadt tingelte er weiter.

Wo er erschien und erkannt wurde, steckte man ihm etwas zu. Es hatte sich rundgesprochen, dass er nur knapp 400 Mark Rente erhielt. Stolz und gerne erzählte er, dass ihm Kölns Altoberbürgermeister Dr. Theo Burauen zum 75. Geburtstag am 1. September 1979 einhundert Mark geschickt hatte. Zur Feier des Tages ließ sich Kill von Heinrich Bitz, damals 65 Jahre alt und fast blind, im Volksgarten-Restaurant auf der Gitarre begleiten. Scherzhaft kündigte er den Auftritt des „größten aussterbenden Orchesters der Welt" an. „Dä Bitze Hein", so verriet er, „dä mäht en Musik, hmmmm, dat jläuven Se nit!"

Gutes über andere verbreiten, das konnte Kill. Zeit seines Lebens traf er stets den richtigen Ton. Seine warmherzige Art, sein Charme, sein Humor und der ihm eigene Mutterwitz machten ihn liebenswert. Nie drängte er sich auf. „Ich bin ja nur ein armer Straßensänger und suche irgendwo ein bißchen Glück" – wie oft hat er das gesungen? Am 2. Februar 1981, als „Kölle ärmer" wurde, fand Kill sein Glück: Er kann, Seite an Seite mit seiner Frau und zusammen me'm Nuna, met d'r Memm, me'm Schäng un däm Bitze Hein, für immer „op sie Kölle loore!"

Schäfers Knoll – ein Kölner Weltklasse-Fußballer Schwarz und gelb wie lieb ich dich – rot und weiß du bist ein Trost für mich

Der 13. Februar 1948 ist als ein ganz besonderer Tag nicht nur in die Kölner Fußballgeschichte eingegangen, sondern auch weit darüber hinaus. Mag der ein oder andere ob der Zahl 13 auch abergläubisch gewesen sein, so herrschte doch bei allen großer Optimismus vor, die mit Leidenschaft eine Fusion zwischen dem in der Rheinbezirksliga gerade als Herbstmeister gefeierten SpVg Sülz 07 und dem einst ruhmreichen, aber jetzt in der Kreisklasse einher dümpelnden, 1901 gegründeten Kölner Ballspiel-Club betrieben.

Man hatte nichts, man war ein wenig, aber man wollte viel. Mehr Zweckgemeinschaft zwischen den „Arbeiterburschen aus Sülz" als Liebesheirat mit den „höheren Töchtern aus Klettenberg", aber schon bei der Namensgebung sehr anspruchsvoll. Kein Verein, sondern ein Club, nicht irgendein Club, sondern der erste Club, eben der 1.FC Köln. Proteste von der einen Seite – den VfL 99-Fans, für die die „eins" im Vereinsnamen ein rotes Tuch war -, Kopfschütteln bei den anderen, Erstaunen bei der Konkurrenz. Aber die Verantwortlichen um den zum 1. Vorsitzenden gewählten Franz Kremer hielten sich nicht lange beim Diskutieren auf, sondern handelten. Rot-Weiß wurden die neuen Vereinsfarben, der Schriftzug 1.FC Köln prangte über dem bedeutensten Kölner Wahrzeichen, dem Dom.

Nippes 12 war in der Radrennbahn der erste Gegner. Zwei Tage nach der Fusion kamen rund 2.500 Zuschauer, die einen 8:2-Sieg der neuen Mannschaft des 1.FC Köln mit nachfolgender Aufstellung erlebten:

Nelles (vorher KBC), Langen (Sülz 07), Hungs (KBC), Moog (KBC), Szilinski (Sülz 07), Weisweiler (KBC), Radant (Sülz 07), Alexius (VfL 99 Köln), Faber (SC Brühl), Weyer (VfL 99 Köln), Lipponer (Sülz 07).

Die Kölnische Rundschau wartete in ihrer Ausgabe vom 21. Februar 1948 unter der Überschrift „Spielen Bayenthal und Victoria zusammen" mit einer Meldung auf:

„Wenn diese Zeilen in Druck sind, entscheidet es sich in der Generalversammlung von Victoria, ob es am heutigen Samstag zur Gründungsversammlung des „FC Süd" kommt, der an Stelle von Bayenthal weiterspielen würde...".

Diese Mitteilung war am Erscheinungstag schon überholt, denn am Abend zuvor war es im Kasino der Bayenthaler Maschinenfabrik (Bamag) zur Fusion der Traditionsvereine SV Victoria Köln 1911, Sport-Verein Köln 1927 (Sparkasse) und Bayenthaler Spielverein von 1920 gekommen. SC Fortuna Köln hieß der neue Verein, der in gelben Trikots und schwarzen Hosen spielte. Spielertrainer Hans Chriske stellte noch in der Gründungsnacht die Mannschaft auf, die sonntags bei Schwarz-Weiß Köln mit 0:1 verlor.

Bei „Dünnbier und Schnittchen", deren Herkunft nicht nachvollziehbar war – so berichtet die Vereinschronik – hatte man sich zusammen gerauft. Wesentlich beteiligt waren, so die Vereinschronik, u.a. Jean Cremer, Jupp Außem, Ernst Buchholz jr, .Bernhard Krah, J. Güsgens, Herr Kranich, Jupp Esser und Herr H. Münchow sen. 1. Vorsitzender wurde Klaus Bintz, Eigner der Schifffahrtslinie „Black Diamond", deren Frachtkähne im Rheinauhaufen lagen und über die Meere schipperten. 1951 war er neben Dr. Edmund Strücker (Prinz) und Heinz Beyer (Jungfrau) als kräftiger Boor im Kölner Dreigestirn.

Die „Kölnische Rundschau" berichtete am 2. März 1948, dass der Fußball-Bezirksausschuss des Rheinbezirks die Entschließung gefasst habe, „dass die Zusammenschlüsse der beiden Vereine 1.FC Köln und Fortuna Köln hingenommen werden, auch in spielerischer Hinsicht". Die satzungsgemäße Regelung der aufkommenden Fragen wurde an den Fußball-Bezirkstag verwiesen; anderen Vereinen, die ebenfalls eine Fusion oder einen Zusammenschluss planten, wurde eine Frist bis zum 15. März 1948 erteilt. Damit war der Weg für den 1.FC Köln in der Staffel 1 ebenso frei wie für Fortuna Köln in der Staffel 2 der Rheinbezirksliga, deren Vereine sich ja gerade für die Rückrunde rüsteten.

Mer renne noh däm Ball

Wenn ich über die Vorgebirgsstraße stadtein- oder stadtauswärts fahre, kommen mir in Höhe des Südstadions immer wieder Begebenheiten und Ereignisse in Erinnerung, die sich zuvorderst am Namen Jean Löring und „seiner" Fortuna festmachen, deren Ursprung aber viel weiter zurückliegt. Hier, am einstigen Vorgebirgsglaciert, habe ich als 7-jähriger zum erstenmal in einer Fußballmannschaft gespielt, beim KBV 07. Vater hatte unter meine alten und ziemlich abgetragenen Straßenschuhe ein paar Riemchen befestigt – die Kinder, die ein finanzstärkeres Zuhause hatten, trugen bereits Stollenschuhe. Die Vereinsfarben waren weiß-lila, aber Trikots waren Mangelware und so färbte Mutter meine weiße Sporthose und später auch das weiße Unterhemd nach langem Drängeln und Quengeln mit Wäschefarbe.

Samstags trafen sich alle Spieler, um entweder zu einer anderen Mannschaft zu fahren – ausschließlich mit der Straßenbahn, oder aber, um auf einen Gegner zu warten, der aber sehr oft gar nicht kam.

Dann standen wir sehr bedröppelt herum, die D-Jugendlichen, zu denen ich gehörte, aber auch die etwas älteren Jungs aus der C- und B-Mannschaft. Meistens gab es aber eine Lösung. Denn der Sportplatz unseres Nachbarvereins Union 05 lag, durch eine hohe Mauer getrennt, direkt neben dem KBV-Platz. Und dort, hinter der Mauer, standen die Unions-Spieler in ihren grünen Trikots genau so wartend in der Gegend wie wir. Und so kam es nicht selten vor, dass wir Veilchen gegen die Grünen spielten. Mal auf deren Platz, mal bei uns – wobei die Mannschaften hüben wie drüben aus Spielern aller Altersjahrgänge zusammengesetzt waren. Wenn ich mitspielen durfte, was nicht immer der Fall war, dann musste ich

Fußballer-Dusche in den 50er Jahren

meistens ins Tor. Ein Los, das ich im übrigen mit zahlreichen Altersgenossen teilte: die Kleinsten und Schwächsten wurden ins Tor gestellt, damit die Großen glänzen konnten. Einer der Unions-Spieler war unser aller Held, weil er mit dem Ball und am Ball alles konnte: Ernst-Günter Habig legte hier den Grundstein zu seiner späteren großen Karriere als Fußballer und hernach als Trainer.

Ansonsten war das Verhältnis zwischen KBV und Union trotz oder vielleicht auch wegen der engen Nachbarschaft ein ziemlich getrübtes. Kaum eines der Verlegenheits-Spiele ging regulär über die Bühne, immer wieder gab es Streit um die Regelauslegungen, öfters flogen die Fäuste und regelmäßig schwor man sich gegenseitig, nie mehr gegeneinander anzutreten. Länger als eine Woche hielten die Schwüre aber nie. Etwa ab 1949 gab es dann auch bei Jugendmannschaften einen geregelten Spielbetrieb.

Union 05 hatte auch eine Alt-Herren-Mannschaft, die von Zeit zu Zeit samstags spielte. Wir Pänz hatten dann unseren Platz auf der Mauer, was sich an einem der Spieltage für mich als sehr nützlich erweisen sollte. Bei den Unions-Spielern war es üblich, dass jeder, der einen gegnerischen Angriff abgewehrt oder einen eigenen Angriff mit einem Schuss in Richtung gegnerisches Tor abgeschlossen hatte, einen Schluck aus der im Tor postierten Schnapsflasche nehmen durfte. Je nach Spielverlauf und je nach Aktivitäten zeigte die Summe der Belohnungen Wirkung. Bei einem Spieler jedenfalls in der Weise, dass er sich beim Laufen selbst in die Hacken trat und Bekanntschaft mit dem schwarzen Aschenboden machte. Klar, dass wir laut lachen mussten, was natürlich bei dem so Gestrauchelten zu einem Wutausbruch führte, der darin gipfelte, dass er uns beschuldigte, mit Steinen nach ihm geworfen zu haben. „Ihr drecklige Pänz, ich schlage üch kapott“ lief er schreiend auf uns zu. Die größeren von uns hatten sich längst in Sicherheit gebracht, aber ich war zu bange, einfach von der hohen Mauer runter zu springen und wollte mich runterhangeln. Passiert ist zum Glück nichts, denn die Mannschaftskameraden hatten den wildgewordenen Mitstreiter inzwischen eingeholt und mit dargebotener „Arznei“ aus der Flasche soweit beruhigt, dass er seine Absichten aufgab und statt zu schlagen weiter Fußball spielte.

Fußball-„Äcker“ der 50er Jahre

Auf zur Fortuna

Unsere häufigsten Gegner waren die schwarz-gelben Fortuna-Spieler aus Bayenthal. Gegen Fortuna Köln zu spielen war immer etwas Besonderes, denn die Fortuna hatte eine große und spielstarke Jugendabteilung, auf die wir vom kleinen KBV mehr sehnsüchtig als neidvoll blickten, weil wir alle das Gefühl hatten, dass bei der Fortuna vieles besser organisiert war, als bei uns. Der Sportplatz lag zunächst in Marienburg und später an der Schönhauser Strasse, und meine sonntäglichen Besuche der Spiele des KBV wechselten ab mit den Besuchen bei den Heimspielen der Fortuna. Waren beim KBV gerade mal an die hundert Zuschauer, ging die Zahl bei der Fortuna in die Tausende. Der Nachteil für uns Pänz war allerdings, dass die Fortuna auch von Kindern 20 Pfennig Eintritt erhob, die ich entweder nicht hatte oder aber nicht hergeben wollte. Aber Not macht erfinderisch und so kam ich auf drei taktische Varianten, die auch immer mehr oder weniger erfolgreich waren:

Variante 1: Abwarten, bis ein Ball über die Umzäunung auf die Straße fliegt, den Ball erhaschen, zurückbringen und sich damit den Zutritt sichern.

Variante 2: Durch ein Loch im Zaun auf den Platz gelangen.

Variante 3: Darauf hoffen, dass ein Erwachsener einen bei der Hand und mit auf den Platz nimmt.

Variante 1 wurde immer schwieriger, weil andere Kinder auch auf die Idee gekommen waren. Und da man nie abschätzen konnte, wo der nächste Ball landen würde, wurde die Erfolgsquote so niedrig, dass ich mitunter erst gegen Ende der ersten Halbzeit zum Zug kam. Dann machte es aber keinen Sinn mehr, denn in der Halbzeitpause schlossen die Kassenhäuschen sowieso.

Variante 2 war nicht ungefährlich und konnte eigentlich nur in Gemeinschaft mit anderen angegangen werden. Die Fortuna hatte einen sehr wachsamen Aufseher, der taubstumm war, uns aber mit seinen zischenden Geräuschen, den zuckenden Kopfbewegungen und seinem Stock mehr Angst als Respekt einflößte. Die „Gääsch“, der beruflich als Gärtner und Parkaufseher in Diensten der Stadt Köln stand, kannte natürlich die Schlupflöcher im Zaun. Aber wenn wir mit mehreren Kindern einen „Angriff“ starteten, kamen immer ein paar durch.

In guter Erinnerung ist mir noch ein Spiel der Fortuna gegen die SG Düren 99 im Jahr 1950, welches 1:1 endete. Der dicke Mrusek im Fortuna-Tor wuchs in diesem Spiel über sich hinaus. Was er an Bällen hielt, war kaum zu fassen. Der bullige Mittelstürmer Heinz Lorenz, und der hochaufgeschossene Linksaußen Heinrich Busch, den ich schon beim KBV 07 kennengelernt hatte und der 1949 zur Fortuna gegangen war, sind mir noch in guter Erinnerung. Der eine als ständiger Torschütze, ehe er 1952 zu den Dellbrücker Preußen ging, der andere, Heinz Busch, weil er einen unnachahmlichen Trick hatte, den ich nur unvollständig so beschreiben kann, dass es aussah, als würde das linke Bein von Busch sekundenlang in der Luft schweben, wenn er mit dem rechten Fuß den Ball führte. Auch Busch wechselte ein Jahr nach Koch zu Preußen Dellbrück, kam aber von Januar bis Juni 1958 als Fortuna-Trainer wieder an die Schönhauser-Straße. Nicht zu vergessen Engelbert Koch, der auch ein guter Tennisspieler war und mit dem Deutschen Tennis-Meister Ernst Buchholz, Gründungsmitglied und Obmann der Fortuna, im Daviscup-Doppel für Deutschland gespielt hatte. Koch kam 1951 vom VfL 99 Köln und ging 1952 zu Preußen Münster.

Meine FC-Zeit

Ab Mitte 1950 war meine Liebe zur Fortuna erkaltet. Schuld daran war ein Holländer, der als Torwart zum 1.FC Köln gekommen war: Frans de Munck. Wie auch später, als Zlatko „Tschik“ Cajkovski nach der Fußball-Weltmeisterschaft Mitte 1955 nach Köln kam, konnten wir es kaum erwarten, den „Neuen“ zu sehen. Bei der ersten hautnahen Begegnung mit dem „schwarzen Panther“ an den Vorwiesen im Müngersdorfer Stadion wusste ich nicht, was ich mehr bewundern sollte: seine imposante Beinmuskulatur oder sein Fahrrad, gegen das mein aus den verschiedensten Teilen und Größen zusammengebautes Fahrrad der damals bei uns Pänz üblichen Marke „Eigenbau“ aussah wie heutzutage ein Schrottauto neben dem neuesten Ferrari. Und dann geschah das für mich unfassbare: Frans de Munck drückte mir das Rad zum Festhalten in die Hand, weil er Autogramme geben musste. Als die Schar der nicht nur weiblichen Autogrammjäger „befriedigt“ war, bedankte er sich bei mir, schwang sich aufs Fahrrad und fuhr ein paar Meter weiter zum Haupttor, um die Kabine aufzusuchen. Was heute immer wieder zu lesen ist oder an Theken erzählt wird, nämlich, dass wegen Frans de Munck mindestens fünftausend Frauen zu jedem FC-Heimspiel mehr kamen als sonst, kann ich als „wirklich und wahr“ bezeugen. Gezählt habe ich die Damenschar zwar nicht, aber der optische Eindruck ist mir noch geläufig, und was die Akustik angeht, waren die Frauen und Mädchen sicherlich gute Lehrmeisterinnen für ihre Töchter, die sich ein paar Jahre später an den Beatles oder den Stones versuchten.

Es gibt eine Vielzahl von Spielen, die ich nie vergessen werde. Eines davon ist die Begegnung im Müngersdorfer Stadion zwischen dem 1.FC und Borussia Dortmund. Das Stadion war noch besser gefüllt als sonst, denn in den Vorberichten hatte es geheißen, Frans de Munck würde im Spielfilm „Der ideale Bräutigam“ mitwirken und das Filmteam würde Szenen mit Frans de Munck einfangen. „Das ideale Brautpaar“ war eine über viele Jahre erfolgreiche Rundfunksendung mit dem Aachener Jacques Königstein. Der Straßenfeger sollte nunmehr auch in den Kinos für volle Kassen sorgen.

Der Tabellenführer aus dem Ruhrpott ging bereits nach wenigen Minuten in Führung. Ungläubiges Staunen, ja Entsetzen bei uns Zuschauern: der sonst so zuverlässige Frans de Munck hatte einen harmlosen Roller elegant und „kameralike“ aufnehmen wollen, doch der Ball war mit dieser Art der Behandlung offensichtlich nicht einverstanden, denn er kullerte durch die gespreizten Holländer-Beine ins Tor. Köln gewann dennoch gegen den Westmeister mit 5:1. Ein Jahr später, der Film war in den Kinos angelaufen, spielte Rot-Weiß Essen in Müngersdorf und gewann mit sage und schreibe 5:0 gegen einen indisponierten 1.FC. „Boss“ Helmut Rahn hatte es nach eigenem Bekunden den „Filmfritzen“ einmal zeigen wollen und ein spektakuläres Tor erzielt.

Ich war inzwischen zum „Assistenten“ des Trainers aufgestiegen. Karl Winkler, der den ruhigen Weisweiler-Nachfolger Helmut Schneider nach nur einem Jahr abgelöst hatte und dessen laute Kommandostimme selbst dann zu hören war, wenn der 1.FC in der Radrennbahn trainierte, vertraute mir, wenn er richtig „warmgelaufen“ war, für die restliche Zeit des Trainings immer seine Strickjacke an. Drei Jahre später war es „Tschik“ Cajkovski, der sich nach dem Training die Fußballschuhe auszog und auf Socken zur Kabine ging. Ich durfte ihm die Fußballschuhe bis zur Kabinentür tragen. Schuhe, die so klein waren, als gehörten sie zur Ausstattung von einem der sieben Zwerge aus dem Schneewittchen-Märchen. Ganz besonders stolz war ich, als die Messdiener-Zeitschrift „Die Sternsinger“ einen kleinen Bericht über den jugoslawischen Nationalspieler brachte und dazu ein Foto veröffentlichte, das mich als Cajkovskis Schuhträger zeigte.

Beim Training auf den Stadion-Vorwiesen gab es immer wieder Kiebitze, die allerdings nicht mit in die Radrennbahn durften, wenn dort trainiert wurde. Dieses Privileg hatte, von den FC-Offiziellen einmal abgesehen, nur ich. Mein Platz war hinter dem Trainingstor und meine Aufgabe bestand darin, alle Bälle, die das Tor verfehlt hatten, wieder dem Trainingsbetrieb zuzuführen. Gleich der erste Versuch, den Profis in der Radrennbahn meine Künste zu zeigen, geriet rein optisch zur Lachnummer, denn die betonierte Fläche hinter dem Tor war so glitschig wie Seife und so landete ich beim Schussversuch auf meinem Allerwertesten, und auch mein Hinterkopf machte Bekanntschaft mit dem harten Untergrund, der ja eigentlich den Fahrrädern als Standfläche dienen sollte. Heldenmütig verzichtete ich darauf, zu schreien, denn ich merkte ja, dass einige Spieler zu mir gelaufen kamen. Allen voran Hans Schäfer, der damals schon mein ganz großes Idol war und es immer geblieben ist. „Jung, jeiht et widder?“ hörte ich ihn fragen und dann half er mir auf. Es gab noch einen Klaps und mahnende Worte: „Paß op, he es et jefährlich“.

Das ereignisreiche Jahr 1954

Das Jahr 1954 war gleich durch vier Ereignisse geprägt, von denen drei fast vergessen sind oder aber in der Erinnerung zurückbleiben, weil der Gewinn der Fußball-Weltmeisterschaft alle anderen Ereignisse überstrahlt.

Zunächst einmal das UEFA-Jugendturnier, bei dem die Deutsche Mannschaft das Endspiel erreichte, das vor ausverkauftem Haus im Müngersdorfer Stadion gegen Spanien stattfand. Uwe Seeler war der herausragende deutsche Spieler in der Vorrunde gewesen und über ihn erzählte man wahre Wunderdinge. Es war ein begeisterndes Spiel, das 2:2 endete, wodurch Spanien Turniersieger wurde, weil die Katalanen die bessere Tordifferenz aus der Vor- und Zwischenrunde mitgebracht hatten. Für uns alle eine unverständliche Entscheidung und natürlich auch enttäuschend. Was haben wir uns die Zunge aus dem Hals geschrieen!

Und dann das Pokalendspiel. Der 1.FC war Westdeutscher Pokalsieger geworden und hatte gegen Viktoria Berlin 3:2 und in Hamburg beim HSV 3:1 n.V. gewonnen. In Ludwigshafen fand das Endspiel gegen den VfB Stuttgart statt. Als Mitte der 2. Halbzeit ein Foulelfmeter gegen Stuttgart verhängt wurde, hatte der 1.FC die große Chance. Doch Herbert Dörner, ansonsten eine „sichere Bank", schoss am Tor vorbei. Unzählige Zuschauer, darunter auch ich, erlebten das Spiel, das live im Fernsehen übertragen wurde, bei Radio Wilden an der Ecke Venloerstrasse und Ehrenfeldgürtel. Doch als Dörner den Elfmeter verschoss, drückten die Massen von hinten und wir, die wir vorne am Fenster standen, fielen gegen die Scheibe, die diesem Druck natürlich nicht gewachsen war und in tausend Stücke zerbrach. Keinem von uns ist etwas Ernsthaftes passiert – die 0:1-Niederlage des 1.FC nach Verlängerung schmerzte mehr, als die Kratzer und kleinen Risse in der Haut.

Ein paar Wochen später, der 1.FC war mit einem Punkt Vorsprung vor Rot-Weiß Essen Westdeutscher Meister geworden, war wiederum Ludwigshafen Schauplatz eines FC-Spiels. Wegen der anstehenden Weltmeisterschaft in der Schweiz wurde die deutsche Fußball-Meisterschaft in einer einfachen Runde auf neutralen Plätzen ausgespielt. In Ludwigshafen siegte der 1.FC Köln mit 3:2 gegen Eintracht Frankfurt. In Stuttgart gab es dann eine 3:4-Niederlage gegen den 1.FC Kaiserslautern. Eines der Spiele, die als „Krampf" in die FC-Geschichte eingingen, denn der Schiedsrichter war nach Meinung aller neutraler Beobachter der 12. Mann bei Kaiserslautern. So stand eine Woche später, am 23. Mai 1954, der 1.FC Kaiserslautern im Endspiel gegen Hannover 96. Die Hannoveraner hatten den Berliner SV 1892 mit 2:1 und den VfB Stuttgart mit 3:1 ausgeschaltet und fegten die „Roten Teufel" vom Betzenberg mit sage und schreibe 5:1 vom Platz. Was tat uns Kölnern dieses Ergebnis gut. Unverständlich fast allen Fußballfans in Deutschland Sepp Herbergers Entscheidung, trotzdem fünf Kaiserslauterer Spieler mit zur Fußball-WM in die Schweiz zu nehmen.

Die Fußball-Weltmeisterschaft

Das Endspiel der Fußball-Weltmeisterschaft erlebte ich in Bickendorf in einer Kneipe. Auf dem Rand der Schirmablage am Kleiderständer stehend, in mehr als 20 Metern Entfernung zum kleinen Bildschirm, mit einer Hand festhaltend am oberen Ende des Kleiderständers erlebte ich den 3:2-Sieg der Deutschen Mannschaft. Von meinem Platz aus konnte man nur an den Reaktionen der im Vordergrund postierten Zuschauer etwas vom

Spielverlauf erahnen. Aber das tat der Begeisterung keinen Abbruch. Im Gegenteil: Man war dabei gewesen, als das „Wunder von Bern“ geschah. Für mich war natürlich unser Kölner Landsmann Hans Schäfer der Held nicht nur des Endspiels, sondern des gesamten Turniers. Ob gegen die Türken, gegen die Österreicher, noch einmal gegen die Türken, dann gegen die Jugoslawen: Hans Schäfer war für mich der überragende Spieler.

Schäfers Knoll – mein großes Idol

Hans Schäfer nahm ja noch an den Fußball-Weltmeisterschaften 1958 und 1962 teil, wurde mit dem 1.FC Köln 1962 und 1964 Deutscher Meister und 1963 Fußballer des Jahres. Begonnen hatte er als klassischer Linksaußen, dann wurde aus dem Reißer der Spielgestalter. Sein allergrößtes Spiel machte er in meinen Augen am letzten Spieltag der Oberliga West in der Saison 1962/63. Der 1.FC Köln spielte in Müngersdorf gegen Borussia Dortmund. Ein Dortmunder Sieg oder ein Unentschieden hätte die Westmeisterschaft für die Westfalen bedeutet. Köln musste gewinnen, um Westmeister zu werden.

Die Dortmunder spielten hart und härter. Schließlich standen die mit 2:1 führenden Kölner nur noch mit neun gesunden und einem angeschlagenen Spieler auf dem Platz. Die elf Dortmunder drängten und drängten. Hans Schäfer zog sich zurück, spielte „letzter Mann“, wie man es bestenfalls von Liebrich noch in Erinnerung hatte und drosch alles weg, was ihm in die Quere kam. Immer wieder spornte er seine Mitspieler an, trieb sie in die Zweikämpfe, machte sie heiß. Die Dortmunder kämpften bis zuletzt, machten aber im Endeffekt immer größere Bogen um den Kämpfer Hans Schäfer, der an diesem Tag seine Mannschaft mitgerissen und alle Zuschauer, sofern sie aus dem FC-Lager waren, ob seiner Einstellung und seines Kampfgeistes begeisterte. Der 1.FC wurde in diesem Jahr durch einen 4:0-Erfolg in Berlin gegen den 1.FC Nürnberg Deutscher Meister – und als solcher gingen die Mannen um Hans Schäfer an den Start der neu gegründeten Bundesliga, deren oberster Vater „Boss“ Franz Kremer gewesen war. 1965 beendete Hans Schäfer seine Karriere. In 18 FC-Jahren hatte er 507 Pflichtspiele bestritten und 304 Tore erzielt. Für mich war er – und daran hat sich bis heute nichts geändert – der Fußballer meines Herzens. Als Mitte 2004 allerorten die 50. Wiederkehr des „Wunders von Bern“ gefeiert und vermarktet wurde, habe ich mich zunächst gewundert, dass „mein“ Hans Schäfer als einer der letzten noch lebenden „Helden“ nirgendwo öffentlich in Erscheinung trat. Ich wollte ihn nach dem „warum?“ fragen, habe es dann aber sein lassen, weil ich die Antwort auf meine nicht gestellte Frage zu kennen glaube.

Das vierte Ereignis darf nicht unerwähnt bleiben: am gleichen Tag, als Deutschland in der Schweiz die Ungarn im WM-Endspiel mit 3:2 besiegte, kam es im französischen Reims zum ersten Auftritt der Mercedes-Silberpfeile nach dem Krieg. Im Formel 1-Weltmeisterschaftslauf gewann Juan Manuel Fangio vor seinem Mercedes-Stallgefährten Karl Kling. Die Freude darüber ging im Fußballer-Taumel verständlicherweise aber etwas unter.

Der Boss, kleines dickes Tschik, die Knoll und dä Buur

Es ist kein Privileg der Karnevalisten, Spitz- oder Spottnamen zu tragen. Auch vor Sportlern und hier insbesondere bei Fußballern stellt sich der Volksmund nicht ins Abseits, sondern stürmt ideenmäßig munter drauf los. Spitznamen sind „Liebkosungen etwas anderer Art“, mitunter können sie aber auch das Gegenteil bezwecken. Das wissen zwar nicht immer alle zu schätzen, aber es ist nun mal so. Im Laufe meiner langen FC-Freundschaftszeit bin ich vielen begegnet und habe so manchen Namen gehört.

Franz Kremer war und blieb immer „der Boss“. Wenn von „dä Knoll“ die Rede ist, dann weiß bis heute jeder, dass Hans Schäfer gemeint ist. „Dr Tünn“ war nicht etwa die Bezeichnung für FC-Torwart Toni Schumacher, dem Helden von Liverpool, sondern für Harald Schumacher, der einer seiner Nachfolger wurde. Zlatko Cajkovski hieß erst „Stummel“ und dann nur noch „Tschik“, Stephan Engels war der „Steff“, Heinz Flohe „die Fluh“, Ernst-Günter Habig „die Bumms“, der aus Berlin gekommene Thomas Häßler wurde „Icke“ genannt, Matthias Hemmersbach war immer nur „dä Mattes“, Pierre Littbarski hieß nur „Litti“, Johannes Löhr „die Nas“, Manfred Manglitz war „Cassius“, Berthold Nordmann war „dä Fuss“, später übertrug sich die Bezeichnung auf Karl-Heinz Schnellinger. Frank Ordenewitz war der „Otze“, Yasuhiko Okudera „Oku“, Hans Sturm blieb immer „dä Hansi“, Wolfgang Weber war „der Eisenfuß“, Wolfgang Overath „dä Zigeuner“, Lukas Podolski wurde sehr schnell zum „Poldi“ und Hennes Weisweiler hieß in Köln nur „dä Buur“.

Das hörte er zwar nicht gerne, aber der Name blieb ihm haften, auch noch, als er schon längst den Olymp der herausragendsten Trainer der Welt erklommen hatte. Als Kind hatte er in seiner Geburtsstadt Lechenich Bekanntschaft mit dem Fußball gemacht. Vor dem Krieg spielte er beim Kölner BC, während des Krieges war er als Flakhelfer in München, kickte dort bei Wacker und für die Münchener Stadtauswahl. Als der Krieg zu Ende war, tauchte er mit seiner Mannschaft vom VfB Lechenich auf vielen Kölner Plätzen auf. Er und „die Buure“ waren gern gesehene Gäste, weil sie nicht nur manche Freundschaftsgabe und Maggelware im Gepäck hatten, sondern auch einen guten Fußball spielten. „Ääpel, Speck, Eier un Klütte“ – davon träumten die Kölner – die Buure wussten, wie man solche Träume erfüllt. Und die mit Holzvergasern betriebenen Lastwagen beförderten auf dem 20 km langen Weg zwischen Lechenich und Köln neben den Fußballern noch viel Kalorienhaltiges und Wärmespendendes, was natürlich immer zu einem herzlichen Willkommen in der Domstadt führte.

Dreh- und Angelpunkt der Lechenicher Mannschaft war Hans Weisweiler, der 1945 gerade mal 26 Jahre jung, aber vielen noch als Leistungsträger der Vorkriegsmannschaft des KBC in bester Erinnerung war. War es nicht „dä Buur“, der damals gegen Rheinland Zollstock alle Tore beim 5:0-Sieg des KBC erzielt hatte? Klar, der war das!

Als Franz Kremer, der nach dem Krieg das Vereinsleben wieder mit aufbaute, 1946 zum 2. Vorsitzenden und am 8. Februar 1947 zum Vorsitzenden des KBC gewählt wurde, reaktivierte er einige der früheren Recken und lotste auch Hans Weisweiler aus Lechenich wieder zurück zum KBC, und so war Hans Weisweiler, den sie inzwischen alle „Hennes" riefen und hinter seinem Rücken „dä Buur" nannten, auch dabei, als der KBC mit Sülz 07 zum 1.FC Köln fusioniert und gegen Nippes 12 sein erstes Spiel bestritten hatte. Zeitgleich schrieb er sich an der Sporthochschule ein, wo er unter Sepp Herberger seine Ausbildung machte, die er 1952 mit dem Trainer-Diplom erfolgreich abschloss.

Als FC-Trainer Karl Flink nach der ersten Saison sein Amt aufgab, bestimmte Franz Kremer den noch an der benachbarten Sporthochschule bei Sepp Herberger in der Trainer-Ausbildung befindlichen Hennes Weisweiler als Spielertrainer.

Karl Flink war ein Eigengewächs. Als 18 jähriger gab er im Jahre 1913 sein Debüt beim KBC, während des ersten Weltkrieges spielte er bei Wacker Berlin, kam 1919 zum KBC zurück und legte im gleichen Jahr seine Prüfung als Fußball-Lehrer ab. 1922 wurde er gegen Ungarn in die Nationalmannschaft berufen, 1925 beendete er seine Spieler-Karriere beim KBC. Als Trainer hatte er Fortuna Düsseldorf 1936 ins Endspiel um die Deutsche Meisterschaft geführt. Als Franz Kremer ihn bat, den neugegründeten 1.FC als Trainer zu übernehmen, hatte er dem Wunsch entsprochen.

Geißbock Hennes

Gleich im ersten Jahr schaffte „dä Buur" mit seiner Mannschaft den Aufstieg in die Oberliga West. Bei der Karnevalssitzung des Vereins 1951 im Williams-Bau machte Carola Williams der Mannschaft einen kleinen Geißbock zum Geschenk. Hennes Weisweiler nahm das Tier entgegen – vor Aufregung pullerte das kleine Tier ihm das Hemd voll. Klar, dass es den Namen „Hennes" erhielt, Eingang in das FC-Wappen fand und – einschließlich seiner bislang sechs Nachfolger – ein werbewirksames Maskottchen des Vereins ist.

1952 ging Hennes Weisweiler nach einigen Querelen mit dem späteren Nationaltorwart Fritz Herkenrath zum Oberliga-Absteiger Rheydter SV, mit dem er in der Saison 1953/54 den Wiederaufstieg schaffte, aber im gleichen Jahr auch wieder in die Landesliga abstieg.

In guter – oder auch schlechter – Erinnerung habe ich den knappen 1:0-Sieg des 1.FC Köln im Müngersdorfer Stadion. Die Rheydter standen eigentlich schon als Absteiger fest, lieferten dem 1.FC aber einen Kampf auf Biegen und Brechen. Im Dauerregen und auf aufgeweichtem Rasen spielten Hennes und seine Schützlinge im wahrsten Sinne des Wortes „Knüppel aus dem Sack!" und traten nach (fast) allem, was sich bewegte. Da der offensichtlich überforderte Schiedsrichter entweder gar nicht oder zum falschen Zeitpunkt einschritt, traten wir Pänz und Heranwachsenden, aber auch viele erwachsene Zuschauer nach dem

Schlusspfiff selbst in Aktion. Länger als eine Stunde belagerten wir am Nordtor den Rheydter Bus, empfingen jeden Spieler mit Gejohle und Schmährufen und bedachten Hennes Weisweiler mit Ausdrücken, die selbst in der heutigen Zeit die Schamgrenze erreichen, wenn nicht gar überschreiten würden.

Die FC-Offiziellen holten den „Absteiger" 1954 wieder zurück und als er 1958 zu Viktoria Köln, dem früheren Preußen Dellbrück, auf die rechte Rheinseite wechselte, war der 1.FC zwar Westdeutscher Vizemeister geworden, aber dem Trainer weinte kaum jemand eine Träne nach. Weisweiler hatte den von allen Zuschauern hoch geschätzten und von uns Jugendlichen geradezu verehrten Zlatko „Tschik" Cajkovski in der Rückrunde kaum noch eingesetzt, und so hatte der Kroate die Koffer gepackt. Der 6:0-Erfolg des 1.FC Köln im Höhenberger Sportpark vor 20.000 Zuschauern am sechsten Spieltag der neuen Saison gegen die Weisweiler-Preußen war nicht nur für mich ein „innerer Vorbeimarsch".

Bis 1964 blieb Weisweiler ohne nennenswerte Erfolge Trainer von Viktoria Köln. Sein Wechsel zu Borussia Mönchengladbach wurde dann für den Verein und für „dä Buur" der Aufstieg in den viel zitierten Fußballhimmel, aber für einige Spieler und den Trainer auch der Zugang in eine glitzernde und glänzende Welt bis dato nie gekannten Ausmaßes.

Einmal „Buur", immer „Buur"

1969 hatte Weisweiler mit seinen „Fohlen" den Durchbruch geschafft. Ein Jahr vorher war ich, 28jährig, beim SC Balkhausen-Türnich 1919 e.V. zum Vorsitzenden gewählt worden. Die meisten Spieler des ruhmreichen Vereins mit dem Mittelrhein-Auswahlspieler Heinz Bernardy als Spielertrainer waren zwar älter als ich, akzeptierten mich als „dä Kölsche", der sieben Jahre zuvor „e Balkesser Mädche" geheiratet hatte, aber ohne Einschränkungen. Da sich 1969 zum 50. Mal die Vereinsgründung jährte, planten wir natürlich eine große Feier. Zehn Jahre zuvor, beim 40jährigen, war DFB-Jugendtrainer Dettmar Cramer der Festredner, diesmal sollte es nach dem Wunsch der Balkhausener Hennes Weisweiler sein, der als Spielertrainer des VfB Lechenich zusätzlich „für e paar Klütte un en halve Sau" die Balkhausener Mannschaft trainiert hatte.

Mönchengladbach weilte vor jedem Heimspiel im Trainingslager in einem Hotel in Süchteln. Telefonisch trug ich Weisweiler mein Anliegen vor, und wir vereinbarten einen Besuchstermin in seiner Wohnung, um alles Nähere zu besprechen.

An einem Samstagmorgen, wie verabredet pünktlich um zehn, stand ich mit Vereins-Geschäftsführer Helmut Mosbach in der Belvederestraße in Müngersdorf vor Weisweilers Haus. Ein Mercedes mit MG-Kennzeichen parkte direkt vor der Haustür. Auf unser Klingeln rührte sich nichts. Wir warteten, machten einen erneuten Versuch. Wieder nichts. Dann kam der Briefträger, einen Stapel Post in der Hand. „Ist die für Weisweilers?" „Eja, wat hatt ehr domet zo dunn?" Die Tatsache, dass der Postbote kölsch sprach, flößte Vertrauen ein und schaffte Gemeinsamkeiten. Ich berichtete ihm kurz, weshalb wir da waren und bat ihn, uns die Post für Weisweiler auszuhändigen. Nach einigem Zögern willigte er ein: „Maht ävver keine Blödsinn!" „Ehrenwort!". Die Haustür war inzwischen von einem im Haus wohnenden anderen Postempfänger geöffnet worden, und so stiegen Helmut Mosbach und ich die Stufen hoch, um bei „Weisweiler" zu klingeln. Ich hatte das Gefühl, dass jemand an den Spion gekommen und durchgeschaut hatte – geöffnet wurde allerdings nicht. Kurze Zeit später hörten wir Wasserrauschen aus der Wohnung. Also war ja definitiv jemand zu Hause. Nur geöffnet hat niemand, so oft wir auch klingelten. Auch in den Tagen danach kam kein Kontakt mit Weisweiler zustande, ein Brief blieb unbeantwortet.

In höchster Not rief ich Karl-Heinz Heddergott, damals Mittelrhein-Verbandstrainer, in der Sportschule Hennef an, schilderte ihm die Situation – und Heddergott sagte ohne zu zögern zu und hielt auf dem Festkommers vor 500 Besuchern die Festrede. Für Heddergott war es auch ein „Heimspiel", denn viele Balkhausener Akteure waren als Auswahlspieler durch seine Schule gegangen.

Auf dem Festkommers wurde auch ein dreißigminütiger Film vorgeführt, den ich ein Jahr zuvor beim Kerpener Filmer „Büb" Hövel in Auftrag gegeben hatte und in dem der Bau des von mir initiierten und ausschließlich aus Zuschüssen und Spenden finanzierten vereinseigenen Sportjugendheimes und ein Querschnitt durch das Vereinsleben festgehalten war. Im Herbst 2004 habe ich diesen inzwischen digitalisierten Film den Akteuren von damals noch einmal auf einer Großleinwand vorgeführt. Was hatten wir einen Spaß – jetzt stehen noch ein paar Wiederholungen an. Der Vollständigkeit halber sei noch angemerkt, dass dem samstäglichen Festkommers eine Tanzveranstaltung am Sonntagabend mit der Kapelle Hardy von den Driesch und ein „Rheinischer Abend" am Montag folgten. Max Mauel, Harry Fey, die Kürschs, Ludwig Sebus, Schlauch un Schläuchelche, Marlies Koerd und die Rheinmelodiker sorgten in meiner neuen Wohnheimat für einen noch lange diskutierten fröhlichen Abschluss in der noch neuen Erfthalle, die an allen Tagen mit jeweils mehr als 500 Besuchern voll gefüllt war.

Trotz des Sieges ein Verlierer

An einem heißen Junisamstag im Sommer 1973 saß ich mit dem Sport-Journalisten Willy Frings unter 70.000 Zuschauern im Düsseldorfer Rheinstadion, wo sich Borussia Mönchengladbach und der 1.FC Köln ein tolles Pokalendspiel lieferten. Zum viertenmal in sechs Jahren stand der 1.FC im Endspiel. 1:1 hieß es nach 90 turbulenten, an Spannung, Dramatik, Hektik und Spielkunst nicht zu überbietenden Minuten, und von der Tribüne aus sahen wir, dass sich Günter Netzer, bis dahin „Bankdrücker von Weisweilers Knute", warmlief. Weisweiler, für den es wahrscheinlich eine Beleidigung war, dass sich Netzer nach dem Spiel zu Real Madrid verabschieden wollte, hatte seinen „Star" in der Sonne auf der Bank schmoren lassen und auch keine erkennbare Regung gezeigt, als Jupp Heynkes anstelle des ansonsten immer sicheren Elfmeterschützen Netzer einen Foulelfmeter nicht verwandelt hatte. In der zweiten Minute der Verlängerung schlug Netzers nach meiner Beobachtung aus der Not geborener „Querschläger" im linken oberen Eck des von Gerhard Welz gut gehüteten Kölner Tores ein. 2:1 stand es am Ende eines Spieles, das eigentlich keinen Verlierer, sondern nur zwei Sieger hätte haben dürfen. Schon auf der Heimfahrt kam Frust bei mir auf, als ich hörte, dass Netzer sich selbst eingewechselt hatte. Und das bei einem Hennes Weisweiler, der ansonsten doch jeden nach seiner Pfeife tanzen ließ. Warum hatte „dä Buur" ausgerechnet gegen den 1.FC Köln seine Machtbefugnis nicht ausgeübt? Meine Verärgerung über Weisweiler übertrug sich im Laufe des Abends auf den „Zufallstorschützen", der x-mal und vor was-weiß-ich-wievielen Kameras Interviews geben musste und gab. Da hatten 22 Akteure unter sengender Sonne 120 Minuten gekämpft bis zum Umfallen und dann steht jemand im Mittelpunkt allen Interesses, der dreißig Minuten auf dem Platz gestanden und vielleicht ein paar hundert Meter gelaufen ist und lässt sich feiern, feiern, feiern ...

Die sich mir aufdrängende Frage, was Hennes Weisweiler wohl empfunden habe, fand dann schnell eine Antwort: „Jetz hätt hä gewonne und och verlore!"

Und noch einmal Weisweiler. Nach einem Jahr in Barcelona kam er 1977 wieder zum 1.FC. Nur Fünfter in der Bundesliga, aber der 1.FC stand im Pokalendspiel gegen Hertha BSC. Willy Frings und ich fuhren diesmal nach Hannover. 1:1 stand es nach 90 Minuten, die Verlängerung fand ohne Wolfgang Overath statt, Hennes Weisweiler hatte den Kapitän aus dem Spiel genommen. Beim 1:0-Sieg des 1.FC im Wiederholungsspiel war Wolfgang Overath nicht mehr dabei. Für mich und unzählige Fußballfreunde ein Sieg mit ganz bitterem Beigeschmack, denn Wolfgang Overath erklärte seinen Rücktritt. Er blieb konsequent, sehr zum Leidwesen seiner Fans, zu denen auch ich gehörte. Beim Abschiedsspiel im Müngersdorfer Stadion konnten ihm noch einmal 60.000 Zuschauer zujubeln. Weltmeister 1974, Teilnahme an insgesamt drei Weltmeisterschaften, Deutscher Meister und zweimal Deutscher Pokalsieger mit dem 1.FC Köln – und Hennes Weisweiler hatte wieder einmal die Genugtuung, obsiegt zu haben.

Die Gerechtigkeit gebietet es zu erwähnen, dass der 1.FC Köln im darauffolgenden Jahr unter seinem Trainer Hennes Weisweiler das begehrte Double gelang: Deutscher Meister und Deutscher Pokalsieger. Ohne Wolfgang Overath. Was wären das erst für tolle Spiele mit Wolfgang Overath gewesen? Weisweiler blieb noch zwei Jahre in Köln, ging dann zu Cosmos New York, kehrte nach zwei Jahren zurück und verdingte sich bei Grashoppers Zürich. 1983 gewann er mit dem Club das Schweizer Double; am 5. Juli des gleichen Jahres starb er plötzlich und unerwartet an Herzversagen. 20.000 Menschen, darunter Günter Netzer, Wolfgang Overath, Franz Beckenbauer, Jupp Derwall und Helmut Schön nahmen im Kölner Dom beim feierlichen Gottesdienst von ihm Abschied.

Wolfgang Overath ist seit Herbst 2004 Präsident des in der 2. Bundesliga spielenden 1.FC Köln. Am letzten Spieltag der Hinrunde unterlag der Tabellenführer 1.FC Köln beim

MSV Duisburg mit 0:1. Die Duisburger gehen als Herbstmeister in die Rückrunde, Köln steht Mitte April 2005 auf dem 2. Tabellenplatz; seit dem 2. Mai 2005 und dem 2:1-Sieg in Aue steht fest: der Aufstieg in die 1. Bundesliga ist geschafft. In Köln konnte wieder einmal kräftig gefeiert werden. Overaths längerfristiges Ziel ist es, den 1.FC wieder in die Europäische Spitzenklasse zu bringen. Er wird es, da bin ich mir sicher, schaffen.

„Wollen Sie mit mir Deutscher Meister werden?"

Diese Frage stellte Franz Kremer allen Akteuren, die er nach der Fusion 1948 zum 1.FC Köln holen wollte. Alle wollten, die, die schon da waren und auch die, die gekommen sind. Und sie haben es geschafft. Wie?

Wer sich heute die Frage stellt, findet in vielen Nachschlagewerken alles über Fußball. Die Fernsehmoderatoren und Fachkommentatoren informieren uns, die wir die Glotze dem Stadion vorziehen, über die Psyche der Spieler, die Fluggeschwindigkeit des Balles, die Dauer des ersten Bäuerchens, die Schuhgröße, die Liebschaften, die Leidenschaften und die Leidenswege der Akteure. Selbst schuld.

Als ich die Antwort auf meine Frage suchte, wie es Franz Kremer und der 1.FC Köln geschafft haben, das „ja" der Akteure in die Tat umzusetzen, wurde ich nicht sehr fündig. Gewiss, die Informationen ab Bundesliga-Gründung gehen ins Unermessliche. Aber der Weg vom kleinen Vorstadtverein bis in die Bundesliga ist nur schwer und wenn überhaupt, dann ziemlich unvollständig zu erfahren. Deshalb habe ich mich ans Recherchieren gegeben, und was dabei herausgekommen ist, fand ich so spannend, dass ich es irgendwann in gedruckter Form auch an andere Interesserte weitergeben möchte.

Wo der FC ist, da ist Kölle. Wenn das Fahrgeld nicht reichte, reiste man in den 60er Jahren per Anhalter oder im Bus der MVK (Milch-Verwertung Köln) preiswert durch die Republik

Messdiener in St. Paul und Kahnfahren im Volksgarten Frösche fangen und Schiffe entern

Im April 1947, direkt nach der Einschulung, war ich Messdiener geworden. Pastor Prior hatte in der Pfarre St. Paul seinen Vorgänger Pastor Lenkewitz, der in den Ruhestand gegangen war, aber noch ab und zu in der Pfarre aushalf und auch noch im Pfarrhaus in der Vondelstrasse wohnte, abgelöst. Kaplan Neumann, noch ziemlich jung und sehr groß gewachsen, war für uns Messdiener zuständig. Im Pfarrhaus wohnte auch Prälat Weißkichel, der für das Katholische Männerwerk in der Stadt Köln zuständig war. Kaplan Neumann und der Prälat verstanden sich überhaupt nicht. Der Kaplan „verdonnerte" uns Messdiener, bei der Wandlung die Schelle zu betätigen; der Prälat „verbot" es uns. Ich habe mich dafür entschieden, es beiden recht zu machen: beim Kaplan habe ich gebimmelt, beim Prälaten nicht.

Erinnerungsblatt und Erinnerungsfoto mit meinen Schwestern Marianne und Hedwig

Fast alle Messdiener standen auf Seiten des Kaplans, weil sie den Prälaten auch als sehr streng empfanden. Ich bin immer sehr gut mit ihm ausgekommen und habe gerne in seinen Messen gedient, obwohl er immer die Frühmesse gelesen hat. Beerdigungen waren bei allen Messdienern immer sehr begehrt, denn man durfte mit dem Pastor oder Kaplan im Taxi zum Südfriedhof fahren, und meistens gab es auch noch ein Trinkgeld von den Angehörigen. Die Maiandachten, die feierlichen Hochämter – es war alles sehr beeindruckend, und eine sehr beliebte Freizeitbeschäftigung war, Pastor zu spielen. Ein Karton, Tischtuch drüber, eine Kerze und ein Kreuz drauf – und schon war der Hausaltar fertig. Der jeweilige „Hausherr" hatte natürlich das Privileg, Pastor zu sein – die anderen waren die „Lück för zo bedde." Ein paar Wochen vor dem Weihnachtsfest 1949 wurde ein Krippenwettbewerb unter uns Messdienern durchgeführt und die Krippen wurden anschließend im Pfarrheim ausgestellt. Vorher wurden sie noch prämiiert und Prälat Weißkichel hat letztendlich mit seiner Stimme den Wettbewerb zu meinen Gunsten entschieden. Als Siegerpreis erhielt ich einen Druck von Albrecht Dürer. Mit unserem Kaplan machten wir in den Schulferien eine Vielzahl von Ausflügen in die nähere und weitere Umgebung, und das schönste für mich war immer, wenn wir alle zusammen um ein Lagerfeuer draußen oder am Tisch drinnen saßen und unsere Lieder sangen. 1951 bin ich zur Ersten Heiligen Kommunion gegangen. Das war noch in der Notkirche von St. Paul in der Loreleystrasse. Aber ein paar Tage später erfolgte der Umzug in die wiederhergestellte Kirche. Mutter, viele andere Frauen, auch ein paar Männer und wir Messdiener hatten viele Wochen lang die Kirche vom

Schutt befreit. Die Schienen der Schuttbahn, die direkt nach dem Krieg an der Kirche vorbei geführt hatten, waren schon abgebaut worden, sodass der Dreck mit Lastwagen weggekarrt werden musste. Nach der Entschuttung dauerte es noch einige Zeit, bis das Hochamt und der feierliche Einzug gefeiert werden konnten. Am Abend vorher haben wir bis in die Nacht noch geputzt und geschrubbt.

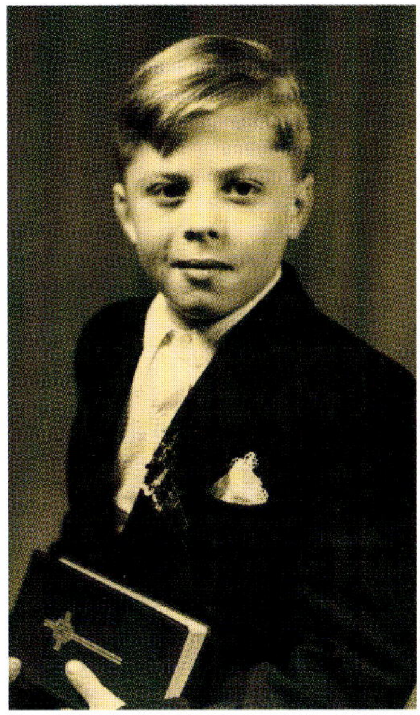

Erinnerung an einen schönen Tag

Vor jedem Gottesdienst wurde die Glocke geläutet. Da ich jeden Tag die Frühmesse von Prälat Weißkichel diente, musste ich um viertel nach sechs die Stufen zum Glockenturm hochsteigen. Im Winter herrschte hier absolute Dunkelheit, und im Schein meiner Taschenlampe sah ich immer eine Unmenge von Fledermäusen, von denen viele aufschreckten und herumflatterten. Im Glockenturm angekommen, zog ich so schnell ich konnte am Glockenseil, und sobald der erste Schlag ertönte, flitzte ich die Treppe hinunter. Wenn ich unten ankam, schlug oben noch der Klöppel an und sorgte fürs Geläute. Ich war damals gerade elf Jahre alt und habe meine Angst vor dem Läuten in dem einen Jahr, das ich bis zu unserem Fortzug nach Bickendorf noch in der Pfarre verbracht habe, nie verloren.

Einen großen Tag hatten wir alle vier Wochen. Dann wurde am Samstagabend die große Glocke geläutet. Dafür waren mindestens 20 große Hände und starke Arme erforderlich. Es war immer ein tolles Vergnügen, sich mit dem Seil hochschwingen zu lassen, wenn die Glocke einmal richtig in Gang gesetzt worden war. Die „Großen“ passten auf, dass uns „Kleinen“ dabei nichts passierte.

Im Volksgarten

Von der Paulskirche war der Volksgarten, ebenso wie von der Loreleystrasse, nur einen guten Steinwurf entfernt. Im Sommer hatte es uns immer der Weiher mit seinem Springbrunnen angetan. Als ich in späteren Jahren noch einmal den Volksgarten aufsuchte, hatte ich den Eindruck, der „riesengroße Weiher“ sei eingeschrumpft und der Weiher sei verkleinert worden. Da habe ich erst richtig in mich aufgenommen, dass die Perspektive aus Kinderaugen eine ganz andere ist als die eines Erwachsenen.

Zurück in meine Kinderwelt: Wie schön war es, beim Kahnfahren in die Nähe des Springbrunnens zu gelangen und ein paar Spritzer, je nachdem wie der Wind stand auch mehr, abzubekommen. Vom Uferrand aus ins Wasser zu gelangen war nicht einfach, denn die schräg nach unten verlaufende Betoneinfassung war immer sehr glitschig und bot keinen Halt. Wenn man es dann bis ins Wasser geschafft hatte, benötigte man hilfreiche Hände, um wieder raus zu kommen. Im Herbst haben wir Kastanien und Eicheln gesammelt. Die Kastanien wurden zu einem Kloster auf der Brühler Straße gebracht und die Eicheln wurden zu Hause geröstet, um Kaffeemehl daraus zu machen.

Auf den Poller Wiesen ...

Die Südbrücke war schon im Mai 1946 wieder für Fußgänger passierbar und die Poller Wiesen übten eine ungeheure Anziehungskraft auf uns Kinder aus. Es war zwar ein gutes Stück von der Elsaßstrasse bis dorthin zu laufen, aber den langen Weg nahm ich immer gerne in Kauf, weil „op de Poller Wies" immer etwas los war. Je nachdem wie hoch der Wasserstand des Rheines war, konnten wir ohne jegliche Gefahr die am flachen Ufer liegenden drei Schiffswracks entern. Das einzig Gefährliche daran war, dass sich im einsehbaren Rumpf eines der Schiffe zigtausende wenn nicht gar hunderttausende weiße Maden in einer übelriechenden Brühe tummelten. Die Vorstellung, von einem der Stege abzurutschen und dort hinein zu fallen, löste wahre Angstschauer aus – aber man wollte sich ja vor den anderen beweisen.

Die Poller Wiesen waren noch voller Krater, in denen sich die Frösche und Aale tummelten. Froschfang machte ich oft mit, aber wenn sich einige dann den „Spaß" machten, die Frösche mit einem Strohhalm aufzublasen, habe ich protestiert, wurde aber oft als „Botzendresser" tituliert.

Mit den Messdienern (3.v.r. erste Reihe)) von St. Paul auf Wanderschaft

... und am Rodenkirchener Strand

Die größeren Jungs habe ich oft bewundert. Sie waren meine Helden, wenn sie rheinaufwärts fahrende Schleppkähne anschwammen, in deren Beiboote kletterten oder gar auf das Deck des Schiffes stiegen, nach ein paar hundert Metern wieder in den Rhein sprangen und sich von der Strömung abwärts treiben ließen. Sie führten Strichlisten und am Abend, meistens waren wir Kleineren schon zu Hause, kürten die „Springer" ihren Tagessieger. Das Wasser des Rheins war zwar nicht gerade glasklar, aber längst nicht so grau-schmutzig wie es heute ist. Ich habe mich nie weit in den Rhein getraut, weil die Strömung doch sehr stark war. Kleine Strudel tauchten plötzlich auf und waren wieder verschwunden. Ich meine, auf der Poller Seite seien keine Krippen gewesen. Ganz bestimmt aber waren sie auf der Rodenkirchener Seite, denn hier war ein sehr schöner Sandstrand, der bei Sonnenwetter von vielen Wasserfreunden aufgesucht wurde. Es war zwar sehr reizvoll, bis an die Spitze der Krippen und von dort aus ins Wasser zu gehen, aber durch die Strudel, die hier teilweise sehr stark waren, war das nicht ungefährlich.

Heimkehr aus dem Land der Pharaonen
Jung, dat es doch dinge Vatter

Schon seit längerem war mir aufgefallen, dass ich des öfteren Männern begegnete, die einen Rucksack, kleinere Taschen oder einen Koffer mit dabei hatten. Die meisten waren unrasiert, die Kleidung schlotterte an ihrem Körper, ihre Gesichter waren fahl und eingefallen. „Das sind entlassene Kriegsgefangene" hatte Mutter mich aufgeklärt. „Und wann kommt Papa?" „Der ist noch in Ägypten und kommt sicher auch bald!"

Mutter hatte im Februar 1946 vom Roten Kreuz eine Postkarte mit der Mitteilung erhalten, dass Vater lebte und dass er in Ägypten in britischer Gefangenschaft war. Weitergehende Angaben wurden nicht gemacht und Auskünfte erhielt sie trotz vieler Bemühungen auch nicht. Aber wenigstens war die Zeit der großen Ungewissheit vorbei, denn das letzte Lebenszeichen von Vater hatte uns im Juni 1944 erreicht und darüber informiert, dass Vater beim Partisanenkampf in Griechenland an einer schweren Malaria erkrankt und auf ein Lazarettschiff nach Saloniki verlegt worden war. Das Schiff sei von Engländern gekapert worden – mehr wurde nicht bekannt, und erst die Postkarte erlöste Mutter und auch uns Kinder, soweit wir das überhaupt begreifen konnten, nach 20 Monaten des Hoffens und des Bangens von der quälenden Ungewissheit über Vaters Verbleib. Mutters Briefe an Vater und ihre Anfragen in diesen zwanzig Monaten hatten immer wieder das gleiche Ergebnis gehabt: „Neue Adresse abwarten!" Dann, im Mai 1947, informierte uns Mutter strahlend: „Papa ist auf einem Schiff in Hamburg und wird bald bei uns sein".

Aber es dauerte noch. Tage und Wochen vergingen wie gewohnt: Morgens zur Schule, nachmittags wurden Streifzüge durch die Trümmer unternommen, Lumpen, Flaschen, Eisen und Papier gesammelt und zum Altreuscher gebracht, Steine gegen Bezahlung geklopft und Holz für den häuslichen Herd gesammelt. Die liebste Freizeitbeschäftigung für uns Pänz war Fußball spielen. Wo immer sich dazu Gelegenheit bot, rannten wir dem Ball nach. Unsere Bälle waren aus Hartgummi, meistens aber aus einem mit Stroh, trockenem Gras oder Lumpen ausgestopftem alten Kopfkissenbezug, dessen Lebensdauer immer eine sehr kurze war und dessen „Verhaltensweise" immer dann zu langen Diskussionen führte, wenn wir uns einigen mussten, ob mehr als die Hälfte des durch rüde Fußtritte zerfetzten „Balles" die Torpfosten passiert oder davor schon „den Geist aufgegeben" hatte. Einen Lederball vor die Füße zu bekommen, das wäre wie heutzutage eine „Sechser im Lotto" gewesen.

Zwei Kartons im Abstand von drei Metern bildeten links und rechts die Torbegrenzung, die Entfernung von einem Tor zum anderen richtete sich immer danach, wie viele Mitspieler da waren. Wenn es für zwei Mannschaften nicht reichte, wurde auf ein Tor gespielt und wenn niemand Lust hatte, das Tor oder auch die Tore zu hüten, was die Regel war, dann wurde der Abstand von „Pfosten" zu „Pfosten" auf dreißig Zentimeter verkürzt. Ein gutes Ballgefühl war Voraussetzung, um gewissermaßen „geadelt" zu werden: „Mensch, kann dä fummele". Die Besten von uns qualifizierten sich für die Strassen- oder Veedelsmannschaft, und wenn die Kombination Merowinger- und Elsaßstrasse auf das Team vom Kartäuserwall und Kartäusergasse traf, dann war immer „etwas gebacken", will heißen, es ging zur Sache. Bevorzugter Austragungsort war die langgezogene Kartäusergasse, weil die Gefahr, rechts und links der Strasse etwas zu beschädigen, sehr gering oder kaum gegeben war. Bei den Radfahrern und bei den Autofahrern hatte es sich offensichtlich herumgesprochen, dass das Befahren dieser Straße zu gewissen Zeiten etwas problematisch war. Jedenfalls wurden die verkehrsbedingten Spielunterbrechungen immer weniger. Die Strassenspiele und Veedelsmeisterschaften wurden auch noch ausgetragen, als es wieder richtige Fußbälle aus Leder und auch einen geordneten Spielbetrieb bei den Fußballvereinen gab. Die Spiele fanden allerdings nicht mehr auf Straßen statt, sondern auf nahegelegenen Sportplätzen oder, wo das nicht erlaubt wurde, im Blücherpark, im Volksgarten oder noch später auf der Jahnwiese.

„Wanderpause" (ganz vorne) mit den Messdienern von St. Paul

Kurz nach dieser Aufnahme mit meinen Schwestern Dora und Hedwig (r.) wurde Vater im Mai 1940 eingezogen. Im Juli 1947 kehrte er aus der Gefangenschaft zurück.

Braungebrannt aus Ägypten

An einem heißen Sommernachmittag im Juli 1947 spielten wir zu dritt in der Elsaß-Strasse mit einem sehr klein geratenen Gummiball, der aber anstatt ins Tor zu rollen, den Weg in einen Gulli vorgezogen hatte. Wir hatten gerade mit vereinten Kräften die aus Eisenrohren zusammengesetzte Abdeckung hochgehoben, und ich hangelte mit meinen kurzen Ärmchen danach, als ich die Stimme von Frau Schockhoven vom Haus gegenüber hörte: „Reinold, Reinold, dinge Vatter kütt!"

Ich blickte auf und sah zwei gut gekleidete Männer, braungebrannt und mit je einem großen Rucksack auf dem Rücken, die zielstrebig in das Haus Nr. 40 gingen. Frau Schockhoven war ganz aufgeregt: „Jangk erenn Jung, jangk erenn, dat eß doch dinge Vatter!" Mir war es richtig komisch geworden, und ich traute mich nicht so recht, aber Frau Schockhoven ließ nicht locker mit ihren Hinweisen. Ich nahm meinen ganzen Mut zusammen, ging ins Haus und als ich nach dem langen Flur um die Ecke bog, lagen sich Mutter und einer der Männer in den Armen. Herr Ludwig, Frau Ludwig, der zweite Mann, Dora und Hedwig standen drumherum, lachend und schluchzend. Meine Anwesenheit hatte noch niemand bemerkt, und so machte ich kehrt, lief wieder auf die Straße, wo außer Frau Schockhoven jetzt viele Nachbarn standen. „Eß'r et?" Und nach meinem Kopfnicken kam die Aufforderung: „Maach dat de erenn geihs, dä well dich doch och sinn !"

Vaters Kriegskamerad verabschiedete sich gegen Abend. Der von ihm getragene Rucksack gehörte zu Vaters Mitbringsel und so haben wir, nachdem auch die gratulierende

Nachbarschaft unsere Wohnung verlassen hatte, mit dem Auspacken begonnen. Mir liefen die Augen über, als nach und nach Tee, Schokolade, Seife (die allerdings, wie sich herausstellte, kaum brauchbar war) und vor allen Dingen Zigaretten, Zigaretten, Zigaretten zum Vorschein kamen. Zwei oder drei Tage später gab es ein „Wiedersehensfest" für die Nachbarschaft. Mutter hatte dazu eingeladen und Vater schenkte jedem ein paar Zigaretten.

Die folgenden Tage und Wochen, ja auch noch Monate später, löcherten wir Kinder und insbesondere ich unseren Vater. Wir wollten doch alles über Ägypten erfahren, über Moses, über die Pharaonen, über die Pyramiden. Und natürlich wollten wir auch wissen, wie und wo er gewesen war, wie es ihm in der Gefangenschaft ergangen war. Von unseren vielen Gesprächen habe ich behalten, dass Vater und mit ihm die anderen Gefangenen am „Kleinen Bittersee" in ein Lager gekommen waren. In etwa 40 km Entfernung lag die britische Garnisonsstadt Ismailija, begrenzt vom Timsah (auch „Krokodilsee" genannt). Kurz vor Ismailija tritt der Suez-Kanal in die blau-grün schimmernden Bitterseen ein, deren Seeufer flach und sandig sind. Der Boden des kleinen Bittersees bestand, vom flachen Ufer aus gut sichtbar, ganz aus Muschelkalk. Am Horizont war der Höhenzug des Dschebel Genefa sichtbar.

Von den Briten wurden die Gefangenen einigermaßen gut behandelt. Vater hatte Glück, dass er als „Hausbursche" zweimal wöchentlich bei einer in Ismailija wohnenden englischen Offiziersfamilie als „Mädchen für alles" eingesetzt und von den Familienmitgliedern auch gut behandelt worden war. Einmal gab es aber Ärger, der sich aber hernach in Lachen aufgelöst hatte. Vater hatte beim Säubern des Badezimmers die geöffnete Parfümflasche der Offiziers-Lady umgestoßen und dabei war ein Teil des kostbaren Duftwassers verschüttet worden. Um sein Missgeschick zu vertuschen, hatte Vater die Parfümflasche mit Wasser aufgefüllt, nicht ahnend, welche Folgen das haben würde. Denn der zuvor golden schimmernde Inhalt färbte sich milchig-weiß. Angelockt durch den aus dem Bad entweichenden Geruch – beileibe nicht mit dem von der Dame des Hauses verbreiteten wundervollen Duft zu vergleichen – war der Hausherr erschienen, um sich über den Grund zu informieren. Nach der „Beichte" herrschte dann wieder Friede im Haus.

Das Lagerleben am Kleinen Bittersee organisierte sich schnell. Um keinen Lagerkoller aufkommen zu lassen, wurden regelmäßig Veranstaltungen und Kurse durchgeführt. Vater betätigte sich als Stenografie-Lehrer und hatte dabei neben inhaftierten Landsleuten auch einige britische Schüler im Unterricht. Die Verpflegung war ausreichend, die ärztliche Betreuung im allgemeinen zufriedenstellend. Bei seinen Malaria-Anfällen war ihm allerdings in Ismailija weitaus bessere Hilfe zuteil geworden, als nach seiner Heimkehr in Köln. Jeden Tag mussten die Gefangenen salzigen Tee trinken, um, wie ihnen gesagt worden war, den durch die mörderische Hitze und das dadurch bedingte Schwitzen entstehenden Salzverlust auszugleichen.

Nach der Ankunft in Hamburg war Vater zunächst nach Bonn in ein Entlassungslager gekommen und wenige Tage später nach Köln entlassen worden. Bis November 1947 wurde Vater zunächst krankgeschrieben. Stammheimer Kläranlage, Bau der Deutzer Brücke, Müllabfuhr in Brück, Gartenbauarbeiten an den Riehler Heimstätten – das waren die Stationen, ehe er im März 1949 eine feste Anstellung bei der Stadt Köln als „Streckenbegeher" beim Tiefbauamt erhielt. Vorübergehend war seine Dienststelle am Sachsenring im linken Turm der mittelalterlichen Stadtmauer untergebracht. Auch hierher brachte ich ihm sein „Mittchen", wobei ich ja von der Elsaß-Strasse aus nur einen sehr kurzen Weg zurückzulegen hatte. Damals war noch ein großer Graben vor der Mauer, und man konnte das Büro zunächst nur von der Rückseite erreichen. Direkt hinter der Eingangsöffnung führte eine rundlaufende Steintreppe nach oben. Unten rechts in einer Vertiefung lagen einige große sandfarbene Steine, und ich bin mir absolut sicher, dass in diesen rechteckigen, aber unterschiedlich groß geformten Steinen Straßennamen in französischer Sprache eingemeißelt waren. Bei meinen späteren Nachforschungen, wo sie geblieben sein könnten, erhielt ich allerorten die Auskunft, solche Steine habe es nie gegeben...

Dem Graben vorgelagert war eine heute noch vorhandene große Wiesenfläche, mit einigen Sträuchern und Bäumen bewachsen. Im Herbst sammelte ich hier Bucheckern auf oder pflückte sie vom Baum. Es war zwar eine „Piddelsarbeit", die Schale von den kleinen Dreiecken zu lösen, aber dafür wurde ich durch die nussartig schmeckende kleine Frucht entschädigt. Vater brachte eines Tages einen kleinen Hasen mit nach Hause, den er auf dem Heimweg zitternd auf der Wiese gesehen hatte. Hansi, so nannten wir ihn, bekam ein Ställchen und lebte fortan als siebentes Mitglied der Familie in unserer Zwei-Zimmer-Wohnung. Tagsüber, wenn ich zu Hause war, durfte Hansi sogar den von Vater gezimmerten kleinen Stall verlassen und durch unser Zimmer hoppeln. Erst als wir 1952 in eine größere Wohnung nach Bickendorf zogen, mussten wir uns leider von ihm trennen. Eigenhändig habe ich Hansi im Graben vor der mittelalterlichen Mauer, wo viele seiner Artgenossen inzwischen heimisch geworden waren, in die Freiheit entlassen.

Vater (r.) als Kriegsgefangener 1947 am Kleinen Bittersee

An deren linken Ende, wo Vaters Dienststelle untergebracht war, hat, nach entsprechendem An- und Ausbau, die Prinzengarde Köln seit vielen Jahren ihr Domizil; die Blauen Funken haben sich im rechten Teil der Mauer ihr Stammquartier eingerichtet und es nach dem Erwerb 1969 liebevoll restauriert. Balken vom Dom und Steine vom Klingelpütz wurden für den Turmanbau einer sinnvollen und stadthistorisch bedeutsamen Verwendung zugeführt. Über die jeweiligen Fördervereine werden Unterhalt und denkmalgeschützter Ausbau sichergestellt.

Nur ein paar Meter weiter, Richtung Chlodwigplatz, steht die Ulrepforte, deren Turm den Krieg einigermaßen heil überstanden hatte, während der untere Teil doch stark in Mitleidenschaft gezogen worden war. Eine militärische Bedeutung hatte das Überbleibsel

Der Stacheldraht macht deutlich, dass Vaters Aufenthalt am Kleinen Bittersee kein Urlaubsvergnügen war

der mittelalterlichen Stadtmauer nie, weil die Pforte nicht als Tor für Waren- und Fremdenverkehr genutzt wurde. Vielmehr waren hier die Ulner, die Töpfer ansässig. Wegen der Brandgefahr mussten sie ihre Brennöfen an der Stadtgrenze errichten. Die Kartäuser-Mühle war im 14. Jahrhundert auf den Turm gesetzt worden. Im 19. Jahrhundert hatte die Fabrikantenfamilie Guillaume die Ulrepforte erworben und sie 1907 der Stadt Köln zum Geschenk gemacht. In den zwanziger Jahren wurde im unteren Teil eine weit bekannte Gaststätte mit dem Namen „Zur guten Bierquelle" betrieben.

Der Präsident der auf dem Salierring residierenden „Kölsche Funke rut-wieß vun 1823 e.V.", Eberhard Hamacher – genannt Hardes vum Fluh – wollte die „unmilitärische" Ülepooz zum neuen Hauptquartier der Roten Funken machen und erließ 1955 nach erfolgreich verlaufenen Gesprächen mit dem Kölner Oberbürgermeister Theo Burauen an alle Roten Funken einen „Schöppen-Aufruf" und „Arbeids-Alärm", der mit der Aufforderung endete:

„Kutt eröm, morgens öm 8 Ohr geiht et loss.
Singk Öhre Fraue vörher en et Öhrche:
Frau koch Kaffee, öm 8 Ohr fängk de Arbeid an,
Frau koch Kaffee, denn diese Morge ben ich dran,
Frau koch Kaffee, do sühs mich jitz ald höppe,
Frau koch Kaffee, ich muß jitz fott zom schöppe!"

Auch Oberbürgermeister Theo Burauen war met „Schöpp un Hack" dabei, als die Roten Funken am 24. September 1955 mit der Entschuttung begannen. Viele Schaulustige, darunter auch ich, verfolgten die mit einem kleinen Fest verbundene Aktion und auch den weiteren Fortgang in den folgenden Wochen. Denn bei de Funke wor immer jet loss. Bereits ein Jahr später, am 30. September 1956, konnten die Roten Funken ihr neues Hauptquartier ganz nach Funkenart unmilitärisch, aber lustig, erstürmen. Die 1963 gegründete „Fritz Everhan-Stiftung", deren Haupttitel inzwischen „Freunde und Förderer der Ühlepooz" ist, hat seitdem die notwendigen Gelder zum satzungsgemäßen Zweck „Erhaltung und Ausbau der Ulrepforte" zusammengetragen. Und das sind, was man von außen nicht unbedingt merkt, Millionen. Wie sollen normale Autofahrer beim Befahren des Sachsenrings auch ahnen können, dass unter der Fahrbahndecke – und damit unter ihren Autoreifen – gerade ein urgemütlicher Knubbelabend der Roten Funken stattfindet?

Vater hat noch viele Jahre unter schmerzhaften Malaria-Anfälle leiden müssen. Nach seiner Pensionierung am 31. Oktober 1975 konnte er seinen oft herbeigesehnten Ruhestand nur noch fünf Jahre genießen. Die von ihm angestrebte und von Mutter auch gewünschte gemeinsame Rückkehr in seine Eifelheimat zerschlug sich und verlagerte sich stattdessen auf viele Autofahrten, die ich mit Mutter und Vater nach Hilterscheid, Litterscheid, Mutscheid, Ohlerath und Sasserath unternahm, um „an die Gräber" und in die Ortschaften seiner Jugend zu kommen. Nach einer erfolgreich verlaufenen Operation aus dem Krankenhaus entlassen, starb er einen Tag später, am 9. September 1980, an einem Herzinfarkt.

Der Williams-Bau ist Kölns größter Saal
Wichtiges gesellschaftliches Zentrum und Spielort kölscher Lokalkultur

Wer kennt in Köln nicht Sandra Kassen, die „Grande Dame" und Prinzipalin des Senftöpfchen? Oder Herta Reiss, die von so vielen schmerzlich vermisste Ex-Gastronomin der KölnMesse? Respekt und liebenswerte Aufmerksamkeiten, wo immer sie anzutreffen sind, werden ihnen entgegen gebracht. So, wie es vor zwei Jahrzehnten, bis zu ihrem Tod 1987, für Carola Williams immer der Fall war.

Carola Williams stammte aus der ältesten Circusfamilie im deutschsprachigen Raum, den Althoffs, die bereits um 1740 erstmals in alten Kirchenbüchern der Gemeinde Freyaldenhoven, zwischen Aachen und Düsseldorf gelegen, genannt sind. Die „von Aldenhoven", deren Namen sich mit der Zeit in „Althoff" wandelte, zogen und ziehen als

„Manege frei" zur Karnevals-Revue 1949 im Williams-Bau

Artisten-Werbung

Schauspieler, Seiltänzer, Akrobaten und Dresseure durch die Lande; auf Marktplätzen der Städte und Dörfer oder später in Zelten begeisterten sie ihr Publikum. Carl Althoff war der wohl bekannteste und berühmteste der Familie, deren Nachkömmlinge teilweise unter ihrem bekannten Namen jeweils einen eigenen Zirkus gründeten, so wie seine Tochter Carola.

Nach der Hochzeit der „Zirkusprinzessin" aus dem Hause Althoff mit dem englischen Artisten Harry Williams, der über den Umweg der Truppenbetreuung für die englischen Streitkräfte den Weg nach Köln gefunden hatte, arbeiteten die beiden Jungvermählten ab 1946 zielstrebig an der Errichtung eines halbfesten Winterbaus in Köln, der mit einem ausgiebigen Zeremoniell und vielen Ansprachen am 25. Juli 1947, zwischen Aachener Weiher und Innerer Kanalstraße im Grüngürtel gelegen, eröffnet und seiner Bestimmung übergeben wurde. Neben den Eigentümern und den Leuten vom Bau sprach auch Oberbürgermeister Dr. Hermann Pünder, der die vielfältigen Verwendungsmöglichkeiten des Neubaus hervorhob und betonte, dass dem Wohnungsbau nichts entzogen worden sei. Mit einem Fassungsvermögen von mehr als 2.500 Sitzplätzen war der Williams-Bau jetzt der größte Saal Kölns. Die Baumaterialien für die herrliche Anlage waren in diesen schlechten Zeiten auf normalem Wege nicht zu erhalten; der Wohnungsbau hatte absoluten Vorrang bei der Zuteilung von Materialien.

Klüngeln war in diesen Zeiten verständlicherweise nicht gerade groß in Mode, deshalb suchte man andere Möglichkeiten. In Köln verstand man sich auf die Geschäfte des Kompensierens, und Carola Williams hatte schnell „Zugang" zu dieser Art der Kommunikation und so konnte sie ihrem Harry mit vielen Tipps und eigenen Erfahrungen die Wege ebnen und Türen öffnen.

Blicke in den karnevalistisch geschmückten Zirkus-Rundbau

Das Wesen des Kompensierens

Das Wesen des Kompensierens besteht ja darin, etwas, was man hat, zu geben, um etwas, was man braucht, zu bekommen. Harry Williams hatte zu dieser Zeit eigentlich nur eines, was andere brauchten: Mist! Ja, Mist – genauer gesagt: Elefantenmist. Dieser fiel im Zirkus Williams wahrhaft in Mengen an, und da ihm der Ruf vorausging, „besonders wertvoll" – bezogen auf die Düngekraft – zu sein, gab jeder, der hatte, für Elefantenmist das, was Harry Williams brauchte. Harry und Carola Williams haben – und das ist wörtlich gemeint – nicht „auf Mist“, sondern „mit Mist“ gebaut. Und damit den Kölnern eine bis zum Abriss währende Heimstatt für ihre vaterstädtischen Feste geschenkt.

Nach der Eröffnung wurde die große feste Bühne in der weiten Zirkushalle für einige Monate in ein Orpheum der „Czardasfürstin“ verwandelt. 1916 war diese Operette der erste Welterfolg des ungarischen Komponisten Emmerich Kalmann. Der große Raum im weiten Zirkusrund machte viel „Drumherum“ erforderlich. So sah man nebenher viel Revuehaftes, ein steppiges Ballett und Liedeinlagen des Comedien-Quartetts. Klangvoll der aus jungen Musikschülern gebildete Chor, reich ausgestattet die Bühnenbilder von Kurt Heuser und die von Elly Böhme-Goldeva farbenprächtig ausgestatteten Kostüme. Das Ensemble mit der bekannten Filmschauspielerin Dorit Kreysler und Akteuren der Staatsoperette München, der Volksoper Berlin und der Staatsoper Hamburg war bis in die letzte Nebenrolle ausgezeichnet besetzt. Das immer wiederholte Finale nahm unter tosendem Beifall des Premiere-Publikums kein Ende. Täglich um 18.30 Uhr, am Wochenende auch um 14.30 Uhr, strömten die Kölner in den Zirkusbau.

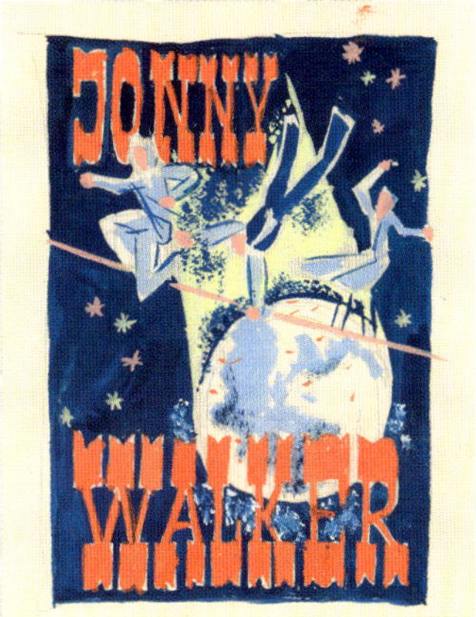

Am 17. September 1947 war Premiere für Paul Abrahams Operette „Die Blume von Hawai“ und am 26. September feierte der NWDR das zweijährige Bestehen seines Senders Köln mit einem „Bunten Abend“. Das Große Kölner Rundfunk-Tanzorchester unter Otto Gerdes, der Chor der städtischen Bühnen unter Peter Hammes und die Künstler Mimi Thomas, Hans Müller-Westernhagen und Willy Schneider wirkten unter der Gesamtleitung von Lutz Kuessner mit. Die Veranstaltung war auch als Rundfunksendung ein großer Erfolg, und es war zu erwarten, dass die Aktivitäten des Rundfunks eine Fortsetzung finden würden. Die ließ dann auch nicht lange auf sich warten. Am 19. Oktober 1947 veranstaltete der NWDR eine „Matinee“ unter Mitwirkung des Kölner Rundfunkorchesters (Dirigent: Wilhelm Schüchter), Hermann Hagestedt mit seinem Orchester und zahlreichen Solisten, darunter Sari Barabas und Albert Fehn, die beliebte Operettenmelodien und „Bunte Klänge“ zu Gehör brachten.

Am 4. November gab es dann endlich wieder „echten“ Zirkus, als Harry Williams mit seiner Truppe in sein Kölner Haus kam und artistische Höchstleistungen und herrliche Tierdressuren bot. Der Teufel im Frack, der Mann im Mond, Sensationen unter der Circuskuppel, internationale Clowns, große Manegen- und Bühnenschaubilder, ein Ballett und die

GASTSPIEL DER STÄDTISCHEN BÜHNEN KÖLN IM WILLIAMSBAU

Peterchens Mondfahrt

EIN MÄRCHENSPIEL IN SIEBEN BILDERN VON GERD VON BASSEWITZ

Programm-Zettel

Musik der Circuskapelle unter Walter Meißner sorgten dafür, dass die begeisterten Kölner in Scharen kamen.

Ab 1. Dezember war das Programm auf die anstehenden Festtage ausgerichtet. Die neuesten und aktuellsten Sensationen in der Manege und in der Luft waren bei insgesamt 18 Attraktionen angekündigt. Unter anderem auch die weltberühmte Braunbärengruppe von Albert Bergs und eine große Reiterei mit Harry Williams als August zu Pferde.

Ab 1. Januar 1948 machten die Zirkusleute unter dem Motto „Circus verrückt“ erste Annäherungen an den Karneval, der aber dann seinen endgültigen Einzug hielt. Im Zirkus Williams hatten mehr als 2000 Menschen Platz – da konnten die Karnevalisten endlich wieder aus dem Vollen schöpfen. Da Harry Williams in erster Linie Artist war, legte er die vielen mühseligen Sessions-Vermietungen an die Karnevalsgesellschaften in die Hand eines erfahrenen Mannes, der sich als Präsident der Lyskircher Junge und als ehemaliges Tanzmariechen der Altstädter schon längst einen Namen gemacht hatte: Jean Küster. Klar, dass „seine“ Lyskircher den Platzvorteil hatten – und dann kamen erst die anderen. Hans Gernert, das erste „Jeckebääntche“ der 1950 wiederbelebten „Hellige Knäächte un Mägde“, später zweimal Präsident und jetzt Ehrenpräsident der Lyskircher Junge, hat in der von ihm verfassten „Chronik 1930-2005“ erst kürzlich daran erinnert:

„Und alle, alle kamen! Nun hatte Ferdi Leisten für die Ehrengarde auch den Dienstag in der Karnevalswoche gebucht. Aber der Ehrengarde-Vorstand war überzeugt, den Termin nicht gefüllt zu bekommen. Da Harry Williams aber betonte: „Alle Termine – oder keinen“, nahm Jean (Küster) kurzerhand den Tag. Und es sollte bis heute unser bester Tag mit der traditionellen Prunksitzung in der Karnevalswoche werden. So müssen wir noch heute dem damaligen wankelmütigen Vorstand der Ehrengarde dankbar sein. Und so ging es 1948 in den Williamsbau. Die „Großen“ dachten natürlich, die „Kleinen“ wären größenwahnsinnig geworden. Aber schon bald sollte sich beweisen, dass auch der Williamsbau aus allen Nähten platzte. Nun muß man der Wahrheit nach sagen: Die Kölner waren nach all den Jahren von Not und Leid bereit, endlich zu feiern, und sie zogen, bewaffnet mit Knolli Brandy und gemaggelten sonstigen Getränken, sowie mit drei Brikett pro Person, in großer Zahl in die Veranstaltungen. Dass hierbei in erster Front die „Lyskircher Junge“ profitierten, war dem guten Ruf der Programme und dem agilen kleinen Präsidenten in der Mitte seines Elferrates, ein Meister der Kölschen Replik, zu verdanken. Er war klein von Gestalt – aber im Innern „ne große, echte Kölsche“ mit viel Gemüt und Können, und das gefiel den Kölschen und auch den Gästen.“

Harry Williams verunglückt tödlich

Von einigen der herausragenden Veranstaltungen des Jahres 1948 und in den folgenden Jahren ist an anderer Stelle die Rede. Jetzt machen wir hier einen Sprung ins Jahr 1951. Im Kölner Haus läuft auch Dank Carolas Umsicht alles „bestens", der Namensgeber und Ehemann Harry weilt mit seinem Zirkuszelt zu Gastspielen in England. Beim römischen Wagenrennen in einer Abendvorstellung stürzt Harry Williams so unglücklich, dass er zwei Wochen später stirbt.

Als der Circus 1952 wieder in Köln ist, überträgt Carola Williams dem damals 20 jährigen Günther Gebel das Management. Der junge Mann war 1947 mit seiner Mutter, die als Garderobiere im Zirkus eingestellt wurde, nach Köln gekommen. Schon ein Jahr später hatte die Mutter Köln wieder verlassen, der Sohn aber blieb im Zirkus und machte sich bei vielen Gelegenheiten nützlich. Harry Williams erkannte das Talent des Jungen und nahm ihn unter seine Fittiche. Als Günther 18 Jahre war, erhielt er eine spezielle Ausbildung am Pferd und als Lenker beim römischen Wagenrennen, den Spezialgebieten von Harry Williams. Als der Chef 1949 erkrankte, musste der junge Günther bei einigen Vorstellungen einspringen. Mit großem Erfolg – und von nun an war sein beruflicher Weg im Zirkus vorbestimmt. Er betätigte sich als Tiertrainer, arbeitet vorerst mit Pferden und schließlich mit einer großen Herde Elefanten.

Günther Gebel kam 1947 mit seiner Mutter nach Köln

Carola Williams, die den Jungen ebenso ins Herz geschlossen hat wie ihr verstorbener Mann, bietet ihm an, den Namen Williams zu führen. Fortan nennt sich der inzwischen in der Fachwelt als herausragend anerkannte Artist Günther Gebel-Williams.

1954, Günther ist gerade mal zweiundzwanzig Jahre jung, ist er in der Fachwelt wegen seiner kreativen Trainingsmethoden und seinen Fähigkeiten, die wildesten Tiere in der Manege als sanfte Geschöpfe zu präsentieren, ein in ganz Europa gefragter Artist. In den folgenden fünf Jahren nutzt er diese Popularität und bereist mit dem Zirkus viele Städte in ganz Europa. Der Zirkus Williams ist zum führenden Zirkus geworden. 1960 hört er, dass es einem Kollegen gelungen ist, einen Elefanten und einen Tiger in einer Schau zu zeigen. Ehrgeizig wie er nun einmal ist, will er diese Darbietung noch toppen. Er erwirbt den ersten Bengal-Tiger und schafft eine Dressur mit zwei Elefanten und zwei Tigern. Später kommen noch Pferde dazu, und dieser Mix aus Pferden, Elefanten und

Günther Gebel-Williams

Tigern ist das circensische Ereignis in Europa. 1964 und in den Folgejahren noch zweimal erhält er für seine einmaligen Tierdressuren die Ernst-Renke-Plakette.

Günther Gebel-Williams wird zur Legende

Am 10. April 1968 heiratet er in Berlin Sigrid Neubauer, ein „attractive young fashion model", wie die Amerikaner, die ein Auge auf den Deutschen geworfen hatten, schrieben. Irvin Feld, Direktor des weltbekannten Ringling Bros. and Barnum & Bailey Circus will die unvergleichliche Tierdressur unbedingt in seinem Zirkus in den Staaten zeigen. Doch Günther Gebel-Williams hält seiner „Zieh-Mutter" Carola die Treue. Schließlich kaufte Irvin Feld den gesamten Zirkus Williams für 2.000.000 $ (zwei Millionen Dollar), um für sich und den weltweit größten Zirkus die Schau auf Dauer zu sichern. Aus Günther wird Gunther.

Am 6. Januar 1969 gibt Gunther im Winter-Quartier des Ringling Bros. and Barnum & Bailey Circus sein Debüt. Sein Aufstieg ist von da an unaufhaltsam, die Medien haben seine Zirkuskunst entdeckt. Drei Tiger, zwei Pferde und einen afrikanischen Elefanten präsentiert er 1971 in einer Show. NBC widmet ihm ein „TV- Special", moderiert von Lorne Greene. 1974 arbeitet er mit fünfzehn Leoparden, drei Panthern und zwei Pumas. Er wird zum Star beim mehrteiligen NBC-TV Special, diesmal mit Bill Cosby. In den folgenden zwanzig(!) Jahren arbeitet er mit u.a. Gene Kelly, Tony Curtis, Danny Kaye, Dick van Dyke und vielen anderen Moderatoren. Als der „beste und größte Trainer von Wildtieren aller Zeiten" feiern ihn die Amerikaner, er ist schon zu Lebzeiten eine Legende.

Der größte Zirkus der Welt

Am 19. Juli 2001 stirbt Gunther Gebel-Williams in seinem Haus in Venice in Florida nach einem einjährigen couragiert geführten Kampf gegen eine tückische Krankheit.

Ringling Bros. and Barnum & Bailey haben zur Erinnerung an ihn die „Gunther Gebel-Williams Foundation" gegründet. Die Stiftung hat sich zur Aufgabe gemacht, im Sinne der Partnerschaft zwischen Tier und Mensch tätig zu sein.

Bernhard Paul und der Circus Roncalli

Und noch ein mit Köln verknüpfter Zirkus-Mann wird zur „lebenden Legende." Bernhard Paul mit seinem Circus Roncalli. 1975 hatte der Zirkusnarr seinen Job als Artdirector gekündigt und einen alten Holzwagen gekauft, um sich einen Traum zu erfüllen. Am 18. Mai feierte der Circus Roncalli mit dem Programm „Die größte Poesie des Universums" in Bonn Premiere. 1977 kommt aus finanziellen Gründen das Ende, 1978 kommt Paul mit ein paar Restbeständen seines Circus nach Köln, findet ein paar Idealisten, die mit ihm die alten Wagen für einen „neuen" Roncalli restaurieren. Ab 1979 arbeitet er mit Tischlern, Zimmerleuten, Wagenbauern, Schlossern, Elektrikern, Malern, Restaurateuren, Kostümbildnern, Schneidern, Musikern und Artisten an der Realisierung des Projektes. 1980 ist es soweit. Manege frei – und Bernhard Paul hat es geschafft.

Was waren wir aus dem Häuschen, damals auf dem Neumarkt, als Pic mit seiner Seifenblasen-Darbietung den Eindruck des Überirdischen vermittelte. Geduldig standen wir in unendlichen Schlangen, um an Karten zu kommen. 1,6 Millionen Zuschauer in drei Jahren! Der Zirkus war längst wieder gesellschaftsfähig geworden. Das erste Buch erscheint, die Holzwagen sind farbenprächtiger geworden, kleine und große Kunstwerke. Roncalli ist nicht nur Zirkus, sondern Gesamtkunstwerk. Die Großen der Zirkuskunst sind zu Gast, August Everding spielt 1983 auf einer Gala zugunsten des Prinzregententheaters in München den Zircusdirektor, ein Jahr später singt Heinz Rühmann das „Lied vom Clown" in der Manage. 1984 wird zum Jahr der Rekorde – der Zuschauerandrang bei der „Reise zum Regenbogen" ist riesig. Bernhard Paul wird mit seinem Circus in Köln während der Winterpause sesshaft – er kauft in Köln-Mülheim das frühere Winterquartier des Circus Williams. Jetzt hat sich der Kreis geschlossen. Bleibt nur noch die bange Frage und die hoffende Erwartung, ob der in all den Jahren bis heute unvergleichliche und erfolgreiche Roncalli-Chef Bernhard Paul seinen Traum, mit all dem in vielen Jahren angesammelten Sammelsurium aus der Circus- und Artistenwelt „eine neue, andere Welt" zu errichten, vielleicht doch in Köln verwirklicht. Als ich die große Ehre hatte, anlässlich der Verleihung der Mütze eines Ehrensenators bei der Liblarer KG „Klüttefunke" im November 2004 die Laudatio auf meinen dortigen Nachfolger zu halten, hielt sich der 1998 vom renommierten Max-Reinhard-Seminar in Wien zum Professor h.c. berufene Bernhard Paul hinsichtlich des Standortes bedeckt.

Der Williamsbau, wie ihn die Kölner nannten, wurde Mitte der fünfziger Jahre wieder abgerissen.

Mein Denkmal für Doktor Küppers
Der Kaufhof – Himmel für uns Pänz

Mit meinem Roller Marke Eigenbau fuhr ich im Herbst 1947 über die Hohestrasse in Richtung Chlodwigplatz. Der Kaufhof hatte in einem Teil des zerbombten Gebäudes seine Verkaufsräume geöffnet, und ich achtete nicht auf die Straße, sondern blickte nach rechts auf die schon vorhandenen Schaufenster. Dann passierte es: Das Vorderrad meines Rollers geriet in ein größeres Loch in der nur notdürftig geflickten Straße und ich fiel kopfüber. Das metallene und nicht durch Griffe geschützte Lenkerende bohrte sich in meinen Kindermund. Ein höllischer Schmerz durchzuckte mich, und als ich die vermeintliche Flüssigkeit im Mund ausspucken wollte und lauter Blut sah, wurde mir schlecht. Ich merkte zwar, dass um mich herum etwas geschah, aber klarer wurde meine Wahrnehmung erst, als ich auf einer Pritsche lag und eine Ärztin oder Schwester und ein Arzt um mich herumstanden. Hilfsbereite Passanten hatten mich, so schnell sie konnten, in das Krankenhaus der Augustinerinnen, ins Vringsklüsterche, gebracht. Als ich wieder bei Bewusstsein war, zeigte mir die Schwester vor einem Spiegel die tiefe Risswunde, die sich von meiner Lippe bis fast zum Kinn-Ende herunterzog und genäht worden war. Von meinen drei unteren Schneidezähnen waren nur noch ein etwas längerer und zwei kleine Stümpfe vorhanden. Es tat höllisch weh, alles spannte und ich war zu bange, meine Lippen zu bewegen, durfte aber mit Mutter, die informiert worden und zum Krankenhaus gekommen war, nach Hause gehen.

Wochen später, die Fäden waren längst gezogen, geblieben war eine von außen sichtbare und vom Mundinneren bei jeder Zungenbewegung sehr spürbare Narbe, bekam ich starke Zahnschmerzen. Der Besuch beim Zahnarzt brachte Linderung, aber nur für ein paar Tage, dann waren die Schmerzen wieder da. Das gleiche Procedere mit dem gleichen Ergebnis und dem „Fortschritt", dass die Schmerzen unerträglich geworden waren. Mutter war ganz verzweifelt, als wir erneut beim Zahnarzt in der Merowingerstrasse 9 vorsprachen. Sie führte ein sehr langes Gespräch mit dem Zahnarzt Dr. Gerhard Küppers, dessen Verlauf ich erst viel später erfahren habe. Das Ergebnis war ein Termin an einem Mittwoch-Nachmittag. Zwischen 14.00 Uhr und 19.00 Uhr hat Dr. Küppers, zusammen mit zwei Kollegen und assistiert von zwei Helferinnen, jeden einzelnen meiner Zähne mit der Zahnwurzel entfernt, vom Eiter befreit und wieder an seiner ursprünglichen Stelle eingesetzt und vernäht. Über meinem Gesicht lag zwar ein Tuch und ich war auch mit Lachgas betäubt worden, wurde aber zwischendurch wieder wach. Einmal hörte ich aus der Unterhaltung heraus, dass einer der Ärzte meinte, ein Elefant wäre nach der mir verabreichten Betäubungsdosis nicht so schnell wach geworden wie ich.

Tagelang musste Mutter mich löffelweise mit Milchbrei wie einen Säugling füttern, und auch als die Fäden gezogen waren, durfte ich erst nach mehreren Wochen wieder feste Nahrung einnehmen.

Das Schlimmste war überstanden, aber es sollte noch einmal sehr schlimm für mich werden. Ich ging schon wieder zur Schule, als die Fäden noch nicht gezogen waren. Als wir in der Pause herumtollten, erwischte mich unser Messdienerkaplan Neumann, dessen „Spezialität" darin bestand, vermeintliche Übeltäter durch Kneifen und Drehen der die Backenknochen umspannenden Haut körperlichen Schmerz zuzufügen. Ehe ich etwas sagen konnte, spürte ich seinen Handgriff an meiner rechten Backe, und er hatte gerade seine berüchtigte Drehung begonnen, als ich einen so lauten Schrei losließ, dass ihm vor Schreck die Hand wegflutschte. Wahnsinnig vor Schmerz rannte ich von der Loreleystrasse nach Hause. Ich hatte Schwierigkeiten, Mutter alles zu erklären. Sie verstand auch so und wollte nur den Namen wissen. Ich hatte noch nicht ganz „Kaplan Neumann" gesagt, als sie zu Frau Ludwig rüberging und diese bat, auf mich aufzupassen. Dann eilte sie zur Loreleystrasse. Von Mitschülern habe ich erfahren, was sich in der Schule abgespielt hatte und dass Mutter dem hochaufgeschossenen jungen Priester fast an die Gurgel gesprungen war. Jedenfalls war der „Lange" ziemlich klein geworden, hat mich aber noch am gleichen Tag besucht, ein Geschenk überreicht und sich bei mir und bei Mutter in aller Form entschuldigt. Dr. Küppers hat zwei oder drei Stellen etwas nachgebessert, schwerwiegende Folgen – von den Schmerzen abgesehen – hatte die Aktion Gott sei Dank nicht. Die Küppers-Aktion war erfolgreich, Schmerzen traten nicht mehr auf, und die drei vorderen Zähne konnten ein paar Jahre später überkront werden. Nur die Narbe blieb zurück und ab und zu, wenn sie zwischen meine Zähne gerät und ich den Schmerz verspüre, dann erinnert mich das immer an die Hohe Strasse und den Kaufhof.

Fast 25 Jahre später habe ich durch Zufall erfahren, dass ein Dr. Gerhard Küppers eine kieferchirurgische Praxis am Rudolfplatz betreibt. Ich bin dorthin und habe den Arzt nach der Behandlung fragen wollen, ob er usw. Bevor ich die Frage ausgesprochen hatte, meinte er: „Ich habe direkt gewusst, wer du bist!" Und im Verlauf unserer Unterhaltung bekannte er freimütig, dass er damals viel Angst gehabt hätte, ob das Vorhaben gelingen würde. „Aber", so meinte er, „ich konnte doch nicht zusehen, dass ein acht- oder neunjähriges Kind schon jetzt und für ein ganzes Leben mit einer Zahnprothese rumläuft."

Diesem mutigen Mann habe ich ein Denkmal gesetzt. Kein steinernes, kein sichtbares. Aber eines, das ich im Kopf trage und mit dem Herzen pflege.

Trotz dieser unangenehmen Geschichte habe ich den Kaufhof in allerbester Erinnerung behalten. Nach der Währungsreform, als das Gebäude wieder ganz hergestellt war, kam jedes Jahr zur Weihnachtszeit der Nikolaus. Der große Innenraum war immer voll gefüllt mit erwartungsvollen Kindern. Engelchen klingelten mit Glöckchen, und wenn dann der Nikolaus mit dem Knecht Rupprecht oberhalb des Lichthofes auftauchte, dann wurde es ganz still. Mit den Engeln haben wir dem Nikolaus ein Lied gesungen:

„Nikolaus komm in unser Haus
Schütt' die große Tasche aus.

Stell dein Schimmelchen unter den Tisch
Dass es Heu und Hafer frisst!"

In seinem goldenen Buch hatte der Nikolaus vieles notiert, und ich war immer sehr gespannt und aufgeregt, ob er auch meinen Namen einmal vorlesen würde. Aber das war nie der Fall, so oft ich auch da war. Ich weiß nicht, wie viele Wunschzettel ich geschrieben und im Kaufhof in das Postkörbchen für den Nikolaus gelegt habe. Trotzdem – Weihnachten im Kaufhof war immer „himmlisch" schön! Wenn der Nikolaus nachts in die Elsaß-Strasse gekommen war, hatte er aber immer etwas dagelassen.

Einmal war er sogar persönlich gekommen. Meine drei Schwestern, die drei Jungs von Ludwigs nebenan, Mutter und ich waren alle bei uns versammelt, als ein Glöckchen ertönte und der Nikolaus erschienen war. Aus seinem goldenen Buch hat er vieles vorgelesen und auch mich hat er zu sich gerufen und mir mit der Hand übers Haar gestrichen. Mir kam das alles ziemlich komisch vor, weil der Nikolaus ganz anders sprach als der, den ich immer im Kaufhof gesehen habe. Und er war auch nicht so schön angezogen. Mutter hat mir nachher auf meine Frage, warum der Nikolaus denn die komischen Schuhe von Frau Ludwig anhatte, gesagt, dass der Nikolaus schon so viele Kinder besucht hatte, dass seine himmlischen Schuhe kaputtgegangen waren.

Sie mach(t)en Musik in Köln und darüber hinaus
Dä Schäuzer, ein Terzett, ein Trio und ein Bel ami erobern Köln

Ich möchte noch vier liebenswerten Menschen ein kleines Gedenken widmen und meine Aufmerksamkeit zuteil werden lassen, die mit ihren Liedern die Musikentwicklung im Nachkriegs-Köln wesentlich mitgeprägt haben und denen ich in Freundschaft verbunden war und noch verbunden bin. Jupp Schmitz (Folge 15), Günter Eilemann (Folge 24) und Ludwig Sebus (Folge 29) sind eigene LP bzw. CD in der Serie „Kölsche Evergreens" gewidmet. Bei Toni Steingaß war der plötzliche Tod der vorgesehenen Produktion zuvorgekommen. Toni Steingaß ist aber mit vielen Liedern auf allen bis dato erschienenen LP der „Kölsche Evergreens" vertreten.

Jupp Schmitz – dä Schnäuzer

Jupp Schmitz, der in den letzten Kriegstagen zur Marine eingezogen worden war, kam erst 1947 in seine Vaterstadt zurück. Der Anblick der Trümmerberge erschütterte ihn sehr, und spontan entstand ein Lied, das mit seinem kurzen Refrain und mit den nur vierzeiligen Versen sehr eindrucksvoll wiedergibt, was Jupp Schmitz seinerzeit empfunden hat. Und seine Empfindungen decken sich mit teilweise wortreichen Schilderungen anderer Kölner, die viel mehr Platz benötigen, um das auszudrücken, was Jupp Schmitz in wahrlich meisterhafter Form spontan gelang. Als der Liederdichter anlässlich der dreißigsten Wiederkehr jener Ereignisse von 1947 in einem Rundfunk-Interview den Refraintext seines Liedes aufsagte, musste er bekennen, dass ihm der übrige Text und die Melodie entfallen sind. Schmitz 1977: „Es konnten ja damals keine Noten gedruckt werden, weil es kein Papier gab." Doch, wie es der Zufall – oder das Geschick – will: im Frühjahr des Jahres 1986 fand ich im Nachlaß eines verstorbenen Kapellmeisters das erste Nachkriegslied von Jupp Schmitz, sogar in einer Notenausgabe für Salonorchester. Und so können wir jetzt einen Blick auf „Ming herrlich Kölle" werfen:

„Et jit wohl keiner op d'r Ähd,
Dä wie ne Kölsche an d'r Heimat hängk.
Dä sich su vill Jedanke mäht,
Vun morgensfröh beß spät nur an sie denk:

:: Ming herrlich Kölle, wie sühß do uus?
Wo sing ding Stroße, wo stund ming Huus?
Un beß do och zerschlage, dat ändert janix dran,
Dat mir met heißem Häzze vun neuem fange ahn!
Dat mir met heißem Häzze vun neuem fange ahn! ::

En Kölle, wo suvill gelaach,
Wo Freud un dä Humor sing Heimat hat.
Wer hat dann dat wohl je jedaach,
Dat dich dat Schicksal schlage dät su hatt:

Doch eines Dags, verloß dich drop,
Wenn all dat Leid und Ählend eß vorbei,
Dann baue mer dich schöner op,
Denn mir sin dir jeblevve immer treu:"

Jupp Schmitz

Mit dem Lied „Fitzlafutzlakaja" hatte 1947 sein Einstieg in den Kölner Karneval begonnen. Im Laufe von vier Jahrzehnten hat er mit seinen Melodien und ver„schmitz"ten Texten Jung und Alt erfreut und auch dem vaterstädtischen Fest viele Glanzlichter aufgesetzt. Verträge hat er nur per Handschlag besiegelt, keinen einzigen Auftritt hat er versäumt.

Als er abgetreten war, um Jüngeren Platz zu machen, holte ihn einige Jahre später Festkomitee-Präsident Bernd Assenmacher zur Prinzenproklamation 1983 im Kölner Gürzenich wieder auf die Bühne. Sein Auftritt wurde ein rauschender Erfolg, das Publikum brachte ihm wahre Ovationen dar. Ihm brachte dieser Abend die Erfüllung eines Wunschtraumes: „Am Flügel sitzen und den Leuten erzählen!" Diese Kunst beherrscht Jupp Schmitz meisterhaft.

Unvergessen auch seine Auftritte als Stargast bei den Bläck-Fööss Konzerten im Frühjahr 1988 im Millowitsch-Theater. Abend für Abend hat er sein Publikum gefesselt, mit seinen „leisen Tönen“, die er so liebt, weil sie auch mehr „dem kölschen Humor entsprechen“. Durch die Produktion der Langspielplatte kamen wir in sehr engen Kontakt, der bis zu seinem Tod am 26. März 1991 bestehen blieb. Ein kleines Denkmal auf dem nach ihm benannten „Jupp-Schmitz-Plätzchen“ in der Kölner Innenstadt erinnert an ihn – und natürlich seine Lieder wie z.B. „Am Aschermittwoch ist alles vorbei“, „Wenn du nur nicht so schön wärst“, „Wir kommen alle in den Himmel“, „Ölldi sölldi sippdisa“, „Ich fahr mit meiner Lisa“, „Wenn ich och keine Spetzbov ben“, „Wer am längste lääv“ usw.

Gemeinsam haben wir ein Lied geschrieben: „Im Wartesaal“. Jupp hat es ein Jahr vor seinem Tod, als wir Gäste im Haus von Ferdi Leisten waren, auf Band gesungen – und irgendwann wird es auch veröffentlicht werden.

Toni Steingaß – der Pastur vun Neppes

Toni Steingaß, der sich nach seiner Rückkehr aus dem Krieg in Nippes niedergelassen hatte, hielt sich zunächst in Niehl als Kneipenmusikant über Wasser. In der „St.Pauli-Bar“ auf dem Eigelstein und danach in der „Tusculum-Bar“ auf Borkum, wo er zwischen 1947 und 1953 die Sommermonate verbrachte, betätigte sich der Akkordeonvirtuose als Alleinunterhalter. Zu einem Text von Heinz Schiffer und Edi Teisner schrieb er 1946 die Melodie zu einem Rheinischen Walzerlied: „Kölle, du küß widder:“

Notenblatt mit Hans Viernich (oben), Toni Steingaß und Franz-Josef Schmitz (u).

„Et gov ens zwei Päädsköpp am Nühmaat zo sin
Et gov enge Gäßcher zo Köllen am Rhing.
Et gov halve Hähncher un e ech Gläsge Kölsch,
Mer süht dovun nix mieh, nur Dreck un Gemölsch.

:: Kölle, du küß widder, dat es ganz geweß,
Ding ahl Schönheit jeder vermeß,
Du blievs uns good, ald, dröcklig Kölle am Rhing,
Un all sin mer fruh dröm, he geboore zo sin. ::

Wenn en ville Johre Kölle deit widder stonn,
Un mir dann als Ahle spaziere dren gonn,
Dann han mer vergesse, wie jetz alles eß,
Un sinn nur das Schöne, dat eß och et beß:“

Im Jahr 1946 gründete Toni Steingaß mit Franz-Josef Schmitz und Bernd Sperl auch das nach ihm benannte Terzett, weil die Publikums-Unterhaltung in der stark frequentierten St. Pauli-Bar für einen einzelnen zu anstrengend und zu schwierig wurde. Sperl wanderte

Mit Ludwig Sebus (l.) und Toni Steingaß (r.) 1980. Im Hintergrund Dr. Heribert A. Hilgers

aber schon bald nach Amerika aus, Heinz Oepen ersetzte ihn, führte aber auch gleichzeitig sein Musik-Studium fort. Nach erfolgreichem Abschluss orientierte er sich beruflich anderweitig, und der Weg war frei für Karl Heinz Viernich als neuer „Dritter“ im Terzett, das dann bis 1972 zusammenblieb.

Toni Steingaß war nicht nur Chef der Truppe, sondern auch der geistige Vater der Lieder, die das Terzett – und andere auch – vortrugen. 419 Titel verwaltet Sohn Heli, der nach der Auflösung des Terzetts von 1972 bis zum plötzlichen Tod des Vaters im Jahre 1987 mit ihm als „Die Steingässer“ auf der Bühne gestanden hatte.

Mit dem Schunkellied „Der schönste Platz ist immer an der Theke“ kam dann 1950 der ganz große Durchbruch. Auch weit über Köln hinaus wurde das Lied zum Hit und für Toni Steingaß in zweifacher Hinsicht zum Glücksbringer: Die Verlage hatten sein Werk abgelehnt, weil es „zu wenig anspruchsvoll und zu sehr auf Köln“ beschränkt sei. Steingaß gründete einen eigenen Verlag – und ist letztlich gut damit gefahren. Seine Couplets, Krätzchen und Lieder werden immer wieder gerne gesungen. Auf einer Sitzung in St. Rochus in Bickendorf bin ich ihm 1952 zum erstenmal begegnet. Nach dem Bau der Kirche St. Bartholomäus und der Aufteilung in zwei Pfarreien waren diese dann zumindest Karneval wieder „vereint“ in der Rocholomäus-Sitzung, die heute zu den gefragtesten in Köln gehört. Friedel Haumann, Heinz Spieker, Ludwig Sebus, Helmut Haumann – auch ich habe mir hier mein erstes karnevalistisches Rüstzeug geholt. Toni Steingaß hatte mir einige seiner Couplets gegeben: „Jung, maach dat!“ Ein paar Gitarrengriffe konnte ich, und die reichten für die „Famillie Pitterzillie“ und deren Zoobesuch, für den „Kölsche Explezeer“, „Du hast so was Pariserisches“ und für „Decke, Dönne un Schlofe.“ Auf der Bühne im Pfarrheim von St. Rochus und alljährlich in den van Bodelschwingh'schen Anstalten in Merheim (heute: Weidenpesch) vor den Pflegern und Pflegerinnen habe ich die Steingaß-Lieder vorgetragen.

Toni Steingaß holte mich als erster vor ein Rundfunkmikrofon, und er war immer ein guter Ratgeber für mich. Deshalb war es mir eine große Freude, dass ich auf Wunsch von Sohn Heli im Sommer 2004 anlässlich der Einweihung der „Toni-Steingaß-Strasse“ in Kommern die „Festrede“ halten konnte. Sein soziales Engagement, insbesondere aber auch seine stets zotenfreien Lieder und Bühnenauftritte, hatten ihm schon früh den Spitznamen „Pastur vun Neppes“ eingebracht.

Vater ist der Beste - Günter Eilemann und das Eilemann-Trio

Nach vielen Entbehrungen, bedingt durch einen längeren Einsatz am Südabschnitt der russischen Front, kam in der Silvesternacht des Jahres 1944 für Günter Eilemann (geboren am 14. April 1923 in Köln) im Kriegslazarett von Battalia Therme in Italien das Glück. Den Offizieren im Kasino gefiel seine Swing-Musik so gut, dass er nicht mehr an die Front zurück musste. Werner Finck, damals als Chef mit der „Frontbühne Italien" zur Truppenbetreuung auf Tournee, verhalf dem Kölner nach Kriegsende nicht nur zu einer Bleibe, sondern verschaffte ihm auch Auftritte in einem amerikanischen Offiziersclub in Garmisch-Partenkirchen.

Im Spätherbst des Jahres 1947 kehrte Günter Eilemann nach Köln zurück. Die elterliche Wohnung lag, wie fast alles in Köln, in Schutt und Asche. Erich Kolter, Besitzer einer Eisengießerei, besorgte eine Wohnung, ein anderer Freund verschaffte dem Heimkehrer einen Job in einem Sportverlag. Tagsüber betreute Günter Eilemann die Kiosk-Besitzer und achtete auf werbewirksame Auslagen der Verlagsprodukte, nachts saß er im Hotel Europa als Alleinunterhalter am Klavier.

Der Schlagertexter Klaus-Peter Urban war dann Auslöser zur Gründung des Eilemann-Trios. Als er Günter Eilemann („Ich hatte gar keine Ahnung von Karneval") seinen Liedertext „Ich hab heut einen schönen Schwips" zum Vertonen in die Hand drückte, ging alles Schlag auf Schlag. Theo Röhrig, Präsident der „Großen Allgemeinen", war zwar von diesem Lied angetan, gab aber zu bedenken: „Was machen Sie, wenn die Leute Zugabe fordern?". Die berechtigte Frage fand ihre Antwort im Lied „Eetz kütt et rut", das sich vom „Notstopfen" mehr und mehr zum Evergreen entwickeln sollte, erinnert es doch an die ersten in Köln eingeführten Verkehrsampeln. Zwei Lieder waren vorhanden, doch Akkordeonist Eilemann hatte bestimmte Vorstellungen. Angesichts der übermächtigen Karnevals-Stars wie Karl Berbuer, Jupp Schlösser, Jupp Schmitz , Toni Steingaß und den Vier Botze suchte er nach Partnern. Bei Karl-Heinz Nettesheim (Rhythmus-Gitarre) und bei Horst Muys (Schauspieler, Komiker, Baß) stieß sein Wunsch auf offene Ohren.

Eilemann-Trio mit Horst Muys (m.)

Der erste Auftritt auf einem Herrenabend der Prinzengarde war wenig verheißungsvoll. Was allerdings nicht dem frischgebackenen Trio angelastet werden darf. Thomas Liessem, der spätere Präsident des Festkomitees, gab – gewissermaßen als Wiedergutmachung – anschliessend wertvolle Tipps. Auf der Elften-im-Elften-Feier der „Großen Kölner" unter Präsident Albrecht Bodde schlug dann, 1952 im Williams-Bau am Aachener Weiher, die Geburtsstunde der Eilemänner. Der Erfolg war überwältigend: 45 Mark Gage gab es bar auf die Hand, das Auftragsbuch füllte sich. 1956 ersetzte Willy Schweden, der eigentlich – genau wie Günter Eilemann – Zahnarzt werden sollte, Karl-Heinz Nettesheim. Horst Muys, kölnisches Enfant terrible, wurde in der Karnevals-Session 1962 von Charly Niedieck abgelöst.

1987 feiern die Eilemänner ihr 35jähriges Bühnenjubiläum im Senftöpfchen, 1991 strahlt das Fernsehen die im Börsensaal aufgenommene Show „Musik, Humor und Nadelstreifen - 40 Jahre Eilemann-Trio“ aus. Auf der gleichnamigen CD sind die größten Hits aus der Komponisten-Feder von Günter Eilemann enthalten: „Ich bin ’ne Jung us dem Levve“, „Eetz kütt et rut“, „Dä Kölsche Kaktus“, „Es bleibt alles beim Alten“, „Ding Muttersproch äch Kölsch“, „Sie will ja“, „Das Matterhorn“, „Die Klamotten“, „Si si ole alaaf“, „Der Ziegenbock“, „Camelle us Kölle“ u.a. Klaus-Peter Urban, Bruno Wüst und insbesondere Martha Ibach schrieben hierzu die Texte. Als Baas der Kölner Karnevalistenvereinigung „Muuzemändelcher“ widmet sich Günter Eilemann (FC-Fan, Ex-Tennisspieler und jetziger Golf-Crack) bis 1993 in uneigennütziger Weise dem Nachwuchs.

Der tragische Unfall-Tod von Charly Niedieck am 1. November 1992 gibt den Ausschlag für die von Günter Eilemann getroffene Entscheidung, das nach ihm benannte Trio aufzulösen. Die folgende Karnevals-Session wurde zum seriösen, aber fröhlichen Abschied von der Karnevalsbühne. Als „Ehrenbaas“ steht er mir, der ich seit sechs Jahren sein Nachfolger im Amt des Baas der Muuzzemändelcher bin, im Vorstand noch aktiv zur Seite.

Ludwig Sebus – der Bel ami der Kölner Mundart

Ludwig Sebus – am 5. September 2005 werden 80 Jahre vergangen sein, seit er in der Frauenklinik in der Lindenburg in Köln das Licht der Welt erblickt hat. Acht Jahre Volksschule, Messdiener in St. Michael, ab 1940 kaufmännische Lehre mit vorgezogener Handelsgehilfenprüfung. Am 1. Oktober 1943 wurde er eingezogen und zum Funker ausgebildet. Beim Einsatz in der Tschechoslowakei gerät er in russische Gefangenschaft. Ein misslungener Fluchtversuch bringt ihn in ein Strafgefangenenlager. Erst 1947 bekommt er brieflich Kontakt zur Familie: Gott sei Dank, die Eltern und seine Schwester Hella leben! Ende 1949 kommt er zurück nach Köln, ausgehungert, ausgemergelt, Erfrierungen, 35 kg schwer – oder besser gesagt, leicht!

Ludwig Sebus 1956

Als 18 jähriger hatte er Köln verlassen müssen – mit 24 ist er zurück. Auf dem Altermarkt wird er Zeuge der Aufführungen „Mer sin noch do“ zur 1900 jährigen Stadtgeschichte. Das faszinierte ihn so, dass er sich bei Spielleiter

Franz Goebels um eine Mitwirkung in dem inzwischen gegründeten Altermarktspielkreis bewirbt. 1951 ist er schon dabei, als die Aufführungen wegen der zu großen Gefahren auf dem Altermarkt stattdessen in der Kirche St. Maria im Kapitol stattfinden müssen. Bei dem gestrengen Franz Goebels kann er sein Talent richtig entfalten, für die kölschen Revuen der folgenden Jahre schreibt und singt er Lieder: „Schön bruchste hück nit uszesinn". „Mer tröte de ganze Naach" und „Kölsch Penicillin". Robert Schumann, Literat der Roten Funken, holt ihn zu den Funken, öffnet den Zugang zum Karneval. Mit „Jede Stein in Kölle" beginnt die Ära seiner unvergleichlich schönen Lieder zur Geschichte der Stadt und ihrer Menschen.

An seinem 70. Geburtstag steht er in der Kölner Philharmonie auf der Bühne, ebenso fünf Jahre später, beim 75. Geburtstag. In beiden Konzerten widerfährt ihm große Ehre, viele Künstler-Freunde wirken mit, der WDR-Hörfunk sendet Ausschnitte, und auch auf einer CD der Serie „Kölsche Evergreens" sind Live-Mitschnitte aus der Philharmonie veröffentlicht. Beide Konzerte – große Erlebnisse – durfte ich moderieren.

Weit mehr als 200 Lieder weisen Ludwig Sebus als Urheber aus – und ein schöpferisches Ende als Liederdichter ist noch nicht in Sicht. Auf der Bühne hat er sich zwar sehr rar gemacht und sich als Krätzchensänger aus dem Karneval zurückgezogen, aber sein Wirken, insbesondere im sozialen Bereich, ist davon nicht berührt. Köln und die Kölner haben ihm viel zu verdanken. Ich bedanke mich für seine Freundschaft, die er mir in all den Jahren unserer Zusammenarbeit bewahrt und geschenkt hat.

Mit Ludwig Sebus, Willy Millowitsch und Toni Steingaß 1980 bei der Vorstellung der „Kölsche Evergreens"

Mit vollen Segeln in den Karneval
Kölsche Aat un echte kölsche Fasteleer

Ungeachtet aller wirtschaftlichen Schwierigkeiten gingen die Kölner Karnevalisten mit vollen Segeln optimistisch in die Karnevals-Session 1947. Die Lyskircher starteten am 1. Januar ihre Herrensitzung im „Atlantic" in der Waisenhausgasse. Dieses Hotel verfügte über den damals größten Saal – rund 400 Personen fassend – in Köln. Die nachfolgende Schilderung wirft ein bezeichnendes Bild auf die Situation im Nachkriegs-Köln:

„Die Eintrittskarten waren sofort ausverkauft, ja, sie wurden den Mitgliedern förmlich aus der Hand gerissen. Niemand fragte, was sie kosteten, es hätten eintausend und mehr verkauft werden können, doch es waren nur 400 Plätze vorhanden. Jeder wollte teilnehmen an dem wiedererstandenen Fasteleer."

Zitieren wir die „Schwäbische Illustrierte", die sich in einem umfangreichen Bildbericht mit dem zerstörten Nachkriegs-Köln befasste: „Seht, weit mehr als alle Ruinen und die wenigen Bauten sind uns geblieben die Kölner! Die frohsinnigen, tüchtigen und strebsamen Menschen. Ein alter Kölner ist eben nicht unterzukriegen. Immer flackert der Lebensmut neu auf; immer fassen die Kölner frische Kraft und sie lassen es sich nicht nehmen, den Karneval lustig und fidel und quecksilbrig zu feiern. Dieses Köln darf nicht tot sein, es muß wieder auferstehen! Köln und die Kölner sind unvergänglich!"

Doch zurück zur Herrensitzung: um 13.00 Uhr war Einlass, um 15.00 Uhr sollte sie beginnen. Aber bereits um 10.00 Uhr standen die ersten Besucher vor der Tür des „Atlantic"; fast alle trugen eine Aktenmappe unter dem Arm. Was war der Grund?

Nun, Alkohol-Herstellung und -Ausschank waren von der Militärregierung verboten. Doch die Kölner wissen sich zu helfen: es wurde „schwarz gebrannt". Zumeist aus Zuckerknollen hergestellt, hatte das Gesöff bald seinen Namen: Knolli Brandy. Die Wirte drückten beim Mitgebrachten die Augen zu, wenn sie ein „Stopfengeld" erhielten. Mitunter war dies sehr hoch bemessen. Da es pro Flasche kassiert wurde, verfielen die Besucher auf neue Ideen: nur eine Flasche kam auf den Tisch. War sie geleert, wurde sie gegen eine „volle" ausgetauscht. Wenn die Sitzung begann, hatte der Schnaps bereits seine Wirkung getan. Es waren nicht immer schöne Szenen, die sich dann abspielten. Handgreiflichkeiten waren, bedingt durch das „Radau-Wasser", wie der Knolli Brandy auch hieß, mit zunehmender Sitzungsdauer an der Tagesordnung. Die Sitzungspräsidenten hatten alle Mühe, die Veranstaltung einigermaßen über die Bühne zu bringen. Nicht selten geschah es, dass eine Sitzung nach der Pause nicht mehr fortgeführt wurde. Die Gesellschaften waren gegen diese Auswüchse ziemlich machtlos, denn infolge der riesigen Karten-Nachfragen hatten sie kaum die Möglichkeit, die Vergabe der Karten zu steuern. Zitieren wir in diesem Zusammenhang die „Kölnische Rundschau" vom 11. 11. 1947:

August Batzem, der „Eu“

„Die Bevölkerung liebt den echten, traditionsverwurzelten kölschen Fasteleer und hat ein feines Fingerspitzengefühl für alles Unechte. Sie rückt ab von den Geschäftemachern, Spekulanten und alkoholischen Exzessen, die nichts mehr mit dem vaterstädtischen Fest zu tun haben. Geht es nur so, dann wartet sie gerne noch einige Jahre, bis sie ihr „Juhja, juhja, jetz geiht et loss ...“ wieder in berechtigter Weise singen kann. Hoffen wir, dass der Festausschuss und die Präsidenten der Gesellschaften in der kommenden Session den Rahmen finden, der dieser Zeit entspricht. Dass sie rücksichtslos eingreifen, wenn es Not tut – und ausmerzen, was falsch ist, auch in den eigenen Reihen!“

Für die Ehrengarde begann das Jahr 1947 am 15. Januar mit einem „karnevalistischen Tanztee“ im „Atlantic“-Saal. Werfen wir einen Blick in die Einladung, in der es unter anderem heißt:

„... Bohnenkaffee, Wein und Spirituosen können mitgebracht und verzehrt werden gegen eine angemessene Trinkgeldablösung für die Bedienung. Der Vorstand bittet jedoch dringend, Wein und Spirituosen nur in angemessenem Umfange in „Erscheinung“ treten zu lassen, damit die Gesellschaft von üblen Nachreden frei bleibt ...“

Um mögliche Krawalle bereits im Keim zu ersticken, hatte die Ehrengarde in einem „Korpsbefehl vom 21. Januar 1947“ unter anderem ausgeführt:

„... Die Mitglieder haben die Pflicht, von ihren Plätzen aus zu überwachen, dass bei den Vorträgen die gebotene Ruhe gehalten wird. Wo Besucher, die durch den mitgebrachten Alkohol in besonders „gehobene“ Stimmung kommen, stören, ist dies ruhig, aber bestimmt zu unterbinden ...“

Albrecht Bodde ist wieder da

Albrecht Bodde hatte sich bereits zu Beginn des Jahres 1947 wieder karnevalistisch betätigt. Mit der Kleinkunst-Bühne Karl Küpper, auch „K.K.K.“ genannt, zog er als Conferencier „über die Dörfer“. So leitete er auch eine Veranstaltung der „K.K.K.“, die am 27. Januar 1947 in Attendorn stattfand und auf der Gerhard Ebeler seinen 70. Geburtstag beging. Franz Röder, der „Organisator“, erinnert sich:

„Dat Fess hät bes em andere Morje öm halver Aach jedoot! Minge domolige Chef, als Sauerländer ne jroße Jäger, hat mer en halv Wildsau zor Verfögung jestallt; bei der Boore em Ömkreis hatt ich jäge Freikaate Ääze, Ädäppel un Zupperjröns för en däftige Ääzezupp met Einlage orjaniseet, dozo Bier vun ner Brauerei und Knolli Brandy us ner Schwatzbrennerei gemaggelt. Un noch 50 Fläsche suure Mosel opjedrevve. Also: su jot jegesse un su vill jedrunke hatte mer Kölsche lang nit mieh."

Gerhard Ebeler

Neben Karl Küpper, Gerhard Ebeler und Conferencier Albrecht Bodde unterhielten Leo Eysoldt und seine berühmte Unterhaltungskapelle vom ehemaligen Reichssender Köln, der großartige Opernsänger Kaspar Koch, Mia Rausch mit Söhnchen und das Duett Dahl und Düster das dankbare Publikum. Franz Röder brachte mit dem kleinen Dahl als Partner ein zuvor auf der Toilette schnell einstudiertes Geburtstagsständchen zu Ehren von Gerhard Ebeler dar. Noch einmal Franz Röder:

„Dat janze Schmölzje es dann am andere Morje, ohne zo schlofe, met unserem ahle Vomag-Omnibus met Holzjasantrieb widder op Bergisch Gladbach ahnjeschökkelt."

Karl Berbuer

Albrecht Boddes jahrzehntelange karnevalistische Erfahrung – er hatte schon im Jahre 1909 als 18jähriger in der Bütt gestanden, im Laufe der Jahre viele Lieder und Reden geschrieben, für das Hänneschen Stücke verfasst, 1925 die „K.G. Rheinländer" gegründet und war deren Präsident geworden – und seine Fähigkeit, stets das rechte Wort zu finden, und auch seine mit Realismus gepaarte Großzügigkeit, verhalfen dem Kölner Karneval in entscheidender Weise zum Wiedererstehen aus den Trümmern.

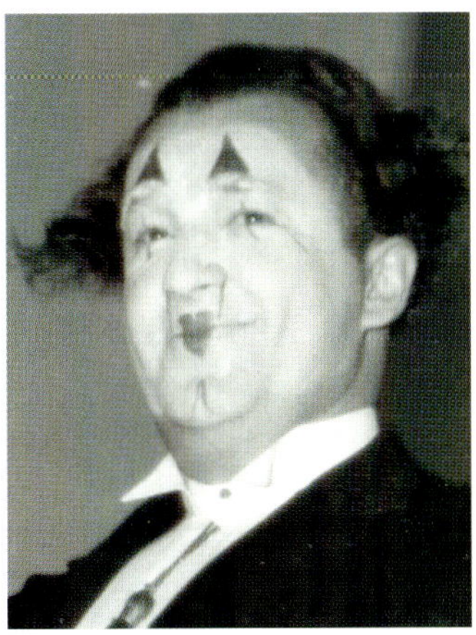

Max Mauel

Der 5. Februar 1947 geriet für die „Ehrengarde" zum glanzvollen Auftakt für eine erfolgreiche Nachkriegsära. 500 Jecken waren im „Atlantic"-Saal regelrecht „eingepackt"; eine zusätzliche Beleuchtung und herrliche Dekorationen von Franz Geller – seinerzeit als „Meisterwerk" gepriesen – bildeten für die freudesuchenden Kölner einen würdigen Rahmen. Der „Elferrat" bestand der kleinen Bühne wegen nur aus sieben befrackten Herren, die, von 50 Aktiven des Korps in Mütze und Orden begleitet, jubelnd empfangen wurden. Ehrenvorsitzender Hans Molitor führte in seiner Eröffnungsansprache unter anderem aus:

„Acht Jahre sind verstrichen, seitdem wir Kölner zuletzt nach altüberkommenem Brauch unser vaterstädtisches Fest – Karneval – feierten. Acht erlebnisreiche, schicksalsschwere Jahre, wie sie unsere Vorfahren auf diesem Boden kaum je erlebt haben. Jahre, die wohl einem jeden von uns schwere Wunden schlugen; Jahre, die uns als Volk an den Rand eines schweren Abgrundes führten. Doch die immer lebensbejahenden Kölner haben, wie die Geschichte unserer Stadt lehrt, in ähnlichen Lagen voller Not und Sorgen stets in einem unerschütterlichen Lebenswillen das Schicksal durch Mut und Tatkraft gemeistert. Deshalb bekennen wir Kölner von heute uns auch lebensbejahend und tatenfroh zu einem Wiederaufbau unserer Heime, unserer Existenzen, unserer altehrwürdigen Domstadt und unseres deutschen Vaterlandes. Aber wir Kölner bekennen uns auch, wie unsere Vorfahren, zu den bewährten Quellen, aus denen sie mit die Kraft schöpften zu emsiger, zielbewusster und am Ende auch erfolgsgesegneter Arbeit, zu unserer Kölner Eigenart, zu unserem kölnischen Brauchtum, zu unserer kölschen Muttersprache, die uns immer wieder An- und Auftrieb geben. Sie zu pflegen und zu hüten ist heute besonders notwendig, damit unser urkölnisches Leben und Wesen nicht durch fremde Sprachen, Sitten und Gebräuche verwässert werden..."

Unter den zahlreich vertretenen Ehrengästen war auch Oberbürgermeister Dr. Herrman Josef Pünder, der in launigen Worten auf den Wert und das Wesen des Kölner Karnevals als bodenständiges Brauchtum einging. Tränen der Rührung flossen, als das Lied „Gedankensplitter" angestimmt wurde. Dank der gedruckten Liederhefte konnten die 500 Besucher einen eindrucksvollen Chor singen:

„Wie muß ich off noch denke an die Zigge,
Als Kölle noch stund, sing Hüser un sing Töön,
Wie mer gelaach, dat waggelten die Sigge,
Jo – uns Alt-Kölle – wor doch wirklich schön.
Dä Phosphor froß die Arbeid langer Johre,
De Bombe schlogen alles ganz kapott –
Leev Kölle, do beß wirklich zo bedoore,
Ding schöne stolze Praach vun „Einst" es fott:

:: Och wat wor dat fröher schön doch en Colonia,
Kölsche Aat un ächte kölsche Fasteleer.
Jo wat ha'mer Freud gemaht uns en Colonia –
Och köm doch die schöne Zigg bal widder her! ::

Dä Kreeg et Lis us Kölle dät verjage,
No Sachsen woht et „Zwangsevakueet".
Wie kom et heim? Zo Foß mem Kinderwage,
Wie wohten doch mer Kölsche angeschmeet!
Om Wäg, wenn kaum de Föß et dragen wollte,

Franz Röder als „Amadeus Gänsekiel"

Do feel im stell dat ahle Kölle en,
Et stund der Dom, Martin vör singe Auge,
Un unger Troone kom im en d'r Senn:

D'r Ostermann en singem letzte Leedche
Dä sung: „Ich möch zo Fooß noh Kölle gonn!"
Wie mäncher vun uns ärme, brav Zaldätcher,
Dä hät dat gän, wie hä ens sung, gedonn.
Em „Lager" komen off die stelle Stunde,
Dann stund de Heimat leis vör inne op.
En Leed vun Kölle klung us aller Munde,
Un mänchem stonn Gedanken dann em Kopp:

Dat eß gewäß! Loßt uns jitz nit dröm troore;
Loß mer uns freue hück, noh ahler kölscher Aat.
Die schlächte Zick kann och nit iwig doore,
Parole dröm: „Hück weed sich Freud gemaht!"
Am Himmelspöözge looren jetz uns Ahne,
Die fröher he su off ihr Freud gehatt,
Se denken stell, mer bruchen nit zo mahne,
Alt-Kölle läv – nie ungergeiht uns Aat."

„Un wenn mer Speck un Eier han, dann maache mer Eierkooche!"

Im Haus Töller auf der Weyerstraße trafen sich am Rosenmontagabend des Jahres 1947 die Ehrengardisten mit ihren Frauen. In der Einladung hatte es geheißen: „Besteck mitbringen! Zwei Briketts mitbringen!" Unter Leitung des Kommandanten Jupp Frings ließen die Grün-Gelben den Blick zurückschweifen auf lange verflossene Jahre, wo in stolzer Pracht der Zug durch die Straßen zog, umjubelt von einer hunderttausendköpfigen Menge. Wehmutsgedanken schlichen sich schon ein, aber da öffnete sich die Tür, sechs Korpsbrüder kamen „hereingeritten": auf Steckenpferden mit grüngelben Lanzenfähnchen parodierten sie „Rosenmontagszug". War das ein Spaß; Wehmut war weggewischt, Fröhlichkeit hielt Einzug und verdrängte alle sorgenvollen Gedanken.

Jupp Weller als Tünnes

Den Schiebern und Betrügern auf der Spur
Jetz weed opgerühmp met jedem schläächte Jeck

Im Archiv der Ehrengarde gibt ein von Peter Horatz, seinerzeit Archivar des Grün-Gelben Korps, verfasstes „Zeitbild" Zeugnis davon, wie die Lage „hautnah" beurteilt wurde: „Das Jahr 1947 war das bisher schlimmste Jahr, welches wir erlebt haben. Die große Trockenheit des Sommers brachte eine vollständige Missernte, da buchstäblich alles in Feld und Garten verdorrt war. Der Mangel an Kartoffeln und Gemüse gestattete keine Ansammlung von Wintervorräten. Die Brotrationen wurden auf drei Pfund pro Woche herabgesetzt, wobei das Brot mit Maismehl noch gestreckt werden musste. So gingen wir unversorgt in den Winter 1947/48 hinein. Selbst das in so geringen Mengen zugeteilte Fett und Fleisch konnte aus Mangel wochenlang nicht ausgeteilt werden. Die Kohlenversorgung war katastrophal, pro Haushalt gab es monatlich einen Zentner Briketts (im Winter waren das täglich zirka drei Briketts zum Kochen und Heizen!). Erst Ende Januar (1948) konnten 100 Pfund Kartoffeln für eine Person als „Winterbedarf" ausgeliefert werden. Auf den Straßen wurden die Leute ihrer Kleider und Schuhe wegen überfallen und beraubt. Bei dieser schlechten Versorgung gibt es nunmehr (Januar/Februar 1948) nur vier Pfund Brot pro Woche, 250 Gramm Nährmittel, dafür kein Fett und Fleisch. Die augenblickliche Kalorienzahl beträgt 1265 pro Tag...

Ein Unglück kommt selten allein und so hatten wir vom 30.12.1947 bis zum 3.1.1948 Hochwasser mit dem Pegelstand von 9,42 m. Das hatte eine Unterbrechung des Verkehrs und einen bedeutenden Verlust an Lebensmitteln im Kölner Hafen zur Folge..."

Das Lied „Sin mer och ärm wie Job, mer gon doröm nit kapott", bei den Roten Funken im Januar 1948 aus der Taufe gehoben, bekräftigt die Aussagen von Peter Horatz:

„De Zigge sin hück äänz un schlääch.
Et weed kei Minsch mieh fruh.
Mer sin gewohde all zom Knääch,
D'r Brutkorv hängk räch huh!
Zum Levve deiht mer günne uns
Dat beßge Luff nit mieh.
Mer ston bei keinem mieh en Guns,
Uns Fründe sin futtüh:

:: Mer sin so ärm wie Job gewode,
Mer gon doröm och nit kapott,
Nor gode Mot, et weed gerode,
Dat mer uns Surge krigge fott. ::

Mer han em Levve nie gescheut

Vill Arbeit, Möh und Laß,
Mer han gehatt doför och Freud,
Gemaht uns räch vill Spaß.
Hück sin mer ärm wie'n Kirchemuus,
Han Sorge alle Dag.
Doch maache mer uns gar nix druus,
Et weed trotzdäm gelaach:

Et gitt jitz Stein, vill mieh als Brut,
Dozo noch Haufe Schrott.
Mer kennt statt Freud nor noch die Nut,
Mer weiß nit Hüh noch Hott.
Verblevve eß als einzige Zeer
Uns gode kölsche Aat,
Die müsse halde mer en Ehr
Als unse beste Staat:

Mer han jitz bis an't Levvensengk
Genog an Arbeit, Wäul,
Et nötz nix, dat mer doröm schängk,
Mer mösse dun uns Deil,
De Kar zo träcke us däm Dreck,
Bes dat se widder läuf.
Och wenn dobei su mänchem Geck
D'r Schweiß driev vun dem Häuv."

Das Hochwasser hinterließ Spuren, hatte aber auch Folgen: An die 40.000 kg Milchpulver, die in Schuppen im Kölner Hafen lagerten, lösten sich im Rheinwasser zu ungenießbarer Milch auf. Die hungernde Bevölkerung erfuhr erst durch die Wasserkatastrophe, dass Lebensmittel und Milchpulver im Hafen gelagert waren. Die Aufdeckung vorangegangener wüster Schiebungen von Spekulanten und Schwarzhändlern mit den im Hafen lagernden Lebensmittelvorräten wurde durch die Naturkatastrophe im wahrsten Sinne des Wortes „verwässert". Und die Gauner und Gangster, darunter auch viele aus der Kölner Stadtverwaltung, die in ihrer skrupellosen Korruptheit lieber Lebensmittel verkommen ließen, anstatt sie der hungernden Bevölkerung zu geben, konnten so gerade noch den Kopf „über Wasser" halten. Doch als wenig später viele der „aktenmäßig versoffenen" Lebensmittel zu Phantasiepreisen auf dem „schwarzen Markt" angeboten wurden, gab es endlich „Zoff": Einigen wurde jetzt das Wasser abgegraben, bei der Stadt mussten zahlreiche Schieber und Betrüger ihren Dienst quittieren. Karl Berbuer hat schnell geschaltet: „Jetzt weed opgerühmp" forderte er, „opgerühmp met däm ganzen Dreck", aber auch mit jedem schlechten Jeck und vor allem mit dem ganzen Klüngelskrom. Vitamin „B=Beziehung" prangert er an und prägt (1948!) das in späteren Jahren „aufgekommene" und in den „neudeutschen“ Sprachschatz aufgenommene Wort vom „mänätschen = managen“:

„Bei uns am Rhing, beim Bier un och beim Wing,
Do wor et immer su gemütlich.
D'r Tünn, et Nett, de Groß em Stippkorsett,
Die Lückcher wore brav und friedlich.
Doch dann, dä Kreeg, dä fägte manches fott
Nit nor allein uns Hüsger sin kapott;
Och manches and're eß nit räch,
Dröm wat dun mer zoesch?

:: Jetz wed opgerümp, met all däm ganzen Dreck,
Jetz wed opgerümp, met jedem schlächte Jeck,
Jetz weed opgerümp, met allem Klüngelskrom,
Durch dä ganze Meß, dä gewäse eß, mache mer ne Schrom. ::

Och eß ganz groß en mäncherlei Büros
Der Klüngel widder schwer am wöhle.
Wer wachsam eß, dä merk et ganz geweß,
Off kann sugar ne Bling drahn föhle.
Wer „Vitamin B“ sich reserveet,
Dä weiß, wie manches hück gemänätsch weed.
Off dat ens ophööt, weiß ich nit,
Nor weiß ich got, wat kütt.“

Es wird auch höchste Zeit, endlich durchzugreifen. Mit Kontrollen allein auf den „schwarzen Märkten“ ist es nicht getan. Bei den ständigen Razzien erreicht die Polizei kaum etwas. „Die Großen lässt man laufen und die Kleinen hängt man“, so lautete der allgemeine Tenor in der Bevölkerung. Im Regierungsbezirk Köln erreichen die Felddiebstähle Höchstzahlen, im Kölner Umland wird eine Bande unter dem Verdacht, 120 Stück Groß- und Kleinvieh schwarzgeschlachtet und verschoben zu haben, verhaftet. Hinter dem Namen „Tauschzentrale“ verbirgt sich in Leverkusen ein von der Polizei aufgestöbertes Warenlager mit zwangsbewirtschafteten neuen Haushaltsgütern, wie elektrische Waffeleisen, Gaskocher, Aluminiumkessel, Wolle, Öl und sonstige Lebensmittel; in Wirklichkeit handelte es sich um ein riesiges Schwarzmarkt-Magazin. Aus dem Rheinisch-Bergischen Kreis kommt die Meldung, dass den Vogelscheuchen auf den Feldern die Kleider geklaut werden. Die in der Luft liegende Währungsreform trägt mit dazu bei, lieber Geld auszugeben als es einer unsicheren Umwertung auszusetzen. Wer Geld hat oder es sich durch den Verkauf von Wertgegenständen beschafft, kauft auf dem „schwarzen Markt“. Hier liegen die Preise im Frühjahr 1948

- für ein Pfund Butter bei 800 Reichs-Mark,

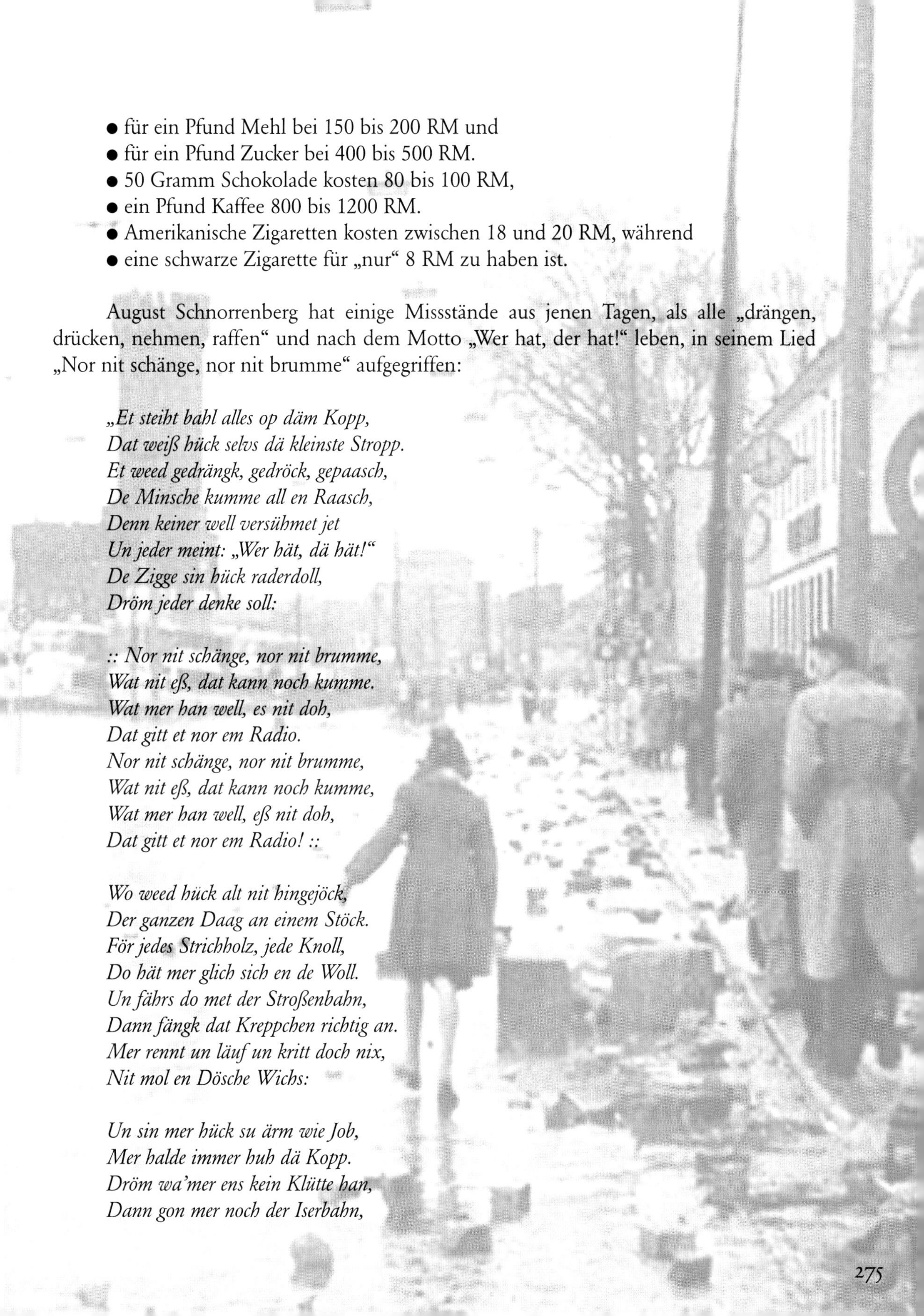

- für ein Pfund Mehl bei 150 bis 200 RM und
- für ein Pfund Zucker bei 400 bis 500 RM.
- 50 Gramm Schokolade kosten 80 bis 100 RM,
- ein Pfund Kaffee 800 bis 1200 RM.
- Amerikanische Zigaretten kosten zwischen 18 und 20 RM, während
- eine schwarze Zigarette für „nur" 8 RM zu haben ist.

August Schnorrenberg hat einige Missstände aus jenen Tagen, als alle „drängen, drücken, nehmen, raffen" und nach dem Motto „Wer hat, der hat!" leben, in seinem Lied „Nor nit schänge, nor nit brumme" aufgegriffen:

„Et steiht bahl alles op däm Kopp,
Dat weiß hück selvs dä kleinste Stropp.
Et weed gedrängk, gedröck, gepaasch,
De Minsche kumme all en Raasch,
Denn keiner well versühmet jet
Un jeder meint: „Wer hät, dä hät!"
De Zigge sin hück raderdoll,
Dröm jeder denke soll:

:: Nor nit schänge, nor nit brumme,
Wat nit eß, dat kann noch kumme.
Wat mer han well, es nit doh,
Dat gitt et nor em Radio.
Nor nit schänge, nor nit brumme,
Wat nit eß, dat kann noch kumme,
Wat mer han well, eß nit doh,
Dat gitt et nor em Radio! ::

Wo weed hück alt nit hingejöck,
Der ganzen Daag an einem Stöck.
För jedes Strichholz, jede Knoll,
Do hät mer glich sich en de Woll.
Un fährs do met der Stroßenbahn,
Dann fängk dat Kreppchen richtig an.
Mer rennt un läuf un kritt doch nix,
Nit mol en Dösche Wichs:

Un sin mer hück su ärm wie Job,
Mer halde immer huh dä Kopp.
Dröm wa'mer ens kein Klütte han,
Dann gon mer noch der Iserbahn,

Me'm Kärche, Sack, ov klein ov groß,
Su träcke mer noh'm Bahndamm loß.
Un kütt der Schutzmann dann eran
Geiht glich dä Singsang ahn."

Die Schnaps- und Butter-Brücken über dem Rhein
Der Heumarkt wird Stein für Stein verfeuert

Vor mir liegt die „Rheinische Zeitung“ vom 7. Februar 1948, mein kleines Geschichts- und Erinnerungsbuch. Was fällt mir ins Auge?

- Kardinal Frings wird am 8. Februar an der wiederhergestellten Grabstätte des hl. Albertus Magnus in St. Andreas die feierliche Lichtmess-Kerzenweihe vornehmen.
- In einem Behelfsheim in der Nähe der Aachener Straße wurde ein bordellartiger Betrieb ausgehoben. Ein Filmgerät, das zur Vorführung unsittlicher Filme benutzt wurde und ein größerer Posten anstößiger Photographien wurden beschlagnahmt. In dem Betrieb gab es Wein und Sekt zu hohen Preisen.
- Ein Leser machte die Zeitung darauf aufmerksam, dass sie falsch unterrichtet war, als berichtet wurde, Gemüse auf Marken sei nicht zu erhalten. Vielmehr könne er bestätigen, dass „die Außenblätter der Kohlköpfe auf Marken“ zu kaufen seien.

Ein anderer Leser fordert,

- alle Schwarzbauten durch Fenstereinwerf- und Deckeneinsturzkolonnen zu vernichten, Personen, die schwarz Lebensmittel kauften solange im Gefängnis einzusperren, bis sie die Warenmenge kartenmäßig abgesessen,
- saubere Kragen und Wäsche wieder in schmutzigen Zustand zu versetzen, weil die Seife schwarz erworben sei,
- und den Vollbart für Rasierer zur Pflicht zu machen. Bei Weigerung sei der Kopf einzuziehen.“

Die Zeitung hierzu: „Ein Schildbürger“ unterzeichnete der keinesfalls anonyme Schreiber seinen Brief und gab damit vielleicht einen unverbindlichen Hinweis auch an das Bauaufsichtsamt, Maß und Ziel zu halten. Köln und Schilda sind etwas Grundverschiedenes. Sorgt dafür, Stadtväter, dass sich die Grenzen nicht verwischen, Eurer Bürgerschaft liegt das Wohl der Stadt sehr am Herzen.“

Die Dombrücke wird zur Hohenzollernbrücke

Vater (x) mit Kollegen beim Bau der Deutzer Brücke

Auf einem Foto sehe ich, wie das Montagegerüst auf die Dombrücke aufgesetzt wird. Ein längerer Artikel macht deutlich, unter welchem Zeitdruck die Erbauer stehen. Ist die Brücke bis Anfang Mai, dem Beginn des Sommerfahrplans, nicht fertiggestellt, dann werden die internationalen Fernzüge in Zukunft Köln nicht mehr berühren, „da sie nach dem Sommerfahrplan nur unter der Bedingung der Herstellung

Brückenbau

der Verbindung Deutz-Hauptbahnhof über Köln geleitet werden". Unmissverständlich wird aber auch zum Ausdruck gebracht, dass „Köln als Verkehrsmetropole des Westens dann ausgespielt" hat und Mainz, wo schon fleißig am Brückenbau gearbeitet wurde, an seine Stelle treten werde.

Heute wissen wir, dass der später wieder Hohenzollernbrücke genannte Rheinübergang am 9. Mai 1948 pünktlich in Betrieb genommen werden konnte; der erste Zug hatte die Brücke bereits am 5. Mai passiert.

Was sich so leicht liest, war in Wirklichkeit ein schwieriges Unterfangen. Bei der Trümmerbeseitigung hatte man sich länger als geplant aufgehalten. Viele Sprengungen mussten durchgeführt werden. Diese waren immer von der Sorge begleitet, der Dom werde durch die Detonationen beschädigt. Die zeitlichen Abstände zwischen den Sprengungen wurden aus Vorsichtsgründen reichlich bemessen.

Als es endlich soweit war, dass mit den Montagearbeiten begonnen werden konnte, schien das Rennen gegen Mainz schon verloren. Doch Reichsbahn- und städtische Vertreter setzten sich an einen Tisch, um nach Lösungen zu suchen. Der Plan, noch mehr Arbeiter einzustellen, musste wieder fallengelassen werden. Man hätte sich gegenseitig nur im Weg gestanden. Blieben als einziger Ausweg Überstunden! Aber wie? Konnte man angesichts der schlechten körperlichen Verfassung den Arbeitern noch mehr zumuten? Irgendwer hatte die Idee, man könne doch den Arbeitern zusätzliche Lebensmittelrationen zukommen lassen, beispielsweise Butter und Schnaps. Was zunächst verwegen klang, wurde aber mehr und mehr ins Kalkül gezogen. Bei Heinrich Lübke, dem späteren Bundespräsidenten, der von den Besatzern für Ernährungsfragen eingesetzt worden war, erhielt Kölns Beigeordneter Kattanek die notwendigen Bezugsscheine für ein paar Zentner Butter und dann auch – nach vorherigem Widerstand und auch jetzt noch vorhandener Bedenken – Bezugsscheine für rund 2.700 Flaschen Schnaps.

Scheine hatte man – aber wo konnte man sie einlösen? Nur „Hugo" konnte hier helfen. Hugo Wallbeck war Gastwirt auf der Friesenstrasse. Bei ihm verkehrten Journalisten, hohe Beamte, Sportler, Gauner, Ganoven, leichte Mädchen und schwere Jungs. In der Regel gab es Dünnbier, aber manchmal kreiste auch schon einmal eine Flasche Knolli Brandy. „Knollegold" war nicht nur die Hausmarke, sondern auch beste Qualität. Um es kurz zu machen: Hugo schaffte es innerhalb 24 Stunden, die geforderten 2.700 Flaschen Schnaps zu einem Stückpreis von 14,50 Mark zu besorgen – nicht einmal zehn Prozent dessen, was auf dem Schwarzen Markt dafür gezahlt wurde. „Dat wohr Ihresaach für mich", begründete er sein Handeln: „et es doch för Kölle!". Und nicht für eine Million Mark hätte er seine Bezugsquellen verraten...

Am 15. März 1957 wird nach zweijähriger Bauzeit der jetzt viergleisige Verkehr auf der Hohenzollernbrücke aufgenommen. Nachdem am 5. Mai 1957 die E-Netze Nord- und Süddeutschlands auf der Brücke zusammengeschlossen werden, gehört sie zu einer der befahrensten Eisenbahnbrücken überhaupt, denn nunmehr fertigt der Hauptbahnhof täglich rund 900 Züge ab, davon 110 im internationalen Verkehr. Köln ist nun endgültig das „Verkehrskreuz im Westen".

Die Deutzer Brücke erhält päpstlichen Segen

Die Hindenburg Brücke war ebenfalls ein Opfer des Krieges geworden. Sie war bei Instandsetzungsarbeiten als Folge von Bombenschäden am 28. Februar 1945 eingestürzt und hatte dabei viele Passanten und Fahrzeuge unter sich begraben. Im Sommer 1945 begannen vier schwere Hubportale mit der Räumung der Trümmer, was sich deshalb sehr schwierig gestaltete, weil die alte Brücke eine Ketten-Hängebrücke war und sich die Versteifungsträger beim Einsturz tief in die Flusssohle eingegraben hatten. Größere Hochwasser und Eisgang behinderten mehrfach die Entfernung der Brückentrümmer mit einem Gewicht von 9.000 Tonnen. Anfang September 1947 konnte mit der Montage des Stahlüberbaus der neuen Brücke durch die von der Stadt beauftragte Gutehoffnungshütte begonnen werden, wobei Neubau und Räumungsarbeiten zeitlich nebeneinander liefen. Im Winter 1947 kommen die Arbeiten ins Stocken, weil die Stahlfertigung wegen Kohlenmangel reduziert wird; Hunger und Mangel an allem lassen die Ingenieure und Arbeiter fast verzagen. Baudirektor Karl Schüssler, der Leiter des Tiefbauamtes der Stadt Köln, hatte die Gesamtleitung. „Ihm ist es zu verdanken, dass die Brücke zu einem großen Teil vor der Währungsreform zustande kam", verrät die offizielle Festschrift. Und weiter: „Über seine einfallsreichen Bemühungen zur Beseitigung der Hemmnisse jener doppelt schwarzen Zeit der Schwarzgeschäfte könnte man allein einen ganzen Aufsatz schreiben." Die Brücke ist so konstruiert, dass sie zu einem späteren Zeitpunkt, falls notwendig, verbreitert werden kann.

In Anwesenheit von Oberbürgermeister Dr. Schwering und Oberstadtdirektor Suth wurde das Schlussstück in der Domfestwoche anlässlich der 700 Jahrfeier der Grundsteinlegung des Kölner Doms unter Teilnahme des päpstlichen Kardinallegaten Micra, der die Brücke weihte, des Kölner Kardinals Frings und anderer geistlicher Würdenträger sowie von Stadt- und Behördenvertretern am 20. August 1948 in einem feierlichen Akt eingesetzt. Am 16. Oktober wurde die umbenannte Brücke dann dem Verkehr übergeben. Oberstadtdirektor Suth: „Sie (die Brücke) dient der Gegenwart und der Zukunft. In ihrer modernen und großzügigen Anlage wird sie für die Dauer ihres Bestehens Zeugnis dafür ablegen, dass Köln auch in schwerster Zeit der Verpflichtung seiner Lage und seiner wirtschaftlichen Bedeutung eingedenk war."

Eisschollen 1947 auf dem Rhein

Mit dem „Mittchen“ hin ...

Ab Januar 1948 konnte ich den Fortgang der Brückenbau-Arbeiten und der parallel laufenden Strassenbauarbeiten rund um den Heumarkt aus nächster Nähe verfolgen. Vater war nach seiner Rückkehr aus der Kriegsgefangenschaft zunächst am Stammheimer Klärwerk und dann ab Januar als Kolonnenführer eines kleineren Trupps städtischer Arbeiter an der Deutzer Brücke eingesetzt worden. Fast täglich brachte ich ihm im „Mittchen“, einem hohen, oval geformten Aluminiumgefäß, dessen Abdeckung mit zwei Klammerbügeln erfolgte, das von Mutter zubereitete Essen. Dabei war die Anlieferungszeit 13.00 Uhr genauestens einzuhalten, denn zur Mittagspause wurden alle „Mittchen“ in einer Wanne mit heißem Wasser aufgewärmt. Manchmal benutzte ich die Strassenbahn, oft ging ich aber auch zu Fuß den Weg von der Elsaß-Strasse bis zum Heumarkt, je nachdem, wann ich aus dem Schulunterricht gekommen war. Die Strassenbahnfahrt kostete 20 Pfennige wenn ich umsteigen musste und 15 Pfennige bei einer Geradeausfahrt, weshalb ich manchmal nur Geradeaus- und Teilstrecken fuhr. „Gepfuscht“ habe ich mich immer dann, wenn die Schaffner in der Bahn eine defekte oder keine Entwertungszange hatten und den Umsteigefahrschein mit einem Bleistiftstrich entwerteten. Mit etwas Geschick konnte man einen solchen Fahrschein „wiederbeleben“. Manchmal haben die Schaffnerinnen zwar Verdacht geschöpft, aber da sie sich nicht sicher waren, konnten sie ja auch nichts unternehmen. Die männlichen Schaffner hatten es ohnehin „op de Auge“, will sagen, die waren großzügiger und übersahen zumeist augenzwinkernd die Reparaturarbeiten.

... und zurück mit einem Holzpflasterstein

Der Gang oder die Fahrt zum Heumarkt war immer lohnend. Nicht nur, weil Vater dadurch versorgt war, sondern auch und insbesondere, weil ich die Rückfahrt oder den Rückweg nie nur mit dem leeren Mittchen antreten musste. Nein, in einem großen Stoffbeutel nahm ich von jedem Treffen einen Pflasterstein mit nach Hause. Dieser Pflasterstein hatte Format und Umfang einer Grauwacke, war aber nicht ganz so schwer, denn er war aus Holz. Der Heumarkt – oder zumindest Teile davon – war nämlich mit Holzsteinen gepflastert und das Holzpflaster war irgendwann mit einer Teerschicht überzogen worden. Ein solcher Pflasterstein reichte als Brennmaterial für einen ganzen Tag – es stank in der Wohnung zwar immer nach Teer, aber der „Stein“ brannte lange Zeit, verströmte wohlige Wärme und brachte viel Wasser zum Erhitzen.

An diese Begebenheit habe ich mich vor einigen Jahren, als der Heumarkt wegen seiner Bepflasterung ins Gerede gekommen war, erinnert. In einer Stellungsnahme las ich, dass es wegen der Tiefgarage auch ein statisches Problem geben könne, falls die Steine ein gewisses Gewicht überschreiten würden. Ich schrieb Oberbürgermeister Fritz Schramma einen Brief und regte an, zumindest das Umfeld im Bereich des Denkmals wieder mit Holzpflaster zu versehen, weil das das statische Problem möglicherweise lösen und einen Bezug zur

Historie bewirken würde, wie es beispielsweise mit der alten Römerstraße am Römisch-Germanischen Museum so gut gelungen sei.

Der zuständige Beigeordnete schrieb sehr nett, sehr höflich, ließ mich aber dann wissen, dass mein Vorschlag nicht verwirklicht werden könne, weil „die DIN-Ordnung für öffentliche Plätze eine Bepflasterung mit Holzsteinen nicht vorsieht."

Am 31. August 1979 wurde an die Brücke ein Erweiterungsstück angefügt; exakt um 18.55 Uhr wurden die beiden „Brücken-Zwillinge" zu einer Konstruktion vereinigt. Die Gleise der Straßenbahn liegen nun separat in der Brückenmitte, während links und rechts davon der Straßenverkehr rollt und die Fußgänger zu beiden Seiten flanieren und das herrliche Rheinpanorama genießen können. Die Brückenbauer von 1946/48 hatten gute Vorsorge für die Erweiterung getroffen. Es war eine von vielen Schaulustigen verfolgte Millimeterarbeit, als die neue Brücke mit einer „Geschwindigkeit" von 5 cm pro Minute an die alte Brücke herangeschoben wurde. Oberbürgermeister John van Nes Ziegler gab sie mit dem offiziellen Startschuss für den Verkehr frei. Die beiden Brückenzwillinge, die wie ein Ei dem anderen gleichen, unterscheiden sich allerdings deutlich in der Konstruktion: Hatte man 1946/48 noch Stahl verwendet, so wurde diesmal Stahlbeton eingesetzt.

Brücken verbinden

„Für Köln haben seine Brücken immer mehr bedeutet als Zweckbauten und Verkehrsanlagen. Sie waren Symbole für die Aufgabe und Stellung der Stadt, zu vermitteln und zu verbinden. Die Stadt der Brücken war selbst Brücke zwischen Ost und West, Vermittler des kulturellen und wirtschaftlichen Austausches", so Oberbürgermeister Dr. Ernst Schwering anlässlich der Einweihung der wieder hergestellten Deutzer Brücke.

Doch wie sah es mit den anderen Kölner Brücken aus?

- Die bei einem Luftangriff am 6. Januar 1945 zerstörte „Südbrücke" konnte am 3. Mai 1946 provisorisch und am 1. Oktober 1950 endgültig in Betrieb genommen werden und
- die am 14. Januar 1945 durch Luftangriff zerstörte „Autobahnbrücke Rodenkirchen" war am 9. Dezember 1954 fertiggestellt.
- Die am 14. Oktober 1944 durch Luftangriff zerstörte „Mülheimer Brücke" wurde durch einen Neubau an

Die Deutzer Brücke war „Ersatz" für die im Krieg zerstörte Hindenburg-Brücke

alter Stelle ersetzt und am 9. September 1951 in Betrieb genommen.

- „Severinsbrücke" (Inbetriebnahme am 6. November 1959), „Zoobrücke" (2. November 1966) und „Autobahnbrücke Köln-Merkenich-Leverkusen" (5. Juli 1965) entstanden erst nach dem Krieg.

Erinnert sei aber auch daran, dass bis zum Wiederaufbau der zerstörten und bis zum Bau neuer Brücken einige Behelfsübergänge vorhanden waren:

- Die „Pontonbrücke" der amerikanischen Streitkräfte; oberhalb der zerstörten Südbrücke, im März 1945 errichtet und nach wenigen Wochen wieder abgebaut;
- die „Pfahljochbrücke aus Holz" oberhalb der zerstörten Deutzer Brücke. Sie wurde im April/Mai 1945 von amerikanischen Pionieren als „Generalleutnant Lesley J. McNair Bridge" erbaut und im September 1946 abgebaut sowie
- die „Patton-Brücke", die – nach dem amerikanischen General benannt – von Oktober 1945 bis Juni 1946 von Pionieren der britischen Besatzung in Höhe der Bastei im Bailey-System erbaut und im November 1951 ausgedient hatte.

Beim Aufbau der neuen Kölner Verwaltung erhielt der vor dem Krieg als Drogist tätige Jupp (Josef) Blank eine Anstellung auf dem Tiefbauamt. Blank, Jahrgang 1904, schrieb Vers- und kleine Prosatexte auf Kölsch, seltener auf Hochdeutsch. Im Kölner Stadt-Anzeiger, aber auch in anderen Zeitungen und Zeitschriften wurden seine Texte veröffentlicht. Sein Beitrag zur Einweihung der neuen Köln-Deutzer Brücke wurde in der anlässlich der Eröffnung herausgegebenen Festschrift veröffentlicht:

„Die Brücke
Ehe du wurdest,
hatte der Geist dich erschaffen.
Stunden und Nächte
baute der Meister an deinen Formen,
sann er dem Spiel der gewaltigen Massen
forschend nach,
um sie zu bannen in sinnvoller Ordnung.
Schweigen lag im Raum
und die Ahnung ferner Kräfte;
der Geist tastete suchend
die Wände des Möglichen ab. –
So also war deine Geburt.

Ehe du wurdest,
gingst du durchs Feuer.
In den gewaltigen Gluten der Flammen
stand deine blutrote Wiege.

Damals ahntest du nicht
den Sinn dieser Qual,
und das Geheimnis der Zukunft
versprühte in leuchtenden Sternen,
als du, ein feuriger Strom,
in dunkle Formen gegossen wurdest.
Riesengewalten
schlugen und pressten dich erbarmungslos,
dass du aufbrülltest in ohnmächt'gem Zorne,
dem machtvollen Donner gleich.

Dann stiegst du
aus dem Dämmer der Hallen
in den leuchtenden Tag
und glaubtest
an das blühende Wunder der Auferstehung.
Doch immer noch fielen die Hämmer
krachend und dröhnend
auf deinen stählernen Leib,
Riesenrachen packten dich fauchend
und schleppten dich,
wie im grimmen, sinnlosen Spiele.
Glühende Pfeile
fraßen sich gierig in deine Seiten,
immer nur Schlagen
und grausames Bohren.

Aber du lebtest
und dehntest
zum machtvollen Sprunge dich
über den Strom!
All deine Not
und die raue Geburt musste geschehen.
Ehe du wurdest,
musstest du leidvoll
durch glühende Qualen wandern.

Nun stehst du
leuchtend im Licht!
Bindest die Ufer
und schaust in das Land.
Unter dir rauschen die Fluten zum Meer;

Die Deutzer Brücke im August 1948
während der 700-Jahr-Feier des Kölner Doms

1945 Ecke Zülpicher- und Heinsbergstrasse: „Bade ömesöns!“

nahe am Strande
grüßt dich als ewiger Wärter
der Dom! –

Sieh auf die Stadt:
Maßlos zerschlagen
ging sie durchs brausende Feuer der Not.
Menschen wandern
und tragen die Lasten
eilenden Fußes über dich her.

Alle
sind sie durchs Feuer gegangen,
Brüder und Schwestern,
Stadt und Dom.
Alle sind sie geglüht und gehärtet,
wurden geschlagen
vom Hammer des Schicksals,
Alle sind sie geworden,
wie du! –

Binde die Ufer
und binde die Herzen!
Lass sich die Menschen begegnen auf dir,
dass sie sich finden
zur gläubigen Tat.
Lass sie, wie du,
alle Brücke sein.
Brücke aus Not
in das strahlende Licht.

Rote Funken und Festausschuss feiern Geburtstag Alaaf uns Kölle am Rhing trotz Surge un Ping

Gleich zwei aus dem Rahmen fallende Feste waren Anfang 1948 innerhalb weniger Tage zu feiern: Die „Kölsche Funke rut-wieß von 1823 e. V.“ und der wiederbelebte „Festausschuss des Kölner Karnevals von 1823 e. V.“ bejubelten ihr 125jähriges Bestehen im Williams-Bau. Die Roten Funken machten am 18. Januar 1948 mit einer pompösen Veranstaltung, an der die Vertreter sämtlicher Gesellschaften von nah und fern, der Behörden, des Handels, der Wirtschaft und der Industrie teilnahmen und bei der auch die Spitzen der alliierten Militär-Regierung nicht fehlten, den Anfang. 2.500 Menschen waren aus dem

Häuschen über das, was geboten wurde. August Schnorrenberg hatte zu diesem Anlass ein Lied geschrieben, welches „seinem lieben Freunde Eberhard Hamacher, Vorsitzender der Kölsche Funke rut-wieß vun 1823, in treuer Verbundenheit zugeeignet" war und das ein wirkliches und wahrhaftiges Zeitdokument bis auf den heutigen Tag geblieben ist:
„Kölle bliev Kölle", so verspricht der Liedtitel:

„Mer han kein Bett un keine Schrank,
Noch nit emol en Döppebank.
Uns fählt der Desch un och de Stöhl,
Dat eß e wunderbar Geföhl.
Mer han kein Botz, kein Hemb am Liev,
Doch Formulare ha'mer stief.
Mer han kein Fleisch un winnig Brut,
Doch ligge söns mer gar kein Nut.
Wat nötz uns alle die Kühmerei,
Vun selvs kütt niemols jett dobei:

:: Han mer vill Leid, vill sorg un Ping,
Alaaf uns Kölle he am Rhing! ::

Bei uns eß alles rack futtü,
Mer han kein Wanze mieh un Flüh,
Mer han kein Wasser, Gas un Strom,
Mer süht vun Sülz bes an d'r Dom.
Wann do am Bahnhoff küß eruus,
Do wonne mer em ehschte Huus.
Vum Wallraffsplatz do süht d'r Henn
Bei uns glich en de Köch erenn.
Wat nötz uns all die Kühmerei,
Vun selvs kütt niemols jett dobei:

Mer wonne schön em Keller all,
Grad wie em Koh- und Ferkesstall.
Mer han kein Finster un kein Dör,
Mer wonne luftig, meint et Klör.
Doch weed bei uns gekoch, gestoch,
Bloß Deck un Wäng, die fähle noch.
Wör doh ne Teppich schön un nett,
Dann wör de Wunnung esch komplett.
Eß och kapott et ganze Huus,
Mer wonnen dren, mer halden uus:

Notenblatt

Jupp Schmitz, der „Schnäuzer"

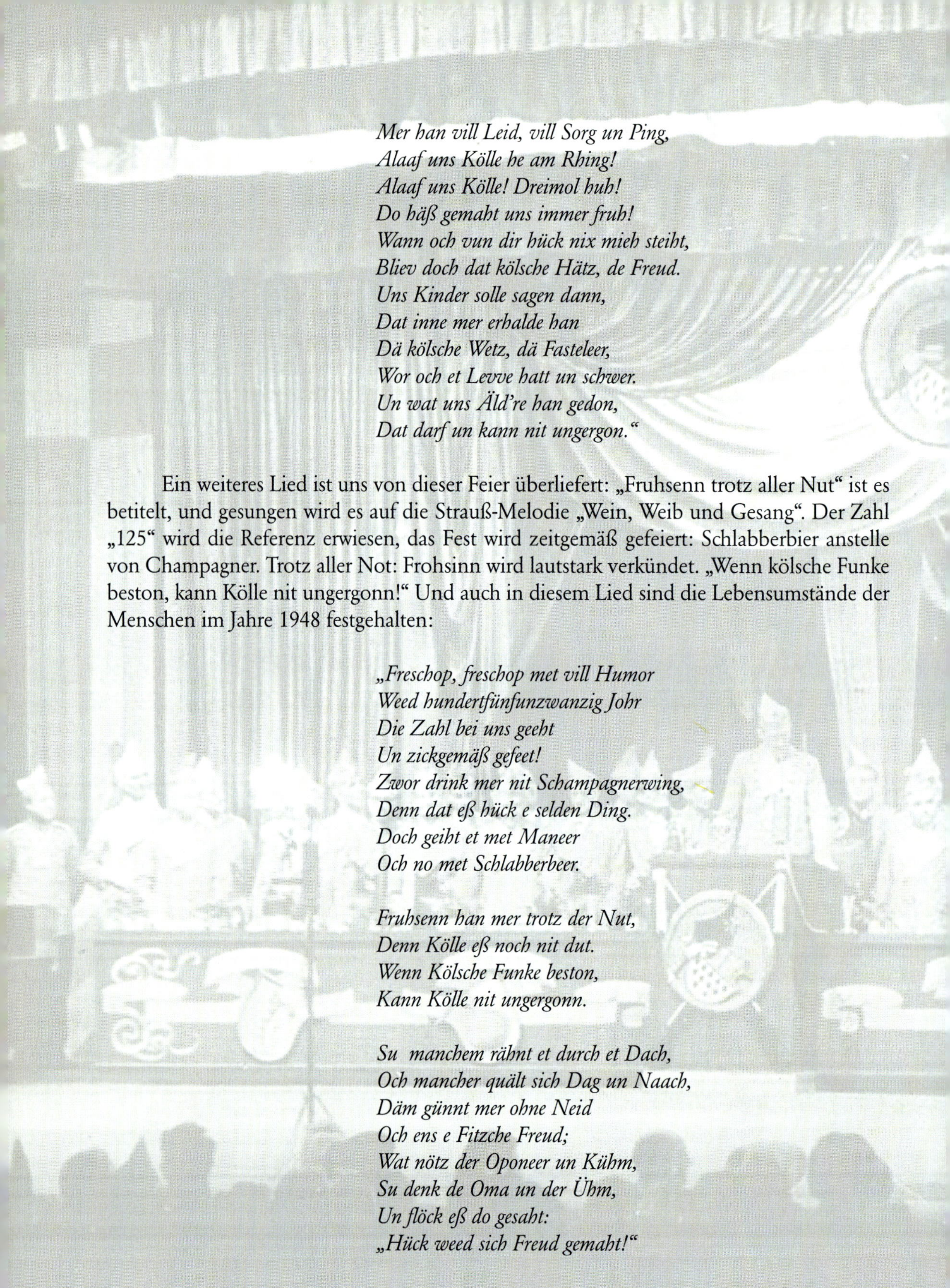

Mer han vill Leid, vill Sorg un Ping,
Alaaf uns Kölle he am Rhing!
Alaaf uns Kölle! Dreimol huh!
Do häß gemaht uns immer fruh!
Wann och vun dir hück nix mieh steiht,
Bliev doch dat kölsche Hätz, de Freud.
Uns Kinder solle sagen dann,
Dat inne mer erhalde han
Dä kölsche Wetz, dä Fasteleer,
Wor och et Levve hatt un schwer.
Un wat uns Äld're han gedon,
Dat darf un kann nit ungergon."

Ein weiteres Lied ist uns von dieser Feier überliefert: „Fruhsenn trotz aller Nut" ist es betitelt, und gesungen wird es auf die Strauß-Melodie „Wein, Weib und Gesang". Der Zahl „125" wird die Referenz erwiesen, das Fest wird zeitgemäß gefeiert: Schlabberbier anstelle von Champagner. Trotz aller Not: Frohsinn wird lautstark verkündet. „Wenn kölsche Funke beston, kann Kölle nit ungergonn!" Und auch in diesem Lied sind die Lebensumstände der Menschen im Jahre 1948 festgehalten:

„Freschop, freschop met vill Humor
Weed hundertfünfunzwanzig Johr
Die Zahl bei uns geeht
Un zickgemäß gefeet!
Zwor drink mer nit Schampagnerwing,
Denn dat eß hück e selden Ding.
Doch geiht et met Maneer
Och no met Schlabberbeer.

Fruhsenn han mer trotz der Nut,
Denn Kölle eß noch nit dut.
Wenn Kölsche Funke beston,
Kann Kölle nit ungergonn.

Su manchem rähnt et durch et Dach,
Och mancher quält sich Dag un Naach,
Däm günnt mer ohne Neid
Och ens e Fitzche Freud;
Wat nötz der Oponeer un Kühm,
Su denk de Oma un der Ühm,
Un flöck eß do gesaht:
„Hück weed sich Freud gemaht!"

Doheim der Ovve eß kapott,
Gekoch weed em geliente Pott.
Der Kleiderschrank eß koot,
Weil dä bestolle wood.
Su mänchem ärme kölsche Stief
Blevv nur noch, wat hä hät am Liev,
Trotzdem der gode Mann
Och hück noch laache kann.

Der fröh're Feind dä zänkte sich
En London domols fürchterlich
Sitzunge jeden Dag
Öm Dütschlands Friedverdrag.
Die Häre han jo ärg vill Zick
Derweil et Volk dorunger lick;
Dat hö't mer blos sich an,
Weil mer nix maache kann.

E drüch Gesöffs mäht nit „gluck-gluck",
Doch drinke mer ne kräft'ge Schluck
Op dat, wat fröher wor
Fünfveedelhundert Johr.
Schön wor et fröher secher doch,
Doch – ushalde! Dann weed et noch
Für mich un och für dich
Ens besser secherlich!"

Festliche 125-Jahr-Sitzung der „Kölsche Funke rut-weiß vun 1823 e.V." im Williams-Bau

Auch der Festausschuss feiert

Zwei Wochen nach dem „Funken-Spektakel" gaben sich im Williams-Bau wiederum die Honoratioren die Hand und den vielen Narren ging das „Kölle Alaaf" oft über die Lippen: Der Festausschuss des Kölner Karnevals feierte mit Albrecht Bodde an der Spitze das 125jährige Jubiläum der Wiedergeburt des Kölner Karnevals.

Eberhard Hamacher hatte bereits 1946 die Weichen für eine Wiederbelebung des Festausschusses gestellt. Unter seiner Leitung hatten sich am 14. September 1946 die Vertreter der Kölner Gesellschaften in der „Funkenburg" am Sachsenring 24 getroffen, um „die Wahrung des vaterstädtischen Festes wieder in feste Hand" zu bekommen. Nominell war Thomas Liessem noch Vorsitzender des Festausschusses, doch er hatte als „Belasteter" zu dieser Zeit Auftrittsverbot. Für eine Übergangszeit übernahm Carl Umbreit das Amt des Festausschuss-Präsidenten, ehe eine ordnungsgemäß einberufene Versammlung am 27. Januar 1947 Albrecht Bodde zu Liessems Nachfolger wählte.

Mit Albrecht Bodde, der auch Präsident der „Große Kölner K.G. von 1882 e. V." war, hatte ein Mann die Verantwortung übernommen, der – so Kölns früherer Oberbürgermeister Dr. Theo Burauen in einem Interview des Jahres 1982 – „wegen seiner persönlichen Art, seiner Schlagfertigkeit und seiner Repliken sehr geschätzt" wurde. Christian Wolfgarten textete das Festlied mit dem Titel „Hundertfünfundzwanzig Johr Fastelovend"; Erinnerung an Vergangenes als Hoffnung und Hinweis für die Zukunft:

„Mer schrevv de Johr'szahl Achzehn-dreiundzwanzig,
Noh schlächter Zick met Hunger, grad wie hück,
Als Wittgenstein met ächte kölsche Fründe
D'r Fasteleer zo neuem Levve weck.
Em Ooschelshüsge dann – et Komitee fing an,
Uns Ahle domols et verstande han:
Jedem Jeck sing Kapp!
Wetze gov et – nit zo knapp,
Han uns domols vörgemaht,
Wie mer läv noh kölscher Aat.
Zänk un Ärger kannt mer nit,
Wor en löstig-fruhe Schwitt. –
Wenn mer't och verstonn,
Dann weed unse Fastelovend niemols ungergon!

Jitz hundertfünfunzwanzig lange Johre
„Held Karneval" en Kölle als regeet.
Ov got de Däg, ov schläch de Zigge wore,
Wood Fastelovend he am Rhing gefeet.
Dobei fung mallich Freud – un schlog de Trummeleut,
Vergoß för koote Stund sing Sorg un Leid.
Loht vun Zoten frei
Halden uns de Narretei,
Wie uns Ahle et gemaht,
Wie et wor äch kölsche Aat;
Han sich harmlos amüseet
Bei ner Red un'm löstig Leed. –
Wenn mer't och verstonn,
Dann weed unse Fastelovend niemols ungergonn!

Wat hät sich en der Zick nit all geändert,
Noh gode Dag et Zigge gov met Nut.
Vill fremde Krom verdränge woll dat ahle,
Un mänchmol schung dä Fastelovend dut.
Geiht mänches Ahle fott – geiht alles noch bankrott:

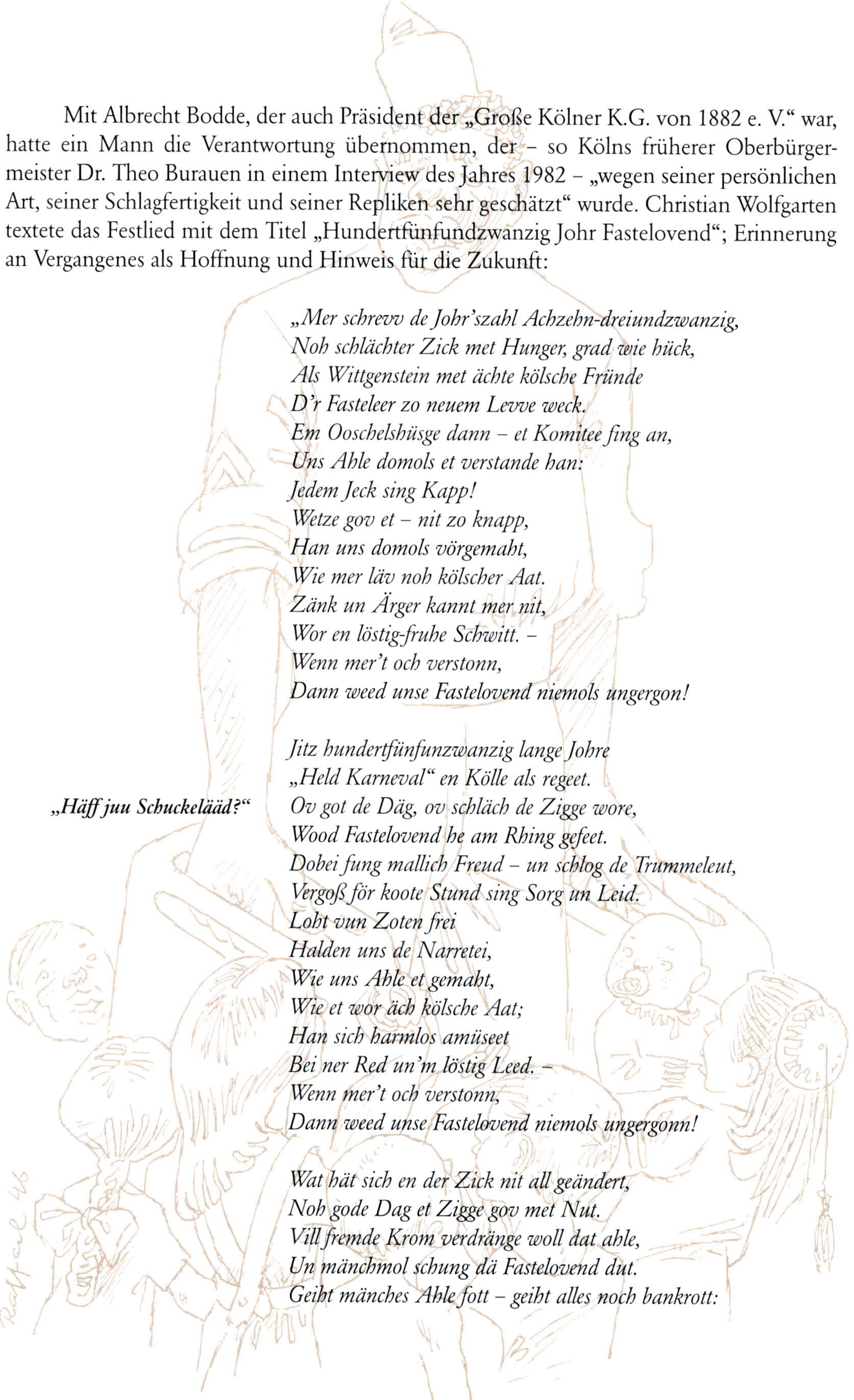

„Häff juu Schuckeläád?"

Der Fastelovend kritt mer nit kapott!
Fällt et söß ov soor
Halt zom Rich, do kölschen Boor!
Wie uns Ahle et gemaht,
Wie et wor äch kölsche Aat;
Wat die Fremde och verzallt,
Heelten Treu däm Kölle Alt. –
Wenn mer't och verstonn,
Dann weed unse Fastelovend niemols ungergonn!

Die Welt weed hückzodag ald immer doller,
Wohin mer loort eß nur noch Zänk un Strick.
De Minsche kriggen secher bahl ne Koller,
Un mänches leeve ahle schleiht de Gick.
Wat och de Zokunf brängk – de ganze Welt sich zänk,
Löht üch nit gäle – bis ihr hat de Kränk!
Geck loß Geck elans
Ältste Groß, ov kleine Panz.
Wie uns Ahle et gemaht,
Wie et wor äch kölsche Aat;
En dem „Kölsch" sohchen ihr Glöck,
Gän e Krätzge han gegöck. –
Wenn mer't och verstonn,
Dann weed unse Fastelovend niemols ungergonn!"

Schlager der Zeit:
„In der Nacht ist der Mensch nicht gern alleine"

Der Karneval war nunmehr wieder „ganz offiziell" – und er fand ein großes Echo in der Presse. In der „Westdeutsche Rundschau" schrieb Walter Henkels am 5. Februar 1948:

„Hunger, Elend, Jammer und Ruinen werden zur Philosophie gestempelt, und das Motto schmettert vielstimmig über den Strom des Abendlandes, dessen Untergang schon mal einer vorausgesagt hat: „Denn einmal nur im Jahr ist Karneval, ist Karneval am Rhein!" Außenstehende, die nicht mit den Wassern dieses Stromes getauft sind, werden gewiss von frivolem Zynismus sprechen, wenn sie die flachgewalzten Städte und Menschen in ihrer latenten Hunger- und Armutskur erleben. Aber eine Erörterung der Frage, den Karneval zu unterbinden, würde an die Frage des rheinischen Wesens schlechthin rühren und es gäbe sicher Leute, die in der Lage wären, es in einer volkskundlichen Betrachtung auseinander zu setzen.

Schon immer haben sich die Kölner ... bei ihrem Karneval ... auf das altrömische Fest der Saturnalien berufen, wo die Sklaven drei Tage bei karnevalistischem Treiben mit ihren Herren die Rollen austauschten und wobei sie allen Grimm und allen Groll los wurden. Es war jenes Ventil, das die Römer ihren Sklaven ließen, damit sie Groll und Grimm, Ärger,

Unmut und Verdruss vergaßen. Die Römer sollen helle und kluge Köpfe gewesen sein. Vielleicht ist es gut, dass man auch den Kölnern, obschon ihnen Trübsalbläserei von Natur aus nicht liegt, dieses Ventil lässt. Freilich würden sie auch ganz gerne mal für drei Tage die Rollen tauschen, die Sklaven mit den Herren, die die Kalorien verpassen. Zu hoffen bleibt, dass am Aschermittwoch wenigstens ein saurer Hering aufgerufen wird."

„Kölsche sin nit klein zo krigge", dichtete Hans Jonen zur Musik von Gerhard Jussenhoven eigens für die Jubiläumsfeier des Festausschusses. „Sulang mer noch uns Eigenaat, mäht uns d'r Deuvel nit parat" – deutlicher kann man seine Meinung wohl nicht mehr zum Ausdruck bringen:

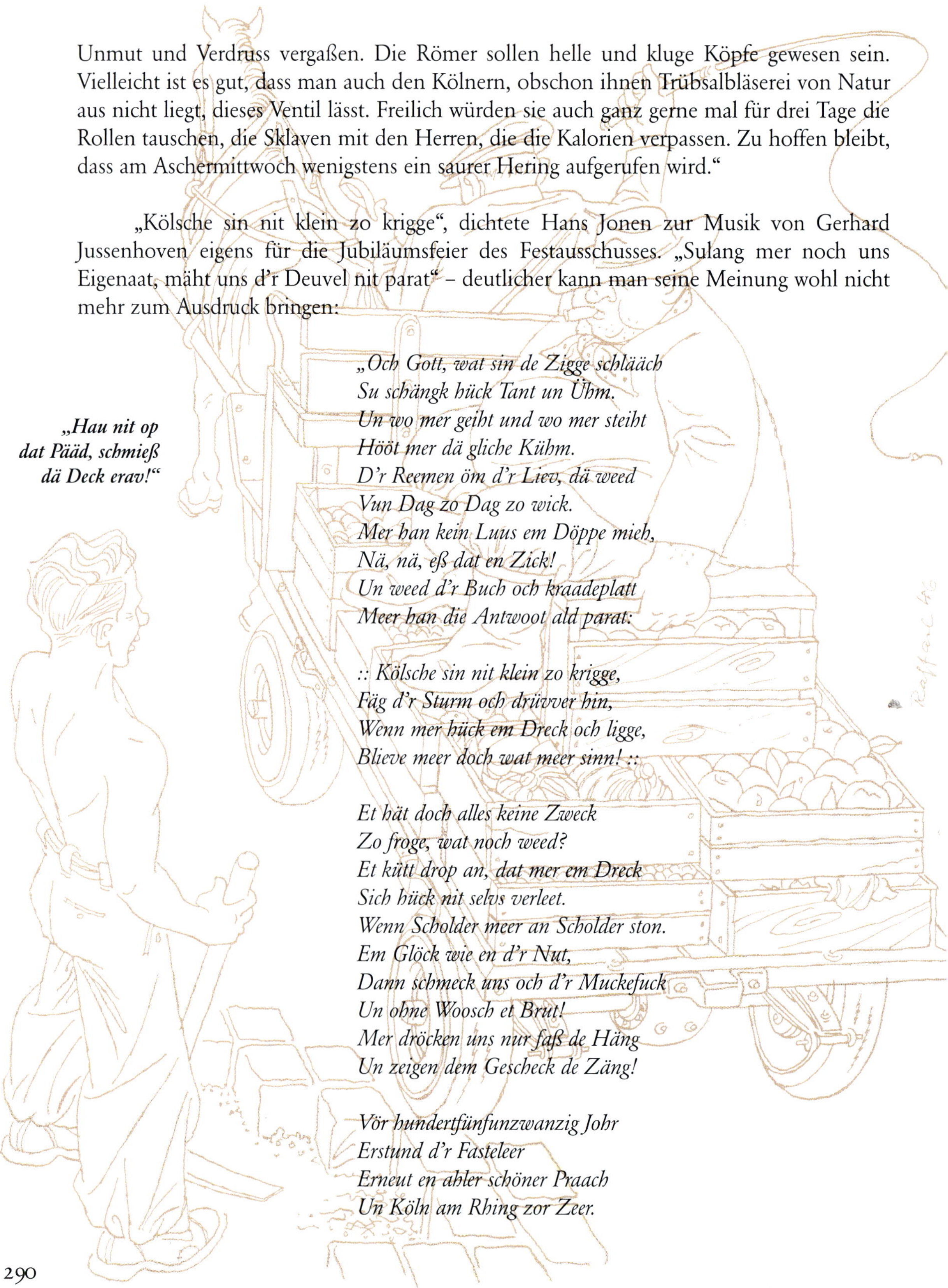

„Hau nit op dat Pääd, schmieß dä Deck erav!"

„Och Gott, wat sin de Zigge schlääch
Su schängk hück Tant un Ühm.
Un wo mer geiht und wo mer steiht
Hööt mer dä gliche Kühm.
D'r Reemen öm d'r Liev, dä weed
Vun Dag zo Dag zo wick.
Mer han kein Luus em Döppe mieh,
Nä, nä, eß dat en Zick!
Un weed d'r Buch och kraadeplatt
Meer han die Antwoot ald parat:

:: Kölsche sin nit klein zo krigge,
Fäg d'r Sturm och drüvver hin,
Wenn mer hück em Dreck och ligge,
Blieve meer doch wat meer sinn! ::

Et hät doch alles keine Zweck
Zo froge, wat noch weed?
Et kütt drop an, dat mer em Dreck
Sich hück nit selvs verleet.
Wenn Scholder meer an Scholder ston.
Em Glöck wie en d'r Nut,
Dann schmeck uns och d'r Muckefuck
Un ohne Woosch et Brut!
Mer dröcken uns nur faß de Häng
Un zeigen dem Gescheck de Zäng!

Vör hundertfünfunzwanzig Johr
Erstund d'r Fasteleer
Erneut en ahler schöner Praach
Un Köln am Rhing zor Zeer.

Et hät ald mänche Weddernach
Öm Krun un Stamm gewöhlt,
Meer Kölsche ävver halde Waach
Un jeder dobei föhlt:
Sulang meer noch uns Eigenaat,
Mäht uns d'r Deuvel nit parat.

Karneval der Gegensätze

Die „Rheinische Zeitung" schreibt am 7. Februar 1948 über den „Karneval der Gegensätze": „Auf den Plakatsäulen wirbt Prinz Karneval, und das Theater spielt „Des Teufels General".

Morgens, im Zwielicht, huschen die kostümierten Pärchen an den Frauen und Kindern vorüber, die vom Bahndamm kommen. Die einen tragen Pompadours und Gobelintäschchen mit Camel und Rouge, die anderen keuschen mit Taschen und Rucksäcken voll Briketts daher.

Die Nacht ist für beide vorüber. Eine schöne Nacht voller Leidenschaften für die einen, sie summen jetzt noch den schmelzenden Tango, drücken sich eng aneinander und küssen sich, oder sie singen, dass es über die Planquadrate der Trümmer schallt, sie haben Schnaps getrunken und Wein, der um die siebzig Mark gekostet hat, die Flaschen brachten sie in der Aktentasche von zu Hause mit.

Den anderen klopft das Herz, weil die Polizei am Bahndamm war und weil sie eine grässliche Angst haben vor dem Tag, der soeben anbrechen will. Draußen sind die Ruinen, selbst das Pflaster haben sie heimlich aus dem Fahrdamm ausgehoben, weil es aus geteertem Holz besteht und im Herd gut brennt. Drinnen auf dem Maskenball waren sie onduliert, maskiert und dekolletiert, sie haben getanzt, wenn die Geige im forte hell und glänzend triumphierte und im piano verträumt zum Innersten sprach, wenn das Saxophon alle Schmerzen wegspülte. Welche hatten sogar Brokatschuhe an.

Karneval der Gegensätze? Man kann auch anders lesen: Die Gegensätze feiern Karneval! In München haben sie den Karneval verboten. In Nizza stehen sie Kopf und in Köln tut man so als ob! ... Die Säle sind zerschlagen, Freude und Not sind miteinander vermischt, und wo sich Freude zeigt, wird sie von der Not zerblasen, zerstäubt und aufgesogen. Die jetzt feiern müssten, sind Ausgebombte, Heimkehrer, Arme, Leidende, sind Menschen mit Sehnsüchten und Qualen. Die ganz Lebensstarken unter ihnen feiern trotzdem. Ein Griesgram, wer es ihnen missgönnte.

Wann endlich aber werden es wieder alle sein, 750.000 Buchhalter, Schlosser,

Verkäuferinnen, Stenotypistinnen, wann endlich wieder einfache, satte, halbwegs zufriedene Menschen, alt und jung? Wann wieder unsere Frauen zu Weiberfastnacht? Frauen ohne die Taschen und Rucksäcke im Zwielicht des Morgens? Fastnacht 1948 ist auch ein Stück Hoffnung!"

Das Lied „Wat wör dat ganze Levve wäht", zur 125jährigen Jubiläumsfeier veröffentlicht, gibt auch denen eine Antwort, die Kritik daran üben, dass gefeiert wird: „Fasteleer, dä feere mer, wehd och vill geknöttert. Dä gitt neue Moot uns her, dat mer nit verbettert!":

„Saht, wat wör dat Levve wäht,
Wör kein Freud' op Ääde?
Achtzig, schon im Karneval,
Braht dat Leedche Säge!
Watt die Eld're uns gesaht,
Treu welle mer pfläge!
Troore eß nit kölsche Aat
Och nit resigneere.
Dorenn han mer doch räch?

Wat wör dat ganze Levve wäht
Wenn sich der Minsch kein Freud drenn mäht,
Dröm maht üch Freud, su lang et geiht
Et doort kein Iwigkeit!

Morgens frög uns ald die Frau:
„Wat soll ich hück koche?"
Un säht flöck dobei: „Au, au –
Ich han nix zo stoche!"
Et mäht d'r Mann en domm Geseech
Säht dann unger Laache:
„Doför hann ich dich, leev Weech,
Do weeß et schon maache!"
Die zwei sich einig sinn:

Wat wör dat ganze Levve wäht,
Wenn sich der Minsch noch ärgere dhät.
Die schlächte Zick vorüvver geiht
Se doort kein Iwigkeit!

Fasteleer, dä feere mer,
Wehd och vill geknöttert.
Dä gitt neue Moot uns her,

Dat mer nit verbettert.
Wer uns nit begriefe kann
Dheit uns nor anblävve,
„Opbau“ kennt nit su'ne Mann
Bliev em Dreck nor klävve!
Dorenn han mer doch räch:

Wat wör dat ganze Levve wäht,
Wenn sich kein Minch mieh wägen dhät,
Uns Kölle widder neu opsteiht,
Et doort kein Iwigkeit.

Ohne Mächer geiht et nit,
Han mer off gesunge.
Größer Glöck et kaum noch gitt
Hät mer ein gefunge.
Dat geiht met durch Deck und Dönn,
Hilf uns alles drage.
Un met ihrem frohe Senn
Uns vergold't die Dage!
Dorenn han ich doch räch?

Wat wör dat ganze Levve wäht,
Wenn mer kein kölsche Mädcher hät!
Dheilt wigger met uns Sorg un Freud
Beß en de Iwigkeit!“

Et geiht widder loss ...

Kölsche Indianer und Kongo-Neger im Kinderzog der Roten Funken
Ming eezte Fastelovends-Kamell schmeck noch immer

Die Zeitung ist wieder „meine Brücke“ zu den Ereignissen und Berichten des 7. Februar 1948: Im Landtag wird ein Enttrümmerungsgesetz beraten, in der Fußball-Oberliga West trifft Sülz 07 auf den FC Schalke 04, während Preußen Dellbrück gegen Hamborn 07 antreten muß. In der Rubrik „Was ist aufgerufen“ heißt es: „Erwachsene erhalten in der 2. Woche der 111 ZP (Zuteilungs-Periode) Brot 2500 Gramm, Nährmittel 250 Gramm, kein Fett, kein Fleisch. Die Abschnittee „Käse I“ werden mit 62,5 g Käse beliefert. Fett und Fleisch werden nicht aufgerufen, da die Ansprüche der 110. ZP noch nicht abgegolten sind.“ Unter der Überschrift „Rote Funken sammeln“ ist zu lesen:

„Alle Kölner Kinder sind auf Rosenmontag eingeladen, sich an einem Zug der Kölsche Funke rut-wieß über die Ringstraße zu beteiligen. Die Funkenwache zieht um 13.30

Uhr mit ihrer Kapelle am Hahnentor auf und sammelt traditionsgemäß für die Armen der Stadt Köln. Gegen 16 Uhr ziehen die Funken mit den kölschen Quös zum Rathaus, wo gewibbelt wird."

Jean Küster las diese Notiz seiner Zeit auch. Sofort setzte er sich mit seinem Freund Eberhard Hamacher in Verbindung und bot ihm an, mit seinen „Lyskircher Junge" am Zug teilzunehmen. Hamacher war gerne einverstanden, und so nahmen außer den Funken auch die „Kölner Originale" wie der Orgels-Palm, det Fleuten-Arnöldche, die Lääsche Nas, der Maler Bock und viele andere an diesem Zug teil. Lambert Conin hat dieses Ereignis in der Funkenchronik festgehalten:

„Rusemondag 1948! Et rähnte! Ävver halt ens ne ahle Kölsche op, wenn et heiß: „Fastelovend" un bing ens ne kölsche Pänz faß, wann hä met de Funke ne Zog mache soll. Aach Johr han mer keine Zog mieh gehat. Kölsche Pänz, die 1939 noch nit op der Welt wore, oder noch em Kinderwage loge, woher sollte die ne Rusemondag kenne, woher sollte die jet vun de Funke wesse? Se woßten et, se kannten jet dovun, se woren do! Ahle un junge Kölsche stundten Kopp an Kopp am Rudolfplatz, op der Ringstroß, am Rothus, se üvverrandte de Funke, se stundten em Wäg wie mer vörbeitroke ..."

Mutter stand mit uns vier Kindern am Zugweg. Die Stelle am Rudolfplatz kann ich noch heute genau lokalisieren und das nach meiner Wahrnehmung noch einigermaßen erhaltene Opernhaus beschreiben. Dann hörten wir Musik, die Menschen um uns herum sangen, die Funken und bunt kostümierte Kinder zogen vorbei. Ich konnte nichts sagen, so überwältigt war ich. Es waren schon viele Zugteilnehmer an uns vorbeigezogen, als eine Gruppe älterer Männer, unkostümiert, im Zug auftauchte. Einer davon blickte in unsere Richtung, winkte, winkte erneut. Mutter gab mir einen Schubs: „Der meint dich, lauf hin!" Zögernd ging ich die sechs oder sieben Schritte auf die Gruppe zu. Der Mann kam mir entgegen, stopfte mir in beide Manteltaschen Bonbons hinein und füllte auch noch meine zu einem Trichter zusammengefügten kleinen Hände. Kamelle! Kamelle! Ich hatte Kamelle. Und dann gleich so viele – und doch: wie schnell waren sie, untereinander aufgeteilt, gelötscht!

Harry und Carola Williams hatten acht Zirkuspferde, darunter sechs Schimmel und einen ausgewachsenen Elefanten zur Verfügung gestellt. Lambert Conin, mit seinem Funkenspitznamen „Labberdönche" geheißen, hat darüber berichtet:

„D'r Lindens Pitter, uns „Strüüßge", dä nit vill mieh wie anderthalv Meter groß eß, beloote sich dä Elefant, dä Elefant beloote sich dä Pitter, die zwei gefeele sich gägensiggig, denn dä große Elefant hov en Bein op – et Vörbein – dä kleine Pitter stallt sich op dat Pütche, dä Elefant wippten ens domet – un wuppdich flog unse Pitter wie ne Gummiball en de Hüh, däm Elefant tireck zwesche Hals un Krüzz. Dä Pitter wor wachsam un helt sich tireck an däm Elefant singe Ohre faß, domet hä nit an der andere Sick widder eravv flog."

Die „Rheinische Post" in ihrer Aschermittwoch-Ausgabe:

„Das war Fastelovend! ... Das, was am Montagnachmittag geschah, war der Inbegriff kölschen Fastelovends, der nicht dort seine Stätte hat, wo der Wein 70 Mark kostet und der Schnaps vielleicht das Doppelte, sondern da, wo das kölsche Hätz am treuesten schlägt – bei der Jugend, die vielleicht tagsüber auf den Bahndamm geht oder sich auf die Klüttenautos schwingt. Am Rosenmontag ging keiner auf den Bahndamm und keiner auf die Autos am Opernhaus. Da hatten wir wieder kölsche Indianer, Kongoneger (man möchte wirklich wissen, wo die Fetze die Färv hernehmen), man sah Funken im Miniaturformat, und es wäre bald alles so gewesen, wenn ..."

Die Pänz hatten ihre Freude, und die Erwachsenen steckten die Köpfe noch intensiver zusammen: „Em nächste Johr gitt et widder ne richige Zog", verstieg sich der ein oder andere zur kühnen Aussage.

Die Begegnung mit den Roten Funken 1948 gehört mit zu meinen schönsten Erlebnissen. Und von dem, was mir der Karneval damals gegeben hat, habe ich in späteren Jahren einiges zurückgeben können. Ich bemühe mich noch immer und hoffe, dass ich dem ein oder anderen ähnliche Freude bereite, wie ich sie damals empfunden habe.

Ich habe aber nie begriffen, warum das alte Opernhaus, in dessen Umfeld wir gestanden hatten, nicht wieder instand gesetzt worden ist. Bis ich vor einiger Zeit auf den Beitrag eines hohen städtischen Beamten stieß, der 1947 den Abriss der „scheußlichen Fassade" des Kölner Hauptbahnhofes gefordert hatte. Da war mir alles klar und seitdem rede ich mir ein, an Geschmacksverirrung zu leiden, weil ich ja auch die alte Fassade des Hauptbahnhofes als erhaltenswert und schön empfunden hatte. Nicht nur die Zeiten ändern sich, mit ihnen auch die Geschmäcker!

Lehrer engagieren sich für den Karneval

Die Begeisterung der Jugend zahlte sich aus. Die Liederdichter, darunter auch Lehrer, setzten sich hin und schrieben spezielle Lieder, die auf die Gedanken- und Geisteswelt der Pänz und der heranwachsenden Jugend abgestimmt waren. Zuletzt hatte „Ohm Will", Wilhelm Räderscheidt, lange vor dem Krieg ein ähnliches Unterfangen gewagt. Mit dem Lied „Kinderfasteleer" wurde ein hoffnungsvoller Anfang gemacht. Hans-Georg Passmann, früherer Rektor der Schule Zugweg, erinnerte sich noch lange an dieses Lied: „Wir haben es mit allen Schulkindern fleißig geübt, um den Pänz etwas Freude zu machen. Die waren mit Begeisterung dabei und Karneval hatten wir eifrige Sänger, die auch ihre Texte beherrschten!":

„Schnaaftig op de Trumm geschlage!
Hück steiht Kölle op dem Kopp!

Selvs dat Klein em Kinderwag
Blies vör Freud de Bäckcher op.
Sag, wat dun mer uns maskeere,
Räuber, Klut ov Pluutemann?
Seht, wer rääch uns Feß well feere,
Dräht en Botz met Franselen dran.
Un dan geiht de Trumm:
Zimta, zimta-bumm!

Kinder, loß meer Freud uns maache,
He gon meer su bal nit fott;
Wann am Engk uns och för Laache
Rieß et Bötzge bal kapott!

Reck meer ens dat ahl Kaströllche,
Bruchen dat als decke Trumm!
Un mieh Schwesterche, et Bellche,
Dat schleit löstig de Lavumm.
Pittermann, maach nor kei Pännche!
Oder eß ding Tröt ze schwer?
Kumm, meer bränge doch e Ständche
Vör dem Huus vum Kummessär.
Un dann geiht de Trumm.
Zimta, zimta – bumm!

Fruh weed dann e Leed gesunge
Un geblose wahl wie jeck:
Kölsche Mädcher, kölsche Junge,
Han et Hätz om räächte Fleck!
Wer zor Faßnaach nit deit rose,
En de Nas d'r Finger däut,
Och, dä kann uns ald jet blose,
Su'ne Höösch, dä deiht uns leid.
Un dann geiht de Trumm:
Zimta, zimta – bumm!"

Und wieder war es Jean Küster, der die Zeichen der Zeit richtig erkannte: Am 26. Februar 1949 lud er die Pänz zu einem „Kindermaskenball" in den Williams-Bau ein. Werfen wir einen Blick auf den in der Chronik verzeichneten Bericht:

„Der gesamte Williamsbau dröhnte von dem Lachen, Springen und Singen der mehr als 2000 Kinder. Was man dort an ulkigen Masken sah, war herzerfrischend ... Als unter ohrenbetäubendem Jubel Prinz Karneval seinen festlichen Einzug hielt, erreichte das wohlgelungene Fest seinen Höhepunkt. Mit stürmischen „Alaafs“ wurde der Narrenprinz empfangen. Und der ließ sich nicht lumpen und schmiss die Bonbons gleich tütenweise in das freudig wogende Getümmel auf der Tanzfläche. Als besondere Überraschung sah man ein überaus reizendes Kinder-Ballett der Lyskircher Junge. Alles in allem ein voller Erfolg!“

Jean Küster beließ es nicht dabei: Er ließ 1950 die Gruppe der „Hellige Knäächte und Mägde“ wieder aufleben und gliederte sie „seinen“ Lyskirchern an, und für 1951 organisierte er, wie bereits an anderer Stelle ausgeführt, einen Kinderzug, der seit dieser Zeit als „Schullzog“ Jahr für Jahr – unter Federführung der Lyskircher Junge – den „Veedelszög“ voranzieht. Heinrich Büttgenbach war Küsters treuer Helfer.

Weitere Lieder für Kinder waren inzwischen hinzugekommen, wie das von August Schnorrenberg „Wenn de Junge singe“:

„Kinder, loßt üch ens verzälle
He vum ahle schöne Kölle.
Un vun allem, wat et nit mieh gitt,
Wat läbdags och nit mieh widderkütt.
Och, mie Hätz, et deit noch bevve,
Bal eß nix mieh ston geblevve,
Nor der kölschen Boor – dä geiht nit zom Troor –
Mag et immer falle söß ov soor – söß ov soor.

:: Wenn de Junge singe
Un de Mädcher springe,
Klingk et löstig fän ov noh,
Eß der Fastelovend doh! ::

All die Kirche un Kapellcher
All die Sage un Verzällcher,
Jo, do süht un hö't mer nix mieh vun,
Wat uns all su häzzlich leid kann dun.
Herrlich wor mänch Raretätche,
Schön wor et am „Töönche“, „Wähtche“,
Fruhsenn un de Kuns – stundte he en Guns –
Jede Minsch fohlt glöcklich sich bei uns – sich bei uns.

Kom vum Bahnhoff mer gegange,
Wood dä Dag got angefange,
Op der Huhstroß, en der Scheldergaß
Üvverall doh gov et Freud und Spaß.

Kinderzog der Roten Funken 1948

Un en jedem kölsche Bräues
Wood verzallt jet löstig Neues!
Jo, die schöne Zick – fän litt sie un wick –
Trotzdäm alles he noh Kölle trick – Kölle trick."

Wir sind die Eingeborenen von Trizonesien Drum sind wir stolz auf unser Land

Der Kalender zeigt ein Märzdatum des Jahres 1948 an. Karl Berbuer saß mit Sportfreunden, in jungen Jahren war er ein erfolgreicher Fußballer, in einer Kneipe in der Nähe des Kölner Domes zusammen. Die Diskussionen gingen querbeet, bis das Gespräch auf die „Bizone", den am 1. Januar 1947 erfolgten Zusammenschluss der Amerikanischen und der Britischen Zone zu einem einheitlichen Wirtschaftsgebiet, kam. Unter Hinweis auf den im Juni 1947 in Frankfurt gebildeten Wirtschaftsrat, durch den die Bizone Elemente von Staatlichkeit erhalten hatte, meinte einer in der Runde: „Mer levve wie in Bizonesien". Berbuer, an seinen unfreiwilligen „O Mosella"-Aufenthalt bei den Franzosen denkend, kombinierte schnell: aus der „Bizone" machte er in Anlehnung an die drei westlichen Besatzer eine Trizone, während er die Einwohner der von Engländern, Franzosen und Amerikanern besetzten Gebiete „Trizonesier" nannte.

Andere Zeiten, andere, neue Politik haben ein neues Gebilde hervorgebracht: Trizonesien. Was großen Entdeckern wie Columbus, Marco Polo, Sven Hedin oder Amundsen verwehrt blieb, schaffte die Politik. Der Bewohner Ruf: „Heidi-tschimmela-tschimmela-tschimmela-tschimmela-bumm" gleicht dem Schlachtruf der Urvölker, aber Berbuer warnt alle, die Trizoneser zu unterschätzen: „Ein Trizonese hat Humor, Kultur und Geist, Goethe und Beethoven stehen dafür, beweisen es. Und wir, die Nachfahren, sind stolz auf unser Land!":
Wir treten mit dem „Trizonesien-Song" den Beweis an:

„Mein Lieber Freund, mein lieber Freund,
Die alten Zeiten sind vorbei,
Ob man da lacht, ob man da weint,
Die Welt geht weiter, eins, zwei, drei.
Ein kleines Häuflein Diplomaten
Macht heut' die große Politik,
Sie schaffen Zonen, ändern Staaten,
Und was ist hier mit uns im Augenblick:

:: Wir sind die Eingeborenen von Trizonesien,
Heidi-tschimmela-tschimmela-
Tschimmela-tschimmela-bumm.

Wir haben Mägdelein mit feurig-wildem Wesien,
Heidi-tschimmela-tschimmela-
Tschimmela-tschimmela-bumm.
Wir sind zwar keine Menschenfresser,
Doch wir küssen – um so besser.
Wir sind die Eingeborenen von Trizonesien,
Heidi-tschimmela-tschimmela-
Tschimmela-tschimmela-bumm. ::

Der „Trizonesiensong“ fand über Postkarten weltweite Verbreitung

Columbus fand Amerika,
Ein neuer Erdteil ward entdeckt.
Was Marco Polo alles sah,
Wurd' dann von der Kultur beleckt.
Sven Hedin war am Himalaya,
Er schritt durch heißen Wüstensand.
Am Nordpol stand Amundsen's „Heija“,
Doch uns hat keiner je zuvor gekannt.

Doch fremder Mann, damit du's weißt,
Ein Trizonese hat Humor,
Er hat Kultur, er hat auch Geist,
Darin macht keiner ihm was vor.
Selbst Goethe stammt aus Trizonesien,
Beethovens Wiege ist bekannt,
Nein, so was gibt's nicht in Chinesien,
Darum sind wir auch stolz auf unser Land.“

Die Grenzen der vier Besatzungszonen
DEUTSCHLANDS

Genaue sechsfarbige Uebersichtskarte nach dem neuesten Stande vom 10. Dez. 1945

Mit Genehmigung der Militärregierung

Herausgegeben von Hans Wertgen, Köln
Druck: Buchdruckerei Wilh. Metz, Aachen

Preis 1.– RM.

Die Übersichtskarte ist auf den Umschlag-Innenteilen zu finden.

Dieses Lied beweist einmal mehr, wie meisterlich Karl Berbuer seinen Schöpfungen eine gewaltige, aber gefühlvolle dosierte Prise von politischer Stellungnahme zur jeweiligen Gegenwart geben konnte, gesehen mit den Augen eines Kölschen Grieläachers, der sich eine große Distanz gegen Macht und übertriebenen Staat, aber auch eine gesunde Skepsis bewahrt und die besonders feierlichen Dinge gerne etwas ins Lächerliche gezogen hat.

Die „Trizonesier“ nahmen Berbuers Lied an, sangen es mit Begeisterung. Bei einem international besetzten Steherrennen am Palmsonntag 1949 wurde der Trizonesien-Song im Kölner Stadion anstelle der noch nicht vorhandenen Deutschen Nationalhymne gespielt. Die Kölnische Rundschau griff in einem Artikel vom 23. April 1949 unter der Überschrift „Deutschland, Deutschland über alles“ diese Begebenheit noch einmal auf und berichtete über einige peinliche Minuten, als es galt, nach der unter Abspielung der Belgischen Nationalhymne erfolgten Ehrung des ersten Sieges einen deutschen Sieger entsprechend den internationalen Gepflogenheiten zu ehren. „Die Lösung, die gefunden wurde“, so die Rundschau, „ist bekannt und hat nachträglich zu lebhaften Erörterungen zwischen politisch interessierten Menschen geführt". Im weiteren Verlauf des Artikels wird über Meinungsverschiedenheiten mit dem Hinweis berichtet, „dass das Spielen der alten Nationalhymne „Deutschland, Deutschland über alles" von der britischen Militärregierung ebenso wenig beanstandet oder gar verboten ist, wie die alten Farben Schwarz-Rot-Gold" und dann auf eine „wörtlich vorgebrachte Kritik in diesem Sinne" hingewiesen:

„Ein Volk, das glaubt, seine nationale Ehre durch ein sehr zweifelhaftes Karnevalslied retten zu können, darf sich nicht wundern, wenn es von anderen Völkern für Narren gehalten und dementsprechend behandelt wird".

Starker Tobak, aber der namentlich nicht genannte Schreiber merkt immerhin an, dass „diese Formulierung manchem als übertrieben erscheinen dürfte".

In britischen Zeitungen wurde gemeckert. Die Times zum Trizonesien-Song: „Die Deutschen werden wieder frech!" Und auch die „Prawda" setzte sich in sarkastischem Ton mit der künftigen Nationalhymne Deutschlands auseinander. Das sowjetische Blatt schrieb, die christlichen Demokraten dächten hierbei an die dritte Strophe der alten Deutschen Nationalhymne „Deutschland, Deutschland über alles". Diese konkurriere jedoch mit einem amerikanischen (!) Foxtrott mit dem Titel „We are Bizonia natives (Wir sind die Eingeborenen von Bizonesien). Die Prawda kommt zu dem Schluss, dass „beide Lieder mit gleichem Recht die Ideale der westdeutschen Quislinge ausdrückten."

Auch in anderen Ländern dauerte es einige Zeit, ehe die politischen Hintergründe vorbehaltlos gewertet wurden. Erst als Karl Berbuer im Februar 1955 auf Einladung der „Rheinischen Karnevalsgesellschaft Zuppegröns" in New York und Milwaukee sein Lied vortragen und erläutern konnte, begriffen viele, was Jahre zuvor gemeint und gewollt war.

Da Karl Berbuer anlässlich eines Gastspiels in Berlin zu Beginn der 50er Jahre nicht sicher sein konnte, dass sein Trizonesien-Song von allen richtig verstanden werde, weigerte er sich zunächst, auch durch die kritische Aussage in der „Prawda" irritiert, das Lied zu singen. Schließlich gab er doch dem stürmischen Drängen seiner Zuhörer nach, zog es aber dann vor, auf der Heimreise auf die Zugfahrt durch die Sowjetzone zu verzichten und sich lieber dem Flugzeug anzuvertrauen.

Erst zum 11. im 11. 1948 hatte Karl Berbuer sein schon Monate vorher entstandenes Lied in einer Sendung des NWDR offiziell vorstellen können. Seinerzeit war es, bei Strafe durch den Festausschuss verboten, vor dem „offiziellen Karnevalsstart" die neuen Lieder herauszubringen. Dieses heute unverständliche „Gebot" oder besser: Verbot, hatte seinen Reiz: je näher der 11. im 11. heranrückte, desto größer wurde die Spannung. Insider gaben Tipps ab, nahmen Wetten entgegen, fieberten und sahen sich später bestätigt oder waren enttäuscht. Natürlich wussten die „Eingeweihten", was die neue Session bringen würde, und auch die Texter und Komponisten kannten teilweise die Schöpfungen der Konkurrenz. Nur mit den Tipps, da lagen die sogenannten Experten in jedem Jahr total daneben. So mancher hoch gehandelte Favorit blieb in der Publikumsgunst bescheidener Durchschnitt, während es nicht selten einem Außenseiter gelang, gewissermaßen einen „Start-Ziel-Sieg" zu erringen.

Das Echo bei den Kölnern, und insbesondere bei denen, die noch in der Evakuierung lebten, war nach der ersten Ausstrahlung gewaltig.

Im Berbuer-Nachlass, den Wicky Junggeburth säuberlich geordnet hat und seit dem Jahr 2000 verwaltet, geben eine Fülle von begeisterten Zuschriften sowohl an den NWDR als auch an Berbuer selbst Zeugnis davon, wie sehr dieses Lied die Menschen bewegte. Stellvertretend hierfür ein Brief von Marie Luise Böhne aus Bad Oeynhausen, den sie unmittelbar nach der Sendung schrieb:

„Ich bin ein rheinisches Gemüt
Wat in der Evakuierung verblüht.
Dat Hätz hat lang genoch bang geklopp,
Dröm nenne mich de Lück „Quengeler-Kopp".
Sonst bin ich immer brav, hüvck hevve ich dat Glas
Kölle alaaf!

Ob Blotwoosch, Flöns etc. wood ich och gepröf
Un nit als Kölsche anerkannt,
Dat dröckte mie Gemöt.
Och ich dun jetz de Stoppe drop
Dat Hätz laach mer noch en der Bruss
Durch Berbuer, Ebeler und Schlösser
Die Zeiten werden immer besser!

Mer müsse uns Zick he schon verbööße
Un dun die Trizonesien-Hymmne begröße.
Drum weiter so in Karnevals-Serien
Wir werden vom Kummer auch noch mal genesien.

Ich hörte der Lieder so viele
Et wore schöne un och fiese.
Aber dat beste für minge Geschmack
Die „Trizonesien-Hymmne"
Hast Du Karl Berbuer gemacht!"

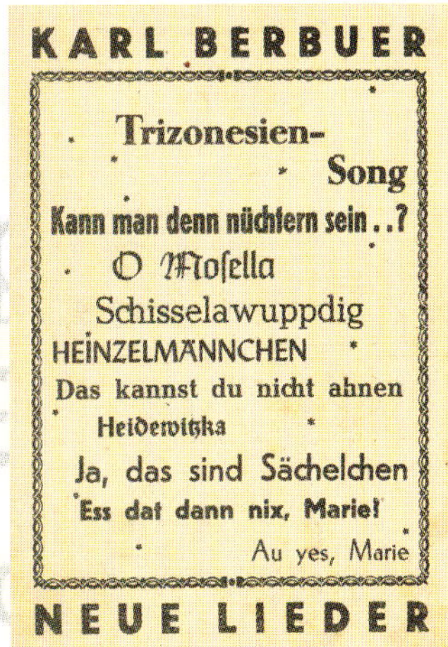

Berbuers Nachkriegs-Meisterwerke

Ohne Zweifel war der „Trizonesien-Song" der Hit der Session 1949 und auch noch danach.

Das neue Geld stinkt - es riecht nicht gut
Wat saht ihr jitz, wat saht ihr no, die neue Währung eß do

Die Mitarbeiter der Kreissparkasse Köln wunderten sich nicht schlecht, als sie am 15. April 1948 ein Schreiben der Direktion erhielten, in dem es hieß:

„Zur Abwicklung der mit der zu erwartenden Währungsreform anfallenden Schalterarbeiten haben wir Ihren Einsatz als Auskunftsbeamter vorgemerkt. Wir bitten Sie, sich zur gegebenen Zeit bei der für diese Tätigkeit zuständigen Stelle zur Aufnahme der Ihnen zugewiesenen Arbeit zu melden. Um nicht durch vorzeitige Verlautbarungen Anlass zu unnötigen Gerüchten zu geben, bitten wir Sie, diese lediglich vorsorglich getroffene Maßnahme vertraulich zu behandeln."

Es schien also so, als habe das schon seit Tagen anhaltende und sich verstärkende Gemunkel einen realen Hintergrund. Acht Wochen später wurde das gesamte Personal auf allen Geschäftsstellen unterrichtet, dass am 20. Juni, einem Sonntag, voraussichtlich den ganzen Tag gearbeitet werden müsse: Alle sollen bei der Verteilung der neuen Währung mithelfen; es ist aber weiterhin absolutes Stillschweigen zu wahren!

Am 19. Juni, einem Samstagnachmittag, brachte ein Sondertransport das „neue Geld" zu den Verteilerstellen in der Stadt Köln, im Landkreis Köln, im Kreis Bergheim und im Rheinisch-Bergischen Kreis. Die erste Reaktion eines Hauptkassierers: „Das Geld stinkt – es riecht nicht gut!" Allgemein wurden die druckfrischen Scheine aber wegen ihres Aussehens bewundert: „Sehr schön!" Die meisten Leiter der Verteilstellen verbrachten die Nacht „Liegenderweise" vor dem Tresor, damit nun ja nichts passieren sollte. An Schlaf war aber kaum zu denken – entsprechend „gerädert" waren die „Bewacher" am darauffolgenden „Tag X".

An diesem Sonntagmorgen wurde der Transport zu den Ausgabestellen mit Feuerwehrautos vorgenommen – die Polizei sicherte zusätzlich die Transporte. Als am Sonntag in den Frühnachrichten über den Rundfunk die Währungsreform verkündet wurde, setzte ein Run auf die Umtauschstellen ein, die in den Rathäusern, Schulen und auch Gaststätten eingerichtet worden waren. Von 10.00 Uhr bis 18.00 Uhr waren Sparkassen- und Bankmitarbeiter im Einsatz; zur Auffrischung erhielten sie Bohnenkaffee, Brötchen und Zigaretten – die Kreissparkasse spendierte ihren Mitarbeitern noch zusätzlich Schokolade und Tabakwaren. Bis nach Mitternacht hatten alle damit zu tun, den RM-Tagesabschluß zu fertigen und das gesamte abgelieferte Bargeld zu bündeln. Denn obwohl die Reichsmark wertlos geworden war, mussten die Ablieferungen, wie bei Preußens üblich, bis auf die letzte Mark stimmen. Viele der Helfer mussten die Nacht in der Ausgabestelle verbringen, notdürftig mit Decken versorgt. Wie sollten sie in der Nacht nach Hause kommen? Auch hernach waren alle Bankleute noch monatelang in ihren Geschäftsstellen in Tag- und Nachtarbeit mit der Umstellung RM/DM beschäftigt.

Geld in Kisten und gut gekühlt

In der Stadt Köln war das neue Geld in Kühltransportern angeliefert worden. Die Militärregierung hatte dem Leiter der Fahndungsabteilung des Ernährungsamtes, Heinrich Tinter, den Geheimauftrag zur Durchführung des Geldumtauschs erteilt. Selbst seinen Vorgesetzten und engsten Kollegen gegenüber musste er die ihm erteilten Anweisungen streng geheim halten. Obwohl die Kriminalität zu dieser Zeit noch nicht sehr hoch war, bestand doch die Gefahr, dass irgendwelche Kräfte die Transportfahrzeuge überfallen und berauben würden. Um dieser Möglichkeit zu entgehen, ließ Tinter die Fahrzeuge unbewacht – und wahrscheinlich deshalb unbemerkt – vor seiner Wohnung auf der Aachener Strasse 333 parken. Am frühen Morgen des 20. Juni 1948 wurden die in Holzkisten mit dem Aufdruck CLAY-W-DCP-01D-279 enthaltenen Scheine zu den Ausgabestellen in Köln, zumeist Zweigstellen des Ernährungsamtes, gebracht.

Obwohl alles gut organisiert war, kam es natürlich zu langen Wartezeiten und riesigen Menschenschlangen. Es war so ähnlich, wie heutzutage die Stimmabgabe in Wahllokalen üblich ist: Hinter jeder Theke standen vier Mitarbeiter. Der erste kontrollierte Ausweis und Liste, der zweite nahm die alte Reichsmark an, der dritte ließ den Empfang der DM quittieren und der vierte zahlte das Geld aus. Ärger gab es reichlich, wenn die RM in allen möglichen Behältern, im Kölner Umland sogar in Milchkannen, abgeliefert wurde. Viele Anlieferer schmissen ihre alten Scheine aus Verärgerung einfach so hin und beschimpften das Personal.

Jeder Bewohner der westlichen Besatzungszonen bekam eine Kopfquote von 60 DM – in zwei Raten zu 40 DM und zu 20 DM, gegen Reichsmarkwerte im Verhältnis 10:1 umgetauscht. Andere Guthaben wurden im Verhältnis 100:6,5 umgerechnet. Die bunten Scheine wurden in Werten zu ½, 1, 2, 5, 20, 50 und 100 DM ausgegeben. Münzen gab es zunächst noch nicht. Um bei dem hohen Wert des Geldes nicht ohne Kleingeld zu sein, ließ man die Münzen der Reichsmarkwährung zu einem Zehntel ihres Nennwertes noch zirkulieren. Da dies nicht ausreichte, wurden behelfsmäßige Fünf- und Zehn-Pfennigscheine gedruckt, die bis zum ausreichenden Vorhandensein der neuen Münzen im Umlauf bleiben.

Jupp Schlösser griff das neue Thema sofort auf. Zu der Musik von Gerhard Jussenhoven schrieb er den „Währungswalzer":

„Meer han schon lang met Angs un Bang
Hin un och her üvverlaht : Wann eß vorbei
Die Maggelei, die uns nix gots hätt gebraht?
Doch üvver Naach, eh' mer't bedaach,
Hätt et ganz fies em Gebälk gekraach.
Dausende sin em Rüppchen hin,
Un jeder hätt gedaach:

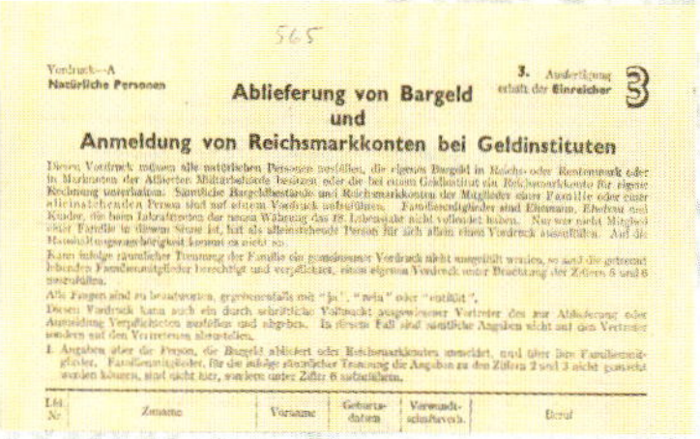

565

Vordruck—A
Natürliche Personen

3. Ausfertigung erhält der Einreicher 3

**Ablieferung von Bargeld
und
Anmeldung von Reichsmarkkonten bei Geldinstituten**

Lfd. Nr.	Zuname	Vorname	Geburtsdaten	Verwandtschaftsverh.	Beruf

Merkblatt zur Ablieferung von Bargeld (Ausschnitt)

:: Jetz ha'mer de Bescherung,
De Währung, de Währung.
Jetz sin fittü de Gröschelcher,
Wie stoppe mer die Löchelcher?
Met veezig Mark pro Kopp?
Meer sin su ärm wie Job! ::

Off höht mer hück sage de Lück:
„Nä, wat et widder all jitt!
Sächelcher, die lang mer nit mieh soch,
Für paar Mark mer schon kritt."
Wie Kinder stonn mer vör dem Krohm,
Dröcke am Finster de Nas' uns platt.
Ävver dat Geld ess, wat uns fählt.
Mer bröch su dit un dat:

Doch wolle meer hoffe doch schwer,
Dat och die Zick geiht eröm.
Wenn mer dat wöss, dann wör gewess
Dat ganze halv esu schlemm.
Denn wat mer all op jeden Fall
Metgemaht han, dat genög uns bahl.
Dä ganzen Dreh steiht uns bes heh,
Uns eß nix mieh egal."

Das neue Geld erfüllte die Wirtschaft mit Leben. In den Geschäften, neue schossen wie Pilze aus dem Boden, wurden Waren der verschiedensten Arten angeboten; Lebensmittelkarten und Bezugsscheine waren überflüssig. Das neue Geld hatte eine gute Kaufkraft, wenngleich sich die Preise erst allmählich einpendelten. Im Vergleich zu den hohen Preisen des nun zusammengebrochenen „Schwarzen Marktes" erschien jetzt alles sehr preiswert. Allerdings war das Geld, auch bei bescheidenen Ansprüchen, zunächst mehr als knapp.

Kaum fünf Monate später, am 11.11.1948, nahm Gerhard Ebeler „Die neue Währung" und alles, was sie bewirkt hatte, sehr trefflich und treffsicher aufs Korn:

„Jitz wesse mer bekanntlich ens woran meer sin,
Drei Johr lang ha'meer drop gewaht.
Die Rötselroderei gingk her un hin,
Meer kome un kome nit parat.
Uns fehl ne schwere Stein vum Hätz
Wie et dann heesch zogoderletz:
„Et eß erreich, meer sin am Ziel,

De Deutsche Mark se eß stabil!“

:: Wat saht ehr jitz? Wat saht ehr no?
De neue Währung eß do!
Meer hann se! Meer hann se!
Un bliev se uns nit treu,
Dann kann se, dann kann se
Uns d’r Naache däu’n. Ahoi! ::

Dat Wöötche „Ha’meer nit!“ hööt m’r hück ga’nit mieh,
Un Schluß eß met der Horterei.
De Heinzelmänncher sin am Werk wie nie,
Se schleppe dä ganze Krom herbei.
Un selvs de rarste Mangelwaar
Eß widder do un nit mieh rar.
Un üvverall, et eß zo doll,
Do sin die Lade bödevoll.

Wer vun de Boore hück ehr Feldprodukte käuf
Dozo en Handtooch gratis kritt.
Kei Minsch mieh op et Land zum Hamstre läuf,
Weil et Gemös zu baschte gitt.
Dat Spillche hät gedrieht sich hück:
De Boore laufe noh de Lück.
„Wie kummen ich“, denk mänche Boor,
„An ander Lücks De-Märkcher nor?“

De Levvensmeddel falle jede Dag em Pries,
En Ei nur nüngzig Penning koß.
Öm Ädäppel sich längs kei Minsch mieh rieß,
Der Händler kritt se kaum noch loß.
Durch bell’ge Bunnekaffee weed
Dä Muckefuck ganz usrangeet.
Un em Geschäff weed off genog
„Darf et wat mehr?“ gefrog.

Kamelle, Kamelle

Warum ich mich noch so gut an den „Tag X" erinnere? Nun, an diesem 20. Juni 1948 war ich auf dem Weg zur Schönhauser Strasse, um beim Spiel „meiner" Fortuna dabei zu sein. Hinter der Kolonie in der Elsaß-Strasse, dort, wo ich ständiger Besucher und Beobachter des Schwarzen Marktes war, befand sich ein kleiner Laden, in dem ich mir ab und zu ein kleines Eis für 50 Pfennig oder, wenn ich es mir leisten konnte, einen selbstgemachten Dauerlutscher für 5 Mark kaufte. Als ich an diesem Laden vorbei kam und einen flüchtigen Blick in das immer blitzblanke Schaufenster warf, stockte mir fast der Atem. Da lagen doch tatsächlich eine ganze Menge von dünnen Rahmbonbons, und dazwischen stand auf einem Pappschild: „Stück 1 D-Pfennig!" Das war für mich unfassbar und deshalb betrat ich den Laden, legte meinen 50 Pfennig-Schein auf die Theke und sagte: „Dunn Se mir dofür Kamelle!" Als ich wieder draußen war, habe ich nachgezählt. Es waren tatsächlich 50 Bonbons in der Tüte. Ich sehe noch den Schriftzug „Dr. Gugel Rahmbonbons" auf gelbem Papier mit roten Streifen.

Ich habe mir natürlich später die Frage gestellt, wie ich an die 50 Pfennig gekommen bin. Mutter hat mich entsprechend aufgeklärt. Freitags hatte Vater, wie üblich, seinen Lohn erhalten und am Sonntag hatte die Stadt Köln ihren Arbeitern und Angestellten schon den neuen Lohn ausgezahlt. So konnte Mutter mir meinen Putzlohn-Anteil für das Reinigen der St. Paul-Kirche auszahlen.

Noch eine kleine Geschichte hierzu: Anlässlich der 40. Wiederkehr der Währungsreform habe ich 1988 eine 22-seitige Dokumentation verfasst. Zur Illustration habe ich mich darum bemüht, ein original Dr. Gugel-Kamellen-Einwickelpapier zu erhalten. Am Telefon meldete sich ein Herr Rolf Bind, der sich als Schwiegersohn zu erkennen gab und der mir vom Namen her als Präsident der Altstädter Köln bekannt war. Nachdem die Sache mit dem Papierchen geregelt war, frug mich Rolf Bind unvermittelt: „Hat der Herr Assenmacher Sie schon angerufen?" Ich verneinte das, war aber neugierig. „Warum sollte er?" „Hm, das kann ich Ihnen nicht sagen, ich möchte ihm nicht vorgreifen!" Jetzt war meine Neugierde vollends geweckt. „Spannen Sie mich nicht auf die Folter, machen Sie wenigstens eine Andeutung!" „Ja gut, es hat etwas mit den Altstädtern zu tun." Das Gespräch fand dann ein paar Tage später statt und hatte zum Ergebnis, dass ich 1989 die Nachfolge von Rolf Bind als Präsident der Altstädter antrat. Nach sechsjähriger, sehr erfolgreicher Amtszeit, trat ich zur Wiederwahl nicht wieder an.

Und damit bin ich wieder beim Thema Karneval und Währungsreform. Die Unsicherheiten über deren Zeitpunkt hatte viele Aktivitäten erlahmen lassen. Die Ehrengarde hatte auf ihrem „Blütenfest" am 22. Mai 1948 im „Imperial" auf der Ehrenstraße zwar ein gutes Programm mit anschließender Tanzmöglichkeit geboten, doch bei nur geringem Besuch, nur ein Drittel der Mitglieder waren erschienen, war eine Unterbilanz von 2.000 Reichsmark entstanden. Die vorgesehene Sommerveranstaltung mit Tanz,

„Rheinische Johannisnacht", wurde wegen der durch die näherrückende Währungsreform bedingten wirtschaftlichen Unsicherheit auf spätere Zeit verschoben.

Bei den Lyskircher Junge war – einer Idee von Jean Küster folgend – alles vorbereitet, um am Tage der Kirmes von St. Maria in Lyskirchen eine große Veranstaltung unter dem Motto „En ahl Kölsche Kirmes" durchzuführen. Am Rheinufer, bis hin zum Holzmarkt, waren zahlreiche Buden, Karussells und Stände mit vielen Attraktionen aufgebaut worden. Zwei große Tanzflächen wurden in der abgesperrten Straße „An Lyskirchen" mit Holzbohlen errichtet. Die Besucher, so war es geplant, sollten nur gegen Zahlung eines Eintrittspreises die Straße passieren können. Der Reinerlös der Kirmes sollte den Armen der Pfarre zugute kommen. Sollte – denn wie ein Blitz aus heiterem Himmel kam über Nacht die Währungsreform. Und damit fiel die für den 20. Juni 1948 vorbereitete „ahl Kölsche Kirmes" ins Wasser.

Doch ertrunken ist sie nicht: noch heute ist sie am Tage des Lyskircher Pfarrfestes eine kleine, aber feine Tradition, bei der Elektronik verpönt ist, stattdessen die „Hellige Mädcher" in der Pfarrprozession mitziehen und die nicht minder „Helligen Knäächte" den Pfarrer und Monstranz schützenden „Himmel" tragen.

Auch heute pflegen die Lyskircher Junge zur namensgleichen Pfarre ein freundschaftliches Verhältnis, bei dem so manche Mark „für soziale und kirchliche Zwecke" die Kasse wechselt. In dieser Hinsicht ist solches Verhalten Tradition. Am 24. März 1948 schrieb Robert Görlinger „mit vorzüglicher Hochachtung als Ihr sehr ergebener Bürgermeister" einen Dankesbrief an den Gründer und Präsidenten der Lyskircher Junge:

„Lieber Jean Küster,

ich danke Ihnen von ganzem Herzen für die hochherzige Spende von 14.000 RM zur Unterstützung notleidender Kölner Bürger. Ihre Spende ist ein weiterer Beweis dafür, dass der gute Kölner Bürgersinn intensiver denn je bestrebt ist, den Mitmenschen nicht nur Freude und Frohsinn zu bereiten, sondern insbesondere in schwersten Notzeiten Leid und Elend zu lindern. Ich darf Sie bitten, auch den Mitgliedern Ihrer Gesellschaft meinen herzlichen Dank zum Ausdruck zu bringen ..."

Nach der Währungsreform sah die Welt natürlich ganz anders aus. Jetzt konnte geplant und angepackt werden. Denn „Kölsche sin nit klein zo krige" ließ ein unbekannter Dichter hoffnungsfroh verlauten:

„De schlemmste Zick eß jitz am Engk,
Die durchgemaht meer all.
Mer hoffe, dat de Zokunf brängk
Uns Besseres jeden Fall.
Verdeent han mer et jederein
Wohl en dä dausend Johr,

An Unterhaltungsangeboten war nach der Währungsreform 1948 kein Mangel

Un wie mer he sin beienein
Well malich Freud, eß klor:

:: Mer Kölsche sin nit klein zo krige,
Sin mer och ärm, statt Här nor Knääch,
Mer blieve dröm em Dreck nit ligge
Un finge och ens widder Rääch. ::

Süht mer och he noch en der Stadt
Vill Haufe Dreck un Schrott,
Fählt uns noch villes, wat mer hatt,
Eß manche Fründ noch fott.
Mer merk doch, dat et vörangeiht
Me'm Opbau, Schrett vör Schrett.
Mallich dozo et Beste deiht
Uns Kölle kritt widder Trett:

Uns Kölle schön, wie't fröher wor,
En Pääl em Städtekranz.
Muß neu erston, rääch bal eß klor,
Met Praach un neuem Glanz.
Dozo die ahl Genöglichkeit
En jeder Stroß un Gaß.
Mer wolle jitz statt Sorg un Leid
Och han ens widder Spaß:

Wenn mallich git et Beste her.
Eß bahl erreich das Ziel,
Jo, dat dürf falle uns nit schwer,
Koß et och Schweiß noch vill,
Mer müsse nor zosammegon
Su wie em Fasteleer.
Dann weed uns Kölle neu erstonn,
Als Stadt der Städte Zeer."

Und die Kölner standen zusammen. Freunde und Bekannte bauten sich in Nachbarschaftshilfe wieder ein Dach über den Kopf, das „eige Hüüsge" war der Wunschtraum vieler. Und mit dem eigenen Haus wurde auch die Stadt wieder ein Stück schöner und größer. „Mer baue op" schrieb Hubert Portz und in diesem Lied gab er den Kölnern gleich eine „Gebrauchsanweisung" an die Hand:

„Mer baue op, dat du'mer garanteere,
Uns schöne Stadt, die uns am Hätze litt.
Dat beßge Dreck, dat deit uns nit scheneere,
Mer krigge och die letzte Trümmer quitt.
Dat wör dann doch gelaach –
wann och d'r Boddem kraach –

Mer wolle wööle, wööle Dag för Dag:
Löstig ahngepack!
Mallich schnapp sich jetz' ne Sack,
Op d'r Buckel met Zement
Un dobei weed nit gepennt.
Met d'r Schöpp weed Spies gemengk
Dat die Saach kütt an en Engk.
Löstig ahngepack – Denn mer Kölsche haue nit
Su schnell he en d'r Sack!"

Die Währungsreform brachte Schwung in alle Bereiche des Lebens

An der Brillantenecke

Die Straßenecke an der Aachener Straße, schräg gegenüber dem Millowitsch-Theater, hieß im Volksmund „Brillanten-Ecke". Der Name deutet schon darauf hin, dass dort nicht Zigaretten, Butter oder andere Gebrauchsartikel gemaggelt wurden, vielmehr ging hier ein florierender Handel mit Gold, Goldmünzen, Schmuck und Brillanten vonstatten. Von Wilhelm Rockenbach, langjähriger Referent von Oberbürgermeister Theo Burauen, weiß ich, dass sich bei den dort regelmäßig anzutreffenden „Händlern" im Laufe der Jahre große Mengen Reichsmark angesammelt hatten. Als am Freitagnachmittag der Oberdirektor der Bizone, Dr. Pünder, über den Rundfunk ankündigte, dass kurzfristig eine Währungsreform mit Geldumtausch stattfinden würde, machte sich ein von allen Mit-Magglern „bevollmächtigter Händler" zum Rathaus ins Allianz-Gebäude am Kaiser-Wilhelm Ring auf, um dort mit dem damaligen Fraktionsgeschäftsführer der SPD, Theo Burauen, einen Deal zu schließen: „Wir schenken der Stadt unser ganzes Geld, wenn wir nach dem Umtausch zehn Prozent davon zurück erhalten!"

Da man davon ausging, dass das Barvermögen der Stadt 1:1 umgetauscht werden würde, informierte Theo Burauen den Oberstadtdirektor und den Stadtkämmerer. Obwohl alle unsicher waren, wie letztlich der Umtausch der städtischen Gelder erfolgen würde, vereinbarte man am Samstag vor der Währungsreform die Entgegennahme der gehorteten „schwarzen" Reichsmarkbeträge in den Räumen der Sparkassen-Zweigstelle Kaiser-Wilhelm-Ring.

Dort machte man große Augen, als die „Händler" ihr Geld in Koffern bis zur Schrankkoffer-Größe, zu Paketen gebündelt, anlieferten. Der „Bevollmächtigte" lieferte allerdings sein Geld nicht ein, sondern nutzte die Gelegenheit und kaufte seinen „Kollegen" deren Goldmünzen ab.

Entgegen allen Erwartungen wurde das Vermögen der Stadt nicht 1:1 umgetauscht und damit waren alle Schwarzhändler ihr Geld los. Nur einer hatte das Geschäft seines Lebens gemacht und war schon am Tag nach der Währungsumstellung ein reicher – und auch angesehener Mann.

Den Namen hat Wilhelm Rockenbach mir nicht genannt. Aber er hat erzählt, wie die Geschichte weiterging: Der „Schlauberger" machte seine Goldmünzen zu Geldscheinen, baute mit dem Erlös in der Altstadt ein Hotel, das bei der Eröffnung aber schon einen Käufer gefunden hatte. Mit dem die Kosten stark übersteigenden Erlös errichtete „unser" Mann ein Hotel in der Südstadt. Auch dieses Hotel verkaufte er sofort nach der Fertigstellung und errichtete dann ein noch 1988 – dem Zeitpunkt des Rockenbach-Berichts – beliebtes und gut besuchtes Gartenrestaurant. Weil er aber kein Restaurant-Fachmann war, hatte er auch dieses Anwesen verkauft. „Mit dem so erworbenen Vermögen", so Rockenbach, „soll er sich in einem der westlichen Stadtteile Kölns eine ganze Straßenzeile gekauft haben."

Währungssonnenwende wird zur Lebenswende

Zwei Tage nach der Währungsreform befasste sich ein Beitrag in der „Kölnischen Rundschau“ mit der „Kölner Währungsautomatik“:

„Bilderbuch“ nannten die Kölner bereits wenige Stunden nach der Verteilung des neuen Geldes ihre Kopfquote. Bunt, sehr bunt sind die neuen Scheine. Fast so bunt wie das Durcheinander, das vor ihrer Ausgabe in der Stadt herrschte. Seit Sonntagnacht sind Reichsmark, Rentenmark und alliiertes Besatzungsgeld außer Kurs geraten. Ganze 40 DM stehen als Gründungskapital für ein neues Leben und die Realisierung ungezählter Hoffnungen zur Verfügung.

Bei Ausklang des bisherigen Lebens aber zerstoben die Illusionen und zog die neue Währung den Schleier der Undurchsichtigkeit von einer Welt des Scheins und der Unaufrichtigkeit. Amtliche wie private Kalkulationen und Haushaltspläne wurden auf den Kopf gestellt, das Pseudonym der Kompensation und Deputate löste der (hoffentlich) reale Wert der D-Mark ab.

In überraschender Anpassungsfähigkeit und richtiger Erkenntnis ihrer gefährdeten Lage reagierten Kleinkunst- und Vergnügungsunternehmen mit stark herabgesetzten Eintrittspreisen. Vorverkäufe am Samstag/Sonntag bis einschließlich 25. Juni in alter Währung deuteten einen mit veränderten Vorzeichen geführten Existenzkampf an. 80 D-Pfennig oder acht alte Mark! – Lieber alte Mark als leere Häuser! Nur vereinzelt behielten die Kinos ihre Preise bis zu einer neuen Regelung durch die zu erwartende Steuerreform bei, die Mehrzahl ist bereits auf 50 D-Pfennig heruntergegangen.

Auch die Straßenbahn gab Knipskarten im Vorverkauf ab. 30-40 Karten schienen manchem Fahrgast für diese Woche gerade ausreichend. Samstagnachmittag gehörten Knipskarten der Vergangenheit an. Wie es scheint, begünstigte die Straßenbahnverwaltung die Angst-Knipskartenkäufe, zumindest unterließ sie es, den Unfug zu verbieten. Ob Knipskarte oder Riesensträuße papierner Blumen, die in angstkaufzitternden Armen aus Kaufhäusern geschleppt wurden – der Kauf um jeden Preis ist vorüber.“

Bereits ein Jahr nach ihrer Geburt war die D-Mark recht rar geworden. Hans Jonen widmete ihr „Zum Johrgedächtnis“ am 20. Juni 1949 ein paar Zeilen:

„Mer hatte nix – am Sonndag X,
Hück noh nem Johr – dat eß doch klor –
Nullkomma X – ald widder nix.
Doch wat sich jährt – hät sich bewährt,
Wie am Dag X – och hück noch nix.
Bei Währungsjährung –

O Dunnerkiel – wie eß stabil
Uns neue Währung.
Wenn avgeschaff wööd en d'r Welt
Et ganze Geld,
Dät mir nix wieh – ich han keins mieh!"

Und dann schwebten wir auf Wölkchen
Kölsch-kölsche Huhzick 1948 im Opernhaus am Rudolfplatz

Ja es et denn möglich? En Huhzick em Opernhuus?

Ich wollte es genau wissen, mich hatte ein mit einem barocken Rahmen umgebenes 80x50 cm großes Gemälde „Unser Brautbild" neugierig gemacht: Ein sich küssendes Brautpaar in den Trümmern Kölns, ein Märchenbuch in den Händen haltend, zwei Kinder, Mädchen, links und rechts. „Opernhaus Standesamt Köln I" prangte unübersehbar über den Köpfen des Brautpaares und darunter: „Anno 1948".

1948 im Opernhaus? „Ja, im Keller des Opernhauses am Rudolfplatz", erläutert Raffael Becker. „Wenige Tage zuvor war die Währungsreform und von meiner „Kopfquote" kaufte ich mir das Märchenbuch von Hans Christian Andersen. Für uns war es natürlich reizvoll, im Opernhaus getraut zu werden. Ein großartiger Auftakt für unsere Ehe, wir waren frohen Mutes." Der Standesbeamte, ein Bekannter der Familie, hatte seine Rede gleich zweimal gehalten: In Hochdeutsch und met Knubbele. „Wir ließen uns von dem besonderen Fluidum der „Opernhaus-Zeremonie" verzaubern, sagten „Ja" und schwebten auf Wölkchen." „Und da schweben wir heute noch", ergänzt Ehefrau Inge.

Raffael Becker hat das Bild 1968, zwanzig Jahre nach der Eheschließung gemalt. „Da waren unsere beiden Töchter schon geboren und deshalb sind sie mit auf dem Bild."

Das Bild war mir im Kölnischen Stadtmuseum anlässlich einer Raffael Becker zur Vollendung des 80. Lebensjahres gewidmeten Ausstellung im Jahre 2002 ganz besonders aufgefallen. Es war eine faszinierende Hommage für ein Kölner Geburtstagkind und zugleich eine Huldigung an die Stadt Köln. 40 großformatige, individuell gerahmte Bilder, erzählten Geschichten über den Dom, et Krützche, die Ülepooz, die romanischen Kirchen. Sie charakterisierten Menschen und ihre Marotten, Typen und ihre Schwächen, Kölner Originale und originelle Kölner, aber auch die Putzfrau von Nebenan, den Penner in der Passage, den Schrotthändler und den Gastronom in der Kneipe. Alltagshelden eben. Nie verletzend, immer mit einem Augenzwinkern. Er liess uns teilhaben an der „Kommulions"-Feier und der Hochzeit im Veedel, wir lernten die Zeitungsfrau und die Schützenliesel kennen, bewunderten den Großvater und den Patenonkel und waren fasziniert von seiner Ehefrau Inge, deren Eleganz und Schönheit der „Meister" in einem zu ihren edlen

Gesichtszügen passenden Goldrahmen festgehalten hat.

Inge und Raffael Becker, meine Frau und ich sind uns danach sehr oft begegnet. Und dann haben die Frauen nicht nur über Kinder und Enkelkinder gesprochen, sondern auch über unsere gemeinsamen Vorlieben für et Hänneschen, die Eifel, seinen heißgeliebten Porsche 356 Oldtimer und den Fastelovend und über die Erinnerungen an die Nachkriegszeit.

Irgendwann sprachen wir davon, dass Inge Becker, die ebenfalls künstlerisch tätig ist und bewundernswerte Textilbilder geschaffen hat, 1945 aus der Evakuierung in Thüringen zu Fuß nach Köln gekommen war. „Ich mööch zo Fooss noh Kölle gon“ – ich hatte schon oft gehört und gelesen, dass Tausende und Abertausende Evakuierter oder in Gefangenschaft geratener Kölner „zo Fooß“ in ihre Vaterstadt zurück gekommen waren. Ich wollte schon immer jemandem begegnen, der es getan hat. Ich wollte wissen, ob die Zeile „wenn ich su ahn ming Heimat denke“ den vielleicht entscheidenden Schub für die Verwirklichung gegeben hat. Mich interessierte, ob die Vorstellung „un sin dr Dom su vör mer stonn“ die Kraft vermitteln konnte, scheinbar Unmögliches doch möglich zu machen.

Jetzt hatte ich die Gelegenheit dazu. Und die Antwort, wie aus der Pistole geschossen: „Ja, so war es!“ Ostermanns Lied ist Inge Vieten, die mit ihrer Mutter und ihrem Bruder 1944 nach Thüringen zwangsevakuiert und dort zum Arbeitsdienst verpflichtet worden war, nie aus dem Kopf gegangen. Kaum war der Krieg zu Ende, schloss sich die 17 jährige im August 1945 einem der tagtäglich in Richtung Heimat aufbrechenden Fußgruppen an, Mutter und der jüngere Bruder blieben zurück, kamen aber später mit der Eisenbahn nach.

„Wir hatten Glück, denn Gott sei Dank war es trocken,“ erinnerte sich die spätere Frau Becker, „übernachtet wurde zumeist in Scheunen oder kleinen Gasthöfen, Bauern gaben uns zu essen – aber über allem stand Ostermanns Lied als Energiespender“.

In Siegen hatte der lange und mehrtägige Fußmarsch ein Ende – Engländer nahmen die sechsköpfige Gruppe auf einem LKW mit nach Köln.

„Als wir durch Bensberg fuhren und von der Höhe aus die Domtürme sahen, war es um uns geschehen. Sprechen konnte keiner, nur weinen, weinen, weinen. Wir wussten, wir waren zu Hause!“

Die Wohnung in Köln-Sülz war noch bewohnbar. Als Inge Vieten von einer Freundin hörte, dass einer aus dem Veedel, der Maler Rafael Becker, einen Rückhol-Transport nach Thüringen plane, sah sie die Chance, Mutter und Bruder zurück zu holen. Sie ging in das von außen noch „normal“

Opernhaus am Habsburgerring in modernem Barockstil vor seiner Zerstörung

aussehende, aber zur Rückseite hin zerbombte „offene“ Haus in der Gustavstrasse. Eine Klingel war zwar vorhanden, aber mangels Strom nicht funktionsfähig. Auf ihr Klopfen öffnete ein junger Mann. „Ich möchte zu Herrn Rafael Becker!“ „Ja, das bin ich“. „Ich meine Rafael Becker!“ „Ja, ich bin das!“ „Sie können das nicht sein, der ist doch viel älter!“ „Ach so, Sie meinen sicher meinen Vater, dann kommen Sie doch mal herein!“

Das war die erste Begegnung zweier Menschen, die vor dem Krieg und während des Krieges jahrelang fast Tür an Tür gewohnt hatten, sich aber jetzt erst kennen lernten. Bei Raffael – dem Sohn mit „ff“ von Rafael mit „f“, hatte es gefunkt – bei IngeVieten dauerte es ein paar Sternennächte länger. Und die Frage einer Tante: „Wat wells do dann met nem Möhler?“ hat sie nicht mündlich, sondern durch Handeln beantwortet: „Hierode!“ Und das hat sie nie bereut.

Und wie war es Raffael Becker ergangen?

Er war 1944 eingezogen und zu einer 6 köpfigen Spezialeinheit, die die Flak mit speziellen Informationen zu versorgen hatte, nach Norwegen abkommandiert worden. Seine künstlerische Begabung konnte er nicht nur in seinem beruflichen Metier als Gebrauchsgrafiker beweisen, sondern auch als Schauspieler auf vielen Bühnen im Rahmen der Wehrbetreuung. Nach Kriegsende folgte ein kurzer Lageraufenthalt. „Nachdem wir zunächst einem Russen, dann einem Engländer, dann einem Amerikaner und zuletzt einem norwegischen Offizier Rede und Antwort stehen mussten, gab letzterer das Kommando zur Heimreise: „Germany – English!“

Mit dem Zug, in Güterwagen, ging es quer durch Schweden. Auffallend die Hilfsbereitschaft der Menschen dort. Denn bei den vielen Zugaufenthalten gab es oft Essen und Getränke, von Schweden an den Zug gebracht.

Nach einem kurzen Aufenthalt im Auffanglager wurde er nach Köln entlassen. Seine Eindrücke hat Raffael Becker in zahlreichen Zeichnungen und Skizzen festgehalten, die 1995 auch in Buchform erschienen sind. Im Vorwort des seinen Enkeln Julia, Annacharlott Vera und Jannis-Raffael gewidmeten Buches beantwortet Becker die von ihm selbst gestellte Frage „Wie war das damals in den Trümmern und Ruinen?“ wie folgt:

„Als Kriegsgefangener fuhr ich 1945 von der Neußer-Strasse her zwischen umherliegenden, zerbombten Straßenbahnzügen und Bergen von Schuttmassen hinein in das zerstörte Köln. Das Ausmaß der Zerstörung war kaum zu begreifen. Nur Ruinen und leere Fensterhöhlen, Geröll, Eisenträger, Krater und Schutt, Schutt, Schutt und über allem der stark beschädigte Dom.

Zutiefst berührt, erschrocken und erschüttert kam dann aber später auch eine Art von Glücksgefühl auf. Man war wieder zu Hause. Der Wahnsinnskrieg war zu Ende. Man lebte noch, hatte noch Arme und Beine. Man hatte Glück gehabt.

Mein ganzer Reichtum bestand aus einem Rucksack, einer Decke, einem Wachmantel und einem Kochgeschirr. So ausgerüstet wurde ich in die Freiheit entlassen.

Über den vorgefundenen Resten eines Zimmers unserer ausgebombten Wohnung habe ich ein Dach aus in Trümmern zusammengesuchten Dachlatten und Linoleum gebaut. Unter den Dachbalken eine Zimmerdecke aus Packpapier mit Scheuerleisten befestigt. Man wohnte!

Die einfachsten Bedürfnisse des Lebens wie Wasser, Brot, Heizmaterial und ein Dach über dem Kopf beherrschten alles. So konnte ich mich nur ab und an mal zum Zeichnen hinsetzen. Dann hielt ich fest, was mir auf meinen „Versorgungswegen" begegnete. Es ging mir in meinen Zeichnungen nicht um das Abmalen von Trümmern (die konnte man besser fotografieren), ich wollte damals meine kleinen Erlebnisse mit den Menschen festhalten. Hier war die Frohnatur der Kölner der Motor des Überlebens."

„Mie Köln am Ring kann keiner meer ersetze" – Gerhard Ebeler hat sich im gleichnamigen Lied zum Sprachrohr vieler gemacht. Erst nach dem Gespräch mit Inge Becker habe ich diesen Text gefunden. Kann es einen eindrucksvolleren Beweis für die Sehnsüchte der Kölner geben?

„Et Schecksal hät zo meer gesaht
Zo meer un och vill andre:
Maach flöck die Püngelche parat
Un pack dich op zum Wandre.
Et han die Lück, wohin ich kom,
Mich got betreut suglich,
Doch fählte Köln meer un der Dom
Un schwer et Hätz säht traurig ich:

:: Mie Köln am Rhing kann keiner meer ersetze,
Do föhle ich mich heimisch un zo Hus.
Ich weiß dat Wöötche Kölle huh zo schätze
Zickdäm ich en de Fremde moht erus.
Hööt mer kei Kölsch, süht kein bekannte Stroße,
Dann wed kein Aug vör Heimwieh zogedonn!
Meer säht mem Ostermann, stell un verloße:
„Ich mööch zo Foß noh Kölle gon." ::

Un jeden Dag un jede Stund
Moht ich an Kölle denke.
Mien Hätz, dat wor för Sehnsucht wund,
Weil ich nit heim kund schwenke.

RAFFAEL BECKER
KÖLN
1945 - 1947

Titel des Buches von Raffael Becker, hier mit seiner Frau Inge, in dem die Illustrationen veröffentlicht sind.

Un wenn dä Rundfunk av un zo
Us Kölle jet gebraht,
Dann wor em Geis ich widder do
Un han bedröv zo meer gesaht:"

Viele von Beckers Illustrationen von damals sind in diesem Buch an den passenden Stellen zu finden, ebenso einige der in der unmittelbaren Nachkriegszeit entstandenen Grafikarbeiten sowie die Abbildung eines später entstandenen Ölbildes, das aber einen zeithistorischen Bezug hat. Der Akribie von Inge Becker ist es zu verdanken, dass auch noch viele Originaldokumente die Zeit überdauert haben und einige davon in diesem Buch abgebildet werden können.

Die tödliche Gefahr ist überwunden
Mer krigge jede Woch e Päckche us Amerika

Im Mai 1948 stellt Dr. Hans Schlange-Schöningen, Direktor der Verwaltung für Ernährung, Landwirtschaft und Forsten im Vereinigten Wirtschaftsgebiet fest: „Das Schlimmste haben wir überstanden. Die tödliche Gefahr ist überwunden. Es darf allerdings in diesem Jahr keine katastrophale Missernte geben."

Diese Befürchtung erweist sich als unbegründet. Die Ernte fällt gut aus, und schon im Juli versichert der Direktor, die Lage sei so hoffnungsvoll, dass er „zum erstenmal mit Beruhigung im Rheinland" gewesen sei. Vergessen sind die Tage Ende März 1947, also ein Jahr zuvor, als die hungernden Kölner vor dem Rathaus demonstriert hatten und Oberbürgermeister Dr. Pünder und die Vertreter der Rathausparteien viel Mühe hatten, die dichtgedrängten und aufgebrachten Demonstranten zu beruhigen.

Hätte es nicht die Care-Pakete gegeben, wer weiß, wie die Kölner, und nicht nur sie, überlebt hätten. Das Care-Paket (Cooperative for American Remittances to Europe) war Sorge, Fürsorge aus Amerika für das hungernde Deutschland der unmittelbaren Nachkriegszeit. Für viele Kölner bieten die Pakete mit dem „sagenhaften Inhalt" die Chance zum Überleben.

Das erste Care-Paket meines Lebens habe ich vor vielen Jahren im Kölnischen Stadtmuseum „in natura" zu Gesicht bekommen. Bis dahin kannte ich es nur von Fotos. Mutter hat mir gesagt, dass ein Care-Paket nie und zu keiner Zeit den Weg zu uns gefunden hat. Einmal im Monat brachte uns Frau Fuchs vom Elisabeth-Verein ein halbes Pfund Butter und Pastor Lenkewitz schickte ab und an die Pfarrschwester Friedegundis mit einem Ring Blutwurst vorbei. Andere Zeitgenossen haben mir versichert, sie hätten auch nie ein Care-Paket gesehen. Wer mag sie bekommen haben oder wo mögen sie gelandet sein?

Glücklich war, wer „drüben“ Verwandte oder Bekannte hatte. Oder Freunde. Wie Jupp Schlösser und Gerhard Jussenhoven. Letzterer hatte von einer Vereinigung Rheinischer Karnevalsfreunde in den USA den Auftrag bekommen, einen Marsch zu komponieren. Das Honorar wurde, hochwillkommen, in Form von Care-Paketen überwiesen. Und Köln hatte ein neues Lied: „Et Päckche us Amerika“:

„Engelade hatt mich, wat hück selden eß,
Ne Fründ zo nem Familljefeß.
Wat do op d'r Desch kom, jo ich sagen üch
Wor nit mieh feierlich!
Ich han gekaut, immer nohgedaut,
Wat ich nit gepack kräg, en d'r Täsch verstaut.
Ich daach dobei: „Kütt de Polizei,
Jung, dann eß dat Spill vorbei!“
Bes minge Fründ säht:
„Jupp, maach nit su schnell,
Wat mer he han – dat eß reel!“

:: Mer kriege jede Woch e Päckche,
E Päckche us Amerika.
Vum Ohm un vun d'r Tant,
Mer sin us Rand un Band.
Sie leben hoch, Hipp-Hipp-Hurra !
Dä Ohm un och die Tant' in USA!
Sie leben hoch, Hipp-Hipp-Hurra!
Dä Ohm un och die Tant' in USA! ::

Ami-Zigaretten wohte nor geflämmb.
Ich hatt de Täsch voll Ami-Stümp.
Denn ich daach: „Die Zick kütt,
Wo et nix mieh gitt,
Dann wähden Föx gedrieht!“
Met Schokolad' och wood nit gespaat
Un ne Whisky-Soda op d'r Desch gebraht.
Dodurch wor flöck ich glatt vun de Söck,
Wie ich dovun zehn verdröck.
Kornblumenblau sung bahl die ganze Klick,
Dat neue Leed vun Zick zo Zick:

Stellt üch vör, wat ganit uszodenken eß,
Wenn domols dä Kolumbus Chreß
Nit met singem Böötche wör erömjejöck

„Loßse schwade un munkele!“

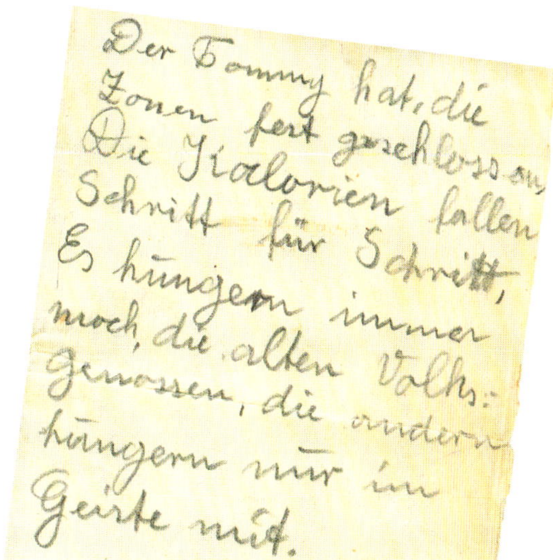

Der Tommy hat die Zonen fest geschlossen, Die Kalorien fallen Schritt für Schritt, Es hungern immer noch die alten Volksgenossen, die andern hungern nur im Geiste mit.

Un hätt dat Land entdeck.
Niemols köm dann, wie mer dat hück hann,
He bei uns en Deutschland e Paketchen an.
Niemols die Lück köme vun der Sick
Suvill op Besuch wie hück.
Wenn ich och selvs do kein Verwandte hann,
Freut mich, wenn einer sage kann.“

In gleichem Maße, wie es den Menschen besser ging, verschlechterten sich die Beziehungen zueinander. Der eine hatte in der Maggelzeit sein Glück gemacht, der andere war zu nichts gekommen. Die Nachbarin hatte ihre Verhältnisse mit den Besatzungssoldaten, die Freundin erwartete ein Kind. Der Vater kann, muß aber keinen Unterhalt zahlen. Kriegsgefangene kehren heim und finden ihr Haus notdürftig geflickt, stehen aber vor den Trümmern ihrer Ehe, die sich durch die lange Abwesenheit und auch durch Todes- oder Vermisstenmeldungen aufgetan haben. Die Zahl der Ehescheidungen steigt rapide an. Die größte materielle Not ist endlich vorbei, und schon macht sich allenthalben seelischer Kummer breit, der auch Auswirkungen auf das tägliche „Miteinander“ im Betrieb, Büro, auf der Straße und in der Straßenbahn hat. Hans Knott hat einige Stimmungen eingefangen und meint in seinem Lied „Loß se schwade ...“:

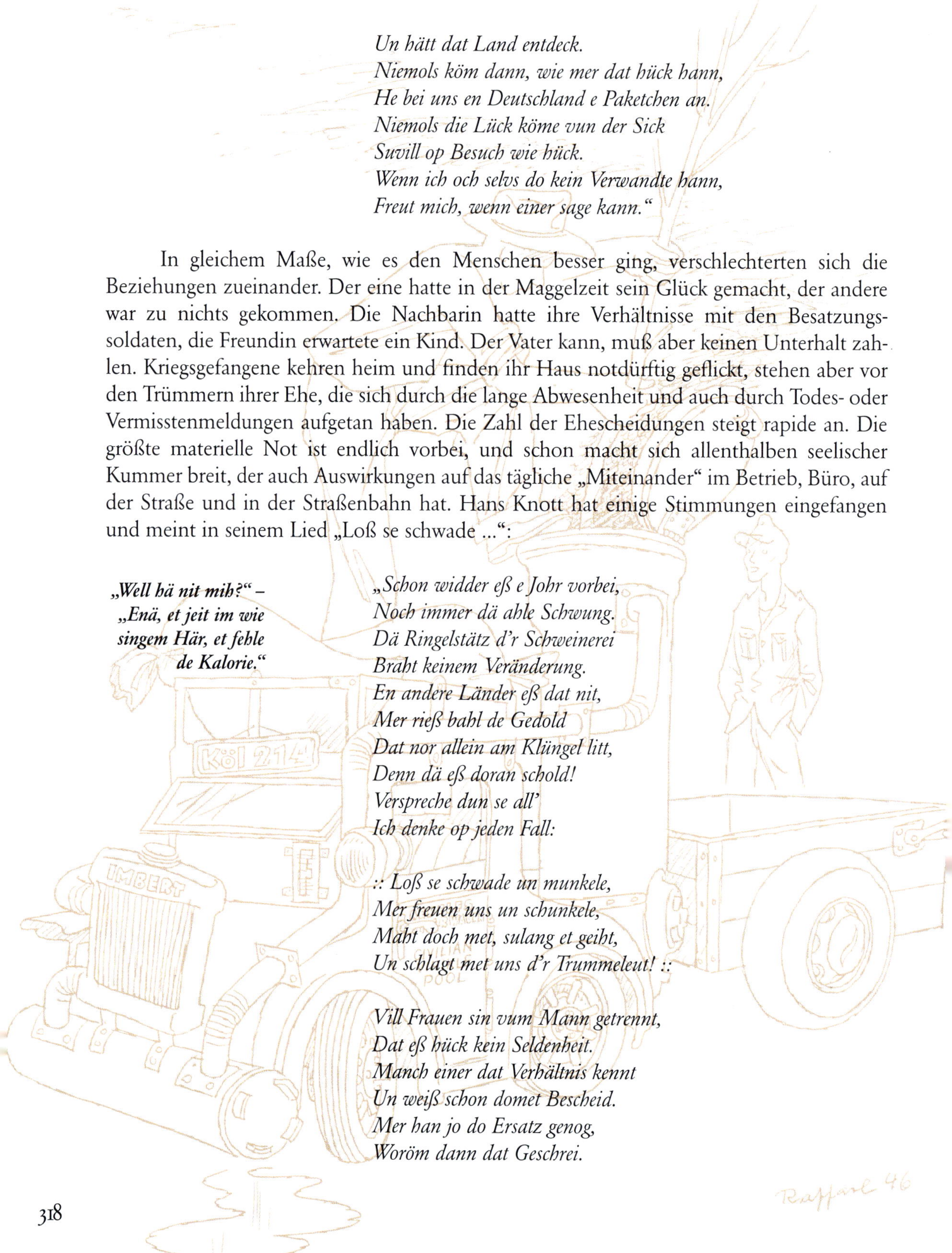

„Well hä nit mih?“ – „Enä, et jeit im wie singem Här, et fehle de Kalorie.“

„Schon widder eß e Johr vorbei,
Noch immer dä ahle Schwung.
Dä Ringelstätz d’r Schweinerei
Braht keinem Veränderung.
En andere Länder eß dat nit,
Mer rieß bahl de Gedold
Dat nor allein am Klüngel litt,
Denn dä eß doran schold!
Verspreche dun se all’
Ich denke op jeden Fall:

:: Loß se schwade un munkele,
Mer freuen uns un schunkele,
Maht doch met, sulang et geiht,
Un schlagt met uns d’r Trummeleut! ::

Vill Frauen sin vum Mann getrennt,
Dat eß hück kein Seldenheit.
Manch einer dat Verhältnis kennt
Un weiß schon domet Bescheid.
Mer han jo do Ersatz genog,
Woröm dann dat Geschrei.

Se spreche nor en and're Sproch,
Uß d'r Pommelakei! –
Et eß an and're Zick,
Wat denke jetz de Lück?"

Die am „Schwarzen Markt" ihren „Reibach" gemacht haben, sind jetzt die neuen Herren. Sie tragen nicht wie Al Capone seinerzeit weiße Gamaschen, dafür strahlen ihre Westen im weißen Persil-Glanz. Wo noch zwei Jahre zuvor der eine für den anderen da war, versuchen nun viele, aus dem größer gewordenen Kuchen ihre Scheiben so rauszuschneiden, dass nach Möglichkeit für den anderen kaum noch etwas übrigbleibt. Und die „Kuchen" jener Tage weisen vielfältige Form und Gestalt auf. Spielkasinos wollen 1949 einige Betuchte errichten. Doch aus „Takt gegenüber den Hungernden" werden sie weder in Köln noch in Düsseldorf genehmigt. Der wieder zunehmende Straßenverkehr, in Köln sind im April 1949 schon 2.254 Personenwagen angemeldet, zwingt zu ersten Verkehrsmaßnahmen; die Höchstgeschwindigkeit auf den Ringen und Ausfallstraßen wird auf 30 km/h herabgesetzt. Eine Maßnahme, die auf große Proteste stößt, weil sich die Autofahrer nunmehr Schleichwege suchen.

Großer Gott wir loben dich
Das Dombau-Fest 1948
war mehr als eine Huldigung an vergangene Zeiten

„Die Petrusglocke dröhnt vom Dom, dumpf und wuchtig wie laute Klage über die Stadt zu ihren Füßen. Du stolze Colonia, wo ist deine üppige Pracht, wo dein blühendes Leben? So weit der Blick in die Runde geht – ein Schlachtfeld des Grauens, eine Wüste zerfetzter Häuserzeilen. Dort der geborstene Stumpf des St. Martin-Turmes. Die romanischen Arkaden von St. Aposteln zerstört, St. Gereons Kuppel aufgerissen, St. Kunibert verödet. Drüben, jenseits des Rheines St. Heribert, eine Ruine kahler Mauern. Der Dom selbst steht inmitten des unermesslichen Trümmerfeldes wie ein schwer verwundeter Recke, doch stolz und aufrecht. Das Echo der Glockenschläge springt von Ruine zu Ruine: Ich klage an den Hass, der die Völker zerrissen, ich klage an die Lüge, die der ewigen Wahrheit widersagt, ich klage an den Ungeist, der die ewigen Lichter auszulöschen wagt. Kehrt um zur Einheit des Glaubens der Väter, kehrt um zu Christus, dem Herrn auch dieser unserer Zeit!

Fahnenabordnungen in der Reliquienprozession 1948

Die Petrusglocke läutet, und alle Glocken des Domes fallen ein, feierlich und jubelnd. Und wo noch eine einsame Glocke hängt in den zerschundenen Türmen, da stimmt sie ein in den Chor der ehernen Stimmen, und es wird ein Singen und Klingen über den Trümmern dieser Stadt, das die Herzen der Menschen dort unten ergreift und ihren trutzigen Willen aufruft: Wir übernehmen das heilige Erbe der Väter, wir bauen, wir bauen Stadt und Dom wieder auf, wir bauen sie in alter Pracht und Herrlichkeit.

Die Menschenmenge, die vor dem Dom gen St. Andreas hin sich staut, gerät in Bewegung. Eine Gasse wird frei, der Kardinallegat fährt mit seiner Begleitung ein."

Ehrendomherr Johannes Dahl hat in dem vom Kölner Metropolitan-Kapitel herausgegebenen eindrucksvollen Dokumentenband „Kölner Domjubiläum 1948" diesen einführenden Text – neben vielen anderen Beiträgen – vorangestellt.

Der große Tag

Um 5.30 Uhr in der Frühe des 15. August 1948 hatte in der Elsaß-Strasse der Wecker gerasselt. Nach dem ersten Laut hatte Mutter sofort den Stopp-Knopf betätigt. Die drei Mädchen und Vater sollten nicht geweckt werden. Aufstehen hieß es nur für Mutter und mich. Es hätte allerdings nicht des Läutewerkes bedurft, um mich zu wecken, ich lag sowieso mit offenen Augen und hellwach im Bett. Ein Glas warme Milch, ein Butterbrot – und schon hieß es: „Tschüss!" „Pass auf dich auf!" ist die Antwort – wie immer.

Postkarte zum Kölner Dombaufest 1948. In einer Auflage von 10.000 Exemplaren ging sie um die ganze Welt; zugleich eine tolle Werbung für Schnorrenbergs Lied.

Schneller als gewöhnlich gehe ich zur Notkirche in die Loreleystrasse. Unterwegs treffe ich noch zwei Jungs aus meiner Messdienergruppe und als wir ankommen, sind wir zunächst noch allein, doch nach kurzer Zeit kommen Pastor Prior und Kaplan Neumann sowie nach und nach weitere Messdiener. Es nieselt etwas, aber in der Sakristei ist es gemütlich warm. Talar und Rochett .... übergezogen und dann geht es per pedes nach St. Maria im Kapitol. Um 7.00 Uhr müssen wir dort sein. Hier herrscht schon ein großes Stimmengewirr unter den vielen Messdienern, die sich, aus vielen Pfarreien kommend, schon eingefunden haben.

Auf geschmückten Militärlastwagen wurden die Schreine – wie hier der Schrein der Heiligen Drei Könige – durch die Strassen gefahren; hohe Würdenträger zogen voraus.

Etwa gegen halb neun setzt sich unsere große Gruppe, geordnet nach Dekanaten und mit blitzenden Vortragskreuzen und Ampeln in Richtung St. Maria in Lyskirchen in Bewegung. Das Geläute der Kirchenglocken verebbte und wurde durch den Klang des „Decke Pitter" ersetzt. Wenig später höre ich die Prozession näher kommen, sehe sie aber nicht. Wir halten an und warten und irgendwann, es mag so gegen halb zehn gewesen sein, sind wir ein Teil der Prozession und ziehen vorbei an Maria Lyskirchen, Holzmarkt, Leystapel, Heumarkt, Unter Käster, Altermarkt, Bechergasse, Domhof und dann bis vor das Südportal des Domes. „Großer Gott wir loben dich" spielte das Blasorchester, und so laut ich eben konnte, habe auch ich mitgesungen. Ich war mir lange Zeit nicht sicher, ob wir Messdiener in die Prozession integriert waren oder ob wir der Prozession voranzogen. Dann habe ich mich aber erinnert, dass man uns am Holzmarkt an die Spitze des Zuges gewunken hatte und wir durch ein Spalier von Schützenbrüdern geleitet worden waren. Denn erst am Dom hatte ich einen Blick auf den von Priestern getragenen „Himmel" werfen können. Dazu Fahnenträger noch und noch, Männer und Frauen, Gruppen von Priestern und einige der auf bekränzten und mit dem Kölner Stadtwappen verzierten Militärlastwagen aufgebauten Schreine, von denen ich nur den in Form und Gestaltung herausragenden Schrein der Heiligen Drei Könige als solchen erkannt hatte. Malteser, Bischöfe mit Mitra und Stab, Kardinäle, Schützenbrüder zu Fuß und zu Pferde waren an mir vorbeigezogen oder ich an ihnen. Und dann die vielen Menschen rechts und links. Auf der Straße, in Ruinen, auf Schuttbergen. Polizisten in Mänteln und „Kuletschhot" hatten Mühe, den Weg der Prozession freizuhalten. Mitunter hatte man den Eindruck, die Menschen stünden auf Tribünen – aber es waren die noch reichlich vorhandenen Schuttberge. Gebete, Blasmusik, Gesang, Litaneien, Weihrauch – es war erdrückend und überwältigend zugleich.

In den Dom durfte nur hinein, wer eine Einlasskarte hatte. Wir Messdiener hatten keine. Ich weiß nicht mehr, ob im Dom ein Gottesdienst stattgefunden hat – die Predigt oder die Ansprache von Kardinal Frings wurde über Lautsprecher nach draußen übertragen. Doch ich hatte nicht die Konzentration zuzuhören, denn die Essensausgabe – es gab ein warmes Würstchen und belegte Brote – war mir nach den Anstrengungen des Tages jetzt wichtiger. Nach der Predigt fand vor dem Südportal noch eine Heilige Messe statt, von der wir aber nicht viel mitbekommen hatten, weil wir schon auf halbem Weg nach Hause waren. Durchnässt, mit schmerzenden Füßen, müde und abgekämpft kam ich zu Hause an.

Domjubiläum Köln 1948

FEIERSTUNDE DES KATHOLISCHEN VOLKES

IM KÖLNER STADION

Bekenntnis zum Dom

PROGRAMMFOLGE

PREIS: 0.10 DM

Programm zur Feierstunde im Müngersdorfer Stadion 1948

Erst viel später ist mir bewusst geworden, dass ich nicht nur Augenzeuge, sondern auch direkt Beteiligter am wohl bedeutensten Ereignis der Nachkriegszeit, das weit über Köln hinaus gestrahlt hatte, gewesen bin. Hohe und höchste Geistlichkeit aus aller Welt, politische Würdenträger zum erstenmal nach dem Krieg wieder auf deutschem, auf Kölner Boden! Welch ein Erlebnis. Das Domfest – es war ja nicht nur die Reliquienprozession. Es gab das Pontifikalamt im Hohen Dom, wo das Langschiff durch eine in die Gewölbe ragende Wand noch abgetrennt war, aber im Chor und Querschiff nach fünfjährigem Schweigen wieder Gebete und Gesang erklangen. Im Müngersdorfer Stadion füllten 200.000 Menschen am frühen Nachmittag, nach der Prozession, die Ränge und den Rasen. 1.200 Banner der männlichen und weiblichen katholischen Jugend ziehen ein, auf der Ehrentribüne spenden Dr. Adenauer, Ministerpräsident Arnold, Landtagspräsident Gockeln, Oberdirektor Dr. Pünder, Oberbürgermeister Dr. Schwering, Regierungspräsident Dr. Warsch, General Bishop und Gouverneur Lord Pakenham von der britischen Besatzung Beifall. Unvergessen die Pontifikalmesse für 50.000 Schulkinder vor dem Südportal, die Darbietungen der Domchöre von Münster, Limburg, Trier, Aachen und Köln, des Kirchenchors St. Peter aus Köln-Ehrenfeld und des Kölner Männer Gesang-Vereins.

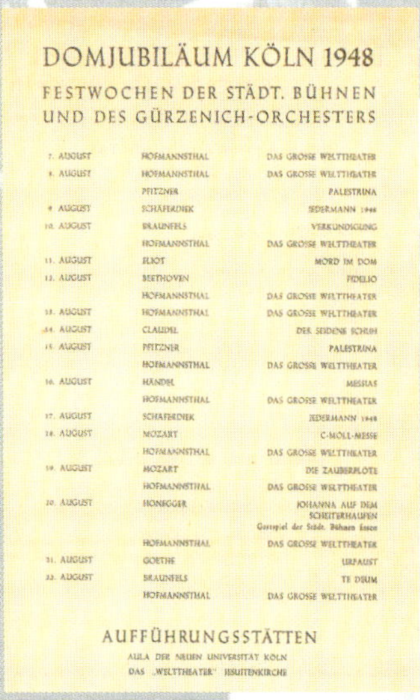

DOMJUBILÄUM KÖLN 1948

FESTWOCHEN DER STÄDT. BÜHNEN UND DES GÜRZENICH-ORCHESTERS

7. AUGUST	HOFMANNSTHAL	DAS GROSSE WELTTHEATER
8. AUGUST	HOFMANNSTHAL	DAS GROSSE WELTTHEATER
	PFITZNER	PALESTRINA
9. AUGUST	SCHÄFERDIEK	JEDERMANN 1948
10. AUGUST	BRAUNFELS	VERKUNDIGUNG
	HOFMANNSTHAL	DAS GROSSE WELTTHEATER
11. AUGUST	ELIOT	MORD IM DOM
12. AUGUST	BEETHOVEN	FIDELIO
	HOFMANNSTHAL	DAS GROSSE WELTTHEATER
13. AUGUST	HOFMANNSTHAL	DAS GROSSE WELTTHEATER
14. AUGUST	CLAUDEL	DER SEIDENE SCHUH
15. AUGUST	PFITZNER	PALESTRINA
	HOFMANNSTHAL	DAS GROSSE WELTTHEATER
16. AUGUST	HÄNDEL	MESSIAS
	HOFMANNSTHAL	DAS GROSSE WELTTHEATER
17. AUGUST	SCHÄFERDIEK	JEDERMANN 1948
18. AUGUST	MOZART	C-MOLL-MESSE
	HOFMANNSTHAL	DAS GROSSE WELTTHEATER
19. AUGUST	MOZART	DIE ZAUBERFLÖTE
	HOFMANNSTHAL	DAS GROSSE WELTTHEATER
20. AUGUST	HONEGGER	JOHANNA AUF DEM SCHEITERHAUFEN Gastspiel der Städt. Bühnen Essen
	HOFMANNSTHAL	DAS GROSSE WELTTHEATER
21. AUGUST	GOETHE	URFAUST
22. AUGUST	BRAUNFELS	TE DEUM
	HOFMANNSTHAL	DAS GROSSE WELTTHEATER

AUFFÜHRUNGSSTÄTTEN

AULA DER NEUEN UNIVERSITÄT KÖLN

DAS „WELTTHEATER" JESUITENKIRCHE

Programm der Festwochen der Städtischen Bühnen und des Gürzenich-Orchesters 1948

Nicht zu vergessen die soziale Komponente. Kardinal Frings weiht in der Festwoche die aus abgestürzten Blöcken des Domes gehauenen Grundsteine zu zwei neuen Wohnsiedlungen. Zweihundert Mitarbeiter der Dombauhütte, vom Dombaumeister Dr. Weyres bis zum Steinmetzlehrling, erhielten aus der Hand des Papst-Vertreters Kardinal Micara je ein Papstbild mit Widmung: „Den Helfern bei den Arbeiten zur Wiederherstellung des Kölner Domes Lob und Segen. Mariä Himmelfahrt, 15. August 1948" und der eigenhändigen Unterschrift: „Pius XII." Fünftausend Kinder waren Zeuge dieser Ehrung.

Wissenschaft, Kunst, Dichtung und Musik schufen den kulturellen Rahmen. Der Zentraldombauverein stellte „Auserlesene Stücke aus Dombeständen" aus, der Verein für christliche Kunst im Erzbistum Köln führte eine mehrere Themen umfassende Vortragsreihe durch, zwei städtische

Ausstellungen hatten „Gotische Kunst, Plastik und Malerei 1250-1500“ und „Christliche Kunst der Gegenwart“ zum Inhalt.

Auf dem Festakt in der Aula der Universität hatte Kardinal Frings in einem straff gefassten historischen Überblick von der „großen Manifestation des christlichen Abendlandes“ gesprochen.

Messdienergruppe St. Peter aus Köln-Ehrenfeld in der Reliqienprozession 1948

Die Städtischen Bühnen hatten erlesene Werke auf ihren Spielplan der Festwoche gesetzt. Man kann es heutzutage kaum glauben, wenn man ihn liest: Pfitzners dramatisches Meisterspiel „Palestrina“, Schäferdieks „Jedermann 1948“, Braunfelds neue Oper „Verkündigung“, Eliots „Mord im Dom“, Beethovens „Fidelio“, Claudels „Der seidene Schuh“, Händels „Messias“, Mozarts „c.moll-Messe“ und „Zauberflöte“, Honeggers „Johanna auf dem Scheiterhaufen“. Wohlgemerkt: alles Eigenproduktionen der städtischen Bühnen Köln!!!

Als Gastspiel der Essener Bühnen gab es noch Goethes „Urfaust“ und Braunsfelds „Te Deum“. In der Ruine der Kirche St. Mariä-Himmelfahrt führten die Städtischen Bühnen zudem das „Große Welttheater“ von Calderon-Hofmannsthal auf.

Im Rundbau der modernen Pfarrkirche St. Engelbert in Riehl brachte die Spielschar der Katholischen Jugend das von Georg Thurmeier eigens zu diesem Anlass gedichtete „Kölner Mysterienspiel“ auf die Bühne.

Ehrendomherr Johannes Dahl „bilanzierte“ zum Abschluss der Festwoche:

„Das Domfest ist verklungen. Es war mehr als eine Huldigung an vergangene Zeiten. Es war ein Friedenskongress von weltweiter Bedeutung, nicht ein Kongress des Feilschens um Grenzverschiebungen, nicht ein Kongress der Machtballung und Machtverteilung, nein, ein Kongress der Herzen, der gläubigen, glühenden Herzen, die nicht untergehen in den Wogen materieller Sorgen, die sich orientieren an den ewigen Sternen der göttlichen Majestät, ein Kongress der Pax Christi in regno Christi!“

Ludwig Sebus und der Decke Pitter

Erst im August 1956 konnte der Dom feierlich wiedereröffnet werden; der Haupteingang an der Turmseite der Kathedrale war wieder zugänglich. Das Langschiff war während des Krieges durch 14 Bombentreffer und 19 Granateinschläge schwer beschädigt worden und musste deshalb für den Gottesdienst gesperrt werden. Zehn Jahre lang waren Chor und Langschiff durch eine Sicherheitswand getrennt gewesen. Ein Grund zum Feiern, natürlich: 800.000 Besucher zum 77. Deutschen Katholikentag, darunter zehntausende

Menschen aus aller Welt kamen nach Köln. Josef Kardinal Frings, ranghöchster Priester in Deutschland, hatte sich in den Nachkriegsjahren überall in Stadt und Land und weit über die Grenzen der Erzdiözese Köln hinaus wegen seiner von Herzen kommenden Menschlichkeit sehr beliebt gemacht, nicht zuletzt auch durch seinen rheinischen Humor. Bei der feierlichen Proklamation des Lokalkomitees rief er den Vorsitzenden Dr. Franz Lemmens zu sich herauf: „Kutt erop, kutt erop, Här!"

Besondere Anlässe in Köln finden auch immer ihren Niederschlag in den kölschen Liedern, so wie bei „D'r Decke Pitter" von Ludwig Sebus und Toni Steil:

„Jo, geiht mer hück durch Kölle, am Dom stets jet erläv,
Höht fremde Lück verzälle, stonn do, wie fassgekläv.
Mänche einer klemb noh bovve, spazeet am Dom eröm,
Vum Klemme bahl besoffe, röf: „Wat es Kölle schön!"

:: Wann d'r Decke Pitter met däm Bömmel schleit
Jedes „Glocke-Pittermännche" bim-bam mäht;
D'r Petrus em Himmel rief sich de Häng un danz
Hä rööf bei dem Gebimmel: „D'r Dom es widder ganz!"
Hä rööf bei däm Gebimmel: „D'r Dom es widder ganz!" ::

Menschenmassen rund um den Rathausturm

Dä „Decke Pit" hät immer die Kölsche gän gehatt!
Dröm ess, wann hä deiht lügge, als spräch hä äch Kölsch platt.
Doch mänche Fremde säht sich, un dat es singe Truus:
„Dat bessge Kölsch, dat liehr ich, he treck ich nit mieh us!"

Frög mer ne ahle Kölsche: „Wohrt ehr om Dom als drop?"
Säht hä bei däm Verzällche: „So gon ich nit erop!"
Hä griemelt ohne Schämde un säht ganz luus dozo:
„Mich kann die Trapp nit blende" Die ess för Fremde doh!"

Blick auf den Kölner Hbf beim Dombaufest 1948

Als 1980 die 100. Wiederkehr der Vollendung der Domtürme gefeiert wurde, war Ludwig Sebus wiederum mit einem passenden Lied zur Stelle:

„Un wann dr Decke Pitter kügg
Weed dir un mir et klor:
De Domtürm han Gebootsdag hück
Se wäden hundert Johr,
De Domtürm han Gebootsdag hück
Se wäden hundert Johr!"

750 Jahre Kölner Dom und das Bürgerfest 1998

Die 750. Wiederkehr der Grundsteinlegung des Kölner Doms stand 1998 an. Hartmut Priess von den Bläck Fööss hatte die Idee, ich wurde sein Verbündeter. Am 10. Juni 1997 traf sich im Rundschau-Haus in der Stolkgasse erstmals ein Arbeitskreis, der in mehreren Sitzungen ein für den 8. Mai 1998 auf dem Roncalli-Platz vorgesehenes „Open-air-Konzert" vorbereitete. Kölner Unternehmen konnten als Sponsoren gewonnen werden, der WDR-Hörfunk gab eine Zusage, das WDR-Fernsehen winkte ab. In letzter Minute kam es dann doch noch zu einer Live-Übertragung. Die kam aber nicht von der eigentlich zuständigen „großen" Kultur- oder Unterhaltungsabteilung, sondern von der „kleinen" WDR-Lokalredaktion Köln.

Im Vorfeld wurden Programm, Ablauf und Ausgestaltung der Bühnen und des Platzes eifrig und teilweise auch sehr kontrovers diskutiert. Der Spagat zwischen religiöser Ausgestaltung, künstlerischer Freiheit und finanziellen Möglichkeiten gelang. Engelbert Greis (Kölnische Rundschau), Dirk Schortemeier (WDR-Hörfunk), Walter Pauly (Maniac Media Service), Hartmut Priess (Bläck Fööss) und ich waren in Verbindung mit weiteren Damen und Herren der Kölnischen Rundschau, des Kölner Stadt-Anzeiger und von Express sowie des Vorsitzenden des Zentral Dombauvereins, Karl-Heinz Lang, und der Firma Balloni die Motoren und Organisatoren und neben den drei Zeitungen waren Stadtsparkasse, Kreissparkasse und die Deutsche Renault die Sponsoren.

Bei der Planung großer Veranstaltungen, seien sie noch so frühzeitig begonnen, ist der festgelegte Termin immer schneller da, als man denkt. Der Termin rückte näher und näher. Die drei Kölner Zeitungen hatten mit einer umfangreichen Berichterstattung über mehrere Tage auf diese Veranstaltung hingewiesen und so für das Bürgerfest die Werbetrommel gerührt.

Gruppe der Priester in der Reliquien-Prozession 1948

Andacht und Begeisterung

Der 8. Mai 1998: Wir trafen uns um 16.00 Uhr hinter der großen Bühne. Jetzt gab es kein Zurück mehr. Auf was hatte ich mich als Moderator des Konzertes da eingelassen?

Die Sonne strahlte, als das Fest um 17.00 Uhr begann. Dompropst Bernhard Henrichs hielt mit Dompfarrer Rolf Breitenbruch und Diakon Reimund Witte einen Wortgottesdienst auf der großen Hauptbühne. Der schlichte Altar mit den Barock-Leuchtern aus dem Dom stand im reizvollen Konstrast zur hoch technisierten Bühnenausstattung. Die Kölner Dombläser und die Domkantorei Köln gaben den würdevollen musikalischen Rahmen. Die Musikgruppen „Las Cantigas“ aus Spanien, „Stimme der Heimat“ aus der Türkei und Moishe Fleisher mit Igor Epstein aus Israel leiteten mit ihren Vorträgen auf den beiden Seitenbühnen den Übergang zum Bläck Fööss-Konzert auf der zwischenzeitlich umgebauten Hauptbühne ein. Stefan Volberg in der Kölnischen Rundschau: „Vollgepackt war das zweistündige Hauptprogramm der Bläck Fööss und ihrer Gäste, das den begeisterten Zuschauern ... bewies, wie viele kostbare Perlen das Kölner Liedgut enthält. 750 Jahre Kölner Geschichte wurden in diesem bunten Reigen schlaglichtartig beleuchtet, mit „Feschers Köbes“, der „Schlacht bei Worringen“ oder „Stelldichein“; die Bläck Fööss selbst und Brauchtumsexperte Reinold Louis enthüllten dabei viele Hintergründe und Hintersinn vieler Lieder. So lernte das Publikum aber auch manche Urfassung kennen, die ganz anders klingt als die heute gebräuchliche Version. Wie traurig etwa mutet das Lied „Der Treue Husar“ in Wort und Ton an!“

Das Ensemble „Odecathon“ begleitete die Bläck Fööss auf originalgetreu nachgebauten zeitgenössischen Instrumenten mit Musik des Mittelalters, der Kölner Jugendchor St. Stephan, King Size Dick und die Bläsergruppe der Schäl Sick Brass Band sowie die Dom-Steinmetze wurden bejubelt und die Sopranistin Helga Raunick begeisterte mit ihrer großartigen Stimme, als sie zusammen mit Kafie Biermann und den Bläck Fööss „Barcelona“ sang.

Noch einmal die Kölnische Rundschau: „Weit nach oben richteten die Zuschauer ihren Blick, als die Künstler des Jugendblasorchesters NRW zum Zuge kamen: Sie standen auf den hell erleuchteten Außenemporen über dem Südportal des Doms und spielten von dort den „Trumpet’s Tune“ des englischen Komponisten Henry Purcell.“

Nachklang

23.00 Uhr – sechs Stunden später. Ich hatte die Bühne verlassen, um mich auf der Empore des Dom-Hotels mit meiner Frau zu treffen. Auf dem Roncalli-Platz stehen noch viele Menschen, junge und alte. Sie unterhalten sich mit gedämpften Stimmen. Ich merke, dass viele sehr ergriffen sind, manche weinen. Die Abstände der Klöppelschläge des „Decke

Pitter“ werden größer, der Klang der Glocke wird leiser, der Roncalliplatz liegt im Dunkel. Der Dom ist von innen noch hell erleuchtet, und ich bewundere die farbige Pracht der Domfenster. Während das Licht im Inneren des Doms dunkler wird, gehen draußen wieder die zuvor erloschenen Lichter an. So war der Dom in seiner 750 jährigen Geschichte noch nie zu sehen. Und in meinen Ohren klingt noch immer der dem Bläck Fööss-Konzert folgende und die Veranstaltung abschließende Vortrag der 400 Sänger auf der Bühne, darunter der Kölner Männer Gesang-Verein, das Jugendblasorchester NRW und die Domchöre, bei dem die 35.000 Menschen auf dem Platz und rund um den Dom aus voller Kehle mitgesungen hatten: „Großer Gott wir loben dich.“

Prälat Erich Läufer, Chefredakteur der Kirchenzeitung: „Rechts und links von mir hatten viele Tränen in den Augen. Alte und Junge, einige, denen man es kaum zugetraut hätte, sangen aus voller Kehle: „Alles was dich preisen kann“. In großer Ergriffenheit standen sie da und blickten hinauf zu den Domtürmen. Hoch über der Stadt und dem Strom ließ „D’r decke Pitter“, die große Petersglocke, ihren mächtigen Klang hören. Dann das gesamte Domgeläute. Mit dem letzten Glockenschlag wurden alle Lichter ausgelöscht, und von innen angestrahlt erblühten die farbigen Domfenster zu außergewöhnlicher Pracht. Edelsteine im steinernen Gebirge des Gotteshauses. Geradezu unwirkliche Stille lag über dem Domplatz. Schweigend und ergriffen von der Einmaligkeit dieser Stunde verharrten die Tausende. Erst als Domorganist Clemens Ganz mit den kräftigen Registern der Domorgel den Abschluss des Festes markierte, machte sich die Begeisterung mit donnerndem Applaus Luft. Nur der helle Mond stand still und ungerührt über der Kathedrale und den Menschen, als wolle er den Heimkehrenden das Lied der Bläck Fööss mit auf den Weg geben: „Jode Naach, jode Naach, Kölle jeiht jetz schlofe und d’r Dom hält Waach.“

Ich ließ noch eine gute Viertelstunde verstreichen, ehe ich die für eine Vielzahl prominenter Gäste reservierte Terrasse des Dom-Hotels aufsuchte, um mich mit meiner Frau zu treffen. Käthe hat nicht nach dem Grund meiner Verspätung gefragt – sie hat meine Gemütslage gespürt, mich umarmt und geküsst. Dann war ich wieder mitten im Leben.

Der „DOM ZO KÖLLE“
hat Geburtstag.
Vor 750 Jahren,
am 15. August 1248, legte der
Kölner Erzbischof Konrad von
Hochstaden den Grundstein zu
diesem Meisterwerk der Gotik.
Seitdem ist die großartige
Kathedrale das Wahrzeichen
unserer Stadt und des
Erzbistums Köln.

Aus diesem Anlaß feiern
Kölns Zeitungen
Kölner Stadt-Anzeiger
Kölnische Rundschau
EXPRESS
mit den Bürgern
das heutige Fest
„AM DOM
ZO KÖLLE“

AM DOM ZO KÖLLE

Beginn: 18.00 Uhr

Gottesdienst

Konzert mit:
- Las Cantigas (Spanien)
- Stimme der Heimat (Türkei)
- Igor Epstein, Moishe Fleisher und Special Guests (Israel)
- Bläck Fööss und Gäste
- Odecathon
- Steinmetze
- Schäl Sick Brass Band
- King Size Dick
- Helga Raunick
- Jugendblasorchester NRW
- Kölner Männer-Gesang-Verein
- Kölner Jugendchor St. Stephan
- Domkantorei
- Prof. Clemens Ganz

Moderation: Reinold Louis

Entwurf der Firma Balloni für die Fahnendekoration beim Dombaufest 1998

Programmzettel zum 750. Geburtstag des Kölner Doms 1998

Die Saalnot macht erfinderisch
Im „Kleinen Gürzenich", im Festzelt und im Sartory wird gefeiert

Das Groß-Köln in der Friesenstrasse war noch kurz vor Kriegsende total zerstört worden. In den Jahren zuvor hatte das Varieté aus Kostengründen seinen Spielbetrieb einstellen müssen. Lediglich vom 1. Januar bis Aschermittwoch öffnete es wieder seine großen Flügeltüren, wenn die Massen zweimal täglich zum „Flusse Jriet" in ihre jährlich wechselnden Revuen, von denen die meisten aus der Feder von Gerhard Ebeler zur Musik von Hans Otten stammten, geströmt waren. Mit den Erlösen aus diesen Veranstaltungen hatten die Eigentümer den Unterhalt des nach Aschermittwoch wieder geschlossenen Hauses für den Rest des Jahres finanzieren können.

Da offensichtlich bei den Eigentümern kein Interesse daran bestand, das Haus wieder seiner früheren Verwendung zuzuführen, ergriff Karl Sartory, der in der Apostelnstrasse ein stark frequentiertes Lokal betrieb, die Initiative. Bereits Ende 1947 konnte er dem bekannten Architekten Wilhelm Riphahn den Auftrag erteilen, einen Nachfolgebau für das frühere Varieté-Theater zu planen.

Und dann ging es zügig ans Werk. In den Innenräumen blieben die Deckenkonstruktion und die darunter befindlichen Stahlskelette zunächst unverkleidet. Die Zusammenarbeit mit Kunsthandwerkern aus den Kölner Werkschulen führte zu einem viel gelobten und weithin beachteten Ergebnis und bereits am 7.11.1948 konnte die „KG Frohsinn" den neuen Festsaal mit Beschlag belegen. Die Lyskircher Junge, die Ehrengarde, die Altstädter und die Kölner Narrenzunft nutzten für ihre 11. im 11.-Feiern ebenfalls die neuen Möglichkeiten.

Hinweis auf den „Kleinen Gürzenich" am Neumarkt/Ecke Richmodstrasse 1950

Kreissparkassen-Mitarbeiter als Sitzungsgäste in der Kassenhalle am Neumarkt, dem „Kleinen Gürzenich", 1950

Die „Vereinigung Kölner Karnevalisten e.V." feierte den Karnevalsauftakt am 16.11.1948 in den Sartory-Sälen und verband dies mit einer Ehrung der Mitglieder August Batzem und Jean Schlösser für deren 40 jährige Tätigkeit im Kölner Karneval. Noch gerade rechtzeitig war auch der zweite, kleinere Saal fertiggestellt worden. Den Ausklang des Jahres und den Übergang in das Jahr 1949 feierte die „Kölnische KG", und am frühen Nachmittag des 1. Januar begrüßte Jean Küster auf der Herrensitzung der Lyskircher Junge die „Männer von Köln!" Nach den Altstädtern war am 5. Januar wieder der VKK mit einer Jubiläumsfeier für Gerhard Ebeler und für Albrecht Bodde an der Reihe. Ebeler wurde für 50 Jahre, Bodde für 40 Jahre karnevalistischer Tätigkeit geehrt. Es war die letzte große Veranstaltung des VKK, dem im Mai 1949 die meisten

Mitglieder davonliefen und sich als Karnevalistenvereinigung „Muuzemändelcher“ neu formierten.

Haupteingang „Kleiner Gürzenich“ am Kölner Neumarkt 1950

1958 kam ein bereits bei der Planung vorgesehener großer Saal für rund 1.200 Besucher in Richtung Klapperhof zur Ausführung. Seit der Fertigstellung 1950 sind die nach einem weiteren Umbau in „Großer Festsaal Sartory“ und „Ostermann-Saal“ umbenannten Räumlichkeiten aus dem Karnevalsgeschehen nicht mehr wegzudenken, wobei sich die Familie Sartory in den jetzt sechs Jahrzehnten auch immer wieder als Förderer des vaterstädtischen Festes sowie seiner Vereine und Organisationen betätigt hat.

Schon lange heißt es nicht mehr „feiern beim Sartory“ sondern „feiern im Sartory“. Ein Saal oder besser zwei Säle verschmelzen mit einem Familiennamen zu einer Einheit. Dat jitt et nur en Kölle!

Der „Kleine Gürzenich“

„Das Jahr 1950 bringt die Feier der Gründung der Colonia Claudia Augusta Agrippinensis vor mehr als neunzehnhundert Jahren. In diesen neunzehn Jahrhunderten hat die Erde ihr Antlitz völlig verändert, politisch, technisch und auch kulturell. In Europa gibt es keinen Staat mehr, der damals schon bestand, als Köln gegründet wurde. Das Festjahr Köln muß das Anfangsjahr einer neuen kraftvollen Epoche der Stadt werden.“ Konrad Adenauer, Bundeskanzler der Bundesrepublik Deutschland, richtete diese Worte in einem Neujahrsgruß an die Bürger der Stadt Köln. Es war die erste Neujahrsfeier der Bundesrepublik. Bereits am Vortag, dem Silvestersamstag 1949, hielten die Kölner eine Art „Generalprobe“ ab. Um 11.00 Uhr, so hatte es der Festausschuss des Kölner Karneval angekündigt, sollte auf dem Neumarkt ein Tagesfeuerwerk abgebrannt werden, gewissermaßen auch als „Probe“ für ein Karnevalssonntag und Rosenmontag geplantes Feuerwerk. Schon lange vor der festgesetzten Zeit hatten sich zahlreiche Schaulustige auf dem Neumarkt eingefunden. Als es endlich losging, freuten sich insbesondere die Pänz, die sich eifrig um die mit Raketen abgefeuerten Papierfähnchen rauften.

Köln und die Kölner kamen gut ins Jahr 1950. Bereits am 3. Januar 1950 erfuhren die Zeitungsleser, dass neben dem Sartory-Festsaal und dem Williamsbau ein weiterer großer Saal für karnevalistische Veranstaltungen zur Verfügung stehen würde.

In Wort und Bild wurde berichtet, dass die neuerrichtete Kassenhalle der Kreissparkasse am Neumarkt dem Festausschuss für die Karnevalszeit, vorwiegend für Veranstaltungen des Festausschusses, auf denen weder Eintritt erhoben wird, noch Verzehrzwang besteht, zur Verfügung stehe. Die kurz vor der Vollendung stehende Halle wurde unter Verwendung von 1.400 Metern Folien und 1.000 Metern Seide karnevalistisch ausgeschmückt. Allerlei Schwierigkeiten waren noch auszuräumen. So bemängelte die Baupolizei, dass die vorgeschriebenen Lampen über den als Fluchtweg gekennzeichneten Türen fehlten. Da solche Lampen nirgendwo aufzutreiben waren, mussten sich die Verantwortlichen anders behelfen: Petroleum-Lampen wurden überall angebracht. Damit war zwar den Vorschriften Genüge getan, jedoch auch gleichzeitig eine andere Gefahrenquelle geschaffen. Feuerwehrleute standen ständig bereit, um größere Brände zu vermeiden.

Am 11. Januar 1950 war es soweit. Bezeichnenderweise wurde eine Spätlese „Kreuznacher Narrenkappe“ kredenzt, als der „Kleine Gürzenich“, so hatte der Volksmund bald die Halle getauft, dem Festausschuss unter dem Motto „Freude in jedes Herz“ übergeben wurde. Mit ihren Abmessungen von 22,5 mal 37 Metern bot die Halle 1.200 Besuchern Platz. Entsprechend war die Freude bei Albrecht Bodde: „Wir fühlen uns bereichert durch diesen Saal, den wir in diesem Jahr nötiger haben denn je!“ Der Hausherr, Direktor Dr. Manuel Falter, stieg in die heikle Materie, weshalb es zu dieser auf den ersten Blick erstaunlichen Zweckentfremdung der am 1. April ihrer eigentlichen Bestimmung zuzuführenden Halle gekommen sei, humorvoll ein: „Die Heiligen Drei Könige, Thomas (Liessem), Albrecht (Bodde) und Ferdi (Leisten) haben uns mit ihrer Beredsamkeit dermaßen überfahren, dass nun der in dankenswerter Zweckmäßigkeit gehaltene Saal hergegeben wird. Der Bau soll auch ein Appell an alle Kölner, die es vermögen, Köln wieder aufzubauen, so schön wie es war, sein.“ Natürlich war es nicht allen Kreissparkassen-Verantwortlichen wohl in ihrer Haut. „Durfte mer dat?“ war eine vielfach gestellte Frage. Doch ein Kommentar in der Kölnischen Rundschau sorgte für Beruhigung. Hieß es doch in der Ausgabe vom 12. Januar: „Nein, ein Geldinstitut in eine Karnevalshalle zu verwandeln, das wäre anderswo nicht möglich. Aber unmöglich wäre es, im noch saalarmen Köln, einen so schönen Raum nicht mit dem Schwung und dem Rhythmus des vaterstädtischen Festes zu erfüllen. Und so mag sich Direktor Willy Krämer, der, wie wir hören, als erster von der Sparkassenverwaltung mit einem gar nicht so üblen Werbehintergedanken den kühnen Vorschlag wagte, gesagt sein lassen: „Wir hier in Köln, wir durften!“

Am 15. Januar, um 15.00 Uhr, eröffnete Jean Küster mit seinen „Lyskircher Junge“ den Reigen der Veranstaltungen. Nach einem von Georg Pieck gesprochenen Prolog sang Jupp Lüttgen das Auftrittslied aus dem „Zigeunerbaron“ und stürmisch bejubelt, „Heimat, ming Heimat“. Wenig später, nach einem kraftvollen Tusch, erschien, von einem festlichen Zug geleitet, Fibbes (Willy) Kneip auf der Bühne. Erst wenige Tage zuvor, am 7. Januar, aus russischer Kriegsgefangenschaft in seine Vaterstadt entlassen, feierte er nun ein beeindruckendes Wiedersehen – 1945 war er in Kurland gefangengenommen worden – mit seinen Kölnern. Sein Versprechen, bald wieder aktiv aufzutreten, machte er kurze Zeit später wahr. Mit dem Lied „Meer sin doch dreimol sibbe alt“ gab er seinen Einstand:

„Vun hück de Welt – off nit gefällt,
Weil jeder denk: - „Oh Stänekränk –
Wie kritt mer bloß e Häufge Geld.
Mer weed betupp – mer weed gerupp,
Em Augenbleck – do eß mer ald geprellt."
Uns kann su leicht dat nit passeere,
Denn meer han Köppche – Gottseidank!
Wer denk, dat meer uns Geld verleere,
Däm sage meer ganz frei un frank:

:: Meer sin doch dreimol sibbe alt,
Met uns eß sujet nit zo maache,
Meer sin doch dreimol sibbe alt,
Dröm loht üch nit,
Dröm loht üch nit uslaache. ::

De Welt steiht Kopp – Se eß beklopp.
Se eß verrötsch – Se hät nen Blötsch.
Se drieht sich wie nen Dillendopp!
Schon an d'r Weeg – hö't mer vum Kreeg.
Ens kritt se dä un eimol dä gezopp.
Noch ens kann uns dat nit passeere –
Hück ha'meer Köppche – ohne Schmus –
Kütt alles uns och karesseere ...
Meer denke stell: „Su sühste us!"

Karl Berbuer beim Liedvortrag im „Kleinen Gürzenich". Albrecht Bodde fungiert als Sitzungspräsident

Eine weitere „Geburt" gab es zu feiern: Jean Küster stellte unter großem Beifall die ersten fünf Tanzpaare der von ihm und Heinrich Büttgenbach wiederbelebten Traditionsgruppe der „Hellige Knäächte und Mägde" vor, die wenige Tage später, am 28. Januar im Williamsbau, ihren ersten vielbejubelten Auftritt hatte.

Auf insgesamt 25 Veranstaltungen, darunter zahlreiche Sitzungen für Erwerbslose und Minderbemittelte, für Kriegs- und Zivilgeschädigte, Sozialrentner und Hinterbliebene und für Minderbemittelte aus dem Kölner Umland, die in Bussen kostenlos anreisten, konnten rund 30.000 Menschen für einige Stunden den täglichen Sorgen entrinnen. Die allgemeine Stimmungslage jener Tage traf August Schnorrenberg in seinem Lied „Wa'mer all zosamme setze". Bevor die Kassenhalle am 1. April 1950 ihrer eigentlichen Bestimmung übergeben wurde, beschlossen die „Lyskircher Junge" die „karnevalistische Zweckentfremdung" mit einem prächtigen Rosenmontagsball. Der Karneval hält noch heute alljährlich seinen Einzug in die prächtige Halle am Neumarkt. Nach langer Pause präsentiert die Kreissparkasse seit 1981 alljährlich in der Karnevalszeit in den von mir in Zusammenarbeit mit dem Festkomitee, Kölner Gesellschaften oder aus eigenen Beständen zusammengestellten Ausstellungen „Karnevalistisches". In der 25. Ausstellung im Jahr 2004 wurde zum 8. Mal die im Dreijahresrhythmus in Zusammenarbeit mit der „Großen Kölner KG" stattfindende „Kölnische-Karnevals-Kunst-Triennale" durchgeführt. Neben Hunderten von Gästen sind auch, wie schon 1950, Prinz, Bauer und Jungfrau immer dabei. An die Stelle der „Heiligen Drei Könige" sind inzwischen die Vorstandsmitglieder der Kölner Kreissparkasse getreten. Und die lassen sich, wenn es um Brauchtum geht, ebenso wenig bitten wie die Chefs anderer Kölner Institute, Firmen und Fabriken, Konzerne und Verbände. Und das Festkomitee hofft, dass das so bleibt und der Kölner Karneval davon verschont bleibt, was in Schnorrenbergs Lied „Wa'mer all zosamme setze" in Erinnerung gerufen wird:

„Pitterche, wat es dat – Kunstgewerbe?" „Dat sühste doch: Hellije un Ieserbahne!"

„Wat hät mer för ein Lauferei,
Un doch kütt nix eröm dobei.
Mer fingk sich bahl nit mieh zoräăch
Un schängk: „Wat sin de Zigge schläăch!"
Su weed wie jeck eröm gerannt,
Dat hät mer fröhter nit gekannt.
Et kütt suwick – et eß ald doh –
Mer läuf sich selver noh!
Met Rääch säht jede Mann:
„Mieh Freud mer mööten han!"

:: Wa'mer all zosamme setze
Un der Tünnes mäht sing Wetze,
Eß glich alles raderdoll
Un dat Stüvvche kribbele, krabbele voll. ::

Wat weed gekros, wat weed geschaff,
De letzte Mor, die rieß mer av.
Wohin mer kütt, wohin mer geiht,
Jitz üvverall e Büdche steiht.
Die Fremde all, die sinn sich satt
An uns'rer schönen Budestadt.
Nor he un doh – doh baut met Schwung –
Hück en Versicherung.
Doch gitt et keine Strick –
Mer sinn su nette Lück."

Die „Heiligen Drei Könige" sollten noch lange die Geschicke des Kölner Karnevals an verantwortungsvollen Stellen prägen: Thomas Liessem löste 1954 Albrecht Bodde als Festausschuss-Präsident ab, ihm folgte zehn Jahre später Ferdi Leisten, der bis 1973, dem Jahr des 150 jährigen Jubiläums des (wieder umbenannten) „Festkomitee des Kölner Karnevals von 1823 e.V." im Amt blieb. Heiner Mühr, Bernd Assenmacher, Rudi Hermann, Gisbert

Brovot und Hans-Horst Engels folgten, und im zweiten Halbjahr 2005 möchte Hans-Horst Engels seine Präsidentenkette und damit sein Amt nach zehnjähriger Ausübung in die Hände seines Vizepräsidenten Markus Ritterbach legen.

Fastelovend im geheizten Zelt ...

Nicht wenig überrascht hatte Anfang Januar 1950 so mancher Passant von der Venloerstrasse aus auf den Stadtgarten geblickt. Dort war nämlich über Nacht neben dem Restaurant, dessen dritten Bauabschnitt der Inhaber Walter Bohnen gerade erst mit einem Sälchen beendet hatte, ein riesiges, langgestrecktes Zelt der Firma Joachim Ochs aus dem Boden gewachsen. Trotz seiner ernsthaften Vergangenheit – eine Zeitlang war es für Zwecke des Parlamentarischen Rates in Bonn benutzt worden – übernimmt es jetzt eine durchaus karnevalistische Aufgabe. Es wird nämlich einer ganzen Reihe von angesehenen Kölner Karnevalsgesellschaften als Fest- und Feierstätte dienen. Die Presse schwärmte: „E Zelt em Winter? wird mancher Kölsche überrascht fragen und an Zugwind und Kälte denken. Er wird überrascht sein, wenn er diesen Bau zum erstenmal betritt. Denn das Zelt hat eine regelrechte Zentralheizung, die an die Kessel des Restaurants angeschlossen ist und den ganzen Bau mit wohliger Wärme versorgt. Bütt, Podium und Musiktribüne sind mit Mikrofonen versehen, und eine Lautsprecheranlage macht Reden und Musik auf allen Plätzen deutlich verständlich. Bis zu 1.400 Personen an Tischen fasst dieser karnevalistische Behelfsbau. Aber er ist im Schmuck seiner Dekorationen keine Notlösung, sondern ein schöner freundlicher Saal, in dem bei Sitzungen und Bällen die Fastelovendswogen hochgehen werden. Im nächsten Jahr aber will die Stadt den Platz, auf dem jetzt das Zelt steht, zu einer schönen Gartenrestaurant-Anlage ausbauen.“

In Anwesenheit des Vorsitzenden des Festausschusses Kölner Karneval, Albrecht Bodde, der Gesellschaften „Altstädter“, „Treuer Husar“ und „Luftflotte“, die hier ihr Stammquartier haben, wurde dieser 1.200 qm große und rund 1.400 Menschen fassende Saal Anfang Januar 1950 dem vaterstädtischen Fest in einer kleinen Feierstunde übergeben.

Ein Großaufgebot an närrischer Prominenz im Festzelt Ochs am Kölner Stadtgarten 1950

Gar nicht ohne: die braune Bohne
Ne Kaffee mer dann un wann got verdrage kann

Es geht weiter aufwärts. Bei den Fordwerken in Köln-Niehl rollt am 23. November 1948 der erste „Ford-Taunus“ vom Band. Bei einem Spritverbrauch von 8 Litern auf 100 Kilometern erreicht der Vierzylinder eine Höchstgeschwindigkeit von 105 km/h. Die Lebens- und Eßgewohnheiten passen sich den Verhältnissen an. Bohnenkaffee ersetzt den Muckefuck, der teilweise aus gerösteten Eicheln hergestellt und vom „Kathreiners-Kaffee“ abgelöst worden war. Doch der vergleichsweise teure Kaffee – für den Netto-Stundenlohn eines Facharbeiters gab es lediglich 40 Gramm Kaffeebohnen – wurde zum großen „Verführer“. Waren es zu Magglerzeiten die „Amis“, nahmen nunmehr die braunen, wohlduftenden Bohnen, die Spitzenstellung beim „Haben wollen“ ein. Es dauerte nicht lange, und die Kölner hatten einen neuen Begriff geprägt: „Bankröttchensbunn“ und „Bankröttchenspott“ war dort zu hören, wo der letzte Pfennig für Kaffeebohnen ausgegeben worden war:

„Die Hungerszigge sin vorbei,
Jett besser et uns geiht.
Dat Schlangestonn un dä Buhei
Hann mer uns avgedäut.
Wenn winnig Geld mer han em Sack,
Et gitt doch allerhand:
Sprit, Bier und Wing un och Tuback,
Un Kaffe et jitz gitt,
Dröm schreit die Fraulück-Schwitt:

:: Geiht och der letzte Grosche fott,
Hoch lebe der „Bankröttchenspott!“
Ne Kaffee dann un wann
Mer god verdrage kann! ::

Weil hück dä Kaffee eß noch düür,
Geschmuggelt wehd hä vill.
Vill Schold doran eß noch die Stüür,
Dä Zoll, dat ganze Spill.
Op jede Aat wehd dröm gepaasch:
Em Rock, och en de Schoon,
Em Schlüpfer selvs op dem - - - oho!
Dat eß schon Tradition!
Wo hä och immer wor, - -
Hä schmeck uns, dat eß klor:

Liederheft Edition Melodia Hans Gerig 1952

Liederheft Edition Melodia Hans Gerig 1953

Dat Spare hät doch keine Zweck,
Et wehd bestrof doch nor!
Ne Währungsschnett, ding Geld eß weg,
Ding Grosche sin zom Troor!
An ühre Liev läht ens jett ahn,
Eßt üch ens richtig satt.
D'r Bankröttchenspott, die Kaffeekann
Hät lang op üch gewaht!
Dröm Fraue oder Mann,
Stemmt löstig met mer an:

Erinnern die Tricks beim Kaffeeschmuggel nicht an etwas schon einmal Dagewesenes? Ja, natürlich, Scholastika Bolz, als „Bolze Lott" in die Galerie der unsterblichen „Kölner Originale" aufgenommen, bediente sich ähnlicher Methoden. Das war zwar in den sechziger Jahren des vorvorigen Jahrhunderts, und damals wurde nicht Kaffee, sondern Mehl und Fleisch auf diese Art der Besteuerung entzogen, doch hier wie da war solches Tun und Handeln mit Gefahr für Leib und Seele verbunden.

Der Kaffee bot, neben der Zigarette, die Möglichkeit der Entspannung, des Ausgleichs für harte körperliche Arbeit. Nur wer täglich am „Mont Klamott" vorbeifährt, kann ermessen, mit wie vielen Schweißtropfen aus den dorthin gekippten Schuttbergen ein hügeliges Naherholungsgebiet geworden ist. Und bei all der Arbeit dürfen auch die weltlichen Genüsse nicht zu kurz kommen. Wo Geld ist, kann man sich vergnügen, und Hans Becker meinte folgerichtig, lieber das Geld, „de Nüssele", auszugeben, als auf die Hohe Kante zu legen und möglicherweise noch einmal zu verlieren:

„Mer han de Nase voll vum „Schöppe"
Un sinn en besge us dem Stöbb.
Vun Glöck möch' uns et Hätzge höppe,
De „D-Mark" ging uns en de Köpp!
Doch jetz weed opgepaß:
Et kütt nix op de Kass!
Dat ganze Zeug weed dropgemaht
Un dat gitt Spaß:

:: Mer dunn de Nüssele verjöcke – jöcke,
Mer lossen uns nit widder plöcke, plöcke,
Wer fröher jet gespaat,
Hät fies de Aap gemaht, ja, ja, ja.
Mer dunn de Nüssele verjöcke – jöcke,
Mer lossen uns nit widder plöcke, plöcke,
Alles weed drop gemaht,

Liederheft Edition Melodia Hans Gerig 1954

Liederheft Kölnische Rundschau 1949/50

Hurra, hück weed sich Freud' gemaht! ::

Uns Geld – dat sin papierne Fetze,
Die wähß'le he un do de Färv,
Die künne späder nix mieh nötze,
Weil dat Finanzamp alles erv!
Dröm höhr op ming Idee:
Mer blieve noch jet he
Un stüssge löstig ahn,
Ihr Gröschelcher, ade!:

So ganz trauten die Kölner dem Braten noch nicht. Zu schlecht waren die Erfahrungen der letzten Jahre. Der „hohen Währungskommission" wird Entsprechendes ins „Stammbuch" geschrieben:

„So wird es gehen: Mach eins aus zehn,
Die Hälfte laß stehn.
Nimm siebzig fort, das andere hort'!
Arm bleibt so arm, daß Gott erbarm,
Und Reich wird reich – Bleibt alles gleich.
Aus Braun mach Weiß, der Markt bleibt schwarz,
Dann steigt der Preis!
So heult die Parz' und deins wird seins
Und alles meins:
Das ist das Währungseinmaleins!"

Liederheft Kölnische Rundschau 1950/51

Skeptisch war auch Albrecht Bodde:

„Zweimol haben wir gespart,
Doch das hat nichs genutzt,
Drum werden heut' auf tolle Art,
Die Gröschelein verputzt!"

dichtete er. Und Franz Kluth empfahl sein ganz persönliches Rezept: „Lila lila lititi" und angesichts dieses Titels ist die Feststellung „Mer han se schwer im Kanal" sicherlich sehr glaubhaft.

„Met 20 D-Mark en der Täsch,
Do käufs do hück manches zosamme.
Der Penning kütt zo singem Rääch
Un m'r bruch sich nit zo schamme.
Die Reichsmark eß kapott gemaht,

Mer kome och bahl op Schluffe,
Jetz kann mer op solide Aat
Sich widder ens öhntlich besuffe!
Mer weiß, wat sich gehööt,
Dröm singe mer dat Leed:

:: Lila-Lila-Lititi – loße mer noch ens verlinse,
Lila-Lila-Lititi – mer gon noch nit en de Binse,
Lila-Lila-Lititi – mer han se schwer em Kanal,
Viderallala-viderallala, uns eß dat doch egal,
Viderallala-viderallala, uns eß dat doch egal! ::

Zwei Höhner soßen op der Stang
Un dähte sich do ungerhalde,
Se mahten de Geseechter lang
Un trooke et Föttche en Falde:
Der Eierpries hät widder Norm,
Drei Grosche, deiht mer verzälle,
Durch die verdammte Geldreform,
Der Boor brängk se och noch noh Kölle."
Der Hahn säht: „Kikeriki,
Uns deit dat doch nit wieh!"

Viele Kölner konnten nur aus der Ferne mitverfolgen, was sich in ihrer Stadt tat. In der Evakuierung hofften sie darauf, bald wieder nach Köln ziehen zu können. Voraussetzung dafür war der zügige Wiederaufbau und die Errichtung von Wohnungen. Auch in dieser Hinsicht rührte es sich in Köln. Es war, als habe so manch einer einen Pakt mit den Heinzelmännchen geschlossen.

Bis Ende März 1949 waren 70.434 Wohnungen wieder hergerichtet worden. Eine kaum glaubliche Leistung, in nur vier Jahren seit Kriegsende vollbracht. Welche Empfindungen die Kölner hatten, die noch auf eine Rückkehr warteteten, schildert uns Hans Balter in dem Lied „Meer baue uns e Hüs'che":

„Meer sin noch wick vun Kölle,
Ald en et fünfte Johr.
Meer künne nor verzälle,
Wie schön et fröher wor.
De Mamm sitz off am Ovve
Un kriesch en sich eren.
Se deit ald immer hoffe
Un denk sich stell em Senn:

:: Meer baue uns e Hüs'che
Tireck am schöne Rhing.
Em Gahde blöhe Rüs'che
Un glich am Huus der Wing,
Meer losse uns nit störe
In unse Eigenaat.
Denn unse schöne Rebensaff
Es fabelhaff, es fabelhaff,
Denn unse schöne Rebensaff
Es fabelhaff gemaht. ::

Uns Hüs'che wor su goldig,
No es et ratsch futtü.
En Wonnung krige sollt ich,
Doch wahde ich nit mieh.
Jetz weed ens eesch gehierot,
Dann kütt dat vun allein.
Meer wolle keine Zeerot,
Nor för uns all e Heim:

Volksentscheid für den Karneval
Alaaf Colonia, hau op de Trumm, et eß su wick

Der Andrang zu den karnevalistischen Veranstaltungen in den Jahren 1947 und 1948 war ein Volksentscheid für den Karneval. Die Säle konnten die Massen nicht fassen. Die Zeiten waren vollgespickt mit Ereignissen, die den idealen Nährboden für Karnevalslieder und -reden boten. Damit erfüllte der Karneval aber auch seine „Ventil-Funktion"; die Kölner konnten Dampf ablassen über all das, was sie in politischer und wirtschaftlicher Hinsicht bedrückte. Einige ganz Verwegene träumten bereits davon, in der Session 1948/49 im Rosenmontagszug durch Köln zu ziehen, natürlich „met allem wat dozo gehööt", also auch einem richtigen Dreigestirn. Als zum erstenmal laut darüber nachgedacht wurde, gab es tausend Bedenken. Doch je öfter sich der Stundenzeiger drehte und je mehr Kalenderblätter abgerissen wurden, desto mehr verstummten die Einwendungen. Als sich die letzten Bedenken der Zaghaften verloren hatten, beschloss der Festausschuss, einen Rosenmontagszug im zeitgemäßen Rahmen zu veranstalten. Unter Vorsitz von Albrecht Bodde wurde gleichzeitig der Entschluss gefasst, den alten Traditionen entsprechend auch wieder Prinz, Bauer und Jungfrau in Erscheinung treten zu lassen.

Mit Theo Röhrig (Prinz Theo I.), Andreas Müller (Seine Deftigkeit, der Kölner Bauer) und Fred Reulen (Ihrer Lieblichkeit, die Kölner Jungfrau) war das närrische Trifolium schnell komplett. Prinz Theo I. stellte seine „Regierungszeit" unter die Devise „Freude und Frieden." Diese Idee lag auch dem Prinzenorden zugrunde, der in hervorragender Aufmachung den Kölner Dom, das Kölner Wappen, die Friedensglocke und in seiner Umrandung die Eulen der Wissenschaften in sich vereinigt. Seinen Leitspruch stellte der Narrenfürst immer wieder in den Mittelpunkt aller Ausführungen:

„Auf dem Boden des Fasses der Narrheit
ist die tiefste Weisheit zu finden,
und höchste Klugheit ist allein der Mut,
bewusst ein Narr zu sein!"

Die Prinzenproklamation vor mehr als 2.000 Menschen im Williamsbau wurde zu einem unvergesslichen Erlebnis. Später erzählten selbst die ältesten Kölner, dass sie sich nicht erinnern können, jemals ein Bild des Karnevals in der gleichen gigantischen Pracht gesehen zu haben.

Oberbürgermeister Robert Görlinger proklamierte die neuen Stadtregenten und mit seiner vom prinzlichen Hofnarren Hans Jonen verfassten Regierungserklärung entfachte Prinz Theo I. wahre Begeisterungsstürme. So verkündete er, um den leidigen Flaggenstreit zu beenden, dass...

Festausschuß des Kölner Karnevals e.V.
1. PRÄSIDENT ALBRECHT BODDE

Festfolge zur feierlichen Proklamation
Sr. Tollität des
PRINZEN KARNEVAL 1949
Theo I.
(THEO RÖHRIG)

Sr. Däftigkeit des
KÖLNER BAUER
Andrees
(ANDREAS MÜLLER)

Ihrer Lieblichkeit der
KÖLNER JUNGFRAU
Fredoline
(FRED REULEN)

Dienstag, den 15. Februar 1949, 19 11 Uhr
im Williamsbau

Programmheft Prinzenproklamation 1949

- die Farben seiner Flagge gemäß der jeweiligen Zeitströmung auswechselbar seien und nur in Windrichtung gezeigt werden dürften,
- Beamte seiner Dynastie zu „Dienern am Publikum“ ernannt werden, deren Besoldung sich „nach dem Grad ihrer Höflichkeit richtet“,
- jeder, der lacht, Recht bekommt,
- zur „sozialen Sicherstellung seiner Untertanen in Kürze eine Währungsreform durchgeführt wird.“

Wie er das macht, sagt er gleich hinterher: „Durch Abbau der Behörden im Verhältnis 10 zu 1 kann die Mark im Verhältnis 1 zu 10 aufgewertet werden“.

„Der Karneval ist mehr als ein Amüsierbetrieb“, hatte Kölns Oberbürgermeister in seiner Proklamationsrede gesagt. Die Resonanz im weiten Rund des herrlich geschmückten Willliamsbaus bestätigte seine Feststellung, und das Festprogramm mit den umjubelten Stars der Kölner Oper Inge Maisch, Trude Schneider, Hans Marcus, Hans Schanzara und Karl Michalski unterstrich das Niveau eines weltstädtischen Festes. Nach der Pause, im „kölschen Teil“, sang die zweitausendköpfige Menge das vom Hofnarren Hans Jonen verfasste Lied „Unserem Prinzen Theo I:“

„Zehn Jahre sind dahingebraust
In wechselvoller Zeit,
Uns hat gerüttelt und zerzaust
Zehn Jahre lang das Leid.
Man brachte uns zwar auf die Knie
Und doch nicht ganz zu Fall,
Erschüttert – doch verzweifelt nie,
Sah uns der Erdenball.

Mer kann die Hüüsger uns zerschlage,
De letzte Taß em Köcheschaaf,
Me'm letzte Hemb am Liev mer sage:
„Mir sin noch do – dröm Köln alaaf!“

Und heut' besteigt den Narrenthron,
Stolz wie zur Väterzeit,
Prinz Karneval, Colonias Sohn,
Zum frohen Kampf bereit.
Die Pritsche dient als Narrenschwert,
Der Frohsinn ist sein Roß,
Wenn er dem Mucker Krieg erklärt,
Dann folgen wir als Troß,

Eintritts-(Ehren-)Karte zur Prinzenproklamation 1949

Dann jage mir met decke Trumme
D'r Griesgram an d'r Stadt erus,
Un wann mir anngetrocke kumme,
Dann eß d'r Kreeg för uns ald us!"

Martin Däntler als „Kölscher Boor", Franz Klein als „Weltreporter" und Karl Küpper als „Berichterstatter vom Parlamentarischen Rat in Bonn" versprühten Geist und Humor aus der Bütt und mit „Heidewitzka-Klängen" wurde Karl Berbuer, als „ungekrönter König des Kölner Schlagers und würdiger Nachfolger eines Willi Ostermann" begrüßt. Die Wogen der Begeisterung schwappten über die Ufer, als der „Trizonesien-Song" den weiten Zirkusbau durchbrauste. Nach Jupp Schlössers „Sag' ens Blotwoosch" wurde das Tanzparkett gestürmt.

Die Resonanz, nicht nur in Köln, war überwältigend. Sogar aus Chicago kam Post. „Sr. Tollität Prinz Caspar I.", unter dem bürgerlichen Namen Caspar Braland, „im Schatten der Kölner Domtürme geboren", grüßte die närrischen Kölner Kollegen und das gesamte rheinische Narrenvolk. Den Kölnern übermittelte die Tollität aus den fernen USA telegrafisch ein Lied, welches von großen Kölner Geschichts- und Ortskenntnissen zeugt:

1945/46:
„En Köln am Rhing ben ich gebore,
Wo ich en schöne Jugend fung.
Ming Vatterhus han ich verlore,
Dat medden en der Altstadt stund.

Wenn ich su an ming Heimat denke,
Sinn zwesche Schutt de Domtürm stonn,
Mööch ich et leevs op heim an schwenke
Un möch am Oppbau helfe gon.

1946/47:
Vun Schwester, Broder, Fründ und Fremde
Kom ach so manche traur'ge Breef.
Dat se vör Hunger hätte Krämpde,
Inne nix mieh am Levve lög.

Su scheckte mancher heim Pakette
Un holf, wo er nur helfe kunnt.
Dat Motto wor: Die Heimat rette,
Wo mer gebore un gewonnt!

Hans Jonen dokumentierte die 16-tägige Regentschaft von Prinz Theo I. 1949 in einer bebilderten Schrift

1947/48:
Bal dät sich Kölle widder rege,
Un jederein greff no d'r Schöpp.
De Stroße däte se rein fege,
Bal bauten se en neue Bröck.

Zom Dombaufess wod engelade,
De ganze Welt sollt Zeuge sinn,
Dat, wenn och Kölle schwer zerschlage,
Et stets bliev „hellig" un am Rhing.

1948/49:
Och Fastelovend wolle fiere
Die Kölsche widder op ihr Aat,
Met Prinz, da närrisch deit regiere,
Met Zog un Zimmderassassa.

Jetz widder gän an heim ich denke,
Die Kölsche han sich opgeraaf.
Ich en Gedanke heimwärts schwenke
Un größ se all: „Treu-kölsch Alaaf"."

Sr.Tollität 1951 Prinz Edmund I. (Dr. Edmund Strücker) wirbt für und mit seiner „Hofburg"

Jungfrau (Fred Reulen) und Bauer (Andreas Müller) 1949

Ein „verkappter" Rosenmontagszug
Eine wohlgelungene, tausendfach umjubelte Parade närrischen Frohsinns

Der erste Teil der selbstgestellten Aufgaben hatte dem Festausschuss einen glänzenden Erfolg gebracht. Würde es auch gelingen, dem prachtvollen Dreigestirn einen angemessenen Rosenmontagszug zu schenken? Albrecht Bodde hatte die Voraussetzungen geschaffen und sieben Ausschüsse gebildet: für Wagen, für Gruppen, für Musik, für Kostüme, die es kaum gab, für Finanzen, für Organisation und andere anfallende Fragen. Diese Ausschüsse tagten unaufhörlich, ein Zug kam aber nicht zustande. Thomas Liessem: „Zehn Tag vor dem Termin gestand mir Albrecht Bodde seine Verzweiflung. Schließlich bat er mich inständig, doch noch die Organisation zu übernehmen und sagte mir jede Handlungsfreiheit zu. Handlungsfreiheit war gut: Ich hatte immer noch Rede- und Auftrittsverbot. Dies wurde jedoch von der Stadt, die an dem Zug interessiert war, sofort aufgehoben. Nun half keine Ausrede mehr.

Ich bedingte mir jedoch aus, dass alle Ausschüsse sofort aufgelöst und mir alle Entwürfe ausgehändigt würden. Als Zugleiter mit alleinigem Bestimmungsrecht forderte ich ferner, alle Mitarbeiter selbst auswählen zu können. Meine Hauptbedingung aber war: Der erste Zug nach dem Krieg dürfte nicht „Kölner Rosenmontagszug", sondern nur „Erweiterte Kappenfahrt" heißen. Aus Erfahrung wusste ich nämlich, dass ein solches Unternehmen nur von einem Mann und nicht von sieben Ausschussvorsitzenden dirigiert werden konnte. Die hochtönende Bezeichnung „Rosenmontagszug" aber konnte ohne Blamage nicht benutzt werden, solange zweifelhaft blieb, ob das vorhandene Material reichen würde.

Der erste Überblick rechtfertigte meine Skepsis in jeder Hinsicht. Da nur zehnmal 24 Stunden Zeit blieb, arbeiteten wir Tag und Nacht. Wir taten wirklich, was wir konnten. Als die Gesellschaften eine Ordnung spürten, machten sie in herzerfrischender Weise mit. Die Wagen wurden von den Vereinen in eigener Regie mit den ihnen zur Verfügung stehenden Mitteln gebaut. Es war erstaunlich, was in der kurzen Zeit an Kostümen und Uniformen herbeigezaubert wurde. In vielen Gesellschaften packten die Frauen mit an. Sie nähten, gipsten, malten. Kölner Brauereien und Spediteure stellten ihre Pferde zur Verfügung. Es gab schließlich sogar Kamellen: Die Firma Stollwerck hatte mit städtischer Unterstützung zu diesem Zweck Zuckerscheine bekommen und konnte für den Karneval produzieren ..." Soweit Liessem. Als es endlich hieß: „Der Zog kütt" säumten rund 800.000 Menschen den Zugweg. Das Motto „Mer sin widder do – un dun, wat mer künne!" stammte von Eberhard Hamacher und Leo Niedieck. Lassen wir Thomas Liessem weiter berichten: „Das Nahen des Zuges löste einen Aufschrei aus. Niemand verlangte „Kamelle! Kamelle!" Es waren gutturale Schreie der Freude aus Tausenden von Kehlen. Ich sah vor mir nicht mehr die vier Bannerträger und die Polizeikapelle in ihren Heroldsuniformen. Ich sah nur die Menschen, die sich so unbändig freuten und denen doch die Tränen in den Augen standen. Sie winkten aus den ausgebrannten Fensterhöhlen der Ruinen und benutzten ihre Taschentücher immer wieder dazu, ihre feuchten Augen zu trocknen. Ich beobachtete im Fenster eines notdürftig geflickten Hauses ein Ehepaar: Die Frau trug ein Kaposthütchen und ein Kostüm der 90er Jahre. Sie winkte und weinte gotteserbärmlich, während ihr Mann sich mit verschränkten Armen an den Fenstersims lehnte und ohne Unterlass schluchzte. Rührende Szenen von Freud und Leid wiederholten sich unzählige Male. Köln war närrisch und erschüttert zugleich. Ich scheue mich nicht zu gestehen: Die Bilder wühlten mich innerlich so auf, dass ich am Ende fix und fertig war. Ich fuhr, als die „Kappenfahrt" hinter mir lag, sofort in meine Wohnung, schloss mich ein und habe, wie man in Köln sagt, selbst „e Stöckelche gekresche". Wer das nicht versteht, mag es sich übersetzen lassen. Als gestandener Mann konnte ich mit meiner Erschütterung jedenfalls nur schwer fertig werden."

Die Menschen waren von überall her, aus Köln und seinem Umland, aus dem Ruhrgebiet, aus Hamburg und Niedersachsen, zusammengekommen. Sie kamen mit der Bahn, mit Autos, auf dem Rücken des Rheines und füllten die Straßen, getreu dem Motto des Prinzen, mit Frieden und Freude, mit Frohsinn und Leben. Und sie schunkelten und sangen rund um den Zugweg, der ein anderer war, als wir ihn heute gewohnt sind.

Die Kölner Entscheidung, wieder einen Karnevalszug durchzuführen, war natürlich auch von einem großen Medieninteresse begleitet. Mit Spannung erwarteten die Verantwortlichen das Echo des Zuges in den Publikationen außerhalb Kölns. Und die waren sehr erfreulich und gaben all denen recht, die sich so vehement für den Zug eingesetzt hatten. Zitieren wir hier „Die Welt" vom 1. März 1949:

Das Korps der KG Altstädter in der „Kappenfahrt" 1949

„Nach zehn Jahren erlebte Köln wieder einen ausgewachsenen oder, wenn man will, ausgefüllten Rosenmontagszug! Nach zehn Jahren erhob sich, sobald aus der Ferne erstmals wieder das wuchtige „bum-bum“ der großen Pauke ertönte, der alte traute Ruf, der jeden Kölner elektrisiert: D’r Zog kütt!“

Ja, er kam wirklich! Und wenn man die närrische Schlange, die sich gestern ab 13.30 Uhr durch die Strassen der Innenstadt zog, vorsichtigerweise nur als „Erweiterte Kappenfahrt“ etikettiert hatte, so zeigte sich, dass diese Vorsicht eigentlich fehl am Platz gewesen war. Denn die alten Experten des Festausschusses haben in der großen Pause nichts verlernt, und was die Kölner angeht, so weiß auch der Nachwuchs ganz genau, wie es gemacht wird.

Gewiss, auch die Urheber dieser Kappenfahrt konnten nicht daran vorbei, dass die D-Märker einen raren Artikel darstellen. Sie hatten demgemäss auf die Entfaltung riesengroßen Prunks verzichtet und stattdessen mehr improvisiert. Aber das ist in Köln und beim Kölner Karneval noch niemals ein Fehler gewesen. Schließlich bedarf es ja gerade in der Hochburg des rheinischen Frohsinns nur einer angedeuteten Zündung, um den in den Zuschauermassen in gewaltiger Fülle vorhandenen Sprengstoff der närrischen Laune zur Explosion zu bringen. Und so brauste dann auch diesmal wieder unendliches Gelächter durch die Strassen und Gassen. Es kam nicht darauf an, dass sie ihr altgewohntes Gesicht inzwischen verloren hatten. Denn genau so wie früher die Menschen in den Fenstern gehangen haben, bevölkerten sie jetzt die Trümmer und Schuttberge, singend und schunkelnd, den altvertrauten Gestalten und Gruppen zujubelnd, die vor oder unter ihnen ebenso winkend (und „Kamellen“ werfend) vorüberzogen. Was einem journalistischen Zugexperten wie dem Schreiber dieser Zeilen an diesem verkappten Rosenmontagszug 1949 vor allem bzw. was besser, am besten gefallen hat, war, dass er sich gewissermaßen Schlag auf Schlag entfaltete! Kaum war der eine Wagen vorbei, so wälzte der nächste heran. Dass er zweitens – wohl aufgrund dieser „Kompression“ und der begrüßenswert zahlreichen Kapellen – in Musik förmlich gebadet dahinglitt. Es gab – entsprechend dem zweiten Teil des Mottos – „un dunn wat mer künne!“ ein erkleckliches Aufgebot an aktuellen Pointen. Um die hohe Politik, sowohl im äußeren wie im inneren Bereich, einschließlich vereinzelter kommunaler Themen, erfuhr auch diesmal wieder – nach altem kölschen Brauch - eine handfeste, lies: publikumswirksame Ausbeutung.

Wagen der KG Altstädter 1949 ...

... in der „Kappenfahrt“ (Rosenmontagszug)

Nach gehöriger Berücksichtigung der „Indianer us dem Vringsveedel“ als beste Gruppe aus den Veedelszög geht es Schlag auf Schlag:

- Nach dem „Dattelbaum“ der Vier Botze und einem Preisgesang auf das wiedererstandene Hänneschen schiebt sich hinter den Blauen Funken mit der „Villa Trina“ der erste der beiden ländlicherseits im voraus beanstandeten Wagen, ein aufgestocktes, d.h., nach oben hoch verstärktes Bauernhaus heran (KG Greesberger).
- Kommunalpolitisch kommen die Fidelen Burggrafen, indem sie die „Kölsche Einigkeit“ der beiden großen Parteien hymnisieren: Der Kopf des OB Görlinger reckt sich vorn, der des BM Dr. Schwering hinten aus dem lädierten Rathausturm.
- Die KG Närrische Insulaner bringt den ersten Beitrag zum Thema Demontage: Den vergessenen „Ritter Bürokratius.“
- Die „Eingeborenen von Trizonesien“ verdeutlicht, wenn auch erst beim näheren Zusehen, der Wagen der KG Kölsche Grielächer.
- „Nur wer die Sehnsucht kennt, weiß was wir leiden“: Das ist der Köbes mit den Spezialitäten der kölschen Gastronomie (KG Frohsinn).
- Ob der aus einem Stiefel heraus äugende (Dr.) Schohmächer die Identifizierung mit dem Jedermann-Schuh gerade als erfreulich befindet, wissen wir nicht. Dem Kölner war es jedenfalls so recht (KG Fidele Zunftbrüder).
- „Vun Nix kütt nix“ bzw. „met däm, wat mer krigge, dun mer, wat mer künne“ – das verdeutlicht die nicht immer willkommenen Auswirkungen unserer Nachkriegs-Ernährungsweise zwischen Dattelbaum, Maismehl, Kubazucker und einer „besetzten Villa WC“. Am Wagen der Roten Funken war bemerkenswert die Darstellung der neuen trizonesichen Fahne rot-weiß mit einem Kranz Blotwoosch, geschwungen von einem deftigen Funk in Überlebensgröße.
- „Messe Lina jubiliert“ – das ist Bezugnahme auf das 25 jährige Bestehen der Kölner Messe: „Lina“ greift mächtig in die Saiten einer Harfe, die der krummgebogene Messeturm in Spannung hält (Große Allgemeine).
- „Demontasch“ – das zeigt die arge, unmittelbar körperliche Behobelung des armen Deutschen Michels von hinten durch John Bull, während Uncle Sam ihm von vorne begütigend zuredet (Lyskircher Junge).
- Bauer und Jungfrau kommen auf prächtigem Vogel Phönix daher „geflogen“.
- Ein Wagen aktuellster Prägung hätte gefehlt, wäre unter dem Motto „Horch, was kommt von draußen rein“ nicht ein amerikanisches Ross aus einer Trab-Trab-Büchse hervorgeschossen, hinweg über Karbol-Kaffee, Datteln und ähnliche gute Gaben (KG Altstädter).
- Mit „Gebt uns wieder was ihr fandet!“ schiebt sich endlich eine zweite ländliche Trina, bzw. Martha, ins Blickfeld, die mit allen nur denkbaren Köstlichkeiten städtischen Komforts ausgestattet ist.
- Und endlich dann als Höhepunkt und Schluss: Seine Tollität Theo I. auf köstlich beladenem Schiff – mit Lautsprecher sein närrisches Volk apostrophierend.

Das waren die Wagen. Was dazwischen marschierte, mit Armen und Beinen ruderte,

Kusshändchen und Kamelle warf, das war die unbeschreiblich närrische Fußparade des ebenso närrischen Prinzen in allen Farben, Formen und Lesarten, unendlich viel Exotisches diesmal (wohl weil technisch am einfachsten und billigsten herzustellen), mit einer im Augenblick des Vorüberziehens gar nicht zu erfassenden Einfallsfülle. Immer wieder aber ragten die mannigfachen Korps des kölschen Fasteleers heraus, zu Fuß und zu Pferde (mit herrlichen Pferden übrigens!). Rühmen wir die Funken und Prinzengardisten, die Altstädter und die Ehrengarde, rühmen wir vor allem ihre schmucken Mariechen!

Fußgruppe auf dem Kölner Neumarkt bei der „Kappenfahrt" 1949

Als Nachtrag! Höhepunkt des Vorbeiziehens: Regierung und Allianz. Hier richtete Theo I. liebenswürdige Worte an den ehemaligen Oberbürgermeister Dr. Pünder und den jetzigen Repräsentanten Görlinger. „Es erfüllt mich mit großer Freude", sagte der Prinz, „dass ich Sie beide im Angesicht des Kölner Rathauses nebeneinander sehe. Es zeigt, dass Sie beide Männer aus dem Volke für das Volk sind." „Gestern", fuhr Theo I. fort, „bin ich in die Festsitzung der Ehrengarde der Stadt Köln eingezogen, im gleichen Augenblick, als der Oberdirektor Dr. Pünder im Begriff war, sich zu verabschieden. Da sagte ich zu ihm: „Sie sind Kölner Bürger, sie müssen wieder mit mir einziehen". „Da kann ich nichts machen", antwortete der Oberdirektor und zog mit ein. Das soll euch zeigen, dass wir in der Freude einander gleich sind, hoch und niedrig!"

Und in einer anderen Zeitung ist unter der Überschrift „Rosinen vom Zugweg" zu lesen:

„Ringsum an den Straßen stand das Volk, stundenlang, Cowboys in rauhen Mengen – das Horse Meat hatte entschieden Schule gemacht. Lustige Alte, köstliche Möhne in weißen Nachtjacken, Spanier, Haile-Selassis, Männer mit Bibbi und sonstige „trübe Tassen", Neger mit und ohne Dattelbaum, dazwischen reichlich gestreut Schupos, noch ohne die in Vorschlag gebrachte Bütt (jedenfalls so weit sie im Dienst waren). Besonders im Kattenbug ging das „polizeiwidrige Treiben" so weit, dass auf offener Straße gesungen und geschunkelt wurde. Und was das schlimmste war, ein Polizeioffizier wurde von einer Schar kölscher Mädchen ganz entgegen der Dienstvorschrift herzlich gebützt, was er sich nicht ohne Gegenangriff gefallen ließ. Auf den Ruinenbergen Unter Sachsenhausen knubbelte sich die bunt beschwingte und beschwipste Menge voller Erwartung der Dinge, die da kommen sollten. Hunderttausende, wer sollte sie zählen, standen, lachten, jubelten. Köln, ja ganz Trizonesien war auf den Beinen, auf Bänken, Kisten, Wagen, aufgestapelten Ziegelsteinen, an Gittern, Laternenmasten."

Vorschau und Nachlese

„Humor ist, wenn man trotzdem lacht“ – diese alte Weisheit macht sich noch lange nicht jeder zu eigen. Wie eine humorvolle Persiflage zum Stein des Anstoßes werden kann, zeigte sich im Vorfeld der Kappenfahrt, als bekannt geworden war, welche Wagen im ersten offiziellen Nachkriegs-Karnevalszug durch Köln ziehen würden.

Zwei der insgesamt 15 großen Karnevalswagen wurden zum Stein des Anstoßes und zum Inhalt einiger Schriftsätze. Und das hing mit dem „Maggeln“ und den Hamsterfahrten zusammen. Die KG „Greesberger“ unter ihrem Präsidenten Heinz Rübsteck stellte unter dem Motto „Aufbau der Landwirtschaft“ den Wagen „Villa Trina“: Aus einer Scheune wächst ein villenartiger Bau heraus, aus dem Plumpsklo ein feudales Badezimmer, und die ehedem mehr ärmlich gekleidete Bäuerin zeigt sich aufgeputzt in der neuesten Pariser Mode. Die „Große Kölner“ unter Präsident Albrecht Bodde beteiligte sich mit dem Wagen „Martha“ unter dem Motto „Gebt uns wieder, was ihr fandet“. Dem Wagen voraus gingen als Marktweiber verkleidete Spielleute, die abwechselnd mit dem als Zigeuner verkleideten Musikkorps die Begleitmusik für die folgende Reitergruppe der „Raubritter“ spielten, denen der Wagen „Martha“ folgte. Auch dieser Wagen ist ein bäuerliches Motiv; die wohlgenährte Bäuerin bietet alles zum Verkauf an, was sie in den Kriegs- und Nachkriegsjahren „gemaggelt“ hat: wertvolles Porzellan, alte Möbel, ein Himmelbett, Teppiche in Hülle und Fülle, Nippesfiguren, Bilder und Gemälde. In einem Waschzuber liegt ein geschlachtetes Schwein, zwischen den Ohren trägt es ein großes Schild: „1 Pfd. Schweinefleisch u. 1 Bettuch DM 2,-.“ Eine runde Schüssel ist gefüllt mit frischen Eiern:“ „10 Eier und 2 Handtücher DM 3,-.

Die wenige Tage vor Karneval vorgestellten Entwürfe waren beim Rheinischen Landwirtschaftsverband auf wenig Gegenliebe gestoßen: „Jeder Einsichtige weiß“, so mit tierischem Ernst in einer Intervention dieser ständischen Bauernorganisation an die Kölner Stadtverwaltung, „dass die Hetze gegen das Bauerntum gut zu neuen Hungerzeiten im kommenden Jahr führen kann.“

Auf die Forderung, das Mitführen der beiden Wagen im Zug zu unterbinden, antwortete Oberbürgermeister Robert Görlinger mit Schreiben vom 20. Februar 1949, gerichtet an den Präsidenten des Rheinischen Landwirtschaftsverbandes:

„Sehr geehrter Herr Präsident! Die Planung und die Durchführung der erweiterten Kappenfahrt am Rosenmontag liegen in der alleinigen Verantwortung der Kölner Karnevalsgesellschaften, die hierfür einen Festausschuss gebildet haben. Die Stadtverwaltung ist weder fördernd noch beratend beteiligt. Diese Sachlage und das Wissen um die traditionelle Eigenart des Kölner Fastelovend veranlassen mich, nicht in die Rechte der Karnevalisten einzugreifen. Ein solcher Versuch würde zudem nur das Gegenteil dessen bewirken, was beabsichtigt wäre. Der Kölner Humor ist nicht bissig

und will nicht verletzen. Spottlustig wandelt er die Dinge ins Lächerliche ab und nimmt ihnen dadurch jede Schärfe. Die Betroffenen mögen in der gleichen Münze heimzahlen. So kann ich den geplanten beiden Wagen nicht die Bedeutung zuerkennen, die Sie Ihnen beilegen. Ich bin überzeugt, dass niemand daran denkt, die ehrlichen Leistungen der rheinischen Landwirtschaft herabzuwürdigen oder nicht anzuerkennen. Aber auch Sie müssen einräumen, dass die Kritik der Stadtbevölkerung nicht nur ein Körnchen, sondern ein vollgewichtiges Korn Wahrheit enthält. Tatsächlich gibt es die von Ihnen befürchtete tiefgehende Kluft zwischen Stadt und Land nicht, auch nicht im Karneval. Dafür ist der Kölsche Boor, eine aus dem Fasteleer nicht wegzudenkende Hauptfigur, zu sehr mit dem Geschehen dieser närrischen Tage verbunden. Ich empfehle Ihnen daher, sehr geehrter Herr Dr. Fey, die erweiterte Kappenfahrt mit Humor zu betrachten.

Mit verbindlicher Begrüßung - Ihr Görlinger.“

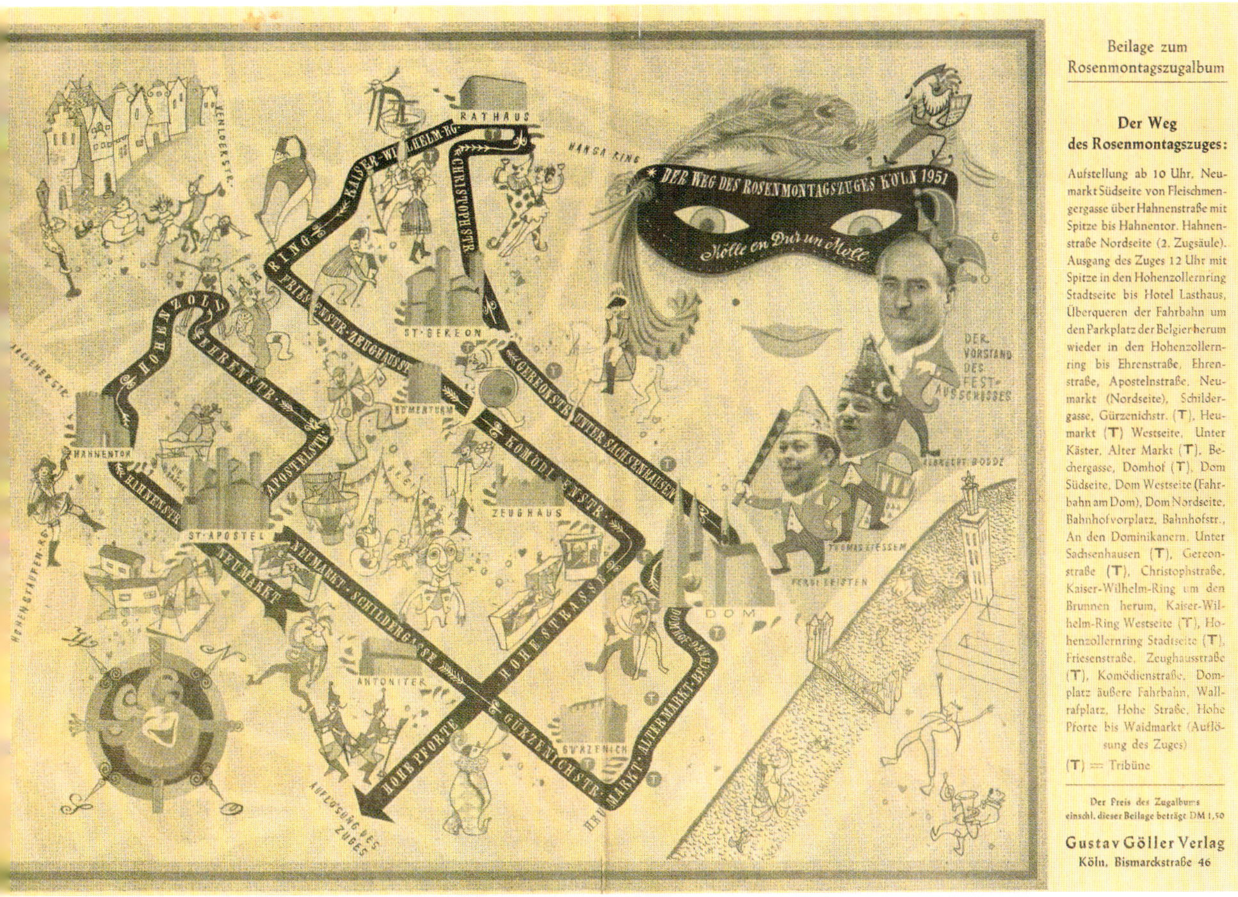

Streckenplan des Kölner Rosenmontagszuges

Rund um den Rosenmontagszug
Der Zugweg einst und heute

Nur noch wenige werden sich daran erinnern, welchen Weg der erste Nachkriegszug gegangen ist. Die Organisatoren standen ja auch vor dem Problem, dass weite Teile der Innenstadt zwar vom Schutt weitestgehend geräumt waren, doch war die Gefahr einstürzender Trümmer längst nicht vorbei. Man musste also einen Weg suchen, der weniger gefahrvoll war. Und dafür kam nur der Bereich um die Ringe in Frage, weil die breit angelegten Straßen auch den Zuschauern gute Stand- und Sichtmöglichkeiten boten. Nach der Aufstellung in der Hahnenstrasse setzte sich der Zug um 13.00 Uhr in Bewegung: Neumarkt-Südseite, -Ostseite, -Nordseite – Apostelnstrasse – Ehrenstrasse – Hohenzollernring – Friesenstrasse – Zeughausstrasse – Kattenbug – Unter Sachsenhausen – An den Dominikanern – Bahnhofstrasse – Bahnhofsvorplatz – Domplatz (linke Fahrbahn) – Domkloster (um das Domhotel) – Am Hof – Wallrafplatz – Domkloster (äußere Fahrbahn) – Komödienstrasse – Kattenbug – Gereonstrasse – Christophstrasse – Kaiser-Wilhelm-Ring (um das Denkmal zum Rathaus) – Kaiser-Wilhelm-Ring (rechte Seite bis Herwarthstrasse) – links auf den Hohenzollernring (linke Fahrbahn) – Rudolfplatz – schwenkend auf die rechte Seite Habsburgerring – Hohenstaufenring – Barbarossaplatz (rund herum) – Hohenstaufenring (Stadtseite) – Rudolfplatz – Hahnenstrasse (Auflösung).

Auch in den folgenden Jahren nahmen die Rosenmontagszüge weitgehend den gleichen Straßenverlauf. Das änderte sich erst im Jahre 1958, als Walter Ebers, Mitglied der „Kölnischen KG“ das Amt des Prinzen im Dreigestirn übernahm. Ebers war Eigentümer der Metropol-Lichtspiele (zuvor: Mil. Gov. Theater) in der Annostrasse und des durch ein Lied der Bläck Fööss 1995 wieder in Erinnerung gerufenen Roxy-Kinos („Wenn et Leech usjing em Roxy“) auf der Severinstrasse. Walter Ebers, dem Hans Kolb als Bauer und Carl Lehmann als Jungfrau Carla – beide Blaue Funken – zur Seite standen, hatte seine Zusage unter der Bedingung erteilt, dass der Rosenmontagszug über die Severinstrasse gehen müsse. Was dann auch geschah und bis heute so geblieben ist. Geändert hat sich vor einigen Jahren aus organisatorischen Gründen und zur Hebung der Sicherheit lediglich die Marschrichtung: Begann der Zug damals am Chlodwigplatz, endete er ein paar Jahre später hier und vor einigen Jahren „drehte“ sich der Zug erneut. Um elf Minuten vor Elf zieht der Zug mit einer Geschwindigkeit von ca. 1,5 km/h los und passiert folgende Strassen:

Über den Chlodwigplatz rechts am Severinstor vorbei, Severinstrasse, Waidmarkt, Hohe Pforte, Hohe Strasse, Schildergasse, Krebsgasse, Am alten Posthof, Hämergasse, Breite Straße, Albertusstrasse, Magnusstrasse, Zeughausstrasse, Burgmauer, Appellhofplatz-Westseite, Neven-DuMont-Strasse, Langgasse, Glockengasse, Tunisstrasse, Brückenstrasse, Obenmarspforten, Quatermarkt, Gürzenichstrasse, Heumarkt, Unter Käster, Alter Markt, Bechergasse, Am Hof, Wallrafplatz, Unter Fettenhennen, Marzellenstrasse, Kreisverkehr, An den Dominikanern, Unter Sachsenhausen, Tunisstrasse, Komödienstrasse, Zeughausstrasse, Mohrenstrasse. Hier erfolgt nach mehr als vier Stunden, nach 6,5 km Zugweg, die

Auflösung. Wenn die Blauen Funken, die traditionsgemäß an der Spitze des Zuges marschieren, den Endpunkt erreicht haben, machen sich Bauer und Jungfrau sowie der Prinz mit ihren Begleitkorps gerade erst auf ihre von mehr als einer Million Menschen umjubelten Fahrt durch das närrische Köln auf. Denn der närrische Zugbandwurm von 7 km übertrifft die Länge der Strecke von 6,5 Kilometern um rund 500 Meter.

Wie schon im Jahr zuvor hatte der Zug auch in 2005 ein langsameres Tempo als vorgesehen und vorgegeben. Das führte dann, leider, erneut dazu, dass das Dreigestirn in der Fernseh-Übertragung der ARD – die immerhin rund 3 Millionen Zuschauer hat – nicht zu sehen war. Vorausahnend hatten die Verantwortlichen des WDR am Aufstellort ein kurzes Interview mit dem Trifolium gemacht, das dann während der Live-Übertragung eingespielt wurde, um den Zuschauern in aller Welt wenigstens einen kurzen Blick auf das Kölner Dreigestirn zu ermöglichen.

Am Aschermittwoch ist längst nicht alles vorbei

Auch wenn wir mit Jupp Schmitz immer und immer wieder besingen, „Am Aschermittwoch ist alles vorbei“, so wissen wir längst, dass es nicht an dem ist und auch nie an dem war. War es früher allgemein üblich, sich im Gottesdienst das Aschenkreuz zu holen und im stillen Kämmerlein über eigene Sünden nachzudenken und Buße zu tun, so hat sich der Aschermittwoch seit vielen Jahren mehr und mehr zum Tag der „großen Abrechnung“ entwickelt. In der Politik kreisen die Bierhumpen in Ober- und Niederbayerischen Städten und im Rheinischen Karneval werden an vielen Stellen Giftpfeile aus dem Köcher gezogen, erst auf Papier gebracht und hernach in Mikrofone gesprochen.

Im Jahr 2005 traf es den WDR besonders hart. Düsseldorfs Oberbürgermeister warf dem Sender „Köln-Lastigkeit“ in der Karnevals-Berichterstattung vor, weil die ursprünglich angekündigte Übertragung des Düsseldorfer Rosenmontagszuges aus zeitlichen Gründen nicht stattfinden konnte. Der Zug in Köln dauerte weitaus länger als vorgesehen. Was also hätte der WDR tun sollen? In Köln rausgehen und sich in Düsseldorf einklinken? Es war sicherlich die einzig vertretbare Lösung, den Düsseldorfer Zug als Konserve am darauffolgenden Dienstagmorgen zu zeigen. – mit einer Sehbeteiligung von mehr als 200.000 Zuschauern.

Es gehört aber schon viel Fantasie dazu, den Kölner Karnevalisten zu unterstellen, sie wären im Zug extra langsam gegangen und hätten ein paar „Päuschen“ eingelegt, um die Übertragung aus Düsseldorf zu verhindern.

„Denn einmal nur im Jahr ist Karneval“ singen wir immer noch mit Willi Ostermann. Einmal nur – aber das jedes Jahr, Gott sei Dank! Und so werden im Laufe des Jahres die Köpfe rauchen, wie es denn möglich gemacht werden könne, die Wünsche aller zu befriedigen. Dabei braucht man eigentlich nur eine Rückbesinnung auf Adam Riese. Adam Riese? Richtig, der mit der Rechentafel. Und Adam Riese würde uns ausrechnen, dass die Verkürzung des Abstandes zum Vordermann/Vorderfrau viele Meter Zuglänge und damit auch Zeit einsparen würde – und „nebenbei" auch zu einer schöneren Darstellung für die Zuschauer am Zugrand und an den Fernsehgeräten führen würde.

Wie war es doch vordem....

Wenn es immer heißt, die „Blauen Funken" würden seit jeher traditionsgemäß den Kölner Rosenmontagszug anführen, dann ist das richtig, aber auch falsch. Denn eigentlich waren es bis vor einigen Jahren die „Grünen Funken", die zum Leidwesen vieler jetzt aus dem Zugbild verschwunden sind.

Grüne Funken? Natürlich, das war die „Berittene Polizei", die seit 1949 mit der Kapelle der Schutzpolizei Köln dem Zug vorausritt. Weil das Land NRW etwas mehr als 50 Jahre nach Kriegsende die Kosten nicht mehr aufbringen konnte, wurde die nicht nur in Köln sehr beliebte Reiterstaffel aufgelöst. Wenn wir von weitem die immer tänzelnden Pferde herankommen sahen und erst leise, dann immer lauter das Geklapper der Hufe hörten, dann wussten wir: D'r Zog es do! Und schnell wurden wir Pänz auf den mehr Sicherheit bietenden Bürgersteig gezogen. Angstvoll, angespannt, aufgeregt – aber innerlich glücklich ließen wir die vielen Pferde an uns vorüberziehen. Noch heute verspüre ich den (angenehmen) Schweißgeruch der Pferde, sehe den Schaum vor ihren Nüstern, das nasse und bei Kälte auch dampfende Fell und das Schweifanheben beim „Äpfeln". Heute nimmt ein alter Feuerwehrleiterwagen die Stelle der Pferde ein – wer weiß wie lange noch, denn auch der TÜV will gefragt sein.

96 Fest-, Prunk-, Persiflagewagen und Kutschen, 80 Traktoren, 75 Bagagewagen, 480 Pferde und 121 Musikkapellen waren im 2005 er Zug zu sehen. Die 10.000 Teilnehmer warfen 140 Tonnen Süßigkeiten, über 700.000 Tafeln Schokolade, mehr als 220.000 Schachteln Pralinen, mehr als 300.000 Strüßjer sowie tausende Stoffpuppen und andere kleine Präsente. Neben den vielen Zugordnern des Festkomitees waren rund 800 Wagenengel, gestellt von den Gesellschaften, im Einsatz.

Rosenmontagszug als Feuilleton

1987 durfte ich zum erstenmal zusammen mit Max Schautzer den Kölner Rosenmontagszug für die ARD kommentieren. Das war für mich natürlich ein ganz großes Erlebnis und der Profi hat mir Amateur über so manche Klippe geholfen. Im darauffolgenden Jahr saß Kölns Oberstadtdirektor Kurt Rossa in der ARD-Sprecherkabine; hernach kam man aber wieder auf mich zurück und so kommentierte ich 1989 zusammen mit Werner

Hantsch. Wir sollten dies auch im darauffolgenden Jahr, doch Hantsch verließ die ARD und verdingte sich bei SAT 1. An seiner Stelle sollte Petra Schürmann meine Partnerin werden. Doch die sagte kurzfristig ab und so saß ich 1990 allein in der Kabine. 1991 fiel der Zug wegen des Golfkrieges aus, 1992 und 1993 war ich wiederum alleiniger Kommentator. „Sie haben dem Kölner Karneval ein Feuilleton aufgemacht", lobte mich „ALEKS" Alfred Küsshauer, und in einem dicken Ordner bewahre ich die Briefe wie einen Schatz auf, die ich von Kölner Karnevalisten, kölschen Karnevalsfreunden und insbesondere auch von Bürgern aus den neuen Bundesländern erhalten habe und deren Inhalte mich teilweise sehr berührt haben, weil die Briefschreiber zum Ausdruck brachten, wie sehr sie die Bilder aus Köln – und auch meine Kommentare dazu – beschäftigt und bewegt hatten. Weil ich beim Festkomitee in Ungnade gefallen war und das Komitee ein Mitspracherecht bei der Besetzung hat, durfte ich danach nicht mehr ran. Erst 2003 wurde der „Bannstrahl" aufgehoben und so habe ich 2003/2004 und 2005 zusammen mit Gisbert Baltes in der ARD-Kabine gesessen und den jeweiligen Zug kommentiert.

Mein „Lehrmeister" Max Schautzer bei der ARD-Übertragung des Kölner Rosenmontagszuges 1987

Wann geht eigentlich der Zug?

Wann ist eigentlich Karneval? Bestimmt der Zugleiter den Termin, oder wer? Diese Frage wird oft gestellt – und deshalb sei sie hier beantwortet.

Also: Der Aschermittwoch und damit alle Karnevalsfeiertage sind unregelmäßige, bewegliche Feiertage. Sie fallen so gut wie nie auf ein gleiches Datum, wie es beispielsweise beim 11. 11. der Fall ist.

Grundlage für alle Berechnungen ist immer der Ostersonntag, von dem alle weiteren unregelmäßigen Feiertage abgeleitet werden:

- Aschermittwoch ist 46 Tage vor Ostern
- Pfingsten ist 49 Tage nach Ostern
- Christi Himmelfahrt ist 10 Tage vor Pfingsten
- Fronleichnam ist 11Tage nach Pfingsten.

Jetzt müssen wir nur noch wissen, wann Ostersonntag ist. Die Antwort: Am ersten Sonntag nach dem ersten Vollmond nach dem Frühlingsbeginn. Frühlingsanfang ist seit dem Konzil von Nicäa im Jahre 325 immer der 20. März um 0.00 Uhr.

Und wann ist Vollmond? Diese Berechnung ist etwas kompliziert. Zur Vollmondberechnung wird von einem gleichmäßig auf einer Kreisbahn laufenden Mond ausgegangen, der demgemäss berechnete Vollmond heißt Ecclesiastical Full Moon (EFM). Der erste EFM nach dem 20.3. ist die Ostergrenze, auch PFM (Paschal Full Moon) genannt.

Am Beispiel des Jahres 2008 – hier ist Karneval besonders früh – verdeutliche ich dies noch einmal:

Frühlingsanfang ist der 20.03. Vollmond ist am 22.03. und der erste Sonntag nach dem Vollmond ist der 23.03, mithin also Ostern. Rechnen wir bis Aschermittwoch 46 Tage zurück, dann sind wir beim 6. Februar. Und wenn am 6. Februar Aschermittwoch ist, dann fällt Weiberfastnacht auf den 31. Januar und der Rosenmontag auf den 4. Februar 2008. Ist doch einfach, oder?

Das größte deutsche Volksfest ist ein Wirtschaftsfaktor ersten Ranges Dä kölsche Fastelovend mäht uns keiner noh

Die einzig messbare, weil durch Zahlen belegbare Bilanz ist die Saldierung der Einnahmen und Ausgaben. Als der Festausschuss Ende April 1949 seinen geprüften Rechenschaftsbericht vorlegte, waren als Einnahmen rund 70.000 DM und als Ausgaben vorerst 65 000 Mark verbucht; eine Steuerschuld von 10.000 Mark war noch strittig.

- Stiftungen aus der Bürgerschaft hatten 11.000 DM und der Zuggroschen nur 1.100 DM eingebracht.
- Die Prinzenproklamation hatte einen Überschuss von rund 1.000 DM abgeworfen – andere Feste waren ohne Überschuss geblieben.
- Die Schausteller auf dem Kölner Neumarkt hatten 3.000 DM beigesteuert und
- der Überschuss aus 15.000 verkauften Tribünenplätzen belief sich auf 14.000 DM.
- An Baukosten und Vergnügungssteuer waren zuvor über 22.000 Mark abgeführt worden.
- Die Musiker hatten mehr als 6.000 DM gekostet, hinzu kamen Kosten für Versicherung, Verwaltung, Büro, Kleiderkammer und,
- rund 30.000 DM für die Wagen im Rosenmontagszug, die jedoch die Gesellschaften bezahlt hatten.

Latz und Lätzchen im Kölner Rosenmontagszug 1952

Über 600 Veranstaltungen wurden abgehalten, an denen etwa 320.000 Gäste teilnahmen. Für alte Leute und Stiftsinsassen, für Kriegsbeschädigte und Hirnverletzte wurden völlig kostenfreie Sitzungen aufgezogen, dazu zwei Großveranstaltungen in der Düsseldorfer Rheinhalle sowie eine Rundfunksitzung. Kölns guter Ruf als „Fastelovends-

Hochburg“ wurde einmal mehr gefestigt, und zugleich wurde eindrucksvoll dokumentiert, dass das größte deutsche Volksfest ein Wirtschaftsfaktor allerersten Ranges ist. Und ein schönes Fest dazu, wie uns Karl Jahn im Lied „Dä Kölsche Fastelovend“ sagt:

„Dat schönste Feß em ganze Johr
Eß unse Fasteleer.
Dat weed allmählich jedem klor,
Däm Knääch wie och däm Här.
Et gitt op Aed kein einz'ge Stadt
Su voller Wetz, Humor,
Wie Kölle immer hät gehatt
Un gingk et noch su soor.
Doch eß d'r Fastelovend do,
Klingk et vun fähn un och vun noh:

:: Mer mache uns kein Surge, dat hät jo keine Zweck !
Bes Äschermettwochmorge, sin mer dann stabeljeck.
Ob Düsseldorf, ob Ooche, ob Mainz ob anderswo,
Dä kölsche Fastelovend, dä mäht uns keiner noh! ::

Jo watt vun Kölle eß kapott,
Weed widder neu gemaht.
Un eß och mänches Gässge fott,
Bliev doch die kölsche Aat.
Wann widder Rusemondag kütt,
Met Funke blau un rut,
Wann jedes Weech en Bützge kritt,
Vum Schutzmann oder Klut,
Dann sitz die Welt am Radio
Un singk met uns vergnög dozo:

Hans Jonen, Baas der Muuzemändelcher (l.) im Kölner Rosenmontagszug 1952

Toni Steingaß (2.v.l.) und Hans Jonen (Mitte) beim Kölner Rosenmontagszug 1952

Latz und Lätzchen beim Kölner Rosenmontagszug 1952

Wie aktive Kölner Karnevalisten die Session 1948/49 bewerteten, entnehmen wir, auszugsweise, einem von Ferdi Leisten im Anschluss an die Session 1949 für die Mitglieder der Ehrengarde verfassten Brief:

„Et weed wahl keiner behaupte künne, dat et en d'r vürge Session en d'r Ehrengarde nit schön un nett gewäß eß. Et weed och keiner sage künne, dat meer nit alles gedon han, wat meer dun kunnte. Vörher ha'meer gewäult un gefrößelt, domet alles klappe sollt un wie et dann esuwick wor, do ging et ävver och heidi heida!

Op all uns Veranstaltunge ... ging die Poß av wie einst im Mai! Als echte „Eingeborene vun Trizonesie“ ha’meer „Immer wieder neue Lieder“ gesunge un geschunkelt – mer han e paar dausend Mol richtig „Blotwoosch“ in de Luff geschmettert, meer han su-un-su-vill Strophe vum „Dattelbaum“ geplöck, eingedenk des alten Spruches: Besser unter Palmen als unter Krahnenbäumen! Un nit zoletz ha’meer immer eesch dann d’r „Stoppe drop“ gedon, wenn keine Droppe mih en d’r Fläsch gewäß eß.“

Leisten erinnert an den Zigeunerball der Ehrengarde im Williams-Bau, erwähnt die glanzvolle Kappenfahrt auf Rosenmontag, „...wo mer de Lückcher op de Stroß un en d’r Finstere ens gezeig han, wie kölsche Junge ussin, wenn se et richtige Wöbche am Liev han...“ und geht dann auf die aktuelle Politik ein:

„Zickdäm hät sich no en Deutschland un bei uns en Kölle allerhand gedon. Meer han zwei Staat em Staat, eine em Weste un eine em Oste. Dä einzig Unterschied zweschen dänne zwei eß dä: Em Weste ka’mer nit klage un em Oste darf mer nit klage! Jeder vun dä zwei Staate hät och ne Präsident för sich. Dä eine meint, dä andere hädde em Oste und dä andere meint, dä eine hädde em Weste nix velore ...“

Am 29. April 1948 war Ferdi Leisten zum Präsidenten der Ehrengarde gewählt worden, und sein Ausflug in die Politik bedarf noch einer Erläuterung. Im April 1949 einigten sich die drei westlichen Alliierten auf ein Besatzungsstatut für die drei Westzonen, in dem die Kompetenzen der Alliierten und die der zukünftigen Bundesregierung festgelegt wurden. Aus der Bizone wurde durch die Miteinbeziehung der französischen Zone die Trizone.

Das, was Karl Berbuer schon 1948 besungen hatte, trat nun, fast ein Jahr später, ein: Wir Kölschen und alle um uns herum wurden Trizoneser! Berbuer als Jules Verne des Kölner Liedes! Heidi Tschimmela Tschimmela Tschimmela Tschimmela Bumm!

Jet lecker süffele ...

Auch Kölns Liederdichter haben gemerkt, dass in diesen schlechten Zeiten die Menschen am Rhein so anspruchslos sind, dass bereits jede Kleinigkeit große Freude hervorruft. Drei Dinge aber sind von großer Wichtigkeit: etwas zu essen, etwas zu trinken und ein bisschen „Annemarie“. Was nichts anderes ist als ein bisschen Liebe. Was waren das vor dem Krieg doch für goldene Zeiten, als von Kalorien und Vitaminen nie die Rede war, weil sie ausreichend verfügbar waren. Und heute?

Aber: Nicht verzagen, denn eines Tages ist es wieder soweit, dass wir alles haben können, auf das wir jetzt verzichten müssen. Gott sei Dank, und dann geht es mit Volldampf dran: an’s Essen, an’s Trinken und an’s „Annemarie“, so wie es uns Jupp Schlösser in seinem Lied „En beßge Annemarie“ aufgeschrieben und gesungen hat:

Nä, watt sin doch hück de Zigge schlääch,
Höht mer sage off – un dat met Rääch.
Doch wat nötz uns all' die Kühmerei,
Domet kumme mer nit dran vorbei!
Mer am Rhing sin doch anspruchlos,
Schon en Kleinigkeit erfreut uns groß;
Mer sin schon zofredde, wenn mer han,
Ne Teller voll vum hell'ge Mann.
Ein Sehnsucht doch bei uns eß groß,
Dat sin drei Deilcher blos:

:: Jett lecker süffele, su dann un wann,
Jet lecker müffele, dobei, un dann:
Su nevvebei en beßge „Annemarie",
Jo watt well mer dann,
Wat well mer dann noch mieh! ::

Wie schön war es doch, als man sich satt essen konnte, als der Speisenzettel noch nicht danach gestaltet wurde, wie viele Kalorien zugeteilt worden waren. Und als noch der Bäckerjunge am frühen Morgen die Brötchen ins oder ans Haus brachte:

„Och, watt wor dat nett em deutsche Land,
Wie mer noch kein Kalorie kannt,
Nie vun Vitamine hätt gehoot,
Vör Gesundheit wor es Esse good!
Wo mer nit gekannt dä Schwazze Maat,
Kräg de Brütcher en et Huus gebraht!
Goht mer fott met däm moderne Zeug,
Do weed mer met d'r Zick jett weich!
Wer deiht sing Pflich de janze Woch,
Dä mög et Sonndags doch:"

„Muuzemändelcher" H. Lippoldt, W. Klett, H. Lintz und K. Höher im Rosenmontagszug 1952

Und wie halten wir es heutzutage mit den Kalorien? Richtig, jetzt essen und trinken wer weiß wieviele Menschen in diesem unserem Lande wieder nach einer Kalorientabelle, aber jetzt heißt es nicht: je mehr desto besser, sondern: Je weniger, desto besser. Und der Brötchenjunge? Ach ja, den gab es doch auch einmal!" Und wenn die Entwicklung so weiter geht, dann wird die in der folgenden Strophe besungene „good Zigarr" auch noch dem Gesundheitswahn zum Opfer fallen und bald nur noch im Museum zu besichtigen sein:

„Doch mer wolle nit verdreeßlich sin,
Einmol kumme widder mer dohin,
Wo mer sich dat all' erlaube kann,

Gerade neu formiert und schon im Rosenmontagszug 1950 dabei: Die „Hellige Knäächte un Mägde“

Wo mer johrelang verzich drop hann!
Wenn e Gläsche Kölsch mer widder kritt,
Un ne „Halve Hahn“ om Teller litt,
Un dann hingerdrop en good Zigarr',
Dat wör doch einfach wunderbar!
Wenn mer die Zick ens widder hann,
Dann geiht et ävver ran!“

Die andere Seite des Karnevals im „hillige Kölle“

Die im Zuge der Karnevalsberichterstattung in der überregionalen und auch in der ausländischen Presse überwiegend mit großer Zustimmung und teilweise sogar mit Begeisterung vermeldete „Wiedererweckung kölnischer Lebensfreude“ findet nicht überall und nicht bei jedem Beifall. In Köln kursierte 1949 ein Flugblatt von „Pfr. Herb. Klaus aus Denklingen“. Meine Recherchen in den Verzeichnissen der Evangelischen Kirchengemeinde Denklingen haben ergeben, dass der dortige Pfarrer von 1949 bis 1978 Herbert Claus hieß. Das ist zwar nicht ein hundertprozentiges „Echtheitszertifikat“, nährt aber die Vermutung der Urheberschaft des Kirchenmannes:

„Dort im Rheinland tobt der Karneval, der Erzbischof macht eine hilflose Bewegung: nun Kinder macht es nicht zu toll, ich will ja nichts gegen die rheinische Fröhlichkeit sagen, aber man sachte, sachte! So muss man mit diesem Hurenvolk reden, mit diesem Säufervolk, mit diesem Volk von Ehebrechern, dann sind sie gerechtfertigt und machen es weiter! Verantwortungslose Verantwortliche! Neulich sah ich ein Bild, das mich tief erschütterte. Der Regierungspräsident von Köln beugt sich über ein Funkenmariechen, um sie zu küssen. Ein charakterloser Zeitungsschreiber hat in derselben Nummer erzählt, der Regierungspräsident wäre der meistküssende Mann in Köln gewesen. Es kann ja sein, dass die hohen Herren in dieser Welt vieles hinter verschlossenen Türen und zugezogenen Gardinen machen, was man nicht weiß, aber öffentlich sich so schändlich und verantwortungslos zu benehmen! Ich schäme mich heute, ein Deutscher zu sein, ich schäme mich tief darüber. Ein Volk, in dem sich verantwortungsvolle Herren solches herausnehmen, ist gerichtsreif! Kein Nazi-Gauleiter hätte das öffentlich gemacht, zwar hinter den Gardinen haben sie fast sämtlich, die Kleinen und die Großen, in diesen Sünden festgesessen, aber das öffentlich zu machen, hätte nicht einer sich erlaubt. Es ist der großen demokratischen Epoche unseres Vaterlandes vorbehalten gewesen, dass wir nun auch das noch erleben können. Und das ist alles so mehr oder weniger eingebettet in den entsetzlichen Sauerteig einer christlichen Heuchelei.

Das „hillige Köln“ ist zugleich die Stadt, die sich im Unzuchtswettbewerb mit Paris und Berlin sehen lassen kann. Es ist halt nur eine römische Soldatenkolonie, und dabei ist wohl der Stempel der Unzucht schon von Anfang an dieser Stadt aufgeprägt gewesen. Das Ganze ist dann mit christlicher Kultur umschmiert worden, und dann ist das herausgekommen, was wir heute sehen. Es gibt unter wilden Völkerstämmen gewisse Opferfeste, wo sich auch die Häuptlinge bis zum kleinsten Krieger mal gründlich danebenbenehmen dürfen. Der Bibelmensch weiß gleich, was es ist: Die Meute der unzüchtigen, unreinen Geister stößt wie die Aasgeierschar aus der Luft auf die Menschen und macht sie besessen. Karneval ist Massenbesessenheit im Dienste nacktester Unzucht. Wörtlich, denn unsere Mitternachtsmissionsschwester erzählt neulich von dem Düsseldorfer Karneval von schamlosesten Szenen in öffentlichen Lokalen. Man kann es nicht erzählen. Aber wer so etwas sucht, kommt auf seine Kosten. Und die da mitmachen, suchen es mehr oder weniger alle. Und unsere Obrigkeit gibt nicht nur ihren guten Namen her, um die „Harmlosigkeit" zu dokumentieren, sondern macht sogar mit! Selbstverständlich harmlos, alles harmlos!

Wenn man sich dann ausgeigelt hat, dann gibt es wieder ein Aschenkreuzchen aus der Hand des gallischen Primas.

Die Sache hat dann noch eine ganz reizvolle Seite, sozusagen interessant. Man nimmt nichts mehr ernst, den Karneval nicht, das Aschenkreuz nicht, den gallischen Primas nicht. Das Leben ist nur heiter und bisweilen, abgesehen vom Kater, riesig interessant. Bis in die Hölle hinein ist es interessant. Gestank mit Maria Farina notdürftig vertrieben."

Bei den mehr und mehr stattfindenden Kinder-Maskenbällen war es in einigen Fällen offensichtlich zu unangenehmen Begleiterscheinungen gekommen. Denn Stadtjugendführer Rudi Conin und Stadtjugendseelsorger Reinhard Angenendt, beide dem Karnevalsgeschehen gerne und mitgestaltend zugetan, richteten am 3. Januar 1952 als Vertreter des Bundes der Deutschen Katholischen Jugend an die Präsidenten aller Kölner Karnevalsgesellschaften einen eindringlichen Appell:

„Die vielen Entbehrungen, aber auch all die zerstörenden Einflüsse der Kriegs- und Nachkriegsjahre haben besonders die Kinder und Jugendlichen unseres Volkes hart getroffen und sehr stark angegriffen. Wer sich heute einmal stärker mit der Struktur und der augenblicklichen Verfassung der Jugend beschäftigt, wird Erschütterndes feststellen. Der Jugend zu helfen, sollte aller vornehmste und dringlichste Aufgabe sein! Die unterzeichneten katholischen Organisationen halten es für ihre dringende Gewissenspflicht, mit Nachdruck darauf hinzuweisen, wie gefährdend und nachteilig sich die Kindermaskenbälle ausgewirkt haben. Leider hat sich der Vergnügungsrummel auch des kölnischen Karnevals schon sehr bemächtigt und hier selbst vor dem Reich des Kindes nicht Halt gemacht.

Den Kindern erwachsen aus diesen Kindermaskenbällen aber durch den modernen Vergnügungsbetrieb so viele geistig-sittliche und körperliche Gefahren, dass hinter diesen Bedenken alle Schlagworte vom sogenannten Volksfest etc. zurücktreten müssen! Wer weiß, wie viele unkindliche Einflüsse und Eindrücke bis zur direkten Verführung durch Sittlichkeits-Verbrecher auf das Kind in solchen Tagen einströmen, der wehrt sich mit Recht gegen diese Ausartungen des alten Volksfestes Karneval.

Wie froh man die Kinder durch ihnen gemäße und unschädigende Veranstaltungen machen kann, hat die vorjährige Durchführung der Kinder-Karnevalszüge bewiesen. Wir wären froh und dankbar, wenn diese mehr als bisher gepflegt oder durch die Gesellschaften und Schulen eingeführt würden. Alle Eltern sollten auch das Ihrige dazu tun, dass ihre Kinder sich an diesen Zügen beteiligen!

Alle Karnevalsgesellschaften sowie die Kölner Gastwirte möchten wir dringendst bitten, Kindermaskenbälle in diesem Jahr nicht zu veranstalten. Die Sorge um die Gesundheit unserer Jugend zwingt uns sogar, das „Gesetz zum Schutz der Jugend in der Öffentlichkeit", das am 4. Januar 1952 in Kraft tritt, heranzuziehen und solche Veranstaltungen polizeilich verbieten zu lassen. Wir sind jedoch der Hoffnung, dass Ihre Gesellschaft für unser Anliegen Verständnis aufbringt."

Ein Jahr zuvor, am 4. Februar 1951, waren die Schullzög erstmals gemeinsam mit den von 1933 bis 1939 und dann wieder ab 1950 vom heutigen „Verein der Freunde und Förderer des Kölnischen Brauchtums e.V." veranstalteten Veedelszög durch die Straßen gegangen. Und das ist bis heute so geblieben. Für die Jugend wird inzwischen einiges getan und viele Gesellschaften sind stolz auf ihre Kinder- und Jugendtanzgruppen. Kölner Gesellschaften, die insbesondere die in den letzten Jahren groß in Mode gekommenen Kindermaskenbälle oder Kindersitzungen durchführen, bieten die Gewähr für einen kindgerechten und ordnungsgemäßen Ablauf. Conin-Sohn Bernhard und seine Ehefrau betreuen schon seit vielen Jahren das Kölner Kinder-Dreigestirn, das sich schon längst den Status „Traditionell" erworben hat. Mit Aktionen und Veranstaltungen, wie z.B. „Keine Kurzen für die Kurzen" sind Stadt und der Karneval in Verbindung mit der Polizei bemüht, Kinder und Jugendliche vom Alkoholgenuss fernzuhalten, denn beim Straßenkarneval hat es in den letzten Jahren verheerende und besorgniserregende Auswüchse von Kindern und Jugendlichen gegeben, die sich leider allzu oft an ungehemmt trinkenden Erwachsenen orientieren.

Willi Ostermann und Heimweh sind allgegenwärtig
Ich mööch zo Fooss noh Kölle jon

Nach und nach entsteht aus der Trümmerlandschaft Köln wieder eine Stadt, deren Wahrzeichen, der Dom, zwar oft und schwer getroffen, jedoch in voller Größe und Höhe erhalten geblieben ist und jedem, ob vom Wasser, vom Land oder aus der Luft kommend, den Weg weist: Hier, hier wo ich bin, da ist Köln.

Und alle, die zurück kommen, haben auf ihren mühevollen Wegen, zu Fuß, mit

Karren, Boller- oder Kinderwagen, kein frohes, aber ein hoffnungsvolles Lied auf den Lippen: „Wenn ich su an ming Heimat denke, un sin d'r Dom su vör mir stonn..."

Dieses Lied, von dem der verstorbene Journalist und Schriftsteller meinte, es sei ein „Synonym für vieles" geworden: „Dieser Dom", so Unger, „steht für mich nun mal für Köln, für Heimat, für Mutter und Vater, für Freunde aus der Stadt ..."

Unger hatte 1939 nach England emigrieren müssen: „Und so taten sich alle Kölschen (Juden) auf dem Schiff zusammen, das uns als Internierte von England nach Australien brachte und sangen „Heimwih noh Kölle". Man muß schon in unserer Lage gewesen sein, um das nachempfinden zu können. Und hatte man uns auch aus dem Land, aus dieser Stadt vertrieben, wir schämten uns nicht, wenn wir sangen „... ming Muttersproch noch nit verlore ..."

Mir klingen noch die Erzählungen vieler Heimkehrer im Ohr und einige dieser Geschichten waren so anrührend, dass es noch Jahre später feuchte Augen gab, wenn sie erzählt wurden. Überlebende des russischen Winters berichteten, dass sie Heiligabend, fast Auge in Auge mit russischen Soldaten, im Schützengraben verbringen mussten. Die Waffen schwiegen an diesem Tag und als die Dunkelheit hereinbrach, war eine volltönende Stimme deutlich zu vernehmen: „Wenn ich su an ming Heimat denke..."

„Auch in den verstreuten Hütten der australischen Internierungslager", so Wilhelm Unger, „erklang das Lied zu Weihnachten." Wenn das Lied verklungen war, erzählte Unger seinen Kameraden jedes Mal, dass er dabei gewesen war, als tausende Kölner Willi Ostermanns Sarg 1936 von seiner Wohnung am Neumarkt zum Friedhof Melaten begleitet hatten: „Ich, mit dem Makel „unerwünscht" versehen, hatte mich heimlich, wenn auch klopfenden Herzens, unter die Trauergäste gemischt. Natürlich waren alle Anwesenden beim ersten Absingen dieses Liedes (durch August Batzem) gerührt. Aber ich will es mir versagen, zu berichten, warum dieses „Heimwih noh Kölle" in dieser Stunde einen von uns mehr traf als bloß rührte. Ein Betroffener sah sich ins Herz getroffen. Und so habe ich mich – heimlich, wie gekommen – fortgeschlichen."

Die Muuzemändelcher mit (v.l.) Heinz Paffenholz, Willy Klett, Jupp Bresgen, Leo Everhards, Clemens Becker, Jupp Kürsch und Hans Jonen beim Festzug in Königswinter 1949

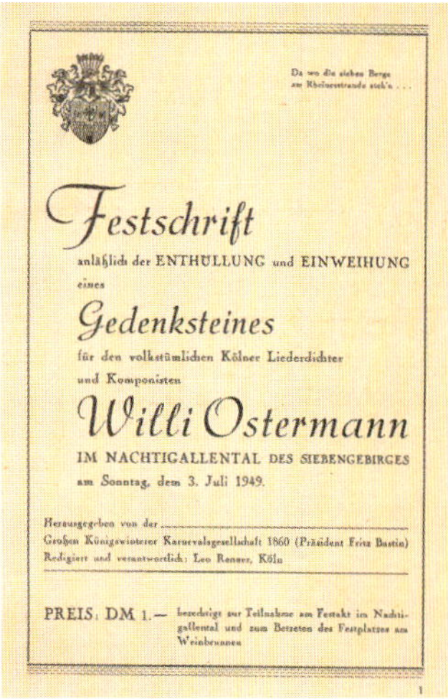

Da wo die sieben Berge
am Rheinesstrande steh'n . . .

Festschrift
anläßlich der ENTHÜLLUNG und EINWEIHUNG
eines
Gedenksteines
für den volkstümlichen Kölner Liederdichter
und Komponisten
Willi Ostermann
IM NACHTIGALLENTAL DES SIEBENGEBIRGES
am Sonntag, dem 3. Juli 1949.

Herausgegeben von der
Großen Königswinterer Karnevalsgesellschaft 1860 (Präsident Fritz Bastin)
Redigiert und verantwortlich: Leo Renner, Köln

PREIS: DM 1.— berechtigt zur Teilnahme am Festakt im Nachtigallental und zum Betreten des Festplatzes am Weinbrunnen

1

Festschrift 1949

Ein unbekannter Dichter hat es als „Gedankensplitter" zu Papier gebracht:

„D'r Ostermann en singem letzte Leedche
Dä sung: „Ich möch zo Fooß noh Kölle gonn!"
Wie mäncher vun uns ärme, brav Zaldätcher,
Dä hät dat gän, wie hä ens sung, gedonn.
Em „Lager" komen off die stelle Stunde,
Dann stund de Heimat leis vör inne op.
En Leed vun Kölle klung us aller Munde,
Un mänchem stonn Gedanken dann em Kopp:

Och wat wor dat fröher schön doch en Colonia,
Kölsche Aat un ächte kölsche Fasteleer.
Jo wat ha'mer Freud gemaht uns en Colonia –
Och köm doch die schöne Zigg bal widder her!"

Ein Gedenkstein im Siebengebirge

Im Juli 1949 horchten die Kölner auf, als Fritz Bastian, der Präsident der „Großen Königswinterer KG von 1860" rief und aus allen Himmelsrichtungen sage und schreibe 130 Karnevalsgesellschaften in Sonderzügen, auf Dampfern, auf Fähren und mit Böötchen nach Königswinter gekommen waren. Mitten im Nachtigallental, dem wohl schönsten Fleckchen Erde im Siebengebirge, hatte Königswinter dem Kölner Volksliederdichter einen Gedenkstein errichtet, der am 3. Juli 1949, einem Sonntag, feierlich eingeweiht und der Stadtverwaltung und der Bürgerschaft übergeben werden sollte.

Wochen vorher hatten einige Mitglieder der am 8. Mai 1949 gegründeten Muuzemändelcher, die in die Programmgestaltung maßgeblich eingebunden waren, „vorsichtshalber" den Stein besichtigt und ihn als „zu klein" befunden: „Sujet hänge mer bei uns ahn de Uhrkett!" Das ließen die Königswinterer nicht auf sich sitzen. Der alte kam fort, und ein neuer, größerer Stein kam an seine Stelle. „Jetz blameere mer uns ävver nit mih!" Taten sie auch nicht, denn sie hatten einen wirklich eindrucksvollen Brocken ausgesucht.

Ganz Königswinter stand Kopf. Am Rhein war ein Riesenzelt errichtet, geschmückte Buden boten heiße Würstchen, belegte Brötchen, Wein, Schabau, Kuchen und Kaffee. Auf dem Markplatz floss der Wein aus einem um 10.00 Uhr eröffneten Brunnen, eine wahre Budenstadt war drumherum errichtet. Bis zum Beginn des Festaktes um 15.00 Uhr wurde gesungen und geschunkelt, und als es losging, waren die steilen Hänge des Nachtigallentals „schwatz vun wieße Minsche", Schätzungen zufolge waren es 70.000, die sich das Schauspiel nicht entgehen lassen wollten. Präsident Fritz Bastian war der erste Redner, ein ehemaliges

Theatermitglied spricht einen von Leo Renner verfassten Prolog, der mit den Worten endet:

„Helft mit das schöne Wort zu wahren:
Dem Verdienste seine Kron'!"
Hinauf zu ihm in hellen Scharen,
Zu Rheinlands liebstem Musensohn!"

Willi Ostermann war, wie später noch oft, auch 1951 ein Thema im Kölner Rosenmontagszug

Ein laut vernehmliches „Haahhhh" ertönt, als die Hüllen fallen und Ostermanns Kopf in Bronze mit Lorbeerblättern – oder sind es Eichenblätter? – und natürlich mit dem Kölner Dom sichtbar wird. „Wenn ich su ahn ming Heimat denke" singt der Königswinterer Gesangverein.

Dann spricht Thomas Liessem, dann Albrecht Bodde: „Am Rhein, an einem der schönsten Punkte dieses Schicksalsstromes Deutschlands, im Siebengebirge, in dem von ihm besungenen Nachtigallental, haben ihm begeisterte und treue Freunde seiner Muse nunmehr ein Denkmal gesetzt." Königswinters Bürgermeister spricht, sein Kölner Amtskollege Dr. Ernst Schwering überbringt Grüße und Wünsche sowie den Dank der Stadt Köln in der ihm eigenen humorvollen Weise. Käte Ostermann, „et Kättche" nimmt gerührt einen prächtigen Blumenstrauß entgegen.

Un jetz weed dä Zog gemaht

Fröhliche Menschen säumen rechts und links den Weg durch Königswinter. Von den Häusern flattern die Fahnen, rot-weiß ist Trumpf. Die Sonne flimmert, läßt mit ihren Strahlen noch alles bunter erscheinen. Es war wie beim Fastelovendszog: lang, bunt, faszinierend. Mit Musik un Zimbumm, met Knöppelchensmusik un mem Quetschenbüggel, met Jecke om Pääd, Jecke om Essel un Jecke zo Fooß. Mindestens hundert Funke- und Tanzmariechen aus allen Gegenden, mit Fahne und Kappe, mit Standarte und Flaggen. Schilder, von Schuljungen getragen, verrieten die Herkunft: „Spicher Bleimöpse", „Möhne Oedingshoven-Stieldorf", „Große Horremer KG", „Zweite Plöck Lohmar". Mittendrin, om Pääd, Martin Däntler, der Kölsche Boor. Lis Böhle berichtete in der Kölnischen Rundschau auch von einer Frau namens Julchen Remmlinger. Sie hatte sich von einem Anstreicher extra ein Kölner Wappen „för de Balkon" malen lassen. Der gute Mann hatte jedoch 12 anstatt elf Flammen gemalt. Julchen protestierte und der Anstreicher musste noch mal kommen und die zwölfte „Jungfrau" überkleben. „Mer wolle nit, wat uns nit zosteiht!"

Hans Jonen schrieb in der Festschrift unter der Überschrift „Zweimal Ostermann-Denkmal" u.a. „Wir Kölner danken der Großen Königswinterer KG 1860 für das Denkmal von Stein, das sie unserem volkstümlichsten Bürger setzt: unserem Willi Ostermann.

Sessions-Eröffnung der Muuzemändelcher 1949
vor dem zuvor entschutteten Ostermann-Brunnen in der Kölner Altstadt

Wir danken – und sind beschämt. Denn wir haben in Köln auch ein Ostermann-Denkmal. Wir können leider keinen Fremden hinführen – ohne zu erröten. Berge umgeben dieses Denkmal im Herzen der Altstadt. Es sind nicht die Sieben Berge. Etagenhohe Schutthalden – neue Zufuhren aus der Umgebung sorgten dafür, dass sie immer höher wurden. Wir sind ehrlich genug, es zu erkennen – und zu bekennen. Erkenntnis soll auch bei uns der Weg der Besserung sein. Auch für die Stadt Köln?

Jedenfalls wollen wir „Muuzemändelcher", die alten treuen Freunde unseres Willi Ostermann, den Anfang machen, unserem Kölner Ostermanndenkmal eine würdige Umgebung zu schaffen, um die falsch platzierten „Sieben Berge" abzutragen. Wer hilft mit?"

Am Ostermann-Plätzche

Die Mitglieder der Muuzemändelcher hatten noch Schwielen und Blasen von der Gürzenich-Entschuttung an ihren Händen, aber kaum waren die verheilt, lösten sie das Versprechen, das „Baas" Hans Jonen gemacht hatte, fünf Monate später in Köln ein.

Die Kölner hatten Willi Ostermann schon vor dem Krieg ein Denkmal in Form eines dreieckigen Brunnens gewidmet. Thomas Liessem, Ostermanns Freund und Vertrauter, hatte den Honorarerlös der von ihm besungenen Schallplatte „Heimweh nach Köln" in Höhe von 9.000 Mark sowie seine Tantiemen für das von ihm verfasste Ostermann-Buch in Höhe von 8.000 Mark als Grundstock für die Errichtung des 1939 fertiggestellten und vom Kölner Bildhauer Willi Klein entworfenen steinernen Denkmals gestiftet, dessen Kosten 38.000 Mark betragen hatten. Um den Standort hatte es Gerangel mit der Stadt gegeben, aber schließlich setzte Thomas Liessem, auch mit dem Wortgewicht des Festausschuss-Vorsitzenden, seinen favorisierten Standort im Herzen der Altstadt durch.

Das Brunnen-Denkmal hatte den Krieg zwar einigermaßen heil überstanden, aber das Plätzchen rundherum war stark in Mitleidenschaft gezogen worden. Im November 1949 zogen die Mitglieder der Karnevalistenvereinigung „Muuzemändelcher", nachdem sie ihre Arbeit im Gürzenich beendet hatten, zum Ostermann-Brunnen, um jetzt auch hier mit „Schöpp un Hau" ein Zeichen zu setzen. Als sie ankamen, hatte einer der Bewohner, Franz Unrein, schon das Gröbste erledigt. Unrein, noch heute ein Karnevals-As in der Bütt, wohnte mit seiner Familie direkt am Ostermann-Plätzchen und hatte sich an die Arbeit gemacht. Die Nachbarschaft schloss sich seinem Tun an, und den Rest erledigten die Muuzemändelcher. Am 11. 11. 1949 erfolgte die feierlich-fröhliche Einweihung. Im Archiv der Muuzemändelcher befindet sich noch ein Mitschnitt der beeindruckenden Veranstaltung, auf der Muuze-Baas Hans Jonen und Festausschuss-Vorsitzender Albrecht Bodde Ansprachen hielten, die Kapelle Christian Reuter Ostermann-Lieder spielte und die Vier Botze eigene Lieder und ein Potpourri von Willi Ostermann sangen. Die Muuzemändelcher machten fortan aus der Feier am Ostermann-Brunnen eine alljährlich am 11. 11. um 11. 11 Uhr wiederkehrende Traditionsveranstaltung.

Der 1. Oktober 1951 nahte – an diesem Tag wäre Willi Ostermann 75 Jahre alt geworden. Schon frühzeitig hatte Thomas Liessem die Idee einer Freilichtaufführung auf dem Ostermannplätzchen, und mit Hans Jonen und Leo Renner konnte er auf zwei erprobte Mitgestalter zurückgreifen. Die Muuzemändelcher, der Kölner Männerchor unter der Leitung von Paul Kaltwasser, das Kölner Blasorchester unter Christian Reuter und der Sülzer Kinderchor unter der Leitung von Hans Winkel gestalteten „E löstig Spill öm unse Will".

Um 18.00 Uhr zogen die Fahnenabordnungen unter den Klängen des Blasorchesters Christian Reuter ein. Nach einem Liedvortrag des Kölner Männerchors begrüßte Albrecht Bodde die Gäste und Thomas Liessem hielt danach eine Gedenkrede. Nach ehrenden Worten durch Albrecht Bodde dirigierte Lehrer Hans Winkel seinen Sülzer Kinderchor der Schule Manderscheider Platz beim Lied: „Heimweh nach Köln".

Der II. Teil stand unter der Devise ...und Willi Ostermann lebt... Eingebettet in eine Spielhandlung sangen Karl Berbuer (Am dude Jüdd, Kölsche Mädcher künne bütze), Willy Ferling (Kinddauffess unger Krahnebäume), August Batzem (Däm Schmitz sing Frau es durchgebrannt, Es gibt nur einen deutschen Rhein), Jupp Schlösser (Düxer Schötzefess, Kutt erop), Jupp Schmitz mit den Vier Botze, den Gebrüdern Kürsch und den Holzköpp (De Wienands han 'nen Has em Pott), Gerhard Ebeler (Wer hätt dat vun dä Tant gedaach, Woröm solle mer ald en de Heija jonn), Drei Harfelisscher (Wägen de Zimmermanns), Fibbes Kneip (Da wo die sieben Berge), Karl Jahn (Mama, unse Heinemann), Jupp Schmitz (Wenn du eine Schwiegermutter hast), Vier Botze (Och wat wor dat fröher schön doch en Colonia, Et Stina muß 'ne Mann han), Fritz Hunding (Heimweh nach

Muuze-Baas Hans Jonen (r.) bei seiner Gedenkrede am 11.11.1949 am Ostermann-Brunnen. Links von ihm Karl Berbuer

Die Muuzemändelcher und „E löstig Spill öm unse Will" anlässlich des 75. Geburtstages von Willi Ostermann am Ostermann-Brunnen in der Kölner Altstadt

Köln), Karl Höher (Rheinlandmädel) und Peter Klöckner (Un dann freut sich de Mama). Georg Pick (Hoffnung) und Paul Radwitz (Fröhjohr, Adjüß Schäng) trugen Ostermann'sche Gedichte vor. Beim Lied-Vortrag der Vier Botze „Och wat wor dat fröher schön doch en Colonia" summten bei der Refrainwiederholung der Männerchor und alle anderen mit. „Keine Bewegung auf dem Podium – das Lied soll wie eine Vision der Erinnerung wirken", sah die Regieanweisung vor. Die Häuser im Hinwegrund waren illuminiert und gleichzeitig gab es ein „Ärmlückfeuerwerk". Danach trug Franz Klein einen „Nachspruch" vor:

"Wenn ich su ahn ming Heimat denke
Un sinn dr Dom su vör mir stonn,
Mööch ich direk op Heim ahn schwenke,
Ich mööch zo Fooß noh Kölle gonn.

Ich mööch däm Mann, dä su gesproche
Noch eimal gägenüvver stonn, -
Ich mööch de Hand im öhndlich dröcke,
Dat im de Auge üvvergonn.

Ich mööch im noch ens häzzlich danke
För all dat Schöne, wat hä verschenk,
Denn grad ahn dämm, wat hä geschrevve
Dat kölsche Hätz doch iwig hängk.

Sing Musenkinder dunn in gröößе,
Ihr kennt se all un hat se gään,
Se wähden Dag un Naach gesunge
Vun Kölsche he un vun Kölsche fähn.

De Hövelmanns, de Kämmerlings,
De Palms, et Schmitze Bill,

Dr Heinemann, et Angenies
Un vun dr Höhnerfarm et Zill.

De Wienands un et Maybachs-Plünn,
Frau Schmitz, die durchgebrannt,
Dr Pitter me'm Appolonia,
Dr schöne Fädenand!

En dänne lääv hä iwig fot
Un he (zum Herzen deutend) dat welle mer presse ,
Denn wat e ne ächte Kölsche eß,
Dä kann in nit vergesse!

Jo Will, do kanns zefridde sinn
Em ahle Kölle weiß ich e ne Platz
Do eß vör alle Iwigkeit
En Denkmol deer gesatz!

Su wollt et uns Colonia,
Die Dich als große Sohnn gebore,
Weil sei uss ihrer golde Kruhn
Die schönste Pääl verlore!

No maht mr jitz kei dröv Geseech
Dat wor och nie däm Fuss sing Aat.
Dä däht, trotz allem, häzzlich laache
Un well, dat Ihr dat och su maht!

Wer treu däm kölsche Wahlspruch ess
Sich harmlos freue kann,
Dä feeht dä kölsche Fasteleer
Em Senn vum Willi Ostermann!"

„E löstig Spill öm unse Will" – die Zuschauer „knubbelten" sich rund um den Ostermann-Brunnen, um dabei zu sein

Im bunten Spiel unter Leitung von Hans Jonen und Christian Reuter (Musik) traten auch viele der Ostermann'schen Typen in Erscheinung: Et Schäfers Nett (Jupp Lemaire), Et Schruppe Zillje (Ludwig Geißler), Et Seife Klör (Jupp Cremer), Et Leppenbell (Matthias Brück), Et Schmitzen Plünn (Fritz Klein), Et fussich Julche (Willi Ferling), Et Juß (Mathieu Simons), Schutzmann Streukoche (Kaspar Empt), Et Schmitzen Billa (Heinz Ehnle), Et Stina (Erich Höfer), D'r Ühm em Sessel (Heinz Paffenholz), De Tant (Willi Klett), Herr Schmitz (Karl Schmitz-Grön), Frau Schmalz (Johann Wolter), Hermann met däm Knäbelbaat (Peter Schumacher), Et Grietche em Naakskomödche (Klaus Becker), D'r schöne Fädenand (Karl Küpper), Heinemann (Jupp Kürsch), De Schwiegermutter (Heinz Linz),

Die Zuschauer lauschten dichtgedrängt um den Ostermann-Brunnen den Worten von Thomas Liessem (rechts) 1951

Frau Palm (Anton Küster), Frau Hövelmann (Stephan Kürsch), 1.Harfelissge (Peter Pütz), 2.Harfelissge (Jean Düster), 3.Harfelissge (Käthe Wasser), Pitter vun de 65 ziger (Fritz Hunding), 1.Köbes (Jupp Weller), 2.Köbes (Leo Chorus und die „Lück em Huus": Zwei Holzköpp (Willy Ahlbrand und Hans Schmidt), Franz Klein, der Sprecher von Prolog und Epilog sowie die Mariechen der Korps. Nicht zu vergessen das Entgegenkommen der gesamten Hausbewohner um den Willi Ostermann-Platz.

Albrecht Bodde hatte Anfang September die Mitgliedsgesellschaften des Festausschusses und befreundete Vereine aufgefordert, sich durch die Entsendung von Fahnenabordnungen an der großen Gedenkfeier zu beteiligen. Für die Karnevalisten aus den Reihen der Muuzemändelcher war die Teilnahme ohnehin Ehrensache und der Blick auf die Besetzungsliste zeigt, dass sich niemand ausschloss und selbst die „Stars" bereit waren, sich in kleinen und kleinsten Rollen zu beteiligen. Waren das noch Zeiten! In Stuhlreihen und auf Tribünen hatten tausende Zuschauer bis hin zur Nordseite des Heumarktes das Spiel, das durch Lautsprecher zudem auf die umliegenden Plätze übertragen wurde, verfolgen können. Entsprechende Vorkehrungen waren getroffen worden, denn bereits im Vorfeld hatte die Veranstaltung einen großen Widerhall gefunden; viele auswärtige Karnevalsvereine und 2.000 sangesfreudige Personen aus Holland hatten ihr Erscheinen bei Albrecht Bodde und Thomas Liessem angekündigt.

Et Spill op d'r Rothustrapp

Als 1961 das Ostermann-Plätzchen umgebaut wurde, war es Oberbürgermeister Theo Burauen, der die Muuzemändelcher – die Muuze – und damit den Karnevalsauftakt auf den Rathaus-Vorplatz holte. „Et Spill op d'r Rothustrapp" war geboren. Dort blieben die Muuze auch in den folgenden Jahren. Am 11. 11. 1973 feierte die Karnevalistenvereinigung die 25. Veranstaltung der Nachkriegszeit. Theo Burauen wurde an diesem Tag mit der neu geschaffenen „Goldenen Muuz" „zum Dank und in Würdigung seines Einsatzes für die Pflege kölnischer Eigenart" ausgezeichnet. Die Auszeichnung wird seitdem in der Regel alljährlich vergeben. Ferdi Leisten, Willy Schneider, Karl Funck, Hans Grün, Alfred „ALEKS“ Küsshauer, Carl Adler, Otto Hofner, Jan Brügelmann, Dr. Heribert A. Hilgers, Werner Bader, Fritz Herrmanns, Dr. Hans-Joachim Möhle, Dr. Gerhard Jussenhoven, Ralf-Bernd Assenmacher, Willy Millowitsch, Dr.h.c. Norbert Burger, Dr.hc. Hans Imhoff, Reinold Louis, Kölner MGV, Prof. Alfred Neven DuMont, Hansherbert Wirtz, Kurt Brünler, Franz Xaver Ohnesorg, Franz Wolf, Hans-Horst Engels, Renate Canisius, Prof. Dr. Ing. habil. Bruno O. Braun, Hermann Barz, Uschi Werner-Fluss und Dr. Henner Berzau, Heribert Malchers, Herta Reiss, Dipl. Kfm. Hans-Peter Krämer und im Jahr 2005 Jupp Stollenwerck wurden – in dieser Reihenfolge – bislang mit dieser Auszeichnung bedacht.

Wenn Sie in dieser Auflistung die Namen verdienstvoller Karnevalisten vermissen, dann hat das den Grund, dass die Verleihungsrichtlinien vorsehen, dass die „Goldene Muuz“ nicht an Mitglieder der Muuzemändelcher vergeben wird. Als mir 1991 die Ehre der Auszeichnung zuteil wurde, war ich kein Mitglied und es war zu diesem Zeitpunkt auch nicht absehbar, dass ich es einmal werden würde. Als die Muuzemändelcher 1998 in eine finanzielle Schieflage geraten waren, hatte ich auf Bitten und mit Unterstützung der Ehrenmitglieder Günter Eilemann, Ludwig Sebus und Kurt Ludes den Vorsitz übernommen. Vier Jahre später glaubten wir alle, die Verbindlichkeiten seien abgedeckt, als uns der Schlag traf: Manipulation! Mein Stellvertreter Werner Schubert – als „Schnapsdrossel“ eine Größe im rheinischen Karneval – und Hermann Josef Saurbier, den ich für das Amt des Schatzmeisters gewinnen konnte, haben in mehrmonatiger und engster Zusammenarbeit mit mir die Angelegenheit ohne Einschaltung staatlicher Obrigkeit und zur Zufriedenheit aller Beteiligten nicht nur bereinigen, sondern auch ein gutes Polster für die kommenden Aufgaben schaffen können.

Der 11. 11. 1977 ist als einer der „Maria Sief“- Tage in Kölns Geschichte eingegangen. „Et rähnte wie e Bies“ – und dat Spill op d'r Rothustrapp drohte zu ertrinken. John van Nes Ziegler, Nachfolger von Theo Burauen im Amt des Oberbürgermeisters, weilte auf Dienstreise in Amerika und Japan. „Ganz unkonventionell“, so Engelbert Greis in einem Kommentar der Kölnischen Rundschau, „sorgte sein Stellvertreter, Bürgermeister Dr. Heribert Blens dafür, dass endlich Leben ins Historische Rathaus gekommen ist.“

„Der holte nämlich“, so der heutige Stellvertreter des Chefredakteurs, „einfach die kölschen Jecken ... in die Piazetta, wo das Spielchen dann urkölsch, gemütlich und vor allem trocken ablaufen konnte. Hier wurde gesungen und geschunkelt, donnerten laute Alaafs durch das Rathaus.“

Der Oberbürgermeister machte nach seiner Rückkehr gute Miene zum gar nicht bösen, sondern bürgerfreundlichen Spiel, seine Nachfolger Norbert Burger, Harry Blum und Fritz Schramma genehmigten die alljährliche Fortführung vom „Spill op d'r Rothustrapp“ getreu der altkölnischen Regelung: „Wat en Kölle zweimol passeet, es Tradition. Ab däm drittemol es et Brauchtum!“

Die „Willi Ostermann-Gesellschaft“ sorgte nach ihrer Gründung 1963 für eine Wiederbelebung der jährlichen 11. 11.-Feier am Ostermann-Brunnen. Mit den Jahren wurde der Jecken-Zuspruch dort so groß, dass man auf den Altermarkt ausweichen musste. Seit das WDR-Fernsehen die Veranstaltung live überträgt, kann selbst der Altermarkt die Besucher nicht alle fassen. Siebenmal in Folge durfte ich, bis 2004 einschließlich, mit wechselnden Partnern – u. a. Hans Knipp, Günter Eilemann, Wolfgang Oelsner, Jacky von Guretzki-Corny, Anja Odenthal – diese fünfstündige Sendung moderieren; 2005 folgte eine Wachablösung.

Verstorben – aber den Krieg überlebt

Obwohl Willi Ostermann schon drei Jahre vor Kriegsausbruch verstorben war, hat er, wie kein anderer Kölner, in den Köpfen und Herzen vieler Kölner den Krieg überlebt. Denn sein nachgelassenes Lied „Heimweh nach Köln“ hat die Menschen berührt, hat Sehnsüchte geweckt. Seine Rhein- und Weinlieder vermitteln Fröhlichkeit, Frohsinn und Freude und in seinen kölschen Milieuschilderungen haben die leidgeprüften Kölner ihre Stadt wiedererkannt. Welchem anderen Heimatdichter ist es schon vergönnt, auf einem Gedenkstein verewigt, mit einem Denkmal auf einem nach ihm bemannten Platz gewürdigt, von einer Gesellschaft als Vereins-Namensgeber auserkoren zu werden? Den „Goldenen Ostermann-Brunnen“ verleiht die Willi Ostermann-Gesellschaft an verdiente Kölner, aber als angesehenste und begehrteste Auszeichnung in Köln gilt die vom Ostermann-Kuratorium selten verliehene „Willi Ostermann-Medaille in Gold,“ die auch mir verliehen wurde.

Die Akteure der Muuzemändelcher beim Ostermann-Spill

Stein des Anstoßes
Prima Prümmcher und der Prummebaum am Kromme Büchel

Werfen wir einen Blick auf das Jahr 1949. Der Knolly Brandy, Cherry Knolly, Rachenputzer – wie immer das „Gesöff" auch hieß – regte die Phantasien vieler Liederdichter an. So mancher Gassenhauer ging flott über die Lippen, und 1949 wurde ein Lied zum großen Schlager, aber auch zum Stein des Anstoßes.

Herbert Bertrands Lied „Prima, prima Prümmcher" erklang plötzlich an allen Ecken, in allen Gassen. Einige sangen es verstohlen, gewissermaßen hinter der hohlen Hand, andere wiederum hatten keine Hemmungen, dieses Lied auch dann zu singen, wenn sie in Damenbegleitung waren. „Wer Schlechtes dabei denkt, ist selbst schlecht", lautete das eine Urteil, „mit Karneval hat diese Zote nichts mehr zu tun", ein anderes.

Wie immer Ihr eigenes Urteil ausfallen mag: Herbert Bertrand hat – insbesondere den zweiten Vers – so „meisterlich" gesetzt, wie es in dieser Konstellation nie einem anderen gelungen ist. Berücksichtigt man die einprägsame Melodie, dann darf mit Gewissheit angenommen werden, dass dieses Lied – so oder so – seinen Weg gemacht hätte. Doch, wie das so ist: je mehr sich der zu dieser Zeit schon „offizielle" Karneval davon distanzierte, um so populärer wurde das Lied. Und auch hier war (wieder einmal) festzustellen, dass „die Offiziellen" begeistert mitsangen, wenn sie nach Ablegung von Feder und Mütze nur noch „inoffiziell" dabei waren...

Erinnert Sie diese Geschichte etwa an das Jahr 1985: Ja, richtig! Die Bläck Fööss eckten mit dem „Kackleed" bei den einen gewaltig an – und ernteten bei den anderen große Zustimmung. Wie oft habe ich von älteren Karnevalisten gehört „... dat ha'mer ald immer gesunge!" Aber dann: „Su jet jehööt nit en de Öffentlichkeit!"

Nach der Währungsreform wurde auch das Angebot an Unterhaltungs- und Vergnügungsstätten größer und umfangreicher

Und 2004? „Poppe, kaate, danze ..." – und nur wenige haben sich darüber aufgeregt. Und die, die das Lied öffentlich als gossenhaft und „ungeeignet" für den Karneval bezeichnet haben, durften deshalb zwar einiges Lob in persönlichen Gesprächen verbuchen, mussten aber auch einiges an öffentlicher Schimpfe einstecken.

Doch zurück zum „Prümmche", welches so „prima" war. Eines darf ja sicherlich nicht bestritten werden: gerade in der Nachkriegszeit blühte die Prostitution. Doch erst als die Lebedame Rosemarie Nitribitt ermordet wurde, durfte über dieses Problem öffentlich diskutiert werden. In Köln hieß es schon früher, wenn eine Frau besser gekleidet war als die andere – natürlich hinter der hohlen Hand – „die geiht me'm Plümmo lans de Rhing!" Doch hier die (das) „Prima, prima Prümmcher":

So sahen wir sie:

Hans Jonen (Öffentliche Meinung)
Erich Nöfer (Stommeler Boor) **Mathias Brück** (Märchenprinz)
Jupp Weller (Tünnes)
Karl Küpper (Berichterstatter) **Mart. Dünther** (Kölsche Boor)
H. Fey (Schrottsammler) **Kasper Empt** (Schutzm. Streukoche)

Und was sie aus der Bütt an Frohsinn, Spott, Humor und Satire von sich geben, erschüttert immer wieder das Zwergfell der närrischen Zuhörer.

Übrigens gibt es noch mehr Büttenredner, die ihre Aufgabe nicht minder gut lösen.

Die Karnevals-Stars der ersten Nachkriegsjahre in der Karikatur

„Geiht mer durch de Stadt spazeere,
Un mer loht dann krüzz un quer,
Wat se dann all spekuleere
No dä Prümmcher deck un schwer.
Kütt en Kahr met decke Prumme,
Glich dorop der Nächste rahn,
Konkurrenz, die sieht mer kumme,
Jo, dann fängk dat Schreien ahn:
„Zwei, drei, vier!"

:: Prima, prim, prima Prümmcher,
Prima, prima, prima Prumm,
Prima, prima Prümmcher,
Jo, dat eß jet för dä Jung.
Wat mer met de Prümmcher maache,
Weiß die Polizei genau.
Us de prima, prima Prümmcher,
Jo do maache mer Schabau! ::

Nä, wat eß dat met de Prumme,
Hück ze Dag e doll Geschäff!
Einer sieht se wohl gän kumme,
Un dä and're schwaht de Bläff.
Grad' su, wie dat „Prumme-Liesge",
Dat wor och eesch rattenärm,
Jetz hätt et e eige Hüsge,
Un die and're schlagen Lärm:
„Zwei, drei, vier!"

Prima, prima, prima Prümmcher,
Do eß alles drop verröck,
Prima, prima, prima Prümmcher,
Grade die vum eeschte Plöck,
Als mer nor noch „Knolli" kannte,
Schlabberbier bei jedem Weet,
Heimlich mer die Prümmcher brannte,
Sunge mer dobei dat Leed:
„Zwei, drei, vier!"

Die „offizielle“ Meinung fand aber einen Weg, aus der selbst provozierten Sackgasse herauszukommen: Über ihr Organ „Kölner Karnevals Ulk“ ließen die Herren eine von den „Vier Dötz“ vorgetragene „Parodie auf einen Gassenhauer“ als „vorbildliche Antwort auf eine Entgleisung“ einrücken:

„Om Kohberg hööt m'r die Lavumm,
Et Jirjels Klör schleit selvs de Trumm,
D'r Jivvel eß esujar gekälk,
Bes en de Naach et wed gebälk,
Die Nohberschaft von rächs un links,
Die hät des Morgens als jespings,
Doch meddags no d'r Zupp schon sung
Om Kohlberg ald un jung:

:: Prima, prima, prima Prümmche,
Prima, prima, prima Prumme,
Prima, prima, prima Prümmche,
Die waßen op däm Baum.
Wat mir met dä Prumme mache,
Weiß die Polizei jenau.
Vun dä prima, prima Prumme
Jo, do maache mir Schabau. ::

Et Naaks kütt jegen „Zwölf“ nen Blö,
Dä schnapp em Bettjack sich dat Klör:
„Saht, hat ehr doch nen Prummebaum?“
„Mir hann su'n Dingere, ihr gläuvt et kaum!“
Am anderen Dag maht hä Rapport:
„En Ordnung eß mi janz Ressort!“
Dä Hauptmann loht en sich ens ahn,
Do lallt hä met su'ner Fahn:“

Pflaumen waren in Köln Stadtgespräch. Dann kam eine andere Baumfrucht in Mode: die Dattel, südländisches, begehrtes, weil unerreichbares Produkt. Weniger die gegenständliche Frucht als vielmehr der Liedertext hielt Einzug in Köln. Schuld daran war Jupp Schmitz. Er hatte zwar „nur" die Melodie komponiert, aber damit dem aus Hamburg stammenden – und als Boxpromoter bekannten – Walter Rothenburg den „Einstieg" als Texter des Kölner Liedes „Am Chimborasso steht ein alter Dattelbaum" ermöglicht:

„Am Chimborasso steht ein alter Dattelbaum,
Dattel-duttel-dietel-dattel-du-di-da.
Wer von ihm nascht erlebt
Den schönsten Liebestraum,
Dattel-duttel-dietel-dattel-du-di-da.
Die erste Frucht schlägt gleich ins Blut
Die zweite tut noch mal so gut.
Und nach der dritten, Ja! Ja! Ja!
Ist dir ganz Dattel-du-di-da.
Am Chimborasso steht ein alter Dattelbaum,
Dattel-duttel-dietel-du-di-da!"

Auf den Text der Verse kann hier getrost verzichtet werden. Auch damals, im Jahre 1949, hat nur der Refrain interessiert. Die Kölner waren plötzlich verrückt nach Datteln, aber die gab es nicht, und wir Kinder konnten uns auch nichts darunter vorstellen. Nun haben Datteln und Pflaumen – von der Form her – ja einiges gemeinsam. Aber was hat der Chimborasso in Köln zu suchen? Andererseits: auch „Die wilden Indianer" vom Titicacasee geisterten durch die Kölner Liederlandschaft. Vom „Mississippi", wo auch „ein guter Wein" wachsen soll, war die Rede. Warum also nicht auch vom Chimborasso?

Die „Vier Botze"

Aber es kam anders. Der Chimborasso hatte schnell ausgedient, nachdem sich die „Vier Botze" des Dattelthemas angenommen hatten. Aus Datteln machten sie Pflaumen. Und da keiner mit Gewissheit sagen konnte, ob am Chimborasso auch Pflaumen geerntet werden, andererseits niemand in der Lage war, dies vor Ort zu überprüfen, verlegte Hans-Philipp Herrig den Standort des Pflaumenbaumes in die Straße „Krummer Büchel" in Köln. Und seit dieser Zeit steht „Am Krommeböchel ne ahle Prummebaum". Der wurde so populär, dass er sogar im ersten Nachkriegs-Rosenmontagszug mitfahren durfte. Seither ist er verschwunden:

„Am Krommeböchel steiht ne ahle Prummebaum,
Prima Prümmcher, prima Prümmcher hängen dran.
Wer sich ein plöck, dä hät ne wunderbare Draum.
Vun däm prima, prima Prümmchensprummenbaum.
Ich wor am dräume, et woht mer wärm,
Do hat ich doch ming Groß em Ärm.
Un als ich maht de Augen op,
Do wor ich ganz verdötsch em Kopp.
Ich ben kureet, wat wor dat doch ne fiese Draum
Ich gon em Levve nit mieh an der Prummenbaum."

Ein Aprilscherz und seine Folgen
Öm de Gözenich flöck zo baue müsse mer vill Nägel haue

Nach dem glanzvollen Karnevalsfinale des Jahres 1949 kehrte in Köln wieder der Alltag ein. Der nächste Karneval, dessen waren alle sicher, würde bestimmt kommen. Doch schon am 31. März ging ein Raunen durch die Stadt; einer sagte es dem anderen. Doch jeder lächelte und meinte: „Aprilscherz!" Auslöser war eine Meldung in der Kölnischen Rundschau:

„Vor einem denkwürdigen Erlebnis.

Die Redaktion erhielt folgenden Brief: „Sehr geehrte Herren! Ich hatte gestern eine merkwürdige Begegnung. In einem neueröffneten Lokal am Gürzenich war ich eingekehrt und machte meinen Frühschoppen. Am Nachbartisch saßen Prinz Karneval, Bauer und Jungfrau in Zivil. Sie tranken Bier und rauchten dicke Zigarren, auch die Jungfrau. Sie trafen sich nach Karneval zum ersten Male und wollten nun auch im grauen Alltag etwas für die Stadt tun. Sie hatten sich geeinigt, im Gürzenich-Gelände zu schippen und waren gerade auf dem Wege dorthin. Ich ging mit und staunte Bauklötze. Der Prinz arbeitete wie verrückt, der Bauer war auch nicht faul und die Jungfrau knallte handfeste Brocken auf den Lastwagen, dass es nur so krachte. Wir gingen in das Lokal zurück und der Prinz sagte mir, das sei eine Generalprobe gewesen. Sie wollten am Freitag, das wäre also morgen, von 11 bis 13 Uhr im Gürzenich richtig schippen, damit endlich mit dem Bau des Gürzenich begonnen werden könne. Sie wollten damit Reklame machen für eine Großaktion der Kölner Bürgerschaft. Mit freundlichen Grüßen Ihr ergebener (Unterschrift).

Anmerkung der Redaktion: „Wir haben uns erkundigt. Es ist in der Tat so, wie der Einsender schreibt. Die drei schippen morgen von 11.00 bis 13.00 Uhr im Gürzenich, innerhalb der Umfassungsmauern. Einer beschränkten Zahl von Zuschauern kann Eintritt gewährt werden."

Bei der Gürzenich-Entschuttung am 8. Mai 1949: v.l. Ludwig Geißler, Peter Schumacher, Käte Ostermann, Jupp Schlösser, Werner Dohm, Max Kerz, Hans Jonen und Willy Klett (linkes Foto) sowie Karl Berbuer jr., Ludwig Geißler und Jupp Bresgen (rechtes Foto)

Max Kerz, August Batzem, Jupp Schmitz, Willy Stugg, Peter Schumacher, Werner Dohm, Leo Everhards, Ludwig Geißler bei der Gürzenich-Entschuttung

Leo Everhards, Werner Dohm, Max Kerz und Karl Jahn (linkes Foto) sowie Willi Ahlbrand, Georg Piek, Peter Pütz, Willy Stugg, Max Kerz, Leo Everhards (rechtes Foto) bei der Arbeit

Dieser Aprilscherz, hinter dem der Stadtverordnete Peter Joseph Schaeven stand, sollte die Vorstellung des Liederdichters Kurt Janssen, der in der vorangegangenen Session in seinem Lied „Im alten Gürzenich" die Heinzelmännchen werken ließ, in Erfüllung gehen lassen. Die Kölner hatten Janssens Lied gerne gesungen:

„Es war einmal, beginnen alle Märchen,
Weißt du es noch, es sind bald zwanzig Jährchen,
Sagt' Rosenmontag Stina zu dem Hein,
Da zog das Glück in uns're Herzen ein:

:: Im alten Gürzenich beim Ball der „Roten Funken"
Da hab'n wir Sekt aus einem Glas getrunken,
Die Musik spielte zum „Mariechen-Tanz",
Ach, war das schön – ach, war das schön,
Was war das für ein Glanz! ::

Da ging es „Jujah" bis zum frühen Morgen,
Für das Büfett der „Vondenhoff" tat sorgen,
Der Orgelsmann spielt' Tänzchen ohne Zahl,
Und lebt er noch, dann singt er auch einmal:

Und kam der Prinz dann in den Saal gezogen,
Das war ein Bild, da gingen hoch die Wogen,
Die Prinzengarde, prächtig ausstaffiert,
Gab das Geleit, wie's einem Prinzen gebührt:

Vom stolzen Haus, da steh'n doch noch die Mauern,
Nicht lange mehr, dann ist zu End' das Trauern.
Die „Heinzelmännchen" werken über Nacht,
Dann grüßt es uns in seiner alten Pracht."

Die Muuzemändelcher am 8. Mai 1949 im Kölner Gürzenich

Und auch August Schnorrenberg sehnte sich wieder nach Kölns Festhaus, dessen Bau 1437 vom Rat der Stadt beschlossen worden war und das am 29. Juni 1943 nach einem Luftangriff total ausgebrannt war. Schnorrenberg erinnerte in seinem Lied „Zo Kölle he em Gözenich" an längst vergangene Zeiten, gab sich aber auch optimistisch, was den Wiederaufbau angeht, denn „wat wor, kütt widder och":

Franz Klein und Heinz Lintz

„En Kölle wor e prächtig Huus,
En Huus vun seldem Klang,
Et stund, mer kennt sich hück nit uus,
Vill hundert Johre lang.
Ne kölsche Kaufhär hät met Kraff
Un och der Stadt zo Ehr
Dat Kaufhuus Gözenich geschaff,
Doch dat eß lang ald her.
Dät alles och vergon,
Dä Name bliev beston:

:: Zo Kölle he am Gözenich
Em ahle staatse Bau,
Kei Minsch gingk do noh Huus,
Bes morgens heelt mer uus.
Wat all uns Ahne han gedon,
An Kuns un Praach geschaff,
För su en Lück – sugar noch hück –
Deit gän d'r Hot mer avv! ::

Fünfhundert Jöhrcher sin dohin,
Dat op die selve Plaaz,
Dä kölsche Stadtrot wundervoll
Dat Feßhuus hingesatz.
Uns beste Stuvv hät jet erläv.
Et kom däm Saal nix glich,
Wat huhe Kuns nor beede kunnt,
Em schöne ahle Rich.
Wat wor – kütt widder och –
Meer Kölsche levve noch.“

Die von Kurt Janssen herbeigesehnten Heinzelmännchen kamen in Gestalt von „Prinz“ Theo Röhrig. Kaum hatte er den Aprilscherz gelesen, fasste er sofort einen Plan. Der Telefonhörer wurde in den nächsten Stunden nicht mehr aus der Hand gelegt. Am nächsten Morgen, dem ersten April, fand sich das Dreigestirn pünktlich um 11.00 Uhr morgens mit Schippe, Hacke und einem Lastwagen beim Gürzenich ein und begann eine Entschuttungsaktion. Aus dem Aprilscherz wurde tatkräftiger Ernst.

Immer mehr Zuschauer fanden sich ein, viele halfen. Zeitungsreporter und Fotografen erschienen, Regierungspräsident Dr. Warsch kam und hielt eine Rede. Später kamen ganze Vereine und Schulklassen, um sich an der Entschuttung zu beteiligen. Auch ich verbrachte hier viele Stunden.

Bewohner des Altersheims in Köln-Mülheim und Willy „Fibbes" Kneip mit Heinz Pick (rechtes Foto) am 1. Juni 1949

Sechs Wochen später, auf den Tag genau vier Jahre, nachdem das Deutsche Reich kapituliert hatte, zogen die Muuzemändelcher am 8. Mai 1949, einem Sonntag, met Schöpp un Hau und viel Musik zum Kölner Gürzenich, um die Entschuttungsaktion neu anzukurbeln und fortzuführen. Presse und Rundfunk sind zugegen, als Kölns bekannteste Karnevalisten um 11.11 Uhr in die Hände spucken und sich ans Werk machen.

Jupp Schlösser, August Batzem, Jupp Schmitz, um nur einige zu nennen, legen sich mächtig ins Zeug. Von 12.00 Uhr bis 13.00 Uhr ist „musikalische Werkpause", während der die Kapelle Christian Reuter für die Unterhaltung der zahlreich erschienenen Neugierigen sorgt. Martin Däntler als „Kölscher Boor" geht derweil mit einer Büchse rund und sammelt für „die einzigen Kölner, die an der Gürzenich-Schutt-Aktion nicht teilnehmen können: die Insassen der Riehler Heimstätten"; Zuschauer und Akteure können mit dem von der Sünner-Brauerei gestifteten Kölsch den Durst löschen und mit einem Sünner-Korn den restlichen Staub aus der Kehle spülen.

Zwei Tage später erhält Oberbürgermeister Robert Görlinger einen Brief, den Hans Jonen als „Baas vun de Muuzemändelcher" geschrieben hat:

„Die Muuzemändelcher haben beschlossen, den Insassen der Riehler Heimstätten eine Freude für „Herz und Magen" zu bereiten, in den Heimstätten einen frohen Nachmittag zu veranstalten, bei dem nicht nur unsere Mitglieder unentgeltlich auftreten, sondern auch für den (bei der Gürzenich-Aktion gesammelten) Betrag von DM 304,15 Kaffee, Kuchen, „jet äänze un jet sösse Schnaps" sowie für die Männer Rauchwaren beschafft werden sollen, sodass allen in jeder Beziehung ein unvergesslicher Nachmittag geschenkt wird."

Görlinger bedankt sich drei Tage später für die Entschuttungsaktion: „Es ist erfreulich, dass der Kölner Humor sich in ein solch löbliches Tun ummünzen lässt. Die Absicht, den Insassen der Riehler Heimstätten ein paar schöne Stunden zu bereiten, wird von ihm „lebhaft begrüßt". Auch Oberstadtdirektor Dr. Suth bedankt sich: „Durch Ihre Hilfe haben Sie dazu beigetragen, dass der Gedanke, den Gürzenich wieder in altem Glanz erstehen zu lassen, Gemeingut der Kölner Bevölkerung geworden ist."

Die Muuzemändelcher lösen ihr Versprechen schnell ein. Bereits am 1. Juni 1949 bieten sie unter dem Motto „Fröhlich fängt der Juni an" den mehr als 300 Heiminsassen, die noch in der Tiefenthalstrasse in Köln-Mülheim untergebracht sind, im Beisein von Bürgermeister Dr. Schwering ein tolles Programm, das Hans Jonen moderierte und bei dem u.a. August Batzem, Jupp Schlösser, Karl Schmitz-Grön, Gerhard Ebeler, Karl Berbuer, Deck un Dünn, Jupp Bresgen und Christian Reuter mit drei Musikern mitwirken. Weitere Akteure der Muuzemändelcher sind anwesend, verzichten aber wegen der Fülle des Programms auf einen Auftritt. Auf der Anfang Dezember stattfindenden Nikolausfeier hat der Nikolaus, in dessen Kostüm Georg Pick steckt, viel Lob für die Karnevalisten parat:

Nach der erfolgreichen Veranstaltung 1949 wünschten sich die Altenheim-Bewohner ...

... ein Wiedersehen mit den Muuzemändelcher in 1950. Mehr als 50 weitere Veranstaltungen der Muuzemändelcher sind bis heute gefolgt

„Seid mir gegrüßt ihr edlen Freudenspender
Seid mir gegrüßt im lichterfüllten Saal
Fürwahr in aller Herren Länder,
Sieht man dies Bild kein zweites Mal.

Ich sprach zum Herrn: „Von all den vielen Städten,
Die deiner weisen Herrschaft unterstehn,
Lob ich mir Köln und die Kadetten,
Die nur im Unsinn Sinn des Lebens sehen.

Sie scheinen auf den ersten Blick ergraute Sünder
Zu jeder Untat jederzeit bereit.
Man täuscht sich, Herr, in Wahrheit sind sie Kinder
Im Bürgersrock ganz wie im Narrenkleid.

Und ganz wie Kinder muss man sie behandeln
Und sie betreu'n vor jedem falschen Schritt.
Sie nennen sich und sind wie Muuzemandeln
Mit einem Wort: ganz exquisit.

Und greift ihr wirklich auch einmal daneben
Und wenn die Kritik euch auch mal zersaust,
Es kann nicht immer Meisterwerke geben,
Auch Goethe schuf nur einmal einen Faust.

Drum frisch ans Werk Colonias Lieblingssöhne
Bewahrt euch euer heiteres Gemüt,
Denn vieles Große, vieles Schöne
Erwächst aus heit'rem Wort und Lied.

Jupp Bresgen, „Deck un Dünn" sowie die „Zwei Holzköpp" 1950 auf dem Kölner Neumarkt

Du aber gleichst dem Erzengel der Bibel,
Du Kölsche Boor am Deutschen Rhein.
Bewahre uns vor allem Übel
Und lass es nicht in diese Stadt hinein.

Und alle wirst du wieder um dich scharen,
Die noch Gefühl für Ehre und für Recht.
Ihr wollt sein, wie eure Väter waren,
Ein treues und ein biederes Geschlecht.

So lebt denn wohl, der Narrheit treuste Streiter,
Einst weck ich euch nach langem Erdenschlaf
Mit der Kapelle Christian Reuter
Und dreifach donnernd: Köllen Alaaf!"

Eine Sitzung für die Kölner Kriegsbeschädigten führen die Mitglieder der Muuzemändelcher ein Jahr später, am 27. Januar 1950, im vollbesetzten Williamsbau durch, bei der die Muuzemändelcher auch den Elferrat mit Präsident Georg Pick an der Spitze stellen. Die gesamte Einnahme verbleibt bei den Kriegsbeschädigten und Hinterbliebenen, und alle Mitwirkenden stellten sich ehrenamtlich zur Verfügung. Am 13. Februar 1950 sind die Muuzemändelcher erneut im Altersheim, diesmal mit einer Karnevalssitzung unter der Leitung von Willy Stugg.

Dieses ehrenamtliche Engagement hat sich bis heute alljährlich fortgesetzt, und im Januar 2006 werden die Muuzemändelcher bereits die 55. Sitzung für die Bewohner der ehe-

Karl Berbuer, Willy Klett mit Jupp Weller und Gerhard Ebeler waren 1950 ebenfalls dabei

maligen Riehler Heimstätten, die jetzt „Zentren für Senioren und Behinderte der Stadt Köln“ heißen, durchführen, im Kölner Sartory zum 53. Mal eine Sitzung für die Mitglieder des Kölner Blinden-Vereins präsentieren und zum 59. Mal in Verbindung mit dem Personalrat des Dezernates VI der Kölner Stadtverwaltung und dank des Engagements von Jean Jülich eine Sitzung zu Gunsten Kölner Kinderheime durchführen.

Ne decke Penn en Tünnes un Schäl kloppe

Im April 1950 wird auf dem Neumarkt eine 3,25 Meter hohe hölzerne Doppelfigur von Tünnes und Schäl aufgebaut, die von Professor Wallner mit Unterstützung seiner Studenten an den Kölner Werkschulen gefertigt worden war. Gegen einen Obolus zwischen 50 Pfennig und fünf Deutsche Mark können Nägel in Eisen, Silber, Kupfer und Gold in die Figuren geschlagen werden. Der Sockel der Figur trägt die Inschrift: Öm d’r Gözenich flöck zo baue“.

Und wieder werden die Karnevalisten der Muuzemändelcher aktiv. Am 14. Mai, einem Sonntag, treffen sie sich am Hahnentor und ziehen mit der Kapelle Christian Reuter zum Neumarkt, wo sie von 18.00 bis 20.00 Uhr ein buntes Programm rund um die Tünnes und Schäl-Figuren gestalten. Ein großes Schild verkündet:

„Wo se Tünnes un Schäl vernäle, do dürfe de Muuzemändelcher nit fähle“. Martin Däntler als „Kölsche Boor“ eröffnet mit einem speziell zu diesem Anlass geschriebenen Prolog eine Freiluftveranstaltung, bei der Jupp Weller und Willy Klett in einem Zwiegespräch als „Tünnes und Schäl“ die Überleitung zu den Mitwirkenden machen, deren klangvolle Namen einer karnevalistischen Hitparade zur Ehre gereichen würden: Vier Botze, Zwei Holzköpp, Gebrüder Kürsch, Deck un Dönn, Karl Berbuer, August Batzem, Jupp Schmitz, Gerhard Ebeler, Karl Jahn und Jupp Schlösser. Dem Gürzenichbau-Verein e.V. konnten anschließend 376,85 DM aus dem Verkauf der Nägel und einer Büchsensammlung zugeführt werden.

Köln soll das Symbol der Zukunft sein

Der Gürzenich ist inzwischen bereits provisorisch so weit hergerichtet, dass am 26. Mai 1950 ein Festakt anlässlich des 50 jährigen Jubiläums der Handwerkerschaft stattfinden kann. Oberbürgermeister Dr. Schwering: „In diesem feierlichen Augenblick übernehme ich für die ganze Bevölkerung den wiedererstandenen Gürzenich aus der Hand der Bauleute, und ich stelle ihn den Handwerkern für diese erste Feierstunde zur Verfügung.“

50 Jahre später, beim 100 jährigen Jubiläum der Kreishandwerkerschaft Köln, hatte ich als einer der Festredner auf der Feier im Gürzenich die große Ehre, dies und vieles andere wieder vor Ort in Erinnerung rufen zu können.

1.135 Bürgerinnen und Bürger aus allen Schichten der Bevölkerung lauschen am 25. Juni 1950 im Gürzenich den Worten von Bundespräsident Dr. Theodor Heuss beim Auftakt der Feierlichkeiten zur 1900-Jahr-Feier der Stadt Köln: „In keiner anderen deutschen Stadt war so viel deutsche Geschichte gesammelt, und nirgendwo ist so viel zerschlagen worden. Man muss sich des Gewesenen und des Gewordenen inne sein, um mit einem festen gläubigen Herzen in die Zukunft zu gehen. Köln soll das Symbol der Zukunft sein.“

Karl Berbuer und Käte (ohne „h“) Ostermann (r.)

Es geht weiter

Die Stadt Köln schreibt einen Wettbewerb aus. Ein ungewöhnlich großes Preisgericht prüft sorgsam die eingereichten Pläne für den Wiederaufbau. Der erste Preis wird verdoppelt, weil zwei gleichwertige Entwürfe vorliegen. Danach bleibt es zwei Jahre ruhig um den Gürzenich, und in der Bevölkerung macht sich Unruhe breit. Doch die Verwaltung hatte nicht geschlafen. Neue Überlegungen machen die preisgekrönten Entwürfe hinfällig. In einer denkwürdigen Sitzung beschließt der Stadtrat am 26. Juni 1951, die Architekten Schwarz und Band seien zu beauftragen, einen neuen gemeinsamen Plan unter Einbezug von St. Alban aufzustellen und diesen durchzuführen. Der endgültige Plan wird am 15. Mai 1952 von der in der Messe tagenden Stadtverordneten-Versammlung akzeptiert. Am 15. August 1952 beginnen die Bauarbeiten, am 2. Oktober 1955 wird der mit künstlerischem Schmuck versehene Bau beendet und der Bürgerschaft übergeben.

„Wir sind endlich wieder in unserem Gürzenich", verkündet Oberbürgermeister Dr. Schwering und begrüßt mit diesen Worten die Ehrengäste der Stadt bei der feierlichen Wiedereröffnung. NRW-Kultusminister Werner Schütz würdigt im Beisein von Bundeskanzler Dr. Konrad Adenauer in seiner Festansprache den neuen Gürzenich als ein „sichtbares Zeichen der Opferbereitschaft und des Zusammenstehens der gesamten Bevölkerung von Köln."

Die Kölner haben das Lob mehr als verdient. Weder das Land NRW noch andere Geldgeber waren bereit, den Wiederaufbau finanziell zu unterstützen. Die mehr als 800.000 DM Baukosten wurden einzig durch Erlöse aus der „Tünnes-und-Schäl-Nagel-Aktion", aus Spenden Kölner Bürger und Unternehmen und aus dem Verkauf von Losen einer 1952 ins Leben gerufenen Tombola aufgebracht.

Jetzt kann auch der Karneval wieder Einzug halten. Die Kölsche Funke rut-wieß vun 1823 e. V., die am 4. Februar 1940 zum letzten Mal im Gürzenich getagt hatten, machen den Anfang und „erstürmen" am 15. Januar 1956 anlässlich einer „Sitzung mit Damen" wieder den Gürzenich:

Die „Vier Botze" beim Liedvortrag 1950 auf dem Kölner Neumarkt

„Mer welle wünsche,
Dat nit mieh, wie bisher,
Dä Gözenich weed getroffe,
Noch ens vum Schecksal schwer,
Mög dausend Johr hä halde,
Su wie hä jitz do steiht;
Nor Freud' sich dren entfalde,
En Fridde, Einigkeit.
Mög' immer blieve, wat'e wor:
Uns goode Stuff, noch ville Johr!
Un Kindeskinder zeige ahn,
Wat mer met Fließ geschaffe han!"

Blick in den Festsaal des Kölner Gürzenich

sangen die Funken und ihre Gäste. Auch Jupp Schlösser hatte gleich ein passendes Lied parat.

„Alle Kölsche freue sich üvver dä Gürzenich,
Weil doch Frau un Mann metgeholfe han.
Dat dä Bau jetz widder steiht, Wor och kein Kleinigkeit.
Mancher denk voll Glöck An die Zick zoröck:

:: Op der Trepp vum ahle Gürzenich,
Do han se sich gedröck.
Op der Trepp vum ahle Gürzenich,
Die Päärcher voller Glöck.
Wenn se möd vum Singe, Springe,
Dähten op der Trepp sich finge
Ühm un Tant – die Zick eß längs dohin.
Op der Trepp vum neue Gürzenich
Weed et nit vill anders sin!
Op der Trepp vum neue Gürzenich
Weed et nit vill anders sin! ::

Su ne Ball em Gürzenich wor doch en Sach för sich.
Alles kohm en Schwung, alles, alt un jung.
Kohm dann dä Prinz Karneval zo Besoch op dä Ball,
Ging et durch die Naach bes zum hellen Dag:

Heeß et: „Funke, opgepaß!" Jung, wat gov dat vill Spaß.
Un manch lecker Weech hät e Bützche krääg.
Wenn dann floge durch dä Saal Strüßger bunt ohne Zahl,
Woren Ühm un Tant wie us Rand un Band:

Notenblatt

Tünnes un Schäl halten Einzug

Im Jahr 1987 beschließt der Rat der Stadt Köln, den abgenutzten und heruntergekommenen Gürzenich zu sanieren und ihn als Veranstaltungszentrum für alle Bürger Kölns einer erweiterten und modernen Nutzung zuzuführen. Am 9. Juli 1992 genehmigt der Rat die Planungsmaßnahmen für den Um- und Erweiterungsbau. In der „Guten Stube der Stadt Köln“ sollen zukünftig zu gleichen Teilen Kongresse, Gesellschaftsveranstaltungen, Konzert- und Kulturabende sowie kleinere Ausstellungen und Börsen durch den Betreiber KölnKongress stattfinden. Nach nur 18 monatiger Bauzeit steht der Gürzenich ab September 1997 wieder allen Bürgern offen.

Am 8. Mai 2004 wird die bis dato im städtischen Depot gelagerte Doppelfigur „Tünnes und Schäl“ im Originalzustand, geringfügig restauriert, auf meine von den Muuzemändelcher unterstützte Initiative hin und mit finanzieller Unterstützung durch Bernhard Conin und KölnKongress sowie von Jochen Blatzheim und der Blatzheim-Gastronomie in einer kleinen Feierstunde als „Dauerleihgabe des Kölnischen Stadtmuseums“ vor dem Isabellen-Saal im Kölner Gürzenich aufgestellt. Dort werden sie hoffentlich bis ans Ende aller Tage bleiben als sichtbare Zeichen kölnischer Opferbereitschaft und als Erinnerung an das Zusammenstehen der Kölner.

Der Trizonesien-Song als Taufpate der Bundesrepublik Deutschland
Mer laachen uns kapott, die Pimocke sin fott

Am 23. Mai 1949 verkündet Konrad Adenauer als Vorsitzender des Parlamentarischen Rates das Grundgesetz. Die ersten Bundestagswahlen im August 1949 waren in Köln mit besonderer Spannung erwartet worden, nachdem die SPD nach den Kommunalwahlen im Oktober 1948 mit Robert Görlinger erstmals - wenn auch durch Losentschied - den Oberbürgermeister stellte. Doch die CDU siegte mit 43,3 % vor der SPD mit 33,3 %, der FDP mit 11,7 % und der KPD mit 8,2 % sehr deutlich und eroberte mit Dr. Hermann Pünder, Änne Brauksiepe und Johannes Albers alle drei Kölner Wahlkreise.

Am 15. September wird Konrad Adenauer mit 202 von 402 Stimmen zum ersten Kanzler der Bundesrepublik Deutschland gewählt. Eine Stimme, seine eigene, sicherte seinen Sieg, den er mit deutlichen Abständen 1953, 1957 und 1961 wiederholte.

Die Eröffnungssitzung des Deutschen Bundestages, der den Parlamentarischen Rat abgelöst hatte, war ein großer Tag für Bonn. Die Organisation klappte fast zu gut. Es gab Ausweise, von den Journalisten „Geländekarte“ genannt, für das Sperrgebiet rund um das Bundeshaus. Es gab Ausweise für den Kraftwagen, Ausweise zum Betreten des Bundeshauses und solche für den Besuch der Eröffnungssitzungen. Schließlich gab es noch Ausweise, mit denen man die zeltüberdachte Stahlrohrtribünen erklettern konnte, die rechts und links vom Plenarsaal aufgebaut waren und durch die hohen Glaswände ein schönes Bild, durch die aufgehängten Lautsprecher einen weniger schönen Ton genießen ließen. Ein Zeitungsreporter berichtete, dass beim eher ermüdenden Wahlgang sogar der Regen aufhörte, an die Scheiben zu klopfen und auf die Zeltdächer zu weinen und merkte an:

„Und zur selben Stunde war es auch, dass der Personendampfer Drachenfels mit einer fröhlichen Menge an Bord stromaufwärts fuhr und das Lied zu uns herüberklang: „Wir sind die Eingeborenen von Trizonesien!" Die Schlussakkorde des letzten Satzes der fünften Sinfonie von Beethoven und der „Trizonesien-Song" von Karl Berbuer begleiteten somit die Taufe der Bundesrepublik Deutschland im Plenarsaal.

Im September 1949 wählt die Bundesversammlung Theodor Heuss zum Bundespräsidenten. Auch die Ostzone erhält eine Verfassung, die von einem sogenannten Volkskongress erarbeitet wurde. Aus der „Ostzone" wird die „Deutsche Demokratische Republik (DDR)". Über Bonn als Bundeshauptstadt wird diskutiert, die Kölner ereifern sich aber mehr darüber, dass Düsseldorf als Sitz der Landesregierung den Vorzug erhalten hatte. Doch alles in allem heißt es mehr und mehr „Mer sin zofredde!":

„Mer Kölsche sin am ganze Lief zofredde,
Dat jitz en Bonn de Bundeshauptstadt eß.
Mer ligge doch su schön jitz en d'r Medde
Un Düsseldorf „beschötz" uns ganz geweß.
Uns nix passeere kann, m'r wahl sage kann,
Die Nohberschaff brengk uns jitz en d'r Gang!
Jitz wehd he gebaut, dat m'r kaum sing Auge traut.
Alle Augenblecks en Huus, kütt jitz us d'r Ähd erus.
Jede Givvel wed lackeet un de Trümmer fottraseet;
Jo et eß en Staat: Widder eß en „Weetschaff" do
För uns parat gemaht!

Hans Jonen und Albrecht Bodde

Un och zo käue han mer jitz en Masse,
Dröm sid zofredde, ich wahl sage kann.
Et bruch doch hück faß keiner mieh zo passe,
Wo mer gar „Hämmcher" widder esse kann.
Eß üch d'r Kies zo dör, dann holt üch Limonör,
Dann hat ehr ganz ömsöns dobei Ödör!
Och ne halven Hahn, brängk dä Köbes widder ahn,
Un dozo e Gläsche Kölsch, dat zofredden et Gemölsch.
Ne Schabau steiht och parat, Jung, dä schmeck ... wie Appeltaat –
Moselwing nator, drink zofredde selvs dä Boor,
Wann hä och noch su ... soor!"

Angesichts der politischen Ärgernisse meint Ferdi Leisten in einem Brief an seine Ehrengarde-Freunde:

„Eß et do en unsem Kölle nit vill schöner? He ha'meer bloß eine Staat und dat eß d'r Fastelovendsstaat ... Ävver dat eß winnigstens ne Staat, womet mer Staat maache kann! Meer han sugar dressig Präsidente, un keiner geiht däm andere an et Gaan. Die halde sich an dä Sproch: Jeck loß Jeck elans! Un et wör doch ganz schön, wenn se drusse en d'r Welt all esu denke däte."

Aber „draußen" dachte man leider nicht so. An vielen Ecken brodelte es. Zwar beenden die Sowjets ihre Berlin-Blockade, doch in Rotchina erobern die Kommunisten unter Mao Tsetung praktisch das ganze Reich. Generalissimus Tschiang Kaischek zieht sich mit seiner Regierung auf die Insel Formosa (Taiwan) zurück. In der UdSSR wird eine Atombombe gezündet, und aus Korea dringen Kriegs-Gerüchte zu uns herüber.

Karl Berbuer zeigt wieder einmal, wie man mit einem Lied Politik machen kann. Er klagt an, liefert aber auch zugleich das Rezept, mit dem den Missständen begegnet werden kann. Die Forderung nach dem „starken Held", der die geteilte Welt zum Friedensparadies zusammenschweißen soll, ist dabei in Anbetracht der jüngsten deutschen Vergangenheit gar nicht so ungefährlich:

Die Karnevals-„Kanonen" 1949

„Auf der ganzen Welt ist man sich einig,
Beim Sambatanze, das find' ich schön,
Doch in anderen Sachen ist man kleinlich,
Da kann sich mancher nicht recht verstehn.
Ich frag' mich nur, warum,
Warum ist man so dumm.
Denn jede Zwietracht hemmt den Bau,
Da sind selbst die primitivsten Rassen,
Die sonst nicht spaßen, mitunter schlau:

:: Die wilden Indianer vom Titicacasee,
Die wilden Indianer, die rauchten mit juchhe,
Friedenspfeifen, nach jedem Kampf sogleich.
Nur bei uns nicht, nur bei uns nicht,
Nur bei uns da raucht man die im „Himmelreich". ::"

Franz Chorus wusste ein Rezept, um der Hektik und der Unzufriedenheit jener Tage zu entgehen. Er richtete aber zugleich eine eindringliche Mahnung an seine Kölner Mitbürger, nicht im Bemühen nachzulassen, kölsche Art und Eigenart zu bewahren und zu vererben. Diese Mahnung kam nicht von ungefähr, denn in Köln wimmelte es von Zugereisten und Flüchtlingen, die hier ihre neue Heimat suchten. Fast herrschte babylonisches Sprachgewirr, und nach und nach entwickelten sich Parallelen zu den 90er Jahren des vorherigen Jahrhunderts, als die Stadterweiterung Menschen aller Rassen und Klassen nach Köln gebracht hatte. Viele Kölner stehen den Flüchtlingen sehr reserviert, mitunter sogar feindselig gegenüber. Sie haben das Gefühl der Benachteiligung gegenüber den „Eindringlingen", unter denen auch viele sind, die ihrerseits das Aufkommen dieser Gefühle schüren. Die „kölsche Sproch" erweist sich als zusätzliche Barriere im Umgang miteinander. Selbst wir Kinder ließen uns anstecken und sangen 1949 mit Begeisterung:

„Am 30. Mai geiht dä Flüchlings-Transport
Mer laache uns kapott - de Pimocke sin fott!"

Witze machten die Runde: Tünnes und Schäl stehen in der überfüllten Straßenbahn. Schäl „entfleucht" nach einer bierseligen Nacht am frühen Morgen eine Blähung, deren Geruch dem einer gefüllten Jauchegrube sehr nahe kommt. „Wer hät dann he ne Schirm stonn gelohße?", ruft einer der Fahrgäste. Darauf eine Stimme aus dem hinteren Teil des Wagens: „Wenn sich keener meldet, gäb'n Se en mir, ich bin Flichtling!"

Insbesondere bei der Wohnungssuche haben Kölner gegenüber Zugereisten schlechte Karten.

„Eine Wohnungssuchende" überschrieb Karl Berbuer ein von Wicky Junggeburth in dessen Nachlass gefundenes und bis dato unbekannt gebliebenes Werk auf unterschiedliche Melodien, die aber auch ohne Erläuterung anhand des Versmaßes sofort zu erkennen sind:

„Ich schnitt es gern in jede Rinde ein,
Ich schrieb es gern auf jeden Pflasterstein,
Im Bundeshaus möcht' ich es jedem sagen:

Hab'n se nich, hab'n se nich
Eine Wohnung hier für mich
Wenn auch klein
Ich richte mich schon ein.

Doch et deiht sich nix, Marie
Et deiht sich garnix,
Et gitt kein Hüsche wat nit vill koss.
Hück well bal jedermann,
För ne Duffes Zoschoss han,
Un wer vill Geld hät,
Dä kritt hück e Schloss.

Unverkennbar: Raffael Becker auf einem Kostümball.

Auf dem Friedhof Melaten: „Ich dun ald he e besje oprüme un denke dobei an ming jefallene Junge!“

So renn hin ich und her, renn von Haus zu Haus
Doch aus meinem Bunker hier komme ich nicht heraus.

Florentinische Nächte, die erlebe ich täglich.
Denn Nachts, dann bewegt sich es, im Bunker bei mir,
Ein frenetischer Tango, ließ ich manchmal erklingen
Statt die Biester nun gingen, kamen mehr noch dafür.

(Nun ja)
Die schlechtesten Früchte sind es nicht,
Kann man wohl sagen,
Woran die kleinen Tierchen
So mit Vergnügen nagen,
Die schlechtesten Früchte,
Nein, sonst wär das Ungeziefer
- Ich mein die ganze Kähls -
Nit su hinger mir her

Letz op däm Wunnungsamp ne Knallkopp säht,
Ich wör ene verlorene Zoschoss wäht.
Trotz mingen Sexepiel, säht dat sööss Heu,
Kräg ich als Dringlichkeit nor „Stufe Zwei“

„Denn Sie sind Eingeborene von Trizonesien,
Un“, säht dä Biamte, „das ist gar nicht gut!“
Wär'n Sie aus Hinterpommern oder Oberschlesien,
Jo, dann krägten se vun uns de schönste Bud!“

Nicht die Zugereisten passten sich den Kölnern an, sondern die Kölner nahmen mehr und mehr von den Gewohnheiten ihrer neuen Mitbürger an. Zunehmender Wohlstand tat seines dazu und die „Familie Raffke“ und die „Sippschaft Neureich“ fanden auch viele Freunde bei alteingesessenen Kölnern, die in ihrem neuen Umfeld mit den alten Kleidern auch die kölsche Sprache ablegten, als ob sie sich ihrer schämen müssten. Franz Chorus wusste, wovon er in seinem Lied „Alaaf Kölle“ sprach. 1874 in Köln geboren, hatte er als Kind Bekanntschaft mit vielen Menschen geschlossen, bei denen die geistige Entwicklung hinter dem ohne eigenes Dazutun schnell gestiegenen materiellen Wohlstand weit zurückgeblieben war. Und er hatte auch die Schieber und Maggler kennen gelernt, die Willi Ostermann in seinen ersten Liedern nach dem Krieg 1914/18 so treffend karikiert hatte. Von den vielen Liedern, die Chorus in einem halben Jahrhundert geschaffen hat, ist sein „Alaaf Kölle“ das eindrucksvollste. Ja, es ist das Vermächtnis des 76jährigen an die Menschen seiner Vaterstadt Köln:

„Wenn Ovends ich setze genöglich zo Huus,
Dann nemmen en Boch us dem Schaaf ich eruus,
Dat heisch „Alaaf Kölle" und scheldert die Zick,
Wo „kölsch" he noch woren de Stadt un de Lück,
De achtziger Johre, wo ich noch als Jung
En Wallgraven un Prumenad eröm sprung.
Vun unsem leeven Schneider-Clauss dat Boch
Lis mer als Kölsche ganit genog!

Dä däftige Klaaf – su hăzzlich un brav,
Un immer fingk mer, wie et klingk: „Uns Kölle Alaaf!"

Dat Kölle vun domols, dat kennt mer nit mieh,
Su mänch Deil durch Zick un durch Kreeg gin futtü;
Dat Ahle versunk un de Neuzick de blöht,
Gewaaschels en allerhand Sproche mer höht.
Dat ka'mer nit änd're, et Schlemmste dobei
Ess, dat et Gedöns un dä fremde Buhei
Vun mänchem Kölsche weed su ärg hufeet,
Dat hä sich für sing Muttersproch schineet.

Dröm loht dä Zoteer – un halt su wie meer
Doch unverfälsch uns däftig Kölsch he huh en Ehr!

Mer freuen uns, dat Kölle widder sich mäht,
Mer ston uns Mann, setze Klau'n en de Aed;
Doch weil mer su gotmötig sin wie ne Flöpp
Dröm wahßen de Fremden uns üvver de Köpp.
Dat darf nit passeere, mer müssen uns Aat
Vererve, su wie de Ahle gemaht,
Wa'mer och met der Neuzick vörangonn,
Dä goden ale Stamm bliev doch bestonn.

Dröm immer behööt – dat golde Gemöt,
Wat he am Rhing en Freud un Ping em Kölsche blöht!

Dröm wäm he sing Weeg stund zo Köllen am Rhing,
Un wenn hä och noch esu rich ess un fing,
Dä soll nie vergesse die Sproch un de Aat,
Die ihm en et Häzz de Mutter gelaht.
Uns Stadt die wor fröhter „ein Kroin" genannt,
Un dat soll sei blieve em treudütsche Land;

Ihr Ehr zo wahren ess uns eeschte Flich
Als kölsche Bürger, ov mer ärm ov rich!

Dä däftige Klaaf – su häzzlich un brav,
En Loss un Leid nit ungergeit. „Uns Kölle Alaaf!"

Und noch ein Auszug aus einem bislang „unveröffentlichten" Karl Berbuer, das die Überschrift „Frühling" aufweist:

„Wenn in Deutschland die Parteien
Sich versöhnen, nicht entzweien
Un die Welt es nit mieh su verdötsch wie hück,
Kann dann jeder, statt zu ruhen
Wieder seine Arbeit tuen
Und das Portomanai wird langsam wieder dick.
Wenn mer nackige Lüüs wie jetz he
Nit bei einer Fläsch mieh setze
Un der letzte Tommy kehrt vom Rheine heim:
Dann ist Frühling hier am Rhein."

Musikverleger und Textdichter protestieren
Zick minge Mann am Rundfunk es

Unmittelbar im Schatten des Kölner Doms, auf dem Grundstück des ausgebrannten Hotels Metropol-Monopol, entsteht schon bald ein neues Funkhaus des NWDR. Vor mehr als 120 Jahren hatte an gleicher Stelle Ferdinand Franz Wallraf in der damaligen Dompropstei den Grundstein für das Kölner Kulturleben gelegt.

Ein Funkhaus wie das Kölner ist ja so etwas wie eine Universität mit Musik. Denn hier findet man Abteilungen für kulturelles Wort, Politik, Unterhaltung, Nachrichten, für große und kleine Musik. Von „umstrittenen Sachen" bis zum „Nachtprogramm", vom Schlager bis zur elektronischen Musik – unter Intendant Hanns Hartmann entwickelt sich die Zweigstelle des NWDR bald zum eigenständigen Westdeutschen Rundfunk WDR.

Neben vielen Arbeitsplätzen, die Rundfunk und Fernsehen schaffen, erhalten hier auch unzählige Künstler Arbeit und Brot. Stellvertretend sei hier Heinrich Böll genannt.

Einige Redakteure nutzen ihre Möglichkeiten so selbstsüchtig, dass unter Führung bekannter deutscher Komponisten, Musikverleger und Textdichter der Westzonen 1948 bei Generaldirektor Grimme und dem Verwaltungsrat des NWDR gegen „unlauteren Wettbewerb" protestieren.

Ihre Vorwürfe richten sich in erster Linie gegen den Leiter der Unterhaltungsabteilung, Kurt Feltz. Ihm wird vorgeworfen, dass er während der Sendungen Werbung für seine eigenen Schlager treibe und Magnetophonbänder seiner Lieder an andere Sender verschicke sowie an Musikfirmen verkaufe. Der Spiegel, Hör Zu und andere Zeitungen und Zeitschriften greifen die Vorwürfe auf und berichten darüber.

Die Kölner hatten schon vorher das Spiel durchschaut und auf ihre Weise im „Rundfunkleed" mit einer sehr deutlichen Aufforderung an den Intendanten, diesem Treiben doch ein Ende zu bereiten, reagiert:

„Wat eß dann bloß me'm Nett passeet?
Dat kritt sich nit mieh en!
Nä, watt doch hück us Lückcher weed,
Dat ka'mer widder sin!
Faß jeden Dag nen neuen Hot un och Brillante stief,
E Schleppekleid bes an de Soot un Nerz am ganze Liev!
Möblemang vum feinste Holz, dröm säht it stolz:

:: Zick minge Mann am Rundfunk eß,
Kann uns nix mieh passeere,
Uns eß et große Los geweß:
Mer dun blohß Kumpuneere!
„Un en't Prugramm", säht mingen Henn,
„Kütt keiner usser uns erenn!"
Watt andre maache, eß doch Meß,
Zick minge Mann am Rundfunk eß! ::

Ohne Marke läuf he jaanix!

Dä Henn, dat wor nen ärmen Höösch,
Als hä zom Rundfunk kom.
Jetz geiht et ihm bestemmb nit schlääch,
Hä schmieß de ganze Krom!
Wer ihm nit paß, dä weed gewipp, dä Henn, dat eß ne Stropp,
Un mänche ärme Deuvel stipp de Muul me'm Hölzchen op!
Frög hä ens däm Henn sing Frau, dann säht sei schlau:

Üvvermoot nit iewig lääv,
Su kom, wat kumme moht:
Däm Hendrich wood de Kaat gekläv,
Hä maht sich durch de Koht!
Jitz es nix mieh em Portmannee, et Nettche kühmb wie nie,
Dä Rundfunkfimmel eß passee, et Auto eß fittü!
Zeig et Nett sich op d'r Stroß, röf jede Quos:

Un die Moral von der Geschicht',
Wie kann et anders sin,
Es: „Intendant, tu deine Pflicht
Un stell dä Klüngel en!"
Et git bestemmb noch ander Lück, die get em Köppche han,
Die weeden an de Wand gedröck, mer häut se en de Pann!
Die zwei Mark sit ehr nit wäät, sulang mer säht:

Auch im Kölner Karneval lag Kurt Feltz mit einigen Liedern, zumeist mit Kompositionen von Jupp Schmitz, sehr gut im Rennen. Lieder wie „Spaß an der Freud", „Ach, Jo-Jo-Josef", „Ich sehe Sterne", „Wir kommen alle in den Himmel" und „Wenn du nur nicht so schön wärst" fanden und trafen den Publikumsgeschmack der fünfziger Jahre, und auch heute werden sie als „Evergreens" noch gerne gehört.

Hier selbstsüchtig – dort selbstgefällig

János Kereszti, als gebürtiger Ungar zwanzig Jahre lang beim WDR u.a. auch für „kölsche Klänge" zuständig, bot mir 1984 die Gelegenheit, im Rahmen einer von Richard Griesbach moderierten Sendung einige Karnevalslieder aus den ersten Nachkriegsjahren vorzustellen. Die Hörer-Resonanz war so groß, dass ich in der Karnevalszeit eine eigenständige Sendereihe bekam, die ab 1985 unter dem Titel „Karneval op Schellack" jeden Montagnachmittag eine Stunde lang live gesendet wurde. Als Quelle diente meine Schellackplatten-Sammlung, die der WDR mit meiner Zustimmung auf Bänder umschnitt und auch für sein eigenes Archiv kopierte. 2003 übernahm Kereszti andere Aufgaben beim WDR. Sein Nachfolger Reinhard Kröhnert informierte mich telefonisch, dass nunmehr der mir seit 19 Jahren eingeräumte Sendeplatz „anderweitung" belegt werde. Einen anderen Sendetermin, so der Herr aus dem Sauerland, gäbe es nicht weil „das sowieso nicht in unser Klangbild passt."

Meine Vorhaltung, dass ich eigentlich erwartet hätte, eine solche Nachricht nach fast zwanzigjähriger Mitarbeit und rund 100 Sendungen in einem persönlichen Gespräch zu erfahren, hatte dann zur Folge, dass ich aus Anrufen einiger Karnevalisten und aus meiner Programmzeitung entnehmen konnte, dass die von mir jahrelang am 11. im 11. im Funkhaus moderierte Live-Sendung „Immer wieder neue Lieder" am 11. 11. 2004 einen neuen Moderator hatte.

Irgendwie erinnerte ich mich an einen Spaziergang durch Köln, den Wilhelm Stumpf so schön in Verse gekleidet hat und in dem er Vergangenes Gegenwärtigem gegenüberstellt.

„We wor et doch vör gode Zigge
Em ahle Kölle noch su nett.

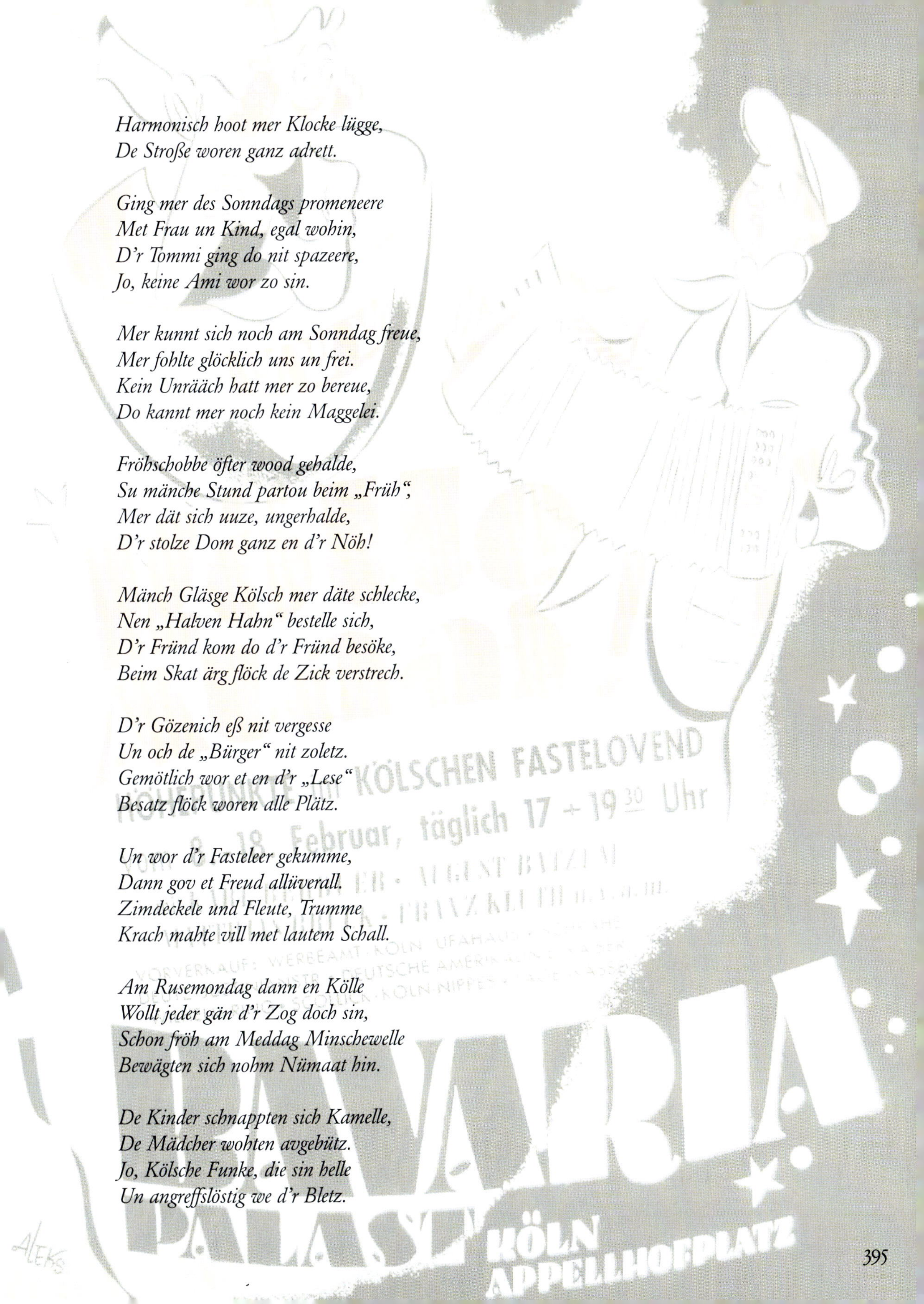

Harmonisch hoot mer Klocke lügge,
De Stroße woren ganz adrett.

Ging mer des Sonndags promeneere
Met Frau un Kind, egal wohin,
D'r Tommi ging do nit spazeere,
Jo, keine Ami wor zo sin.

Mer kunnt sich noch am Sonndag freue,
Mer fohlte glöcklich uns un frei.
Kein Unrääch hatt mer zo bereue,
Do kannt mer noch kein Maggelei.

Fröhschobbe öfter wood gehalde,
Su mänche Stund partou beim „Früh",
Mer dät sich uuze, ungerhalde,
D'r stolze Dom ganz en d'r Nöh!

Mänch Gläsge Kölsch mer däte schlecke,
Nen „Halven Hahn" bestelle sich,
D'r Fründ kom do d'r Fründ besöke,
Beim Skat ärg flöck de Zick verstrech.

D'r Gözenich eß nit vergesse
Un och de „Bürger" nit zoletz.
Gemötlich wor et en d'r „Lese"
Besatz flöck woren alle Plätz.

Un wor d'r Fasteleer gekumme,
Dann gov et Freud allüverall.
Zimdeckele und Fleute, Trumme
Krach mahte vill met lautem Schall.

Am Rusemondag dann en Kölle
Wollt jeder gän d'r Zog doch sin,
Schon fröh am Meddag Minschewelle
Bewägten sich nohm Nümaat hin.

De Kinder schnappten sich Kamelle,
De Mädcher wohten avgebütz.
Jo, Kölsche Funke, die sin helle
Un angreffslöstig we d'r Bletz.

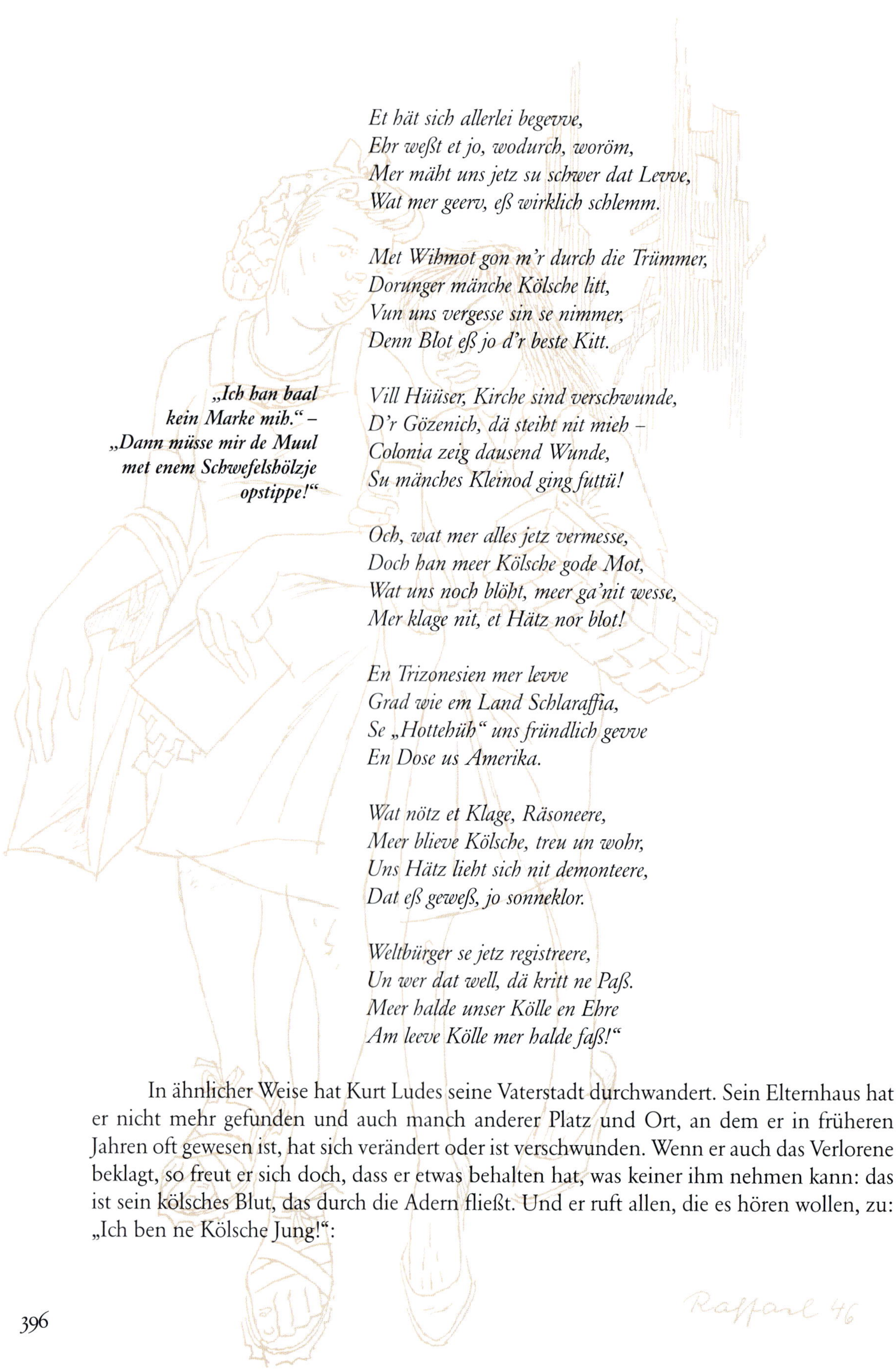

„Ich han baal kein Marke mih.“ – „Dann müsse mir de Muul met enem Schwefelshölzje opstippe!“

Et hät sich allerlei begevve,
Ehr weßt et jo, wodurch, woröm,
Mer mäht uns jetz su schwer dat Levve,
Wat mer geerv, eß wirklich schlemm.

Met Wihmot gon m'r durch die Trümmer,
Dorunger mänche Kölsche litt,
Vun uns vergesse sin se nimmer,
Denn Blot eß jo d'r beste Kitt.

Vill Hüüser, Kirche sind verschwunde,
D'r Gözenich, dä steiht nit mieh –
Colonia zeig dausend Wunde,
Su mänches Kleinod ging futtü!

Och, wat mer alles jetz vermesse,
Doch han meer Kölsche gode Mot,
Wat uns noch blöht, meer ga'nit wesse,
Mer klage nit, et Hätz nor blot!

En Trizonesien mer levve
Grad wie em Land Schlaraffia,
Se „Hottehüh“ uns fründlich gevve
En Dose us Amerika.

Wat nötz et Klage, Räsoneere,
Meer blieve Kölsche, treu un wohr,
Uns Hätz lieht sich nit demonteere,
Dat eß geweß, jo sonneklor.

Weltbürger se jetz registreere,
Un wer dat well, dä kritt ne Paß.
Meer halde unser Kölle en Ehre
Am leeve Kölle mer halde faß!“

In ähnlicher Weise hat Kurt Ludes seine Vaterstadt durchwandert. Sein Elternhaus hat er nicht mehr gefunden und auch manch anderer Platz und Ort, an dem er in früheren Jahren oft gewesen ist, hat sich verändert oder ist verschwunden. Wenn er auch das Verlorene beklagt, so freut er sich doch, dass er etwas behalten hat, was keiner ihm nehmen kann: das ist sein kölsches Blut, das durch die Adern fließt. Und er ruft allen, die es hören wollen, zu: „Ich ben ne Kölsche Jung!“:

„Dat Plääzche, stell, gemötlich
Deit mer vun Kölle spreche.
Vun unsem schöne Rhing,
Dann künnt et Hätz mer breche,
Wat all zum Troor he ging.
Kei Minsch mieh finge kunnt,
Wo fröher treu un friedlich
Mien Eldernhüüs'che stund.
Trotz allem, wat passeet,
Sing' kräftig ich dat Leed:

:: Ich ben ne kölsche Jung
Un han de richt'ge Schwung.
Ich ben e löstig Blot
Un alle Mädcher got.
Eß Kölle och kapott,
He kritt uns keiner fott,
Dröm muß och jede Mann
Em Hätz sing Heimat han. ::

Wie wor et su gemütlich
En jedem Veedel och.
Winkel un Strößcher, Gäßcher
Die gov et herrlich noch.
En manchem kölschen Bräues
Han ich mich gän vermaht,
Un immer op e neues
Gefreut noh kölscher Aat.
Dröm bliev ich wat ich ben
Un sing met fruhem Senn:

Ich darf nit mieh dran denke,
Wat mer verloren han,
Doch gitt et jet op Äde,
Wat mer nit nemme kann:
Dat eß die kölsche Oder,
Die jeder Kölsche hät,
Die doch uns immer widder
Su fruh un glöcklich mäht.
Domet et jeder hö't,
Sing ich noch ens dat Leed:"

Karikaturist Toni Ludes mit Sohn Kurt 1942. Der Vater gründete 1947 den Karnevalsverein „Götterfunke". Am 11.11.1947 starteten Vater und Sohn auf der „Bismarck" ihre erste Feier.

Als „Märchenprinz" ging Sohn Kurt 1983 in die Kölner Karnevalsgeschichte ein. Sein Besuch bei Papst Johannes Paul II. in Rom wird allen unvergesslich bleiben, die dabei waren, als der im April 2005 verstorbene Heilige Vater die „Drei Könige" aus Köln empfing. Ob Kurt auch Papst Benedikt XVI. beim Weltjugendtag im August 2005 begrüßen wird?

Dreimol Null, die Kaygass-Schull und die Vier Botze
Wat koss de Welt, ich well se kaufe

Quasi über Nacht waren sie in aller Munde, und ganz Köln sang das Lied vom Lehrer Welsch und seiner Kaygass-Schull. Das war 1950 und die Interpreten des Liedes, die Vier Botze, wurden, wo immer sie auftraten, bejubelt und gefeiert. „Mer sin doch he nit en de Kaygass“ war Schelte für schlechte Leistungen in der Schule, die Frage „küsste us d’r Kaygass?“ stellten erboste Hausbewohner, wenn sie uns als „Schellemännche“ erkannt hatten und „do kütt d’r Welsch“ sagten wir auf dem Schulhof, wenn in der Pause der aufsichtführende Lehrer unvermittelt auftauchte und wir das Föxchen noch nicht entsorgt hatten. Und nicht nur wir Pänz, mehr noch die Erwachsenen haben in Ermangelung zutreffender Antworten auf zu schwierige Fragen singend geantwortet: „Nä, nä, dat wesse mer nit mieh, ganz bestemmb nit mieh...“

Den Lehrer Welsch hat es tatsächlich gegeben. An der Kaygass-Schull hat er aber nie unterrichtet. Über ihn und seinen Lebensweg wird ausführlich im Buch „Kölner Originale“ (Greven Verlag Köln, 1985) berichtet.

Die Schule ist mangels ausreichender Schülerzahl seit ein paar Jahren geschlossen, die Schultradition wird aber ein paar Meter weiter in der Schule am Großen Griechenmarkt gepflegt und in der Straße selbst erinnert ein Schild an vergangene Zeiten. Und die „Väter“ der Kaygass, die Vier Botze?

Vor rund 40 Jahren, im Jahr des 33 jährigen „närrischen“ Jubiläums 1966, musste das Quartett alters- und krankheitsbedingt von der Bühne abtreten. Gegründet hatte es sich zu Beginn der 3o er Jahre, als sich während der großen Arbeitslosigkeit vier „Kölsche Junge“ – Hans-Philipp Herrig, Hans Süper, Ferdinand Voßenberg und Gerhard Böckem – zusammenfanden, um als Strassensänger-Quartett, mit Gesang und Gitarrenbegleitung, durch Kölns bekannteste Weinlokale und Gaststätten zu ziehen. „Vier Junge us dem ahle Häzze vun Kölle, vum Greechmaat, us de Schemmergass un vun dr Ahl Muur“, wie sie von sich selbst sagten.

Zunächst hatten sie alle nur einen Spitznamen: „Die Botz“; „dat Hohn“, „dr Stump“ und „dr Kromm“. Doch das Tragen von überweiten Hosen hatte ihnen schnell den Namen „Vier Botze“ eingebracht. Dabei blieb es auch, als Richard Engel (d’r Reckes) „die Botz“ ersetzte.

Bis zum Ausbruch des Krieges hatte die Gruppe viele Erfolge zu verzeichnen, dann mussten alle den Soldatenrock überziehen. Glücklicherweise kamen drei Mann der Gruppe gemeinsam zu einer Flak-Division. wo sie mit einem Ersatzmann – Köbes Wagener – bei der Soldatenbetreuung mitwirkten.

Tausenden Kameraden konnten die vier bei zahlreichen Auftritten, so in West- und Südnorwegen, beim Soldatensender in Oslo, in Stavanger, in Paris, St. Omar, Amiens und mehreren Rundfunkstationenen, Freude spenden. Dem Kriegseinsatz folgte eine knapp sechsjährige Kriegsgefangenschaft.

Als sich die Vorkriegs-Vier wieder in Köln zusammenfanden, wurde mit frischem Mut von vorne angefangen. Es dauerte nicht lange, und das Quartett strahlte wieder im alten Glanz. Der Rundfunk und die Schallplatten-Industrie klopften wieder an – und auch der Karneval meldete sich. Das Repertoire des Quartetts wurde immer vielseitiger. Texte, Musik und Arrangements stammten neben einer Vielzahl von Parodien zum größten Teil aus den Federn von Hans-Philipp Herrig (d'r Kromm) und Hans Süper (de Stump), wie z.B. „Wat koß de Welt, ich well se kaufe", „Heute gießen wir uns noch einen auf die Lampe", „Mer sin vum Kölsche Adel", „Dat letzte Hemb dat hät kein Täsche", „Drei tolle Tage", „Rosenmontag", „Wir halten uns an der Theke fest", „Däm Ein sing Ühl es däm Andere sing Nachtigall", „Jede Jeck es anders", „Mer träcke op dä Mond."

Am populärsten aber wurde das Lied „En d'r Kaygass Nummer Null". Dieses Lied, ursprünglich eine alte Volksweise, war bereits vor dem Krieg von den „Drei Laachduve" gesungen worden, 1950 wurde es von den „Vier Botze" teilweise textlich verändert und musikalisch neu bearbeitet. Diese Neufassung erlebte einen Erfolg, der bis heute nicht nachgelassen hat – noch immer ist die „Kaygass" so etwas wie eine Kölner Nationalhymne.

„En d'r Kaygass Nummer Null
Steiht en steinahl Schull
Un do han mer dren studeet.
Unse Lehrer, dä heeß Welsch,
Sproch en unverfälschtes Kölsch.
Un do han mer bei geleet.
Un mer han off hin un her üvverlaht
Un han för dä Lehrer gesaht:

:: Nä, nä, dat wesse mer nit mieh,
Ganz bestemmb nit mieh,
Denn dat han mer nit studeet.
Denn mer woren
Beim Lehrer Welsch en d'r Klass
Un do han mer sujet nit geleet
Dreimol Null eß Null bliev Null
Denn mer woren en der Kaygaß en d'r Schull ::

Eß en Schiev kapott
Eß ene Müllemmer fott,

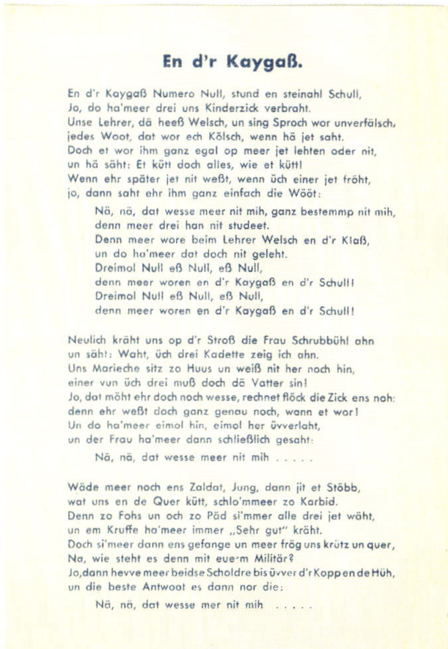
En d'r Kaygaß.

En d'r Kaygaß Numero Null, stund en steinahl Schull,
Jo, do ha'meer drei uns Kinderzick verbraht.
Unse Lehrer, dä heeß Welsch, un sing Sproch wor unverfälsch,
jedes Woot, dat wor ech Kölsch, wenn hä jet saht.
Doch et wor ihm ganz egal op meer jet lehten oder nit,
un hä säht: Et kütt doch alles, wie et kütt!
Wenn ehr später jet nit weßt, wenn üch einer jet fröht,
jo, dann saht ehr ihm ganz einfach die Wööt:

Nä, nä, dat wesse meer nit mih, ganz bestemmp nit mih,
denn meer drei han nit studeet.
Denn meer wore beim Lehrer Welsch en d'r Klaß,
un do ha'meer dat doch nit geleht.
Dreimol Null eß Null, eß Null,
denn meer woren en d'r Kaygaß en d'r Schull!
Dreimol Null eß Null, eß Null,
denn meer woren en d'r Kaygaß en d'r Schull!

Neulich kräht uns op d'r Stroß die Frau Schrubbbühl ahn
un säht: Waht, üch drei Kadette zeig ich ahn.
Uns Marieche sitz zo Huus un weiß nit her noch hin,
einer vun üch drei muß doch dä Vatter sin!
Jo, dat möht ehr doch noch wesse, rechnet flöck die Zick ens noh:
denn ehr weßt doch ganz genau noch, wann et wor!
Un do ha'meer eimol hin, eimol her üvverlaht,
un der Frau ha'meer dann schließlich gesaht:

Nä, nä, dat wesse meer nit mih . . . . .

Wäde meer noch ens Zaldat, Jung, dann jit et Stöbb,
wat uns en de Quer kütt, schlo'mmeer zo Karbid.
Denn zo Fohs un och zo Päd si'mmer alle drei jet wäht,
un em Kruffe ha'meer immer „Sehr gut" kräht.
Doch si'meer dann ens gefange un meer frög uns krütz un quer,
Na, wie steht es denn mit eue'm Militär?
Jo, dann hevve meer beidse Scholdre bis üvver d'r Koppen de Hüh,
un die beste Antwoot es dann nor die:

Nä, nä, dat wesse mer nit mih . . . . .

Originaltext der „Drei Laachduve"

Das Liederheft 1951 mit dem Originaltext der „Drei Laachduve"

Hätt d'r Hung am Stätz en Dos;
Kom dä Schutzmann ahngerannt
Hätt uns vier dann uusgeschannt,
Säht: „Wat maht Ihr vier dann blos?"
Un mer han widder hin un her üvverlaht
Un han für dä Schutzmann gesaht:

Neulich kräg uns en d'r Gaß
Die Frau Kääzmann beim Frahß,
Saht: „Wo lauft Ihr vier bloß hin?
Uns Marieche sitz zohuus,
Weiß nit en un weiß nit uus,
Einer muß d'r Vatter sin!"
Und do han mer widder hin un her üvverlaht
Un han för die Kääzmanns gesaht:"

Für das 1951 wegen Krankheit ausgeschiedene „Hohn" Ferdinand Voßenberg kam Jakob Ernst (de Ähz) als „erster Tenor" hinzu. Stilistisch orientierten sich die „Parodie-Gesangsguitarristen" jetzt mehr an den Comedian Harmonists. In der Karnevals-Session 1958 feierte das Quartett sein 25 jähriges Bühnenjubiläum im Rahmen einer großen Prunksitzung des Festausschusses Kölner Karneval im großen Sartory-Saal, die unter der Leitung von Ferdi Leisten stand. Der Westdeutsche Rundfunk übertrug diese Veranstaltung. Acht Jahre später nahm die Gruppe endgültig Abschied von den Brettern, die die Welt bedeuten.

Jakob Ernst (de Ähz) und Hans-Philipp Herrig (d'r Kromm) versuchten im Jahre 1977 zusammen mit Gerd Gronewald (Fitz) einen neuen Anfang als die „Drei Botze". 1980 schied „de Ähz" aus. Hans-Philipp Herrig – als letzter der „Vier Botze" – macht jedoch mit seinem langjährigen Freund Gerd Gronewald, der bereits 1937 bei den „Vier Mötze" mitgewirkt hatte, weiter. Als „Zwei Botze" standen sie noch auf vielen Bühnen.

1982 und 1983 holte ich die beiden ins Studio, um das Lied „Der Sündenfall" für die Folge 9 und eine Neuaufnahme der „Walberberger Feuerwehr" für die Folge 10 der „Kölsche Evergreens" zu produzieren. Gerd „Fitz" Gronewald erlebte die Vorstellung der letzteren Aufnahme nicht mehr; er verstarb, 70jährig, am 2. Oktober 1983.

„Phip" Herrig dachte aber auch jetzt noch nicht daran, den „Rückzug" anzutreten. 1983 hätte er als einzig verbliebener der Vier Botze ein echtes 50 jähriges Jubiläum feiern können: „Ich fühle mich noch zu jung um ganz aufzuhören", sagte er mir, und so stand er mit seiner Tochter als „Botz un Bötzche" in den darauffolgenden Jahren noch einige Male „taufrisch" und voller Elan im Studio.

Seine zahlreichen Alben konnte ich zusammen mit ihm einsehen. Er hatte alles zusammengetragen, was er als „Botz“ erlebte: Briefe, Fotos, Zeitungskritiken. Besonders stolz war er auf die Briefe eines Absenders, der bis zu seinem Lebensende den „Vier Botze“ Neujahrsglückwünsche übermittelte: Konrad Adenauer, der erste Deutsche Bundeskanzler, erinnerte sich immer gerne der „Vier Botze“, die er als Kölner Oberbürgermeister kennen- und schätzen gelernt hatte.

Hans-Philipp Herrig verstarb im April 1992 im hohen Alter von 83 Jahren: Bis zuletzt war er geistig und musikalisch aktiv, schrieb für Musikgruppen Arrangements und Liedertexte. Auf der Luxemburger Straße, in einem „Hinderbau“, lebte er, versorgt von seiner Tochter, bis zu seinem Tod unter der gleichen Anschrift, die schon auf dem ersten Liederheft der Vier Botze gestanden hatte. Ein Stockwerk tiefer wohnt heute noch Hans Süper, Namensgeber des nach ihm benannten Duetts mit Werner Keppel als Partner und zuvor und lange Jahre mit Hans Zimmermann als Colonia-Duett schon zu Lebzeiten Kult. In den gleichen Räumen übrigens, in denen sein Vater Hans, „de Stump“, ihn in die Besonderheiten des Kölner Karnevals eingewiesen hatte.

Mein Deutschland – dir gilt mein Begehren
Papa Heuss und die Kölner Töne

Viele Jahre stand sie unbeachtet im Regal meines Archivs, und ihre Anwesenheit dort verdankte sie nur dem Umstand, dass der Name Toni Muhs auf ihr verzeichnet war. „Sie“, das ist eine Schellack-Schallplatte und einen Herrn namens Toni Muhs kannte ich gut, denn der stand trotz seines hohen Alters von über 80 Jahren noch tagtäglich in der Benesisstrasse in seinem Schuhladen. Kölns Karnevalisten, soweit sie einem Korps zugehörig waren, gingen hier ein und aus – keiner fertigte die Stiefel so gut wie dieser hochbetagte Schuhmachermeister. Erst nach seinem Tod in den achtziger Jahren erfuhr ich, dass Toni Muhs vor dem Krieg eine Gesangsausbildung erfolgreich absolviert hatte, aber danach ohne Anstellung blieb, weil in Zeiten der Arbeitslosigkeit auch die Planstellen an den deutschen Opernhäusern rar geworden waren. Alle Bemühungen, anderweitig eine Anstellung in seinem Metier zu finden, waren gescheitert, und so hatte sich Toni Muhs, erblich vorbelastet, entschlossen, das Schusterhandwerk zu erlernen, was ihn aber nicht daran hinderte, Familienfeste oder Vereinsjubiläen mit schönen Liedern und dem Klang seines wohltönenden Bass-Baritons zu verschönern. Als ich vor einigen Jahren in der Kölnischen Rundschau einen Artikel aus dem Jahr 1962 von Helmut Signon über die Deutsche Nationalhymne las, dämmerte es mir und ich machte mich auf Spurensuche.

Wir haben ja bereits erfahren, dass Karl Berbuers „Trizonesien--Song“ im Jahre 1949 die Ehre hatte, anstelle der noch nicht vorhandenen Deutschen Nationalhymne gespielt und gesungen zu werden. Zwar hatten die Väter der Bundesrepublik im Mai 1949 beschlossen, die 1919 als Nationalfarben bestimmte Kombination schwarz-rot-gold auch zur Nationalfarbe der Bundesrepublik zu erheben und das auch im Artikel 22 des Grundgesetzes verankert, doch über eine Nationalhymne hatte sich offensichtlich niemand Gedanken gemacht.

Die Frage der Nationalhymne kam aber auf, als Bundespräsident Theodor Heuss in seiner Silvesteransprache 1951 kraft persönlicher Autorität einen Alleingang – gestützt auf seinen Freund, den Dichter Rudolf Alexander Schröder – startete. Schröder hatte auf den Wunsch von Heuss den Text einer dreistrophigen Hymne verfasst. Die von Hermann Reutter vertonten Verse begannen und endeten mit den Zeilen:

"Land des Glaubens - deutsches Land,
Land der Hoffnung - Heimatland,
Land der Liebe - Vaterland!"

Theodor Heuss verlas in der Mitternachtsstunde vor dem beginnenden Jahr 1952 den Text. Anschließend sang ein Chor die Hymne über den Rundfunk in alle deutschen Häuser. Anderntags setzten die Diskussionen ein, wobei das Schröder'sche Werk keinen oder kaum Beifall fand. Aber das Anliegen des Bundespräsidenten war verstanden worden. Viele Dichter und Komponisten traten nun unaufgefordert in Aktion, „Hymnen auf Deutschland" wurden zu Dutzenden verfasst, instrumentiert, gesungen, auf Platten aufgenommen und nach Bonn geschickt.

Auch in Köln tat sich einiges. Heinrich Frantzen, Komponist von mehr als 100 Werken, dessen erfolgreichstes der „Treue Husar" war und ist, schuf als damals 70 jähriger eine Komposition, zu der sein gleichaltriger Freund Leo Renner einen Text verfasste; das Werk sollte als Alternative zu dem in der Öffentlichkeit kühl aufgenommenen „Schröder-Reutter-Werk" dem Bundespräsidenten unterbreitet werden. Im Hof des Kölner Polizeipräsidiums, damals noch am Kattenbug, fanden die Proben für eine Schallplattenaufnahme statt.

Die Polizeikapelle unter der Leitung von Kommissar Helmut Berger intonierte Frantzens Hymne und der Bass-Bariton Toni Muhs sang dazu:

"Mein Deutschland! Mein Deutschland!
Dir gilt mein Begehren.
Mein Deutschland! Mein Deutschland!
Dich halt ich hoch in Ehren.
Was uns das Schicksal auch noch beut',
Wir halten tapfer stand,
Was uns an Ungemach auch dräut,
Wir stehen zum Vaterland!"

Am 31.Mai 1951 sandte Leo Renner das Werk an den Deutschen Bundespräsidenten. Im Begleitbrief führte er aus:

„Viele Anerkennungen von berufener Seite haben den Komponisten und mich bewogen, unsere Arbeit den höchsten Stellen zu unterbreiten.“

Auch an Bundeskanzler Konrad Adenauer wandten sich die beiden Kölner; dieser ließ sie jedoch wissen, er habe die Unterlagen zuständigkeitshalber an den Bundespräsidenten weitergegeben. Von dort kam am 12. März 1953 ein Zwischenbescheid: „Viele Hunderte Vorschläge für eine neue Hymne sind eingetroffen... Eine Entscheidung erfolgt zu gegebener Zeit.“

Die Entscheidung war zu diesem Zeitpunkt allerdings schon längst gefallen.

Denn im Mai 1952 hatte der Bundeskanzler den Bundespräsidenten schriftlich auf die politische Notwendigkeit einer Klärung hingewiesen und die Bitte der Bundesregierung angefügt, „...das Hoffmann-Haydn'sche Lied als Nationalhymne anzuerkennen“.

Professor Heuss erwiderte darauf, er wolle auf „eine feierliche Proklamation“ verzichten und der Bitte der Bundesregierung nachkommen. Wenige Tage später beschlossen die Intendanten der Westdeutschen Rundfunkanstalten, dass „das von Bundespräsident Theodor Heuss wieder zur Deutschen Nationalhymne erklärte Deutschlandlied“ jeden Abend zum Programmschluss gespielt werden solle.

Die Kölner „Renner-Frantzen-Muhs-Polizeichor-Produktion“ hat zwar keine hoheitliche Funktion erhalten, stattdessen aber einen Ehrenplatz in meiner Schellack-Platten-Sammlung.

Auf das Kölner Handwerk ist Verlass
Et Glockespill vum Rothuusturm klingk widder

Im September 1950 wird auf Initiative der Kölner Handwerkerschaft und aus Anlass der 50. Wiederkehr ihrer Gründung die „Bauhütte Rathausturm e. V.“ gegründet. Das Rathaus war am 29. Juni 1943 durch Fliegerbomben in Brand geraten, am 14./15. Oktober 1944 durch Bombentreffer weiter beschädigt und beim Fliegerangriff am 2. März 1945 endgültig ruiniert worden. Nur die Rathauslaube blieb halbwegs aufrecht im Trümmerfeld stehen, der Turm ragte als Stumpf über einer großen Trümmerwüste. Am 26. Mai 1950 war die Grundsteinlegung zum Turmaufbau erfolgt. Ein Betonskelett, mit Ziegeln ausgefüllt, mit einer Helmspitze gedeckt und mit einem fünf Meter hohen „Turmbläser“ als Wetterfahne gekrönt, war errichtet worden und am 30. September 1954 kann Richtfest gefeiert werden. Aber es fehlt doch noch etwas. Etwas sehr entscheidendes: Das Rathaus-Glockenspiel!

Wieder sind es Jupp Schlösser und Gerhard Jussenhoven, die den Kölnern das große Werk nahe bringen und im Lied „Dat Glockespill vum Rothuusturm“ schmackhaft machen, Vorfreude auf das Kommende weckend:

„Weßt ehr noch, Ihr Mädcher un Ihr Junge,
Wie dat Glockespill vum Rothuusturm
En däm ahle Kölle hät geklunge,
Ov bei Sonnesching, bei Rähn un Sturm?
En dä stelle Gässcher ginge Döör un Finster op,
Un om Aldermaat bleev alles stonn un loht erop.
Jeder hät geluusch dä Tön,
Jeder fung die Tön su schön
Un et säht dann selvs de ältste Möhn:

:: Dat Glockespill vum Rothuusturm
Hät ne wunderschöne Klang!
Dat Glockespill vum Rothuusturm
Künnt' ich höre stundelang!
„Üb' immer Treu' und Redlichkeit“ –
Wie klingk dat doch su schön.
Wenn et och av un zo donevve häut,
Sin dat echte Kölsche Tön! ::

Johrelang mer schon dat Spill vermesse,
Weil der Rothuusturm en Trümmer ging.
Ävver Gottseidank eß ungerdesse
Opgebaut dä Turm su staats un fing.
Un mer wolle hoffe, dat et nit mieh doht zo lang,
Bes mer widder höre kann dä altvertraute Klang.
Op dä Dag, ich sage Üch,
Freue ich mich königlich,
Wenn et widder heiß bei ärm un rich.“

Es gab auch Leute, die nichts verloren hatten

Schlössers Wünsche sollten bald in Erfüllung gehen. Denn 1955 beschließt der Rat die Verzierung der Außenwände des Turmes nach historischer Vorlage. Damit beginnt 1956 die eigentliche Wiederherstellung des Turmes. 1958 klingt ein aus 48 Glocken bestehendes Glockenspiel vom Turm, das von Innungen gestiftet wurde. Nicht nur Jupp Schlösser und Gerhard Jussenhoven freuen sich darüber „königlich“.

Die rege Bautätigkeit in Köln brachte es naturgemäß mit sich, dass vieles vom Altvertrauten plötzlich verschwand. Aus Ruinen wurden Häuser, die nur teilweise an ihr früheres Aussehen erinnerten, die Straßen wurden breiter und veränderten sich, so dass es, insbesondere für ältere Menschen, immer schwieriger wurde, sich in Köln noch zurechtzufinden. Hinzu kam, dass übereifrige Planer sich an ihren Schöpfungen teilweise so „berauschten", dass sie nur noch das „Moderne", das „Große" und das „Raumgreifende" sahen. Die urkölnische Gemütlichkeit blieb dabei auf der Strecke. Karl Berbuer war es 1953, der bei diesen Entwicklungen mahnend den Zeigefinger erhob und in der ihm eigenen Art auf Missstände hinwies. Ge- und verplant wurde in Köln weiter, doch es gab auch besonnene Kräfte. Und Platz-Gabbeck steckt am Rathausturm wieder wie früher seine Zunge heraus, während sich die Pädsköpp am Neumarkt Tag für Tag wundern, dass sich der verkehrsreichste Kölner Platz noch keinen Kollaps zugezogen hat. In Berbuers Lied „Nor am Dreikünningepöötzge" finden sich die älteren Kölner wieder:

„Fröher kannt die Oma ungeloge
Em ahle Kölle Wäg un Stäg.
Hück dogäge muß sei immer froge,
Hück fingk sei nirgends sich zoräch.
Fott sin all die Gässcher un die Stroße,
Doch wo eß sei noch wie zo Huus,
Wo föhlt die Oma sich nit verlosse,
Wo fingk sei noch e' bes'che Truus?

:: Nor am Dreikünningepöötzge,
Do weiß die Oma noch Bescheid,
Denn am Dreikünningepöötzge
Hat sei als Mädche su vill Freud.
Ävver söns eß alles anders,
Wenn do hück durch Kölle wanders.
Nor am Dreikünningepöötzge,
Do weiß die Oma noch Bescheid! ::

Mag die Oma spingse un och waade,
Platz-Gabbecks Zung süht sei nit mieh.
Wohl motoriseete Nümaatskradde,
Die Pädsköpp ävver sin futtü!
Göbbelcher met Fleutcher – sei möht kriesche –
Sin der moderne Jugend fremb,
Doch en der Mannsbotz danz et Marieche
D'r Hippelepipp, sei kritt de Krämp!

Ganz geweß, uns Kölle deiht sich wäge,
De Scheldergaß eß ald parat!
Och de Huhstroß fangk sich an zo räge
Die kritt en ganz modern Fassad'.

„Och, ist denn hier keine Haltestelle mehr?" – „En doch Madam, wie de Päädsbahn noch fuhr!"

Trotzdäm muß vun manchem mer sich trenne,
Dat Ahle geiht, wat kütt eß neu.
Do kann kein Oma sich dran gewenne,
Et schönste Pläätzge bliev för sei."

Die von Karl Berbuer herbeigesehnten „Heinzelmännchen" zeigten sich jetzt Tag für Tag an vielen Orten, in Straßen und Gassen. Unsichtbar, doch greifbar in den Kölner Männern, Frauen und teilweise auch Kindern, die, nachdem die eigene Wohnung oder das eigene Haus wieder ein Dach zierte, nunmehr verstärkt an den Gemeinschaftseinrichtungen werkelten. Träume blieben nicht immer Schäume, und so mancher Traum ging nach und nach in Erfüllung. Einen wunderschönen Traum hatte Walter Pengel, der sein Erlebnis nicht für sich behielt, sondern öffentlich kundtat, was und wovon er geträumt hatte. „Ne schöne kölsche Draum" zerrann nicht mit dem Erwachen ...:

„Och hätts do mich doch schlofe loße",
Su säht der Pitter zu däm Sting;
„Ich wor dis Naach su nett am dräume,
Vum ahle Kölle he am Rhing.
Et wor genau wie fröher schön.
Dat Rothus stund am Aldermaat,
Un all die Hüser woren do,
Die ahn de Äd mer hat gelaht.

:: Ich han su schön dis Naach gedräump,
Et stünden he am Rhing,
Die Hüsger öm dä staatse Dom
Widder su schmuck un fing.
Su schön wie et wor en ahler Zick,
Wo zo Kölle noch wood gesunge –
Ich wollt, ich wollt, et hätt dä Draum
Niemols en Engk gefungen. ::

Un op der Huhstroß wor en Drieve,
Em Cafe Bauer klung Musik –
Un all de Lückcher wor'n am laache,
Su glöcklich wie en fröh'rer Zick.
D'r Gözenich en ahlem Glanz,
De Funke trooke durch de Stadt.
Met einemmol verschwunde wor,
Dat Kölle, wat su leev ich hatt.

„Komm, loß d'r Kopp jitz nor nit hange",
Su säht zum Pitter fruh dat Sting:
„Och uns schingk noch die Sonn ens widder,
Dann weed et schön bei uns am Rhing.
Sin eetz die Hüsger opgebaut,
Dann weed dä Draum zur Wohrheit schnell,
Flöck steiht uns Kölle ovvenahn,
Wie fröher huh an eetzter Stell'"

„Köln ist wieder da!" Mit diesem Slogan wirbt die Stadt Köln im Jahre 1950 mit dem Erfolg, dass Hunderte kleiner Tagungen und Kongresse in der Stadt durchgeführt werden. Die bedeutendste Veranstaltung war der Allgemeine Deutsche Sportkongress.

„Das alte Köln ist wieder da!" vermeldete „Die Zeit" im September 1950 auf insgesamt sieben Seiten. Oberbürgermeister Dr. Ernst Schwering unterstrich im einleitenden Beitrag, dass Köln „die wahre Metropole des Rheinlandes" sei. Kölner und Nichtkölner Autoren informierten die Leser über alles Wissenswerte aus der 1900jährigen Stadt.

Für alles, was sich ab 1950 an Aufbauarbeit und Entwicklungen in Köln tat, steht hier ein Lied von August Schnorrenberg, welches er 1956 schrieb, aber erst fünf Jahre später, im Juli 1961 beim Veedelsverein „Mädcher un Junge vum Aldermaat" im Brauhaus Sion vortragen ließ. Der langsame Walzer ist eine besinnliche Rückschau auf vergangene Tage, für die Erwachsenen Erinnerung, für die Jugend Mahnung zur Heimatliebe. August Schnorrenberg schrieb dieses Lied zum Gedenken an seinen Bruder Richard, der 40 Jahre mitten unter den „Mädcher un Junge vum Aldermaat" in der Straße „Unter Taschenmacher" in „Alt Kölle" wohnte:

„Wo gingks do nor hin, wo mags do wal sin? –
Alt-Kölle, dat eß doch nit mieh,
Dat Ahle eß fott un miehstens kapott,
Dat deiht mingem Hätze su wieh.
Als äch kölsche Mann denk öftersch ich dran,
Wie schön wor et fröhter, wie nett;
Gingk ich durch die Stadt, ming Freud ich dran hat,
Zo sin kräg mer immer doch jet.
Dat Schönste eß futtü, dat Ahle kütt nit mieh!

:: Kölle, Alt Kölle, wer dich hät gekannt,
Do weesch de Krun doch am Rhing he genannt.
Ding Strohße, ding Plätzcher, ding Gäßcher,
Ding Leedcher, ding Weetze, ding Späßcher,
Vergesse ka'mer die nie: Alt Kölle eß nit mieh!

Notenblatt

Vergesse ka'mer die nie: Alt Kölle eß nit mieh! ::

Wat Ahne gebaut, sich hück keiner traut;
Seht üch all d'r Dom doch ens an.
Wie huh stund die Kuns en Kölle en Guns,
Die Malerschull sagen et kann.
Am Rhing ich off daach, wat wor dat en Praach,
Alt Kölle met all singe Tön.
Un jeder dä kom, dä Endruck metnohm,
Dat Levve en Kölle wor schön.
Wie frauten se sich all, op dä Prinz Karneval!

De Zigge vergon, et bliev nix beston,
Nor eins jo, dat bliev bes zoletz:
Ov rich doh ov ärm, dat hald üch nor wärm,
Dat goldene, äch kölsche Hätz.
Wer dat uns gesaht, wer dat uns vermaht,
Dat kann doch uns Mutter nor sin,
Die uns hät behööt, die Kölsch uns geleh't,
Ehr Hätz gov för Kölle och hin.
Stoht op jitz, jung un alt, singk laut, dat wick et schallt."

1961 verfasste Hein Jouy das Lied „Weetschaffswunder-Zick"; damals, fünfzehn Jahre nach Kriegsende, eine Zwischenbilanz und eine nicht in allen Punkten erfreuliche Rückschau:

„Wat mer vör ville Johre
Hann metgemaht an Leid,
Wo Klütte sugar wore
Für uns en Seldenheit,
Wo mer nix han besesse
Als unse gode Mot,
Hück eß dat all vergesse;
Et geit uns widder got.

:: En unsem Weetschaffswunderland
Kann mer sich günne allerhand,
Wat he un do mer gän mög hann
Womet mer Freud sich maache kann. ::

Et hät jitz angefange
För uns en golde Zick,

Zo Foß weed nit gegange
Mer flüg, fährt Auto hück.
Mäht nur noch wigge Toure
Bahl öm de ganze Welt,
Doheim et bei de Boore
Uns gar nit mih gefällt.

Vill Neues dät uns gevve
Et Weetschaffswunder, all.
Mer künne besser levve
Dodurch op jeden Fall.
Mer kann hück Gold sich kaufe
Suvill mer drage kann;
Kappes, Gemös vum Haufe
Beim Boor well keiner hann.

Et hätt noch nie gegange
Uns all so got wie hück;
Doch mancher anzofange
Weiß nix met all däm Glöck.
Deit wigger Scholde maache
Un lääv wie ne Baron.
Fängk et am Engk an Kraache
Hät hä verdröck sich schon.

Et Schecksal hät sin ganze Guns
Geschenk em Weetschaffswunder uns;
Mer sin im dankbar för dat Glöck
Mög et su blieve lange Zick.“

Und noch ein Lied aus unseren Tagen. Die Bläck Fööss stellten Ende 1984 ihre neue LP „Mir klävve am Lävve“ vor. In einem ihrer beeindruckenden Lieder erinnern sie an die Zeit vor 40 Jahren, in „Usjebomb“.

„Usjebomb un afjebrannt
Nur Schutt un Dreck am Strosserand,
D'r Kreech wor us un keiner woss,
Op et noch wiggerjeit.
Ävver irjendwie jing et dann doch
Un wenn et sin moot en enem Kellerloch,
E besje laache holf jet drüvver weg,
Kumm denk ens dran zoröck.

Un fier d'r Fastelovend
Noch ens su wie für veezich Johr!

Muckefuck un Rövekruck
Vum Schwatzen Maat met heimjebrat
Op Hamsterfahrt em Vürjebirch
Ne Teppich jäjen Woosch jetuusch.
Om Neppeser Bahnhoff Klütte jekläut
Flöck noh Hus en en d'r Ovven jedäut.
D'r Schmitz nevvenan hät schwarz jebrannt
Un wenn d'r Schmitz dat hück noch weiss,

Dann fier d'r Fastelovend
Noch ens su wie vür veezich Johr!
Fier d'r Fastelovend noch ens su.

Stöck für Stöck un Stein für Stein
Kom Kölle widder op de Bein.
Trümmerfraue die stunten dann
Trotz Hunger ihre Mann.
D'r Nohber kom us d'r Jefangenschaff heim
Un zom eetstemol do soh hä singe Klein.
E Foto vun domols litt hück en d'r Kess
Wie schnell m'r doch verjiss.

Dröm fier d'r Fastelovend
Noch ens su wie vür veezich Johr!"

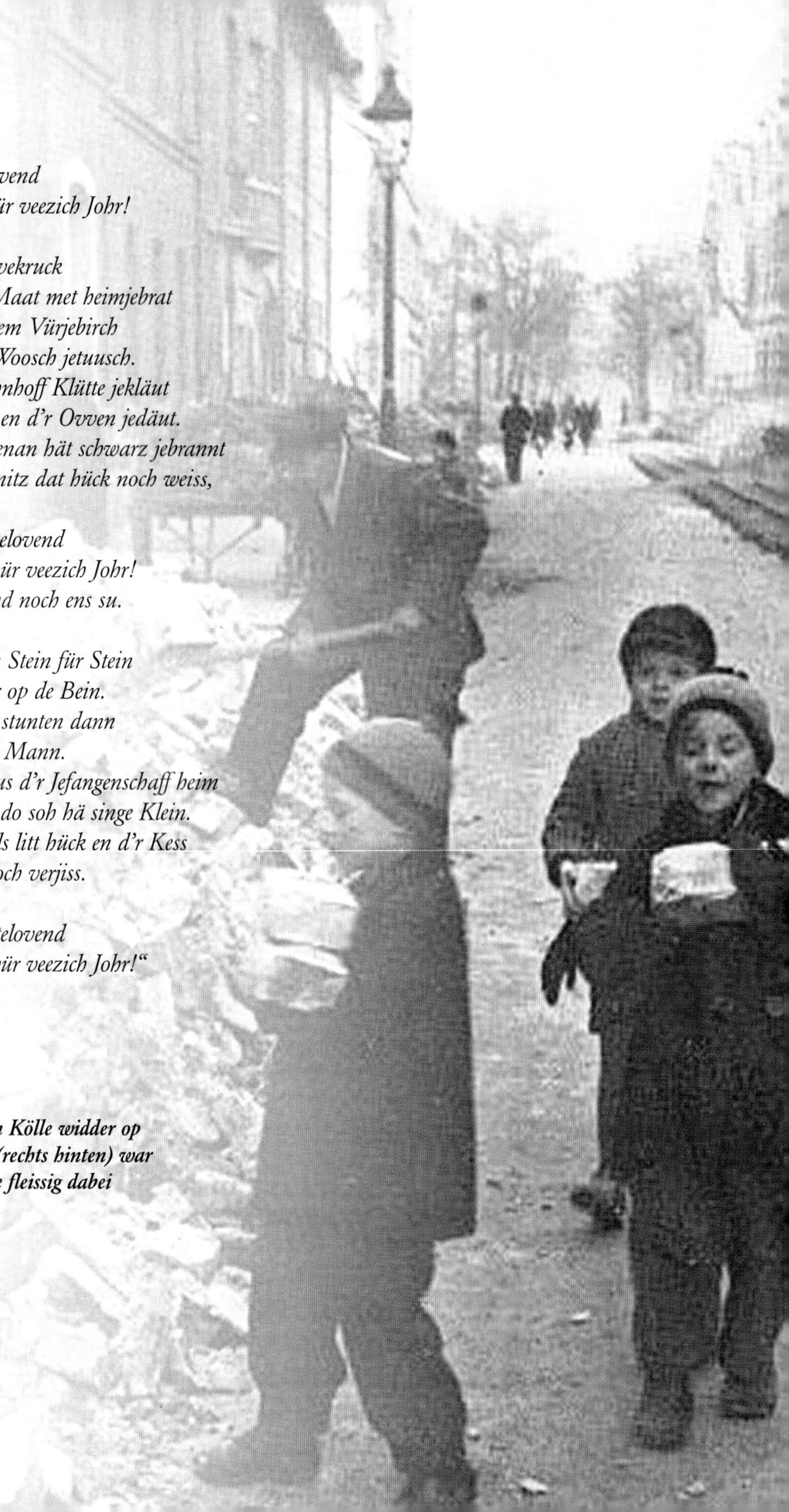

Stein för Stein kom Kölle widder op de Bein. Auch ich (rechts hinten) war in der Elsaß-Strasse fleissig dabei

Kulturerbe eines Kölner Kriegsgefangenen
Das Vermächtnis des Ernst Wille

„E Foto vun domols litt hück en d'r Kess, wie schnell m'r doch verjiss." An diese Zeile aus dem „Usjebomb"-Lied muss ich denken, wenn ich mir die Geschichte vom „Vermächtnis eines Kriegsgefangenen" ins Gedächtnis rufe, in der zwar kein Foto in einer Kiste abgelegt wurde, bei der aber ein großes Wandbild eine Rolle spielt. Wäre da nicht ein junger Hobbyhistoriker namens David Dickinson gewesen, dann wäre das Werk nicht nur in Vergessenheit geraten, sondern auch vernichtet worden.

Doch der Reihe nach:

Kurz nach Karneval 1993 erhielt ich den Anruf von Professor Ernst Wille, der meine Kommentierung des Rosenmontagszuges ansprach: „Sie haben mir mit Ihren schönen Schilderungen und spannenden Geschichten eine große Freude gemacht und dazu beigetragen, dass ich mich nach meiner langen Krankheit wieder einmal wohlgefühlt habe." Nach einem längeren Gespräch lud er meine Frau und mich zu einem Besuch seines Ateliers ein. Zunächst geriet das Gespräch in Vergessenheit, aber Professor Wille mahnte die Einhaltung unserer Verabredung telefonisch an. Den bildenden Künstler und Hochschullehrer kannte ich bis dato nur namentlich, und ich wusste, dass er das Erscheinungsbild Kölns mit vielen Werken bereichert hat: so die Bronzewand am Kölner Rathaus mit den 22.000 eingelassenen Plexiglasstäben, die Fassade der (inzwischen abgerissenen) Kunsthalle am Neumarkt, das Agrippabad und noch viele andere Arbeiten. Ich war sehr gespannt, den bis 1982 Kunst an der Fachhochschule Aachen lehrenden Professor persönlich kennen zu lernen.

Szenen aus der amerikanischen Geschichte

In seiner Wohnung folgte die nächste Überraschung: „Suchen Sie sich im Atelier ein Bild aus. Das ist mein Geschenk für die schönen Stunden, die Sie mir bereitet haben.“ Einwände halfen nichts, der Professor blieb (Gott sei Dank) „hart“, signierte ein Original und versah einen Kunstdruck mit einer sehr liebenswürdigen und sehr persönlichen Widmung. Dem Besuch folgten weitere, die Inhalte der Gespräche wurden persönlicher, doch der Kontakt schlief irgendwann ein.

Ich erinnerte mich bei den Vorbereitungen zu diesem Buch aber wieder an ein lange zurückliegendes Gespräch, in dem es um die Nachkriegszeit gegangen war und bei dem ich erfahren hatte, dass der 1916 in Werne bei Unna geborene Künstler 1941 zur Wehrmacht eingezogen worden war, vor seinem in Afrika geplanten Fronteinsatz in Köln einen Herzanfall erlitten hatte und trotzdem als Späher in die Normandie abkommandiert wurde. Am 6. Juni 1944, dem Tag, der als „D-Day“ und „längster Tag“ in die Geschichte eingegangen ist, wurde aus dem Schiffsmelder am Strand der Kriegsgefangene Ernst Wille.

Für den 28 jährigen Kunststudenten begann ein neuer Lebensabschnitt, als er auf dem umgebauten Luxusdampfer „Queen Mary“ nach Übersee transportiert und im Kriegsgefangenenlager von Fort Niagara, 20 km nördlich der berühmten Wasserfälle, inhaftiert wurde. Kommandeur Oberst Bolton hatte schnell das Talent seines Häftlings, der unermüdlich Porträts seiner Mitgefangenen, Wärter und Offiziere zeichnet, erkannt. Während die anderen Gefangenen in den Obstplantagen arbeiten mussten, erhielt Wille den Auftrag, im Offiziersclub ein Wandgemälde zu schaffen. „Aber keine Kriegsgeschichten!“

Willes Vorschlag, Szenen aus der amerikanischen Geschichte darzustellen, fand Zustimmung. Anderthalb Jahre, von morgens bis nachts um zwölf, malte er in pastelligen Farben; mehr als 30 Figuren füllten die rund 30 qm große Fläche an der dreieckigen Giebelwand des Offiziersklubs mit geschichtlichem Leben. „Präzise sollte es werden, bis in die Physiognomie der dargestellten Figuren“ – so Willes Ziel. Der Baumeister des Forts, die Verhandlungen der Missionare mit den indianischen Ureinwohnern, der Bürgerkrieg, die Aufbauleistung der Siedler – das waren die Themen, die der Künstler darstellte, aber nicht vollenden konnte, weil er 1946 nach Köln entlassen wurde.

Das Bild und sein Maler gerieten in den USA in Vergessenheit. Doch David Dickinson, der von der Historischen Gesellschaft des Nachbarortes Newfane den Auftrag erhalten hatte, die Geschichte der dort inhaftierten deutschen und österreichischen Kriegsgefangenen zu erforschen, war auch auf das Wandbild gestoßen. Dachte er zunächst, es sei das „patriotische Werk“ eines amerikanischen Künstlers, so fand der Historiker bald die Spur, die nach Köln führte und ließ ihr Taten folgen. 1976 weilte Ernst Wille auf Einladung der Amerikaner in Fort Niagara, um sein Werk zu signieren. Als Pläne aufkamen, das frühere Kasernengelände in eine Freizeit- und Hotelanlage und den Offiziersklub in ein Restaurant umzuwandeln, wurde dies durch die Aufnahme des „kunst- und kulturgeschichtlich bedeutsamen“ Wille-Werkes in die Liste der schützenswerten Kulturdenkmäler des Staates New York verhindert.

Am 21. Mai 1998 begeht die Stadt Youngstown einen offiziellen „Ernst-Wille-Tag." Der in Köln wohnhafte Künstler reist trotz seiner 80 Jahre in die Staaten und kehrt mit einer staatlichen Ehrenurkunde „in Anerkennung seines bemerkenswerten Beitrages zum künstlerischen Erbe des Staates New York" zurück.

Bei einem Besuch im Herbst 2004 sprach ich mit dem von seiner Krankheit schon sehr gezeichneten Künstler noch einmal über seine Zeit der Kriegsgefangenschaft: „Die Amerikaner haben in Köln den Schutt von der Straße geräumt und die Deutschen POW haben zur gleichen Zeit in Nähe der Niagara-Fälle Apfelsinen auf Plantagen geerntet; Sie als Kölner Künstler haben zur gleichen Zeit im Staat New York als „ehemaliger Feind" ein durch und durch amerikanischen Geist atmendes Werk geschaffen und die Amis haben in Köln Brücken über dem Rhein errichtet. Ist das nicht merkwürdig?"

„Irgendwie", gab der alte Herr zur Antwort, „irgendwie sagt das doch, dass wir miteinander zurechtkommen können, jenseits der Geschichte!"

Am 2. April 2005 hat sich das schöpferische Leben des Malers und Grafikers Prof. Ernst Wille, Träger des Bundesverdienstkreuzes 1. Klasse und des Verdienstordens des Landes NRW, im Alter von 88 Jahren in Köln vollendet.

Zu Besuch bei Ernst Wille und seiner Frau 2002

Was lange währt, wird endlich gut
Der Film „Ausgebombt" und die CD „Usjebomb"

Für die „Kölsche Evergreens" der Kreissparkasse Köln hatte ich für die Folge 23, die im November 1995 erscheinen sollte, schon frühzeitig mit den Vorarbeiten begonnen. Thema sollte die 50. Wiederkehr der bedingungslosen Kapitulation des Deutschen Reiches am 8. Mai 1945 sein, und ich hatte mir vorgenommen, die Bläck Fööss für dieses Vorhaben zu gewinnen. Bei Hartmut Priess stieß ich auf offene Ohren, die Arbeit konnte beginnen.

Quasi fünf Minuten vor Zwölf kam mir der berühmte „Kommissar Zufall" zu Hilfe, als ich Kopien zu drei Liedern erhielt, deren Titel „Meer bruche nit mieh zo verdunkele", „Schöppe, Schöppe es jitz Trump" und „Alles drink jitz Knollegold" mir und allen von mir Befragten zuvor ebenso unbekannt waren, wie der Name Karl Wiechert als deren Texter und Komponist. Ich jubelte, denn die Inhalte dieser drei Lieder trafen, wie man so schön sagt, genau den Nagel auf den Kopf, weil sie die Hauptthematik der ersten Nachkriegswochen zum Inhalt hatten, wie hier deutlich wird:

„Em Kreeg wor et schlemm,
Doch für Klein un och Groß
Mer hoht vun Verdunkelung bloß
Un leuchten eruus ens dat 'wetzige Leech,
Dann koms do och schnell för Gereech
Met all däm Gedöns han meer nix mih zo dunn,
Meer hatten och wirklich garnnix dovunn
Un spare die Rollos, dä Lihm, dat Papier,
Mer danke für su en Pläsier!
Sechs Johr han meer dat no gemaat,
Dagtäglich op Fridde gewaaht:

:: Meer bruche nit mih zo verdunkele!
Un könne em Helle jetz schunkele,
Beim Rööbebier un godem „Knollegold"
Do laache uns Mädcher wie fröher hold
Un wer dat noch nit gläuve kann
Dat ess ene Hampelmann! ::

Das Film-Team im Studio

Dä Kreeg es vörbei, doch auwei, doch auwei
Als widder en neu Lumperei!
Do hatt op Verdunkelung sich schwer verlaaht
Dä Schwazze, jo dä Schwazze Maat!
Dä ein hätt Zigaare, ne andere Kiehs,
Un hörst do dä Priehs dann wes de ganz mies

Et wehd öm dich finster, et wehd öm dich schwazz,
Do ärgers dich bloss dat do platz
Meer maachen us schwazz widder wiehs
Die dragen am Bau bal d'r Spieß!

No loohst die Verdunkelung, wie schon gesaat
Die Finstere wigg opgemaat
Dat Sonn kütt erenn, schnell en Hätze un Senn.
Verdunkelung brängk nie Gewenn!
Doch wem öm Verdunkelung wigger zo dunn
Dä maache meer schwazz, datt hätt hä dovunn
Un schecken 'nom Düvel ihn, flöck en de Höll'
Verbläuen ihm düchtig dat Fell!
Da Kreeg ess gottlob no vorbei,
Meer singen et neu, immer neu."

Applaus für den Regisseur und Redakteur Dieter Hens

Dann wurde es kritisch. Tommy Engel und die Bläck Fööss hatten sich getrennt, die Fööss fanden aber aus einer Vielzahl von Bewerbern schnell den richtigen Nachfolger. Hartmut Priess brachte mir eines Tages ein Bändchen ins Büro: „Das ist unser Favorit, hör ihn dir an!" Was ich dann auch tat und dabei feststellte, dass der mir Unbekannte alle für die Produktion vorgesehenen Lieder „astrein" und nur mit Keybord-Begleitung gesungen hatte.

Guten Gewissens konnte ich Hartmut vermelden: „Wenn der altersmäßig und charakterlich zu euch passt, dann habt ihr einen Glücksgriff getan!" Den Namen nannte Hartmut mir trotz Drängens immer noch nicht.

Vortrag in Bedburg

Der Zufall wollte es, dass ich für den Geschichtsverein Bedburg einen Vortrag unter dem Thema „Mer drinke nor noch Knollegold" zugesagt hatte. Im Rahmen dieses Vortrages brachte ich einige der Lieder auszugsweise zu Gehör, die der „neue" Fooss gesungen hatte. Den Titel des Vortrages hatte ich mit Bedacht so gewählt, denn in Bedburg war eine große Zuckerfabrik, und da waren Zuckerknollen natürlich ein Stück Lokalkolorit. Da machte es auch nichts, dass der Rhein anstelle der Erft im Lied genant ist:

„Mer wunne immer noch am Rhing
Doch fählt zick langem uns dä Wing.
Mer maachen uns do garnix druus.
Un blieven off zo Huus –
Un en däm häusliche Idyll,
Do kumme der Gedanke vill."

Wie halde mer blos goode Moot?
Wat schmeck wie Wing su goot?
Do kütt och schon d'r Henn
Met einer Fläsch erenn:

:: Un alles, alles drink jetz Knollegold.
Dat ess e fein Patent, wat no ald jeder kennt.
Un alles, alles dringk jetz Knollegold,
Dat ess ein fein Patent, watt jeder kennt ::

Am Rhing do sin uns och bescheert
De Zuckerröbe, die begehrt.
Un weil en Knolle Zucker drenn,
Dröm hann mer goode Senn.
En viller Pöttcher weed gekoch,
No Röbe rüch et us jedem Loch.
Un wie dä Schmitze Hein gesaat,
Su han m'r et och gemaat.
Dat ganze Huus es doll,
Die Oma selvs es voll:

Die Mädcher sin su leev un hold,
Se dringke nur noch Knollegold.
Un kütt ne fremde Schatz eran
Se beehde „Goldbrand“ an.
Un bei dem zehnte Gläsche dann
Säht hä: „Mer weede Frau un Mann
Oh, ... very good is Brandy-old,
Was heißen Knollegold?”
Et weed gelaach, gewetz,
Bes alles düchtig schwetz:

Hauptdarsteller und Statisten im Studio

Watt han meer dann schon op d'r Welt?
Wer sich nit kitzelt dä zerfällt.
Un weil jet Spass brudnüdig ess
Wächs dä op unserem Mess.
Die schlächte Zick geiht och vorbei
En jedem Johr kütt noch der Mai.
Mer halden uns met godem Moot
Weil Knollegold schmeck good.
Nor wer ens düchtig dringk,
Es goot gelaunt un singk.“

Die Resonanz auf die Lieder und auf meinen Vortrag war überwältigend, die anschließenden Diskussionen und Unterhaltungen dauerten Stunden und die Kirchenuhr schlug viermal, als die letzten Besucher am frühen Morgen den Heimweg antraten.

Mein Gewinn aus dieser Veranstaltung, abgesehen von dem Sack Kartoffeln und einigen Kappesköppen, die ich anstelle eines von mir zuvor abgelehnten Honorars erhielt, war der, dass ich anhand der Reaktionen auf die vorgestellten Lieder meine vorgesehene Auswahl für die CD ändern und den „Bedürfnissen" anpassen konnte. Erst nach diesem Vortrag erfuhr ich von Hartmut Priess, dass der „Neue" den Namen Kafie Biermann trägt; im Studio Doepke lernte ich ihn dann kennen.

Im Studio von Martin Doepke in Bergheim

Von allen Liedern waren, wenn überhaupt, lediglich Klaviernoten vorhanden. Dieter Glave und Dirk Schortemeier hatten einige Arrangements geschrieben, aber die meisten Lieder wurden von Martin Doepke, „Bömmel" Lückerath, Hartmut Priess, Dirk Sengotta, Jörn Masuch, Klaus Spangenberg, Markus Fritzinger, Rüdiger Baldauf, Martin Auer, Ludwig Götz, Uli Baronowsky und Nicolai Mass nach den Klaviernoten gespielt. Hartmut Priess: „Damit waren wir gezwungen, aus der Not eine Tugend zu machen: In der Beschränkung auf ein paar Instrumente, wie Klavier, Quetsch, Gitarren und Mandolinen, gelang es, eine Atmosphäre zu schaffen in der man sich die Darbietung dieser Lieder unter einfachsten Verhältnissen, in einem kleinen Saal, einer Kneipe oder auf der Straße vorstellen konnte. Vielleicht ist es symbolisch zu sehen: Instrumente, die normalerweise von einem großen Orchester übertönt werden, verleihen diesen Liedern nun ihren Charakter und verstärken das Nachdenkliche, Melancholische oder den leisen Humor. Kölsche Karnevalslieder, die eigentlich recht robust klingen müssen, um sich im wohlgefüllten und nicht immer ganz aufmerksamen Sitzungssaal durchzusetzen, offenbaren plötzlich Chansonqualitäten, die man nicht von vornherein in ihnen vermutet hätte."

Die EMI-Electrola, bei der die Bläck Fööss einen Exklusiv-Vertrag hatten, zeigte ebenfalls Interesse an einer Veröffentlichung. Wir nahmen deshalb mehr Lieder auf, als wir für die Kreissparkassen-CD benötigten, damit die EMI eine Doppel-CD herausbringen konnte.

WDR-Redakteur Dieter Hens macht mit

Hartmut Priess brachte mich mit WDR-Redakteuer Dieter Hens zusammen. Hens, der als WDR-Verantwortlicher für Jazz mit Weltstars des Swings, Bebop und Blues wie Miles Davis, Ray Charles, Oscar Peterson, Chick Corea, Stan Gets und anderen Größen arbeitete, mit dem Adolf-Grimme-Preis ausgezeichnet wurde, hatte den inzwischen legendären Ostermann-Film mit den Bläck Fööss, der wegen seiner vielen und alljährlichen Ausstrahlungen auch das „Kölsche Dinner for One“ genannt wird, produziert.

Mit ihm zusammen verfasste ich ein Manuskript für einen Fernsehfilm zum Thema „Ausgebombt“, das bei den Verantwortlichen Anklang fand.

Ich werde nie den Tag vergessen, als ich im Februar 1995 vor den an der Produktion beteiligten Mitgliedern des WDR-Teams das Konzept erläuterte und zum erstenmal die Modelle der nach meinen Ortsangaben gebauten Kulissen sah. Das war für mich alles neu und überwältigend.

Drei Wochen, vom frühen Morgen bis in die Abendstunden, dauerten die Dreharbeiten in fünf unterschiedlichen Kulissen. Von der Kleidung bis zur Kneipenausstattung war alles stilecht; die Zeit war im Studio tagsüber um 50 Jahre zurückgedreht – und nach Feierabend war die Außenwelt um 50 Jahre gealtert. Die Bläck Fööss und der sehr engagierte King Size Dick, an dem ein „echter“ Schauspieler verloren gegangen ist, die vielen Statisten, wie Trümmerfrauen, Maggeler, Schieber, Polizisten sowie die Flying Petticoats – es war eine tolle Atmosphäre.

Vortrag beim Heimatverein Alt-Köln

Mein alljährlicher Vortrag vor den Mitgliedern des Heimatvereins Alt-Köln, damals noch im Belgischen Haus, stand im Frühjahr 1995 unter dem Thema „Mer bruche nit mieh zo verdunkele.“ Der Saal war schon lange vor Beginn total überfüllt, sogar auf der Bühne saßen Zuhörer, darunter auch Hartmut Priess. Diesmal konnte ich schon die Studio-Aufnahmen der Nachkriegslieder in Ausschnitten präsentieren. Bis heute ist der Fööss-Bassist von dieser Veranstaltung sehr beeindruckt und er bringt sie immer als Beweis dafür ins Gespräch, dass die Kölner in ganz besonderer Weise ihr eigenes Leben mit dem Geschick ihrer Stadt und den Liedern dazu verbinden.

Was hat das denn zu bedeuten?

Die Kölner Presse berichtet ausführlich über die Dreharbeiten und über die CD-Produktion. Ungläubiges Erstaunen, als es plötzlich hieß: „Das Projekt ist gefährdet.“ Eine in der Kölner Presse am 27. April 1995 veröffentlichte Erklärung der Bläck Fööss, die ich hier unkommentiert und im Wortlaut wiedergebe, erläutert die Gründe:

„Die Bläck Fööss haben sich nach dem Ausscheiden von Tommy Engel zum 1.1.1995 neu formiert und eine Auftragsproduktion (Anm: der Kreissparkasse Köln) zum Thema „Kölner Lieder der Nachkriegszeit“ angenommen. Nach Fertigstellung der Studioaufnahmen, die termingerecht in der ersten Maiwoche als Doppel-CD erscheinen sollten, wurden von Tommy Engel über seinen Anwalt Forderungen an die Gruppe gestellt, die unsere Plattenfirma EMI-Electrola dazu veranlassten, die Veröffentlichung zurückzustellen. Die Hauptforderung besteht darin, dass Tommy Engel sich gegen Gesangsaufnahmen alter Playbacks von zwei Liedern wehrt, die von ihm einmal gesungen wurden. Bei den Liedern handelt es sich um den Titelsong der Auftragsproduktion, „Usjebomb“, sowie den Karl Berbuer-Titel „Nur am Dreikünningepöötzje“. Diese Gesangsneuaufnahmen wurden notwendig, da Tommy Engel seit 1. Januar nicht mehr Mitglied der Bläck Fööss ist. Die finanzielle Beteiligung an diesen sowie allen während seiner Mitgliedschaft entstandenen Liedern wurde nie in Frage gestellt. Die Band hat in den vier letzten Monaten an der Fertigstellung der Produktion gearbeitet und sieht sich jetzt massiv in ihren weiteren Arbeiten behindert.“

Schade, sagte nicht nur ich. Die Arbeit vieler Tage und Stunden war vergebens gewesen. Denn zusammen mit Hartmut Priess hatte ich ein umfangreiches Begleitbuch zur vorgesehenen Doppel-CD verfasst und der EMI-Electrola zur Verfügung gestellt.

WDR-Redakteur Dieter Hens zeigte Flagge: „Der Film wird wie vorgesehen gesendet!“

Der Film „Ausgebombt“ im WDR-Fernsehen

Am 1. Mai 1995 wurde der 90 minütige Film im WDR-Fernsehen gezeigt. Als Moderator, besser gesagt als „Erzähler“ führte ich im Film durch die einzelnen Lieder, die in den passenden Kulissen singend und schauspielernd dargeboten wurden.

Der Film löste vielerlei Reaktionen aus, die sich in positiven Zuschriften („Ja, genau so war es“, „gemütvoll“, „beeindruckend“, „Augen- und Ohrenschmaus“, „Dank für die tolle Sendung“, „Gratulation“ u.v.m.) und in zahlreichen Bitten um Wiederholungen, denen der WDR in den folgenden Wochen zweimal entsprach, niederschlugen. Unter besonderer „Beobachtung“ stand natürlich der „Neue“ – Kafie Biermann hatte seine Chance genutzt und so überzeugend gespielt und gesungen, als habe er schon immer dazu gehört.

Dirk Schortemeier hatte mir auf WDR4 eine zweistündige Rundfunksendung ermöglicht, in der meine Moderationen zeitlich nicht so eingeengt wie beim Fernsehen zu sein brauchten. Auch diese Sendung hatte eine große Resonanz.

Dieter Hens gibt mir Hinweise zur Moderation. Gemeinsam haben wir das „Buch“ zum Film verfaßt

Großartiges Rathaus-Bürgerfest

Wenige Tage später, am 6. Mai 1995, feierte Köln das „Rathaus-Bürgerfest“, bei dem 124 „Kölner“ auf den Ratsturm zurückkehrten. Stifterinnen und Stifter hatten dazu beigetragen, dass mit der Aufbringung der „Figuren“ die Fertigstellung des Rathausturmes fünfzig Jahre nach Kriegsende und somit die endgültige Beendigung des Wiederaufbaus des Historischen Rathausturmes sichtbar gemacht werden konnte. Die Organisation des Bürgerfestes und die Verhüllung des Rathausturmes konnten mit Unterstützung der Ford-Werke durch Maniac Media Service realisiert werden, und die Kölnische Rundschau präsentierte mit Unterstützung der Kreissparkasse Köln diese herausragende Veranstaltung.

Oberbürgermeister Norbert Burger nahm die symbolische Enthüllung des endgültig wiederhergestellten Rathausturmes unter den Klängen eines Blechbläser-Ensembles der Universität vor, das Rathaus-Glockenspiel ertönte, der Kölner Kinderchor unter Chordirektor Hans-Günther Lenders sang, begleitet vom Musik-Korps der Kölner Schutzpolizei, Reimund Kroboth dirigierte die „Schäl Sick Brass Band“ und der „Eigelstein Survivors“ Chor der Offenen Jazz-Haus-Schule war ebenfalls mit von der Partie.

Dann waren, nach kurzem Vorspiel der „Botzeknöpp“, die Bläck Fööss an der Reihe. Vor ihrem Konzert mit eigenen, aber auch „Ausgebombt“-Liedern, hatten sie mir im Rathauskeller noch ein Ständchen zu meinem 55. Geburtstag dargebracht. Nach dem bejubelten Konzert beendete ein musikalisches und illuminiertes Ratsturm-Spektakel diesen ereignisreichen Tag, dessen musikalische Leitung Frank Köllges hatte.

Die CD und die Doppel-CD „Usjebomb“

Die Vorstellung der Folge 23 der „Kölsche Evergreens“ mit dem Titel „Usjebomb – Kölns Wiederaufbau mit den Bläck Fööss & King Size Dick“ führte zu einer riesigen Nachfrage. Im Handel war das besondere „Kundenpräsent“ nicht erhältlich, und die 20.000 Exemplare hatten im Nu ihre Interessenten bei Kunden und Freunden der KSK gefunden.

Nachdem die Liedtitel zehn Jahre lang im dunklen EMI-Archiv gelagert haben, werden sie nunmehr, im Mai 2005, wieder ans Licht geholt. Zusammen mit den von mir erneut verfassten begleitenden Texten werden sie auf zwei CD allen Interessenten zugänglich gemacht.

Mit Hartmut Priess und „Bömmel“ Lückerath habe ich mich frühzeitig um das Zustandekommen der Konzerte am 7. und 8. Mai 2005 im Gürzenich bemüht, und WDR-Redakteur Gisbert Baltes hat in Verbindung mit der Kulturredaktion des WDR das „O.K.“ für die Sendung einer Aufzeichnung im WDR-Fernsehen am Abend des 8. Mai 2005 gegeben.

Die „Eingeborenen von Trizonesien“ grüßen aus dem Gürzenich

Fesselnde Einspielfilme, interessante Zeitzeugen, umjubelte „Kölsche Pänz“ der Katholischen Hauptschulen „Großer Griechenmarkt“ und „Bülowstrasse“ sowie die 12 jährige Berenike Schneider bildeten den Rahmen zur „Zeitrevue mit den Bläck Fööss, Zeitzeugen und Gästen“ am 7. und 8. Mai 2005 im Kölner Gürzenich. Zwei ausverkaufte Veranstaltungen, aus denen Ausschnitte am Abend des 8. Mai in einer 90minütigen Sendung im WDR-Fernsehen gezeigt wurden, riefen beim Publikum ein großes Echo hervor.

Jan Wördemann in der Kölnischen Rundschau: „... begeisterten die Bläck Fööss mit ihren Interpretationen ausgewählter Lieder von Schnorrenberg, Jussenhoven, Berbuer und anderen, durch die ein bewegendes Stück Zeitgeschichte wieder lebendig wurde. Hinzu kamen die kurzweiligen Anmoderationen von Brauchtumsforscher Reinold Louis, der jüngeren Semestern die Hintergründe der einzelnen Lieder erläuterte. Louis selbst war als Fünfjähriger zurück an den Rhein gekommen. Niemand anders in Köln als die Fööss sind dafür prädestiniert, die melancholischen, humorvollen und auch sarkastischen Stimmungen dieser Zeit wiederzugeben...“

Alenka Sodec führte aufschlussreiche und interessante Gespräche mit den „Zeitzeugen“ Hartmut Priess, Raffael Becker, Aggy Hartfeld, Hans Schilling sowie Käthe Hey und Martin Doepke, und seine exzellenten Musiker umgaben die musikalischen Darbietungen der Bläck Fööss und von King Size Dick mit einem wundervollen Musikteppich.

Viel Anerkennung gab es für alle Mitwirkenden und der Satz „Manchmal wusste man nicht, ob man weinen oder lachen sollte“ fiel dabei sehr oft.

Für mich hat sich mit diesen Konzerten ein Traum erfüllt, und ein schöneres Geschenk zu meinem 65. Geburtstag hätte es nicht geben können. Es war sehr ergreifend zu erleben, wie Schülerinnen und Schüler zweier Kölner Hauptschulen aus erkennbar unterschiedlichen Nationen im Lied „Unser Stammbaum“ kölnisches Liedgut und in einer „Schwarzlicht-Illumination“ zudem die Kölner Stadtsilhouette darboten und damit auch sichtbar machen, wie ein friedliches Zusammenleben möglich ist. Stehend, minutenlang, applaudierte das begeisterte Publikum.

Fritz Schramma
Oberbürgermeister der Stadt Köln

Nachwort

Rede des Kölner Oberbürgermeisters Fritz Schramma anlässlich der Gedenkstunde zum 60. Jahrestag des Kriegsendes in Köln am 15. März 2005 im Rats-Saal des Historischen Kölner Rathauses

Am 6. März 1945 näherten sich amerikanische Truppen der Stadt. Sie trafen nur noch auf geringen militärischen Widerstand – Köln glich einer Trümmerwüste und die meisten Menschen waren bereits evakuiert.

Die letzten Funktionsträger der NS-Herrschaft setzten am Vormittag auf das andere Rheinufer über. Um 12.00 Uhr sprengten deutsche Pioniere die einzige noch intakte Brücke, die Hohenzollernbrücke. Zwei Stunden später erreichten Truppen der 1. US-Army den Rhein – das linksrheinische Köln war befreit, und am 14. April schwiegen endlich auch auf der „Schäl Sick“ die Waffen. Für die Kölnerinnen und Kölner endeten sechs verheerende Kriegsjahre und 12 Jahre NS-Herrschaft. Der Einmarsch der Amerikaner bedeutete für sie die ersehnte Befreiung – auch wenn die Propaganda der letzten Kriegstage Angst vor angeblichen Gräueltaten der Sieger schürte.

Vor allem die Kinder, die den Tod als alltägliche Erfahrung erleben mussten, erlebten die amerikanischen GIs auf ganz einfache, aber sehr prägende Weise. Der Kölner Bruno Rödder fasst seine Begegnung mit den Befreiern so zusammen: „Es zeigte sich, dass die Amis ganz nette Kerle waren.“ Der erste Satz, der uns in englischer Sprache beigebracht wurde, war: „Häw ju Tschoklät?“ und dieser Satz hat uns Kindern oft Erfolg gebracht. – Eine Erfahrung, die viele teilten und die fast schon zum geflügelten Wort für das Verhältnis zu den Befreiern wurde. Bis heute ist der März 1945 fest im Gedächtnis unserer Stadt verhaftet.

Und auch wenn die Erinnerung an die Befreiung heute oft in schönem Licht erscheint, so gilt doch auch: Kein Ereignis in der über 2000jährigen Geschichte Kölns hat die Domstadt so nachhaltig verändert wie der Zweite Weltkrieg.

Zum einen ganz offensichtlich und in Zahlen fassbar: Köln war bei Kriegsende zu 70 Prozent zerstört, in der Innenstadt sogar zu 90 Prozent. Nach dem Krieg ist zwar erstaunlich viel wieder aufgebaut worden, doch viele Gebäude, die wir aus heutiger Perspektive gerne erhalten hätten, hielt man in den 40er oder 50er Jahren nicht für erhaltenswert. So erinnert uns das Stadtbild immer wieder daran, dass das alte Köln im Zweiten Weltkrieg unweigerlich untergegangen ist.

Zum anderen hatte die Erfahrung des totalen Krieges, Völkermord und Terror, blinder Wahn und politisch-ideologische Verblendung zu einer moralischen Entwurzelung geführt.

Der Krieg hat für die Mehrheit der Kölnerinnen und Kölner bedeutet, dass ihre

Familien auseinander gerissen wurden. Die Männer gingen als Soldaten an die Front, die Kinder wurden in die „Kinderlandverschickung“ transportiert, die Frauen sorgten sich um das nackte Überleben in ihrer Heimatstadt. Das Alltagsleben in der Domstadt war seit 1940 von Fliegeralarmen und Bombenangriffen bestimmt: Mehr als 270 Angriffe wurden gegen Köln geflogen, alle Luftwarn-, Alarm- und Angriffszeiten zusammen ergeben eine Dauer von mehr als 81 Tagen.

Mit viel Improvisationsgeschick organisierten die Kölnerinnen und Kölner ihren Kriegsalltag, doch die psychischen Belastungen stiegen mit jedem Angriff: Todesangst, der Verlust von Angehörigen, des Zuhauses und der Heimat zerrüttete die Nerven. 1944 sehnten die Kölnerinnen und Kölner das Kriegsende herbei, auch wenn viele zu dieser Zeit noch auf einen Sieg des Deutschen Reiches hofften.

Als die Alliierten kurz vor Aachen standen, begannen für Köln die schlimmsten Kriegsmonate: Zwischen Ende September 1944 und Anfang März 1945 wurden mehr Bomben auf Köln abgeworfen als in den ganzen fünf Kriegsjahren zuvor. Lebten Anfang 1944 noch etwa 500.000 Menschen in Köln, so waren es Mitte November nur noch rund 250.000, im Februar 1945 noch etwa die Hälfte. Wie viele tatsächlich bei Kriegsende in den Trümmern der Stadt hausten, ist heute nicht mehr zweifelsfrei feststellbar, es mögen auf beiden Rheinseiten etwa 50.000 gewesen sein.

> Wir gedenken heute in Trauer aller Toten des Krieges und der Gewaltherrschaft.
>
> Wir gedenken der sechs Millionen Juden, die in deutschen Konzentrationslagern ermordet wurden.
>
> Wir gedenken aller Völker, die im Krieg gelitten haben, vor allem der 20 Millionen Bürgerinnen und Bürger aus Polen und der Sowjetunion, die ihr Leben verloren haben.
>
> Wir gedenken unserer eigenen Landsleute, die als Soldaten, bei den Fliegerangriffen in der Heimat, in Gefangenschaft und bei der Vertreibung ums Leben gekommen sind.

Die Erinnerung an diesen Krieg ist – auch wenn er nun 60 Jahre vorbei ist – noch sehr lebendig. Diejenigen, die ihn erlebten, haben ein großes Bedürfnis, darüber zu erzählen. Egal wie alt sie damals waren – es prägte ihr Leben. Es ist wichtig, den Nachgeborenen davon zu erzählen. Nur so bekommt das „Nie wieder“ ein Gesicht und erschließt sich jenseits von Geschichtsbüchern und politischer Bildung.

Und eines gilt ganz sicher: Das Kriegsende im März 1945 bedeutete das Ende des Mordens und eine echte Chance für einen Neuanfang. Wenn man an diesen Tag der

Befreiung erinnert, muss man immer auch an die Anfänge erinnern – daran, dass von Deutschland aus ein entsetzlicher Krieg und ein unvorstellbarer Völkermord ausging. Der radikale Neuanfang entsprang der totalen Zerstörung. Was 1945 noch unvorstellbar war, ist für uns heute glücklicherweise Realität: Wir leben in einem demokratischen und friedlichen Deutschland.

Heute pflegt die Stadt Köln 23 Städtepartnerschaften. Darunter sind viele Städte, die enorm während des Zweiten Weltkrieges gelitten haben. Für mich sind diese Partnerschaften und der lebendige Austausch junger Menschen in aller Welt die schönsten Symbole für eine Überwindung der schreckenerregenden Feindbilder, mit denen der Zweite Weltkrieg geführt wurde. Köln ist Teil eines demokratischen Deutschlands, das schnell zu einem verlässlichen und stabilen Partner für die ehemaligen Kriegsgegner geworden ist. Wir müssen zusammenstehen, damit dies auch so bleibt. Unsägliche Auftritte wie die der NPD im sächsischen Landtag werden im Ausland mit Unverständnis zur Kenntnis genommen. Wir müssen genau aufpassen, dass Rechtspopulisten nicht das Vertrauen zerstören, das von Generationen mühsam aufgebaut worden ist.

Richard von Weizsäcker hat seine viel beachtete Rede zum 40. Jahrestag des Kriegsendes mit einem Appell beendet, den ich heute aufgreifen möchte:

„Wir lernen aus unserer eigenen Geschichte, wozu der Mensch fähig ist. Deshalb dürfen wir uns nicht einbilden, wir seien nun als Menschen anders und besser geworden."

Es gibt keine endgültig errungene moralische Vollkommenheit – für niemanden und kein Land! Wir haben als Menschen gelernt, wir bleiben als Menschen gefährdet.

Aber wir haben die Kraft, Gefährdungen immer von neuem zu überwinden. Hitler hat stets damit gearbeitet, Vorurteile, Feindschaften und Hass zu schüren. Die Bitte an die jungen Menschen lautet: Lassen Sie sich nicht hineintreiben in Feindschaft und Hass gegen andere Menschen, gegen Russen oder Amerikaner, gegen Juden oder Türken, gegen Alternative oder Konservative, gegen Schwarz oder Weiß. Lernen Sie miteinander zu leben, nicht gegeneinander. Lassen Sie auch uns als demokratisch gewählte Politiker dies immer wieder beherzigen und ein Beispiel geben."

Fritz Schramma

Bildnachweis

Reinold Louis:
Seiten 22, 25, 26, 27, 28, 36, 37, 55, 58/59, 85, 91, 92, 103, 104 oben, 110, 111, 115, 116, 117, 118 oben und unten, 118/19, 119, 120, 121, 123, 124 unten, 127, 128, 128/29, 133, 134, 136, 136/37, 140, 144, 151, 152/53, 153, 181, 182/83, 185, 186, 191, 192, 202, 224 oben, 226, 228/29, 230, 233, 234/35, 238, 239, 240/41, 243, 244/45, 246, 248/49, 250, 252,/253, 254/55, 256/57, 258, 259, 261, 263, 264/65, 266, 267, 270, 271, 276/77, 280/81, 286/87, 296/97, 299 oben, 301, 308 mitte, 309 links, 317, 319, 321, 324, 333, 344, 345, 347, 353, 358, 374, 391, 392, 395, 413

Gräflich Berghe von Trips'sche Sportstiftung zu Burg Hemmersbach:
Seiten 29, 30/31, 32, 42, 44, 56

Archiv Grete Fluss:
Seiten 33, 34, 34/35, 122

Inge und Raffael Becker:
Seiten 38, 39, 40/41, 66, 67, 68, 70/71, 74/75, 76/77, 79, 80, 104 mitte, 115 mitte, 138, 145 unten, 146, 154, 156/57, 199, 200, 201, 204/05, 272/73, 274/75, 278, 279, 282/83, 299, 308 oben, 309 rechts, 312/13, 314/15, 339, 371

Raffael Becker:
Seiten 98, 107, 108, 138, 172, 174, 176, 180, 186, 189, 206, 218, 271, 284, 288, 289, 290, 317, 318, 332, 390, 393, 396, 404, 405

Hedwig Louis:
Seiten 49, 97, 99, 124 oben, 242, 247

Kreissparkasse Köln (Sammlung Louis):
Seiten 57, 60/61, 76 unten, 89, 141, 145 oben, 147, 149, 158, 159, 162, 163/64, 165, 167, 168/69, 178/79, 203, 207, 208, 209, 211, 214, 215, 220, 221, 222, 223, 224 unten, 251, 262, 268, 269, 285, 292, 293, 320, 322, 325, 327, 328/29, 330, 334, 335, 336, 337/38, 340, 341, 342, 349, 350/51, 373/73, 385, 388, 389, 399, 400, 405, 406, 407

Muuzemändelcher – Die Kölner Karnevalisten e.V. 1949:
Seiten 101, 102, 354, 355, 356/57, 360/61, 362, 363, 364, 365, 366/67, 368, 370, 376, 377, 378, 379, 380, 381, 382, 383, 384, 387

Agathe Hartfeld: 197

Kurt Ludes: 198, 397

Kreissparkasse Köln (Geldgeschichtliche Sammlung): 304, 305

Karl Wingenfeld: 322/23, 323

Ernst Wille: 411, 412/13

WDR: 414, 415, 416/17, 419, 420/21

Stadt Köln: 422

Ausblick

Mit meinem Vortrag am 27. Juni 2005 mit dem Titel „Jetz weed opgerümp" beim Heimatverein Alt-Köln und weiteren noch in Planung befindlichen Veranstaltungen werden die Erinnerungen an den Wiederaufbau unserer Stadt weiter geweckt und wachgehalten. Es ist mein 25. Vortrag in jährlicher Folge beim Heimatverein Alt-Köln, der bei meinen ersten 23 Vorträgen unter dem Vorsitze von Dr. Heribert A. Hilgers stand und seit zwei Jahren von Willi Reisdorf geleitet wird. Dr. Hilgers, nunmehr Ehrenvorsitzender des „Heimatverein Alt-Köln", hat wesentlich dazu beigetragen, dass mein erstes Buch „Kölner Originale" 1985 im Greven-Verlag (inzwischen in der 5. Auflage) erscheinen konnte. Auch der „Kölnische Liederschatz" (vergriffen) und „Das kleine Buch vom Kölschen Klüngel" (inzwischen 3. Auflage im Wienand Verlag) sind von ihm, wie auch meine anderen heimatkundlichen Tätigkeiten, anregend, unterstützend und zustimmend begleitet worden.

Hinweis

Die in diesem Buch aufgenommenen Liedertexte sind eingebettet in Schilderungen lokaler Art aus Geschichte und Topographie der unmittelbaren Nachkriegszeit. Viele der Lieder sind nach ihrem Erscheinen verlegt worden. Soweit feststellbar, sind dies die Lieder von August Schnorrenberg, Gerhard Jussenhoven/Jupp Schlösser, Jupp Schmitz, Gerhard Ebeler, (alle Musikverlage Hans Gerig KG bzw. Carlton Musikvertrieb GmbH, Frankenforster Str. 21-25 in 51427 Bergisch Gladbach, www.gerig.de oder www.carlton-musik.de) und die Lieder von Karl Berbuer (Karl Berbuer-Verlag, dann Rheinische Musikverlage Otto Kuhl und dann Musikverlag „Musik der Welt" J. Michel KG, Große Friedberger Str. 23-27 in 60313 Frankfurt). Ob und ggf. in welchen Verlagen weitere der in diesem Buch enthaltenen Texte erschienen sind, konnte nicht ermittelt werden.

Die immer wieder wichtige und heiß diskutierte Frage der Schreibweise habe ich dadurch gelöst, dass ich mich an die Schreibung der „Quellen" gehalten und nur dort Korrekturen vorgenommen habe, wo offensichtlich Druckfehler vorlagen. Es ist für „Sprachforscher" sicherlich nicht uninteressant, die unterschiedlichen Sprach-, Ausdrucks- und Schreibweisen zu verfolgen und dabei festzustellen, dass „Kölsch" eine lebende, sich immer fortentwickelnde und sich auch den Gegebenheiten anpassende Sprache ist. Wichtig scheint mir, dass verstanden wird, was gemeint ist.

KÖLN
AACHEN
Düren
Bonn
Siegburg
Mayen
KOBLENZ
Marbg.
Giessen
Wetzlar
Fulda
FRANKFURT
Wiesbaden
Offenbach
Hanau
MAINZ
BINGEN
TRIER
Bad Kreuznach
Alzey
Worms
Darmstadt
Aschaffenbg.
Würth
WÜRZBURG
Speyer
Karlsruhe
Pforzheim
Heilbronn
Marbach
Stuttgart
Baden
STRASSBURG
FRANKREICH
Colmar
Freiburg
Villingen
Belfort
Basel
Ulm